21世纪公共管理学系列教材
Textbooks of Public Management and Administration in 21st Century

2010年度"中央财经大学121人才工程青年博士发展基金"资助

公共管理研究方法
——基于公共管理问题类型学的新体系

Research Method of Public Management:
A New System Based on The Problem Typology of Public Management

曹堂哲 著

北京大学出版社
PEKING UNIVERSITY PRESS

图书在版编目(CIP)数据

公共管理研究方法:基于公共管理问题类型学的新体系/曹堂哲著.—北京:北京大学出版社,2014.3
(21世纪公共管理学系列教材)
ISBN 978-7-301-23979-7

Ⅰ.①公… Ⅱ.①曹… Ⅲ.①公共管理－高等学校－教材 Ⅳ.①D035

中国版本图书馆CIP数据核字(2014)第036786号

书　　　名:	公共管理研究方法——基于公共管理问题类型学的新体系
著作责任者:	曹堂哲　著
责 任 编 辑:	倪宇洁
标 准 书 号:	ISBN 978-7-301-23979-7/C·0992
出 版 发 行:	北京大学出版社
地　　　址:	北京市海淀区成府路205号　100871
网　　　址:	http://www.pup.cn　新浪官方微博:@北京大学出版社
电 子 信 箱:	ss@pup.pku.edu.cn
电　　　话:	邮购部62752015　发行部62750672　编辑部62753121
	出版部62754962
印 　刷 　者:	北京鑫海金澳胶印有限公司
经 　销 　者:	新华书店
	730毫米×980毫米　16开本　29.75印张　539千字
	2014年3月第1版　2019年5月第3次印刷
定　　　价:	65.00元(附光盘)

未经许可,不得以任何方式复制或抄袭本书之部分或全部内容。
版权所有,侵权必究
举报电话:010-62752024　电子信箱:fd@pup.pku.edu.cn

前　言

本书是一本研究性、学术性和知识性相统一的教材，适用于公共管理类本科生、研究生、MPA的教学使用，亦适用于从事公共管理研究、公共管理咨询和公共管理实务工作者参考。本书立足公共管理的研究成果和研究实践，扎根于国际公共管理研究的经典论著、高水平期刊论文、管理咨询和政策研究报告，在科学研究方法的指导下，总结出公共管理研究的方法论、范式、途径、规范、逻辑、程序和手段，为公共管理领域的科学研究、管理实践、决策咨询、论著写作提供战略蓝图、操作指南和参考例文。

本书的筹划和写作经历了一个漫长的岁月。我本科阶段学习哲学专业，对研究方法有特殊的情愫，2001年进入北京大学学习。北京大学"思想自由、兼容并包"的传统使我领略了公共管理领域研究的多样性：有的学者擅长使用数据和定量模型，有的学者擅长使用案例和历史比较分析，有的学者擅长政治哲学的反思，有的学者擅长从文化和心理的角度分析行政，还有的学者型官员则深谙政策分析之道等等。多样性也意味着差异，甚至意味着冲突和迷惑。我开始思考公共管理研究的多样性及其方法论的统一问题，以便阐明公共管理知识形式的多样性和方法论的多元性，从而为公共管理研究提供恰当的标准和规范。"大学之道，在明明德，在亲民，在止于至善。知止而后有定，定而后能静，静而后能安，安而后能虑，虑而后能得。"经过长时间的思考和实践，我从哈贝马斯(Jürgen Habermas)的认知旨趣理论、科学哲学研究的问题学、西蒙(Herbert Simon)的人工科学等思想和理论中受到了启发。渐渐从理论上认识到公共管理研究是一个聚合了不同问题类型和多元方法的知识探索领域，公共管理问题类型的差异，导致了公共管理知识框架、研究方法和研究规范的差异。与此同时，公共管理问题的共性，以及不同问题类型之间的联系又将公共管理研究聚合为一个统一的整体。公共管理问题类型的差异性和统一性是认识公共管理研究方法的基础，也或将促使"公共管理研究方法"成为独立的研究方向。

一、公共管理研究方法的现状、趋势和问题

公共管理研究方法是"实质性方法"和"程序性方法"的统一。公共管理实

质性方法是形成公共管理理论的哲学基础、逻辑和价值观,是公共管理知识成果中蕴含的,形成公共管理知识的途径。公共管理实质性方法与公共管理知识是一个硬币的两面,能体现公共管理学科的独特性,亦可称为公共管理学方法论或公共管理学科方法论。公共管理学科方法论的成熟标志着公共管理学科的成熟。像通常我们所说的实证方法、诠释方法、制度分析方法、系统方法、理性选择方法、生态方法、政治哲学方法等等都可以看做是公共管理研究的实质性方法。公共管理研究程序性方法则是公共管理研究过程中设计和实施研究、收集和分析资料的程序、步骤和技术。公共管理实质性方法和程序性方法没有截然的界限,但侧重点不同,前者侧重研究的逻辑,后者侧重研究的操作性程序和技术。公共管理研究方法体系则是对公共管理研究的各种、各类、各层次方法以及它们之间的联系所进行的系统化梳理。以下总结了公共管理研究方法体系的现状、趋势和面临的问题。

1. 公共管理研究已经进入了多元方法论阶段。"一门科学的产生,必须有它的特殊对象,以及研究这种对象的特殊方法。因为,一门科学如果没有它自己专门的研究对象,就没有必要也不可能产生和发展;如果没有自己专门的研究方法,这门科学至少可以说还未真正建立起来,或者说只能依附于其他学科。"① 一般认为,伍德罗·威尔逊(Woodrow Wilson)在 1887 年发表《行政之研究》(*The Study of Administration*)主张"行政"是一个不同于"政治"和"宪法"的特殊领域,为行政学争得了自己的"学术地盘"。早期的行政学著作偏重论证行政的特殊性,并没有展开学科方法论意义上的反思,公共管理学方法论隐含在早期的经典著作中。1940 年,约翰·费富纳(John M. Pfiffner)出版了第一部公共行政学的研究方法教程,是公共行政研究方法的奠基者。

公共行政学方法论的争论最早源于 1938 年,罗伯特·哈钦斯(Robert Hutchins)和威廉·莫舍尔(Willian Mosher)展开的公共行政学是否应该成为一门学科来教育学生的大辩论,其中哈钦斯认为公共行政学是一个非常富有变化的领域,所以无法加以有系统的探讨,但是莫舍尔则指出公共行政学反而应该可以成为一门学科。② 公共行政学能否成为一门学科的探讨实质上涉及公共行政知识性质的定位,是一个认识论和方法论的问题。

20 世纪 40 年代开始,学者们开始自觉地对公共管理学的方法论进行反思,先后经历了三波反思和争论。第一波以西蒙为代表的实证主义和以德怀特·沃尔多(Dwight Waldo)为代表的规范主义之间的争论为焦点。两者就公共行政学是否是科学、公共行政的本体论、认识论和方法论等方面展开了旷日持久的

---

① 〔法〕迪尔凯姆:《社会学研究方法论》(胡伟译),北京:华夏出版社 1988 年版,第 2 页。
② 江明修:《公共行政学:研究方法论》,台北:政大书城 1997 年版,第 131 页。

争论。这场争论,加之学者们对公共行政的学术地位、研究范围、主题等方面认识的分歧,引发了公共行政学的"身份危机"①和"思想危机"②,并催生了诸如新公共行政、民主行政等行政理论。第二波以批判主义和实证主义之间的争论为焦点。1979 年罗伯特·登哈特(Robert Denhardt)针对西蒙的理性实证方法,将批判方法论引入公共组织的研究中,引发了实证方法论和后实证方法论之间的争论。③ 第三波以倡导方法论的整合为主要特征。1986 年杰·怀特(Jay White)提出后经验论哲学(postempiricist philosophy)用以整合公共行政研究的实证、诠释与批判三种取向。④ 斯托林斯(R. A. Stallings)则认为成功的研究应该整合经验主义传统的量化研究与现象学传统的质性研究。⑤ 中国台湾学者江明修⑥、颜良恭⑦等人则使用科学哲学的"范式"理论探讨了公共行政的多元方法论及其整合问题。

上述三波争论围绕以下五个问题展开:第一,公共行政学探讨对象的本质是什么?第二,公共行政学的核心议题是什么?第三,通过什么途径获得公共行政知识;第四,公共行政学是科学还是职业?第五,公共行政学的学术规范是什么?在对上述五个问题的争论、探讨和反思的过程中,公共管理学逐渐形成了实证主义方法论流派、技术设计方法论流派、评估研究方法论流派、诠释主义方法论流派和批判主义方法论流派。这些方法论流派在知识旨趣、科学类型、研究目的、研究价值、研究方式、核心议题、研究规范标准、知识发展和研究范例方面存在根本性的差异,共同支撑起了公共管理学术研究、公共管理咨询和公共管理实务的方法论天空。

2. 公共管理研究方法的结构失衡,无法回应公共管理实践领域的多样性。 公共管理研究多元方法论是对公共管理实践和公共管理知识类型多元化的回应。国内学者对公共管理研究方法论的探讨已经兴起,涌现了一批研究成果,公共管理研究方法的探讨日渐升温。但是目前国内的相关文献在介绍公共管理研究方法的时候,或多或少存在多元方法不均衡的情况,且少有揭示多元方

---

① Dwight Waldo,"Public Administration", *Journal of Politics*, 30, 1968.
② V. Ostrom, *The Intellectual Crisis in American Public Administration*, University of Alabama Press, 1973.
③ R. B. Denhardt, and K. G. Denhardt,"Public Administration and the Critique of Domination", *Administration and Society*, 1997, 11(1), pp.107—120.
④ White, J. D. "On the Growth of Knowledge in Public Administration", *Public Administration Review*, 1986, 46(1), pp.15—24.
⑤ Stallings, R. A.,"Doctoral Programs in Public Administration:An Outsider's Perspective", *Public Administration Review*, 1986, 46(2), pp.235—240.
⑥ 江明修:《公共行政学:研究方法论》,台北:政大书城 1997 年版。
⑦ 颜良恭:《典范概念与公共行政理论——科学哲学的应用与反省》,台北:时英出版社 1994 年版。

法之间的有机联系。目前,实证主义和科学主义仍是国内介绍公共管理研究方法的主导。通论性教材往往侧重介绍公共管理研究方法中"科学"研究的部分,主张公共管理研究的任务在于寻求公共管理客观事实中的经验性因果联系,通过变量之间关系的寻求,发现公共管理的一般规律。① 近年涌现出了一批定量分析类的教材和著作,比如:《公共管理定量分析方法》②、《公共管理数学建模方法与实例》③、《公共管理定量分析:方法与技术》④、《公共管理研究与定量分析方法》⑤。另外从国外翻译出版的著作有:《公共管理中的量化方法:技术与应用》⑥、《公共行政研究方法》⑦等。这些文献侧重介绍公共管理定量分析方法,反映了实证主义和科学主义范式居于主导地位的现状。与此相关,目前国内的MPA教育亦以"社会学研究方法"、"社会科学研究方法"、"社会研究方法"等课程作为公共管理专业的核心主干课,这些课程的主导方法也是实证主义和科学主义的,难以凸显公共管理研究方法论的多元性。事实上,公共管理研究是科学发现、技术设计(政策设计、制度设计、组织设计、机制设计等等)、公共评估、诠释和批判的统一,这些研究都是从公共管理问题开始的,有必要在公共管理问题类型学的基础上,将目光投向科学哲学、社会科学哲学、技术哲学、社会工程哲学等探讨方法论的相关学科,借鉴技术设计方法论、社会工程方法论、评估研究方法论和批判方法论框架,建构多元化的公共管理研究方法体系,以有效地回应公共管理实践的多样性。

3. **程序性方法与实质性方法之间存在鸿沟**。公共管理研究方法的著作可以分为以实质性方法论为主的著作和以程序性方法论为主的著作两类。程序性方法论的研究文献较为丰富,体系也较为成熟,比如盖尔·约翰森(Gail Johnson)⑧、伊丽莎白·苏利文(Elizabethann O'Sullivan)⑨、大卫·麦克纳布(David E.

---

① 吴建南:《公共管理研究方法导论》,北京:科学出版社2006年版。
② 陈永国:《公共管理定量分析方法》,上海:上海交通大学出版社2006年版。
③ 齐欢、代建民、齐翔:《公共管理数学建模方法与实例》,北京:科学出版社2006年版。
④ 袁政:《公共管理定量分析:方法与技术》(第2版),重庆:重庆大学出版社2006年版。
⑤ 范柏乃、蓝志勇:《公共管理研究与定量分析方法》,北京:科学出版社2008年版。
⑥ 〔美〕苏珊·韦尔奇、约翰·科默:《公共管理中的量化方法:技术与应用》(郝大海等译),北京:中国人民大学出版社2003年版。
⑦ 〔美〕伊丽莎白·奥萨利文、加里·R.拉萨尔、玛琳·伯勒:《公共行政研究方法》(彭勃、方卿、余祖军等译),上海:上海财经大学出版社有限公司2008年版。
⑧ Gail Johnson, *Research Methods for Public Administrators* (2nd Edition), M. E. Sharpe, 2009.
⑨ Elizabethann O'Sullivan, Gary R. Rassel, Jocelyn DeVance Taliaferro, *Practical Research Methods for Nonprofit and Public Administrators*, Longman, 2010; Elizabethann O'Sullivan, Gary R. Rassel and Maureen Berner, *Research Methods for Public Administrators* (5th Edition), Longman, 2007.

McNabb)①等人所著的公共管理研究方法著作。这些著作以选题、文献综述、理论建构、研究设计、资料收集、资料分析、报告撰写为经线,以定性和定量研究为纬线,共同编织起公共管理学程序性方法体系。但是程序性方法和实质性方法之间存在明显的鸿沟,少有文献探讨多元化的实质性方法和程序性方法之间的对应关系,加之程序性方法的著作大多以实证主义为主导,这导致了研究者从事公共管理研究的诸多困惑,比如:当我们从事一些属于技术设计类、诠释类、批判类、评估类的公共管理问题研究时,公共管理研究方法的教材难以提供有效的指导,甚至用实证主义的研究规范和标准衡量这些公共管理研究成果,形成了研究的方法论标准"越位"、"缺位"、"错位"的现象,造成了方法论标准的单一化和有些研究却没有有效的方法论指导的尴尬局面。

4. 公共管理学术研究、咨询和实务脱节。公共管理研究包括公共管理学术研究、公共管理实务、公共管理咨询三种形态,但实践中明显存在三者脱节的情况。学者们撰写大量的论文,充斥着繁杂的统计数据和生僻的词语,却往往被束之高阁。公共管理咨询提出的政策建议,往往与学者们的高深研究难以接轨。总之,我们很容易感受到现实中的理论工作者、政策咨询和研究者、管理实务工作者之间的脱节。究其原因之一是对三者统一的公约数缺乏坚实的理论共识。事实上,公共管理学术研究、公共管理咨询和公共管理实务都是研究的三种形态,它们的共性和公约数是解决公共管理问题。一般而言,公共管理学术研究重点关注科学发现类、评估类、诠释类和批判类问题。实证主义、诠释主义、批判主义和评估研究方法是其常用的方法论框架。② 公共管理实务是公共管理实践问题解决的过程,其本质是公共管理者运用适当的途径——诸如战略设计、政策制定、制度体制和机制设计、管理工具——弥合公共管理主体需求与现实之间的差距。虽然公共管理实务以公共管理学术研究提供的相关知识为基础,但是公共管理实务的方法论框架与公共管理学术研究的方法论框架存在本质的差异,公共管理实务的方法论框架实质上是技术设计的方法论框架。公共管理咨询指公共管理咨询组织或个人,使用科学的方法和程序,为那些有咨询需求的相关部门提供学术性知识和实践问题的解决方案。公共管理咨询所使用的方法论框架并不是单一的方法论框架,往往通过综合运用公共管理学术研究和实践问题解决的方法论框架,为顾客提供知识、技术、理解等方面的知识

---

① David E. McNabb, *Research Methods in Public Administration and Nonprofit Management: Quantitative and Qualitative Approaches*, M. E. Sharpe, 2008.

② 目前很多公共管理研究方法的教材和著作主要集中于实证主义和评估研究方法,对诠释主义和批判主义方法涉及较少,本书将较为全面地展示公共管理学术研究的方法论框架。

和服务。

  5. 公共管理方法的学术关注度失衡。"公共管理方法"一词可以做广义理解和狭义理解。广义的公共管理方法是公共管理领域中思维方法、行动方法、研究方法的总称。狭义的公共管理方法则指公共管理实践或公共管理实务活动的方法,属于行动方法的范畴,即公共管理主体进行公共管理活动过程中使用的认识工具(比如战略管理中 SWOT 分析模型、钻石模型、利益相关者分析)和行动工具(全面质量管理、合同外包、凭单制等制度、机制、程序、手段和技术等管理手段)的总称。

  公共管理领域中思维方法、行动方法、研究方法,虽侧重点不同,但是在公共管理问题解决这一点上是共通的。公共管理研究的知识形态构成公共管理学科,公共管理研究的知识也为公共管理活动提供支撑,从这个意义上说,公共管理研究方法是公共管理学方法和公共管理行动方法的前提和基础。

  目前国内已经出版了一批研究公共管理行动的技术、手段和工具的著作。比如《公共管理的方法与技术》①、《公共管理方法:原理与案例》②、《公共管理方法与技术》③、《公共管理中的方法与技术》④等等。但目前关于公共管理学科方法和研究方法的著作仍然较少,公共管理"行动研究"(action research)的著作更是少见,出现了公共管理思维方法、行动方法和研究方法学术关注度失衡的局面,有必要从公共管理研究方法入手,寻求公共管理方法的共同基础,提高公共管理学科认同度。

  6. 公共管理知识生产缺乏合理的标准和规范。20 世纪 80 年代以来怀特(J. D. White)⑤、佩里和克雷默(J. L. Perry & K. L. Kraemer)⑥、斯托林斯(R. A. Stallings)⑦、斯托林斯和费里斯(R. A. Stallings & J. M. Ferris)⑧、贝利(M.

---

  ① 魏娜:《公共管理的方法与技术》,北京:中国人民大学出版社 2004 年版。
  ② 魏娜:《公共管理方法:原理与案例》,北京:对外经济贸易大学出版社 2008 年版。
  ③ 雷叙川主编:《公共管理方法与技术》,成都:西南交大出版社 2007 年版。
  ④ 魏娜、张璋:《公共管理中的方法与技术》,北京:中国人民大学出版社 2009 年版。
  ⑤ J. D. White, "Dissertations and Publications in Public Administration", *Public Administration Review*, 1986, 46(3), pp. 227—234.
  ⑥ J. L. Perry, and K. L. Kraemer, "Research Methodology in the Public Administration Review, 1975—1984", *Public Administration Review*, 1986, 46(2), pp. 215—226.
  ⑦ R. A. Stallings, "Doctoral Programs in Public Administration: An Outsider's Perspective", *Public Administration Review*, 1986, 46(2), pp. 235—240.
  ⑧ R. A. Stallings, and J. M. Ferris, "Public Administration Research: Work in PAR, 1940—1984", *Public Administration Review*, 1988, 48(1), pp. 580—586.

T. Bailey)①、亚当斯和怀特(G. B. Adams & J. D. White)②等人开展了对公共行政博士论文和期刊论文的主题、研究方法、质量标准等方面的评估研究。中国台湾学者孙同文(1986)③、江明修(1986)④、詹中原(2003)⑤、吴颖年(2006)⑥等学者对台湾地区的公共行政论著做了文献评估分析。

从20世纪90年代开始,中国很多学者开始从不同角度反思和探讨公共管理知识生产的规范、标准和方法论问题。比如:张成福(1993,2007)对中国公共行政合法性危机的关注。⑦ 周志忍(2004),郭小聪、肖生福(2006)等人探讨了中国行政学学科和学科整合问题。⑧ 袁达毅(2002)、马骏(2006)、刘亚平(2006,2008)、何艳玲(2007)等人对中国公共行政"危机"进行了分析。⑨ 麻宝斌、李广辉(2005)倡导公共行政中层理论。还有一批学者则对行政哲学进行了持续的关注。张梦中和马克·霍哲(2001)⑩,董建新、白锐、梁茂青(2005)⑪,何艳玲

---

① M. T. Bailey,"Do Physicists Use Case Studies? Thoughts on Public Administration Research",*Public Administration Review*,1992,52(1),pp. 47—54.

② G. B. Adams, and J. D. White,"Dissertation Research in Public Administration and Cognate Field:An Assessment of Methods and Quality",*Public Administration Review*,1994,54(6),pp. 565—576.

③ 孙同文:《台湾公共行政研究成果的回顾与评估》,《暨南大学学报》1986年,第2卷第1期,第133—159页。

④ 江明修、陈玉山、王雯玲:《公共行政研究之本质、标准、议题与知识成长:方法论的观点》,《中国行政评论》1996年第5卷2期。

⑤ 詹中原:《新公共政策:史、哲学、全球化》,台北:华泰,2003年。

⑥ 吴颖年:《台湾公共行政研究领域与研究方法之分析—以1997至2006年硕士论文为例》,世新大学行政管理学研究所,硕士论文,2006年。

⑦ 张成福:《发展、问题与重建:论面向21世纪的中国行政科学》,《政治学研究》1996年第1期,第57—62页。

⑧ 周志忍:《论公共管理的学科整合:问题、挑战与思路》,《北京大学学报》(哲学社会科学版)2004年4期。郭小聪、肖生福:《对中国行政学学科建设:困境与出路》,《中国人民大学学报》2006年第6期,第147—152页。

⑨ 袁达毅:《中国行政学的危机与出路》,《江西行政学院学报》2002年第2期,第17—19页。马骏:《中国公共行政学研究的反思:面对问题的勇气》,《中山大学学报》2006年第5期,第73—76页。刘亚平:《公共行政学的合法性危机与方法论径路》,《武汉大学学报》2006年第1期,第102—106页。刘亚平:《公共行政中的对策研究:批判与反思》,《中国人民大学学报》2008年第2期,第71—78页。何艳玲:《危机与重建:对我国行政学研究的进一步反思》,《中国人民大学学报》2007年第4期,第12—15页。

⑩ 张梦中、马克霍哲:《公共行政学研究方法论》专栏总序,《中国行政管理》2001年第8期,第40—41页。

⑪ 董建新、白锐、梁茂春:《中国行政学方法论分析:2000—2004》,《上海行政学院学报》2005年02期。

(2007)①,陈辉(2008)②,常健、郭薇(2008)③,陈振明、李德国(2008)④等人对公共行政期刊论文或博士论文进行了内容分析,尝试提炼出已有公共管理研究成果的学术规范等。

上述研究表明:公共管理知识生产仍然面临缺乏合理的标准和规范的局面,实证主义的学术规范,只适合于对部分公共管理研究成果进行评价,还有大量的研究成果并不能纳入实证主义研究的方法论框架,需要深化公共管理研究方法体系的认识,在公共管理多元方法的框架下,建立多样化、合理、适宜的公共管理知识生产标准和规范。

二、以公共管理问题类型学为基础的公共管理研究方法体系

作为对上述六个问题的回应,本书建构了以公共管理问题类型学为基础的公共管理研究方法体系。

1. **问题**。问题是一个认识论的概念,反映了主观与客观之间的认知矛盾。专门探讨问题的学问称为"问题学"。问题学是科学哲学、技术哲学和社会哲学等领域共同关注的方法论研究领域。问题学以问题为核心,重点探讨问题的类型、问题的逻辑、问题的本质、问题与科学进步的关系、问题与科学发现、问题与技术设计、问题解决与实践等方法论问题。问题是科学研究的起点、是科学不断发展的纽结、科学活动的本质特征,换言之,"以问题为导向"进行研究已经成为公共管理学界的共识。但是公共管理问题包括哪些类型,每种类型的公共管理问题对应的研究方法是什么? 在理论界和实务界尚无一个完美的答案。为了寻求这一答案,本书基于公共管理已有的文献,采用内容分析的方法,在界定公共管理问题本质、构成等基本内容的基础上,提供了公共管理问题类型学的构想。

2. **公共管理问题类型学**。类型学(typology),或称作分类学(taxonomy),即研究者结合两个或两个以上单一维度的简单概念,然后由简单概念的交叉形成新的概念。类型学分析的关键是找出反映分析对象本质特征的两个或两个以上维度,然后形成交叉分析图。类型学的研究在公共管理学中已经是司空见

---

① 何艳玲:《问题与方法:近十年来我国行政学研究评估(1995—2005)》,《政治学研究》2007年第1期,第93—104页。以及何艳玲的系列主题论文。
② 陈辉:《我国行政学研究评估:基于高校学报的分析》,《公共管理研究》(第六卷):上海:上海人民出版社、格致出版社2008年版,第181—191页。
③ 常健、郭薇:《中国行政管理学研究状况的文献计量学分析》,《南开学报》(哲学社会科学版)2008年第05期。
④ 陈振明、李德国:《我国公共行政学博士学位论文的质量评估与比较分析》,《公共行政评论》2009年第2期。

惯的事情了。既然问题是科学研究的起点,根据问题的特性对问题进行分类,形成公共管理问题类型学,将有助于深入理解不同类型公共管理问题的结构,为问题的提出、问题的分析和问题的求解奠定基础。公共管理问题类型的划分需要兼顾问题类型学研究的一般知识,又要根据公共管理研究的特性进行。本书在对公共管理问题进行类型化处理的时候,从问题的定义——"某个给定过程的当前状态与智能主体(人或机器)所要求的目标状态之间存在的差距"——出发,根据"差距"的本质特征对问题进行类型化的划分。按照大卫·休谟(David Hume)揭示的事实和价值二分的原则,我们可以将问题中所含的"差距"分为"事实性差距"和"价值性差距"两个维度。可以用如下的坐标图定位公共管理问题的各种类型:

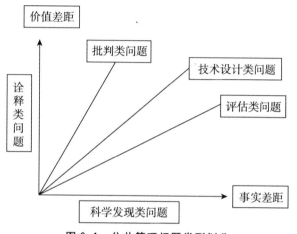

图 0-1　公共管理问题类型划分

在价值差距和事实差距的二维坐标中。(1)那些纯粹涉及价值差距的问题属于诠释类问题,对诠释类问题的解答,往往使用诠释主义的方法,形成诠释类知识。诠释类知识旨在促进人与人之间的理解和沟通,表现为挖掘、阐发、建立和确证一种价值。(2)那些纯粹涉及事实差距的问题是科学发现类问题,科学发现类问题往往使用实证主义的方法,探索经验世界的状态、发展、变化,寻找经验世界中存在的联系。(3)价值与事实之间的差距分别会产生技术设计类问题、批判类问题和评估类问题。

3. 公共管理问题类型划分与公共管理研究方法体系。公共管理问题类型的差异导致了公共管理研究旨趣、知识类型、哲学基础、方法论等方面的差异。换言之,不同类型的公共管理问题,要求不同的问题解答逻辑,从而形成多元的公共管理研究方法体系。这一思想贯穿在全书的始终,是本书的立论之基,包括以下要点:

第一,公共管理问题类型的差异决定了公共管理研究表现形态的多样性。公共管理研究活动并不仅仅是书斋里和实验室中教授和研究员们进行的活动。公共管理研究活动就如我们常说的"学习"一样,在不同阶段,在不同组织中,以不同形式广泛地存在着。在研究机构从事基础研究和应用研究是公共管理研究的一种形式;在公共部门从事公共管理实务的实际工作者,也在不断地解决简单或复杂的公共管理问题,当他们应对一些令人疑惑、难以解决的公共管理问题时,也需要进行公共管理研究;在公共部门和非公共部门从事公共管理政策咨询的人也需要回答公共管理问题,从而也会进行公共管理研究。总之,公共管理学术、实务和咨询都是研究活动,只是问题的难度、问题的指向、问题的类型存在差异。本书尝试根据公共管理问题类型的划分,总结公共管理研究的三种形态的方法论框架。

第二,公共管理问题类型的划分是公共管理研究的第一步。"科学研究始于问题"这个命题所说的研究和问题属于"自然科学"领域。但是公共管理研究远远比自然科学的研究复杂,公共管理活动中同时包含了事实因素、价值因素和两者之间的交互作用。公共管理研究可能是科学问题亦可能是技术问题、评估问题、诠释问题和批判问题。不同问题类型在问题结构方面存在根本的差异,因此对这一问题求解的方法论框架也会存在根本的差异。如果用解决诠释类问题的方法去解决科学发现类问题,应该无法获得求解答案,因为他们的求解目标和应答域都不一样。比如:"公共部门规模与GDP之间到底存在什么关系?""公共部门应该追求什么价值?""通过什么方式才能提高政府的效率?"这三个问题分属科学发现类问题、诠释类问题和技术设计类问题,它们的解答逻辑是不同的。因此,准确地定位公共管理问题类型是公共管理研究的第一步,制约着公共管理研究的方向和路径。

第三,公共管理问题类型决定了公共管理方法论的选择。研究方法论的差异是研究哲学层面的差异,不同的研究方法论以不同的本体论、认识论和价值论为基础,不同的方法论产生不同属性的知识,不同属性的知识亦需要通过适当的方法论获得。比如要获得诠释类的公共管理知识,就需要以诠释学的方法论作为研究的哲学基础,使用现象学、人类学、民族志等质性研究方法展开研究。如果要获得规律性的实证知识,则需要使用实证主义作为研究的哲学基础,使用实验法、调查法等实证方法展开研究。如果采用实证主义的方法去解答诠释类问题,就犯了研究问题和方法论不匹配的错误。总之,公共管理问题类型决定了公共管理方法论的选择。

第四,公共管理问题类型决定了公共管理研究设计。公共管理问题的类型,决定了公共管理问题的结构,并进一步决定了公共管理问题的解决思路、求解路径、求解方式、求解结果以及对求解结果的评价。公共管理研究设计作为研究的蓝图和规划而言,需要对问题的结构、问题的求解和问题求解结果的评价加以详细的阐述。问题类型决定了研究设计的类型。按照问题类型的差异,可以将公共管理研究设计分为科学发现类的研究设计、技术设计类的研究设计、评估类的研究设计、批判类的研究设计和诠释类的研究设计。这几类研究设计的具体内容我们会在随后的章节专门阐述。

第五,公共管理问题类型的划分弥合了公共管理理论和实践的鸿沟。公共管理学具有很强的实践性和应用性,在美国的教育学科分类中,将公共管理类学科划入职业性的应用性学科范畴。公共管理的理论研究者和公共管理实务者之间往往是不同的群体,但这并不意味着,公共管理理论和实践可以分离,并不意味有纯粹的公共管理理论,或者纯粹的公共管理实践。实际上,将公共管理理论和实践融合起来的桥梁就是公共管理问题,对公共管理问题类型进行深入的分析,就能寻找到公共管理理论和实践沟通的具体的、历史的、特殊的通道。无论是从事理论研究的工作者,还是从事实务的工作者,都需要有问题意识,根据问题的类型采用不同的方法,获得问题的答案。从收集信息、发现问题、寻求问题解决的方案、问题最终解决的过程来看,理论工作和实践工作是紧密连接、相互渗透、相互启发的过程,问题及其问题的类型是沟通公共管理理论和实践的桥梁。

第六,公共管理问题类型的差异也决定了公共管理学术研究成果的评价标准和规范的多样性。为了充分地展示公共管理问题类型、方法论、知识形态、研究成果评价标准与规范的对应性,本书基于公共管理研究的成果,通过议题归纳和例文解析的形式,展示了多元化的公共管理研究方法如何体现在公共管理的研究成果中。比如在对公共管理实验研究方法的议题进行归纳的时候,本书选取了大量公共管理文献作为样本进行分析:对于英文期刊样本,选择了在公共行政(PA:Public Administration)、公共政策(PP:Public Policy)、公共预算和财政(PB & F:Public Budgeting and Finance)、公共人事管理(PPA:Public Personnel Administration)、公共组织研究(POS:Public Organization Study)五个核心领域排名前十的期刊,包括了《管理与社会》(*Administration & Society*)、《美国公共行政评论》(*American Review of Public Administration*)、《加拿大公共行政》(*Canadian Public Administration*)、《评估评论》(*Evaluation Review*)、《财政责任与管理》(*Financial Accountability and Management*)、《人事关系》(*Human Relations*)、《国际公共行政期刊》(*International Journal of Public Administration*)、《管理研究期刊》(*Journal of Management Studies*)等知名期刊。① 外文博士论文则进入 ProQuest 学位论文库进行检索作为样本。中西文论著等文献,通过北京大学图书馆、国家图书馆、美国国会图书馆、亚马逊图书网直接进行检索。本书还选取了数十篇英文博士论文或期刊作为方法论运用的例文进行解析,为读者学习方法、进行论文写作提供直接的参考范例。

三、本书的基本内容、特色和意义

本书以"基于公共管理问题类型学的公共管理研究方法体系"作为理论基础,力图体现以下特色:

1. **以公共管理问题类型学作为公共管理方法论体系建构的基础。**好的问题和好的选题是公共管理研究成功的开始,不同的问题类型需要配以不同的研究设计。据此本书在吸收公共管理理论研究成果的基础上将公共管理问题分为科学发现类问题、技术设计类问题、评估类问题、诠释类问题和批判类问题。不同类型的公共管理问题有与之匹配的研究设计、资料收集和分析、论文写作的套路。比如,本书第一编论述了公共管理问题类型学的哲学基础,以公共管理问题类型学为基础梳理了公共管理研究方法论流派,阐明了公共管理问题类型与公共管理理论之间的关系。第二编阐述了不同类型公共管理问题的逻辑、构成、解答等内容。第三编则阐述了不同类型公共管理问题对应的不同研究设计的逻辑和框架。第四编和第五编在公共管理问题类型学的基础上,归纳总结了公共管理议题与公共管理基本研究方式之间的联系等等。总之,本书各个篇章都贯穿着公共管理问题类型学的主线。

2. **全面阐述了公共管理研究的多元方法。**本书力图反映出公共管理研究方法多元化发展的趋势,分别探讨了技术设计方法流派、评估研究方法流派、诠释研究方法流派和批判研究方法流派,尝试从公共管理研究问题、文献综述、研究设计、资料收集、资料分析、研究成果撰写各个环节,展开不同方法流派的不同研究方法。虽然对这些流派的论述还具有概论性,但已经迈出了翔实阐明公共管理研究方法多元并存、共生发展格局的第一步。

3. **充分体现公共管理学科特性。**公共管理学应该包含公共管理理论和公共管理方法论两个支柱,公共管理方法论是形成公共管理理论的哲学、认识途径、认识逻辑和认识方式。本书在第一编中用了三章总结和归纳了公共管理学和公共管理研究的知识类型、哲学基础、方法论体系和方法论流派,阐述了公共管理理论建构与检验,展示了公共管理自身不同于其他学科的方法论的逻辑和

---

① Forrester & Watson,"An Assessment of Public Administration Journals:The Perspective of Editors and Editorial Board Members", *Public Administration Review*, September/October, 1994, 54(5), pp. 474—482

历史。第二编探讨了公共管理问题类型的划分和问题解答的逻辑等内容。第三编根据公共管理问题类型的划分阐述了不同问题类型对应的研究设计。第四编和第五编所使用的案例、研究方法适用的公共管理议题归纳都是基于公共管理领域的论著、论文和报告。通过扎根式的归纳,阐释公共管理学自身的方法论,是本书一以贯之且费力最多的地方。与扎根式的归纳逻辑相对应,本书的诸多篇章亦遵循了一般性的科学研究方法运用于公共管理的演绎逻辑。在第三编探讨公共管理研究设计的时候,将研究设计分为质性研究设计和定量研究设计两类,这是社会科学研究设计的一般性划分,两种研究设计的逻辑也普遍适用于社会科学研究。本书在阐述社会科学研究设计的一般思路的基础上,使用公共管理的案例加以说明,体现一般运用于特殊。第四编和第五编的内容也是首先阐述一般,然后运用公共领域的研究成果阐明这些方法在公共管理领域的运用。总之,本书立足公共管理学科,紧密与公共管理领域的研究结合,通过归纳和演绎的结合,力图充分体现公共管理学科的个性。本书既是一本阐述公共管理自身独有的方法论的书,也是一本展示了一般性的科学研究方法如何运用于公共管理研究的书。

4. 内容和结构的集成性。 集成有汇集诸家之意,强调将一些零散、孤立的事物或元素通过某种特定的结构和框架集中在一起,形成新的联系,产生新的功能。本书在编写线索和结构方面体现了集成性。

很多有关社会科学研究方法的教材都会贯穿两条线索:一条是社会研究过程的线索,另一条是定性、定量研究类型的线索。本书在这两条线索的基础上,针对公共管理学科的特性对此框架进行扩充新加入了两条线索。

首先,加入公共管理问题类型的线索:将公共管理问题细分为科学发现类问题、技术设计类问题、评估类问题、诠释类问题和批判类问题,在公共管理问题类型划分的基础上讨论公共管理研究过程。本书还通过公共管理问题类型这一线索将公共管理规范研究与实证研究、质性研究和定量研究有机地联系起来,避免了偏重某一方面的偏颇。

其次,加入论文、著作、研究报告写作的线索。本书研究方法的概括是建立在已有公共管理研究成果基础之上的,因此本书在进行研究方法讲解的时候遵循公共管理已有研究文献,通过公共管理研究成果展示公共管理研究方法的原则,在整本书中贯穿了论文、著作和研究报告写作的红线,从而将研究成果的呈现和研究方法的每个环节紧密地结合起来。

总之,本书不单纯是一本研究方法论的理论著作,同时还是一本从研究方法论的角度审视公共管理理论成果的著作;亦是一本指导研究者进行公共管理研究,引导实务工作者思考公共管理实践问题,帮助管理咨询者提出公共管理咨询建议的战略蓝图;还是一本规范公共管理论著写作,提高公共管理论著质量的操作指南。这种集成使得本书从公共管理研究方法大系的角度编撰教材,使本书能够与公共管理理论类课程、应用统计类课程、论文撰写类课程、管理咨询类课程接轨,从而使本书与公共管理知识体系结构中的其他知识模块良好融合。

5. **知识的可拓展性**。集成性使得本书可以以简练的方式浓缩公共管理方法的全貌,为公共管理方法论的研究提供一个旅游缩略图、沙盘模型或者纲要。集成的各个要素及其要素之间的联系还可以进一步深入研究,从而为"公共管理研究方法"作为一个研究领域提供了可能的框架。比如,本书第二章公共管理研究方法论流派和争论仅仅集成性地阐述了公共管理技术设计学派的基本框架和历史演变,未来,完全可以深入全面地探讨公共管理技术设计学派的方法论。再如,第十五章公共管理评估研究,仅仅集成性地、引论性地对公共管理评估研究进行了介绍,随后,笔者将在《公共管理评估学》中做进一步的探讨。

6. **实用性**。本书在简明扼要地阐述公共管理研究方法的基础上,以例文解析的形式为公共管理论著写作、研究报告撰写提供"指南式"和"范本式"的参考。全书共34处公共管理领域的例文解析,8处资料专栏,61张图示,78张表格,这些内容极大地增加了该书的信息含量,提高了该书的实用性,将有助于研修者发表与国际接轨的高质量论文,有助于管理咨询工作者和实务工作者撰写公共管理研究报告。

为了便于教学与研修,本书附光盘一张。光盘内容包括各章例文解析、第六编第十七章公共管理研究成果写作与发展等内容。本书印刷部分会标示例文解析的序号与题名,具体内容需到光盘阅读,这既保证了全书脉络清晰,又扩充了教学与研修的内容,这样做既为教师进行例文讲解提供了素材与示范,也为不同层次学生的修习提供了便利。

本书由曹堂哲负责大纲、框架的设计和统稿,全书分为六编十七章。第五章和第十章由首都师范大学的李春博士提供原稿。曹堂哲完成了其他所有的篇章和相关内容。

本书在写作中力图用公共管理问题类型学作为全书的理论基础,以问题类型学为纽带,将公共管理理论和实践联系起来;将公共管理学科方法论和程序性方法连接起来;将公共管理学术研究、公共管理咨询、公共管理政策研究、公共管理实践问题解决在方法论意义上统一起来。这种以问题类型学为基础的公共管理研究方法体系或许有助于公共管理超越"范式危机""认同危机"和"学科危机",有助于公共管理学科逻辑的建构,有助于增进公共管理学科的内聚力。

前　言

基于上述探索过程，近些年，我在给本科生和研究生讲授社会研究方法、公共政策前沿专题、公共部门战略管理等课程的基础上，经过三年多的集中研究和写作，完成了这本书。但是由于精力和水平所限，有些部分仍停留在运用公共管理例文说明一般研究方法的阶段，扎根于公共管理文献还不够深入。越是写作，越是觉得所知太少，原来的理想也越加显得难以在短期内实现，只能在无限的求索中暂时做一总结，以待日后的进一步探索。本书在写作中吸收和借鉴了大量的著作、论文、研究报告，并在行文中力求翔实注出，在此深表感谢，但难免会有疏漏，还请见谅，并与我联系。感谢恩师张国庆教授、马庆钰教授、申仲英教授、张再林教授给予的指导与启迪。特别感谢中央财经大学政府管理学院院长赵景华教授对本书的指导、支持与帮助。本书的研究得到了"中央财经大学121人才工程青年博士发展基金"的资助。感谢赵景华教授、王健教授、徐焕东教授对本项研究的评审，以及孙静博士对定量研究部分的审阅。感谢北京大学出版社社科编辑部主任耿协峰博士和倪宇洁女士给予的支持和帮助，他们严谨认真、精益求精的编校修改提升了本书的出版质量。

本书写作的核心思想和框架，还处于探索中，很多内容还值得探讨，本书稍后会建立网络教学和研究的沟通平台，欢迎各位专家和同行指正，我的联系信箱是 caotangzhe@163.com。

曹堂哲
2009年1月草拟
2012年8月修订

目录

第一编　公共管理研究方法的理论基础

第一章　公共管理研究和公共管理知识类型　2
- 第一节　公共管理研究的特性　2
- 第二节　公共管理研究的逻辑与步骤　17
- 第三节　公共管理研究的哲学基础　20
- 【延伸阅读】　32

第二章　公共管理研究的方法体系与方法论流派　33
- 第一节　公共管理研究方法和方法论概述　33
- 第二节　公共管理研究方法体系的三维结构　40
- 第三节　公共管理研究方法论流派　48
- 第四节　公共管理研究方法论争论的焦点议题　67
- 【延伸阅读】　70

第三章　公共管理研究中的理论建构与理论检验　78
- 第一节　理论和公共管理理论概述　78
- 第二节　公共管理研究中的理论解释　86
- 第三节　公共管理研究中的理论建构　92
- 第四节　公共管理研究中的理论检验　97
- 【延伸阅读】　101

第二编　公共管理研究的开始

第四章　公共管理研究的开始：选题与问题类型学　103
- 第一节　公共管理研究的选题和问题　103

第二节　公共管理研究问题的结构和逻辑　　110
　　第三节　公共管理问题类型学概述　　123
　【延伸阅读】　　125

第五章　公共管理研究的文献回顾　　126
　　第一节　公共管理研究中文献回顾概述　　126
　　第二节　公共管理研究中文献回顾的实施流程与规范　　133
　　第三节　公共管理文献回顾的例文解析　　150
　【延伸阅读】　　150

第三编　公共管理研究设计

第六章　公共管理研究设计　　153
　　第一节　公共管理研究设计概论　　153
　　第二节　公共管理研究设计的逻辑　　163
　　第三节　公共管理研究设计的基本框架　　167
　　第四节　公共管理研究设计与开题报告　　172
　【延伸阅读】　　179

第七章　定量的公共管理研究设计　　180
　　第一节　定量研究设计中的测量　　180
　　第二节　定量研究中观察对象的选取　　190
　　第三节　定量研究设计中的信度与效度　　198
　　第四节　定量研究中的时间和变异问题　　206
　【延伸阅读】　　208

第八章　质性的公共管理研究设计　　209
　　第一节　质性研究中的研究问题和研究目的　　209
　　第二节　质性研究的概念框架　　212
　　第三节　质性研究中的研究方法　　213
　　第四节　质性研究设计中的质量评价　　215
　　第五节　质性研究的范式和传统　　219
　【延伸阅读】　　223

第四编　公共管理研究资料收集和分析

第九章　公共管理研究中的实验法　　225
　　第一节　公共管理实验研究概述　　225
　　第二节　实验研究设计的基本框架和基本问题　　230

第三节　公共管理实验研究的基本议题　　244
　　第四节　公共管理实验研究法的例文解析　　253
　　【延伸阅读】　　254

第十章　公共管理研究中的调查法　　255
　　第一节　公共管理调查研究概述　　255
　　第二节　公共管理调查研究的实施流程和关键问题　　262
　　第三节　公共管理调查研究的主要议题　　269
　　第四节　公共管理调查研究方法的例文分析　　281
　　【延伸阅读】　　282

第十一章　公共管理研究中的实地研究和案例研究　　283
　　第一节　实地研究和公共管理实地研究概述　　283
　　第二节　案例研究和公共管理案例研究概述　　290
　　第三节　公共管理案例研究的类型和步骤　　301
　　第四节　公共管理研究方法的成果和例文解析　　308
　　【延伸阅读】　　310

第十二章　公共管理研究中的非介入性方法（上）：内容分析、
　　　　　二次分析和元分析　　311
　　第一节　非介入性研究概述　　311
　　第二节　内容分析法　　315
　　第三节　现存统计数据的二次分析　　325
　　第四节　元分析　　330
　　【延伸阅读】　　335

第十三章　公共管理研究中的非介入性方法（下）：历史方法和
　　　　　比较方法　　336
　　第一节　历史方法　　337
　　第二节　比较方法　　343
　　第三节　历史比较方法　　357
　　【延伸阅读】　　365

第十四章　公共管理研究中的定性与定量资料分析　　366
　　第一节　公共管理研究资料分析概述　　366
　　第二节　公共管理质性资料分析　　368
　　第三节　公共管理定量资料分析　　377
　　【延伸阅读】　　381

第五编 公共管理综合研究领域

第十五章 公共管理评估研究 384
- 第一节 公共管理评估研究概述 384
- 第二节 评估研究的范式、途径和模型 392
- 第三节 公共管理评估研究的基本框架和基本问题 401
- 第四节 公共管理评估研究的基本议题和例文解析 413
- 【延伸阅读】 418

第十六章 公共管理研究中的系统研究方法 419
- 第一节 系统与系统科学概述 419
- 第二节 系统方法概述 423
- 第三节 公共管理研究系统方法的流程和关键议题 431
- 第四节 系统方法在公共管理研究中的运用 439
- 【延伸阅读】 445

图、表、资料专栏目录

图

图 1-1	科学过程中的主要信息成分、方法控制和信息转换	17
图 1-2	研究的一般步骤	20
图 3-1	公共管理理论范围定位	85
图 4-1	选题逻辑过程图	103
图 4-2	提出问题的途径	119
图 4-3	约翰逊的问题解决模型	123
图 5-1	公共管理研究中文献回顾的操作流程	134
图 5-2	文献的论证架构	139
图 5-3	一对一推理	140
图 5-4	联合推理	141
图 5-5	并行推理	142
图 5-6	链式推理	142
图 5-7	论证推理过程中的逻辑规则	143
图 5-8	文献回顾中研究问题提出过程	144
图 5-9	文献卡片形式之一	147
图 5-10	文献卡片目录	147
图 6-1	研究设计中的主要变量	154
图 6-2	定量研究的设计过程	156
图 6-3	马克斯威尔质性研究设计的橡皮圈模型	157
图 6-4	研究设计的过程模型	160
图 7-1	概念化和操作化过程	183
图 7-2	效度的类型	202
图 9-1	实验研究的综合分类图	236
图 9-2	单组后测设计	237
图 9-3	单组前后测设计	237
图 9-4	静态组比较设计	237

图 9-5	随机化控制组后测实验设计	238
图 9-6	随机化控制组前测后测实验设计	238
图 9-7	所罗门四组设计	238
图 9-8	不等组前后测实验设计	239
图 9-9	单组时间序列设计	239
图 9-10	平衡对抗设计	240
图 9-11	AB 设计、ABA 设计和 ABAB 设计	240
图 9-12	多基准线设计	241
图 10-1	调查研究的行动框架	264
图 10-2	调查问卷中关联问题的格式设计	266
图 11-1	多案例研究实施过程	302
图 12-1	非介入性研究在研究方法体系中的定位	313
图 12-2	英奇和莫尔总结的内容分析步骤	319
图 12-3	哈瑞斯总结的内容分析的步骤	319
图 12-4	纽多夫总结的内容分析的步骤	320
图 12-5	现存统计资料分析步骤	328
图 13-1	比较研究的步骤	352
图 14-1	质性与定量资料分析的整合	368
图 14-2	质性分析方法的类型学	372
图 14-3	资料分析的连贯模式	374
图 14-4	资料分析的互动模式	374
图 14-5	质性资料分析的抽象阶梯模式	376
图 14-6	定量资料分析的类型	379
图 15-1	评估的时间段和逻辑模型	389
图 15-2	评估理论之树	394
图 15-3	评估研究设计流程图	404
图 15-4	评估方法光谱	406
图 16-1	软系统方法的基本步骤	428
图 16-2	综合集成方法示意图	429
图 16-3	基于数字空间的综合集成研讨厅示意图	430
图 16-4	总体设计部示意图	431
图 16-5	政治生活的系统分析图	436
图 16-6	克朗的政策系统分析模型	438
图 16-7	帕顿和沙维奇的政策系统分析模型	439

表

编号	名称	页码
表 1-1	公共管理研究旨趣、知识类型、哲学基础和方法论、问题类型的关系	12
表 1-2	公共管理研究中的基础研究和应用研究	13
表 1-3	公共管理研究中的探索、描述和解释研究	14
表 1-4	公共管理研究中的量化研究和质性研究	15
表 1-6	科学哲学流派	23
表 1-7	社会科学哲学流派比较	28
表 2-1	方法论的分类	39
表 2-2	方法和方法论的区别	39
表 2-3	科学发现类公共管理研究方式比较	42
表 2-4	公共管理研究问题类型与方法体系的逻辑维度之间的联系	44
表 2-7	方法论流派的分类	49
表 2-8	公共管理规范命题的政治哲学途径	54
表 2-9	西蒙和沃尔多关于行政学是科学还是职业的争论	73
表 3-1	理论与意识形态的区别	79
表 3-2	范式、理论和概念框架的区别	93
表 4-1	疑问、领域、主题、议题和问题的区别和联系	104
表 5-1	2012年度SSCI收录公共管理学科领域的期刊目录(46种)	130
表 6-1	研究设计的元素及其选择	155
表 6-2	定量研究设计与质性研究设计的区别	160
表 6-3	实证研究设计与规范研究设计的区别	162
表 6-4	研究资料性质与研究方式之间的关系	165
表 6-5	研究方式和研究技术之间的对应关系	166
表 6-6	定量的科学发现类开题报告	174
表 6-7	质性的科学发现类的开题报告	175
表 6-8	质性定量综合的开题报告	175
表 6-9	技术设计类的开题报告格式	176
表 6-10	评估类研究的开题报告格式	177
表 6-11	诠释类研究的开题报告格式	177
表 6-12	批判类研究的开题报告格式	178
表 7-1	测量层次的差异	182

表号	标题	页码
表 7-2	测量层次与统计方法之间的关系	182
表 7-3	2009年部委网站绩效评估指标体系（部分）	184
表 7-4	指数和量表的区别和联系	185
表 7-6	概率抽样和非概率抽样的主要区别	192
表 7-7	95%置信水平下不同抽样误差所要求的样本规模	197
表 7-8	根据总体同质性程度和精确性要求需要的样本规模	198
表 7-9	案例研究的效度类型	205
表 8-1	质性研究问题与定量研究问题的差异	209
表 8-2	质性研究问题与研究策略、范式、方法、资料的关系	210
表 8-3	质性研究抽样的策略	214
表 8-4	质性研究提高效度的影响因素和方法	216
表 9-1	实验研究和非实验研究的区别	225
表 9-2	实验研究的随机和场地两维分类表	235
表 9-3	实验研究法数量分析总览	241
表 9-4	实验研究统计分析的基本方法	242
表 9-5	基本差异性分析表	242
表 9-6	复杂差异性分析	243
表 9-7	简单相关统计分析	243
表 9-8	复杂相关统计分析	243
表 9-9	公共管理领域排名前十的英文期刊刊登实验研究数量	245
表 10-1	公共管理领域排名前十的英文期刊刊登调查研究数量	270
表 11-1	实证主义与自然主义的区别	285
表 11-2	实地研究与其他研究方式的区别	286
表 11-3	对案例理解的四种类型	291
表 11-4	学者们对案例研究的一些定义	291
表 11-5	研究方法的选取表	295
表 11-6	案例数量和分析单位的二维分类	302
表 11-7	艾森哈特案例研究的八步骤	304
表 11-8	殷的案例研究五步骤	305
表 12-1	文献综述和文献法的区别和联系	312
表 12-2	质性内容分析和定量内容分析的区别	316
表 13-1	历史比较研究在时间维度和空间维度中的定位	336
表 13-2	历史比较研究与实地研究、定量研究的共性	359
表 13-3	历史比较方法的特点	360

表 14-1	质性与定量资料分析比较	367
表 15-1	形成性评估和总结性评估的差异	388
表 15-2	古贝和林肯对评估研究所做的代际划分	393
表 15-3	斯塔夫比姆等人对评估取向和模型的分类	395
表 15-4	评估研究的范式演变	396
表 15-5	评估问题的类型	403
表 15-6	影响评估的研究设计	411
表 15-7	系统视角下公共管理评估	414
表 16-1	系统类型	421
表 16-2	不同类型系统方法的起源和特征比较	427

资料专栏

资料专栏 1-1	哈贝马斯的知识类型学	5
资料专栏 1-2	西蒙对人工科学的论述	7
资料专栏 1-3	公共管理研究中的诠释类知识	9
资料专栏 3-1	涂尔干论社会学方法	35
资料专栏 4-1	霍桑实验中问题的转移	121
资料专栏 9-1	实验研究中的各种变量	231
资料专栏 13-1	韦伯的理想类型学方法在官僚制研究中的运用	346
资料专栏 16-1	系统的定义举例	419

光盘目录

第六编 公共管理研究成果

各章例文解析

例文解析 2-1	《使民主运转起来》的研究方法体系	48
例文解析 3-1	《管理行为》如何提炼概念	93
例文解析 4-1	《公共事物的治理之道》的问题要素结构	111
例文解析 4-2	《企业的性质》的问题结构	111
例文解析 4-3	《州代理机构中的默会知识网络的作用》的问题陈述和分解	121
例文解析 5-1	《地方政府财政支出与经济增长关系的实证分析》的文献综述	150
例文解析 5-2	《美国南极洲项目的政策执行研究》的文献综述	150
例文解析 7-1	人类发展指数的编制	187
例文解析 8-1	《探索老年人的运动休闲经验》的研究设计	223
例文解析 9-1	《街头官僚自由裁量的决定因素》的实验方法	253
例文解析 9-2	《受影响的竞争信息是否影响到投票意向的选择》的实验方法	254
例文解析 10-1	《公民为什么参加或不参加地方癌症集群调查的公共会议?》的调查法	282
例文解析 11-1	单案例研究:《理解利益集团策略》	309
例文解析 11-2	多案例研究:《公共事物的治理之道》	309
例文解析 11-3	多案例研究:《基础设施中公私伙伴关系的制度和管理经济学》	309
例文解析 12-1	《无形领导理论:福莱特著作的内容分析》的内容分析法	325
例文解析 12-2	《监管者绩效评估:实践经验以及对中层管理者抗拒变革的认识》的现存统计资料二次分析法	329

例文解析 12-3	《欧洲城市的政策协调：元分析》的元分析法	335
例文解析 13-1	《行政国家》的历史研究方法	342
例文解析 13-2	《行政生态学》的比较研究方法	357
例文解析 13-3	《驾驭经济》的历史比较研究方法	365
例文解析 14-1	《战略管理与公共组织绩效》的定量资料分析方法	381
例文解析 15-1	《公立学校改革的系统途径》的评估研究方法	417
例文解析 15-2	《分享型领导训练规划的评估》的评估研究方法	417
例文解析 16-1	《组织变迁的复杂系统分析》的复杂系统分析方法	445

第一编　公共管理研究方法的理论基础

公共管理研究是一种特殊类型的研究活动,是通过一定的方法和程序保证,排除干扰,获得科学性和学术性知识的过程。本编第一章提供公共管理研究的全景式认识,介绍公共管理研究的知识形态、逻辑、类型、步骤、哲学基础等内容。本章的基本观点是:公共管理研究的目的是获取知识,知识类型和知识属性的差异决定了研究方法论框架的差异。

公共管理研究作为一种认识活动,总是以一定的本体论、认识论、方法论和价值观为基础,也就是说,特定的哲学基础是开展公共管理研究,形成公共管理知识的前提、支柱和框架。公共管理知识兼有发现、设计、诠释和批判的多重任务,这一特性决定了公共管理研究的哲学基础不仅仅受一般哲学的影响,还与科学哲学、社会科学哲学、技术哲学、政治哲学、伦理学等哲学分支学科有直接紧密的关系。公共管理研究的哲学基础亦是划分公共管理研究方法论流派的基础。

第二章介绍公共管理研究方法和方法论的基本概念;展示了公共管理研究方法体系的时间维度、逻辑维度和知识维度;阐明了研究问题是研究方法体系三个维度的共通点和公约数的观点。方法论的成熟是一门学科成熟的重要标志。本章根据公共管理知识类型的差异,将公共管理研究方法流派划分为实证主义方法论流派、诠释主义方法论流派、技术设计方法论流派、批判主义方法论流派,深入分析公共管理研究方法论争论的焦点和议题。

理论是公共管理知识的系统化形态,亦是公共管理研究过程的核心。第三章介绍了理论和公共管理理论的特点、构成,并从理论的逻辑、层次、功能、角色、评价标准等维度对公共管理理论进行了透视。在公共管理研究中,理论解释主要包括因果解释、结构解释和诠释解释三种基本类型。概念是理论建构的基石,理论建构意味着将概念组织起来形成一定的关系、模式和系统。常用的理论建构方法包括模式化、内部丰富化和类推法。理论检验则是对理论解释的结果进行真假评价。

在"基于问题类型学的公共管理研究方法体系"中,本编的意图在于阐述公共管理问题类型学的哲学和方法论基础。

第一章 公共管理研究和公共管理知识类型

第一节 公共管理研究的特性

本节重点阐述公共管理研究的特殊性,对公共管理知识进行类型学的分析。

一、公共管理研究的特殊性

在古代汉语中"研"是形声字,从石,开,本义是细磨,进一步引申为研究,探讨。比如《易·系辞》说"能研诸侯之虑"。"究"是形声字,从穴,本义是穷,尽,比如《说文》中说"究,穷也"。究引申为谋划,研究,探求,系统调查或追查等意。"研究"合用则有多种含义,比如:钻研,探索;考虑或商讨等。"研究"对应的英文"Research"在《美国传统词典(双解)》中被定义为"学术性或科学的调查或探究"。学者们一般会通过具体解释"学术性"和"科学性"的含义而给出研究的操作性定义。综合来看,研究至少包括问题、方法、系统探究等要素。研究可以定义为人类把握(认识和利用)世界的一种活动方式,是一种采用科学的、学术的方法系统探究问题答案,获取知识的活动。

除了研究以外,人类把握世界获取知识的一些常见方式有:权威、传统、常识、媒体的神话和个人经验。权威就是那些具有高度影响力的个人和组织。传统就是那些过去的权威。常识是自己日常生活中的认识和推理。媒体神话就是电视节目、电影和报纸杂志上刊登的一些虚假错误观点。个人经验是根据个人亲眼目睹、亲身经历,信以为真的经历。个人经验总会陷入过度概化、选择性观察、妄下断语、光环效应等认识误区。① 从哲学的高度来看,人类把握世界的世界观和方法论有很多种,比如古代的朴素唯物主义、经验主义、唯理论、科学主义等等。不同的世界观和方法论,形成不同的假定(assumptions),假定是关于那些无法观察或无法检验的事物本质的陈述。在不同假定下,会形成不同的知识,会产生不同的把握世界的方式。

---

① 〔美〕劳伦斯·纽曼:《社会研究方法——定性和定量的取向》(郝大海译),北京:中国人民大学出版社 2007 年版,第 5—10 页。另参见〔美〕艾尔·巴比:《社会研究方法》(邱泽奇译),北京:华夏出版社 2009 年版。

公共管理研究是一种特殊类型的研究活动,是针对公共管理问题而进行的研究。公共管理研究由两个关键要素构成,第一个是公共管理问题;第二个是公共管理研究的方法。公共管理问题和方法都具有多维性特征。

第一,公共管理问题的多维性。"问题"揭示了主观和客观的不一致,以及主客观内部的不一致。根据知识属性的差异,可以将问题分为哲学问题、科学问题、工程技术问题和人文科学问题。哲学问题反映了思维和存在的矛盾,哲学问题解决的标志是新的世界观和方法论的建立。科学问题反映了人类已经认识的规律和经验之间的矛盾,科学问题解决的标志是提出了新的规律或者揭示了新的变量间的联系,解决了已有理论和经验之间的不一致。工程技术问题反映了人类需求和客观现实之间的矛盾,工程技术问题解决的重要标志是产生了新的技术发明,寻找到了实现特定目标的新手段,填补了人类需求与现实状况之间的不一致。人文科学问题则追问人的价值和意义是什么,论证人的价值和意义的合理性,寻求价值和意义的实现途径。人文科学问题反映了人的价值、意义追求和人类生存现实之间的不一致,人文科学问题解决的重要标志是人类价值和意义的重新阐释、重新建构、重新论证和发现新的实现途径。哲学问题、科学问题、工程技术问题和人文问题重合不多,每种问题的特征相对单一而明晰。很多公共管理问题不仅仅是单一的哲学问题、科学(自然科学和社会科学)问题、工程技术问题或人文科学问题,而是两类或两类以上问题的综合体,具有多维性的特征。笔者将在第七章进一步深入讨论公共管理问题的特性、类型、构成、解答逻辑等方面的内容。

第二,公共管理方法论的多元性。与公共管理问题的多维性相一致,公共管理方法论具有多元性的特征。比如,20世纪70年代之前的公共管理学主要是行为主义和后行为主义的研究方法。进入20世纪70年代,公共管理学的研究方法形成了三种研究取向:"分别为解释性研究、诠释性研究以及批判性研究"。① 实证主义、诠释主义、批判主义、后现代主义、女性主义等研究方法广泛地渗透进了公共管理学的研究。

二、公共管理研究的表现形态

公共管理研究是公共管理学术研究、公共管理实务活动和公共管理咨询的统一。

1. 公共管理学术研究。 提到"学术研究"这个词,人们一般会更多地与大学、书斋和研究院所等"象牙塔"中进行的理论研究联系起来。公共管理的学术

---

① 〔美〕杰伊·D.怀特、盖·B.亚当斯:《公共行政研究——对理论与实践的反思》(刘亚平、高洁译),北京:清华大学出版社2005年版。

研究与公共管理实务活动虽然有紧密的联系,但是两者之间确实有明显的差异:公共管理学术研究重点关注科学发现、评估、诠释和批判,并不直接指向实践中特定需求和目标的解决。公共管理实务活动则重点关注政策、制度、体制和机制设计,直接指向解决公共管理实际问题的方案和过程。公共管理学术研究的方法论框架主要包括实证主义、诠释主义、批判主义和评估研究方法。

2. **公共管理实务活动**。公共管理实务活动即公共管理主体进行公共事务管理的实践活动。公共管理实务活动的本质是公共管理实践问题的解决过程,即运用适当的途径——诸如战略设计、政策制定、制度体制和机制设计、管理工具——弥合公共管理主体需求与现实之间的差距。公共管理实践问题解决虽然以公共管理学术研究提供的相关知识为基础,但是公共管理实践问题解决的方法论框架与公共管理学术研究的方法论框架存在本质的差异,公共管理实践问题解决的方法论框架实质上是技术设计的方法论框架。本书将在相关章节探讨公共管理中的技术设计方法论问题。

3. **公共管理咨询**。公共管理咨询是历史悠久、繁荣壮大于20世纪中期以来的学术研究现象和社会现象。公共管理咨询指公共管理咨询主体,使用科学的方法和程序,为那些有咨询需求的公共管理相关部门提供学术性知识和实践问题解决方案的活动。公共管理咨询所使用的方法论框架并不是单一的方法论框架,往往通过综合运用公共管理学术研究和实践问题解决的方法论框架,为顾客提供知识、技术、理解等方面的知识服务。

上述三种研究形态的成果共同构成公共管理的知识。本章在对知识一般分类的基础上,具体分析公共管理的知识类型,并概述公共管理知识类型、哲学基础、方法论、问题类型之间的有机联系。

三、公共管理研究的知识类型

公共管理研究本质上是一种获取知识的认知活动,从知识的类型出发,有助于理解公共管理研究的本质。

《中国大百科全书》将知识定义为:"人们在日常生活、社会活动和科学研究中所获得的对事物的了解,其中可靠的成分就是知识。"[①]知识是研究主体、客体和方法共同作用的产物。如果研究主体和客体是相同的,那么方法论的差异,会导致知识类型的差异,因此通过知识类型学的分析,便于深入地认识研究方法论的差异,知识类型分析是分析研究方法的基础工作。

知识分类问题一直人类思想史和哲学史探讨的主题之一。当代著名德国

---

① 《中国大百科全书 哲学》,北京:中国大百科全书出版社,1992、1998年重印。

哲学家尤尔根·哈贝马斯(Jürgen Habermas)在《认识与旨趣》一书中通过对哲学和方法论的反思性批判,继承、发扬并整合了康德(Immanuel Kant)、黑格尔(Georg Wilhelm Friedrich Hegel)、马克思(Karl Marx)、皮尔士(Charles Peirce)、狄尔泰(Wilhelm Dilthey)、弗洛伊德(Sigmund Freud)等众多方法论流派的知识分类思想,提出了将认知旨趣、知识类型和方法论有机结合起来的知识类型学思想。如资料专栏 1-1 所述。

资料专栏 1-1　哈贝马斯的知识类型学

哈贝马斯认为"旨趣"是认识活动的构成部分,任何认知活动都以认知的旨趣为前提。认知的旨趣包括三大类别:技术的认识旨趣、实践的认识旨趣和解放的认识旨趣。三种不同的旨趣形成三种不同的知识类型即自然科学、人文科学和社会批判理论,每种知识类型的方法论框架也不同。

1. 技术的认识旨趣与自然科学。在哈贝马斯看来,技术认识的旨趣就是"使可有效地加以控制的活动有可能从信息上得到维护和扩大,并以这种旨趣来揭示现实"。是一种"技术上掌握对象化过程的认识旨趣"。① 技术认识的旨趣是以经验分析方法为基础的自然科学知识的基础。"在经验—分析的科学中,预断可能的经验科学的陈述的意义的坐标系,既为理论的建立,又为理论[经受]批判和检验确立规则"。② 从方法论角度来看,"自然科学的本质,从陈述系统的逻辑构造上看,假设—演绎之意旨在于"把理论运用于现实";从检验初始条件的类型上看,观察—实验之操作发生"在工具活动的功能范围内"。③

2. 实践的认识旨趣和人文科学。实践的认识旨趣,就是"维护和扩大可能的、指明行为方向的谅解的主体通性,并以这种旨趣来揭示现实。对内涵的理解按其结构来说,目标是行动者在流传下来的自我认识的框架内的可能的共识"。④ 在实践的认识旨趣的引导下形成历史—解释学的科学。"在历史—解释学的科学中,解释学的规则规定着精神科学陈述的可能的内涵和意义。"⑤从方法论意义而言,历史—解

---

① 哈贝马斯:《作为"意识形态"的技术和科学》(李黎、郭官义译),上海:学林出版社 1999 年版,第 127 页。
② 同上书,第 126 页。
③ 同上书,第 127 页。
④ 同上书,第 128 页。
⑤ 同上书,第 127 页。

释学的方法论原则遵循的是"解释学的规则",解释学的方法。解释学的方法与经验分析科学的方法论框架不同。"解释学的知识总是以解释者的前理解为媒介。传统意义上的世界只有随着解释者自身的世界也同时是清晰可见时,才向解释者敞开。理解者在两个世界之间建立一种联系。当他把传统运用于自己和自身的状况时,他就抓住了流传下来的东西的真实内涵。""理论不是用演绎建立起来的,经验也不是靠操作的成果组织起来的。对内涵的理解代替了观察,开辟了通向事实的道路"。①

3. 解放的认识旨趣和社会批判理论。"解放性的认识旨趣的目的是完成反思本身。"②"自我反思能把主体从依附于对象化的力量中解放出来。自我反思是由解放的认识旨趣决定的。"③解放的认知旨趣产生的理论是社会批判理论。

---

3. 公共管理知识类型学。 在哈贝马斯知识类型学思想的基础上,本书将公共管理知识分为技术控制旨趣的公共管理知识、理解和诠释旨趣的公共管理知识、批判和反思旨趣的公共管理知识。其中技术控制旨趣的公共管理知识可以进一步细分为科学发现类知识、技术设计类知识和评估类知识。

第一,科学发现类知识。科学发现类问题旨在发现公共管理规律,为公共管理实践的预测和决策提供支撑。科学发现类知识是寻求科学发现类问题答案过程中形成的知识成果。科学发现类知识和问题解决的方法论框架是实证主义的方法论框架。科学发现类知识定性或定量地描述公共管理现象,解释公共管理现象(或者变量)之间的关系,试图寻找公共管理现象得以形成的因果机制,公共管理科学发现类知识是进行公共管理预测和设计的基础。费雷德里克·泰勒(Frederick Taylor)开展的钢铁切削实验,乔治·埃尔顿·梅奥(George Elton Mayo)等人开展的霍桑实验,瓦格纳(Adolf Wagner)总结出来的"公共支出不断增长"的瓦格纳法则、彼得(Laurence J. Peter)展开的职务等级研究、罗伯特·帕特南(Robert D. Putnam)对意大利公共精神与制度绩效关系的研究成果都属于科学发现类知识。公共管理科学发现类知识往往以模式、特征、变量关系等叙述形式体现出来。

第二,技术设计类知识。"技术控制"的研究旨趣除了形成科学发现类知识

---

① 哈贝马斯:《作为"意识形态"的技术和科学》,第128页。
② 哈伯马斯:《认识与兴趣》,上海:学林出版社1999年版,第201页。
③ 哈贝马斯:《作为"意识形态"的技术和科学》,第129页。

以外,还形成技术设计类知识。此处的"技术"是广义的:凡是寻求合理手段实现特定目标的思想、程序、知识和技艺都属于技术的范畴。技术过程包括技术设计、制造、使用和评价过程。"设计"则是产生技术知识的核心环节。对技术及其设计过程展开研究的学科可以称为技术学、设计科学、技术哲学、工程哲学、设计哲学、设计方法论、社会工程哲学等,这些学科在精神实质上是一致的。公共管理领域的技术设计类知识旨在发明、构思、设计出某种战略、政策、制度、机制、手段、程序和方法,以消除公共管理主体目标和公共管理现状之间的矛盾。技术设计类知识与工程技术类知识具有相同的属性,是一种"发明"而不是"发现",技术设计类知识以公共管理科学发现类知识所揭示出来的规律为基础,还需要同时满足方案可行性、目标合理性、手段科学性等众多的约束性条件。技术设计类知识占据公共管理知识相当大的一部分。赫伯特·西蒙开创的"人工科学",为公共管理技术设计类知识的获得提供了理论基础和方法论基础。以下资料是西蒙对人工科学的论述。

资料专栏1-2　西蒙对人工科学的论述

　　自然科学是关于自然物体和自然现象的知识。我们问,是否可以有一种"人工"科学呢?即关于人工物体和人工现象的知识。

　　在某些场合,我们将"artificial"(人工的,人造的)与"synthetic"(合成的,综合的,人造的)区分开来。

　　一旦引入了"合成(或综合)"与"人工物"这两个概念,我们就进入工程学领域了。因为"合成的(综合的)"一词经常在更广的意义上使用,意思是"设计出的"或"由……组成的"。我们说,工程与"综合"有关,科学与分析有关。

　　我们至此已说明了区分人工物与自然物的四个方面,因此可以确定人工科学的范围:1.人工物是经由人综合而成的(虽然并不总是、或通常不是周密计划的产物)。2.人工物可以模仿自然物的外表而不具备被模仿自然物的某一方面或许多方面的本质特征。3.人工物可以通过功能、目标、适应性三方面来表征。4.在讨论人工物,尤其是设计人工物时,人们经常不仅着眼于描述性,也着眼于规范性。

　　工程师并不是唯一的专业设计师。凡是以将现存情形改变成想望情形为目标而构想行动方案的人都在搞设计。生产物质性人工物的智力活动与为病人开药方或为公司制订新销售计划或为国家制订社会福利政策等这些智力活动并无根本不同。如此解释的设计是所有专业训练的核心,是将专业与科学区分开的主要标志。工程学院像建筑学院、商学院、教育学院、法学院、医学院一样,主要关心设计过程。

资料来源:H. A. 西蒙:《人工科学》(武夷山译),第一章和第五章节选,商务印书馆1987年版。

在公共管理学中我们常说的 PPBS(Planning Programming Budgeting System)系统就属于技术设计类知识,PPBS 系统是技术理性的产物。PPBS 设计的目标是为了将规划、计划和预算联系起来,降低联邦公共项目的成本,提高效率。最终"它的失败是因为设计上存在明显缺陷。"①

第三,评估类知识。评估类知识也属于"技术控制"的研究旨趣。评估类知识使用特定的标准、尺度和规范,评价、衡量和测量心理、行为、事件等公共管理现实的状况。评估类知识是主观需求和经验观察的有机融合,往往和科学发现类知识、技术设计类知识融合在一起,对公共管理现象的测量产生的评估类知识,是进一步探索和发现公共管理现象中存在规律的前提基础。对公共管理现象和公共管理主观需求的测量产生的评估类知识,是进一步进行政策设计的重要依据。政策评估、公共部门绩效评估、公共项目评估、公务员能力评估、可持续发展评估、治理评估等是公共管理领域常见的评估类知识。在本书第十五章还会系统地讲解公共管理评估研究方法。国务院总理温家宝 2010 年 1 月 27 日主持召开国务院常务会议,讨论并原则通过《国家环境保护"十一五"规划中期评估报告》,该报告就属于公共管理评估类知识。②

第四,理解和诠释类知识。科学发现类知识、技术设计类知识、评估类知识回答客观世界的状态、联系"实际是什么"的事实问题,反映了主观对客观的认识成果。理解和诠释类知识则回答文化、价值和精神领域的"应该怎么样"的价值问题,与人的目的、自由和人与人之间的共识和规则紧密相关。如果说技术控制旨趣的知识以工具理性为基础,那么理解和诠释知识则以价值理性、主体间理性为基础。韦伯所讲的价值理性,马克思所讲的"人的交往形式",现象学者所说的"主体间性",哈贝马斯所言的"合法性""交互理性"等范畴都可以理解为产生理解和诠释知识的理性形式。

公共管理领域的理解与诠释类知识是一个多元的大家庭。主要包括以下几种:(1)公共管理的价值诠释。价值诠释知识重点关注公共管理领域的价值、规范和伦理问题。新公共行政学派、民主行政理论等都属于公共管理的价值诠释类知识。比如:乔治·弗雷德里克森(George Frederickson)所著的《公共行政的

---

① 〔美〕詹姆斯·费斯勒等:《行政过程的政治》,北京:中国人民大学出版社 2002 年版,第 254—256 页。

② 资料来源:中央政府门户网站,www.gov.cn,2010 年 01 月 27 日。

精神》,对"公共性"的阐述所形成的知识就属于价值诠释类的知识。① (2)公共管理的历史诠释。历史诠释从公共管理理论和时间发展的历史和文化背景中挖掘公共管理的价值。正如德怀特·沃尔多(Dwight Waldo)所指出的那样：伦理与价值问题,就是"在目的之间以及在目的和手段之间进行的问题。""传统行政学由于无视历史文化的视野而只关注行政的技术性问题,从而在公共行政研究中放逐了价值与伦理问题"。② 沃尔多所著的《行政国家》"从政治理论和历史理念的观点研究公共行政的运动"就是一种历史诠释类知识。(3)公共管理的文本诠释和话语诠释。这类知识从公共管理的文献、话语诠释公共行政活动的"意义",尝试为公共管理活动确立适当的价值前提。比如麦克斯怀特(O.C. McSwite)所著的《公共行政的合法性——一种话语分析》是使用了话语分析的方法,对公共行政的合法性问题进行了研究。③ 黄钲堤所著的《诠释学与行政的意义理解》,将行政学的诠释研究分为保守诠释学、温和诠释学、激进诠释学、批判行政学。认为行政研究的利基、核心范畴与边陲范畴为何的问题,实可回溯到行政的意义理解与如何可能的问题,而非停留在行政的意义是什么的问题上。④ (4)公共管理的行动诠释。对公共管理行动的诠释研究又称作公共行政的行动理论。1981年迈克尔·哈默(Michael Harmon)在《公共行政的行动理论》(*Action Theory for Public Administration*)一书中阐述了公共行政活动适当价值前提是公共行政各个主体之间交互、创造形成的。福克斯与米勒的《后现代公共行政：话语指向》则使用了社会建构和话语分析的方法建构了公共行政的新模式。关于公共管理诠释知识和诠释方法的相关内容在第二章还会深入分析。以下是达瓦·亚诺(Dvora Yanow)的诠释性政策分析的例子。

资料专栏1-3 公共管理研究中的诠释类知识

> 亚诺(Yanow)早在1997年就指出,实证取向的各种执行研究途径或许能告诉我们执行上出了什么问题、如何加强执行,却不足以说明执行(对于不同政策关系人)的意义。因此,她主张从文化途径(cultural approach)研究政策执行,在此,政策分析者的角色是"揭露执行者及其他相关人士对于政策的诠释,并分析这些诠释和意义对于政策执行的

---

① 〔美〕弗雷德里克森：《公共行政的精神》(张成福、刘霞、张璋译),北京：中国人民大学出版社2003年版。
② D. Waldo, *The Study of Public Administration*, New York: Random House, 1955, pp.60—62.
③ 〔美〕O.C.麦克斯怀特：《公共行政的合法性：一种话语分析》(吴琼译),北京：中国人民大学出版社2002年版。
④ 黄钲堤：《诠释学与行政的意义理解》,台北：翰芦,2005年。

影响"(Yanow,1987:110)。其后的著作(Yanow,2000,2003),她均以"诠释途径"来统称这个学派,并有了更清楚的介绍。

诠释途径奠基于建构主义的认识论,主张我们生活在一个对于"事实"有多种诠释可能的社会。每一个政策相关行动者都透过其"先前理解"(priorknowledge),也就是一种框架,建构出她眼中的事实。因此,政策分析可以不限于工具理性的计算,而是探索不同框架的个人或集体意义的表达,也就是所谓的"在地知识"(local knowledge)——它指的是从生活经验发展而来、对于在地处境的圈内人知识(Yanow,2000)。透过这些在地知识的了解,我们将可发现政策的"非预期后果",或许早有因果机制(causal machinery)可以解释。而这个因果机制的发掘,与实证研究所关切的"因果关系"(causal relationship)是不同的。实证论者企图寻找的是两个变数之间可预测的系统性连结,亦即一个变数出现必然会引导出另一个;诠释论者则企图解释某些因素如何复杂交错,导致某种结果(Lin,1998)。

理性实证途径预设有一"正确"的知识,政策问题是什么、如何解决、有哪些可能变项、执行成效如何等等,似乎都有标准答案。……因此诠释途径不是关于"真相"如何的途径(也不认为有所谓绝对的真相),而企图呈现关于理解政策的不同可能方式,以及某些决策者原本看不到的问题,进而提供利害关系人一个理解彼此冲突的基础(Yanow,2000)。

资料来源:转引自彭渰雯:《基层警察取缔性交易的执行研究:批判性诠释途径之应用》,《公共行政学报》2008 年第 9 期,第 115—151 页节选。原文参考文献略。

第五,批判类知识。康德、黑格尔、马克思、马克斯·韦伯(Max Weber)、哈贝马斯等人建立了批判主义的知识传统、理论和方法。按照哈贝马斯的概括,批判类知识的认知旨趣源自人们追求思想和权利解放的兴趣。批判类知识形成的方法是自我反思的方法,"自我反思能把主体从依附于对象化的力量中解放出来。自我反思是由解放的认识旨趣决定的。"[①]

批判类知识的表现形态包括心理分析、意识形态批判、社会权力批判等。在公共管理研究中,批判理论兴起于 20 世纪 70 年代末期。1976 年威廉·邓恩(William Dunn)和巴赫曼·佛佐尼(Bahman Fozouni)出版了《公共行政的批判

[①] 哈贝马斯:《作为"意识形态"的技术和科学》,第 129 页。

理论》(Toward a Critical Administrative Theory)一书。① 1979 年登哈特夫妇(Robert & Kathryn Denhardt)将批判方法论引入公共组织理论的研究中,展开对赫伯特·西蒙(Herbert Simon)"理性"方法的批判。② 1981 年登哈特进一步阐述了公共组织的批判理论。③ 拉尔夫·哈莫尔(Ralph Hummel)在《官僚经验:对现代组织方式之批评》一书中揭示了人与组织间产生矛盾、摩擦、最终被转换的原因,考察了人在"社会"中生活的情形与人在"组织"中生活情形的对立。④ 约翰·弗雷斯特(John Forester)使用哈贝马斯的批判理论探讨了组织和管理中的系列问题。⑤ 1993 年卡米拉·史迪佛斯(Camilla Stivers)探讨了行政中的性别问题。⑥ 1999 年杰·怀特(Jay White)分析了公共行政研究的叙事基础。⑦ 1998 年盖伊·亚当斯(Guy Adams)和与丹尼尔·巴尔佛(Danny Balfour)在《揭开行政之恶》中批判了传统行政组织与人性之间的矛盾。⑧ 2002 年艾贝尔(C. F. Abel)与亚瑟·塞门蒂利(Arthur Sementelli)展开了对行政国家的批判性分析。⑨ 总之,公共行政批判理论通过对公共组织、官僚制、行政权力、性别等问题展开批判研究,形成了公共管理的批判类知识。⑩

公共管理的知识可以分为上述五种类型,这五种类型的知识形态分别对应公共管理的研究旨趣、知识类型、问题类型和方法论框架。如表 1-1 所示:

---

① William N. Dunn, Bahman Fozouni, *Toward a Critical Administrative Theory*, Sage Publications, 1976.

② Robert B. Denhardt and Kathryn G. Denhardt, "Public Administration and the Critique of Domination", *Administration and Society*, 1979, 11(1), pp. 107—120.

③ R. B. Denhardt, "Toward a Critical Theory of Public Organization", *Public Administration Review*, 1981, 41(6), pp. 628—635; R. B. Denhardt, *Theories of Public Organization*, Monterey: Books/Cole Publishing Company, 1984.

④ R. Hummel, *The Bureaucratic Experience: A Critique of Life in the Modern Organization*, NewYork: St. Martin's Press, 1977.

⑤ J. Forester, "Critical Theory and Organizational Analysis", in G. Morgan(ed.), *Beyond Method*, Beverly Hills: Sage, 1983, pp. 234—46; J. Forester, "Critical Ethnography: On Fieldwork in a Habermasian Way", In M. Alvesson and H. Willmott(Eds.), *Critical Management Studies*, London: SAGE,1992. J. Forester, *Planning in the Face of Power*, Berkeley, CA: University of California Press, 1989.

⑥ C. Stivers, *Gender Images in Public Administration: Legitimacy and the Administrative State*, Newbury Park, CA: Sage, 1993.

⑦ J. D. White, *The Narrative Foundations of Public Administration Research*, Washington, DC: Georgetown University Press, 1999.

⑧ G. B. Adams, D. L. Balfour, *Unmasking Administrative Evil*, Thousand Oaks, CA: SAGE, 1998.

⑨ C. F. Abel, Arthur Sementellia, "Power, Emancipation and the Administrative State", *Administrative Theory & Praxis*, 2002, 24(2), pp. 253—278.

⑩ 国内出版了马骏、戴黍、牛美丽编译的《公共行政学中的批判理论》,北京:中国人民大学出版社 2008 年版。

表 1-1 公共管理研究旨趣、知识类型、哲学基础和方法论、问题类型的关系

研究旨趣		知识类型	哲学基础和方法论	问题类型
技术控制	发现	揭示公共管理规律	实证主义方法论	科学发现类问题
	发明	进行公共管理设计	技术设计方法论	技术设计类问题
	评估	评估公共管理现象	评估研究方法论	评估类问题
理解和诠释		阐明公共管理的意义	诠释主义方法论	价值规范类问题
批判和反思		反思公共管理思想和制度	批判主义方法论	批判反思类问题

4. 公共管理研究类型的多维透视。 在公共管理知识类型划分的基础上，还可以从以下角度对公共管理研究进行多维透视。

（1）按照怎样使用研究。按照怎样使用研究可以将研究分为基础研究和应用研究。应用研究可以进一步分为应用基础研究和应用技术研究。①

第一，基础研究。基础研究是指那些描述现象联系形成的规律、解释规律形成的内在机制、预测未来，为认识世界和改造世界提供理论和方法知识的研究活动。基础研究的成果表现为一般的原则、理论或规律，往往以论文的形式在科学期刊上发表或学术会议上交流。求"真"是基础研究的首要价值。基础研究所产生的知识为科学发现类知识。在公共管理领域，基础研究旨在发现公共管理现象中存在的联系，发现公共管理领域人类活动的模式，解释公共管理现象，对公共管理行为和现象做出预测。

第二，应用研究。应用研究是以创造人工物为目标的理论研究、技能研究和物质手段与规则研究的总称。应用研究所创造的人工物不是自然形成、天然存在的，是人为制造出来，并为人类服务、受人类控制的物质。应用研究以求用为原则。应用研究所产生的知识是评估类知识、技术设计类知识。诠释类知识和批判类知识都涉及研究者主观的价值和社会意义的构建，具有人文性和社会性，所创造的知识属于精神性的人工物。

根据应用研究中知识形态的差异，可将应用研究分为应用基础研究和应用技术研究。②

---

① 米勒和萨尔金德在《研究设计与社会测量导引》中将研究设计分为基础研究、应用研究和评估研究。见〔美〕米勒：《研究设计与社会测量导引》（风笑天等译），重庆大学出版社 2004 年版。劳伦斯·纽曼和艾尔·巴比将评估研究归为应用研究的范畴。

② OECD（世界经济合作和发展组织）将 R&D 活动划分为三种类型：基础研究、应用研究和试验发展。中国科学院将应用研究细分为两类，即应用基础研究和应用（技术）研究。钱学森将科学技术体系划分为基础科学、技术科学和工程技术。

应用基础研究是针对某一特定的实际目的或目标,主要为获得应用原理性新知识而进行的创造性研究。应用基础研究旨在获得人工物创造中的理论知识。应用基础研究的特点是:具有特定的实际目的或应用目标,具体表现为:为了确定基础研究成果可能的用途,或是为达到预定的目标探索应采取的新方法(原理性)或新途径。在围绕特定目的或目标进行研究的过程中获取新的知识,为解决实际问题提供科学依据。研究结果一般只影响科学技术的有限范围,并具有专门的性质,针对具体的领域、问题或情况,其成果形式以科学论文、专著、原理性模型或发明专利为主。

应用技术研究又称为实验发展。是指利用从基础研究、应用研究和实际经验所获得的现有知识,为产生新的产品、材料和装置,建立新的工艺、系统和服务,以及对已产生和建立的上述各项作实质性的改进而进行的系统性工作。在社会科学领域,试验发展可定义为:把通过基础研究、应用研究所获得的知识转变成可以实施的计划(包括为进行检验和评估实施示范项目)的过程。对人文科学来说,这一类别没有意义。应用基础研究以开辟新的应用为目的,具体地说,就是为了提供新材料、新产品和装置、新工艺、新系统和新的服务,或对已有的上述各项进行实质性的改进。其成果形式主要是专利、专有知识、具有新产品基本特征的产品原型或具有新装置基本特征的原始样机等。

基础研究和应用研究有紧密的联系,在现代社会形成了相互影响、相互促进的特征。现代的应用研究均以基础研究为根据、在多学科基础研究的基础上建立起来。现代应用研究的实物形态和操作形态只有凝结了相应的应用基础研究知识之后,才能成为技术系统的有机部分。应用研究的实施过程体现了基础研究的应用价值,也刺激了基础研究的发展。[①] 尽管它们紧密相关,基础研究、应用基础研究和应用技术研究也存在本质的区别,如表1-2所示:

表1-2 公共管理研究中的基础研究和应用研究

	基础研究	应用研究	
		应用基础研究	应用技术研究
其他称谓	科学研究	技术科学	工程技术、实验发展
目的任务	是什么,为什么;揭示客观因果联系	满足主体需要的目的性;"做什么"和"怎么做"的原理	满足主体需要的目的性;"做什么"和"怎么做"的操作步骤
知识形态	追求统一性和一元性陈述性知识	追求应用领域的统一性;陈述性和程序性知识统一	追求多样性和多元性;操作性和程序性知识

---

① 申仲英:《自然辩证法新论》,西安:陕西人民出版社2000年版,第54—55页。

续表

	基础研究	应用研究	
		应用基础研究	应用技术研究
评价标准	真理性评价,检验证实或证伪	价值性评价和真理性评价的统一	价值性评价(有效性、实用和经济标准)
限制	研究者有极大的自由选择问题和主题	在限定范围内展开基础研究	研究问题被"严格限制"在老板或者赞助者需要之内
驱动	希望能对基本理论知识有所贡献	希望能阐述清楚应用原理	驱动目标是使研究结果有实际的回报或获得采纳
例证	服务型政府与经济增长的关系	服务型政府模式比较	地方服务型政府建设的步骤

资料来源:作者根据申仲英:《自然辩证法新论》,陕西人民出版社2000年版,第55—56页;〔美〕劳伦斯·纽曼:《社会研究方法:定性和定量的取向》(第5版),北京:中国人民大学出版社2007年版,第32页等资料整理。

(2) 根据研究的目的。根据研究目的可将公共管理研究分为探索性研究、描述性研究和解释性研究。如表1-3所示:

表1-3 公共管理研究中的探索、描述和解释研究

	探索性研究	描述性研究	解释性研究
目的	熟悉其中所涉及的基本事实、场景和关心的问题	提供细致、高度精确的画像	检验理论预测或原则
焦点	在头脑中对发生的情况绘制出大致图像	记录与过去的资料相矛盾的信息	详细阐释并丰富一个理论解释
内容	形成和提炼需要进一步研究的议题	创造一组类别或区分不同的类型	将某个理论扩展到新的议题或话题
流程	产生新概念、猜想和假设	理清各阶段或步骤出现的先后顺序	支持或驳斥一项解释或预测
逻辑	决定开展研究的可行性	证明因果过程或机制	连接在某一个一般性原则下的各个不同议题
贡献	发展测量和确定未来资料的技术	呈现背景信息或某个情景	确定若干个解释中哪个最好
例证	"公民精神"的构成是什么?	"公民精神"会影响到制度绩效吗?	"公民精神"如何影响到制度绩效?

资料来源:〔美〕劳伦斯·纽曼:《社会研究方法:定性和定量的取向》(第5版)(郝大海译),北京:中国人民大学出版社2007年版,第39页。

第一,探索性研究(exploratory research)。如果研究的是一个新议题,或是没有人做过这方面的研究,就是探索性研究。探索性研究可以说是一个研究系列的第一阶段。探索性研究的成果经常没有发表出来,研究者将它们纳入比较系统的、后来会发表的研究中。探索性研究很少会得到确定的答案。通常提出"是什么"的问题。探索性研究通常使用定性技术搜集资料。在公共管理研究中,诸如公共服务动机是什么?公民精神包含哪些因素?就属于探索性研究。

第二,描述性研究(descriptive research)。将某个情景、社会背景或关系的精确细节,呈现为一幅图画,即为描述性研究。描述性研究和解释性研究通常并没有清楚的界线。描述性研究既可以是定性的描述,也可以是定量的描述。调查、实地研究、内容分析、历史比较研究都是描述性研究可能用到的研究方式。在公共管理研究中,公共服务动机与政府绩效有什么关系?公民精神会影响到制度绩效吗?就属于描述性研究。

第三,解释性研究(explanatory research)。对事物联系"为什么"这一问题进行回答的研究就是解释性研究。解释性研究以探索性研究与描述性研究为基础,并给出为什么会如此的答案,进而找出事情发生的原因。比如:在公共管理研究中,进一步回答公民精神如何影响到制度绩效?就属于解释性研究。

(3) 根据资料的性质。根据资料的性质可以将公共管理研究分为**质性研究**(qualitative research)和**量化研究**(quantitative research)。[①] 质性研究是"以研究者本人作为研究工具,在自然情境下采用多种资料收集方法对社会现象进行整体性探究,使用归纳法分析资料和形成理论,通过与研究对象的互动对其行为和意义建构获得解释性理解的一种活动。"[②] 量化研究又称为定量研究,是使用数学建模、统计分析等数学方法对社会现象展开的研究。表1-4总结了质性研究与量化研究的区别。

表1-4 公共管理研究中的量化研究和质性研究

	量化研究	质性研究
研究的目的	证实普遍情况,预测,寻求共识	解释性理解,寻求复杂性,提出新问题
对知识的定义	情境无涉	由社会文化所建构
价值与事实	分离	密不可分
研究的内容	事实,原因,影响,凝固的事物,变量	故事,事件,过程,意义,整体探究

---

① 本书统一将"qualitative research"、"qualitative"翻译为"质性研究"、"质性的"。将"quantitative research"翻译为"量化研究或定量研究",将"quantitative"翻译为"定量"或"量化"。本书中有些地方的引用或者因使用习惯使用"定性研究"、"定性"等概念,其对应的英文仍为"qualitative research""qualitative"。
② 陈向明:《质的研究方法与社会科学研究》,北京:教育科学出版社2006年版,第12页。

续表

	量化研究	质性研究
研究的层面	宏观	微观
研究的问题	事先确定	在过程中产生
研究的设计	结构性的,事先确定的,比较具体	灵活性的,演变的,比较宽泛
研究的手段	数字,计算,统计分析	语言,图像,描述分析
研究工具	量表,统计软件,问卷,计算机	研究者本人(身份,前设),录音机
抽样方法	随机抽样,样本较大	目的性抽样,样本较小
研究的情境	控制性,暂时性,抽象	自然性,整体性,具体
收集资料的方法	封闭式问卷,统计表,实验,结构性观察	开放式访谈,参与观察,实物分析
资料的特点	量化的资料,可操作的变量,统计数据	描述性资料,实地笔记,当事人引言等
分析框架	事先设定,加以验证	逐步形成
分析方式	演绎法,量化分析,收集资料之后	归纳法,寻找概念和主题,贯穿全过程
研究结论	概括性,普适性	独特性,地域性
结果的解释	文化客位,主客体对立	文化主位,互为主体
理论假设	在研究之前产生	在研究之后产生
理论来源	自上而下	自下而上
理论类型	大理论,普遍性规范理论	扎根理论,解释性理论,观点,看法
成文方式	抽象,概括,客观	描述为主,研究者的个人反省
作品评价	简洁、明快	杂乱,深描,多重声音
效度	固定的检测方法,证实	相关关系,证伪,可信性,严谨
信度	可以重复	不能重复
推广度	可控制,可推广到抽样总体	认同推广,理论推广,累计推广
伦理问题	不受重视	非常重视
研究者	客观的权威	反思的自我,互动的个体
研究者所受训练	理论的,定量统计的	人文的,人类学的,拼接和多面手的
研究者心态	明确	不确定,含糊,多样性
研究关系	相对分离,研究者独立于研究对象	密切接触,相互影响,变化,共情,信任
研究阶段	分明,事先设定	演化,变化,重叠交叉

资料来源:陈向明根据 Bogdan & Biklen,1982;Glesne & Peshkin,1994;Polgar & Thomas,1991 等整理,转引自陈向明:《质的研究方法与社会科学研究》,北京:教育科学出版社 2006 年版,第 11 页。

（4）根据研究的时间维度。根据时间维度可以分为横剖研究和纵贯研究。本书第七章将对此予以详述。

第二节 公共管理研究的逻辑与步骤

一、公共管理研究的逻辑

公共管理研究的逻辑即公共管理研究的方法论框架，用以描述公共管理知识的来源、知识的验证、知识的推导、新知识的产生等环节间的逻辑联系。公共管理知识类型的差异决定了公共管理研究逻辑的差异。

1. 科学发现类研究的逻辑。美国社会学家沃尔特·华莱士（Walter Wallace）在《社会学中的科学逻辑》一书中阐明了科学研究的逻辑过程，科学研究过程是一个开放的、不断发展的环状过程，该过程被形象地称为"科学环"（Wheel of Science）。如图1-1所示：

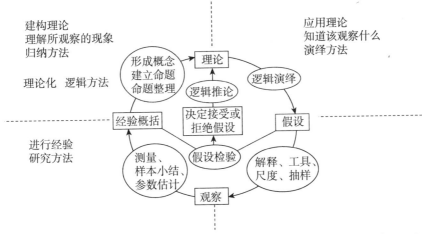

注：矩形表示信息成分；椭圆表示方法控制；箭头表示信息转换；虚线将科学环分为四个部分。

资料来源：L. Walter The Logic of Science in Sociology, Aldine Atherton Inc., 1971, pp. 18—23. 等资料改编。

图1-1 科学过程中的主要信息成分、方法控制和信息转换

（1）科学环中的知识形态与方法转换。科学研究的过程是不同性质的知识不断转换的过程，各个知识环节经由不同的方法实现转换，理论、假设、观察、经验四个环节首尾相接，不断循环。不同的知识环节的转换对应不同方法。

（2）科学环中的逻辑和研究类型。科学环的左半边是从观察到理论的归纳和理论建构过程。科学环的右半边则是从理论到观察的演绎和理论检验过程。

科学环的上半边属于理论推演的范畴,科学环的下半边则属于经验观察的范畴。

(3)科学环的本质。在科学环中,科学研究到底从哪里开始呢?这是科学哲学研究中颇具争议的问题。现代科学哲学对"观察负载理论"的阐述表明,人类认识不存在纯粹的理论和纯粹的观察,任何观察都是带着某种理论观点的观察。"观察负载理论"意味着任何研究者都会遇到理论和观察一致;理论与观察不一致;经验现象之间的不一致;理论之间的不一致等多种情况。当上述情况出现的时候,人们就会产生疑问,就会提出问题,"科学研究始于问题",解答问题的过程就是科学研究的过程,研究者可以带着问题从任何一个环节切入展开研究。本书第二章和第四章将深入分析科学发现类研究的哲学基础和方法论框架。

2. 技术设计类研究的逻辑。西蒙专门探讨了技术设计类问题的求解逻辑。西蒙将技术设计类问题的求解逻辑总结为最优化方法的逻辑。最优化方法的逻辑可以略述如下:

设计问题的"内部环境"由一组给定的备择行动方案来表现。这些备择方案可以详细给出,但更经常地是由规定了任务领域的命令变量来表示。"外部环境"则由一组参数表征,我们可能确切地知道这些参数的大小,也可能只知道它们的概率分布。内部环境适应外部环境所要实现的目标由一效用函数(它是命令变量和环境参数的函数,通常是标量)确定,或许再补充上几个约束条件(比如说,命令变量函数和环境参数函数之间的不等式)。最优化问题就是要求出一组可接受的、与约束条件相容的命令变量的值。在环境参数值给定的情况下,命令变量的这组数值使效用函数达到极大。(对于只知道参数的概率分布的情形,我们可以说,"使效用函数期望值达到极大",而不是"使效用函数极大"。)①

西蒙曾根据优化设计的实践提出过建立"设计科学"的构想,其中的一个重要观点是,只要对关于事实陈述的普通逻辑作微小变动,就可充分满足设计的要求,"因此,一种特别的命令逻辑是不必要的"。这里所说的微小变动是指,"首先,考察满足外部环境限制的所有可能状态,然后,从此集合中找出满足目标的其他约束条件、又使效用函数最大化的特定状态。"这相当于把目标约束条件及最大化看作新的"自然法则"并把它加到其他自然法则上进行逻辑运演,运演结果中的值被看成"应当"取的值,其逻辑范式为②:

---

① 西蒙:《人工科学》(武夷山译),北京:商务印书馆1987年版,第114—117页。
② 同上书,第五章。

逻辑项

命令变量("手段")

固定参数("法则")

约束条件("目的")

效用函数

问题：已知约束条件和固定参数，求命令变量取哪些值能使效用最大。

效用函数是指技术目标的效用赋值，命令变量是指技术中可控制的变量，固定参数是指影响目标实现而又在技术中不能控制或不拟控制的背景变量，约束条件是指不能违反的自然规律和社会规律以及可用的人力物力条件。设计的任务实际上是寻找对可控变量的控制方案以便在不同背景变量和约束条件下都能取得优化效果。① 在第四章和第六章中还会进一步分析公共管理技术设计类研究的方法论框架。

本书将在第十五章深入讨论评估研究的逻辑；在第二章和第四章深入探讨诠释研究和批判研究的逻辑。

二、公共管理研究的基本步骤

研究需要逐步实现，研究的知识旨趣不同，则研究的方法论不同，研究的逻辑亦不同，从而研究的步骤不同，最终研究形成的知识形态也不同。比如定量研究和质性研究的步骤就存在差异。定量研究的基本步骤包括：确定研究课题、明确理论思路、形成实证假设（Hypothesis）、研究设计（Research Design）、说明资料来源（Data）、变量测定（Variables）、统计模型（Models and Methods）、资料分析（Plan for Analysis）、研究发现（Results/Findings）、讨论与结论（Discussion/Conclusion）八个步骤。质性研究则形成一个从经验→介入设计→发现、资料收集→解释、分析→形成理论解释→回到经验的循环体系。②

一般而言，大部分定量研究和质的研究都会包含以下 7 个步骤，如图 1-2 所示。事实上，这些步骤并不是线性排列的过程。而是一个交互的过程，每一个步骤彼此之间相互包含，后一个步骤会刺激对前一个步骤进行深入的思考。③

---

① 申仲英：《自然辩证法新论》，西安：陕西人民出版社 2000 年版，第 272 页。
② 胡幼慧主编：《质性研究：理论、方法及本土女性研究实例》，台北：东大，1996 年。
③ 〔美〕劳伦斯·纽曼：《社会研究方法——定性和定量的取向》（郝大海译），北京：中国人民大学出版社 2007 年版，第 18—19 页。

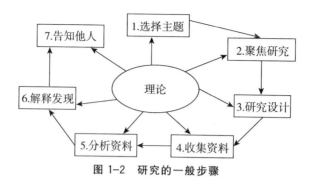

图 1-2　研究的一般步骤

（1）选择主题。主题（topic）是一个一般性的研究领域或议题。对于研究者而言，研究领域和议题仅仅表明了研究的范围，仍旧是比较宽泛的说法。

（2）聚焦研究和问题陈述。科学研究始于问题，研究者需要通过聚焦（focus），发现研究领域中理论和观察之间的矛盾，提出研究的问题，确定问题的类型，对问题给予清晰的陈述。

（3）研究设计。研究设计是开展研究的战略、计划和蓝图。通过研究设计将研究问题与问题的解答、资料的收集、资料的分析合乎逻辑地联系起来。

（4）收集资料。即采用观察、问卷、访谈、文献等方法获取质性和量化的资料。

（5）分析资料。即使用统计分析、数学建模、内容分析、比较分析等方法对资料进行加工整理，解释经验材料的规律性联系，或阐述资料的意义。

（6）解释发现。将资料发现的规律进行解释，回答为什么会出现数据分析显示的结果。

（7）告知他人。通过论文、专著、研究报告、学术会议等形式将研究成果发表出来，告诉相关的研究群体和实践运用群体。

第三节　公共管理研究的哲学基础

公共管理研究的哲学基础是隐含在公共管理研究背后，贯穿在公共管理研究过程中，指导公共管理研究开展的哲学思想。

一、哲学与公共管理哲学

公共管理哲学是从哲学的途径和角度对公共管理理论和实践问题展开探讨的学问。公共管理哲学和公共管理理论之间既相互区别，又有一定的联系。首先，公共管理哲学和公共管理理论并不存在取代、重叠和孰重孰轻的问题。两者探讨问题的思维方式、研究层次是不一样的，各自有各自的领域。"两者之间是不同种类的关系,因此,不能以一方取代另一方。"①其次,公共管理的哲学基础应该体现公共管理知识和公共管理实践的特殊性,公共管理哲学基础所探讨的"全体"以公共管理领域为界限,不能成为哲学一般。最后,公共管理哲学对公共管理研究和实践具有不可取代的功能。

对公共管理研究而言,公共管理哲学具有以下意义:

第一,有助于全面理解公共管理研究的类型。在公共管理发展历史上,对公共管理研究和公共管理知识的类型探讨一直就没有停息过。20世纪40年代,西蒙和沃尔多就公共管理是基于逻辑实证主义的"科学"还是基于政治哲学的规范理论展开过激烈的讨论。同期西蒙还提出作为行政学应该是"人工科学"的思想。20世纪70年代以来,拉里·柯克哈特(Larry Kirkhart)、理查德·伯恩斯坦(Richard Bernstein)等人展开了对公共管理实证研究局限性的批判,并引入了现象学、诠释学、社会批判理论、后现代主义等非实证主义的方法探讨公共管理问题。上述争论,从哲学角度而言,实际上涉及公共管理研究和公共管理知识类型的划分问题。公共管理领域并不存在单一的知识类型和研究类型,而是实证知识、评估知识、诠释知识、批判知识和技术设计知识的集合体,不同的知识类型对应不同的研究类型和方法论框架。

第二,有助于深入理解公共管理理论建构的前提。任何理论都是建构在某种假定、某种哲学思想之上的,这些假定和哲学思想本身并不构成理论,但是它们却是理论建构的前提,为理论的建构提供概念框架。比如弗雷德里克·泰勒(Frederick W. Taylor)的科学管理理论以"经济人"作为假定,这一假定并不在理论中明示,但是对泰勒科学管理理论的形成具有重要的意义。霍桑试验动摇了这一假定,推动了管理理论向"社会人"阶段迈进。官僚制理论建立的前提是韦伯的诠释社会学思想和工具理性思想。公共行政的话语理论作为官僚制的批评者则以建构主义认识论、现象学、批判理论作为哲学基础,建构了基于公共能量场的新理论。可见,扎根于不同的哲学"土壤",就会开出不同的公共管理理论之"花"。公共管理理论研究只有深入到理论建构的哲学基础,才有助于回答公共管理中的一些根本问题。

第三,可为公共管理研究提供方法论。公共管理哲学能为公共管理研究提供方法论包含三层意思:首先,公共管理研究方法论为公共管理研究提供逻辑、程序和规则。合理的方法论是公共管理研究质量的保障。没有良好的方法,很难保证研究的科学性和有效性。比如,1984年麦克库迪(H. E. McCurdy)和柯丽瑞(R. E. Cleary)以实证主义的原则为标准,对公共行政学博士论文的研究质

---

① 〔德〕考夫曼等编:《当代哲学和法律理论》(郑永流译),北京:法律出版社2002年版,第5页。

量进行的评估研究就涉及公共管理的方法论基础的探讨。① 其次,不同的公共管理研究类型对应不同的方法论,比如实证主义方法论、诠释主义方法论、批判主义方法论、女性主义方法论、后现代主义方法论等,公共管理哲学研究为方法论框架的选择进行合理性论证。最后,公共管理研究方法是一个层次体系,方法论作为研究方法体系的顶端的部分,统摄和影响研究范式、研究设计、研究方式的选择。

第四,奠定公共管理研究的价值基础。公共管理研究不仅涉及技术问题和实证问题,还涉及无法回避的价值问题。比如,新公共行政学对公共管理公平价值的倡导,民主行政学者使用民主理念重塑公共管理新范式,都与公共管理价值论存在密切的联系。换言之,公共管理追求什么?什么是良好的公共管理?如何建立合理的公共管理价值准则?公共管理活动伦理规范是什么?诸如此类的问题,都需要哲学价值论的研究为其提供理论基础。

运用本体论、认识论、价值论和方法论的思维审视公共管理研究,构成了公共管理研究的哲学支柱。在公共管理研究中,约翰·迪克逊(John Dixon)和瑞斯·道干(Rhys Dogan)在《科层、网络和市场:社会治理的失败》一文中使用社会本体论和社会认识论的思想分析了社会治理三种模式的差异。他们认为社会本体论可以分为结构和行动两派,社会认识论可以分为自然主义和诠释主义两派。据此两个维度,作者将官僚治理模式、网络互动治理模式和市场治理模式进行了定位。②

二、公共管理研究与科学哲学

科学哲学所提供的方法论原则,对旨在获取科学发现类知识的公共管理研究具有指导意义。科学哲学的研究有助于深入理解公共管理问题的形成、公共管理理论建构、公共管理理论解释、公共管理理论评价、公共管理范式变迁、公共管理知识进步等问题。在公共管理研究中,西蒙提出有限理性决策模式的依据就是逻辑实证主义。

20世纪20年代,逻辑实证主义(40年代后发展为逻辑经验主义)的诞生,标志着科学哲学的形成。③ 表1-6从兴起时间、本体论和认识论倾向、检验标准、科学发展模式和科学研究方法论五个方面对科学哲学各流派进行了总结:

---

① McCurdy, H. E. and Cleary, R. E. , "Why Can't We Resolve the Research Issue in Public Administration", *Public Administration Review*, 1984, 44(1), pp.49—56.

② John Dixon, Rhys Dogan, "Hierarchy, Networks and Markets: Response to Societal Governance Failure," *Administrative Theory & Praxis*, 2002, 24(1), p.178.

③ 尚智丛、高海云:《西方科学哲学简史》(第二版),太原:山西教育出版社2008年版,绪论。

表 1-6 科学哲学流派

线索		兴起时间	本体论和认识论倾向	检验标准	科学发展模式	科学研究方法论
Ⅰ:逻辑经验主义科学哲学		20世纪30年代到50年代	经验、逻辑和概率并重	确证、可检验性	经验概念合乎逻辑地构成知识系统,用经验观察确证知识,用概率说明确证的程度。	
Ⅱ:批判理性主义	波普尔证伪主义	20世纪50年代	三个世界理论,理性批判	可否证性	科学开始于问题;针对问题提出各种大胆的猜测和假设;各种猜测或理论竞争和批判;新理论被科学的进一步发展所否证,又出现新的问题。	
	拉卡托斯科学研究纲领	20世纪70年代	科学研究纲领	精致的否证主义	科学研究纲领方法论。科学的进化和退化	
Ⅲ:历史主义科学哲学	库恩范式理论	20世纪60年代	范式理论	范式竞争	范式转换	范式理论
	费耶阿本德多元主义方法论	20世纪70年代	与理性告别。观察、事实、理论常常不可分割地联系在一起。事实可能完全是假的、非本质的。	批判逻辑实证主义和理性批判主义	多元主义方法论。制度、观念、事业等方面的发展常常不是从问题开始的,而是从游戏等某些不相关的活动开始。	
	劳丹研究传统	20世纪70年代	研究传统	扬弃库恩和拉卡托斯	解决问题的活动	研究传统的变化
Ⅳ:科学实在论		20世纪60年代	科学研究的对象是客观实在。反映论		信息域的发展	

三、公共管理研究与社会科学哲学

社会科学哲学的研究主要探讨社会科学领域中的本体论、认识论、方法论和价值论问题。社会科学哲学反思的对象是社会科学,涉及"无知觉的实体的适应性行为系统和有目的的行为系统"。① 行为科学、社会学、政治学、管理学、经济学、法学都囊括在上述系统之中。社会科学哲学主要聚焦于社会科学中的

---

① 〔美〕斯蒂文·卡恩(Steven M. Cahn):《社会科学哲学》(杨富斌译),北京:中国人民大学出版社2009年版,第8页。

中心议题,包括一般方法论和哲学的应用(特别是个体主义和整体主义)、理性的性质和理论与概念的历史。① 社会科学哲学一直致力于解答关于社会的认识能否和何以成为科学这两个基本问题。②

社会科学哲学对公共管理研究有深刻的影响。它有助于深入理解公共管理问题的形成、公共管理理论的建构、公共管理理论的解释、公共管理理论的评价、公共管理范式的变迁、公共管理知识的进步等问题。

以下对公共管理研究影响较大的社会科学哲学的主要流派进行介绍:

1. **实证主义**。实证主义主张科学研究从经验出发,拒绝理性和形而上学的方法,以"证实"作为检验真理的标准,认为通过对经验现象的归纳就可以得到科学定律。实证主义对社会科学产生了深刻的影响,正如穆勒所说:"社会科学家要从自然科学那里获得理智上体面的地位,对自己的研究对象作出体面的解释,就必须应用与自然科学相同的方法。"同时"许多现代的社会理论采用了物理科学作为它们的模型,而最早的物理理论则吸收各种社会概念和模型。"③斯托克曼(N. Stockman)总结了社会科学研究中实证主义的通常含义,包括"经验的"、"量化的"、"以自然科学作为社会科学的终极目标"、"不注重行动者主观意义"、"某种形式的经验主义"、"科学是唯一有效的知识"、"科学或科学方法的统一"、"科学要用来造福人类福祉"、"数学物理是理想的科学"、"因果说明是科学的特征"等含义。④

(1)实证主义的创立与成熟。实证主义(positivism)产生于19世纪30—40年代,创始人为法国哲学家、社会学始祖孔德(Auguste Comte),英国的约翰·密尔(John Stuart Mill)和赫伯特·斯宾塞(Herbert Spencer)是主要代表人物。孔德自1830年开始陆续出版的6卷本《实证哲学教程》是实证主义的标志性著作。孔德提出了实证主义的基本思想、原则和方法,他将观察、实验、比较方法和历史方法看做是实证主义的基本方法。

从19世纪下半叶至20世纪初以法国的涂尔干(Emile Durkheim,又译迪尔凯姆)和意大利的帕雷托(V. Pareto)等人为代表的学者将实证主义方法推向成熟。1895年涂尔干出版了《社会学方法的准则》,在这部书中涂尔干详尽阐述了其社会学研究的方法、规范和准则,是涂尔干有关社会学研究方法的纲领性

---

① Jan C. Jarvie, Jesus Zamora-Bonilla, *The Sage Handbook of Philosophy of Social Scina*, SAGE Publications Ltd, 2009, p. 1.
② 吴畏:《科学哲学与社会科学哲学》,《自然辩证法通讯》2003年第2期,第30页。
③ 〔美〕M. W. 瓦托夫斯基:《科学思想的概念基础——科学哲学导论》(范岱年等译),北京:求实出版社1989年版。
④ N. Stockman, "Antipositivistic Theories of the Sciences: Critical Rationalism", *Critical Theory and Scientific Realism*, Springer, 1 edition, 1983, p. 7.

文献。

（2）新实证主义。在实证主义走向成熟的时期，实证主义也面临各种各样的挑战，实证主义在回应挑战中逐渐发展为新实证主义。20世纪20年代逻辑实证主义出现，标志着实证主义进入新的发展阶段。哈勒（Haller）等学者将逻辑实证主义称作新实证主义。新实证主义具有实证主义的基本特征："第一，只有，而且只能有，一种实在，即感官可以把握的个体对象。第二，与普罗泰格拉和休谟一样，实证论者只承认感观经验为人类认识的源泉。第三，如果仅有一种存在方式，即个体的存在，并且仅有一种认识源泉，即感官经验，那么如下说法也就毫无根据：必存在着本质上互有区别的认识方法。实证主义者正是以此为基础而建立起他们的知识统一性和科学统一性假设的。第四，将非描述性陈述——在它们不是逻辑——分析陈述的范围内——从知识和科学领域中清除出去。"① 新老实证主义具有如下三个本质上的不同之处：第一点，新实证主义以崭新的数理逻辑作为其分析工具和秩序原则，而正是这一点极大程度上促使人们将其称为逻辑实证主义或逻辑经验主义。第二点，老实证主义者的感觉、经验和思想之分析被新实证主义者的语言（借之我们可以描述感觉、经验和思想）之分析所取代。第三点，认识的基础不再仅仅是某个人的感觉才能接近的"所与"；"由于被认为是构成观察命题之核心的不可分割的基本体验最终被证明是非主体间的，因此必须用感觉间的和主体间可检验的、时空上可加以确定的对象和事件予以取代。"② 新实证主义将"逻辑"和"经验"结合起来，使得实证主义获得了更为精致的形式，为工具实证主义和行为主义的诞生奠定了哲学基础。

（3）工具实证主义和行为主义。20世30年代后期开始，受到英国实证主义和逻辑实证主义影响的美国社会科学家，将实证主义和实用主义结合起来，发展出了工具实证主义（instrumental positivism）。③ 工具实证主义除了具有实证主义的一般特征以外，其特色在于定量方法的运用，并将定量方法发展成为一套固定的模式、程序和步骤，形成了相对固定的分析技术和技巧，特别是将统计学、计算机分析技术运用于社会研究中。20世纪40年代到60年代是工具实证主义的黄金时期。工具实证主义是逻辑实证主义思想在社会科学研究中的操作化和具体化。

以逻辑实证主义和工具实证主义作为方法基础，20世纪初期，社会科学的行为主义研究开始盛行。随着经验主义哲学从近代经验主义发展到实证主义、逻辑实证主义和后实证主义，行为主义也逐渐发展到后行为主义。

---

① 〔奥〕哈勒：《新实证主义》（韩林合译），北京：商务印书馆1998年版，第18—24页。
② 同上。
③ C. G. A. Bryant, *Positivism in Social Theory and Research*, St. Martin's Press, 1985, p. 137.

(4)后实证主义与后行为主义。后实证主义(post-positivism)这一概念反映了20世纪50年代逻辑主义式微之后,实证主义在论战中被修正和被替代的状况,涵盖了实证主义哲学之后的那些维护、修正、反对、拓展实证主义的所有哲学流派。实证主义的修正和替代者、实证主义和反实证主义在论战中达成一致的部分都可以纳入这一概念的旗帜之下。布朗诺斯基(Bronowski)、布朗(Brown)、费耶阿本德、汉森、库恩、拉卡托斯和图尔敏等人是后实证主义的代表。根据不同学者的论述,后实证主义的共同特征可以归纳如下:

第一,历史主义取代逻辑分析。逻辑实证主义强调逻辑和语言分析,后实证主义则强调对科学发展的历史和科学社群的分析。"利用对科学史的仔细研究为新的手段,取代了过去依靠形式逻辑为分析科学的主要工具。"[1]第二,观察负载理论。观察和所有的经验至少部分是依赖我们所持有的理论概念结构。[2]第三,科学知识的暂定性(tentativeness)。后实证主义者主张科学理论中总是存在主观的成分,价值和信念在科学理论中发挥了重要的作用,科学理论具有暂定性。[3] 第四,科学知识的建构性。后实证主义强调人的创造性建构在科学研究中发挥着重要的角色。自然并不是一个独立的(self-contained)、决定论的(deterministic)装置,科学研究离不开人类的创造想象力。第五,主张三角校正法(triangulation)。三角校正法原本是测量学术语,社会学家诺曼·邓津(Norman Denzin)将其引入社会科学的研究中,表示研究者从不同角度、采用多方法去考察相同题材。[4] 20世纪70—80年代定量研究和质性研究展开了旷日持久的争论,到90年代初,双方不断融合,三角校正法成为质性研究和定量研究融合的护身符。[5]

在社会科学研究中,与逻辑实证主义的衰落和后实证主义的兴起相一致,

---

[1] H. I. Brown, *Perception, Theory and Commitment The New Philosophy of Science*, Chicago University of Chicago Press, 1977; A. Cleminson, "Establishing an Epistemological Base for Science Teaching in the Light of Contemporary Notions of the Nature of Science and of How Children Learn Science", *Journal of Research in Science Teaching*, 1990, 27(5), pp. 429—445.

[2] Norwood Russell Hanson, *Patterns of Discovery: An Inquiry into the Conceptual Foundations of Science*, Cambridge University Press, 1958.

[3] J. W. Garrison, & M. L. Bentley, "Teaching Scientific Method The Logic of Confirmation and Falsification", *School Science and Mathematics*, 1990, 90(3), pp. 188—197.

[4] Norman K. Denzin, *The Research Act: A Theoretical Introduction to Sociological Methods*, 3rd ed, Englewood Cliffs, NJ: Prentice Hall, 1989, p. 236.

[5] Margarete Sandelowski, "Tables or Tableaux? The Challenges of Writing and Reading Mixed Methods Studies", in Abbas Tashakkori and Charles B. Teddlie, eds., *Handbook of Mixed Methods in Social and Behavioral Research*, 2003, London: Sagep, pp. 321—350;郭秋永:《混和研究与质量争议》,《东吴政治学报》2011年第一期。

行为主义被后行为主义所取代。比如：在政治学中，1969年戴维·伊斯顿（David Easton）就任美国政治学会会长，发表题为《政治学的新革命》的就职演说，倡导"后行为主义"。在公共管理中，以西蒙为代表的行为主义与沃尔多为代表的规范主义展开了长期的论战，行为主义被多元方法论所取代。

2. 诠释学和现象学派。诠释学（hermeneutics）或称"释义学"或"解释学"。词源是希腊动词"hermeneuein"，词干是"Hermes"，即诸神的使者赫尔墨斯。赫尔墨斯的任务就是来往于奥林匹亚山上的诸神与人间的凡夫俗子之间，向人间传达和解释诸神的消息和旨意。这一神话人物形象地展示了诠释学的含义，即主体在特定情势下，对文本、行为和现象的意义展开理解（understanding）。实证主义是对客观经验的说明（explanation），诠释学则是对现象的理解。诠释学的发展经历了文本诠释学、人文和社会诠释学、现象学和哲学诠释学三个阶段。

（1）文本诠释学。最早的诠释学用于解读《圣经》，又被称作解经学。旨在对《圣经》中的文字、语言和意义进行理解。后来对《圣经》文本的解释逐渐扩展成为对所有作品进行解释的语文学方法论的诠释学。19世纪初施莱尔马赫（Schleiermacher）将诠释学进一步发展成为关于理解和解释的普遍科学或艺术的诠释学。

（2）人文和社会诠释学。19世纪中叶，狄尔泰（Wilhelm Dilthey）、文德尔班（Wilhelm Windelband）、李凯尔特（Heinrich John Rickert）、韦伯等人尝试将社会科学从实证主义的统治下解放出来，他们从社会领域和人文领域与自然领域的差异出发，建构人文社会科学独特的诠释主义方法论。狄尔泰认为"我们说明自然，我们理解心灵"。理解心灵的科学不是自然科学而是"精神科学"。狄尔泰将诠释学及诠释方法作为精神科学的一般方法论，被誉为"人文科学领域里的牛顿"。新康德主义的另外两位代表文德尔班和李凯尔特也创立了诠释学的"文化科学方法论"。韦伯认为社会科学必须将说明和理解综合在一起，创立了解释性社会学。他把社会学定义为诠释性理解"社会行动"并对其过程和结果做出因果性说明的科学。诠释性理解（interpretive understanding）和因果性说明（causal explanation）是韦伯社会学方法论的两个组成部分。韦伯将诠释学扩展到社会行动的研究，开创了解释社会学方法论，使其成为社会学的"奠基人"之一。

（3）现象学和哲学诠释学。20世纪20年代末，海德格尔确立了此在的现象学。"此在现象学的logos（逻各斯）具有诠释的性质。通过诠释，存在的本真意义与此在本已存在的基本结构就向居于此在本身的存在之领会宣告出来，此在的现象学就是诠释学。"①此在的现象学认为诠释学既不是对文本进行单纯理解和解释的学科,也不是指人文科学的普遍方法论,而是指对人存在本身的现象学阐释。继而,伽达默尔(Hans-Georg Gadamer)在此基础上建立了哲学诠释学。哲学诠释学既不是单纯理论的一般知识,也不是单纯应用的技术方法,而是一门综合理论与实践双重任务的哲学,是作为实践哲学的诠释学。诠释学哲学的代表人物,除了海德格尔和伽达默尔以外,还有意大利哲学家贝蒂(Emilio Betti)的作为精神科学普遍方法论的诠释学、德国哲学家哈贝马斯(Jürgen Habermas)的批判诠释学、法国哲学家保罗·利科(Paul Ricoeur)的现象学诠释学等。

3. **批判主义**。批判主义哲学可以追溯到康德、黑格尔和马克思等人的思想。批判哲学家将世界看做是辩证发展的过程。马克思认为:"辩证法不崇拜任何东西,按其本质来说,它是批判的和革命的。"②马克思在《关于费尔巴哈的提纲》中写道:"哲学家们只是用不同的方式解释世界,而问题在于改造世界。"这句话也刻在了马克思的墓碑上,成为批判主义的精神纲领。批判理论批判了实证主义价值中立的观念,把整个世界和历史都看作是一种辩证的运动过程。社会科学知识必须是批判的知识,社会科学目标就在于,通过深化社会自身的意识来改造社会。批判主义理论先后经历了康德的理性批判、黑格尔的辩证法、马克思的资本主义政治经济批判、法兰克福学派的意识形态评判、文化批判和交往理性批判的发展历程。

除此之外建构主义、批判实在主义、后现代主义、女性主义等哲学流派的方法论都对公共管理的研究产生了重要的影响。

表1-7总结了社会科学哲学各个流派之间的比较:

表1-7 社会科学哲学流派比较

比较项		实证主义	诠释社会科学	批判社会科学	建构主义
原因	原因、目的	发现自然法则以便预测和控制	理解和描述有意义的社会行动	粉碎神化并赋予人们激进地改变社会的力量	科学知识和社会存在都是主观建构的产物
本体论	社会现实的本质	事先存在着的稳定模式和秩序,等待人们去发现	情景的定义充满了流动的特性并由人类互动创造	隐藏着的基本结构充满了冲突,同时冲突受其宰制	主观认知建构的产物

---

① 马丁·海德格尔:《存在与时间》(陈嘉映、王庆节译),北京:生活·读书·新知三联书店2006年版。
② 《马克思恩格斯选集》(第2卷),北京:人民出版社1995年,第112页。

续表

	比较项	实证主义	诠释社会科学	批判社会科学	建构主义
本体论	人性的本质	追求自我利益，理性的个人，受制于外在力量的型塑	是创造意义的社会人，并不断地理解他所生存的世界	充满创造性的、适应性的民众，有着没有实现的潜力，受制于虚幻与剥削	是积极地认知建构者
认识论与方法论	常识的角色	显然不同于科学，而且不具有效度	强有力的日常生活理论，广泛地被平常人所用	错误的信仰把权力与客观情况隐藏起来	常识是认知主体积极适应的机能
	理论是什么	相互关联的定义、原理、原则构成的合乎逻辑的归纳体系	对群体意义体系如何生产、维持所提出的描述	显示真实的情况，提出批判，能够帮助人们看到迈向更好世界的方式	理论是科学家之间的交流、竞争、冲突和商议所导致的结果
	真的解释	合乎逻辑和法则有关，并且建立在事实基础上	获得被研究者的共鸣，获得他们的认同	为人们提供改变世界所需的工具	研究者达成共识，对环境适应的共识
	好的证据	基于明确的观察，其他人可以重复获得	镶嵌在流动的社会互动中	由能够揭示幻觉的理论提供	体现在建构者适应过程中
价值论	价值的地位	科学是价值中立的，除了选择主题外，价值在科学研究中没有地位	价值是社会生活整体的一部分，没有一种群体价值是错误的，只有差异	所有科学必须从某个价值立场出发，有些立场是对的，有些立场是错误的	价值是科学和社会的有机部分

	比较项	后现代主义	女性主义	批判实在主义
原因	原因、目的	以一种有趣的方式表达主观自我，取悦并激励他人	打破神话并赋予人们力量以促使人们提升教育他人的价值和平等的价值	科学研究必须寻求到一种真实的(real)、可操作性的和内在的机制，用以引导细节性结果的产生。
本体论	社会现实的本质	无序的、不固定的，没有任何真正模式或控制计划	包含冲突的结构性力量关系，这种力量关系使很多人感到压抑	实存(reality exists)独立于我们的知识和对他的感知。实存由经验层面(empirical)、实际层面(actual)、真实层面(real)构成

续表

比较项		后现代主义	女性主义	批判实在主义
本体论	人性的本质	人类具有创造性并且活力十足,但是他们的潜能并没有实现	人类具有创造性和性别差异,并拥有没有实现的潜力,而且常常被看不见的力量所控制	人的实践具有的能动性和结构的双重特征。
认识论与方法论	常识的角色	社会现实的实质是优于科学或官僚主义推理形式	错误的信念掩盖了权力和客观条件	常识是认知的经验层面
	理论是什么	艺术性表达的实现或操作,使人们得到愉悦、震撼和刺激	揭示真实的条件,并帮助人们发现通向美好世界的道路	理论旨在寻找真实层面的内在机制
	真的解释	没有一种解释会更加真实;对于那些接受他们的人而言,所有的解释都是真实的	提供一种将人们从压迫性关系中解放出来的思想和工具	真实是永远无法认知的
	好的证据	具有一种美学特征,并能与人们内在的感觉和情感产生共鸣	由能够揭示幻觉的理论提供	能够对机制进行表述的证据
价值论	价值的地位	价值是研究的重要组成部分,但所有的价值都具有相同的地位	对于研究者而言,价值是十分重要的。	价值与真实存在是分开的,价值只会影响逼近真实的观察、经验证据、解释、理论推理、对话等等过程

资料来源:作者根据〔美〕劳伦斯·纽曼:《社会研究方法——定性和定量的取向》(郝大海译),北京:中国人民大学出版社 2007 年版,第 115—116 页;E. G. Guba & Y. S. Lincoln, "Competing Paradigms in Qualitative Research", in N. K. Denzin & Y. S. Lincoln (eds.), *Handbook of Qualitative Research*, Thousand Oaks, CA:Sage, 1994, p.109. 等资料整理。

四、公共管理研究与技术哲学

技术哲学包括两重含义,一是关于技术的哲学(philosophy about echnology),研究技术对社会、经济和文化的影响。这是技术哲学早期的研究重点,又被称为技术的人文哲学(humanities philosophy of technology);二是技术的哲学(philosophy of technology),从哲学的高度,使用哲学语言对技术本身进行反思、提炼和描述,又被称为工程师的技术哲学(engineering philosophy of technology)①。工程哲学、设计哲学、社会工程哲学等都是技术哲学的研究范畴。

按照卡尔·米切姆(Carl Mitcham)的总结,技术集成了四种事物的属性:第一是作为客观存在的物体;第二是知识;第三是技术活动,包括技术操作程序和设计;第四是作为目的、作为行动和作为意志的技术。从哲学角度来看,技术的第一种属性主要涉及技术哲学本体论;第二种属性主要涉及技术哲学的认识论;第三种属性主要涉及技术哲学的方法论;第四种属性则主要涉及技术哲学的伦理学和美学。围绕技术的四项本质属性进行哲学探讨是技术哲学研究的基本问题。其中技术活动的研究是技术哲学的核心问题,这一块的研究被冠以设计科学、设计哲学、人工科学等名称。

1877年,技术哲学家恩斯特·卡普(Ernst Kapp)的著作《技术哲学纲要》的出版标志着技术哲学的诞生。1978年,美国建立"哲学与技术学会"并主办了《哲学与技术研究》。技术哲学研究中"尽管有大量的文献关注技术,但技术很少成为技术哲学家的主题。即使有众多著作关注技术对人的影响,但很少有关注技术本身"②。20世纪80年代以来,欧美技术哲学研究形成了"经验转向"(empirical turn)。技术哲学研究的经验转向使技术的哲学分析建立在对技术的经验描述基础上,而不是建立在对技术的预先设定基础上,这使技术哲学研究更加关注那些与技术有关的技术人工物、技术设计、工程活动等问题。③

技术哲学的发展还伴随着技术这一概念所指称范围的不断扩大,从狭义技术哲学研究逐步扩展为广义技术哲学研究。狭义的技术主要指人们为了实现特定目的在设计、制造和使用人工物的过程中使用的工艺、程序、规则、设备、系统、方法等。广义的技术概念的载体则从"人工物"扩展到了社会领域,技术哲学成为涉及人工物制造、社会制度设计、组织设计、政策设计在内的广泛的概念,并延伸出社会技术哲学或社会工程哲学这样的新技术哲学。比如波普尔对历史决定论的批判和哈耶克对扩展秩序的讨论就属于社会工程哲学的范畴。正如西蒙所言:"凡是以将现存情形改变成向往情形为目标而构想行动方案的人都在搞设计;生产物质性人工物的智力活动与为病人开药方或为公司制订新销售计划或为国家制定社会福利政策等这些智力活动并无根本不同。"④换言之,公共管理研究的很大一部分本质是在进行技术设计活动,即为了实现既定目标,以科学原理为基础,通过政策、制度、体制、机制和治理工具的设计,实现

---

① Marc J. De Vries, *Teaching about Technology: An Introduction to the Philosophy of Technology for Non-Philosophers*, Springer, 2006, pp.1—13.
② H. Achterhuis, *American Philosophy of Technology*, Indiana University Press, 2001, p.56.
③ 乔瑞金、张秀武、刘晓东:《技术设计:技术哲学研究的新论域》,《哲学动态》2008年8期。
④ 司马贺(赫伯特·西蒙):《人工科学》(武夷山译),上海:上海科技教育出版社2004年版,第103页。

特定的目标,解决公共管理的实践问题。

公共管理领域的技术设计活动至少包括五个领域:第一,公共管理的政策设计。通过制定特定的公共政策,对社会进行干预,从而实现公共管理目标的活动就属于公共管理的政策设计活动。第二,公共管理的制度设计。公共管理的制度设计重点探讨公共管理活动的制度基础和制度安排,试图寻求一种达到良好公共事物治理状态的制度安排。第三,公共管理的体制设计。体制是公共管理研究中的重要构成部分,体制设计重点关注公共管理组织中的职能与分工、机构设置及其隶属。公共管理体制设计的研究是公共组织理论重点关注的领域。第四,公共管理的机制设计。公共管理机制设计重点关注使用何种相互作用的方式,推动公共管理行为朝向特定的目标。第五,公共管理治理工具的设计。公共管理治理工具设计关注公共管理目标和任务实现的操作性手段和技术。我们将在第二章和第四章进一步探讨公共管理研究中的技术设计方法论。

【延伸阅读】

1. 〔美〕杰伊·D. 怀特、盖·B. 亚当斯:《公共行政研究——对理论与实践的反思》(刘亚平、高洁译),北京:清华大学出版社 2005 年版。

2. 〔美〕拉里·劳丹:《进步及其问题》(刘新民译),北京:华夏出版社 1999 年版。

3. 〔美〕鲁德纳(Rudner, Richard S.):《社会科学哲学》,北京:生活·读书·新知三联书店 1988 年版。

4. 〔美〕托马斯·库恩:《科学革命的结构》(金吾伦、胡新和译),北京:北京大学出版社 2004 年版。

5. 〔英〕彼得·温奇:《社会科学的观念及其与哲学的关系》,上海:上海人民出版社 2004 年版。

6. 〔英〕波普尔:《科学发现的逻辑》(查汝强、邱仁宗译),北京:中国美术学院出版社 2008 年版。

7. 〔英〕拉卡托斯(Lakatos. I.):《科学研究纲领方法论》,上海:上海译文出版社 2005 年版。

8. Daniel Little, *Varieties of Social Explanation: An Introduction to the Philosophy of Social Science*. Boulder, CO: Westview, 1991.

9. Olsen, Jan Kyrre Berg Evan Selinger, Søren Riis. *New Waves in Philosophy of Technology*, Palgrave Macmillan, 2009.

10. Manicas, Peter T. *History and Philosophy of Social Science*, Wiley-Blackwell, 1989.

11. Dusek, Val, *Philosophy of Technology: An Introduction*. Wiley-Blackwell, 1 edition, 2006.

第二章　公共管理研究的方法体系与方法论流派

第一节　公共管理研究方法和方法论概述

方法是一个含义非常宽泛甚至难以定义的词汇,可以根据方法的载体、领域、经验内容等维度对其进行分类。"公共管理方法"一词可以做广义理解和狭义理解。广义的公共管理方法是公共管理领域中思维方法、实践方法、研究方法的总称。狭义的理解则是公共管理实践方法或公共管理实务活动方法的简称。公共管理学方法是公共管理这种知识形态本身的逻辑、规则和程序,属于思维方法的范畴。公共管理研究方法是公共管理研究过程中使用的思维方法和行动步骤。公共管理研究包括公共管理学术研究、公共管理实践问题解决和公共管理咨询三类活动,因此公共管理研究方法也是公共管理学术研究方法、公共管理实践问题解决方法和公共管理咨询方法的统一。

一、公共管理研究方法

1. 方法的定义。方法(method)英文源自拉丁语"methodus"和希腊语"methodos"。《韦伯斯特新大学辞典》将方法定义为:"做某件事或为了做某件事的方式、技术和过程。"[①]《韦氏新世界美语辞典》将方法定义为:"做任何事的方式、模式、程序、过程,特别是关于教育、调查等规则的、有条理的、明确的程序或方式。"[②]方法在汉语中是"方"和"法"联合构成的词语,古代指量度方形的法则。《中华辞海》将方法定义为:"关于解决思想、说话、行动等问题的门路、程序等;工作方法、学习方法和思想方法。"[③]

在公共管理研究中,"方法"与"理论"、"模型"、"技术路线"、"工具"等词既

---

① G. & C. Merriam, T. Allen & Son, *Webster's New Collegiate Dictionary*, Springfield, MA: G. & C. Merriam Co., 1977.

② Victoria Neufeldt, *Webster's New World Dictionary of American English*, Third College Edition, Macmillan General Reference; Leather edition(March 1990).

③ 康大为主编:《中华辞海》,北京:印刷工业出版社2001年版。

有联系也有区别。

(1)方法与理论、模型。理论是对自然规律的概括或者人文价值的诠释。方法仅仅是人们获得理论知识的过程中使用的思维逻辑,采用的行动步骤。不过人们在获得新理论的时候,往往要借助以前的理论作为引导,比如,进行"观察"的时候会带着特定的"理论"眼镜进行,即"观察负载理论"。这时特定的理论就变成了认识活动的思维逻辑和行动步骤,理论本身还是理论,不过理论具有了方法的功能。这种在研究中引导研究的理论叫做"实质性方法"。科学理论揭示的是客观世界的规律性联系,如果这种联系是结构性的,我们往往称之为模型或理论模型。方法与模型之间的联系与区别实质上是方法与理论的联系和区别。

(2)方法与工具。工具是人们为达到特定目的而使用的手段,工具可以是概念工具也可以是实物工具。比如西蒙在构建决策理论的时候就运用了"理性"这一概念工具,马克思在构建资本理论的时候,就使用了"商品"这一概念工具。实物工具则是比较容易理解的概念,比如钳工师傅使用的钳子和锤子就属于实物工具,工具实物用来加工材料,制造产品。方法和工具的共同点在于两者都是实现特定目标的中介。不同点在于:工具往往指某一个或某一类发挥特定功能的概念或物件,方法则是一套逻辑、程序、步骤、技巧的整体。在研究方法体系中,研究工具可称为具体的研究技术,研究技术就像一个工具箱,工具箱中的一个工具可供不同的研究方式使用。

(3)方法与技术路线。技术路线是理工科和软科学研究中常用的一个研究方法术语。技术路线往往采用流程图的形式,清晰地呈现研究思路,使研究变得可操作、可执行。技术路线图(technology roadmap)是绘制技术路线时候常常使用的方法。技术路线图最早出现于美国汽车行业,在20世纪七八十年代为摩托罗拉和康宁(Corning)用于公司管理和研发工作。[①] 公共管理研究中的技术路线图需要根据研究的不同理论层次和研究的性质进行绘制。方法和技术路线在含义上是非常接近的,技术路线更加形象地描述了方法的程序性和逻辑性特征。

2.**方法的分类**。可根据不同的标准对方法进行分类。

(1)根据方法的承载体进行划分。根据人类活动的载体可将方法分为实体方法、思维方法和行动方法。

实体方法就是实体中存在的,构成实体和实体运动和发展的一般规则。这里的方法相当于实体世界的运动规律。实体方法指实体运动法则和规律。

---

① 〔英〕史伯特·哈尔等:《技术路线图:规划成功之路》(苏竣等译),北京:清华大学出版社2009年版。

思维方法是人们在认识、改造和评价世界的过程中,思维活动的逻辑、路径、程序、步骤、方式和手段。思维方法包括认识方法、评价方法两种主要的类型。

行动方法是人们在认识、改造和评价世界的实践活动中使用的逻辑、路径、程序、步骤、方式和手段。① 行动方法广泛地存在于社会实践的各个领域。

(2)根据方法所解决矛盾的特殊性进行划分。根据方法所涉及的矛盾的特殊性,可将方法划分自然领域的方法、社会领域方法、人文领域的方法。每个领域的方法可以进一步划分成若干小类。比如社会领域的方法可以划分为管理方法、经济方法、政治方法、行政方法等。

划分学科领域和职业领域边界的重要依据是该领域矛盾的特殊性。基于该领域的特殊性而形成认识、评价和改造这个领域的特殊性的方法,从而才会形成这个特殊领域的方法论。一门学科拥有该学科特有的方法是该学科成熟的标志之一。涂尔干所著的《社会学研究方法论》中有一段话,清晰地阐明了学科领域与方法的紧密关系。

资料专栏 3-1　涂尔干论社会学方法

这些学者们对社会学方法的忽视是不足为奇的。他们虽然是有影响的大师,但他们的所谓社会学研究却都没有脱离社会自然性的一般论述,没有脱离社会与生物界的一般关系的范畴,没有脱离对宇宙进化的一般进程的解释。就连著述甚多的斯宾塞,他对于社会学的唯一关心,也不过是想发现宇宙进化的自然规律是如何适用于社会现象的。其实,如果把社会现象只作为哲学问题的话,自然不必用什么特别的和具体的方法。只要用通常"演绎的"和"归纳的"推论,把一般概括当做大致的观察就够了。事实上,社会现象必须加以细致考察才能被真正了解,也就是说,研究事物,必须以事物为主,而不能以一般性原理为主;对一些特别的问题,必须进行特别的实验才能弄清楚;考察所得的证据,还必须合乎规律。所有这些,说明如果忽视实际的考察,只用一般的哲学推理,就无从进行社会学研究。

资料来源:〔法〕迪尔凯姆:《社会学研究方法论》(胡伟译),华夏出版社1988年版,绪论第1页。

---

① 有一些方法会同时或部分涉及实体、思维和行动。辩证法中的"历史与逻辑的一致"其实就是实体方法、思维方法和行动方法的一致。

公共管理是一个与企业管理、政治、经济等学科研究对象相区别的特殊领域，公共管理有自己特殊的认识、评价和实践方法，有自身特有的方法论，也是一个特殊的领域。

（3）根据方法是否涉及具体的经验内容进行划分。据此可以将方法分为实质性的方法和形式性的方法。

实质性的方法涉及具体的经验内容，是人们在认识、评价和解决特定领域问题的时候使用的视角、采用的分析思路、形成的一般性模式等，实质性的方法总是与特定的领域联系。比如管理学领域的SWOT方法、PEST分析法、全面质量管理法；政治学领域的权力分析方法、利益相关者分析法等。实质性方法与"理论"是无法分开的，比如系统分析方法既反映了变量的系统性联系，也是指引人们认识、评价和改造系统的思维逻辑、程序和步骤。实质性方法类似于库恩所说的"范式"。

形式性方法不涉及经验内容，是人们思维和行动时的程序和步骤。形式方法普遍适用于各个领域。程序性方法往往指人们在进行研究活动的时候，收集和分析资料的逻辑、程序、步骤和技巧。比如归纳和演绎逻辑；社会学研究中的研究方式（比如调查法、实验法、文献法、实地法等等）都属于形式方法。

将上述三个维度进行综合，就形成了方法分类的"载体—领域—经验"三维分析模式。据此可以找到某项方法的合适定位。

3. 公共管理研究方法。公共管理研究方法是人们在寻求公共管理领域问题的解答，获取公共管理知识的过程中，思想的逻辑、路径以及各项行动的步骤、程序和技巧。

第一，公共管理研究方法是思维方法和行动方法的统一。公共管理研究是涉及思维活动和实际行动的双重活动。公共管理研究是思维方法和行动方法的有机统一。

第二，公共管理研究方法是实质性方法和形式性方法的统一。公共管理研究中既涉及理论视角、理论思路、理论途径、理论模型等实质性方法；还涉及逻辑推理、资料收集和分析等形式性的方法。

第三，公共管理研究方法是公共管理学术研究方法、公共管理实践问题解决方法和公共管理咨询方法的统一。公共管理研究包括公共管理学术研究、公共管理实践问题解决、公共管理咨询三种形态，因此公共管理研究方法也包括公共管理学术研究方法、公共管理实践问题解决方法和公共管理咨询方法，这些方法的公约数是公共管理问题及其解决的逻辑。一般而言，公共管理学术研究重点关注科学发现类、评估类、诠释类和批判类问题。实证主义、诠释主义、批判主义和评估研究方法是其常用的方法论框架。① 公共管理实践问题解决过程实质上是公共管理者从事公共管理实务过程中，运用适当的途径——诸如战略设计、政策制定、制度体制和机制设计、管理工具——弥合公共管理主体需求与现实之间的差距的过程。公共管理实践问题解决虽然以公共管理学术研究提供的相关知识为基础，但是公共管理实践问题解决的方法论框架与公共管理学术研究的方法论框架存在本质的差异，公共管理实践问题解决的方法论框架是技术设计的方法论框架。公共管理咨询指公共管理咨询单位或个人，使用科学的方法和程序，为那些有咨询需求的公共管理相关部门提供学术性知识和实践问题解决方案。公共管理咨询所使用的方法论框架并不是单一的方法论框架，往往通过综合运用公共管理学术研究和实践问题解决的方法论框架，为顾客提供知识、技术、理解等方面的知识服务。

第四，公共管理研究方法是公共管理方法、公共管理学方法的前提和基础。"公共管理方法"一词可以做广义理解和狭义理解。广义的公共管理方法是公共管理领域中思维方法、实践方法、研究方法的总称。狭义公共管理方法则是公共管理实践或公共管理实务方法的简称。狭义的公共管理方法属于行动方法的范畴，是公共管理主体进行公共管理实务活动过程中使用的认识工具（比如战略管理中SWOT分析模型、钻石模型、利益相关者分析）和行动工具（全面质量管理、合同外包、凭单制等制度、机制、程序、手段和技术等管理手段）的总称。"公共管理学方法"则是公共管理学科的逻辑、理论结构和认识程序。公共管理研究方法侧重公共管理问题的探究。公共管理学方法侧重公共管理学科的逻辑。狭义的公共管理方法侧重公共管理实务的认识和行动。三者虽侧重点不同，但是在公共管理问题解决这一点上是共通的。公共管理研究的知识成果构成公共管理学科，公共管理研究的知识也为公共管理活动提供支撑，从这个意义上说，公共管理研究方法是公共管理学方法和公共管理方法的前提和基础。

二、公共管理研究方法论

1. 方法论的定义。 莱西（A. R. Lacey）所编的《哲学辞典》（*A Dictionary of Philosophy*）将"方法论"（methodology）定义为："对那些综合指导着科学探索的推理和实验原理及过程的一种系统分析和组织，也称之为科学方法。因而，方法论是作为每一门科学的特殊方法的一种总称。"②《韦伯斯特新大学辞典》将

---

① 目前很多公共管理研究方法的教材和著作主要集中于实证主义和评估研究方法，对技术设计方法、诠释主义和批判主义方法涉及较少，本书将较为全面地展示公共管理学术研究的方法论框架。

② A. R. Lacey, *A Dictionary of Philosophy*, London: Routledge & Kegan Paul Ltd., 1976.

方法论定义为:"一门学科所使用的主要方法、规则和基本假定原理;对特定领域中关于探索原则与程序的一种分析。"①《韦氏新世界美语词典》将方法论定义为:"方法的科学或方法的有序安排;特别是对科学探索和哲学探索的推理原理应用有关的逻辑学分支;任何特定科学中的方法体系。"②《牛津哲学辞典》认为:"方法论是特定的探索领域方法的一般性研究。这些探索领域包括科学、历史、数学、心理、哲学、伦理等。"③《中华辞海》认为方法论是:"关于认识世界、改造世界的根本方法的学说。在某一门具体学科上所采用的研究方式、方法的综合。"④袁方认为:"方法论主要探讨研究的基本假设、逻辑、原则、规则、程序等问题,它是指导研究的一般思想方法或哲学。"⑤

综合上述观点,方法论这个概念具有以下要点:

第一,方法论是具有系统性的理论。方法论是关于方法的理论,该理论系统性地阐述方法之间的关系、方法的组织、方法的有序安排等问题。

第二,方法论属于逻辑学的分支。方法论是推理的科学,阐述推理的原理和推理的有效性等逻辑问题。

第三,方法论具有程序性。方法论主要阐述探索的程序、步骤、规则和过程。

第四,方法论揭示探索活动和探索成果的基本假定和前提。

第五,方法论是从多种方法中抽象出来的共同的原则。

第六,方法论存在层次性,哲学、科学和具体学科都有各自的方法论。

第七,方法论是与本体论、知识论和价值论紧密相关的概念,哲学和科学理论本身具有方法论的含义。

2. 方法论的分类。 如果按照抽象层次的高低对方法论进行分类,可将方法论分为哲学方法论、科学方法论和具体学科方法论。如果按照方法作用的载体可将方法论分为实体方法论、思维方法论和实践方法论。将上述两个维度联合构成如下交叉分类表:

---

① G. & C. Merriam, T. Allen & Son, *Webster's New Collegiate Dictionary*. Springfield, MA: G. &C. Merriam Co., 1977.

② Victoria Neufeldt, *Webster's New World Dictionary of American English*, Third College Edition, Macmillan General Reference; Leather edition (March 1990).

③ Simon Blackburn:《牛津哲学辞典》,上海:上海外语教育出版社2000年版,第242页。

④ 康大为主编:《中华辞海》,北京:印刷工业出版社2001年版。

⑤ 袁方:《社会研究方法教程》,北京:北京大学出版社1997年版,第24页。

表 2-1 方法论的分类

抽象层次	示例	思维方法论(认识世界)	实践方法论(改造世界)
哲学层次	哲学	经验主义、理性主义、哲学诠释学等等	
科学层次	科学哲学和社会科学哲学	实证主义和其他科学哲学流派	技术设计或社会工程
具体学科层次	管理学	同上	管理工程
	公共管理学	同上	制度设计、机制设计等

说明:此表不探讨特定哲学流派可能会涉及的实体方法论。

3. 方法和方法论的区别。人们往往将"方法"和"方法论"混用。比如马克卢普(Fritz Machlup)认为:"许多人在日常用语中习惯用专门名词代替普通的、已被人们充分理解的词汇。""方法论一词由那些不了解其原本和正确含义的人们所使用,我们现在发现该词的错误应用要比正确使用更为频繁。"[1]帕尔伯格(Don Paarlberg)也指出:许多经济学家"在既没有涉及哲学,也没有涉及逻辑学,而仅仅涉及方法时就使用方法论这个词"。[2]

"方法论(methodology)——方法论的学习——是处理问题和(或)从事活动的方式,它构成了我们完成一项任务的一般途径或路线,而不告诉我们如何完成任务的具体细节。具体的做法是方法(methods)和步骤,而不是方法论。研究方法论提供了组织、计划、设计和实施研究的基本原则,但它不能详细告诉你如何进行一项具体的、个别的研究,每一项研究都具有其特殊性。"[3]表 2-2 给出了方法和方法论的区别:

表 2-2 方法和方法论的区别

		方法	方法论
认识世界	哲学层次	思辨、理性、经验方法	理性主义、经验主义、诠释学等
	科学层次	观察法、实验法等	科学哲学和社会科学哲学诸流派
	具体学科层次	权力分析法(政治学)、制度分析法(多学科共有)、SWOT 分析(战略管理学)	科学哲学和社会科学哲学诸流派

---

[1] Fritz Machlup, *Methodology of Econimics and Other Social Sciences*, New York: Academic Press, Inc., 1978.

[2] Don Paarlberg, "Methodology for What?" *Journal of Farm Economics*, 1963, 45(5), pp. 1386—1392.

[3] 〔美〕唐·埃思里奇:《应用经济学研究方法》(朱钢译),北京:经济科学出版社 1998 年版,第 3 页。

续表

		方法	方法论
改造世界	哲学层次	批判方法等	辩证法等
	科学层次	科学转化为技术的多种形式	系统哲学、人工科学或技术哲学
	具体科学层次	比如组织机制的设计方法等	人工科学或技术哲学

4. 学科方法论和研究方法论。一般而言,公共管理学方法论是公共管理学科范围内所有知识成果的逻辑、规则和程序的一般理论。公共管理研究方法论则是公共管理研究者为了解决公共管理问题,获得公共管理知识的逻辑、规则和程序的一般理论。公共管理学方法论和公共管理研究方法论虽然紧密相关,但是并不等同。公共管理学方法论侧重探讨公共管理学知识形态本身的理论逻辑和规则,其对象是既有的公共管理知识。公共管理研究方法论则侧重探讨获取公共管理知识的认知逻辑和规则,其对象是公共管理问题。一方面,公共管理问题本身就是已知和未知的统一,公共管理研究依赖既有的知识,同时也产生新的知识;另一方面,公共管理研究获取知识的过程往往决定了知识的最终形态。因此,公共管理研究方法论与公共管理学方法论是难以分割的,就像硬币的两面。①

第二节 公共管理研究方法体系的三维结构

公共管理研究方法和方法论共同组成公共管理研究的方法体系。公共管理研究方法体系是指导公共管理研究,贯穿在公共管理研究过程中的方法论和方法的总和,是包括哲学基础、方法论、逻辑、推理规则、程序、资料收集与分析方法、具体研究工具等要素的有机系统。

一、研究方法体系的三维结构

研究方法体系与研究的理论体系共同构成研究活动的基本内容。研究的理论体系是对研究成果的概括,研究的方法体系则是对获得研究成果的过程的总体描述。可以借鉴亚瑟·霍尔(Arthur D. Hall)提出的系统工程三维结构(时间维度、逻辑维度和知识维度)对研究的方法体系进行刻画。研究的时间维

---

① 唐·埃思里奇在《应用经济学研究方法》中区分了经济学方法论和经济学研究方法论,值得借鉴思考。参见〔美〕唐·埃思里奇:《应用经济学研究方法》,第 27—30 页。

度是研究依次展开的过程,包括研究的开始、研究的设计、研究的实施、研究成果的呈现和研究的评估等环节。研究的逻辑维度是研究中的哲学基础、方法论和逻辑推理规则。研究的知识维度是研究设计的知识类型和领域。这样就形成了研究方法体系的三维结构。比如在三维结构中的一点 A(研究的开始、实证主义方法论、公共管理学)意味着公共管理学研究中使用实证主义方法论进行研究的开始阶段,即研究问题的界定和提出阶段。三维结构中的一点 B(研究设计、诠释主义方法论、社会学)则意味着使用诠释主义方法论对社会学问题展开研究的研究设计阶段。

公共管理研究方法体系包括公共管理研究的时间维度、逻辑维度和知识维度。

1. 公共管理研究方法体系的时间维度。公共管理研究方法体系的时间维度即公共管理研究依次进行的过程,包括选题、文献综述、研究设计、研究实施和研究成果发表等环节。以后的各章将分别对这些环节进行专门讲解。

2. 公共管理研究方法体系的逻辑维度。在霍尔的系统工程三维结构中,逻辑维是指时间维的每一个阶段内所要进行的工作内容和应该遵循的思维程序,包括明确问题、确定目标、系统综合、系统分析、优化、决策、实施七个逻辑步骤。在公共管理研究中,公共管理研究体系的逻辑维贯穿在以下三个层面:

第一,公共管理研究的方法论层面。公共管理研究的方法论层面指公共管理研究的哲学、方法论和推理规则,规定公共管理研究中概念、判断、推理、论证的思维过程,涉及发现的逻辑、知识进步的逻辑、论证的逻辑、观察的逻辑等领域。公共管理知识类型的不同,形成该种知识的方法论框架就不同,逻辑和推理规则就存在差异。因此,公共管理研究方法体系的逻辑维度需要根据公共管理知识类型和问题类型进行划分。常见的公共管理研究知识类型包括科学发现类知识、技术设计类知识、评估类知识、诠释类知识和批判类知识。

第二,公共管理研究方式层面。研究方式又称作研究法,是贯穿于研究全过程的整体性、模块化的形式和类型。区分研究法的主要标准是:资料的类型;收集资料的途径或方法;分析资料的手段和技术。① 就科学发现类公共管理研究而言,常见的研究法包括调查法、实验法、实地法和文献法。表 2-3 根据上述

---

① 袁方:《社会研究方法教程》,第 138 页。

三个标准,对调查法、实验法、实地法和文献法的特征进行了描述。①

表 2-3　科学发现类公共管理研究方式比较

研究方式	资料的类型	收集资料的途径	分析资料的手段
调查法	定量资料	结构式问卷 结构式访问 统计报表	统计描述、统计推断、数学建模等
实验法	定量资料	结构式问卷 结构式观察 结构式访谈 量表	统计描述、统计推断、数学建模等
实地研究	质性资料	无结构观察 无结构访谈	质性分析的系列方法
文献研究	质性(历史比较)或定量(统计资料二次分析、内容分析、元分析)	统计资料 历史文献 其他文献	质性分析或定量分析

资料来源:David de Vaus, Surveys in Social Research, Routledge, 1985, p.6. 等资料整理。

第三,公共管理研究的工具和技术。是研究过程的各个阶段(问题提出、理论建构、资料收集、资料分析)中使用的工具、技术和操作性程序。理论建构和理论分析的工具和技术则与特定的研究框架相关,不同的研究框架也可能使用相同的研究理论分析方法和技术。比如,建构类型法(constructive typology)是霍华德·贝克(Howard Becker)在发展和改进了韦伯(Max Weber)的理想型(ideal type)方法基础上提出的一种具体研究方法。这种研究方法按照一定的目的,对研究问题所涉及的要素或关系,进行取舍和强调,构造一个理论模型,用以提供分析资料的框架,并对事件、类型和关系进行阐释和说明。这种具体的方法和技术几乎可以用于所有理论框架的建构中。

常见的资料收集工具和技术包括问卷法、访谈法、观察法、量表法、抽样技术、德尔菲法等;常见的资料分析工具和技术包括统计分析、数学建模、层次分

---

① 社会学家袁方认为:"研究方式指贯穿于研究全过程的程序和操作方式,它表明研究的主要手段和步骤。包括研究法和研究设计类型。"风笑天认为研究方式是"研究所采取的具体形式或研究的具体类型。包括调查法、实地法、实验法和文献法。"孔德认为社会研究方法可以分为间接的和直接的两类。间接的方法是社会学与其他科学所共有的方法,包括观察法、实验法和比较法。直接的方法是社会学所特有的方法即历史法。现代社会学者一般认为社会研究方法包括调查法、实地法、实验法和间接法(包括历史比较法和文献法)。纽曼从资料收集和分析的角度将调查法、实验法、文献法中的内容分析和统计资料二次分析归为定量研究的取向;将实地法和文献法中的历史比较法归为定性研究的取向。

析、模糊数学、理想类型学等。

公共管理研究的工具和技术具有相对独立性、通用性、多样性、手段性等特点,不同的研究逻辑可能会使用同样的收集和分析资料的方法。比如,批判主义并不排斥实证主义者经常使用的数学模型和统计工具进行研究,但是批判主义仅仅把这些研究作为社会变革的依据。在现代科学研究活动中,大多数公共管理研究的工具和技术都已经实现了智能化、信息化和自动化。

在公共管理研究方法体系的逻辑维度上,公共管理研究方法论侧重公共管理知识性质以及知识可靠性、推理合理性的哲学证明;公共管理研究方式展现了公共管理研究过程的整体性和模块化特征;公共管理研究工具和技术则像工具箱一样,公共管理研究过程的每个环节都可以到工具箱中找到适用的工具和技术。研究的分歧往往体现在方法论层次,越涉及哲学、方法论,分歧越大,越具有根本性;越涉及研究方式和研究工具与技术,分歧越小,越具有共同性。

3. 公共管理研究方法体系的知识维度。根据知识的性质,可将人类知识和公共管理知识分为科学发现类知识、技术设计类知识、评估类知识、诠释类知识和批判类知识。这些类型的知识中,凡是对公共管理问题解决有启发的知识都可以纳入这一维度,而不论该知识的学科界限。研究方法体系的知识维度是提出和解决公共管理问题的思维背景、认知背景和实践背景。

公共管理知识类型、公共管理问题类型差异和公共管理研究方法论框架之间存在内在的关联。这种关联亦体现在公共管理研究方法体系中"逻辑—知识—时间"三个维度的统一性中,研究问题是研究方法体系的共通点和公约数。

二、逻辑、过程和问题类型

研究逻辑从方法论的角度阐明认知主体、客体、认知可靠性、认知合理性等问题。研究方法论的差异决定了研究中主客观关系的差异,这种差异导致了研究过程各个环节之间相互关系的差异。比如,诠释主义逻辑决定了诠释主义的研究过程是研究问题、研究目标、研究设计、资料搜集、资料分析各个环节交互作用的过程;实证主义逻辑决定了定量研究过程是线性的过程;批判理性主义的证伪逻辑决定了研究过程是"始于问题,终于问题"的过程;范式理论的逻辑决定了研究过程是范式内解决问题或范式转换的过程。

虽然诸多科学家和不同流派的哲学家持有不同的方法论,但是科学史和哲学史的发展历史表明,他们都会不约而同地从方法论层面上开展对"问题"的研究,探究什么是问题、问题的重要意义、问题的结构、问题的类型。"问题"成了不同流派科学哲学家交锋对话的聚焦点,他们对问题认识的深入,逐渐形成了以问题为研究对象的科学哲学分支领域"问题学"。① 从问题学的角度来看,在研究方法体系中,问题是连接研究逻辑和研究过程的共通点。不同的方法论流派对问题的性质、问题的地位、问题的结构看法不同,形成了研究过程的差异。比如,诠释主义将问题看做是意义呈现的过程,研究者与研究对象的交互作用贯穿在研究过程的始终;实证主义将问题看做是归纳和证实的过程,研究者对研究对象的中立观察成为研究的起点,对结论的证实成为研究的终点;批判理性主义将问题看做是主观和客观的不一致,决定了研究过程是始于问题,提出探索性答案,然后验证再提出新问题的过程。

公共管理研究方法论总是与公共管理问题类型紧密相关的。(1)对于科学发现类的公共管理问题,通常使用实证主义作为主导的研究方法论框架。当然,实证主义方法论存在很多缺陷,并受到了理性批判主义和历史主义科学哲学流派的挑战,也有些学者使用理性批判主义、历史主义科学哲学诸流派的方法论进行科学发现类问题的研究,但是实证主义方法论仍旧是解决科学发现类公共管理问题的主导方法论。(2)对于技术设计类的公共管理问题,通常包括政策设计、制度设计、组织设计和机制设计等方面。这些问题解决的方法论通常属于社会哲学或者社会工程哲学方法论的范畴。(3)评估类公共管理问题使用的方法论往往会同时涉及实证主义、批判主义和诠释主义,对此我们在第十五章中会专门进行分析。(4)解决诠释类问题的方法论主要包括诠释学、现象学、建构主义、女性主义和后现代主义。(5)批判类问题则主要使用批判主义、批判实在主义、女性主义、后现代主义的方法论。

表2-4列出了公共管理研究问题类型与方法体系的逻辑维度之间的联系。

表2-4 公共管理研究问题类型与方法体系的逻辑维度之间的联系

逻辑维度		公共管理问题类型				
		技术控制类			诠释类	批判类
		科学发现	技术设计	评估		
哲学方法论层次	方法论的哲学基础	理性主义和经验主义	目的和规律的统一	综合性的	哲学诠释学	辩证法和批判哲学
	方法论	以实证主义为主,还包括逻辑主义、理性批判主义和历史主义诸流派	工程主义、实用主义、存在主义、批判主义、自发秩序等各派技术哲学	实证主义、建构主义和批判主义	诠释主义和现象学、建构主义、规范主义、女性主义、后现代主义等	批判主义、批判实在主义、女性主义、后现代主义等

---

① 林定夷:《问题与科学研究:问题学之探究》,广州:中山大学出版社2006年版,第61页。

续表

逻辑维度	公共管理问题类型				
	技术控制类			诠释类	批判类
	科学发现	技术设计	评估		
研究框架和研究设计	将抽象的研究框架转变为具体的研究方案,并根据研究类型,确定适当的研究方式				
研究方式	质性研究:实地研究法、历史比较法、常人方法学、扎根理论、民族志等 定量研究:调查法、实验法、定量的文献法等				
研究具体方法和技术	资料收集方法和技术:问卷法、访谈法、德尔菲法、焦点小组法、量表法等 资料分析的方法和技术:统计分析、计算机软件分析、数理方法、构造类型法等				
代表成果	《使民主运转起来》①	《公共事物的治理之道》②	《公共政策评估》③	《实践中的行动理论》④	《公共行政中的性别形象》⑤

在研究方法论和研究方式之间还有一个环节是研究框架和研究设计。哲学基础、研究方法论和实质性的理论指导研究框架的建立,研究设计则将抽象的研究框架转变为具体的研究方案,并根据研究类型,确定适当的研究方式。

三、知识、逻辑与问题类型

在研究过程中,研究知识通过研究问题与研究逻辑紧密相关。首先背景知识驱动问题的产生,各学科知识为问题解决提供可能的答案,并促进新知识的产生。其次,知识类型的差异会导致问题类型的差异,不同的问题类型要求不同的方法论框架,产生不同类型的知识。最后,既有的理论引导研究的进行。既有的理论在研究中不仅仅对问题的产生和问题的解答发挥着重要的作用,还以理论框架、研究途径、研究范式等形式引导资料的收集、资料分析、假设检验、分析性归纳等过程。

1. 研究框架的含义和功能。 研究框架又称作理论框架(theoretical frame-

---

① 〔意〕罗伯特·D. 帕特南:《使民主运转起来》(王列、赖海榕译),南昌:江西人民出版社2001年版。
② 〔美〕埃莉诺·奥斯特罗姆:《公共事物的治理之道》(余逊达、陈旭东译),上海:上海三联书店2000年版。
③ 〔美〕弗兰克·费希尔:《公共政策评估》(吴爱明、李平等译),北京:中国人民大学出版社2003年版。
④ Bayard L. Catron and Michael M. Harmon, "Action Theory in Practice: Toward Theory without Conspiracy", *Public Administration Review*, 1981, 41(5), pp. 535—541.
⑤ 〔美〕卡米拉·斯蒂福斯:《公共行政中的性别形象》(熊美娟译),北京:中央编译出版社2010年版。

work)是探究特定问题答案的具体视角、概念图示、变量间关系的理论模型。"这些框架是研究取向或是彻底审视世界的方式。他们提供大量的假设、解释和解释形式。框架包括许多形式的和实质的理论。同一框架下的理论共享相同的一组假设和主要概念。每个框架都各有一套进行研究的方法论。"①研究框架具有很重要的理论和方法论功能,正如科学哲学家斯蒂芬·图尔敏(Stephen Edelston Toulmin)所言:"一种既定的概念框架的思想功能在于确定理论的形式、有意义的问题和合理的解释。"②研究框架本身可以是某一个学科特有的研究框架,也可以是跨学科的框架。比如政策执行研究中特有的"政府间关系研究框架"就是政策科学特有的研究框架。一般系统中的开放系统框架则属于跨学科的框架,这一框架被广泛地运用于政治学、社会学、管理学、经济学等学科领域。理性制度主义分析的框架也被广泛地运用于政治学、经济学、管理学和社会学等领域。

研究框架本身属于理论的范畴,因为它揭示的是特定学科或特定现象中变量之间的联系。有两点需要说明:第一,特定的研究框架背后总会明示或隐藏着特定的方法论。比如文化制度主义分析框架背后隐藏的方法论是建构主义和诠释学的逻辑,理性制度主义研究框架后面隐藏的方法论是理性演绎的逻辑。第二,当研究框架所阐述的理论成为引导我们搜集和分析资料的蓝图,以及我们研究的逻辑和步骤的时候,研究框架就具有了学科"方法"甚至"学科方法论"的功能。所以我们往往认为研究框架是理论和方法的统一。从方法论的角度看,与研究框架联系最为紧密的几个概念是"研究假设"、"范式"、"研究纲领"和"研究传统"。理论框架本身都以特定的本体论、认识论和方法论为基础,兼具理论和方法的双重功能。

2. **研究框架与研究假设**。在公共管理研究中,命题是详细说明变量属性,或者多个变量之间关系的理论陈述。当研究者用经验资料来检验一项关系,或对一项关系进行评估时,待接受检验和评估的关系被称作假设(hypothesis)。研究框架和研究假设一样都会发挥着引导进一步研究的作用。研究框架比研究假设抽象层次高,涉及内容更多;研究假设是在特定研究框架下形成的具体的、操作化的命题。

---

① 纽曼在《社会研究方法》中将理论框架(theoretical framework)也称作范式(paradigm)或理论体系,比形式或实质理论更加抽象些。从最具体的到最抽象的,依次是经验概括、中层理论和理论框架。参见〔美〕劳伦斯·纽曼:《社会研究方法——定性和定量的取向》(郝大海译),北京:中国人民大学出版社2007年版,第79页。

② S. Toulmin, "Does the Distinction Between Normal and Revolutionary Science Hold Water?" in Lakatos & Masgrave, *Criticism and the Growth of Knowledge*, Cambridge: Cambridge University Press, 1970, p. 40.

3. 研究框架与范式。 "范式"(paradigm,或译"规范"、"典范")是美国著名科学哲学家托马斯·库恩(Thomas Kuhn)首先提出的概念。英国学者玛格丽特·玛斯特曼(Margaret Masterman)对库恩的范式作了系统的考察,将库恩在《科学革命的结构》中使用的 21 种不同含义的范式概括为三种类型或三个方面:其一,作为一种信念、一种形而上学思辨,它是哲学范式或元范式;其二,作为一种科学习惯、一种学术传统、一个具体的科学成就,它是社会学范式;其三,作为一种依靠本身成功示范的工具、一个解疑难的方法、一个用来类比的图像,它是人工范式或构造范式。库恩用范式概念表达一种不同于传统科学哲学仅仅考察科学本身的逻辑结构,而忽略科学发展的历史和社会因素的观点。库恩认为科学革命的实质就是范式转换。

"范式"是一个比"理论框架"含义更复杂、广泛和多样的概念,范式除了理论框架的含义外,还包括科学共同体的信仰、解题规则、实验手段、成功的示例等更为宽广的含义,研究框架仅仅是范式的组成部分,其抽象层次高于中层理论和经验命题,但低于范式、科学研究纲领和研究传统。拉卡托斯提出的"科学研究纲领"、劳丹提出的"研究传统"概念与"范式"属于同一个层面的概念,抽象程度较高,旨在揭示科学的结构和科学认识的逻辑。

从范式的角度来看,公共行政学已经经历了经典范式的确立、经典范式的危机和挑战、经典范式的拓展和分裂,范式的整合发展阶段。

4. 研究框架与研究途径。 研究途径(approch)指研究者对于研究对象展开研究的出发点、着眼点、入手处。由于着眼点的不同(即研究途径不同),就各有一组与之相配合的概念,作为分析的架构。并以其中一个核心概念作为此研究途径之名称。① 比如在政治学研究中,我们经常提到的研究途径包括哲学研究途径、旧制度主义研究途径、行为主义研究途径、后行为主义研究途径和新制度主义研究途径等等。

研究途径与研究框架几乎是完全相等的概念,研究途径强调研究的视角,研究框架强调与这一视角配合的分析架构。研究途径与研究方式是不同的概念,研究方式是搜集资料的方法(means of gathering data)。② 研究者必须先确定研究途径,然后才能选择适当的研究方式。研究途径提供"选择问题与运用相关数据的标准"。③ 在公共管理领域罗森布鲁姆和克拉夫丘克总结了公共行政研究的"各种途径的总体特征与价值取向,从中我们可以看出,它们之间时而

---

① 朱法源:《撰写博硕士论文实战手册》,台北:正中书局 1999 年版,第 182 页。
② Delbert C. Miller, *Handbook of Research Design and Social Measurement*, McKay, 1970.
③ Vernon Van Dyke, *Political Science: A Philosophical Analysis*, Stanford University Press, Stanford, Calif., 1960.

冲突,时而互补,共同构成了公共行政研究的整体框架"。①

本书光盘中"例文解析 2-1《使民主运转起来》的研究方法体系"。

第三节 公共管理研究方法论流派

按照社会学奠基人涂尔干的观点,"一门科学的产生,必须有它的特殊对象,以及研究这种对象的特殊方法。因为,一门科学如果没有它自己专门的研究对象,就没有必要也不可能产生和发展;如果没有自己专门的研究方法,这门科学至少可以说还未真正建立起来,或者说只能依附于其他学科。"②学科是按照知识的性质而划分的门类。构成一门独立学科的基本要素主要有三点:第一,研究的对象或研究的领域,即独特的、不可替代的研究对象;第二,理论体系,即特有的概念、原理、命题、规律等所构成的严密的逻辑化的知识系统;第三,方法论,即学科知识的生产方式。上述三个方面是紧密联系在一起的,特定的研究对象具有特殊的规律性,需要在特定的方法论指导下认识和探究研究对象的规律性。在公共管理学科中,研究对象的复杂性、研究知识类型和研究方法论流派的多样性是统一的整体。

一般认为,伍德罗·威尔逊(Woodrow Wilson)在 1887 年发表《行政之研究》(The Study of Administration)一文,主张"行政"是一个不同于"政治"和"宪法"的特殊领域,为行政学争得了自己的"学术地盘"。早期的行政学著作偏重论证行政的特殊性,并没有展开学科方法论意义上的反思。公共行政学方法论的争论"最早源于1938 年,罗伯特·哈钦斯(Robert Hutchins)和威廉·莫舍尔(Willian Mosher)展开了公共行政学是否应该成为一门学科来教育学生的大辩论,其中哈钦斯认为公共行政学是一个非常富有变化的领域,所以无法加以系统的探讨,但是莫舍尔则指出公共行政学反而应该可以成为一门学科。"③公共行政学能否成为一门学科的探讨实质上涉及公共行政知识性质的定位问题,是一个认识论和方法论的问题。20 世纪 40 年代,学者们开始自觉地对公共行政学方法论展开探讨和反思。在探讨和反思的过程中,学者们围绕五个焦点问题展开:第一,公共行政活动的本质是什么? 第二,公共行政学的核心议题是什么? 第三,通过什么途径获得公共行政知识;第四,公共行政学是科学还是职

---

① 〔美〕戴维·H. 罗森布鲁姆等:《公共行政学:管理、政治和法律的途径》(张成福译),北京:中国人民大学出版社 2002 年版,第 40 页。

② 〔法〕迪尔凯姆:《社会学研究方法论》(胡伟译),北京:华夏出版社 1988 年版,第 2 页。

③ 江明修:《公共行政学:研究方法论》,台北:政大书城 1997 年版。

业？第五,公共行政学的学术规范是什么？上述五个问题是有机的整体,第一个问题和第二个问题是公共行政的本体论问题。第三个问题是公共行政的认识论问题。它们决定了其后两个问题的回答,也是判定公共行政学方法论流派的标准。①

围绕上述问题,公共行政在一百三十余年的发展过程中,展开了多角度、多层次、多回合的争论。流派一般指倾向一致,历史相承,有内在联系的思想形态和实践群体。公共管理学方法论流派是从方法论的角度对公共管理研究群体和公共管理研究成果归属的划分。同一个方法论流派拥有共同的本体论、认识论和价值论,在对公共管理研究旨趣、研究目的、研究价值、研究方式、核心议题、研究规范标准、知识发展等方面持相同和相似的观点。表2-7列出了公共管理五个主要方法论流派的基本特征。

表 2-7 方法论流派的分类

	实证主义方法论流派	技术设计方法论流派	评估研究方法论流派	诠释主义方法论流派	批判主义方法论流派
知识旨趣	科学发现	技术发明	评估认定	实践	解放
科学类型	经验分析	经验、诠释和批判的统一		历史诠释性	批判取向
研究目的	描述、解释和预测	优化和实现目标	测量和评价	理解意义	改变现实
研究价值	价值中立	价值和事实的互动	价值和事实的互动	价值与事实的互动	价值与事实的互动
研究方式	实验、调查、实地、文献	人工科学和技术设计的方法	实验、调查、实地、文献	质性研究方法	辩证法和社会批判理论

---

① 有学者将公共行政的本体论问题和认识论问题概括为:"其一是作为一种实践的公共行政自身的合法性问题;其二是作为一门学科的公共行政学的合法问题。"前者关注的是民主治理中的行政人员的正当性问题,换言之,在民主政治下,既非民选又非政治任命性的行政人员,何以有权力为社会做权威性的价值分配(如哈默尔与古德赛尔之争)？如何才能确保他们能够对人民负责(如芬纳与弗雷德里克之争)？后者关注的是公共行政学的研究取向如何,他是一门学科还是一门专业(如西蒙与沃尔多之争,达不利克与公共行政网络社群的系列争论)？它能被看做一门"科学"吗(如达尔与西蒙之争)？主流社会科学的研究标准是否适用于该领域的研究(达布利克与公共行政网络社群的系列争论)？究竟是实证主义还是规范研究方法更能帮助我们了解现代公共行政实践中的问题？哪一个更为可靠(西蒙与沃尔多、达尔与西蒙、西蒙与阿吉里斯的系列争论,特里与弗兰特之争以及达布利克与公共行政网络社群的系列争论)？实际上,这两个议题是分别从理论和实践上提出的问题,是一个"二合一"的问题。参见:颜昌武、马骏、牛美丽:《公共行政学百年争论》,北京:中国人民大学出版社 2010 年版。

续表

	实证主义方法论流派	技术设计方法论流派	评估研究方法论流派	诠释主义方法论流派	批判主义方法论流派
核心议题	一般管理理论、科学管理、管理过程、行政行为、人际关系、行为科学、组织理论等	政策设计组织设计制度设计机制设计战略设计等	个体评估组织评估制度评估绩效评估项目评估等	新公共行政、民主行政、参与行政、问责、治理、网络、公共性等	批判的组织理论、话语理论
研究规范标准	目的性、效度、理论测试及议题的重要性	实用、新颖、经济、效率、效益	信度、效度	实地和个案研究	实地和个案研究
知识发展	理论与经验之间的矛盾得到解释	新的设计方案	信度和效度的提高	对公共管理价值和实务的理解加深	对公共管理价值和实务的理解加深
研究范例	霍桑实验	PPBS 系统	绩效与成果法案	民主行政	新公共服务话语理论

一、公共管理研究的实证主义方法论流派

实证主义方法作为自然科学和社会科学研究的基本方法,对诸多学科的发展起到了至关重要的作用,公共管理学也不例外。

公共管理学的实证主义方法论流派指坚持实证哲学,采用实证主义的研究方法,对公共管理现象进行描述、解释和预测,创造了实证研究成果的研究群体。公共管理实证主义方法流派和一般实证主义一样,认同实证主义的本体论、认识论和价值观。该流派具有以下特征:

第一,实证主义方法论流派的研究旨趣是科学发现,旨在获得公共管理现象、组织、行为规律性联系的知识。

第二,实证主义方法论流派认为公共管理是一门经验科学,经验归纳和实证是保证知识可靠性的基础。理论逻辑和经验检验是实证研究的两个基本要素。

第三,实证主义方法论流派的研究目的是对公共管理现象进行描述、解释和预测。实证主义对公共管理现象的描述可以是质性的观察和测量,也可以是定量的测量。解释是实证主义研究方法的核心,主要包括因果解释和结构解释。前者探究公共行政现象背后的因果机制。后者揭示公共行政事件、行为、战略、政策、制度、组织、机制等现象中稳固的要素、结构和模式。实证方法中的"因果解释"和"结构解释"可以是量化的、也可以是质性的。实证主义方法通过

揭示因果机制和结构,对公共管理现象展开合理预测。

第四,实证主义方法论流派坚持研究中主观和客观分离,研究者使用归纳法和演绎法探究客观存在本身固有的规律,社会和研究者的价值偏好与经验事实无关。

第五,实证主义方法论流派经常使用的研究方式包括实验法、调查法、实地法和文献法。

第六,实证主义方法论流派关注的是公共管理现象之间的联系,其研究成果一般表现为"A 是 B"、"由于 A 所以 B",重点回答"是什么"和"为什么"的问题。一般管理理论、科学管理、管理过程、行政行为、人际关系、行为科学、组织理论是实证主义方法流派关注的核心议题。

第七,保证研究品质的标准。1984 年麦克库迪(H. E. McCurdy)和罗伯特·柯丽瑞(Robert E. Cleary)在《为什么我们不能解决公共行政的研究问题》一文中提出了实证主义衡量公共管理研究成果的六项标准,即目的性(purpose)、效度(validity)、理论的可检验性(testability)、因果关系(causality)、议题的重要性(topical importance)、知识的前沿性(cutting edge),该文使用上述标准对 1981 年的公共行政博士论文展开评估。① 1992 年柯丽瑞在《公共行政博士论文再探:1990 年博士论文的检验》中再次使用了六项实证主义标准对美国 1990 年的公共行政博士论文进行了评价。② 2000 年柯丽瑞又使用六项实证科学标准对 1998 年的公共行政博士论文进行了评估。③

第八,理论和经验之间的矛盾得以解释是公共管理知识进步的表现。

一百多年以来,实证主义方法论流派之下产生了大量的研究成果,可谓汗牛充栋、浩如烟海。公共管理研究中通常所说的"事实研究"、"经验研究"、"行为主义"、"过程研究"等都属于实证主义方法论的范畴。我们随后在研究调查法、实验法、实地法等章节进一步探讨实证主义方法论流派涉及的议题。

二、公共管理研究的诠释主义方法论流派

如果说公共管理研究的实证主义流派主要涉及经验领域,那么诠释主义方法论流派的旨趣则是"理解",与人文、价值、规范、意义等领域紧密相关,所形成的知识为规范、价值和诠释类知识。在"理解"旨趣的方法论家族中,诠释学、现

---

① H. E. McCurdy and R. E. Cleary,"Why Can't We Resolve the Research Issue in Public Administration", *Public Administration Review*,1984,44(6),pp.49—56.

② Robert E. Cleary,"Revisiting the Doctoral Dissertation in Public Administration:An Examination of the Dissertations of 1990", *Public Administration Review*,1992,52(1),pp.55—61.

③ Robert E. Cleary,"The Public Administration Doctoral Dissertation Reexamined:An Evaluation of the Dissertations of 1998", *Public Administration Review*,2000,60(5),pp.446—455.

象学、建构主义、批判主义、精神分析、语言分析在基本的哲学倾向上是一致的,公共管理学者们将这些理论运用于公共行政研究的时候,往往并不做严格的区分,同一种理论往往涉及多种方法和途径。比如诠释主义如果带有强烈的改变现实的色彩,则与批判主义融为一体,形成批判的诠释主义途径。亦如查尔斯·福克斯(Charles J. Fox)、休·米勒(Hugh T. Miller)在建构公共行政能量场概念时所指出的那样:"现象学是构成主义的基础,二者的结合是结构化理论的基础,现象学、构成主义和结构化理论三者的结合是公共能量场。"①

1. **实证、规范、规范研究与诠释主义的关系**。实证研究与规范研究的区分起源于人们对真理与价值、真与善、"实然命题"和"应然命题"之间区别的划分。虽然从古希腊时代开始,亚里士多德就已经意识到了"真"与"善"的区别,但是古代哲学家往往将两者混为一谈,认为"知识就是美德"。真正将两类研究从认识论和逻辑学的角度加以系统阐述的是哲学家大卫·休谟(David Hume)。他在《人性论》中写道:"人们不能从'是'推断出'应该'这一命题,即纯事实的描述性说明凭其自身的力量只能引起或包含其他事实的描述性说明,而绝不是做什么事情的标准、道德准则或规定。"休谟的这个观点后来被命名为"休谟铡刀"。②休谟作为近代经验主义的重要代表,其所阐发的"实然命题"和"应然命题"的区分成为实证研究的一个基本前提,也成为"实证研究"区别"规范研究"的哲学依据。

(1) 规范研究的两项任务。一般而言,社会科学规范研究有两项基本的任务:一是形成应然命题(what should be),确立什么是"好",什么是"善",我们生活的"意义"、"价值"是什么,我们期望和希望实现什么。二是如何以优化的方式实现已经确立的价值前提,即如何实现我们认为应该实现的目标。比如经济学的经济政策研究、政治学的制度设计、管理学的组织设计都属于第二项研究的范畴。规范研究的第二项任务既不属于"价值和规范"的范畴,也不属于"科学和实证"范畴,而是在既定约束条件下,根据设定目标寻求优化方案的"人工科学"或者"技术设计"的范畴,其所使用的方法论是技术设计的方法论框架。换言之,从方法论的角度来看,"规范"并不等于"规范研究"。③ 确立"规范"仅仅是规范研究的一个方面,规范研究的另一个方面是技术设计。

(2) 规范命题来源的多元性。规范命题属于人文和精神领域,建立在人们对自身和他人理解的基础之上,因此凡是涉及历史的、文化的、精神的、理解的、

---

① 〔美〕查尔斯·J. 福克斯等:《后现代公共行政:话语指向》(楚艳红等译),北京:中国人民大学出版社 2002 年版,第 106 页。
② 转引自马克·布劳格:《经济学方法论》(中译本),北京:商务印书馆 1992 年版,第 135 页。
③ 颜昌武在《公共行政学中的规范研究》(《公共行政评论》2009 年第 1 期)中将规范研究界定为:"规范研究是一种以价值问题为主题、以人文精神为内涵、以文本为资源依托、以诠释文本为表现方式的学术致思路径。"突出了规范研究的诠释方面,没有涉及技术设计方面。

沟通的活动都可能形成规范命题。以下几种途径都是规范命题的来源途径：第一，历史文化传统。很多应然性的价值判断往往是历史文化传统长期积淀形成的。诸如"仁义礼智信"、"不患寡而患不均"、"有朋自远方来，不亦乐乎"等等关于"应该"怎么样的伦理原则都深深地根植于特定民族和区域的历史文化传统之中。第二，不同利益诉求所产生的不同价值观念。应该怎么样的命题与特定的社会历史条件相关，在不同的社会历史条件下，因为不同个人和集团处于不同的生产关系网络中。这些个人和集团有不同的利益诉求，不同的利益诉求产生不同的价值诉求，形成不同的价值规范。第三，观念和文化体系。一个时代的观念和文化生产体系是产生"应该"怎么样命题的重要来源，人文学者和意识形态管理者是生产"应然"命题的主要来源。第四，公共领域的沟通活动。按照哈贝马斯的理论，公共领域的交往行动会生长出交往理性，交往理性是形成应然命题的重要源泉。第五，文本、语言和心灵诠释。文本和语言诠释是挖掘潜藏在文本背后意义、价值和规范的重要途径；心灵和社会行动的诠释则有助于揭示隐含在社会背后的价值规范。

与公共管理研究紧密相关的诠释主义方法途径包括政治哲学途径、伦理学途径、现象学途径、语言分析途径、精神分析途径等。

2. 历史和政治哲学途径。 历史和政治哲学途径是形成公共管理领域诠释类知识的重要途径。该途径与沃尔多、达尔、登哈特等人的努力密不可分。正如斯蒂尔曼（Richard Stillman Ⅱ）所言，"美国公共行政思想过去是——现在依然是——宪政价值与民主价值的侍女"。[①] 公共管理的政治哲学途径可以追溯到古代的哲学和政治哲学思想。公共行政学诞生之后，一直试图走向科学化的道路，即建立起西蒙所谓的"行政科学"："和任何科学一样，行政科学也纯粹只关心事实性的陈述。道德论断在科学体系中没有任何地位。但凡道德陈述出现的时候，它们都可分解为两个部分，一部分是事实的，一部分是伦理的；而且只有前者才与科学有某种关联。"[②] 虽然在西蒙看来公共行政的科学包括"经验科学"和"人工科学"两个部分。但无论经验科学还是人工科学都忽视了公共管理领域的价值和文化问题，不涉及公共管理领域规范命题的提出和建构。

公共行政学规范研究与实证研究的分野在公共行政学诞生之初表现为对政治与行政之间的关系的探讨上。明确提出"公共行政的规范价值"问题的是罗伯特·达尔（Robert A. Dahl）。1947年达尔在《公共行政科学：三个问题》中

[①] Richard Stillman Ⅱ, *Public Administration: Concepts and Cases*, Boston: Houghton Mifflin Company, 2000, p. 20.

[②] H. Simon, *Administrative Behavior: A Study of Decision-Making Processes in Administrative Organizations*, Fourth Edition, NY: The Free Press, 1997, p. 360.

指出,公共行政学应该充分考虑行为的复杂性、规范和社会背景,倡导通过比较研究促进行政学研究。他认为"构造一门公共行政科学的第一个困难在于:人们往往不能将规范性考虑从公共行政问题中排除出去。科学本身是不关心规范价值的发现和阐明的。"① 随后德怀特·沃尔多(Dwight Waldo)出版《行政国家》一书,该书从"嵌入美国历史轨迹和政治发展来理解当代公共行政",强调行政研究的哲学、政治和制度维度。沃尔多开创了从政治哲学、政治制度和美国政治思想史中挖掘公共行政"规范"和"价值"命题的传统。达尔和沃尔多对行政价值理性的关注形成了行政学中的"价值回归"思潮,这一思潮与威尔逊开创的公共行政学的工具理性定位形成内在的紧张。② 与"价值回归"思潮相互一致,新公共行政、黑堡宣言的政策主张和公共政策的民主研究等学派推进了公共管理研究的政治哲学途径。③ 表 2-8 列出了公共管理规范命题政治哲学途径的部分理论资源。

表 2-8 公共管理规范命题的政治哲学途径

理论		聚焦点	研究途径	规范命题
威尔逊和古德诺		如何将君主制的行政引入共和制的政治中	历史现实比较和制度研究	政治与行政在属性和运行方式上存在差异;政治控制行政
公共行政价值回归思潮	达尔和沃尔多	民主行政	规范研究和行为研究	使用民主价值和制度规范重塑行政过程
	新公共行政	公平行政	规范研究	以公平和公正等政治价值控制行政并重新设计行政组织模式
	黑堡宣言	行政要合乎宪法	规范研究	宪法价值和原则约束行政
	奥斯特罗姆	民主行政	理性选择制度主义	使用民主价值和制度规范重塑行政过程
政策科学民主化研究		公共政策的民主和参与	制度和规范途径	使用民主价值重塑政策过程

---

① Robert A. Dahl, "The Science of Public Administration: Three Problems", *Public Administration Review*, 1947, 7(1), pp. 1—11.

② 张国庆、曹堂哲:《美国政策科学发展五十年回顾与启示》,载白钢、史卫民主编:《中国公共政策分析》(2007 年卷),北京:中国社会科学出版社,第 307 页。

③ 曹堂哲:《公共行政执行的中层理论:政府执行力研究》,北京:光明日版出版社 2010 年版。

续表

理论	聚焦点	研究途径	规范命题
新公共服务	公共精神	规范途径	用公共服务中的公共精神对抗官僚行政的去政治化倾向
协商民主、话语行政和公民会议	公共领域的交往行动	规范和制度途径	使用对话和协商理性、制度和规范沟通政治和行政的理论

资料来源:曹堂哲:《公共行政执行的中层理论》,北京:光明日报出版社2010年版,第171—172页。

3. 诠释学和现象学途径。 1971年拉里·克尔克哈特(Larry Kirkhart)成为将现象学途径引入公共行政学的早期倡导者。他对实证主义方法展开了挑战,将现象学引入公共管理的研究中,提出了与官僚制相对的联合模式(consociated)。[①] 1981年贝阿德·卡顿(Bayard L. Carton)和迈克尔·哈默(Michael Harmon)在《实践中的行动理论:一个没有阴谋的理论》一文中将以现象学为基础的行动理论的方法论引入公共组织的研究中,开辟了公共行政行动诠释的研究路径。[②] 威廉·沃(William L. Waugh, Jr.)和韦斯利·沃(Wesley W. Waugh)在《组织理论与管理手册》中专章介绍了现象学在公共行政领域的发展。[③]

与随后述及的建构主义途径、精神分析途径、语言分析、伦理学途径相比,诠释学和现象学途径是高一阶的方法论,具有极强的包容性,为建构主义途径、精神分析途径、语言分析和伦理分析途径奠定了哲学基础。比如拉尔夫·哈莫尔(Ralph P. Hummel)在《计划、政策和管理的现象学》一文中将关注行动、对话、语言、自我解放的研究者都归入现象学者的范畴。[④] 现象学方法"力图扭转公共行政的研究方向,使其倾向微观的观点,注重行政人员日常生活的事务,并假定多数的问题皆可透过人类互动与理解来解决。现象学对公共行政的主要

[①] L. Kirkart, "Public Administration and Selected Development in Social Science", in Frank Marini (ed.), *Toward a New Public Administration*, NY: Chandler Publishing, 1971. 关于行动典范和理性典范的区别详见:赖维尧:《行政学入门》,台北:台湾空中大学1996年版,第320页。

[②] Bayard L. Catron & Michael M. Harmon, "Action Theory in Practice: Toward Theory without Conspiracy", *Public Administration Review*, 1981, 41(5), pp. 535—541.

[③] William L. Waugh, Jr., and Wesley W. Waugh, "Phenomenology and Public Administration", with Wesley W. Waugh, *Handbook of Organization Theory and Management*, 2nd Edition, eds. T. D. Lynch and P. Cruise (NY: Marcel Dekker, 2006). Revision of article in *International Journal of Organizational Theory and Behavior*, 2004, 6(4), pp. 405—431.

[④] P. Hummel Ralph, "Phenomenology in Planning, Policy & Administration", *Polity*, 1982, 15(2), pp. 305—314.

贡献仍停留在理论层次,迄今,尚未发现出足够的范例或研究。"①

4. 建构主义途径。 建构主义与现象学方法就其实质而言是一致的。现象学强调意义的理解和"此在"的结构,建构主义则强调社会现象的主观结构化构造。哈莫尔(R. P. Hummel)从效度的角度阐述了实证主义的局限性,他认为实证主义的主客二分、价值中立、规律认知并不能真实地反映公共管理真实世界。他主张公共管理的知识是社会实体通过复杂互动建构的结果。据此他倡导"讲故事"(story-telling)的研究方法,即研究者进入了现场后,与现场相关主体互动,共同建构出社会事实,个案研究、经验回忆及演绎理性等都是建构社会事实的常用方式。② 玛丽斯·凯利(Marisa Kelly)和史蒂文·梅纳德–穆迪(Steven Maynard-Moody)则基于后实证主义的立场,倡导公共管理评估研究中的建构主义方法,他主张公共管理和公共政策的局内人(insider)或利益相关者(stakeholder)通过参与、对话和讨论,建构形成公共管理的真实认知。③ 在建构主义途径的引导下,逐渐形成了建构主义的评估范式,第十五章将对此深入展开论述。

5. 伦理学途径。 公共管理伦理的研究是形成公共管理规范命题的重要途径。伦理的字面含义是人与人之间关系的准则,后来进一步演变为人与人以及人与自然关系的准则。伦理关系是一种价值关系,是关于好坏善恶、应该、公平、正义等价值判断的标准。伦理学根据理论抽象程度将伦理命题分为表达、道德规则、伦理分析和后伦理四个层次,这些层次逐步递进,深入到伦理的精神层面。④ 伦理学途径是形成诠释类知识的重要门类。在公共管理研究中,凡是涉及"公平"、"正当"、"善"、"应当"概念的价值判断都和伦理学紧密相关,比如:公务员的职责、操守、服务精神;公共组织的规范;政府政策和制度的正义性;行政目标的合理性;公共行政的精神等等。公共管理伦理研究通过形成公共管理的规范命题和价值判断,对于拓宽公共管理的视野,克服工具理性的局限性,体现公共行政的公共性价值,推进现代公共行政制度建设发挥着至关重要的作用。与此相关,公共管理伦理学研究也逐渐形成了较为完善的理论体系和方法,特别是成为公共管理诠释主义方法论流派大家庭中的一员。库珀(Terry Cooper)的《行政伦理学:实现行政责任的途径》、弗雷德里克森的《公共行政的

---

① 全钟燮:《公共行政:设计与问题》,台北:五南图书出版股份有限公司1997年版,第129页。
② R. P. Hummel, "Stories Managers Tell: Why They are as Valid as Science", *Public Administration Review*, 1991, 51(1), pp. 31—41.
③ Marisa Kelly and Steven Maynard-Moody, Policy Analysis in the Post-Positivist Era: Engaging Stakeholders in Evaluating the Economic Development Districts Program, 1993.
④ 〔美〕特里·L.库珀:《行政伦理学:实现行政责任的途径》(张秀琴译),北京:中国人民大学出版社2001年版,第8页。

精神》等著作就是从伦理学的途径展开的对公共管理研究的范例。

6. 语言分析和诠释。语言哲学是现代西方哲学中影响最大、成果最为卓著的一个哲学流派。语言哲学的研究以逻辑实证主义、言语行为理论、生成语言学这三条线索进行。① 维特根斯坦(Ludwig Josef Johann Wittgenstein)是语言哲学的代表人物,他是奥地利著名哲学家,早期是逻辑原子主义哲学的代表人物,后期日常语言哲学流派的奠基人。他认为语言是整个知识的界限和基础:"凡是能够说的事情,都能够说清楚,而凡是不能说的事情,就应该沉默"。② 后期维特根斯坦将语言看做是与动作交织在一起的语言游戏。

从语言哲学的角度对公共行政学加以研究的学者有杰伊·怀特(Jay White)、戴维·法默尔(David John Farmer)等人。怀特在《重视语言:公共行政学的陈述性基础》一书中指出:任何知识体系都以语言表述作为表现形式,因此语言和叙述(narrative)是公共管理方法论流派争论统一的基础。③ 法默尔所著的《公共行政的语言——官僚制、现代性和后现代性》运用一种反思性语言模式,将现代性和后现代性视作人类的两种心灵模式并从这两个维度对公共行政话语进行了解构式的阅读。④

三、公共管理学的批判主义方法论流派

公共管理学的批判主义方法论流派将康德、黑格尔、马克思、哈贝马斯等人对意识形态、政治经济、社会文化的批判哲学、理念和方法引入公共管理研究中,认为公共管理的哲学、制度、环境、组织、行为、文化等方面使人异化,扭曲了人的本真存在,将公共管理者和民众束缚于不自由的牢笼中,需要使用"反思"的和"辩证"的思维对其展开批判,使公共管理者和民众获得"解放"。"反思"、"辩证"、"沟通"是批判学派特有的方法,如果在诠释中带有反思和解放的旨趣的话,诠释方法就具有了批判性,从而形成批判的诠释主义。如果批判学者反思公共管理制度背后的近代思维模式,使用后现代哲学思维重建公共管理模式,那么批判学派就与后现代公共行政结合在了一起。换言之,在公共管理研究中,批判主义是一个非常活跃的"电子",它带着批判的态度,使用反思、辩证的工具,深入到公共管理的实践、理论和思想中,融合其他流派的思想,推动了公共管理的"解放"事业。

---

① 陈嘉映:《语言哲学》,北京:北京大学出版社 2004 年版。
② 维特根斯坦:《逻辑哲学论》,北京:商务印书馆 1962 年版,第 20 页。
③ Jay White, Taking Language Seriously: The Narrative Foundations of Public Administration Research, Washington, DC: Georgetown University Press, 2001.
④ 〔美〕法默尔:《公共行政的语言——官僚制、现代性和后现代性》(吴琼译),北京:中国人民大学出版社 2005 年版。

"反思"是批判主义的主要方法,"批判理论的意图在于创造了自我反思的意识以便将理论和实践融为一体"。① 批判学者从哲学、心理、文化、行动等多角度展开了对传统公共行政理论的反思、挑战、批评和超越。从哲学倾向上,批判主义学者登哈特、迈克尔·哈蒙(Michael Harmon)、杰伊·怀特等人批判了传统官僚制的工具理性的偏颇,主张用诠释的和辩证的理性重建公共行政和公共管理制度的认知基础。在心理方面,1997年迈克尔·戴蒙德(Michael A. Diamond)和赛思·阿孔(Seth Allcorn)对传统公共组织对精神和人性的扭曲展开了批判性的探讨,试图找到精神解放的新组织形式。② 在行动方面,哈默、登哈特等人批判了公共组织对主体间沟通的扭曲,试图找到合乎主体间沟通理性的新型组织模式和公共行政价值。在文化方面,批判主义者往往与后现代哲学主义、诠释主义、构建主义、女性主义等思潮相结合,诞生了大量的理论成果。理查德·博克斯(Richard C. Box)的《实用主义对话和行政合法性》(2002)③和《公共行政中的批判理论》(1995)④,亚瑟·西门特尔里(Arthur Sementelli)和查尔斯·亚伯(Charles F. Abel)的《重铸批判理论》(2000)⑤,约翰·弗雷斯特(John Forester)的《批判理论、公共政策和计划实践:一个批判实用主义》(1993)等等都是批判理论的代表作。⑥

　　公共管理学中的批判理论主要集中在以下几个方面:

　　1. **精神分析学**。哈贝马斯认为弗洛伊德的精神分析体现了解放的认识兴趣,"与这种自我反思的学习过程相适应的是扬弃压抑和虚假意识的解放的认识兴趣"。⑦ 哈贝马斯认为,弗洛伊德"最先从方法论上使用了自我反思"。⑧ 哈贝马斯认为精神分析"批判地克服意识障碍以及终止虚假的客观化,能够唤起病人重新占有失去的那一部分生活史,从而取消分裂过程",使压抑的自我得到

---

① L. A. Zanetti, & A. Carr, "Putting Critical Theory to Work: Giving the Public Administrators the Critical Edge", *Administrative Theory & Praxis*, 1997, 19(2), pp. 208—224.

② Michael A. Diamond, Seth Allcorn, *Managing People During Stressful Times: The Psychologically Defensive Workplace*, Greenwood Publishing Group, Incorporated, 1997.

③ R. C. Box, "Pragmatic Discourse and Administrative Legitimacy", *American Review of Public Administration*, 2002, 32(1), pp. 20—39.

④ R. C. Box, *Critical Social Theory in Public Administration*, New York: M. E. Sharpe, 2005.

⑤ Arthur Sementelli and Charles F. Abel., "Recasting Critical Theory: Veblen, Deconstruction, and the Theory-Praxis Gap", *Administrative Theory and Proaxis*, 2000, 22(3), pp. 458—478.

⑥ Forester, John *Critical Theory, Public Policy, and Planning Practice: Toward a Critical Pragmatism*, Albany: State University of New York Press, 1993.

⑦ 哈贝马斯:《认识与兴趣》(李黎、郭官义译),上海:学林出版社1999年版,第301页。

⑧ 同上书,第313页。

解放。①

在公共管理领域,戴蒙德较为系统地将弗洛伊德的精神分析学说用于展开组织行为的分析,创立了精神分析的组织理论。精神分析对实证主义方法论展开了批判,试图寻找到一条"组织中的人们是如何克服他们前进道路上的阻碍而得以解放的"道路。② 阿孔(Seth Allcorn)、戴蒙德、全钟燮(Jong Jun)、麦克斯怀特(O. C. McSwite)、海因茨·科胡特(Heinz Kohut)、雅克·拉坎(Jacques Lacan)等人进一步推进了公共管理精神分析的发展。

2. 公共领域交往行动批判。 公共领域的交往行动批判源自哈贝马斯的交往行动理论。哈贝马斯将"公共领域"界定为社会中不同的利益主体为了建立社会的规范议程而进行对话协商的场所,强调有责任感的民众的实质性参与。③公共领域交往行动批判学者,对传统公共行政"政治—行政二分"观点展开批判,引入"公共领域"的概念,研究公共管理的环境、行动、话语、沟通、交往等范畴,为传统公共行政和公共政策研究开辟了新路径。博克斯认为:"大多数公共行政著作通常集中于公共行政实践的特殊领域,如预算、促进公民参与决策过程等,这些著作通常并没有将塑造和束缚公共行政实践活动的历史、政治和经济背景呈现出来。"④以下是公共领域交往行动批判理论的代表:

(1) 协商民主(Deliberative Democracy,有学者翻译为"审议式民主"、"审议民主")是西方在20世纪90年代兴起的民主理论。协商民主产生于西方学者对直接民主模式和"代议制民主——官僚行政架构"不足的反思,而提出的一种新的民主模式。协商民主建立在后现代哲学、建构主义、现象学和交往行动理论的基础之上,这种民主模式以公共协商作为基础,通过公共协商,公民可以用对话的方式决定自己应当遵循的法律和政策。拥有协商能力(deliberative capacities)的对话成员是相互尊重的关系。协商能力要求切合公开说理和交流的情境,要求有能力提出解决方案,并且有能力通过公众说理的交流达成政策共识。⑤

(2) 公共行政行动理论(Action Theory for Public Administration)是关于

---

① 哈贝马斯:《认识与兴趣》,第233页。
② 马骏、叶娟丽:《精神分析与公共行政:从弗洛伊德到戴蒙德》,《武汉大学学报(社会科学版)》,2001年第54(1)期,第93—98页。
③ J. Habermas,"The Public Sphere: An Encyclopedia Article", *New German Critique*, 1974, 1(3), pp.49—55.
④ R.C. Box, *Critical Social Theory in Public Administration*, New York: M. E. Sharpe, 2005, p.21.
⑤ Joshua Cohen,"Deliberation and Democratic Legitimacy", in James Bohman and William Rehg, eds, *Deliberative Democracy: Essays on Reason and Politics*, Cambridge: MIT Press, 1997, p.72.

理性模式批判众多理论中较具影响的理论之一。1981年贝亚德·卡尔顿(Bayard L. Carton)和迈克尔·哈默(Michael M. Harmon)将行动理论的方法论引入公共组织的探讨。①哈默的《公共行政的行动理论》②，哈默和理查德·梅尔(Richard Mayer)合著的《公共行政的组织理论》等著作是公共行政行动理论的代表作。③

(3)新公共服务和对话行政。两者都试图用政治价值重塑行政价值尝试建构公共官僚者与公民积极对话和沟通的行政模式。新公共服务来源于民主公民精神理论、社区与公民社会模式、组织的人性主义与新公共行政以及后现代公共行政。对话行政则来源于哈贝马斯的交往行动理论、吉登斯的结构化理论和后现代哲学。他们的共同点在于消解传统现代性的政治—行政制度架构，尝试建立一种一元性的、理解公共领域(包括政治和行政)行动的统一理论，用政治中的协商、对话、民主和公共利益等价值重塑行政中的效率、层级、控制等官僚工具理性价值。

3.**公共组织和官僚制批判**。对公共组织和官僚制的批判性研究有多种途径。正如麦克尔·巴泽雷(Michael Barzelay)所言："工业时代发展起来的官僚体制，专注于各种规章制度及其层叠的指挥系统，已不能有效运转；它变得机构臃肿、浪费严重、效率低下；它在变化迅速、信息丰富、知识密集的90年代已不能有效运转了。"④"从六十年代算起的二十至五十年里，人们将目睹并亲自加入官僚制的送葬队伍。"⑤正是由于官僚制范式的运转失灵，人们提出了后官僚制范式来修补和取代官僚制范式。"关于使政府运作更卓有成效的术语是后官僚制范式。后官僚制范式是一个大家庭，包括众多的理论和实践。"⑥批判理论作为后官僚制范式的重要组成部分，以罗伯特·登哈特(Robert Denhardt)的公共服务组织理论和曼德尔的政治经济批判理论为代表。

其一，以公共服务为基础的公共组织理论。1979年登哈特夫妇在《公共行

---

① Bayard L. Catron and Michael M. Harmon,"Action Theory in Practice: Toward Theory without Conspiracy", *Public Administration Review*, 1981, 41(5), pp. 535—541.
② Michael M. Harmon, *Action Theory for Public Administration*, New York: Longman, 1981.
③ Michael M. Harmon, *Action Theory for Public Administration*, New York: Longman, 1981; Michael M. Harmon & Richard T. Mayer, *Organization Theory for Public Administration*, Boston, Massachusetts: Little, Brown, and Company, 1986.
④ 〔美〕戴维·奥斯本、特德·盖布勒:《改革政府:企业精神如何改革着公共部门》,上海:上海译文出版社1996年版,第12—13页。
⑤ Jay M. Shafritz, Albert C. Hyde, *Classics of Public Administration*, 2nd, Chicago: The Dorsey Press, 1987, p. 325.
⑥ 〔美〕麦克尔·巴泽雷:《突破官僚制:政府管理的新愿景》(孔宪遂、王磊、刘忠慧译),北京:中国人民大学出版社2002年版,第131页。

政的批判维度》中批判性地分析了西蒙(Herbert Simon)的行政理论的理性模式(rational model of administration theory)和韦伯(Max Weber)的理性官僚模式。认为理性模式在价值与事实二分的基础上,太着重于行政管理的技术理性与效率,忽视了行政价值与公共服务的使命和目的,造成了诸多负功能。① 1981年登哈特使用哈贝马斯的批判理论探讨公共官僚的角色,以期望形成一种建立在无扭曲沟通之上的民主参与性行政模式。② 1993年登哈特在《公共组织理论》一书中讨论了与三种组织过程相对应的理性模型(rational model)、阐释模型(interpretive model)和批判模型(critical model)。③ 登哈特的研究奠定了公共组织批判理论的基础。

其二,政治经济批判途径。1992年曼德尔(Ernest Mandel)运用马克思主义的辩证分析、利益分析、阶级分析、历史分析等方法对官僚制度展开了批判性研究,展现了官僚集团、工人阶级,以及小资产阶级和亲资产阶级势力之间的三角斗争推动历史发展的画卷。④

3. 文化批判。文化和意识形态批判将批判的视角聚焦于心理的或本能结构的革命。文化批判者认为人的本能受到各种社会文化抑制,处于"异化"状态,不能自由发展,有必要通过批判摆脱文化的桎梏,建立一个没有冲突的社会。在公共管理领域,盖伊·亚当斯(Guy Adams)和丹尼·巴尔弗(Danny L. Balfour)所著的《揭开行政的邪恶》是文化批判理论的代表。⑤ 在展开文化批判的时候,学者们往往借鉴后现代哲学主义、诠释主义、构建主义、女性主义等思潮展开,诞生了大量的理论成果。比如:南希·艾默里克(Nancy Meyer Emerick)在《行政理论与实践》中发表的《生物政治学、统治和批判理论》(2004),理查德·博克斯在《公共行政理论与实践》中发表的《私人生活与反行政》(2001),卡米拉·史蒂文斯(Camilla Stivers)在《公共行政评论》中发表的《社区女人与机关男人——为公共行政学构建一种可能的过去》(1995)等等。⑥

四、公共管理学的技术设计方法论流派

前已述及,我们通常所说的规范研究包括两项任务,一项是确立和揭示"应

---

① Robert B. Denhardt and Kathryn G. Denhardt, "Public Administration and the Critique of Domination", *Administration and Society*, 1979, 11(1), pp. 107—120.
② Robert B. Denhardt, *Toward a Critical Theory of Public Organization*, 1981, p. 204.
③ Denhardt, Robert B, *Theories of Public Organization*, Belmont, CA: Wadsworth, 1993.
④ 曼德尔于1992年出版了《权力与货币:马克思主义的官僚理论》一书,孟捷、李民骐译,北京:中央编译出版社2002年版。
⑤ 〔美〕艾赅博、百里枫:《揭开行政之恶》,北京:中央编译出版社2009年版。
⑥ 进一步的阅读参见:戴黍、牛美丽等编译:《公共行政学中的批判理论》,北京:中国人民大学出版社2008年版。

然命题",另一项是"如何最有效的实现应然的目标"。虽然规范研究的第二项任务与第一项任务紧密相关,但是第二项任务所使用的方法与第一项任务使用的方法完全不同。完成第二项任务需要技术设计方法论的指导。

1. 设计及其相关概念。 凡是寻求合理手段实现特定目标的思想、程序、知识和技艺都属于技术的范畴。"设计"则是产生技术知识的核心环节。不同领域的学者对设计有不同的解释:比如西蒙认为设计是问题求解的过程,是人们制定程序把产品由一种状态转换为所需要的另一种状态的过程;① 德国产品设计大师格尔哈德·帕尔(Gerhard Pahl)认为设计的实质就是用最好的方式来进行满足一切要求的智力活动;② 一般设计理论的代表吉川浩史(Hirofumi Yoshikawa)认为设计是一种从功能空间到属性空间的映射,是关于知识的抽象理论。③ 尽管设计理论分为很多流派,不同流派对设计的理解也存在一定的差异,但是他们关于设计的定义中都包含目的(功能、价值)和手段(事实)两个基本要素。

对设计和设计过程的研究有悠久的历史,其起源于人类的生产生活实践。古希腊时代的亚里士多德就总结了技艺类知识的特性。早在1919年德国人沃尔特·格罗佩斯(Walter Gropius)就在德国成立了一所设计学院——包豪斯(Bauhuas)。20世纪60年代在系统论、信息论、控制论、工业设计理论、系统工程、现代决策理论等新兴学科的影响下,人们冲破了传统学科间的专业壁垒,开始逐渐形成了具有横断性和交叉性的设计科学。1969年,赫伯特·西蒙(Herbert Simon)出版《人工科学》一书阐明了人工科学和设计科学的对象、目的意义、设计的逻辑、设计的形态、设计的表现等设计理论的基本议题。④ 1962年9月19—21日,西方世界第一次设计方法会议在英国伦敦大学帝国理工学院召开。⑤ 1966年英国设计研究会(Design Research Society,简称 DRS)成立。该研究会是一个多学科的设计研究学会。1967年设计方法组织(Design Methods Goup,简称 DMG)在加利福尼亚大学伯克利分校(University of California, Berkeley)成立。1979年在英国出版了设计研究的国际刊物《设计研究》(Design Studies)。1981年意大利罗马组织了第一届国际工程设计会议 ICED(International Conference on Engineering Design)。1985年美国国家科学基金委

---

① H. A. Simon, *The Science of the Artificial Intelligence*, Cambridge: MIT Press, 1984.
② G. Pahl, W. Betiz, *Engineering Design*, London: Design Council, 1984.
③ H. Yoshikawa, "General Design Theory and a CAD System", The IFIP Working Group Workig Conference on Manmachine Communicafion in CADI CAM, Kyofo, Japan, 1980.
④ Herbert A. Simon, *The Sciences of the Artificial* (First Edition), MIT Press, 1969.
⑤ J. C. Jones, D. G. Thornley, *Conference on Design Methods*, Oxford: Oxford University Press, 1963, p. 11.

员会 NSF 正式启动设计理论与方法论研究计划。1987 年,美国机械工程师协会 ASME 设计分会设立设计理论与方法论委员会。1989 年,第一届国际设计理论与方法论会议召开。21 世纪以来,设计研究已经成为一个繁荣的领域。

设计科学是一个跨学科性、交叉性和综合性的学科领域。设计方法论是设计科学的组成部分,重点探讨设计的哲学基础、认知基础以及设计的逻辑、程序和技术。设计方法体系涵盖了设计哲学、设计科学、一般设计方法和专业设计知识的有机整体。[①]

2. 公共管理设计。公共管理的设计学派指那些将公共管理问题界定为"价值和现状之间不一致的状态",通过公共管理价值前提和事实前提之间的互动和调试,设定特定目标,通过战略与政策设计,结构(制度、组织、机制)设计,实现特定目标的公共管理研究学派。公共管理设计学派运用设计哲学、设计科学、一般设计方法,借鉴其他专业领域的设计知识,结合公共管理领域的特征,形成技术设计类知识。

技术设计类知识占据了公共管理知识的绝大部分,可以认为公共管理知识的主体是技术设计知识。这与公共管理学作为问题导向的、应用型的学科特质紧密相关。公共管理领域的很多经典都体现了设计方法论,都带有技术设计知识的色彩。1989 年享格让(R. F. Shangraw, Jr.)、迈克尔·克劳(Michael M. Crow)和萨姆·奥威尔曼(E. Sam Overman)概括了作为设计科学的公共行政的主要领域:(1)政治理论;(2)规范政治理论;(3)微观经济理论;(4)宏观经济理论;(5)组织行为;(6)组织发展;(7)组织和管理理论;(8)决策理论;(9)设计科学系统;(10)政策分析和质性定量工具;(11)宏观工程系统;(12)规划评估;(13)宪法;(14)公共行政的历史和哲学;(15)公共制度和机制的高端设计;(16)公共选择理论;(17)实质政策分析和设计;(18)公共行政和工具设计。[②] 可见,公共管理设计几乎涵盖公共管理的所有领域,公共管理设计学派和设计方法论的发展将推动公共管理理论、方法和实务的发展。

3. 公共管理的设计学派。公共管理设计学派是最具开放性、综合性、应用性的学派。美国行政学之父威尔逊的《行政之研究》就体现了制度结构设计的思想。威尔逊尝试将欧洲君主主义的良好行政管理引入共和主义的美国。为此,威尔逊引用了布隆赤里(Johenn Kaspar Bluntohi)政治、法律与行政管理相

---

① 张福昌、〔日〕宫崎清:《设计概论》,合肥:合肥工业大学出版社 2011 年版。
② R. F. Shangraw, Jr., Michael M. Crow, E. Sam Overman, "Public Administration as a Design", *Public Administration Review*, Vol. 49, No. 2, Special Issue: Minnowbrook Ⅱ. Changing Epochs of Public Administration(Mar.—Apr., 1989), pp. 153—160.

区别的观点①,进一步区分了宪法和行政②、政治与行政③,从而为行政学争取到了"学术话语权",奠定了行政学作为独立的、具有自己内在规律的学科地位。威尔逊关注的核心问题是在共和主义和三权分立的制度设计之下,为何要引入、如何引入一种高效率的行政管理制度安排的问题。在威尔逊看来,这种高效的行政管理制度具有共同的特征:"如果各种政府想成为同样有用和有效率的政府,他们就必须在结构上有高度相似之处。"④威尔逊的《行政之研究》是公共行政结构设计、制度设计的经典。韦伯的官僚制研究则是行政组织设计的经典,韦伯的理想类型的思想,奠定了现代组织理论的理性基础。

1986年诺贝尔经济学奖得主詹姆斯·布坎南(James McGill Buchanan)在《自由、市场与国家》一书中将经济学的"稀缺—理性选择—效率"范式转化为"人与人之间关系—规则—同意"的政治经济学范式。⑤"我们称之为'政治经济学的科学'。它旨在估价强制的结构,即'规则',其最终目的是重新设计和改革,以确保在利用潜在互利关系上增强效率。"⑥布坎南所谓的"政治经济学的科学"实质上是关于公共制度,特别是宪政设计的科学。

德怀特·沃尔多(Dwight Waldo)也是制度设计的积极倡导者。沃尔多认为社会科学不仅是理论和学说,而且是社会中一切人为的发明,包括各种制度安排。人类实际上不断地更新着各种社会制度安排,满足社会不断变化的要求,因此,关注社会科学并不仅仅是关注科学,而是要着眼于社会的发展。如果没有社会科学的进步,自然科学的进步是不可能的。社会科学和自然科学一

---

① 布隆赤里认为,"政治是'在重大而且带普遍性的事项'方面的国家活动,而另一方面,'行政管理'则是'国家在个别和细微事项方面'的活动。因此,政治是政治家的特殊活动范围,而行政管理则是技术性职员的事情。'政策如果没有行政管理的帮助就将一事无成',但行政管理并不因此就是政治。"参见〔美〕伍德罗·威尔逊:《行政学研究》,载彭和平、竹立家主编:《国外公共行政理论精选》,北京:中共中央党校出版社1997年版,第15页。

② 威尔逊认为:"公共行政就是公法的明细而系统的执行活动。一般法律的每一次具体措施都是一种行政行为。"参见〔美〕伍德罗·威尔逊:《行政学研究》,同前,第16页。

③ 行政是"行动中的政府","它就是政府的执行,政府的操作,就是政府工作中最显眼的部分"。行政不同于政治,因为"行政管理领域是一种事务性领域。它与政治领域的那种混乱和冲突相距甚远"。"行政管理是置身于'政治'所特有的范围之外的。行政管理的问题并不属于政治问题。"参见:〔美〕伍德罗·威尔逊:《行政学研究》,同前,第2—27页。

④ 〔美〕伍德罗·威尔逊:《行政学研究》,同前,第23页。

⑤ 〔美〕詹姆斯·M. 布坎南:《自由、市场与国家:80年代的政治经济学》(平新乔、莫扶民译),上海:上海三联书店1989年版,第51页。第一章"几种选择的观点"中实际上论述了经济学范式的转移。从研究的目标来看从效率取向转向了利益协调取向。从研究的过程来看:从追求真理转向了追求共识。从研究内容来看,从效率机制转向了更为广泛的制度规则。这充分反映了公共选择理论作为理性制度主义一个分支的特色。

⑥ 〔美〕詹姆斯·M. 布坎南:《自由、市场与国家:80年代的政治经济学》,第33页。

样,对人类的发展作出了同样多的贡献,作为社会科学之一的公共行政学的价值同样不能被低估。①

布坎南的政治经济学思想,使其成为公共选择方法展开宪政设计的先驱。罗伯特·达尔、沃尔多、奥斯特罗姆夫妇、H.乔治·弗雷德里克森(H. George Frederickson)等人将民主制度引入公共行政过程中,开创了民主行政制度设计的先河。拉斯韦尔等人开创了政策设计的先河;巴里·波兹曼(Barry Bozeman)②、彼得·瑞(Peter Smith Ring)和詹姆斯·佩里(James L. Perry)③等人开创了公共部门战略设计的先河。总之,公共行政和管理学的发展历史也是一部公共管理设计知识、设计理论、设计方法发展的历史。

美国学者全钟燮先后出版了《公共行政学:设计与问题解决》④和《公共行政的社会建构:解释与批判》⑤,将公共行政的理论和实务看做是公共管理问题解决和设计的过程,深入阐述了公共行政设计的社会属性,系统地总结了公共行政学中的设计问题,将公共行政问题分为社会设计、理性设计、渐进设计和危机设计四种类型。全钟燮尝试将实证主义、诠释主义和批判主义形成的知识整合进公共行政的社会建构过程中,力图形成有建构主义的公共管理设计学说。事实上,公共管理的设计活动既要兼顾价值前提又要兼顾事实前提,而且在变革的社会中追求人类获得更大限度的自由和解放,因此公共管理的设计学派是融合实证方法论、诠释方法论和批判方法论的统一。能够整合多元方法的设计学派将是公共管理研究深入发展的方向之一。

奥斯特罗姆夫妇开创的制度分析方法,成为公共管理制度设计学派的基础。比如:1971年,文森特·奥斯特罗姆(Vincent Ostrom)基于政治经验的个人主义假设、比较优势原则、人既能学习也能犯错误、政治制约原则以及政治设计的十三条定理来构建复合共和制的政治结构。他提出了政治设计的十三条定理。⑥ 埃莉诺·奥斯特罗姆(Elinor Ostrom)所著的《公共事物的治理之道》一书提出了长期有效的公共池塘资源自主组织、自主治理制度"设计原则",是

---

① D. Waldo, *Perspective on Administration*, Ala.: University of Alabama Press, 1956, p. 16.
② Barry Bozeman, "Strategic Public Management and Productivity: A 'Firehouse Theory'", *State Government*, 1983, 56(1), pp. 2—8.
③ Peter Smith Ring and James L. Perry, "Strategic Management in Public and Private Organizations: Implications of Distinctive Contexts and Constraints", *The Academy of Management Review*, 1985, 10(2), pp. 276—286.
④ 〔美〕全钟燮:《公共行政学:设计与问题解决》(黄曙曜译),台北:五南图书出版公司1994年版。
⑤ 〔美〕全钟燮:《公共行政的社会建构:解释与批判》(孙柏瑛、张钢、黎洁等译),北京:北京大学出版社2008年版。
⑥ 〔美〕文森特·奥斯特罗姆:《复合共和制的政治理论》(毛寿龙译),上海:上海三联书店1999年版,第72—85页。

制度设计的经典之作。

五、公共管理学的其他方法论流派

公共管理研究的方法论流派远比上述列出的几个流派多样且复杂,除了实证主义方法论流派、诠释主义方法论流派、批判主义方法论流派、设计方法论流派之外,还有评估方法论流派、后现代方法论流派、女性主义方法论流派等。这些方法论流派之间存在非常复杂的、纵横交错的关系。

1. **公共管理评估研究方法论流派**。公共管理评估研究方法是在评估研究过程中形成的诸多方法的集合。因此,公共管理评估方法流派是一个多元方法的大家庭。评估活动既要注重客观性,又要注重主观评价,还要力图对现状进行改变,它是实证方法论、诠释方法论和批判方法论的融合。对比将在十五章中评述。

2. **公共管理研究的后现代主义方法流派**。后现代主义本身是一个充斥着多种流派的大家族。与此相关,公共行政领域具有的后现代哲学思维特征的理论并不是单一的,他们包括话语理论、新公共服务、治理理论、政策网络、后官僚制等具有后现代思维特征的理论群体。福科斯和米勒(Fox & Miller)的《后现代公共行政》(Postmodern Public Administration)、麦克斯怀特的《公共行政的合法性》(Legitimacy in Public Administration)等著作是后现代公共行政的代表作。福科斯和米勒在《后现代公共行政》中批判了近代哲学理性主义、基础主义、本质主义、还原主义以及由此推演出的中心主义、进化主义思想,以现象学和建构主义为哲学基础,消解了近代政治学形成的公共权力建构和政治与行政二分的信条,建立了基于话语的公共能量场理论。

3. **公共管理研究的女性主义方法论流派**。美国克利夫兰州立大学都市研究与公共服务学教授卡米拉·斯蒂福斯(Camilla Stivers)是公共行政学女性主义研究的代表之一。她在《公共行政中的性别形象:合法性与行政国家》一书中着眼于地位、权力、领导、合法性与改革等问题,透过性别这一独特视角来审视公共行政学,并考察了妇女在美国联邦、州和地方政府中获得现有地位的历史进程。同时,作者还对妇女所面临的组织现实的特殊性以及她们的普遍社会处境进行了评估,进而从性别的角度对行政国家的合法性提出了质疑。①

可以认为,只要人类哲学思想不停止,哲学思想多元共存,那么公共管理方法论流派也会异彩纷呈,形成以实证、诠释、批判、设计、评估为主的群星璀璨的星空。

---

① 〔美〕卡米拉·斯蒂福斯:《公共行政中的性别形象:合法性与行政国家》,北京:中央编译出版社2010年版。

第四节　公共管理研究方法论争论的焦点议题

公共管理学的历史也是公共管理学方法论流派不断诞生,各流派之间争论、互补和共同发展的历史。① 公共行政学自诞生以来,方法论的争论紧紧围绕以下五个问题展开:第一,公共行政学探讨对象的本质是什么？第二,公共行政学的核心议题是什么？第三,通过什么途径获得公共行政知识？第四,行政学是科学还是职业？第五,公共行政学的学术规范是什么？

一、公共行政学探讨对象的本质是什么？

实证主义方法流派认为公共行政学探讨的本质是行政活动中普遍存在的稳定的联系(规律、原理和原则)。技术设计学派认为公共行政学探究实现特定目标的优化方案。诠释学派探究公共行政学的价值、规范和意义。批判学派探究从扭曲的公共行政中解放的路径和方法。评估方法论流派则重点关注如何测量和评价公共行政现象。在公共行政学的历史上,不同流派的争论从"公共行政普遍原则"开始。

1. 普遍原则的提出。 寻求"普遍法则"或者稳定的永恒的"真理"是科学研究的目的,行政学诞生之时就具有典型的"科学"取向。正如威尔逊指出的那样:"如果各种政府想成为同样有用和有效率的政府,他们就必须在结构上有高度相似之处。"②就其本质而言,威尔逊的思想是技术设计学派的思想,但是随后的学者将威尔逊寻求普遍性政府结构的思想标以"科学"的标签,比如威洛比(W. F. Willoughby)认为:"在行政学中,存在着某些基本原则,这些原则具有普适性,就像那些表征任何科学的原则一样。"厄威克(Lyndall Urwick)亦认为:"就像存在着某些支配着桥梁建造的工程原则一样,存在着某些支配着出于各种目的人际交往的原则。"③

2. 诠释主义对普遍原则的挑战。 以达尔、沃尔多为代表的学者从政治哲学的途径对"行政科学"提出了挑战。达尔认为目前公共行政学的研究距离科学还相距甚远,因为公共行政学没有解决好规范问题、人性问题、国别和历史经验

---

① 如芬纳与弗雷德里克之争(Finer vs Friedrich)、达尔与西蒙之争(Dahl vs Simon)、西蒙与沃尔多之争(Simon vs Waldo)、哈默尔与古德塞尔之争(Hummel vs Goodsell)、特里与弗兰克之争(Terry vs Frank),以及达布利克与公共行政理论网络之争(Dubnick vs PAT-NET),等等。参见马骏、颜昌武:《西方公共行政学中的争论:行政科学还是政治哲学？》,《中山大学学报》2009年第2期。

② 〔美〕伍德罗·威尔逊:《行政学研究》,第16页。

③ Robert Dahl,"The Science of Public Administration: Three Problems", in *Public Administration Review*, 1947, 7(1), pp. 1—11.

问题。这三个问题的存在使得公共行政学很难构造出普遍的原则,成为一般的科学。正如达尔所言:"构造一门公共行政科学的第一个困难在于:人们往往不能将规范性考虑从公共行政问题中排除出去。""对人的行为的关注极大地限制了公共行政科学的直接潜能。""公共行政原则在任何民族和国家中会同样有效,或者在某个国家中取得成功的公共行政实践在不同社会、经济和政治的环境中必然会取得成功。"基于上述认识,达尔认为"我们与一门公共行政科学还相去甚远。公共行政科学是不可能的,除非(1)规范价值的地位被清楚地确立了;(2)公共行政领域中的人性得到了更好的理解,且人的行为更具可预测性;(3)有一批比较研究,从这些研究中,我们可能发现超越国界和特定历史经验的原则和通则。"①达尔开辟了从历史、文化、价值、制度等方面对公共行政展开研究的路径,这一路径在沃尔多那里得到了发扬光大。

3. 技术设计学派对普遍原则的质疑。作为公共行政技术设计学派的代表人物,西蒙从"行政原则"的相互矛盾出发,对行政原则提出了挑战。西蒙在1946年发表的《行政谚语》中对传统公共行政中的原则进行了解析:"1. 在群体中,任务的专业化分工能够增进行政管理效率;2. 把群体成员安排在明确的权威等级中,可提高行政管理效率;3. 在权威等级中的任何一点上,把控制幅度限制到最小数目,可增进行政管理效率;4. 为了控制的不同目的,依据(a)目的、(b)过程、(c)对象、(d)地点,来对员工分组,也可增进行政管理效率(这一点原则实际上是从第一点原则提炼出来的,但值得分开讨论)。既然这些原则看来较简明,那么似乎用它们解决具体的行政管理组织问题是确定无疑的,而且它们的准确性易于得到实证的检验。然而,实际情况并非如此。"②

西蒙认为寻求"普遍原则"的做法并不是真正的行政科学。传统的行政学的普遍原则只不过是"行政格言",并不是建立在科学方法论基础上得出的知识成果。在西蒙看来,行政学要想成为科学必须以科学方法论为基础,西蒙认为科学的方法论是逻辑实证主义。基于此,西蒙将行政科学区分为理论的行政科学和实践的行政科学两类。前者在于对有组织的群体中的人类行为方式进行描述,可以称之为行政社会学;后者旨在为实现行政目标采取相应的具体行动,可以称之为实践行政学。③ 西蒙在《管理行为》中阐明了理论的行政科学应该遵循逻辑实证主义的方法论原则。他在《人工科学》中阐明了实践的行政科学属

---

① Robert Dahl,"The Science of Public Administration:Three Problems", in *Public Administration Review*,1947,7(1),pp.1—11.

② Herbert Simon,"The Proverbs of Administration", *Public Administration Review*,1946,6(1),pp.53—67.

③ H. Simon, *Administrative Behavior: A Study of Decision—Making Processes in Administrative Organizations*(Fourth Edition),NY:The Free Press,1997,pp.356—360.

于人工科学的范畴,应该遵循技术设计的逻辑。

综上可知,早期的公共行政学对"普遍原则"的界定存在多重含义,至少包括以下三种:普遍的价值和伦理规则,即人们共同遵守和认同的价值前提。第二,普遍的规律,即行政现象中普遍必然的联系。第三,普遍的人际规则,即普遍适用的制度规则、组织结构、技术手段。达尔和沃尔多从政治哲学的视角,尝试寻找公共行政的普遍价值和伦理规则。西蒙则理清了作为科学发现的普遍原则和作为技术设计的普遍原则。正如西蒙所言:公共行政学过去多年的发展表明,它吸收了这两种变革的成果。"①

二、公共行政学的核心议题是什么?

公共行政的研究议题非常广泛②,各个议题之间缺乏方法论的一致,同一议题也没有前后继承的学术传统,这种现象被切斯特·纽兰德(Chester Newland)描述为:"该领域的研究基本上是乱七八糟的大杂烩。"③基于这种现状,悲观派会忧心忡忡地说:"如果公共行政学一直未能就其范畴(boundary)与核心(central core)达成共识,不仅有认同危机,更将沦为仍在寻求学科地位的科目(subject)。"④乐观派则坚持"在公共行政理论的恰当方向方面,还是存在着相当的一致性,尽管这种一致性有时并不非常明显"。⑤

悲观派的担忧来自公共行政领域长期存在的西蒙途径和沃尔多途径的分歧。以西蒙为代表的学者将公共行政研究的核心议题界定为理论取向的行为科学和应用取向的人工科学;以沃尔多为代表的学者则主张任何有关公共部门的议题都是研究的范围,核心的议题是民主行政和行政的规范基础。

乐观派的信心则来自对双方分歧共同点的认识,尽管双方对公共行政核心议题的界定方面存在根本性的区别,但是公共行政毕竟是一个人类活动的领域,这一领域犹如人象一样,分歧双方都陷入了"盲人摸象"的尴尬。⑥ 好在大家都在围绕人类公共行政活动展开,在这一活动领域实现人类的基本价值,发现这一领域的基本规律,改善这一领域运转机制是双方都不可否定的共同话题。

---

① H. Simon,"Guest Editorial",*Public Administration Review*,1995,55(5),p.404.
② 比如詹中原教授总结了 1960 年至 2005 年研究领域类别变化趋势,从 1960 年的六大领域,上升到 2005 年的 19 个领域,包括:人力资源管理、组织管理、公共政策、政治活动、研究方法、区域治理、全球治理等等,涵盖面非常宽泛。
③ Chester Newland,"Research Ideals and Realities",Jay White & Guy Adams(ed.),*Research in Public Administration*,Forword,1994.
④ G. E. Caiden,*Public Administration*,Pacific Palisades,CA:Palisades,1982.
⑤ 〔美〕罗伯特·登哈特:《公共组织理论》(第三版)(扶松茂等译),北京:中国人民大学出版社 2003 年版。
⑥ Dwight Waldo,*The Study of Public Administration*,NY:Doubleday,1961.

公共行政活动领域的客观存在促使综合派在更高的层面试图综合两者。比如登哈特认为,将公共行政的相互独立的理论连接在一起的,是试图在民主责任感的框架下建立一种以对人类行为的实证主义理解为基础的理性行政理论。①约翰·怀特(John D. White)和盖伊·亚当斯(Guy Admas)则认为公共行政学的本质是技术理性的宏大叙事,试图将工具理性和价值理性完美融合。② 也有学者尝试从大问题的角度探讨公共管理的议题,比如 1995 年,罗伯特·贝恩(Robert Behn)在《公共管理学的大问题》一文中将测量、激励、委托代理等作为公共管理的大问题。③ 公共管理大问题的研究已经逐渐发展成为一种从公共管理问题出发整合公共管理研究议题、方法和实践的思路。④

从公共管理问题类型学的角度来看,公共管理的核心议题是多角度的,这些角度之间并不存在截然对立的矛盾。公共管理问题类型的差异,决定了公共管理方法论的差异和公共管理知识类型的差异。公共管理知识本身就是科学发现类知识、技术设计类知识、评估类知识、诠释类知识和批判类知识的多面体,多彩并不意味着混乱,而是意味着不同的问题类型和方法论共同支撑起公共管理研究的大厦,使其成为一个独具特色的认知和实践领域。寻求更高更为统一的公共管理研究方法论并不困难,但需要更为清晰地认知公共管理方法的多元性,"多"与"一"从来都是矛盾统一的。

三、获得公共行政知识的途径是什么

既然对公共行政学探究的对象存在差异,那么不同学派获得公共行政知识的途径也存在差异。在公共行政学历史上,早期的公共行政研究(科学发现、技术设计和评估)都使用经验主义的方法获得公共行政的普遍知识。20 世纪 40 年代经验主义方法受到了西蒙引入的逻辑实证主义方法的挑战,使公共行政学分化为纯粹科学和人工科学。与西蒙同时代的沃尔多等人则主张以政治哲学的途径获取公共行政价值、规范类知识。20 世纪 70 年代,实证、诠释和批判成为公共行政研究的主要途径。

---

① 〔美〕罗伯特·登哈特:《公共组织理论》(第三版)(扶松茂等译),北京:中国人民大学出版社 2003 年版。

② J. D. White & Guy B. Adams, "Making Sense with Diversity: the Context of Research, Theory and Knowledge Development in Public Administration", J. D. White & G. B. Adams(eds.), *Research in Public Administration: Reflections on Theory and Practice*, California: Sage, 1994, pp. 1—22.

③ Robert D. Behn, "The Big Questions of Public Management", *Public Administration Review*, 1995, 55(4), pp. 313—324.

④ 进一步的研究参见:张正军:《公共管理论域中的"大问题"》,《陕西师范大学学报(哲学社会科学版)》2011 年 1 期。

1. 经验主义途径。传统的公共行政学使用经验主义的认识论和方法探究行政实践中的普遍原则,其基本方法是实验法和归纳法,通过实验、实践和经验观察,从经验中归纳和总结出提高行政效率的普遍原则。威尔逊认为通过历史比较可以发现有用有效政府的相似结构。为了寻求最优的、有用有效率的政府结构,传统公共行政学者将目光投向了费雷德里克·泰勒(Frederick W. Taylor)的科学管理、亨利·法约尔(Henry Fayol)的工商管理和韦伯的组织理论。泰勒的科学管理采用实验方法,通过工时研究和工作分析,寻求最有效的管理原则。法约尔的一般管理学则是其一生实践的总结。韦伯的官僚制则是韦伯在社会学研究中概括出来的最有效的现代组织"理想类型"。罗纳德·怀特(Leonard D. White)于1926年出版的《行政学导论》,威廉·威洛比(William Franklin Willoughby)于1927年出版的《行政学原理》,约翰·费富纳(John M. Pfiffner)于1946年出版的《行政学》在当时被称为三大行政学教科书,这三本教科书系统地阐述了"行政的普遍原则"。

2. 西蒙的纯粹科学和人工科学途径。西蒙认为传统公共行政学的普遍原则未能清楚地区分价值和事实,其所谓的普遍原则仅仅是行政格言,这些格言中混杂着价值陈述和事实陈述。为此西蒙建议用逻辑实证主义作为纯粹的行政科学研究的方法论基础。同时西蒙提出了人工科学的概念,将人工科学的方法作为应用性行政科学的方法基础。

3. 西蒙和沃尔多的争论及多元途径。1952年沃尔多对西蒙的观点提出了批评,并引发了西蒙和沃尔多的争论。① 这场争论反映了沃尔多倡导的政治哲学途径和逻辑实证主义之间的分歧。20世纪70年代理查德·伯恩斯坦(Richard Bernstein)明确提出,包括公共行政学在内的一个较健康的社会科学研究,应包含实证、诠释、批判等三种方法。公共行政学的方法进入多元发展的时代。②

四、公共行政学是科学还是专业

公共行政学诞生之初,行政学家们一直努力使行政学具有"科学"的性质,行政学家应该像科学家那样,寻求行政现象背后固定不变的法则和规律。在这种试图将行政科学化信念的驱使下,早期的行政研究者以寻求行政的普遍原则作为最终的目标,并建立了行政学的知识体系。早期行政一般原则到底是经验规律的普遍原则还是价值规范的普遍原则?抑或是人际沟通的共识?这些问

---

① 详见:颜昌武、刘云东:《西蒙-沃尔多之争:回顾与评论》,《公共行政评论》2008年第02期。
② R. J. Bernstein, *The Restructuring of Social and Political Theory*, NY: Harcourt Brace Jovanovich, 1976.

题并没有得到清晰的说明。这种定位的模糊性，引发了西蒙和达尔、沃尔多等人关于行政学是职业还是科学的争论。①

20世纪40年代中期，西蒙指出传统行政学的科学化努力所形成的"行政原则"是非常含混且充满矛盾的"格言"，并不能算作真正的"科学"。科学应该建立在严谨的方法基础上。西蒙指出逻辑实证主义是行政科学方法论的基础，逻辑实证主义主张事实陈述和价值陈述是两类完全不同性质的陈述，科学仅仅关心事实陈述的部分。西蒙将仅仅关心事实陈述的行政学研究命名为"纯粹的行政科学"。

针对西蒙提出纯粹行政科学的观点，达尔、沃尔多等人并不赞同，他们认为，行政学不能排除历史、文化和价值的影响，1947年达尔指出："要成为公共行政'科学'，还有一段漫长路途要走。"②

沃尔多区分了严格的科学和宽松的科学。严格的科学强调数学在科学中的作用，能否用数学公式来表达对经验规律性的认识似乎是衡量一个学科"科学性"的标尺。③ 宽松的科学等同于"知识"或者说"经验知识"来使用的，即指关于经验的规律性的系统的信息。社会科学是宽松意义的科学而不是严格的科学。如果将"学科"看做是一种具有一套连贯而协调的理论的知识性事业，那么公共行政学便不是一门学科而且也许肯定不会成为一门学科。因为公共行政学还缺乏一致的意见，而另一方面，知识的进步，又不能够等待完美无缺的定义和完全一致的意见。④ 在此基础之上，沃尔多直接针对西蒙的观点，认为公共行政不是一门科学性的学科，而是一种专业（profession）。"我们尝试一种专业的形式，尽管实际上这个专业并不存在，而且在任何一种严格的意义上也许都没有存在的希望。""专业观点或专业地位是唯一的一个足够宽泛和灵活的选择，它可以容纳我们各种不同的兴趣和目标，同时它又是足够坚定的和易懂的，可以提供关于方向和目的的某种一致性和某种意义。它内涵丰富，包含有用的提示与命令，这对研究和讲授公共行政的学术界以及实践公共行政的政府部门都有很大意义。与任何其他一种思路相比较，这种思路在公共行政的理论与实践

---

① 详见：颜昌武、马骏、牛美丽：《公共行政学百年争论》，北京：中国人民大学出版社2010年版。
② Robert Dahl,"The Science of Public Administration: Three Problems", in *Public Administration Review*, 1947, 7(1), pp.1—11.
③ D. Waldo, *Perspective on Administration*, Ala.: University of Alabama Press, 1956, pp.6—16.
④ D. Waldo,"Scope of the Theory of Public Administration", In *Theory and Practice of Public Administration: Scope, Objectives and Methods*, edited by James C. Charlesworth, Philadelphia: American Academy of Political and Social Science, 1986, pp.1—26.

所开展的更广阔的环境里,能带给我们更多的东西。"①

表 2-9 列出了西蒙和沃尔多的分歧和共同之处:

表 2-9 西蒙和沃尔多关于行政学是科学还是职业的争论

		西蒙	沃尔多
争议点	科学	分为纯粹的行政科学和应用行政科学	科学的定义有严格与宽松、狭义和广义之分
	学科	行政学是科学性的学科	行政学是一个开放性的专业
	事实与价值	纯粹的行政科学仅仅关涉事实;应用性的行政科学寻求实现特定目标的手段。	行政学是容纳不同观点和旨趣的专业。
	方法论	逻辑实证主义、人工科学	政治哲学
相同点		纯粹科学进行事实陈述;应用科学进行人工设计。	社会科学不仅是理论和学说,而是社会中一切人为的发明,包括各种制度安排。

公共行政学应视为某一学科之次级领域(subfield),或是应用学科/科际整合(applied discipline/interdiscipline),或是政策专业(policy profession),或是广博学习焦点(focus of study),还是专门学科(specialization),均未有共同见解,因此直接影响着公共行政学教育的目标与内容。②

事实上,公共管理学应该从公共管理问题出发,根据公共管理问题类型的差异,寻求适当的方法,提升对公共管理活动的认知、诠释、行动和反思能力。沃尔多和西蒙的争论其实表面上存在分歧且针锋相对,但是从公共管理问题类型的角度而言,两者也有相通之处。西蒙强调科学发现类和技术设计类知识,沃尔多则强调诠释类和批判类知识。知识类型的差异导致的方法论的差异并非是非此即彼的关系,而是互补的关系。正如黑格尔所言:"真理是大全",我们需要的是方法论的互补、整合、多元化,而不是陷入非此即彼的分裂和对峙,陷入"名词术语"制造的"认同危机"。

五、公共行政学的研究规范是什么

与公共行政研究对象的本质之争、研究的途径之争、科学与专业之争相呼

---

① D. Waldo,"Public Administration", *Journal of Politics*,1968,30(2),pp. 443—479. 另参见:颜昌武、刘云东:《西蒙—沃尔多之争:回顾与评论》,《公共行政评论》2008 年第 2 期。

② R. J. Stillman Ⅱ,*Preface to Public Administration:A Search for Themes and Direction*,NY:St. Martins,1991 转引自:江明修:《公共行政学:研究方法论》,台北:政大书城 1997 年版。

应,公共行政学研究的学术规范到底是什么?学者们亦展开了激烈的争论。在这场争论中形成了三条线索:第一条线索是以实证主义作为标准对公共管理研究成果进行评估和反思;第二条线索是实证主义的通则化、理论化与个案研究的情境化、实务化之争;第三条线索是公共管理研究方法多元化和融合的线索。

1. 以实证主义作为标准对公共管理研究成果进行评估和反思。 1984 年麦克库迪(H. E. McCurdy)和罗伯特·柯丽瑞(Robert E. Cleary)开始了使用实证主义的六项标准评估 1981 年在美国大学的 142 篇公共行政学博士论文,评估结果是悲观的,结果显示这些论文都缺乏严格的研究设计,有一半的论文的目的不是寻求因果关系,仅 21% 使用研究设计符合效度标准。[1] 同年麦克库迪(H. E. McCurdy)和罗伯特·柯丽瑞(Robert E. Cleary)进一步指出,多数公共行政学论文均不符合定量研究方法的要求,并呼吁减少个案研究方法的数量,寻求合适的方法论。[2] 1986 年约翰·怀特(John D. White)使用实证主义标准对 1981 年与 1984 年公共行政学博士论文进行了评估,结果显示"大部分论文的研究不符合实证主义的标准。半数的研究不属于科学研究的范畴。很多研究论文在摘要中没有说明方法论和理论框架。所有研究论文创造的知识,仅少量被出版和传播。[3] 1986 年佩里(J. L. Perry)和科瑞莫尔(K. L. Kraemer)对 1975 到 1984 年在《公共行政评论》(*Public Administration Review*)上发表的论文进行了评估,结果显示:公共行政研究具有实用性的特色,不再像自然科学那样具有累积性,并且缺乏适当制度的支持。[4] 1990 年休斯顿(D. J. Houston)和德里万(S. M. Delevan)使用了研究目标、研究设计和统计技术三项指标对六种公共行政相关的杂志进行了评估,结果显示公共行政并没有发展出累积性的知识基础。[5] 1992 年罗伯特·柯丽瑞(Robert E. Cleary)对 1981—1992 年的博士论文进行了评估,结果显示博士论文的质量有所提高,但仍旧存在诸多问题。[6]

诸如此类的研究还有很多,其共性是使用实证主义的方法论对论文的研究

---

[1] H. E. McCurdy and R. E. Cleary,"Why Can't We Resolve the Research Issue in Public Administration", *Public Administration Review*, 1984, 44(1), pp. 49—56.

[2] H. E. McCurdy and Cleary, R. E.,"A Call for 'Appropriate Methods'", *Public Administration Review*, 1984, 44(6), pp. 553—554.

[3] J. D. White,"Dissertations and Publications in Public Administration", *Public Administration Review*, 1986, 46(3), pp. 227—234.

[4] J. L. Perry, and K. L. Kraemer,"Research Methodology in the Public Administration Review, 1975—1984", *Public Administration Review*, 1986, 46(2), pp. 215—226.

[5] D. J. Houston and S. M. Delevan"Public Administration Research: An Assessment of Journal Publication", *Public Administration Review*, 1990, 50(6), pp. 694—651.

[6] R. A. Stallings,"Doctoral Programs in Public Administration: An Outsider's Perspective", *Public Administration Review*, 1986, 46(2), pp. 235—240.

质量进行评估。评估的标准一般包括研究的目的是否旨在寻求变量间的因果关系;是否经由规范的研究设计以确保研究的效度;是否提出了研究假设并进行检验;是否采用了统计分析的技术等标准。按照实证主义的标准对公共行政学的期刊论文和博士论文进行评估的结果是悲观的。但也从另一个方面说明公共管理知识并不全属于科学发现类知识,实证主义仅仅是获致公共管理知识的一个种方法。公共管理研究除了生产科学发现类知识以外,还有生产技术设计类知识、评估类知识、诠释类知识和批判类知识,生产这些知识的方法论框架与实证主义存在诸多分歧,如果无视公共管理研究知识类型的多样性,而仅仅单用实证主义的单一标准评价公共管理研究成果,难免得出大多数公共管理研究成果都不符合规范、质量低下的结论。

总体而言,使用实证主义标准对公共行政研究质量进行评价的结果是悲观的,到底是公共行政研究的问题,还是评价标准的问题呢?这引发实证主义单一标准与非实证主义者倡导多元方法论之间的争论。

2. 实证主义的通则化、理论化与个案研究的情境化、实务化之争。 正如沃尔多所强调的那样:"公共行政学不同于社会学或政治学,它是一种研究和一种活动。"① 也如西蒙所总结的那样:"公共行政学过去多年的发展表明,它吸收了这两种变革的成果。"② 当学者们热衷于实证主义方法标准评估公共管理成果而陷入悲观的时候,作为实务和行动的公共管理方法论开始引起了学者们的探讨。强调公共管理知识是科学发现类知识的学者主张实证研究的客观化、通则化和理论化。与此相对,强调公共管理知识还是行动和实务知识的学者则主张非实证主义的个案化、情境化和实务化。比如拉尔夫·哈默强调"说故事"(story-telling)的研究方法。③ 理查德·博克斯强调个案研究、诠释研究和批判研究。④ 玛丽·贝利则主张案例研究是公共行政最合适的研究方法。⑤ 盖伊·亚当斯强调历史和情境研究。

总之,实证主义的通则化、理论化与个案研究的情境化、实务化之争打破了公共管理研究评价标准和方法论单一化的局面,推动了公共管理研究方法的多元化和融合。

---

① D. Waldo, *The Study of Public Administration*, NY: Doubleday, 1955.
② H. Simon, "Guest Editorial", *Public Administration Review*, 1955, 55(5), p. 404.
③ R. P. Hummel, "Stories Managers Tell: Why They Are as Valid as Science", *Public Administration Review*, 1991, 51(1), pp. 31—41.
④ R. C. Box, "An Examination of Debate Over Research in Public Administration", *Public Administration Review*, 1992, 52(1), pp. 62—69.
⑤ M. T. Bailey, "Do Physicists Use Case Studies? Thoughts on Public Administration Research", *Public Administration Review*, 1992, 52(1), pp. 47—54.

3. 公共管理研究方法的多元化和融合。 公共行政研究中科学与行动、事实与价值、通则与案例的争论,促使学者们从社会科学研究方法论流派的高度对公共管理研究的方法论展开深入的反思,公共管理研究实质上是一个多面体,在这个多面体中,实证主义、诠释主义和批判主义作为主要的面向,共同支撑起了公共管理知识的大厦。1986 年约翰·怀特(John White)就提出了采用后经验论哲学(post-empiricist philosophy),整合实证、诠释与批判三种研究途径。[①] 1992 年盖伊·亚当斯倡导吸纳诠释研究和批判研究的传统,以结束实证主义方法论的霸权,形成开放的研究环境。[②] 1994 年盖伊·亚当斯和约翰·怀特等人进一步发展出了更为周全的公共管理研究质量评估标准,该标准包括:架构(framework)、明显的瑕疵(obvious flaws)、理论与实务的关联性、议题的重要性、全面性的质量测量等方面。[③] 总体而言,公共管理研究已经在知识增长、方法论标准和研究规范等方面走向了一个更加开放、更加多元和更加融合的时代。

从公共管理问题类型学的角度来看,公共管理问题类型的差异决定了公共管理知识类型和方法论的差异,也决定了公共管理研究学术规范的差异。公共管理研究需要加强问题类型的研究,并在制定专门规范的基础上,形成更具普适性的一般标准。目前公共管理研究中有大量的技术设计类研究,但是这类研究却缺少方法论规范,亦缺乏这类成果质量的评价标准。公共管理中的评估类研究、诠释类研究和批判类研究亦缺乏像实证主义那样明确的方法论框架和学术规范,从公共管理问题类型入手,也许是促进公共管理研究繁荣和融合的合理路径。

【延伸阅读】

1. 〔美〕劳伦斯·A. 博兰:《批判的经济学方法论》(王铁生、尹俊骅、陈越译),北京:经济科学出版社 2000 年版。

2. 〔美〕唐·埃思里奇:《应用经济学研究方法》(朱钢译),北京:经济科学出版社 1998 年版。

3. 〔英〕马克·布劳格、罗杰·E. 巴克豪斯:《经济学方法论的新趋势》(李刚、张大宝、韩振国、李振明译),北京:经济科学出版社 2000 年版。

[①] J. D. White, "On the Growth of Knowledge in Public Administration", *Public Administration Review*, 1986, 46(1), pp. 15—24.

[②] Guy B. Adams, "Enthralled with Modernity: The Historical Context of Knowledge and Theory Development in Public Administration", *Public Administration Review*, 1992, 52(4), pp. 363—373.

[③] G. B. Adams and J. D. White, "Dissertation Research in Public Administration and Cognate Field: An Assessment of Methods and Quality", *Public Administration Review*, 1994, 54(6), pp. 565—576.

4. 郭永秋:《政治学方法论研究专集》,台北:台湾商务印书馆1988年版。

5. 江明修:《公共行政学研究方法论》,台北:政大书城1997年版。

6. 马骏、张成福、何艳玲等:《反思中国公共行政学危机与重建》,北京:中央编译出版社2009年版。

7. Marczyk, Geoffrey R. David DeMatteo and David Festinger. *Essentials of Research Design and Methodology*, Wiley, 2005.

8. Kumar, Ranjit *Research Methodology: A Step-by-Step Guide for Beginners*, Sage Publications Ltd, 2010.

第三章　公共管理研究中的理论建构与理论检验

第一节　理论和公共管理理论概述

理论(theory)源自希腊语"theoria"。《美国传统辞典》(双解)认为理论"可用于相对广泛的情况下的系统组织的知识,尤其指一系列假设,已被接受的定理以及用于分析、预测或解释自然或专门现象行为的程序规则"。《现代汉语词典》和《中华辞海》都认为理论是:人们由实践概括出来的关于自然界和社会的知识的有系统的结论。

不同领域和不同学科会根据学科的特点对理论的基本含义进行解释。公共管理理论是从公共管理实践中总结出来的系统化知识。根据公共管理知识的类型,公共管理理论可以分为实证的公共管理理论、诠释的公共管理理论、批判的公共管理理论、公共管理技术设计理论和公共管理评估理论。

一、理论和公共管理理论的特点

在日常生活中,人们往往比较宽泛地使用理论这一概念,日常生活中的理论概念已经远远超出了我们所定义的理论的范围。比如人们会经常把哲学家的哲学思想称为理论;还会把宗教学说称为"宗教理论"。但是哲学和宗教学说并不像科学定律那样被"证实"或"证伪",因此并不属于本书所探讨的理论的范畴。日常生活中,人们还会把一些关于价值体系的阐述称为理论,价值体系具有很强的主观性,不存在证实和真假的问题,因此也不属于本书所讨论的理论。

在社会科学和公共管理研究中对"理论"这一术语进行使用时,还有一类不容易分辨清晰或者容易产生争议的例子。比如,诠释研究发掘的关于社会行动背后的价值和意义的陈述;批判研究揭示的改造社会的一套方法往往都被称为理论。诠释理论和批判理论的说法是可以接受的,因为诠释理论和批判理论也是"证实"的"真"的信念,只不过诠释理论、批判理论对"证实"和"真"的理解与实证理论不同而已,这一点在第一章中已经做过详细的比较分析,此处不再赘述。以下我们重点比较一下社会科学研究中理论与意识形态、理论与哲学、理论与真理、理论与实务等易混概念的区别。

1. **理论与意识形态**。理论的定义使其与意识形态(ideology)、信仰等概念区分开来。信仰是一种不需要证实的信念,意识形态则是一种缺乏科学理论所要求的批判特征的"准理论"(quasi-theory)。表 3-1 列出了意识形态和理论之间的区别。

表 3-1 理论与意识形态的区别

意识形态	社会理论
提供绝对肯定的答案	条件性的,经过斟酌的解释
对所有问题的答案	不完全的、意识到不确定性的存在
固定的、封闭的、完成的	成长的、开放的、延续的、扩大的
回避检验不一致的发现	乐意接受正面和负面的证据考验
无视反面证据	根据证据而修订
陷入到某种特殊的道德信念中	与强烈的道德立场保持距离
极为偏颇的看法	以中立的态度考察所有层面的因素
充满矛盾的不一致	积极寻求逻辑上的一致性、连贯性
植根于某个特定的立场	超越、横跨社会立场
共同点:包括一组假设或一个起点;解释这个社会世界是什么的和它如何以及为何改变;提供一套概念、思想体系,说明概念之间的关系,并解释哪个是因哪个是果;提供一套相互关联的思想体系。	

资料来源:〔美〕劳伦斯·纽曼:《社会研究方法——定性和定量的取向》(郝大海译),北京:中国人民大学出版社 2007 年版,第 56—57 页。

2.**理论与实践**。理论和实践并不是截然对立的,而是辩证统一的关系。理论和实践都是解决问题的过程,只不过理论将实践中的事物和现象概念化、一般化、抽象化、系统化。实践将理论具体化、丰富化、形象化、生动化。

3.**理论与真理**。真理(truth)是理论追求的目标,理论仅仅是追求真理的方法、工具和步骤,理论仅仅是相对的真理。

4.**理论与范式**。范式(paradigms)是指导科学研究的信仰、观念,用以指导观察和理解的模型或框架,以及从事科学研究的范例。在不同的范式之下,会发展出不同的理论。范式指的是一般框架或视角。理论指的是用来解释社会生活特定方面的系统化的关联性陈述。

二、理论和公共管理理论的构成

理论是由假定、概念、命题、概念间如何联系的机制和边界条件共同构成的系统性、逻辑性知识。

1.**假定**。所有理论都以特定的假定(assumption)作为前提。假定是关于那些无法观察或无法检验的事物本质的陈述。概念与理论是建立在关于人类、社会现实或某种现象的性质等的假定之上的。假定通常是隐藏的、不用说出来的。

假定(assumption)和假设(hypothesis)是容易混淆的概念。假定是理论建构的出发点,它是不证自明的信念;而假设则是指既有理论中推导出来且有待验证的命题。比如科学管理理论的人性假定是理性经济人,这个假定是隐藏在科学管理理论当中,不加以直接说明的,但是没有这个假定科学管理理论阐述的很多命题都难以成立。"光照和生产率呈现正相关关系"这一命题则是从科学管理理论中推演出来的假设。霍桑实验起初就是要对这个命题加以验证。再如,传统市场理论建立在信息完全的假定基础之上,据此假定人们在使用市场机制的时候不需要付出成本,市场是最优的资源配置机制。但科斯发现,信息完全的假定与现实并不符合,人们在利用市场机制的时候需要付出"交易成本",交易成本的存在使得市场中存在企业这种非市场的资源配置方式。在公共管理研究中"政治与行政二分"就是传统公共行政理论的基本假定之一。

2. 概念和构念。《布莱克维尔西方哲学辞典》将概念定义为:"概念是一个一般化的观念或理念,这个观念或理念可以运用到多种事情中去,并且这个观念和理念使用一般性的词语进行表达。概念是我们思想的最简单的内容,概念由涉及个体的适当的名称构成。概念具有不同的抽象等级。概念是命题(propositions)的组成成分。概念是心理和物理实体之间,心理实体和非心理实体之间的中介。"①

社会科学研究的概念来自于经验观察,并且需要进行定义。定义是透过列出一个事件或者一个对象的基本属性来描述或规范一个词或一个概念的意义。在对概念进行定义的时候需要考虑概念的内涵(内容)和外延(范围)两个基本特性。概念内涵包括所有组成该概念的事物的特性和关系,是对事物"质"的规定性的反映。概念外延是指所有包括在这个概念中的事物。比如:在公共管理研究中,西蒙给出了"理性"概念的定义,定义揭示了理性的内涵。"理性是用评价行为后果的某个价值体系,去选择令人满意的备选行为方案。"②理性的外延则非常宽广,凡是满足上述两个条件的行为都属于理性。在社会科学研究中需要准确、清晰地界定概念。

在社会科学中,学者通常将那些专门用于科学研究和理论建构的概念称为构念(construct)。③ 构念具有以下几个特点:(1)构念是研究者创造出来的;

---

① Nicholas Bunnin, Jiyuan Yu, *The Blackwell Dictionary of Western Philosophy*, Blackwell Publishing Ltd, 2004, p.126.
② 赫伯特·西蒙:《管理行为》(杨栎、徐立译),北京:北京经济出版社1998年版,第6页。
③ 陈晓萍、徐淑英、樊景立:《组织与管理研究的实证方法》,北京:北京大学出版社2008年版,第64页。

(2)构念是抽象的、不可直接观察的;(3)构念是与理论和模型相联系的;(4)构念应该是清晰而明确的。① 构念往往难以直接观察,亦称潜在变量(latent traits or latent variables)。

3. **变量**。与固定量相对,变量是在变化过程中可以取不同数值的概念。我们可以使用指标(indicator)对变量进行测量。比如在公共管理研究中,要对北京市的和谐社会建设的状况进行调查,"和谐社会"这个概念是非常抽象的,要对和谐社会加以衡量,需要将和谐社会分解为若干个指标进行测量。

可以从多个角度对变量加以分类:

(1)如果从因果关系的角度对变量进行分类,可以将变量分为自变量、因变量、中介变量、调节变量、控制变量等。调节变量(moderator)是影响自变量和因变量关系的方向、强度的变量。中介变量(mediator)是介于自变量和因变量之间的变量。在实际研究中,其他无关的、没有加以控制的外生变量可能会影响到我们观察到的因变量和自变量的关系,因此我们要将那些影响到因变量和自变量因果关系的变量控制住,这就是控制变量。

(2)如果按照理论模型内外的差异可将变量分为内生变量和外生变量。内生变量是指由模型内部结构决定的变量。外生变量是指模型以外的外部因素(如政治,自然)决定的变量。一个模型的自变量和因变量都属于内生变量,而作为模型给定条件存在的变量则属于外生变量。外生变量是不受自变量影响,而受外部条件支配的变量。外生变量一般是确定性变量,或者是具有临界概率分布的随机变量,其参数不是模型系统研究的元素。外生变量影响系统,但本身不受系统的影响。

(3)如果按照测量的层次可以将变量分为定类变量、定序变量、定距变量和定比变量。

(4)如果按照变量的连续性,可将变量分为连续变量与离散变量。在一定区间内可以任意取值的变量叫连续变量,其数值是连续不断的,相邻两个数值可作无限分割,即可取无限个数值。数值只能用自然数或整数单位计算的则为离散变量。

4. **命题和假设**。判断(judgment)是人脑反映事物之间联系和区别的思维形式。它是在概括基础上形成的对事物有所断定的思维形式之一。判断由概念组成,以表达对事物的肯定或否定。"命题是表达判断的语句。"②命题有真、假之分,可以根据经验观察对命题的真伪进行判断。判断是命题的思想内容,

---

① 陈晓萍、徐淑英、樊景立:《组织与管理研究的实证方法》,北京:北京大学出版社2008年版,第256页。

② 李世繁:《形式逻辑新编》,北京:北京大学出版社1983年版,第64页。

命题是判断的语言形式。命题与判断的关系是表达与被表达的关系。①

假设（hypothesis）是有待通过经验实证检验或者统计检验的命题。

命题和假设都会阐明概念之间的关系。变量之间的关系可以分为函数关系和相关关系。当一个变量取一定的值时，另一个变量有确定的值与之对应，我们称这种关系为函数关系。当一个变量取一定的数值时，与之对应的另一个变量的值虽然不确定，但它按某种规律在一定的范围内变化，变量间的这种关系称为相关关系。相关关系是两个以上的变量的样本观测值序列之间表现出来的随机数学关系。相关关系包括数量型变量的线性相关关系和非线性相关关系，还包括属性变量之间的相关关系。

5. 理论解释或理解。解释或理解是对研究现象为何会如此的陈述。理论解释是理论的重要构成部分，亦是理论的一项重要功能。在社会科学研究中，不同的研究旨趣和知识类型对应不同的解释形式。比如，哈贝马斯根据知识的旨趣，认为实证性知识需要说明，诠释性知识需要理解，批判性知识需要反思。社会学家纽曼将社会科学中的解释分为：因果解释、结构解释和诠释解释。② 萨拉蒙（Wesley C. Salmon）将解释分为移情性解释、符号性解释、目的性解释、科学性解释。③

6. 边界条件。科学理论"使用最简单的自洽的人类经验语言，它的表达得到了与自然序和自然界的表达相一致的实验和观测的证明，它的表达存在着确定的边界条件。""凡是科学的理论，必存在确定的边界条件"，"超越了这个边界条件，虽然离开真理只有一步之遥，却必定是错误的"。④ 科学理论的边界印证了相对真理和绝对真理的辩证关系，任何科学理论所揭示的真理都是相对真理，相对真理有其适用的时空界限，一旦超出了理论适用的时空界限就成了谬误。比如适合于宏观物理世界的牛顿力学，在微观量子领域就失效了。在社会科学研究中，理论中的概念有其指称的范围，概念间的联系有其前提条件，理论适用的对象有其特定的范围，这些都说明了理论的边界。不同界限范围内的理论的矛盾和矛盾的解决可以推进科学的进步，使得人类更加接近真理。

三、理论的范围和层次

理论由概念构成，概念外延所涵盖的范围即理论的范围。理论范围是研

---

① 杨宏郝：《判断与命题辨析》，《学术论坛》2000年第1期。
② 〔美〕劳伦斯·纽曼：《社会研究方法——定性和定量的取向》（郝大海译），北京：中国人民大学出版社2007年版，第70—73页。
③ 张志林：《科学解释与理解类型》，《科学技术与辩证法》2003年第20期，第3页。
④ 吕子东等：《探讨新世纪11大科学难题：相对论的"边界条件"与"多重时空论"浅说》，北京：研究出版社2005年版，第33—34页。

对象全体的集合,也是理论结论适用的边界。概念内涵的抽象程度的大小或高低即理论层次。一般而言,理论的抽象程度高则理论的范围宽,抽象程度低则理论的范围窄。理论范围和层次是从概念的内涵、外延的角度对理论属性所做的描述。

1. 宏观理论和微观理论。理论可以分为宏观理论、中层理论和微观理论。

(1)宏观理论(macro-level theory)。又称为宏大理论(grand theory)。宏观理论着眼于较大型的集体,例如社会制度、整个文化体系,以及整个社会的运作。它使用较为抽象的概念。在公共管理研究中对行政制度、行政文化、行政系统、政治与行政关系等方面研究形成的理论都属于宏观理论。

(2)微观理论(micro-level theory)。微观理论着眼于小片段的时间、空间或少数人。这些概念通常都不太抽象。对个案进行经验概括是微观理论的基本形式。

(3)中观理论(meso-leve theory)。又称中层理论(theories of the middle range),是由功能主义社会学家默顿(Robert King Merton)提出的一种社会学研究的方法论。默顿提出中层理论是相对于帕森斯(Talcott Parsons)所倡导的"宏大理论"。帕森斯建立了社会学的结构功能主义范式,用结构功能的观点解释和刻画整个社会的状态、发展和变迁。宏大理论追求对整个社会的统一解释,研究的范围最广,理论抽象层次最高,距离社会行为和经验观察也最远。这样一来,就在宏大理论和微观行为之间产生了巨大的裂缝。按照拉卡托斯科学研究纲领的观点来看,宏大理论作为科学理论结构中的"内核"与微观行为的"经验事实"之间缺乏一个连接性的"保护带"。①

默顿将中层理论定义为:"介于抽象的统一性理论和具体的经验性描述两者之间的一种理论。中层理论是介于大量日常研究所必需的低阶假设和包罗万象的系统化统 理论成果之问的纽带,系统化的统一理论用以解释所有社会行为、社会组织和社会变迁的可观察模式。"②中层理论试图在宏大理论与微观理论之间搭建桥梁,引导经验研究。

默顿提出的中层理论具有如下特征:(1)它主要用于指导经验研究,且根据这一理论是可以通过经验加以验证的。如社会流动理论、社会分层理论、角色冲突理论、参照群体理论等。(2)它只涉及有限的社会现象,一般由几组有限的假定组成,且通过逻辑推导可以从这些假定中产生出能够接受经验调查证实的

---

① 〔匈〕拉卡托斯:《科学研究纲领方法论:哲学论文第 1 卷》(欧阳绛、范建年译),北京:商务印书馆 1992 年版。
② Robert King Merton,"On Sociological Theories of the Middle Range", in Piotr Sztompka, *On Social Structure and Science*, The University of Chicago Press,1968, p.39.

具体假设。(3)它可以融入所谓的社会学理论体系之中去,成为社会学思想体系的一部分。(4)它能区分出微观社会学问题与宏观社会学问题,从而划清微观与宏观问题的界限。(5)它承传了早期社会学家的思想观点和理论建构策略,是经典理论研究工作的直接延续。(6)它没有认定自己可以对当今一切紧迫的实际问题提出理论解决的终极办法,实际上在某种意义上为我们指明了未知的或需进一步研究的方面。①

中层理论提出了一种社会科学研究的方法论,经默顿提出后,被广泛地运用在各个社会科学学科。比如美国考古学家李维·毕佛德(Lewis R. Binford)将中层理论运用到考古学领域。② 政策科学研究者微克(S. Wilks)和怀特(M. Wright)将政策网络看做是连接个人互动和制度结构的中层理论。③ 社会学家兰德尔·柯林斯(Randall Collins)用"互动仪式链"连接个人的互动与宏观社会结构。社会学家安东尼·吉登斯(Anthony Giddens)则用结构的双重性连接个人和结构。中层理论都尝试找到一种机制,一种作用方式,将宏观和微观连接起来。

2. **实质理论与形式理论**。根据理论范围的差异,可将理论划分为实质理论和形式理论。实质理论(substantive theory)是指出对某个特定领域的社会关注而发展出的理论。例如帮派、罢工、离婚或种族关系。形式理论(formal theory)则是针对一般理论内某个广泛的概念而发展出来的理论。例如越轨、社会化或权力。实质理论可以是中层理论也可以是微观理论,形式理论则可能是中层理论和宏观理论。

3. **理论的类型学**。学者们往往综合使用两个或多个维度对理论进行类型学的分类。《政治科学新手册》中曾经使用两个维度对政治理论进行分类。一个维度是理论的层次是宏观还是微观,另一个维度是理论是基于行动还是基于系统。④

---

① Robert King Merton,"On Sociological Theories of the Middle Range", in Piotr Sztompka, *On Social Structure and Science*, The University of Chicago Press, 1968.

② L. Mark Raab, Albert C. Goodyear,"Middle-Range Theory in Archaeology: A Critical Review of Origins and Applications", *American Antiquity*, 1984, 49(2), pp. 255—268.

③ S. Wilks and M. Wright,"Conclusion: Comparing Government-Industry Relations: States, Sectors, and Networks", Stephen Wilks and Maurice Wright, *Comparative Government-Industry Relations: Western Europe, the United States, and Japan*, New York: Oxford University Press, 1987.

④ 〔美〕罗伯特·古丁等:《政治科学新手册》(钟开斌、王洛忠、任丙强译),北京:生活·读书·新知三联书店2006年版,第746页。

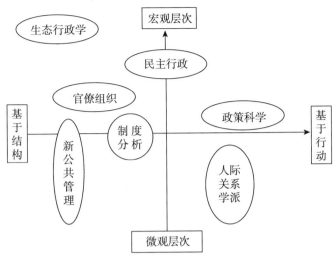

图 3-1 公共管理理论范围定位

如果从理论范围的视角对公共管理理论进行分类,可以从两个维度加以考虑。一个维度是社会科学中普遍存在的个人行动和社会结构之间的分歧。"个人与社会的关系是一切社会问题的根源"。①"个人与社会关系问题"被视为"社会学的基本问题"。② 与此相关,会涉及社会科学研究中方法论的个体主义和集体主义、行为研究和制度研究等系列分析。另一个维度是抽象层次高低的维度。使用这两个维度可以将公共管理理论类型化。图 3-1 绘制了一些公共管理理论的范围定位。

4. 理论的知识图谱。在理论类型学的基础上,科学计量学奠基人德里克·普赖斯(Derek J. de Solla Price)、著名德国科学计量学家赫尔德若·克里奇默(Hildrun Kretschmer)等人使用科学知识图谱对理论范围、理论内容等方面进行形象的描述。科学知识图谱,是显示科学的 种图形,知识图谱以数学方程式表达科学发展规律的基础上,进而以曲线形式将科学发展规律绘制成二维图形,揭示一定空间形式在一定时间范围中,知识的发展进程与结构关系。③

四、理论的功能

理论的功能即理论的功用和作用,是理论对自然和社会作用产生的效果。描述、解释与预测是理论的三项基本功能,这三项基本功能是社会科学各个方

---

① 〔英〕鲍桑葵:《关于国家的哲学理论》,北京:商务印书馆 1995 年版,第 78 页。
② 郑杭生主编:《社会学概论新修》,北京:中国人民大学出版社 1998 年版,第 14—15 页。
③ 陈悦、刘则渊:《悄然兴起的科学知识图谱》,《科学学研究》2005 年第 2 期。

法论流派都具备的功能。诠释主义和批判主义的理论本身除了具有描述、解释和预测功能外,还具有批判和改造功能。

1.**理论的描述功能**。理论描述就是使用质性的概念或者定量的数字反映出经验事实的状态、联系、变化和发展。扎根理论、民族志、人种学方法是常用的质性描述的方法。定量描述以数量化的方式对研究对象和事物之间的联系进行表达。

2.**理论的解释功能**。将在本章第二节中详细阐述。

3.**理论的预测功能**。理论的预测就是根据现有的理论,推论和预知未来的情形。在公共管理研究中,定性预测、时间序列分析、因果联系法和模拟是常用的预测方法。

4.**理论的批判功能**。理论除了描述、解释和预测之外,还具有批判功能,批判含有分析、反思、评估和重建的含义。理论的批判功能以人类对既定的社会现象、文化和理论反思为基础,通过对反思,揭示现实中存在的不合理因素,辩证地看待现实的存在,从否定和矛盾的方面理解现实,推进现实的改造和进步。社会批判理论突出地体现了理论的批判功能。

5.**理论的改造功能**。理论属于思想和意识范畴,但是理论一旦付诸实践,就具有了改造世界的功能。"理论一经掌握群众,也会变成物质力量"。理论改造世界的功能需要通过人类实践的过程发挥出来。正如马克思所言:"哲学家只是以不同的方式解释世界,而问题在于改造世界。"①

在研究过程中,理论还发挥着引导研究,形成研究框架,框定研究范围,指示研究方法,形成研究假设等功能。

第二节 公共管理研究中的理论解释

公共管理研究中常见的理论解释有因果解释、结构解释和诠释解释三种。

一、因果解释

因果解释(causal explanation)就是人们对观察现象所做的因果关系的分析和说明。"是人类解释环境的一种思考方式,是众多科学解释形式当中颇为重要的一种,但不是唯一的一种。"②

满足因果解释的条件有:

第一,因果解释应该与真正的因果陈述相区别。仅仅引出一个解释是不够

---

① 《马克思恩格斯全集》第 3 卷,人民出版社 1995 年第 2 版,第 6—8 页。
② 詹志禹:《因果关系与因果推理》,《"国立"政治大学学报》1993 年,67 卷,第 1—15 页。

的,还必须提供因果机制。

第二,因果解释必须与相关性陈述相区别,即要排除第三变量的影响,另外相关性还可能导致我们对因果关系方向的不确定。

第三,因果解释必须与必然性陈述相区别,必然性陈述有时候被叫做结构性解释。

第四,因果解释必须与说故事相区别。说故事只是说明一个事件按照它可能发生的情况发生,这与一个事件按照它应该发生的情况发生一样,都不能称为解释。

第五,因果解释必须与统计性的解释相区别。尽管社会科学中许多的解释有后者的形式,但是他们在说明个人事件时不能让人满意。

第六,因果解释必须与"为什么"类问题的答案相区别。告诉我们在回答为什么的时候我们做出的解释往往不是因果解释。

第七,因果解释必须与预言相区别。在社会科学当中,我们往往不能同时做出因果解释和预言。[1]

因果解释的关键是在判定因果关系的基础上阐明因果机制。

1. 因果关系的性质。 因果关系(causality)指两个或两个以上变量在行为机制上的依赖性,作为结果的变量是由作为原因的变量所决定的,原因变量的变化引起结果变量的变化。"翻开科学史和哲学史便会知道没有哪一个著名的科学家和哲学家不讨论因果关系问题,不过不同的见解可能有好几百种。"[2] 对因果关系性质的认识存在以下几个主要方面的分歧:

(1)经验主义和实在主义。如果从因果关系是经验还是实在进行区分。对因果关系本质的认识可以分为两大类,一类是人文主义的因果理论;一类是实在主义的因果理论。人文主义的因果理论将因果关系看做完全是事实构成的,是在观察变量中体现出来的经验规律,不存在潜在的因果性、因果力或因果必然性。因果关系的实在主义理论认为因果机制和因果力是基本的原则,科学的任务是使用经验证据证明因果机制的理论和假设。[3] 大卫·休谟(David Hume)、约翰·穆勒(John Stuart Mill)是人文主义因果关系理论的代表。休谟认为因果关系看做是"一种心灵的习惯或习性,指因个别动作或活动重复多次所产生的一种倾向。一切从经验而来的结果都是习惯的结果而不是理性的结果"。穆

---

[1] Jon Elster, *Explaining Social Behavior: More Nuts And Bolts for the Social Sciences*, Cambridge University Press, 2007, pp.21—25.

[2] 张志林:《因果观念与休谟问题》,长沙:湖南教育出版社1998年版,序言第3页。

[3] Michael Lewis-Beck, Alan Bryman, Tim Futing Liao, *Sage Encyclopedia of Social Science Research Methods*, Sage Publications, 2005.

勒则提出了在经验中寻求因果关系的穆勒五法。人文主义的因果关系理论往往不强调因果机制的探寻。实在主义因果关系理论以亚里士多德、牛顿等人为代表,强调因果关系是一种实际存在的力量和作用机制,这种力量和作用机制具有必然性。

(2)主观实在和客观实在。在实在主义因果关系理论阵营内部也存在分歧。一些学者认为这种因果实在性是主观的;另一些学者则坚信因果实在是客观物质世界本身具有的。前者以康德为代表,康德认为因果律是人类理性的一种能力和形式,人们使用因果律这种普遍的形式整理经验材料,形成因果关系的陈述。

(3)决定论、复杂性和概率决定论。认为因果关系是一种客观实在的学者也分为两派。一派认为因果关系是必然性决定论的。另一派认为因果关系不具有必然性。前者以牛顿和拉普拉斯(Pierre-Simon Laplace)为代表,正如拉普拉斯所言"我们应当把宇宙的目前状态看做是它先前状态的结果,并且是以后状态的原因。我们暂时假定存在着一种理解力(intelligence),它能够理解使自然界生机盎然的全部自然力,而且能够理解构成自然的存在的种种状态(这个理解力广大无边,足以将所有资料加以分析),它在同一方式中将宇宙中最巨大物体的运动和最轻原子的运动都包罗无遗;对于这种理解力来说,没有任何事物是不确定的了;未来也一如过去一样全都呈现在它的眼中。"①

随着量子力学、复杂性科学的兴起,复杂性科学揭示出世界的复杂(非线性)因果联系,否定了严格决定论。随着概率论在实证科学中的广泛应用,物理决定论中除了严格决定论,人们又发现了基于统计意义上的决定论,即由统计平均所决定的大数律,可称为"统计决定论"或"概率决定论"。

2. **公共管理研究中因果关系的判定**。在实证主义社会科学研究中,判定因果关系需要五个条件。

(1)假设的因与果必须存在某种联系;若两个现象以固定的模式同时或近乎同时行动,则是关联的,有时候研究者称关联为共变或相关。可以通过比较法或统计分析手段探索分析变量之间的相关。

(2)他们之间存在时间顺序的差异,原因必须出现在结果之前;研究者需要找些其他信息,或者设计一个能够检验时间顺序的研究。

(3)他们之间的关系必须是恒定存在的,在果出现时必伴随因的存在。②

(4)能够排除替代原因。排除替代原因要求研究者能够表明造成结果是因

---

① D. 拉普拉斯:《论概率》,《自然辩证法研究》1991年第2期,第59—63页。
② 前三个条件由 Cook 和 Campbell 提出。Thomas D. Cook and Donald T. Campbell, *Quasi-Experimentation*: *Design and Analysis Issues for Field Settings*, Boston: Houghton Mifflin, 1979, p. 323.

为特定的某个变量,而不是其他原因之故。如果不能够排除替代的原因,那么这种因果关系被称为虚假关系。排除替代原因是一个理想,因为不可能排除掉所有可能的替代原因。① 实验控制和统计控制都可实现排除可能的替代原因。

(5)该因果关系合乎常理或不抵触较为广泛的假设或是某个理论框架下的假设,能够说明因与果之间的因果机制。②

3.因果机制。"机制原指机器的构造和动作原理,生物学和医学通过类比借用此词。生物学和医学在研究一种生物的功能(例如光合作用或肌肉收缩)时,常常都要分析它的机制,这就是说要了解它的内在工作方式,包括有关生物结构组成部分的相互关系,以及其间发生的各种变化过程的物理、化学性质和相互联系。阐明一种生物功能的机制,意味着对它的认识已从现象的描述进行到本质的说明。"③

因果机制(mechanism)是指从原因发生作用的过程来界定和认识因果联系。好的理论或命题不仅应当能够证明变量间存在系统的共变性,还应当具有反映原因和结果之间作用过程的因果陈述,好的理论不仅是一组变量间关系的假设,而且应当详细描述变量间相互影响的过程。④

社会科学中研究的因果机制又称作社会因果机制(social mechanism)。"社会系统中的机制,……至少包含两个以上的行动者,机制过程形成、保持、转化或消解某个社会系统"。寻求社会因果机制需要坚持以下方法原则:社会机制概念着眼于具体的、可检验的理论模型,而区别于追求宏大叙事的"社会理论";要从社会系统的模式变化或对变化的控制的方面澄清社会因果机制的意义;刻画社会机制需要但不等同于数学描述,社会机制的探究旨在揭示真实的因果过程,而并不满足于方程的虚构;真实存在的社会机制是从宏观到微观再到宏观,而宏观变量之间的"因果联系"则只是一种描述性的虚构。⑤

因果关系模型有助于因果机制的寻求,在社会科学中存在三种因果关系模型,即以行动为基础的模型(agent-based models),结构模型(structural models)

---

① Karl Popper,"Normal Science and its Dangers", En "Criticism and the Growth of Knowledge" (Imre Lakatos y Allna Musgrave Eds.)Cambridge: Cambridge University Press, 1970.

② David Hackett Fischer, *Historians' Fallacies: Toward a Logic of Historical Thought*, New York: Harper Torchbooks, 1970, pp. 167—169. 该书认为相关性、事件顺序以及因果机制是确定因果关系的三要素。斯图尔特·格伦南(Stuart Glennan)认为因果机制的识别是区分真假因果关系的重要方法。Stuart Glennan,"Mechanisms and the Nature of Causation", *Erkenntnis*, 1996,44(1), p.64.

③《辞海(中)》,上海:上海辞书出版社 1979 年版,第 2862 页。

④ Charles Tilly,"Means and Ends of Comparison in Macrosociology", *Comparative Social Research*, 1997, 16, pp.43—53.

⑤ M. Bunge,"Mechanism and Explanation", *Philosophy of the Social Sciences*, 1997, 27(4), pp. 447—454.

和社会影响模型(social influence models)。行动模型认为个体层面的选择导致宏观层面的结果。结构模型说明给定社会结构和制度对社会产出的因果作用。社会影响模型尝试找出在影响个体选择背后的因素。

二、结构解释

"结构"(structure)一词来源于拉丁文"structura",其原意是"部分构成整体的方法"。从一般意义上讲,结构是与功能相对应的范畴。是物质系统组成元素之间的相互联系,相互作用的方式。是物质系统组织化、有序化的重要标志。"广义地讲,元素之间一切联系方式的总和,叫做系统的结构。""构成系统的最小组分或基本单元,即不可再细分或无需再细分的组成部分,成为系统的元素。元素的基本特征是具有基元性。所谓元素的不可分性,是相对于它隶属的系统而言的,离开这种系统,元素本身又可看作由更小组分组成的系统。"[1]

结构性解释(structural explanation)从要素构成的整体形式来说明诸多因素为何会导致某项结果。如果说因果解释是一种链条式的线性解释;结构解释则是从要素的整体联系形式进行解释。正如纽曼所描述的那样:"它不像因果链,后者像是串成一列的球,触及其中一颗就会依序撞击下一颗。反而比较像是由一个中心概念联结的向外放射的轮轴所形成的轮子,或是像每一条线都构成整体一部分的蜘蛛网。"[2]

结构解释作为一种解释方法和思维方法,其基本主张和基本方法又被称为结构主义(constructivism),亦翻译为"建构主义"、"构成主义"。结构主义是自古以来就存在的一种思维方式和科学研究方法,这种思维方式和科学研究方法与还原主义的思维方式和研究方法相对。当复杂的现象不能还原为简单的"原子"现象时,就将试图寻找元素之间的联系,即运用结构来描述、分析和解释复杂的现象。结构主义这种思维方式在自然科学研究和人文社会科学研究中有非常广泛的体现。总体来看,结构主义并不是一个统一的思想流派,并没有统一的学说和理论体系。他们只是因为都关注"结构"现象而聚合在一起。与此相关,结构解释被广泛地运用在各个领域,以下为公共管理领域常用的结构解释:

1. **系统科学理论**。系统科学使用环境、要素、结构和功能等概念解释还原论无法解释的"新质突现"和"涌现"现象。系统科学认为"系统的功能取决于要素及其结构,又取决于环境。从要素及其结构出发对功能做出解释,可以称为功能的内部解释,从环境与系统的相互作用出发而对功能做出解释,则可称为

---

[1] 苗东升:《系统科学精要》(第二版),北京:中国人民大学出版社2006年版,第22页。
[2] 〔美〕劳伦斯·纽曼:《社会研究方法——定性和定量的取向》,同前,第76页。

功能的外部解释"。"新质通常由系统的功能刻画,由于这些功能区别于要素原有的属性,因而表示一种新的规定性。""新质突显的外部条件由系统的环境提供,新质突现的内部根据则来自系统中的相干性关系。"①

2. 结构—功能理论。 20 世纪 40 年代美国社会学家帕森斯提出了结构功能主义这一概念,并形成了结构功能主义途径。结构功能主义吸收了经典社会学奠基者的思想,取代了 19 世纪末期到 20 世纪 30 年代以经验主义为哲学基础的"芝加哥学派"的统治地位。功能理论家解释事件的方式是将该事件置于一个较大的、不断演进的、平衡的社会系统之中。研究者解释事物的方式,是确认该事物在某个较大体系中的功能,或是其所满足的该体系的需要。②

3. 网络理论。 从 20 世纪 30 年代开始,学者们开始用网络这一更形象和更具内涵的概念来理解结构。"理解结构分析的一个重要线索就是要认识到,社会结构可以被表达为网络,即表达成为一系列点(或社会系统成员)和描述它们之间相互关联的一系列关系。"③

4. 结构因果理论。 结构主义的马克思主义学者路易斯·阿尔都塞(Louis Althusser)提出了结构因果观的概念。他认为马克思以前的因果观主要是经验主义的线性因果观和以黑格尔为代表的本质表现因果观。而马克思进一步把本质理解为结构,从而发展了黑格尔的本质表现因果观,形成了结构因果观。"效果并不是在结构之外的,并不是一个预先存在着,以备结构在它上面刻下其印记的客体、要素或空间;相反的,它意味着,结构是内在于它的结果的,是在斯宾诺沙用此词的意义上的一个内在于其结果的原因,只是其特殊要素的特定组合的结构,并不是存在于其效果之外的任何东西。"④

5. 结构化理论。 结构化理论(the theory of structuration)的代表安东尼·吉登斯认为:"结构是潜在于社会系统不断再造过程中的规则和资源。……结构,恰似某种抽象的规则,它是能使某种构造性行为成为可能的虚幻的存在"。⑤ 吉登斯通过结构概念消解了行动与结构之间的对立和紧张,其所做的解释也是一种动态的、辩证的、历史的结构解释。

---

① 申仲英:《自然辩证法新论》,西安:陕西人民出版社 2000 年版,第 123—124 页。
② 〔美〕劳伦斯·纽曼:《社会研究方法——定性和定量的取向》,第 78 页。
③ B. W wllman, S. D. Berkowitz, eds., *Social Structure: A Network Approach*, Cambridge, England: Cambridge University Press, 1988, p. 4.
④ 〔法〕阿尔都塞:《读〈资本论〉》,转引自刘爽:《"结构主义的马克思主义"的社会结构理论》,载《现代哲学》1995 年第 3 期。
⑤ Anthony Giddens, *Central Problems in Social Theory: Action, Structure and Contradiction in Social Analysis*, Berkeley, CA: University of California Press, 1979, pp. 81—94.

三、诠释性解释

诠释性解释(interpretive explanation)旨在促进人们对意义、价值、文化、文本、精神的理解。诠释性解释是诠释主义方法论流派主张的理解方式,这种方式主张将待理解的现象纳入特定社会情境中,阐发特定现象的意义,在前面各章已经对诠释主义做了专门的介绍。

第三节 公共管理研究中的理论建构

理论构建(theory construction 或 theory building)就是根据经验材料和已有文献,有步骤地形成、设计或构造出一个理论,系统地、合乎逻辑地说明两个或两个以上命题之间的关系的过程。理论建构的过程是从观察到经验概括再到形成理论的过程。从观察到经验概括使用的方法是"量度、测定与分析的方法",从经验概括上升为理论使用的方法是"形成概念建立命题、理论的方法"。理论建构的整个过程必须遵循归纳法。经验归纳、统计概括是常用的两种归纳方式。

一、理论建构的基石

基石就是最基本的要素,是建构大厦的最小构成材料。理论基石就是建构理论大厦的基本素材。成熟的和独特的概念往往是一个理论学说和学派的标志。因为通过构筑一个独特的概念可以有力地反映这个研究领域的本质。比如管理学决策学派构筑的"决策"概念;马克思主义政治经济学的"商品"概念;哈罗德·拉斯韦尔(Harold Lasswell)倡导的行为主义政治学的"权力"概念等等。

理论认识就是从概念开始的,没有概念,人类的认识就只会停留在简单的"刺激—反应"模式中。理论研究的一项重要任务就是提炼概念、构筑概念。概念在研究中正如"化学试剂"和"显微镜"一样起到了工具的作用,形成有效的概念工具是构筑理论大厦的前提。正如马克思所言:"分析经济形式,既不能用显微镜,也不能用化学试剂。二者都必须用抽象力来代替。"这就是说,《资本论》使用的方法同自然科学使用的实验方法是不相同的,因为《资本论》的研究对象是社会经济关系,它既不能使用显微镜,也不能使用化学试剂,而只能运用抽象力。什么是抽象呢?就政治经济学来说,抽象就是从具体的、大量的经济现象出发,经过思维的加工,抽象出一些简单的范畴。正如马克思所说的:"研究必须充分地占有材料,分析它的各种发展形式,探寻这些形式的内在联系。只有这项工作完成以后,现实的运动才能适当地叙述出来。"①在公共管理领域,西蒙的《管理行为》一书是使用系列概念工具构筑了管理决策理论的典范。本书光盘"例文解析3-1《管理行为》如何提炼概念"对此进行了详细介绍。

二、理论建构的框架

理论建构意味着需要将概念(构念)组织起来形成一定的关系、模式和系统,即概念框架(a conceptual scheme,或者 conceptual framework)。在很多文献中,人们往往将概念框架也称做理论框架。概念框架是结构化组织起来的概念和命题,一个概念框架能够清晰地表明该框架中的基本概念能解释什么和不能解释什么。概念框架将多组概念和命题系统地合乎逻辑地组织起来,以便我们对经验材料进行合理的描述、分析和解释。

在科学哲学层面上,概念框架的建立、发展和变化受到主观和客观的双重影响,不同的哲学流派对概念框架的认识并不相同。概念框架和范式并不是一个层面的概念,范式要比概念框架表征的含义和内容宽泛。范式是对整个科学转换历史的描述,范式转换过程是一个集成了哲学、社会和逻辑的综合过程。"概念框架"则是指一个具体研究过程中,形成有待检验的命题和假设的结构和逻辑。一般而言,概念框架是特定范式之下的具体概念、假设和命题的系统化组织。表3-2列出了范式、理论和概念框架之间的区别和联系。

表3-2 范式、理论和概念框架的区别

	范式	理论	概念框架
目的	说明科学发展和知识的累积机制	对经验的描述、解释和预测	形成有待检验的假设;形成收集资料的依据
时间	整个科学历史的发展	特定时空范围内	特定的研究过程中
范围	涉及心理、哲学、社会和逻辑的综合体	涉及构念、命题、解释和边界条件	与一项具体研究中的问题相关
作用	理论和概念框架形成的前提和基础	概念框架形成的基础	一项具体研究的理论建构过程

三、理论建构的过程和方法

理论建构的过程是加工转换信息、进行创造性探索的过程。理论建构的操作活动包括物理操作和思维操作。物理操作的对象是物质对象或对象的物质

---

① 中共中央马克思恩格斯列宁斯大林著作编译局:《马克思资本论:第一卷》,北京:人民出版社2004年版,序言。

模型;操作过程在肢体借助仪器工具的活动中实现;操作的目标是获取感性直观信息以扩大研究领域或验证假说。科学观察和科学实验是物理操作的基本形式。思维操作对象是用以表征研究对象的符号(概念或形象);操作过程在符号运演中实现;操作目标是形成新的概念、假说或理论。逻辑运演(概念的判断和推理)和非逻辑运演(形象的联想、想象和直觉)是思维操作的基本形式。当物理操作和思维操作的结果使用各类符号表征出来的时候,就完成了理论建构的过程。①

在理论建构过程中需要在形式上区分叙述方法和研究方法。"在形式上,叙述方法必须与研究方法不同。研究必须充分地占有材料,分析它的各种发展形式,探寻这些形式的内在联系。只有这项工作完成以后,现实的运动才能适当地叙述出来。这点一旦做到,材料的生命一旦以观念的形式反映出来,呈现在我们面前的就好像是一个先验的结构了。"②

理论建构中常使用的方法如下:

1. 分类和类型学。 分类和类型学是归纳法思维的体现,旨在根据特定的标准或维度,对相同的现象归入同类,相异的现象归入另一类。分类和类型学本身并不是理论,仅仅是一种通过文献形成对研究对象的系统认知的过程。类型学是分类的成熟形态。类型学使用研究对象本身具有的两个或两个以上属性对研究对象进行划分,绘制出二维或多维的分类坐标,定位研究对象的不同类型。比如在公共管理研究中,政策类型学是研究政策分类的一个分析框架,具有很强的学术生命力。最初由西奥多·洛维(Theodore J. Lowi)在1964年提出。洛维基于政府运用强制权力的可能性和强制的目标两个维度将政策分为管制政策、分配政策、再分配政策和委托人政策。后来的学者围绕洛维的分类方法,提出了很多不同的政策分类模式。③

理想类型(ideal-types)是一种特殊的类型学方法,由著名社会学家韦伯提出。"理想类型是通过单方面地突出一个或更多的观点,通过综合许多弥漫的、无联系的,或多或少存在、偶尔又不存在的具体的个别的现象而成的,这些现象根据那些被单方面地强调的观点而被整理成一个统一的分析结构。"④这种统一的分析结构具有诠释性、抽象性、复合性和对照性的特点。这些特点体现了现实和思维比较、事实和价值比较、现象间比较的多重比较思想。

---

① 申仲英:《自然辩证法新论》,西安:陕西人民出版社2000年版,第176—179页。
② 《马克思恩格斯全集》(第23卷),北京:人民出版社1972年版,第23—24页。
③ T. J. Lowi, "American Business, Public Policy, Case-Studies, and Political Theory", in *World Politics*, 1964, 16(4), pp. 677—715.
④ 〔德〕马克斯·韦伯:《社会科学方法论》(朱红文等译),北京:中国人民大学出版社1992年版,第85页。

2. 提炼理论模型。 提炼模型是科学研究的重要方法，又称为模型方法。模型方法将现实中的关系抽象出来，提炼出几个重要的变量，勾勒出这些变量之间的关系，形成多客观现象的一种简明的认识。模型方法通过对现实的简化，使人们能够在整体上认识复杂的事物和活动。模型方法可以是定性的理论模型，也可以是定量的数学模型。提炼理论模型有助于我们加深对公共管理现象的认识；有助于总结出事物运动的规律，并据此指导实践活动的开展；有助于通过新的实践发现旧有模型与新的经验之间的不一致，推动模型的检验和修订，从而推动知识积累和发展。

绘制理论框架图和建立数学模型是两种常见的模型方法。（1）绘制理论框架图。理论框架图使用图示的方式系统地说明理论中各个概念和各个命题之间的逻辑、关系和机制。理论框架图是理论模型直观、系统的描述。（2）数学模型。数学模型是理论模型的成熟形态。根据研究的目的，对所研究的过程和现象（称为现实原型或原型）的主要特征、主要关系、采用形式化的数学语言，概括地、近似地表达出来。数学模型是数学抽象概括的产物，其原型可以是具体对象及其性质、关系，也可以是数学对象及其性质、关系。数学模型是原型的抽象化、形式化和数字化，提炼和建构数学模型可以深化人们认识和改造世界的能力。数学模型的建立也打通了从"实物实验"走向"仿真模拟"的通道。

3. 理论丰富化。 理论丰富化即在原有理论的基础上，通过揭示理论的内在机制，增加中介变量、调节变量和控制变量的方式使该理论更加完善、具体和丰富。（1）寻求中介变量。当某理论阐述了自变量与因变量的关系，可以通过寻找一个中介变量，阐述清楚由自变量到中介变量再到因变量的因果机制，促使理论丰富化。（2）发现调节变量。某理论阐述了自变量和因变量的关系，如果发现自变量和因变量的关系（方向或强度）受到另外一个变量的影响，那么这个变量就是调节变量，通过发现调节变量可以使理论丰富化。（3）控制某些变量。某理论阐述了多个自变量与因变量的关系，可以通过控制一些自变量，观察另一些自变量与因变量的关系，这种控制变量的方法，可以促使理论的丰富化。

4. 理论整合。 理论整合意味着将多种理论合乎逻辑地组合成一个新的理论。理论整合可以采用多种形式。（1）以一个理论作为基础，吸收其他理论的成果，整合成一个更具说服力和解释力的理论。（2）将几个类似的理论，纳入新的理论框架中，形成一个更为完整的理论概括。（3）将相互矛盾的理论，在更高层次上进行合并，澄清矛盾双方的辩证关系，形成一个更为全面综合的理论。比如吉登斯的结构化理论，提出了"实践"概念整合了社会科学领域长期以来存在的"行动"(agency)与"结构"(structure)的二分局面："在结构化理论看来，社会科学研究的主要领域既不是个体行动者的经验，也不是任何形式的社会总体的存在,而是在时空向度上得到有序安排的各种社会实践。"①(4)针对相互竞争的理论,提出新的竞争理论,新的理论能够比旧的理论更富有解释力,这种整合是理论竞争型的整合。

5. **理论移植**。理论移植意味着将适用于特定范围的理论应用到该理论范围之外的对象中。理论移植可能失败;也可能拓宽原有理论的适用范围,推动理论的发展。在社会科学研究中,为了避免理论移植的失败,需要根据研究对象的特性,寻求移植理论与移植对象的契合度。理论的"异准性"或"不可通约性"(incommensurability)是判断理论移植能否与某一特色文化社群原有的理论或理论相配合的重要因素。② 比如在公共管理研究中,将生态学理论移植到行政学的研究,形成了行政生态学;将系统科学理论移植到政策科学,形成了政策系统分析;将生物进化理论移植到政策议程研究,形成了间断、均衡理论等都是成功的理论移植的范例。③

四、理论建构的评价标准

什么理论是好的理论,什么是差的理论,判断理论优劣的标准和规范是什么?对这一问题的回答,不同的方法论流派有不同的观点,亦存在分歧。以下几点是通常认可的理论评价标准。

1. **可检验性原则**。好的理论应该可以使用经验加以验证,即使理论推演过程采用逻辑和符号系统,但是归根结底理论总体上需要与经验相符合。无论是对理论的经验证实还是证伪,都体现了理论需要与经验相互一致的原则。如果理论与经验不一致,则需要做出解释,或者推动理论的变革和发展。

2. **普遍性原则**。普遍性原则意味着好的理论应当具有更大的解释力和预见能力。理论解释的经验范围越宽,理论的普遍性越大,理论的真理性内容也越多。早在1920年阿尔伯特·爱因斯坦就尝试建立引力场和电磁场的统一理论。"如果引力场和电磁场合并为一个统一的实体,那当然是一个巨大的进步。那时,由迈克尔·法拉第和詹姆斯·麦克斯韦所开创的理论物理学的新纪元才获得令人满意的结束。"④

在人文和社会科学中,马基雅维利、托马斯·霍布斯、弗里德里希·尼采、吉登斯、哈贝马斯等学者都使用"权力"概念来表征人文和社会领域中的不平衡

---

① 安东尼·吉登斯:《社会的构成》,北京:生活·读书·新知三联书店1998年版,第61页。
② 杜新贻:《西方社会科学理论的移植与应用》,香港:香港中文大学出版社2001年版,第41页。
③ 〔美〕弗兰克·鲍姆加特纳、布赖恩·琼斯:《美国政治中的议程与不稳定性》(曹堂哲、文雅译),北京:北京大学出版社2011年版。
④ 《爱因斯坦文集》(第一卷)(许良英、范岱年编译),北京:商务印书馆1976年版,第128页。

的相互作用现象。我国著名政治学家李景鹏教授将权力看做是"不平衡的相互作用现象",并将此作为建立"权力政治学"的公理性的假设。权力政治学将权力看做是政治学、政策科学和行政学的基盘(infrastructure)概念,将权力分析贯穿在政治和行政现象分析的始终(比如,决策执定、议程设置、偏好的型塑等)。权力政治学的这种思想体现了建立普遍性政治理论的努力。

3. **简单性原则**。爱因斯坦认为:"究竟是什么迫使我们去设计一个又一个理论呢,我们究竟为什么要设计理论呢……这就是力求整个理论前提的统一和简化。"①理论的普遍性原则和理论的简单性原则是一致的。理论的简单性要求理论的前提或基本假定足够少,要求理论所包含的公式的参数或变量尽量少,这些参量的次数和方程的级尽量低。

4. **自治性原则**。好的理论应该在逻辑上是一致的,不存在相互矛盾,符合逻辑自治性的原则。如果从同一个理论中推论出相反的结论,或者一个理论的几个前提条件之间相互矛盾,那么这就违背了理论自治性原则,这种理论就需要修正,甚至被其他理论取代。

5. **相容性原则**。新的理论应该和已经确证的旧理论相互一致。如果从新理论可以推出公认的理论,或者从新理论推不出与旧理论相矛盾的推论,那么新理论和旧理论就是相容的。如果新理论与旧理论不相容,则新理论和旧理论就形成了竞争,最终哪个理论会获胜,取决于两个理论哪个更符合经验,哪个更富解释力等因素。

第四节 公共管理研究中的理论检验

理论检验(theory testing)又称理论验证,指的是在某种理论指导下,通过建立假设,对假设进行操作化,系统地收集资料,通过经验观察检验理论的过程。在理论检验的过程中从理论到假设需要使用逻辑演绎方法,从假设到经验观察需要使用操作化的方法。理论检验是对理论解释的结果进行真假评价。通过理论检验才能判定理论的真假,才能推动理论的进步和发展。

一、理论检验的方式

逻辑判定、逻辑推演和经验推演是开展理论检验的常用方式。

1. **逻辑判定**。逻辑判定是通过逻辑分析来判定发现的真假,具有前验性质。其主要内容为,必须保证推理合乎逻辑:需要考虑"作出发现的过程是否违

---

① 《爱因斯坦文集》(第一卷)(许良英、范岱年编译),北京:商务印书馆1976年版,第459页。

反逻辑,非逻辑过程是允许的,而违反逻辑的错误则是不允许的;发现中是否蕴含着逻辑悖论,包含逻辑悖论的发现是不可能自恰;推论的过程是否出现与已确认的事实或理论有明显逻辑矛盾的环节。逻辑判定的方法主要有归谬法、反证法、选言推理等。"①

2. 逻辑推演。 逻辑推演使用演绎方法,从抽象的、不能直接经验验证的公理、定义出发,推导出可以运用经验检验的命题进行经验验证。

逻辑推演包括两种形式,一种是命题逻辑推演,另一种是定义逻辑推演。

(1) 命题逻辑推演从公理推演出定理或理论假设的方法。这种方法在数学、几何、物理等自然科学领域运用较为广泛。社会科学学者们往往也借用这种方法,从一个或若干个无法直接检验的公理开始,推演出可被检验的命题,并将此命题作为理论假设进行检验。命题逻辑推演的特点是,公理与推导出的假设都处于同一抽象层次,这样就能使经验观察和理论有一致的逻辑联系,理论假设如果被证实就可以直接证实理论。但是在社会科学研究中,概念的定义与对概念的测量并不像自然科学那样完全一致,因此经验观察实际上并不能证实或否定理论假设。

(2) 定义逻辑推演。定义逻辑推演主张从抽象的理论推演出抽象层次较低的理论命题,这些理论命题既可以用于具体的时间、地点,还可以指导观察资料的收集工作。定义逻辑推演虽然能够推演出抽象层次较低的命题,但是这些命题可能还是无法直接用经验检验。

3. 经验推演。 经验推演是把理论假设中的概念与经验变量和指标联系起来,然后在经验层次上建立工作假设。在社会研究中,经验推演和逻辑推演是相结合的,第一步是运用逻辑推演推演出一组理论假设,这组假设仍然是抽象的,无法直接观察和检验。因此第二步的工作就是运用经验推演建立起工作假设,由理论概念到工作假设的过程即为概念的操作化。换言之,经验推演一般会经历从理论概念到变量再到指标,由抽象层次下降到经验层次的过程。经验推演的缺陷是,由于概念、变量、指标处于不同的抽象层次,概念与变量、变量与指标、概念与指标之间的联系不是通过严格的逻辑推导建立的,而是主观设定的,因此它们有可能不一致;变量有可能无法界定出概念的本质,指标有可能反映不出概念的真实内涵,或只反映其中一部分内涵。因此工作假设被证实并不能直接证实理论假设,理论假设被验证也并不能直接证明理论的有效性和证实性。②

---

① 申仲英:《自然辩证法新论》,西安:陕西人民出版社 2000 年版,第 198 页。
② 袁方:《社会研究方法教程》,北京:北京大学出版社 1997 年版,第 106—111 页。

二、理论检验中的证实和证伪

理论检验的过程是将抽象的理论转变为直接可观察的经验的过程,这样就产生一个无法回避的问题,需要验证的是理论,而接受检验的则是由理论推导出来的个别推论。由此产生一个问题:个别证据对前提理论的证明是可靠的吗?围绕这一矛盾,形成了经验检验中证实和证伪的争论。①

1. **经验证实**。实证主义(包括逻辑实证主义)主张经验证实是判断理论真假的依据。经验证实的理论检验观认为:理论和科学都源自感性经验,要取得新知识,只有靠经验归纳。理论仅仅是经验的形式或符号,一个命题只有在它被经验证实,才具有意义,否则就无意义。

在实证主义者看来,观察和实验与演绎结果一致就意味着推出这一结果的前提被证实了。在科学研究中,演绎的前提是由归纳法得到的全称命题,这些全称命题具有逻辑或然性或者概率的正确性,科学的进步是通过被经验证实的或然性真理逐步积累而发展的渐进过程。

2. **判决性实验**。在科学研究中,从不同前提推出同一结果的情况大量存在,推论的结果得到了证实,并不能断定前提的正确性。为此,有人提出判决性实验的思想,对经验证实观进行改进。判决性实验设计两个相互排斥的假说,对这两个相互排斥假说进行实验验证,从而能决定性地判决相互对立的两个假说中的一个为"真"而另一个为"假"。判决性实验限定了推论前提的特点,在一定历史条件下,可以判定某一理论的真假,但是被判定理论可能仅仅是局部正确的相对真理,判决性实验仅仅是相对的、暂时的判定。

3. **证伪主义**。经验证实(包括判决性实验)在逻辑上都犯了肯定后件的错误。为此波普尔提出了经验证伪原则。证伪原则主张经验观察的结果与演绎推理的假设不相符时,则能判定假设是错误的。

4. **精致证伪主义**。在实际的科学研究中,往往并不是单一的前提推出假设,前提到结论往往需要引入许多背景知识、限制条件和辅助性假说。如果从这一系列前提条件推出的假设与经验观察不一致,那就意味着这些全部的前提被否定,全部前提中可能有某个前提是错误的,但其余的前提可能是正确的,只需要改变前提中的某一个因素,就可以避免理论被证伪。这种理论检验的思路被称为精致的证伪主义。与此相对,波普尔的证伪主义被称为简单证伪主义。简单证伪主义是对单个前提的证伪,精致证伪主义则是对系列要素构成的整个前提的证伪,精致证伪主义使得理论可以通过修改辅助假设和背景知识的方法

---

① 申仲英:《自然辩证法新论》,第192—202页。

保护理论内核不被证伪。

三、理论检验的步骤

理论检验的过程可分为下列六个步骤：

1. 明确待检验的理论。这种待检验的理论,是整个理论检验过程的出发点。比如《使民主运转起来》一书,作者提出了三个待检验的理论。民主理论认为达成政治共识可以提高制度绩效。现代化理论认为经济发展水平越高则制度绩效也越高。社会资本理论认为制度绩效取决于对集体行动的解决,集体行动的解决存在两种博弈均衡。"公民共同体"存在历史差异性和时序性,从而形成"公民传统",公民传统意味着较高的社会资本存量,社会资本存量使得集体行动趋向于合作的均衡。合作的均衡带来理想的公民传统,理想的公民传统带来高的制度绩效。

2. 明确理论假设。理论假设是从理论中推导出来的一组概念化的命题,这些命题是关于一个或多个概念的陈述,不能直接观察。在《使民主运转起来》一书中,作者为了对社会资本理论进行检验,提出了"公民共同体与制度绩效呈正相关关系"的理论假设。

3. 操作化。运用经验推演的方式将理论假设操作化,转化成可以直接使用经验观察的指标。比如:在《使民主运转起来》一书的第四章第三节中作者对"公民共同体"这一概念进行了操作化。作者将公民共同体界定为公民的参与、政治平等、团结信任和宽容、社团—合作的社会结构四个要素构成的共同体。可以使用四项指标对公民共同体进行测量:(1)社团生活的活跃性——意大利的地方社团;(2)读报率:公民对社区事物感兴趣的标志;(3)全民公决的投票率:为公民参与提供了一个纯粹的指标;(4)特别支持票。同时作者在第三章提出了衡量制度绩效的四项原则和十二项指标。这些工作完成了概念的操作化。

4. 收集资料。根据操作化的指标,使用调查、访谈、实验、实地研究等方法收集资料。比如:《使民主运转起来》中,作者使用了问卷法观察法等方法收集资料。

5. 资料分析。使用质性或定量的方法对资料进行分析,并与研究假设相对照,用以判断资料对理论的支持程度。比如:《使民主运转起来》中作者首先将公民共同体指标合成了公民共同体指数,将制度绩效合成了制度绩效指数,然后采用了回归分析的技术分析了两者之间的相关性。分析结果证实了研究假设。

6. 检验和评价理论。当完成了研究假设的检验后,还需要进一步说明理论检验与推导出研究假设的理论之间的关系。当研究假设被证伪时,则需要进一步说明原有理论的局限性和适用范围,阐明理论改进和理论发展的方向。当研究假设被证实则需要说明证实的工作假设、理论和理论之间的关系,将新的经验纳入已有的理论中,推进理论的进步。

总之,在科学研究中,演绎和归纳是相对独立又密不可分的部分,两者的往复循环推进了理论的进步和发展。首先,两者是相互独立的。在研究过程中,理论建构和理论检验是两个不同的阶段。尽管可以通过探测性或描述性统计分析形成假设,但是不能使用同一数据对该假设进行检验。检验假设的数据应该是新的数据、新的经验。其次,两者是相互联系的。归纳从经验观察出发,通过对大量现象的描述,概括出现象的一般属性,使认识从感性认识上升到理性认识,完成理论建构的过程。演绎则从一般原理出发,通过逻辑推理或经验推理得出可观察的个别的、具体的现象,使认识从抽象到具体,完成理论检验的过程。正如恩格斯所说:"归纳和演绎,正如分析和综合一样,是必然相互联系着的。不应当牺牲一个而把另一个捧到天上去,应当把每一个都用到该用的地方,而要做到这一点,就只有注意它们的相互联系、它们的相互补充。"①

【延伸阅读】

1. 〔英〕卡麦兹:《建构扎根理论:质性研究实践指南》(边国英译),重庆:重庆大学出版社 2009 年版。

2. Colquitt, Jason A. Cindy P. Zapata-Phelan:《管理研究中理论构建与理论检验水平的变化趋势:基于〈美国管理学会学报〉50 年历程的分析》(张杨、刘宝宏、王慧译),《管理世界》2011 年第 6 期。

3. 威勒、沃克:《实验设计原理:社会科学理论验证的一种路径》(杜伟宇、孟琦译),重庆:重庆大学出版社 2010 年版。

4. 叶启政:《社会理论的本土化建构》,北京:北京大学出版社 2006 年版。

5. Gibbs, Jack P., *Sociological Theory Construction*, Hinsdale, IL: Dryden Press, 1972.

6. Hage, Jerald, *Formal Theory in Sociology: Opportunity or Pitfall?* Albany, NY: State University of New York, 1994.

7. Shoemaker, Pamela J. Tankard, James William Dr. Dominic L. Lasorsa, *How to Build Social Science Theories*, California: Sage Publications, 2004.

8. Reynolds, Paul D., *A Primer in Theory Construction*, New York: Bobbs-Merrill, 1971.

---

① 《马克思恩格斯全集》(第 20 卷),北京:人民出版社 1971 年版,第 571 页。

第二编 公共管理研究的开始

"科学研究始于问题",公共管理研究也是从公共管理问题开始的。本编阐述公共管理问题在公共管理研究方法体系中的地位,说明公共管理问题类型的划分,阐明文献回顾在公共管理问题提出过程中的重要意义。

第四章首先阐明问题在研究中的地位、问题的定义。然后结合公共管理研究的案例分析研究问题的结构,总结公共管理研究提出问题的途径,介绍选题的原则和来源,阐述问题的分解和转移,说明问题求解的过程。最后根据问题的属性将公共管理问题划分为科学发现类问题、技术设计类问题、评估类问题、诠释类问题和批判类问题,说明公共管理问题类型划分的方法论意义。

第五章探讨公共管理研究的基础工作:文献回顾,介绍了公共管理研究领域文献回顾的价值定位、文献获取方式及其来源、文献回顾成果的表达结构,重点阐述了公共管理研究中文献回顾的实施流程及其规范,对文献回顾中经常出现的问题予以剖析和规范。本章最后通过两篇例文,剖析公共管理文献回顾方法的实际运用和写作规范。

在"基于问题类型学的公共管理研究方法体系"中,本编的意图在于阐述公共管理问题类型的划分、问题解答的逻辑、问题类型划分的方法论意义;阐明科学研究从问题开始的基本途径;文献回顾是提出和建构公共管理问题的基础工作之一。

第四章　公共管理研究的开始：选题与问题类型学

第一节　公共管理研究的选题和问题

一、选题及其过程

选题就是在特定研究领域或交叉研究领域，就某一研究主题，选择一个专业共同体讨论的议题，并将议题进行分析、提炼、聚焦为一个问题的过程。选题是开展科学研究的准备步骤，而问题的提出是选题的最后一个环节和最终的目的。

选题的逻辑过程如下图所示：

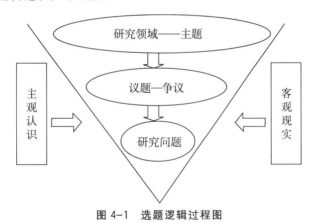

图 4-1　选题逻辑过程图

1. 研究准备阶段。 选题分为两个阶段，第一个阶段是选择研究领域、主题和议题的阶段。这个阶段是研究的准备阶段，正式的研究尚未开始。当研究者锁定了研究领域、确定了研究主题和议题，凝练出研究问题后，就完成了选题的任务，科学研究也就开始了。(1)研究领域是一个最为宽泛的概念，是有待研究的一个知识范围，研究领域可以是特定学科的一个知识领域，也可以是学科交叉形成的知识领域。所谓"领域"是指认识和系统化的对象的特定化，"学科"(subject)是指认识和系统化原理的特定化；一个对象领域可以由几个不同的学科从多方面进行研究,一个学科也可以研究各个不同的对象领域。① 使用不同的标准,研究领域会有不同的划分方法和范围。比如:在公共管理研究中,公共部门绩效管理就是一个研究领域,这个领域涉及公共部门绩效管理的所有知识。(2)研究主题(topic 或 subject)是研究领域内具有一定独立性和相对成熟的研究内容。比如"公共部门绩效管理的决定因素"就是一个研究主题。(3)在特定的研究主题之下,会聚集众多学者的研究,这些同行或者专业共同体就特定的研究主题展开研究,形成一定的知识积累,专业共同体的研究往往存在差异甚至存在争议。研究议题(issue)指专业共同体围绕特定主题而产生的争论和争议的事物、事件和关系。

2. 疑问、领域、主题、议题和问题。研究问题与研究领域、研究主题、研究议题是不同的概念。研究领域、主题和议题是既定的知识或者经验,研究者尚未对这些知识和经验产生疑问。问题是疑问的产物,没有疑问就不算是问题。但是在研究中,问题还不能和疑问简单地画等号,一个小孩子或者没有受过专业训练的人的疑问,可能在专家看来是一个早已解决的疑问。在科学研究中,只有那些专业共同体和整个人类的知识积累都尚未解决或无法回答的疑问才算是研究问题。表 4-1 列出了上述概念间的区别和联系。

表 4-1 疑问、领域、主题、议题和问题的区别和联系

	疑问	领域、主题和议题	问题
主观面	主观本身的无知	使用特定的领域的知识审视	整个专业共同体的知识累积审视
客观面	事物、事件、关系、行为等现象		
主客观关系	主观的无知仅限于个别人	形成特定的研究领域的理论知识	特定领域的知识与经验产生了矛盾
表现形式	5W1H	特定领域的理论;研究课题	现有知识无法解决的空白

(1)从主观层面来讲,疑问是认知主体产生的困惑和无知状态。研究问题是疑问的一种特殊形式,是那些整个专业共同体使用已有的知识积累仍旧存在困惑或无知的状态。我们常常使用"创新"这一标准要求科学研究,很大程度上是因为科学研究在当前人类知识积累的基础上,将知识推向了前进,解决了当下的疑问,扩展了人类的知识。正如牛顿所言"如果我看得更远的话,那是因为我站在巨人的肩膀上。"站在巨人肩上才可能发现和解决时代的问题。领域、主

---

① 〔日〕富永健一:《经济社会学》(孙日明等译),天津:南开大学出版社 1984 年版,第 5—6 页。仇立平:《社会研究和问题意识》,《江苏行政学院学报》2010 年第 1 期。

题和议题仅仅是使用特定领域的知识对经验和现象的解释,并没有产生专业共同体集体意义上的疑问。不过在议题的探讨中,不同的科学家会形成不同的观点,这些观点之间的冲突,是提出问题的契机,很可能由此产生一个研究问题。(2)从客观层面来讲,疑问、领域、主题、议题和问题都是对特定事物、事件、关系等现象的认识。(3)从主客观关系层面来讲,疑问仅仅表征特定主体的无知和困惑状态。研究问题表征专业共同体集体面临的疑问或无知状态。领域、主题和议题则仅仅表明特定研究领域的理论知识,不存在疑问状态。(4)从表现形式来看,疑问可以用5W1H进行表述。所谓5W1H是英文"Why"(为什么)、"What"(怎么回事)、"Where"(在什么地方)、"When"(什么时间)、"Who"(谁)、"How"(怎样)的缩写。5W1H涵盖了人们可能提出问题表达模式。领域、主题和议题一般表现为对知识进行分门别类整理的类目,往往出现在"课题指南"、期刊的栏目分类等文献中。问题的表述则要充分地体现现有知识尚不能解决的那块空白地带。5W1H的表述仅仅是问题表述的外壳,如果5W1H的表述不反映现有知识尚不能解决的空白,则不能算是问题。比如:在公共管理研究中,如果我们从来没有涉足公共部门绩效管理的知识,我们可能会产生很多疑问,比如公共部门绩效是什么?公共部门绩效由哪些部分构成?为什么公共部门绩效存在差异?等等,这些都算是疑问。如果进一步学习,阅读了公共部门绩效管理的文献,那么我们就熟悉了这个研究领域,了解到这个研究领域中研究的主题。如果我们进一步深入阅读公共部门绩效管理的前沿期刊和著作,我们就会发现围绕特定的主题学者们会讨论一些议题。比如公共部门绩效决定因素是什么?就是学者们讨论的一个主题,围绕这个主题学者们会讨论公共服务动机到底对公共部门绩效产生什么样影响这一议题,对于这一议题,会形成很多观点。这些观点有些得到了检验,有些仅仅是理论假设,有些观点甚至是相互矛盾的。那么已经得出的结论正确吗?能否适用于所有公共部门呢?这些疑问就是专业共同体面临的尚未解决的研究问题了。

二、问题在研究中的地位

问题在科学和研究中的地位,一直是科学哲学家和不同领域方法论学者们关注的重要议题。综而言之,问题在研究中的地位可以概括为以下几个方面:

1. 问题是科学研究的起点。 科学研究从何开始?一直是哲学和方法论研究的一个关键主题。亚里士多德、培根、牛顿等人为代表的传统观点认为科学研究的起点是观察,通过观察和实验,运用归纳法获得科学知识。当代科学哲学家波普尔(Karl Raimund Popper)通过1895年德国物理学家伦琴(W. C. Rntgen)做阴极射线实验等科学研究的案例发现:科学研究虽然与观察事实有关,但如果观察到某一事实而没有在观察中发现问题,那么即使是观察到前人从未观察到的新事实也不会展开新研究。波普尔在《猜想和反驳》一书中总结道:"科学和知识的增长永远始于问题,终于问题——愈来愈深化的问题,愈来愈能启发新问题的问题。"[1]爱因斯坦也指出:"提出一个问题往往比解决一个问题更重要。因为解决问题也许仅仅是一个数学上或实验上的技能而已,而提出新的问题,新的可能性,从新的角度去看待旧的问题,却需要有创造性的想象力,而且标志着科学的真正进步。"[2]

在公共管理研究中,几乎每个公共管理理论的提出和发展,都是从特定的公共管理问题开始的。比如:赫伯特·西蒙(Herbert Simon)从传统公共行政学面临的问题和困境出发,提出了管理决策理论。西蒙在《行政格言》一文中指出了:"事实上,那些经常被大量引用的格言几乎总是以相互矛盾的对偶方式出现的,例如:'三思而后行!'与'犹豫不决则将一事无成'。科学的理论应该告诉人们什么是正确的,什么是错误的。如果牛顿仅向世界宣布物质的粒子间既相互吸引又相互排斥,那么他就没有给科学知识增加更多的信息。牛顿的贡献在于,他指出引力是被施加的,并提出了对操作实施的精确定律。不幸的是大多数构成行政管理理论的命题,具有格言的这种缺陷。对几乎每个原则来讲,都能找到一个同样似是而非,并且可接受的矛盾原则。尽管一对原则中的两个原则会导致完全相反的组织建议,然而在理论上不能表明哪一个原则是适宜使用的。"[3]西蒙正是因为发现了传统公共行学存在的问题,而开始了他的决策理论的研究过程。2009年诺贝尔经济学奖获得者奥斯特罗姆(Elinor Ostrom)对公共池塘资源治理的研究也是从问题开始的,这个问题是:"怎样才能对由许多个人共同的自然资源实行最佳治理的问题,无论在学术殿堂上还是在政治世界中,都未得到很好的解决。"[4]

2. 问题是科学不断发展的纽结。 波普尔在阐述科学研究始于问题的时候,同时提出了以问题为纽结的科学发展模式,科学发展就是不断解决问题的过程。波普尔认为科学发展的模式可以概括为"P1—TT—EE—P2",其中 P1 为问题,TT 为试探性理论,EE 为排除错误,P2 为新问题,问题是科学研究不断深入的纽结。1967 年加拿大科学哲学家邦格(Mario Bunge)在《科学研究:战略与哲学》一书中,把科学研究的过程总结为从问题开始到提出新问题的过程。邦

---

[1] 〔英〕卡尔·波普尔:《猜想与反驳》(傅季重等译),上海:上海译文出版社1986年版,第318页。
[2] 王敏成、徐凡:《爱因斯坦》,北京:中国宇航出版社2005年版。
[3] 西蒙:《行政格言》,载沙夫里茨、海德编:《公共行政学经典》,北京:中国人民大学出版社2004年版。
[4] 〔美〕埃莉诺·奥斯特罗姆:《公共事物的治理之道》(余逊达、陈旭东译),上海:上海三联书店2000年版,第10页。

格认为科学研究过程如下:"提出表述清晰的问题;设计可供检验的假说;导出假说的逻辑结论并加以批判地考察;根据结论制定检验假说的技术方案,检验技术方案本身的可靠性;进行实验并依据令人满意的相互协调的诸理论来解释实验结果;评价假说的真理性和实验技术装置的精确性;最后讨论所获得的解决方案的适用范围和它支持(或削弱)我们以往知识到什么程度,以及由此产生的新问题。"①德国数学家大卫·希尔伯特(David Hilbert)在1900年巴黎国际数学家代表大会上以"数学问题"为题发表演讲时说:"只要一门科学分支能提出大量的问题,它就充满着生命力;而问题缺乏则预示着独立发展的衰亡或中止。"②

从问题开始,以新问题结束也是公共管理研究和公共管理理论发展的过程。意大利政治学家罗伯特·帕特南(Robert D. Putnam)所著的《使民主运转起来》对制度绩效差异性和决定因素的探讨就是一个典型的例子。

3. 解决问题是科学活动的本质特征。③ 科学发展的历史表明:科学实际可检测的目标,包括三项:"(1)科学理论与经验事实的匹配,它包括理论在解释和预言两方面与经验事实的匹配,而这种匹配包括质和量两个方面的要求。(2)科学理论的统一性和逻辑简单性的要求。(3)科学在总体上的实用性。"④科学进步的三个目标恰恰是一个解决问题的过程。托马斯·库恩(Thomas Samuel Kuhn)也曾提示可把解决问题的能力视作选择范式的一个基础,虽然不是唯一的或明确的基础。拉里·劳丹(Larry Laudan)则进一步提出了"科学进步的解决问题的模型"。强调对科学的目标虽然可以作各种各样的理解,但如果把科学理解为解题活动,则更希望抓住"科学的最本质的特征","科学本质上是一种解题活动。"⑤"科学的目的是获得具有高度解决问题效力的理论。"⑥劳丹指出:"如果科学看作是一种解决问题和以问题为定向的活动,许多古典科学哲学的问题和许多标准科学史问题便会呈现出一番完全不同的景象。"⑦

解决问题是科学活动本质的观点,已经被诸多社会科学研究者所接受。比如美国应用经济学方法论学者唐·埃思里奇(Don Ethridge)认为"所有研究项

---

① Mario Bunge. *Scientific Research. Strategy and Philosophy*. Berlin, New York: Springer-Verlag. 1967. 林定夷:《问题与科学研究:问题学之探究》,广州:中山大学出版社2006年版,第12页。
② David Hilbert, "Mathematical Problems", Lecture delivered before the International Congress of Mathematicians at Paris in 1900.
③ 参见林定夷:《问题与科学研究:问题学之探究》,广州:中山大学出版社2006年版,第二章。
④ 马彪:《论科学进步的目标模型》,《中国社会科学》1990年第1期。
⑤ 〔美〕劳丹:《进步及其问题》(刘新民译),北京:华夏出版社1990年版,第11页。
⑥ 中国社会科学院:《自然科学哲学问题丛刊》,北京:中国社会科学出版社1984年版,第1期。
⑦ 〔美〕劳丹:《进步及其问题》,同前,第12页。

目或计划的最关键部分就是要弄清所要研究的问题,问题既是应用研究活动也是基础研究活动的核心。"①社会研究方法专家袁方认为:"问题可以指出研究的目标和方向,可以指导观察资料和收集工作。"②管理学方法专家李怀祖认为:"研究设计内容可以多种多样,然而都围绕着两个目的:第一,辨识问题,提炼主题;第二,论证和验证主题,亦即回答解决什么问题,预期取得什么结果以及论证此预期结果。"③正如约翰·杜威(John Dewey)所言:"问题表述的好,意味着问题已经解决了一半。"亦如著名的人工智能研究的专家乔治·卢格尔(George F. Luger)在《人工智能:复杂问题求解的结构和策略》一书中所指出的:"任何学科,包括 AI(人工智能),所关心的都是某一特定问题集,并建立一套特定的基础体系来求解这些问题。"④

在公共管理研究中,解决问题同样是公共管理基础研究和应用研究的核心:解决问题是公共管理研究的目标;问题为公共管理研究定向;问题是制定公共管理研究计划的依据;问题指导公共管理研究的观察和资料的收集;问题提出是问题解决的基础。公共政策分析学者邓恩(W. N. Dunn)提出了"以问题为中心的政策分析模式"(problem-centered analysis)就充分地印证了这一点。

总之,科学史和哲学史的发展历史表明,不同领域的诸多科学家和不同流派的哲学家都会不约而同地关注"问题"这个话题,探究什么是问题、问题的重要意义、问题的结构、问题的类型。"问题"成了不同流派科学哲学家交锋对话的聚焦点,问题已经成为公共管理研究方法体系的纽结。

三、问题学与问题的定义

尽管问题在科学研究活动中处于核心地位,具有引导性、决定性、制约性等多重作用,但是遗憾的是,很多社会研究方法的专家要么没有对研究问题给出一个确切的定义,要么对问题的定义存在分歧和模糊的地方。⑤

1. 问题学的诞生。 著名美国科学哲学家尼克勒斯(T. Nickles)曾在 1978 年主编的《科学发现:逻辑与理性》一书中指出:"尽管问题的形成和解决是科学研究的真正核心,但迄今为止,科学哲学家和科学方法论学者还很少去研究科

---

① 〔美〕唐·埃思里奇:《应用经济学研究方法论》(朱钢译),北京:经济科学出版社 2007 年版,第 115 页。
② 袁方主编:《社会研究方法教程》,北京:北京大学出版社 1997 年版,第 171 页。
③ 李怀祖:《管理研究方法论》,西安:西安交通大学出版社 2004 年版,第 82 页。
④ 〔美〕卢格尔:《人工智能:复杂问题求解的结构和策略》,北京:机械工业出版社 2009 年版。
⑤ 巴比、纽曼、袁方等社会方法专家都没有对研究问题进行确切的定义,风笑天区分了主题和问题,并且区分了研究问题和日常语言问题,但没有对他们之间的区别做进一步分析。李怀祖阐明了研究领域和研究问题的差异,但是没有对研究问题给出一个明确的定义。

学问题的实质、结构和关系。我们不难找到许多阐述理论和解释的结构和实质的论著,但关于问题的却很少。""这一忽视在科学哲学中造成了面向理论的(theory-oriented)的倾向,即仅以理论为研究对象的倾向。他呼吁,应当面向问题(problem-oriented)的方式对之进行矫正。"①1987年,在第八届国际逻辑、方法论和科学哲学大会上,一批学者提出了建立问题学的倡议。我国学者林定夷等人从20世纪80年代开始致力于问题学的建立,先后出版了《科学研究方法概论》(1986)、《科学的进步和科学的目标》(1990)、《问题与科学研究——问题学之探究》(1994),逐渐形成了较为完善的问题学体系,对问题的实质、问题的结构、问题的类型、问题与科学发现之间的关系等进行了系统的探讨。问题学亦是指导公共管理问题研究的理论基础。

2. **问题和公共管理研究问题的定义**。我国研究问题学的科学哲学家林定夷在对科学哲学家波兰尼(M. Polanyi)、图尔敏(S. Toulmin)、波普尔、奇岩允胤等人对问题的定义的基础上,把"问题"定义为某个给定过程的当前状态与智能主体(人或机器)所要求的目标状态之间存在的差距。进而将问题求解定义为:设法消除给定过程的当前状态与所要求的目标状态之间的差距。将疑难定义为求解理想与目前能力的差距。② 可见,科学研究问题实际上是科学认识主体在当时的知识背景下提出的关于科学认识和科学实践中需要解决,而又未解决的矛盾。

公共管理研究问题是问题的一种特殊形式,是公共管理研究主体的当前状态与所求的目标状态之间的差距。公共管理问题求解就是:公共管理研究者设法消除当前状态与所要求的目标状态之间的差距。公共管理研究中的疑难则是公共管理研究求解的理想与目前能力之间的差距。

第一,公共管理问题与公共管理研究问题。公共管理问题是公共管理实务活动中,各相关主体(比如公共管理者、被管理者、参与者、决策者、执行者等)期望的状态和当前状态之间的差距。解决公共管理问题有多种途径,如果这些解决途径涉及认知活动,且解决问题的难度较大,使用已有经验和已有的知识仍难以找到适当答案和手段,需要通过描述、解释、预测、诠释和批判等研究活动才能得以澄清和加以解决,那么,这种需要通过"研究"才能加以解决的公共管理问题,我们才称之为公共管理研究问题。

第二,公共管理研究主体的范围。人们通常会认为公共管理研究的主体是那些从事公共管理学术研究的研究员、教授、博士、硕士等。实际上研究是一个

---

① T. Nickles, *Scientific Discovery*, *Logic and Rationality*, D. Reidel Publishing Company, 1980.

② 林定夷:《论科学问题》,《现代哲学》1988年第2期,第54页。

无处不在的活动,从事实际公共管理工作的人员,也在不停地寻求问题的答案,在设计战略、政策,在寻找优化的管理方案。因此,实际的公共管理实践者也是我们所定义的公共管理研究问题的主体。同样,从事公共管理咨询、政府部门内部和外部的政策研究机构、咨询机构中的研究人员也是公共管理研究的主体。这些主体之间从事研究的区别仅在于他们解答问题的难度、问题的范围、问题的形式方面不同。比如一个较为纯粹的基础研究者,他可能关心一些基础性的研究问题,比如政府规模和GDP增长之间的关系,服务动机与政府绩效之间的关系。而从事应用研究的研究者或者公共管理的实务工作者则更多地将焦点聚焦在采用什么管理机制和管理方式能激发公务人员的服务动机,从而提高政府绩效。这两者紧密相关,但是侧重点不同。前者侧重规律和关系的发现,后者侧重根据已有的规律和关系设计出一种体制和机制。

第三,公共管理研究问题的类型。以上两点说明,实际上已经涉及了公共管理研究问题类型的分析。公共管理研究问题的类型就是按照不同的标准,对公共管理研究问题进行分类。本章第三节将详述之。

第二节 公共管理研究问题的结构和逻辑

科学研究过程实际上是提出问题、选择问题、分解问题和求解问题的过程。本节对此加以阐述。

一、研究问题的结构[①]

根据问题的定义,问题涉及目标状态、当前状态及两者之间的差距,据此可以推演出问题的基本要素和问题的结构。

第一,问题的疑项。问题通常用疑问句的形式加以表达。问句的形式可以分为两大类,一类是一般疑问句,一类是特殊疑问句。一般疑问句可以表述为"是否S?"其中S是一个陈述句。特殊疑问句有多种形式,包括5W1H,其中Why、What和How是最基本的类型。问句中的疑问词和问号一起称做问题的疑项。对疑项的阐述和解释有助于厘清问题的现状和性质。

第二,问题的指向和求解目标。问题的指向就是问题所指向的研究对象。在一般疑问句中,陈述句S的真值就是问题的指向,问题的目标就是要对陈述句S赋以确定的真值(真或假);而疑项"是否?"则是表示作为研究对象的陈述

---

① "研究问题的结构"写作参考了林定夷和申仲英的相关论述。林定夷:《问题与科学研究:问题学之探究》,广州:中山大学出版社2006年版,第六章。申仲英:《自然辩证法新论》,西安:陕西人民出版社2000年版,第三章。

句 S 的真值与目标状态存在着差距。

在特殊疑问句中,问题的指向情况比较复杂。事实上,在科学研究中,与特殊疑问句相联系的其他形式的问题,都可以还原或归化为第一类型的问题。

第三,问题的应答域。所谓问题的应答域是在问题的提法中所确定的域限,并认定(或假定)所提出的这个问题的解必定是在这个域限之中。应答域划定了科学研究问题解答的范围。问题中应答域的确定对科学研究具有重要的意义:一方面,科学提出的任何有价值的问题总是要求做出某种应答的限定,用以明确地指导研究;反之,那种泛泛地做出全域性应答域预设的问题则对研究缺乏指导作用。另一方面,应答域预设又是可错的。如果客观上问题的解在我们所设定的应答域之内,那么这样的应答域将引导我们的研究工作取得成功;反之研究将走向失败。

总之,问题的指向表明研究对象;疑项表明目标状态与当前状态存在着差距;应答域则是对这种差距的限制和约束。他们三者在问题结构中各有其特殊功能,各司其职。

第四,问题的背景知识。问题的背景知识,包括有助于问题解决的理论和方法论知识。理论知识是已有的知识积累,方法论知识则是问题的求解规则,即问题解答过程中必须遵循的推理规则和变换规则。问题的求解规则往往是隐含在问题中,但制约着解题过程和解题结果的信度和效度,为解题规则的正确性提供了必要的保证。正如德国数学家希尔伯特所说:"每个时代都有自己的问题。"时代所提供的知识背景决定着科学问题的内涵深度和解答途径。

在公共管理研究中,公共管理问题同样也是由这四个基本要素构成的,本书光盘"例文解析 4-1《公共事物的治理之道》的问题要素结构"对典型的公共管理问题要素进行了分析。

新制度经济学作为公共管理研究中的重要理论,已经成为了新公共管理运动的理论基础之一。本书光盘中的"例文解析 4-2《企业的性质》的问题结构"对新制度经济学的奠基之作《企业的性质》的问题结构进行了解析。

二、问题提出的途径

问题是疑问的一种特殊类型,疑问或惊异是人们开始探索和思索的开始。柏拉图曾说:"惊讶,这尤其是哲学家的一种情绪。除此之外,哲学没有别的开端。"[1]因此问题提出的前提条件是研究者有一个惊异、怀疑的精神。怀疑精神是提出问题的首要的主观条件。正如李四光所说:"不怀疑就不能见真理,所以

---

[1] 柏拉图:《泰阿泰德篇》,《柏拉图全集》(第 2 卷),北京:人民出版社 2003 年版。

我很希望大家都取一种怀疑的态度,不要为已成的学说压倒。"① 爱因斯坦也说:"对所有权威的怀疑,对任何社会环境里都会存在的信念完全抱一种怀疑的态度,这种态度再也没有离开过我。"② 不过这里所说的怀疑并不是对科学、常识的一味否定和不信任,而是 20 世纪著名科学史家和科学社会学家默顿(K. R. Merton)所谓的"有条理的怀疑主义"(organized scepticism)。③ 具有有条理的怀疑精神是提出科学问题的前提,那么怎样才能在提出问题的过程中,做到有条理的怀疑呢?根据问题的定义和科学研究的目标,可以推论出以下几种提出问题的方式:

1. 从寻求经验事实之间的联系并作出统一解释中产生问题。寻求经验事实之间的联系并作出统一的解释是提出科学问题,进行理论建构的最基本的途径。这一途径体现在自然科学、社会科学和人文科学的各个领域中。寻求经验事实之间的联系并作出统一解释要求科学研究尽量追求理论的普适性和逻辑的简单性。科学研究中的个原则被称为"奥卡姆剃刀"(Occam's Razor),即"如无必要,勿增实体",该原理由 14 世纪逻辑学家奥卡姆的威廉(William of Occam)提出。

在自然科学中这类提出问题的例子比比皆是。元素周期律的发现就是一个典型的例子。

寻找社会现象的联系并作出统一解释亦是每个社会科学学科努力的方向。

例1:1992 年诺贝尔经济学奖获得者加里·贝克尔(Garys Becker)教授曾自豪地将上个世纪中叶经济学开始在其他学科的强烈扩张现象,笑称为"经济学帝国主义"。"经济学帝国主义",其实也可以看做是寻求社会现象统一解释的努力。制度经济学家青木昌彦在《比较制度分析》一书也充分体现了寻求多种制度的统一解释的努力。

例2:社会学家也期望找到一个对社会现象进行统一解释的理论,比如,社会学家科尔曼在《社会理论的基础》中围绕"社会系统是如何行动的这一核心问题",从最基本的人的行动和关系谈起一直论述到复杂的社会行动的数学分析,尝试建立社会理论的统一解释。

例3:孟德斯鸠(Baron de Montesquieu)在《论法的精神》原序中写到:

---

① 李四光:《中国地质变迁小史》,北京:商务印书馆 1923 年版。
② 《爱因斯坦文集》,第一卷,北京:商务印书馆 1976 年版,第 2 页。
③ 默顿认为现代科学的精神气质包括普遍主义(universalism)、公有性(communalism)、无私利性(disinterested)以及有组织的怀疑态度(skepticism)构成。著名科学社会学家齐曼(J. Zman)则把怀疑主义作为科学精神的五个基本规范。这五个基本规范是:公有主义、普遍主义、无私利、独创性和怀疑主义。约翰·齐曼:《真科学》(曾国屏等译),上海:上海科技教育出版社 2002 年版。

> 我首先研究各种人;我确信,在如此无限庞杂的法律和风俗中,各种人物不仅仅会被想象所裹挟。
>
> 我确定了某些原则,并且看到某些特殊的情况符合这些原则;所有民族的历史也只是这些原则的引申而已;每一项特殊的法律都与另一项法律相联系,或是依赖于另一项更具普遍意义的法律。
>
> 当我一旦发现了自己的原则时,我所孜孜寻求的东西就会向我奔涌而来;而且,在二十年的写作过程中,我目睹了自己著作的起始、扩充、成熟与完成。

从孟德斯鸠的论述中,寻求人类社会普遍原则的宗旨跃然纸上。

公共管理学领域,寻求一定范围内现象的统一解释,再逐渐扩展范围,寻求更大范围内的统一的理解解释,也是公共管理学发展中存在的提出问题的方式。比如对公共管理"大问题"的讨论,就是寻求公共管理理论统一解释的努力。①

2. 从理论与经验事实之间的差距中提出问题。从理论与经验事实之间的差距中提出问题是提出问题的基本途径。所谓经验是我们观察到的、可以检验的现象和事实。当新的经验和既有的理论发生矛盾,既有的理论无法解释新现实的时候,问题就产生了。提出该类问题后需要我们修正既有的理论或对新经验事实进行新的理论解释,从而提出新理论。在自然科学中,因为新经验和旧理论之间的矛盾而提出问题的案例比比皆是。

在包括公共管理学在内的社会科学研究中,从经验和理论之间的冲突中提出问题也是司空见惯的事。

例1:新制度经济学的创始人科斯在《企业的性质》一文中,从既有市场理论认为市场是最优的资源配置方式,但是事实上存在企业这种命令式资源配置方式之间的矛盾提出"企业为什么会存在"这一研究问题。

例2:林毅夫在《自生能力、经济转型与新古典经济学的反思》一文中也是通过理论与经验之间的矛盾提出问题的。林毅夫在该文中写道:

> 这些主流经济学家也知道,从一种经济体系向另一种经济体系过渡,要建立新的制度安排需要时间,要打破旧的既得利益需要有成本,但他们乐观地设想,在推行"休克疗法"初期国民经济虽会有所下降,但半年或一年以后经济就会快速增长(Brada and King, 1991;Kornai, 1990;Lipton and Sachs 1990;Wiles 1995)。据此,他们认为前苏联、东欧的改革虽然比中国起步晚,但很快会超过中国。而中国由于改革

---

① 张正军:《公共管理学的大问题之争》,《天津社会科学》2002年第2期。

的"不彻底",经济内部的矛盾可能会引发种种困难。

转眼又是十年过去了,事实与90年代初的许多著名经济学的预言恰恰相反,中国经济继续保持了快速增长。而推行"休克疗法"的国家反倒出现了极其严重的通货膨胀和倒退。

中国经济改革在80年代已经取得了许多实实在在的成就,但是,国际上一些主流经济学家为什么不看好中国呢？参与了前苏联、东欧改革的萨克斯(Jeffry Sachs),费雪(Stanley Fisher),布兰洽(Oliver Blanchard),斯莱夫(Andrei Shleifer),维希尼(Bobert Vishiny),登布胥(Rudiger Dornbusch),克鲁格曼(Paul Krugman),拉亚德(Richard Layard)和萨默斯(Lawrence Summers)等哈佛、MIT 的教授都称得上是大师级的经济学家,许多前沿理论都是他们研究、发展出来的,但他们为什么无法预测、解释推行"休克疗法"所带来的困境,又为什么不看好中国的经济转型呢？①

从理论与现实中的差距中提出问题亦是西方理论本土化的一个重要途径。比如1988年,中国的通胀率高达18%,按照国外标准的理论,遇到通货膨胀时应该提高利率,以抑制投资,鼓励储蓄,减少消费,把通货膨胀压下来。但是,中国政府却不愿意提高利率,而采取砍信贷、砍投资的方式来减少投资需求。林毅夫发现,政府之所以这么做,是由于许多国有企业只能靠低息贷款来维持生存。由此追溯下去,一整套针对计划经济中扭曲的宏观政策环境、资源的计划配置制度和剥夺企业自主权的微观经营机制的三位一体理论体系,便了然于胸了。②

3. **从主观需求和现实状况之间的差距提出问题**。主观需求就是个人、组织和社会希求实现和达到的目标。当主观需求与现实状况之间形成差距的时候,就产生了问题。在经济社会发展中大量存在主观需求和现实状况之间的差距往往表现为社会需要与现行的生产技术手段不能满足需要的矛盾和问题。这些问题大量的存在于科学研究的各个领域。公共管理研究中新公共行政、新公共管理、整体政府的提出,都可以看作是一种满足特定管理需求的方案设计。奥斯特罗姆制度分析方法的开发就是典型的例子。

文森特·奥斯特罗姆(Vincent Ostrom)在《多中心治道与发展》中阐述了如何使用制度分析方法解决服务提供的制度问题。奥斯特罗姆从主观需求和

---

① 林毅夫:《自生能力、经济转型与新古典经济学的反思》,《经济研究》2002年12期。
② 商伟、林蔚:《中国经济研究的"大气象"者专访中国经济研究中心主任林毅夫教授》,北京大学新闻网。

现实状况之间的差距中提出问题:主观上人们总是追求有效的管理,以便有效地提供公共产品。但是现实中公共服务低效的现象总是随处可见。为了改变现状,实现目标,需要设计出新的方案,采用新的手段提供公共服务,基于此奥斯特罗姆提出了制度分析的方法。

研究第三世界治理与发展的学者一般只是局限于市场和国家,对于复杂的制度安排缺少一套可操作性的分析方法。因此"没有可行的办法克服第三世界行政管理上严重不足。"①正如文思切(James Wunsch)指出的那样,"行政管理和行政行为未能真正认清低效率行为为什么产生以及应该做什么来改善行政行为"。"几乎每一个行政学者都清楚地知道物品和服务确实不同,但还是很少有人尝试建立一种分析框架,以认识这些不同的和现实组织安排如何应当的不同。"②为此印第安纳政治理论与政策分析研究所的学者开发出了"制度分析"的方法,用于理解纷繁复杂的制度安排的合理性。制度分析方法"是分析为什么组织安排导致(或者没有导致)特别物品和服务的产生的一种方法"③"集中于物品和服务、个人、制度安排,以及这些因素怎样相互联系导致某些行为而不是其他行为。"④

4. 从理论体系内部的矛盾中提出问题。一种理论或概念,如果能从中推出逻辑矛盾,那就表明其中存在着需要进一步探讨的问题。理论体系内部的矛盾有多种表现形式,包括:理论体系前提假设之间的矛盾,理论体系理论内容之间的矛盾,理论推论之间的矛盾等。

理论体系内部矛盾的典型形式是悖论或佯谬(paradox)。⑤ 悖论一般可以分为语义悖论和逻辑悖论两种。如果从一命题为真可推出其为假,又从该命题为假可推出其为真,则这个命题就构成一语义悖论,如说谎者悖论——某人说:"我说的一切都是假的"——就是如此。逻辑悖论总是相对于一个公理系统而言。如果在一个公理系统中既可以证明公式 A 又可以证明 A 的否定,则我们说在这个公理系统中含有一个悖论,集合论中著名的罗素悖论就是一个逻辑悖论。

---

① 〔美〕迈克尔·麦金尼斯主编:《多中心治道与发展》(王文章、毛寿龙等译),上海:上海三联书店2000年版,第313页。
② James Wunsch, *Rural Development, Decentralization and Administrative Reform: Toward a New Analytical Formwork*, National Association of Schools of Public Affairs and Administration, Washington, D. C. 1988.〔美〕迈克尔·麦金尼斯主编:《多中心治道与发展》,第313页。
③ 〔美〕迈克尔·麦金尼斯主编:《多中心治道与发展》,第315页。
④ 同上书,第316页。
⑤ 张景生、谢星海:《悖论、佯谬及其对自然科学的影响》,《自然杂志》1999年第6期。

在社会科学和公共管理研究中，悖论和佯谬也是提出问题，推动社会科学和公共管理研究发展的重要契机。

例1：林毅夫对"休克疗法"的分析就是从分析"休克疗法"运用于转型发展国家产生的悖论开始的。

"休克疗法"包含三方面内容，即价格完全放开、由市场来决定；全面、大规模、快速地实现私有化；消除财政赤字，维持宏观经济的稳定（Lipton and Sachs 1990；Blanchard, Dornbusch, Krugman, Layard, and Summers, 1991；Boycko, Shleifer and Vishiny, 1995）。但是这些"思潮忽略了制度扭曲的内生性，未能认识到同时取得市场自由化、私有化和财政纪律是不可能的。因此，遵循华盛顿共识的其他发展中国家遭遇了80年代到90年代'失去的二十年'。在俄罗斯以及前苏联和东欧国家的转型经济体，休克疗法导致了普遍的通货膨胀"。休克疗法主张的三个前提"市场自由化、私有化和财政纪律"对于转型发展国家而言是相互矛盾的。①

例2：在公共管理研究中，西蒙提出决策理论，也是基于传统公共行政学理论推论形成的悖论。西蒙在《行政格言》一书中写道：

在行政管理研究文献中出现的较一般的原则有：

1. 在群体中，任务的专业化分工能够增进行政管理效率；

2. 把群体成员安排在明确的权威等级中，可提高行政管理效率；

3. 在权威等级中的任何一点上，把控制幅度限制到最小数目，可增进行政管理效率；

4. 为了控制的不同目的，依据(a)目的；(b)过程；(c)对象；(d)地点，来对员工分组，也可增进行政管理效率（这一点原则实际上是从第一点原则提炼出来的，但值得分开讨论）。

既然这些原则看来较简明，那么似乎用它们解决具体的行政管理组织问题是确定无疑的，而且它们的准确性易于得到实证的检验。然而，实际情况并非如此。

西蒙发现了控制幅度的两难问题，他说："在有复杂人际关系的大型组织中，被限制的控制幅度必然产生公文繁多，因为组织成员的每一次接触必须向上进行，直到共同的上级出现为止。如果组织规模很大，

---

① 林毅夫：《发展与转型：思潮、战略和自生能力》，2007年年10月31日和11月1日，北京大学中国经济研究中心教授林毅夫在英国剑桥大学"马歇尔讲座"（Marshall Lectures）做2007—2008年度的讲演。

这会自下而上地涉及几个层次的官员以便形成决策,然后自上而下地发布指令,这是一个耗时和繁琐的过程。

一种解决问题的策略是增加每个官员所辖的属员数目,以便组织结构金字塔更快地封顶,更多地减少干预层次。但这也产生困难,因为如果某个官员监督太多的雇员,他对他们的控制就会被削弱。"

西蒙正是传统行政管理理论内部的矛盾出发,建构了管理决策理论。

5. 从相互竞争甚至矛盾的不同理论和假设中提出问题。在科学研究过程中,人们往往会针对同一问题提出不同的理论和假设。如果同一客观现象存在相互竞争的不同理论假设的话,那么这就是提出问题,促进科学发展的契机。假说包含有理论的陈述,又包含有事实的陈述,既有确实的内容,又有真实性尚未判定的内容。从相互竞争和相互矛盾的假说中提出问题是重要的方式。在自然科学研究中,这种提出问题的方式是常见的。比如:物理学领域的热力学定律表明,非生命系统是向着有序性减少、熵增大的方向发展;而生物进化论则表明,生命世界是自发地向着有序性不断增加、熵减少的方向演化。这两个领域的矛盾,推动了系统科学的发展,导致普里高津耗散结构理论的创立。在社会科学和公共管理研究中,从相互竞争甚至矛盾的不同理论和假设中提出问题,也是经常使用的提出问题的方式。

例1:黄仁宇对资本主义性质的研究。黄仁宇在《资本主义与二十一世纪》中写道:

"资本主义"是一个常用的名词,不时出现于众人笔下和口语之中。可是要给这名词适当的定义,则非常困难。…………

前剑桥大学讲师陶蒲(Maurice Dobb)分析当代有关资本主义之论文,归纳为三派。一种注重生产关系之转变。资本主义一行,生产者开始出卖劳动力,此后对制成品无法过问。这也就是马克思学派。陶蒲自称属于此派。第二派着重资本主义的精神,亦即新时代的资本家将存积资本当作一种高尚的事业,并且赋予以虔诚的宗教性。还有一派则重视自然经济蜕变为金融经济的过程。资本主义之特征,组织上本就预备对付遥远的市场,于是批发商出资垫买商品,因之也干预着零售商及生产者的业务。但在现有的著作中,没有一派的理论可供我们全部观摩借用。因为许多理论并不合于我们所处的时间及地点,对一般读者说来,沉湎于这些理论可能始终不得要领,至少也是事倍功半。①

---

① 黄仁宇:《资本主义与二十一世纪》,北京:生活·读书·新知三联书店 2004 年版,第一章。

黄仁宇就是从对资本主义到底是什么的不同学派之间的理论开始自己的研究的。

例2：在公共管理研究中，西蒙建立的决策过程理论也是从对"理性"研究的两个极端中发现问题开始的。西蒙在《管理行为》一书中写道①：

> 在关于理性的论述方面，社会科学深受着严重的"精神分裂症"之苦。在一个极端，经济学家们给经济人赋以一种全智全能的荒谬理性。这种经济人有一个完整而内在一致的偏好体系，使其总是能够在他所面临的备选方案当中做出抉择；他总是完全了解有哪些备选的替代方案；他为择善而从所进行的计算，不受任何复杂性的限制；对他来说，概率计算既不可畏，也不神秘。……
>
> 另一个极端，是试图把一切认知活动归因于情感的社会心理学倾向。这一倾向可以追溯到弗洛伊德。……上一代的行为科学家步弗洛伊德之后尘，忙于证明人类并不像人们自己想象得那样理智。……

6. 从某一学科的概念、理论和方法向其他领域移植中提出。学科概念、理论和方法之间的相互借鉴形成新的研究领域和研究途径，是提出研究问题发展科学理论的重要途径。这种提出问题的方式普遍地存在自然科学、社会科学和人文科学当中。比如一位美国专栏作家这样评论钱学森所著的《工程控制论》："工程师偏重于实践，解决具体问题，不善于上升到理论高度；数学家则擅长理论分析，却不善于从一般到个别去解决实际问题。钱学森则集中两个优势于一身，高超地将两只轮子装到一辆战车上，碾出了工程控制论研究的一条新途径……"②

在政治学和公共管理中借鉴其他学科的概念、理论和方法描述和解释行政现象是较为常见的现象。比如：戴维·伊斯顿(David Easton)借鉴系统科学的理论，提出了政治学系统分析模型。约翰·高斯(John M. Gaus)和佛瑞德·雷格斯(Fred W. Riggs)借鉴生态学的理论和方法创建了行政生态学。政策分析学派将系统分析引入政策分析中，形成了政策系统分析途径。目前，将精神分析理论、混沌理论、交易费用理论、委托代理理论、复杂科学等其他学科的概念、理论和方法运用于公共行政研究已经成为公共行政研究的前沿课题。③

7. 从证实假说或事实的可靠性中提出。科学理论的发展是归纳逻辑和演绎逻辑的统一，是理论建构和理论检验的循环往复的运动。在这一循环往复的过程中，从证实假说或事实的可靠性中提出问题是推动科学发展的重要途径，

---

① 西蒙：《管理行为》，北京：经济学院出版社1988年版。
② 陈磊：《钱学森的百年人生》(上)，《科技日报》2009年11月1日。
③ 马骏、叶娟丽：《西方公共行政学理论前沿》，北京：中国社会科学出版社2004年版。

该途径可以看做第一条途径"理论和经验之间的差距中提出问题"的特殊形式,因为证实假说或事实本质上是弥合理论和经验之间的差距。在公共管理研究中"证实假说或事实"是被普遍使用的一条提出研究问题的途径。

比如在劳伦斯·图尔(Laurence J. O'Toole, Jr.)乔治·伯尼(George A. Boyne)、理查德·沃尔克(Richard M. Walker)三位教授所撰写的论文《战略管理与公共组织绩效:与新近理论相对立的正统观念的检验》中,作者通过大规模、多年组织样本验证了传统战略管理内容优越性的观点。①

综上所述,我们将上述列举出来的七种提出问题的途径归结为主观与客观之间的矛盾,主观与主观之间的矛盾,客观现象之间的矛盾三个方面,可以图示如下:

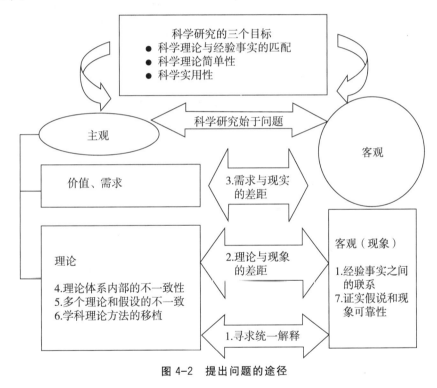

图 4-2 提出问题的途径

三、选题的原则和来源

问题的提出需要与科学研究的基本目标一致,这一点决定了选题的基本

---

① Laurence J. O'Toole, Jr., George A. Boyne, Richard M. Walker, "Strategic Management and the Performance of Public Organizations: Testing Venerable Ideas against Recent Theories", *Journal of Public Administration Research and Theory*, 2007, 17(3), pp. 357—377.

原则：

第一，选题具有创新性。选题的创新性包括理论创新、方法创新、方案设计创新、诠释创新等多种类型。

理论创新意味着所选题目能够在已有研究的基础上，进一步对经验现象作出统一解释；能够证实假说和现象的可靠性；能够对理论体系内部的不一致作出新解释；能够对相互竞争和不同的理论和假设进行评判和解释；能够将其他学科的概念、理论和方法运用到现有学科，深化对现有学科的现象的认识。选题的理论创新意味着该选题在理论上对既有的知识有所贡献，发展了既有的知识，推进了知识的积累和进步。

方法创新意味着运用新的范式、新的视角、新的的途径和新的技术对传统问题进行了新的解答；或者对同一问题的解答诸多方法中，采用了更有效、更具优势的方法。方法创新和理论创新是一个硬币的两面，方法的创新会推动理论的发展，理论的进展也会带来方法的创新。

方案设计的创新，意味着针对特定的经济、社会和技术问题，设计出优化的解决方案，提出了新技术、新工艺、新方案、新政策、新途径等。方案创新与一定的经济社会和技术需求相联系，要求符合经济、实用、新型等标准。

第二，选题具有实用性。选题的实用性要求选题具有现实意义、实践意义或政策意义。实用性意味着该选题所提出的问题反映了社会、组织、个人等主体方面的需求与实际现状之间的矛盾，是"热点"、"难点"、"前沿"问题，通过对这些问题的研究，设计出可行的方案，为社会、组织和个人需求的满足提供更为优化的实现方案，能产生经济、社会、政治、生态和文化效益。

第三，选题具有重要性。重要性表明选题的创新性和实用性的程度。有些选题虽然会增加人类的经验知识，但是如果这些经验知识微不足道，或者对人类已有的知识积累贡献甚微，那么这样的创新就缺乏重要性。如果选题虽然具有实用价值，但是不能贴近社会实践的热点、难点和前沿，其重要性就相对较低。总体而言，选题的重要性是一个相对指标，不存在绝对重要与否，重要性的判断与特定历史条件下，特定人群的价值、需求、利益和取向紧密相关。

第四，选题应具有可行性。可行性指研究问题在既有的经济、社会和知识背景下，能否有条件和能力进行或完成。选题的可行性包括客观约束条件的可行性、研究者知识能力的可行性和社会背景的可行性等方面。具体包括：研究者的知识结构和水平、研究能力、思维能力、个人素质、研究经验、图书资料、实验条件、软硬件设备、研究手段、经费支持、研究时间、社会伦理、协作支持等方面。

根据选题的原则和问题提出的七种方式，研究者可以自行拟定题目。也可以在各类组织、基金、社会团的资助下选择合适的研究课题。

四、问题的分解和转移

问题的分解就是把一个大问题分解成相互联系的许多小问题,从而找到解决这个问题的步骤和相关网结。问题存在于科学背景知识当中,在一定的科学知识背景下,众多的科学问题将构成一个相互联系的问题之网。问题分解的实质就在于将问题置于相互联系的问题之网中。

问题分解在科学研究中具有重要的意义。首先,问题分解是科学研究的首要环节,只有将问题进行分解,才可能找到解决问题的着手点,也才可能制定出合理的研究计划。其次,问题分解也是科研协作攻关的前提条件。只有对问题进行合理的分解,才能充分发挥不同研究人员的专长和优势,实现科研的整体协作。第三,合理的问题分解有助于抓住研究问题的难点和可行性。通过问题分解可以清楚地看到该问题在特定科学知识背景结构中的位置,抓住研究的重点和难点;才能正确评估目前科研的能力,使研究切实可行。最后,问题分解也意味着提出新的更深入的问题。①

在社会科学和公共管理研究中,我们经常会遇到问题分解的例子。在公共管理论文,特别是博士论文的写作中,一般会在导论中专门设置一节"Statement of the Problem"(问题陈述)。在进行问题陈述的时候,作者会清晰地阐述研究的问题并进行问题分解。本书光盘中的"例文解析4-3《州代理机构中的默会知识网络的作用》的问题陈述和分解"是一个问题分析的例子。

在研究过程中,在一个问题的解决过程中或问题解决之后,往往会引发另外一个问题,从而形成问题的转移。问题的转移一般包括三种基本的方式:第一,当一个问题得到解决后,在原有问题脉络中,引发出新问题。第二,在研究过程中,因为偶然的机遇,展示出新问题,从而是研究转向新问题。第三,当某一个问题的研究陷入困境的时候,可以换一个思考问题的视角,提出新问题。②

在管理学和公共管理研究中,霍桑实验就是一个典型的问题转移的例证。

资料专栏4-1 霍桑实验中问题的转移

1924年,国家科学院的全国科学研究委员会决定在西方电气公司的霍桑工厂进行研究,以确定照明同工人个人效率之间的精确关系。

全国科学研究委员会的这个最初试验从1924年持续到1927年,

---

① 林定夷:《问题与科学研究:问题学之探究》,广州:中山大学出版社2006年版,第228—236页。
② 同上书,第236—243页。

其结果却不能得出明确的结论,以致几乎每一个人都认为这种试验没有用处而准备把它放弃。产量是增加了,可是没有一个人知道为什么。照明度影响生产的假设被否定了;疲劳似乎也不成为一个因素;刺激工资制度、睡眠时间、湿度或其他因素同工人的产量质量似乎也没有什么明确的因果关系。西方电气公司的检验督察乔治·潘诺克(George Pennock)推测说,主要是由于工人对试验感兴趣。但这点并不是完全令人信服的。西方电气公司的管理当局在潘诺克的敦促下,决定进一步探讨人们对工作场所反应的复杂性。在那时,没有一个人能够预见到以后将要发生的事件的范围和意义。

梅奥对全国科学研究委员会实验(那时尚未完成)的初步结果感兴趣,敏锐地指出,解释霍桑秘密的关键因素是"小组中精神状态的一种巨大改变"。他认为,试验室中的工人成为一个社会单位,对于受到试验者愈来愈多的关心很感高兴,并培养出一种参与试验计划的感觉。

资料来源:〔美〕丹尼尔·雷恩:《管理思想的演变》(赵睿等译),中国社会科学出版社 2004 年版,第 301—304 页。

五、问题的求解

问题求解就是通过一系列符合解题规则的思维操作和实验操作,获得问题答案的过程。[①] 对于问题求解的过程,以下是一些具有代表性的论述。

勒内·笛卡尔(Rene Descartes)在 1637 年出版了《方法论》(Discours de la méthode)一书,在该书中作者提出了解决问题的四个步骤:第一,永远不接受任何我自己不清楚的真理,就是说要尽量避免鲁莽和偏见,只能是根据自己的判断非常清楚和确定,没有任何值得怀疑的地方的真理。就是说只要没有经过自己切身体会的问题,不管有什么权威的结论,都可以怀疑。这就是著名的"怀疑一切"理论。第二,可以将要研究的复杂问题,尽量分解为多个比较简单的小问题,一个一个地分开解决。第三,将这些小问题从简单到复杂排列,先从容易解决的问题着手。第四,将所有问题解决后,再综合起来检验,看是否完全,是否将问题彻底解决了。

1905 年约翰·杜威(John Dewey)出版了《我们怎样思维》一本,该书指出:"思维就是问题解决。"他提出了问题解决的五步法:一是疑难的情境;二是确定疑难的所在;三是提出解决疑难的各种假设;四是对这些假设进行推断;五是验

[①] 林定夷:《问题与科学研究:问题学之探究》,第 212 页。

证或修改假设。这五个步骤的顺序并不是固定的,往往根据问题和信息情况进行调整。

1976年格伦·约翰逊(Glenn Johnson)则提出了一个适用于规范问题和实证问题的通用解决问题的模型。研究过程从问题定义开始,继而对问题进行分析,它可能包括对策中的各种建议,然后是做出决策和执行决策。模型也描述了规范性知识和实证性知识的运用,以及当它们对过程的每一个步骤产生影响时,它们之间的实用性的相互依赖。模型中分析与决定之间的虚线是为了将研究活动与解决问题过程的其他活动相分离。如下图所示①:

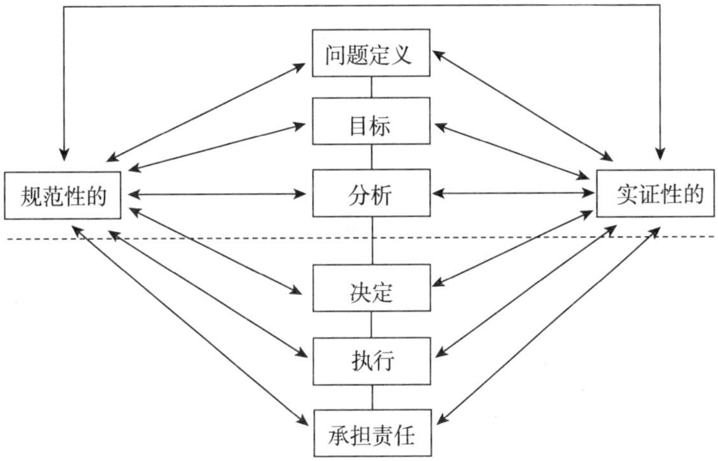

图 4-3　约翰逊的问题解决模型

西蒙专门探讨了技术设计类问题的求解逻辑,已在第一章已经进行了说明,此处从略。随着人工智能的发展,问题求解已发展出一般模型,在公共管理研究中,我们还需要通过公共管理问题类型的划分,分析不同类问题求解的特殊性。

第三节　公共管理问题类型学概述

本节在问题分类的基础上,提出公共管理问题类型学的概念,并阐述公共管理问题类型划分的意义。

---

① Glenn L. Johnson,"Philosophic Foundations: Problems, Knowledge and Solution", *European Review of Agricultural Economics*,1976,3(2—3),p.226.转引自:〔美〕唐·埃思里奇《应用经济学研究方法》(朱钢译),北京:经济科学出版社1998年版,第114页。

一、问题的分类

不同类型的问题具有不同的结构特点和求解方式,问题类型的不同会形成不同的研究设计、解题思路和研究成果的评价标准。如果说"科学研究始于问题"的话,那么清晰的辨别研究问题的类型,则是科学研究的第一步。这一步制约着随后研究各个步骤的路径和方向。可从不同的角度对问题进行分类,以下是一些具有代表性的论述:

第一,按照问题所含的疑难程度。按照问题所含的疑难程度可将问题分为常识型问题、知识存量型问题和研究型问题。常识性问题是调动常识就可以解决的问题;知识存量性问题则是在人类既有的知识范围内,可以得到解答的疑难;研究型问题则是在人类既有知识范围内尚不能解答,需要通过探索,加以回答,从而能推进知识进步的问题。

第二,按照问题中所含的经验和理论两个方面。美国科学哲学家劳丹就是按照这一标准对问题进行分类的。他把科学问题分成经验问题与概念问题两大类:经验问题,即人们对所考察的自然事物感到新奇或企图进行解释。包括:(1)未解决的问题,即未被任何理论恰当解决的问题;(2)已解决的问题,即已被同一领域中所有理论都认为解决了的问题;(3)反常问题,即未被某一理论解决,但被同一领域其他理论解决了的问题。概念问题分内部概念和外部概念两种:内部概念问题是由理论内部的逻辑矛盾产生的;外部概念问题是指同一领域不同理论的矛盾或理论与外部的哲学思想、文化传统等不一致产生的问题。

第三,根据问题的性质。唐·埃思里奇(Don Ethridge)将问题分为研究性问题和决策性。研究性问题与决策性或如何行动的问题不同。[①] 研究性问题需要的是认识或许还有描述,而决策性问题需要的是决定什么活动,采取什么行动。

第四,按照问题复杂程度。可以将问题分为结构良好的问题、结构不良的问题以及介于两者之间的问题。[②] (1)结构良好的问题是决策者人数较少,只有一个人或少数几个人;对于问题的解决方案也仅有几个。决策者在政策方案的效用或价值方面,能够达成一致。(2)结构适度问题是指涉及一位或数位决策者在相对有限的备选方案中进行选择。方案的效用能够反映目标的一致性。但结果是不确定的。(3)结构不良问题通常涉及不同的决策者,其效用无法达成一致,目标之间相互冲突。备选方案及其结果可能是未知的,也不能够确定其风险。

---

① 〔美〕唐·埃思里奇:《应用经济学研究方法论》,第 101 页。
② 孙绵涛等:《教育政策分析:理论与实务》,重庆:重庆大学出版社 2011 年版。

二、公共管理问题类型的划分

详见本书的前言部分。

三、公共管理问题类型学的意义

详见本书的前言部分。

【延伸阅读】

1. 〔美〕布朗、〔美〕基利:《学会提问:批判性思维指南》(赵玉芳、向晋辉译),北京:中国轻工出版社 2006 年版。

2. 〔美〕赫伯特·A. 西蒙:《人工科学》(武夷山译),北京:商务印书馆 1987 年版。

3. 〔美〕劳丹:《进步及其问题》(刘新民译),北京:华夏出版社 1990 年版。

4. 〔美〕威廉·N. 邓恩:《公共政策分析导论》(第二版),北京:中国人民大学出版社 2002 年版。

5. 〔英〕卡尔·波普尔:《科学发现的逻辑》(查汝强、邱仁宗、万木春译),杭州:中国美术学院出版社 2008 年版。

6. 林定夷:《科学哲学:以问题为导向的科学方法论导论》,广州:中山大学出版社 2009 年版。

7. 林定夷:《问题与科学研究:问题学之探究》,广州:中山大学出版社 2006 年版。

8. Shangraw, R. F. Jr., Michael M. Crow, E. Sam Overman, "Public Administration as a Design Science", *Public Administration Review*, 1989, 49(2), Special Issue: Minnowbrook II.

9. Ulrich, Werner, "The Metaphysics of Design: A Simon-Churchman 'Debate'", *Interfaces*, 1980, 10(2), pp. 35—40.

第五章 公共管理研究的文献回顾

学术研究从来不会是"黄河之水天上来",而必然是从人类广博深厚的文明土壤之中逐步生发出来的。不同学术领域往往都有自己的宗派源流,并且一脉相承,后来者要想为学术土壤培植新土新苗,就必然要扬弃已有的研究,"站在巨人的肩膀上"继续攀登。如何站到巨人的肩膀上去呢?其中一个重要的途径就是细致扎实地做好文献回顾。文献回顾(Literature Review)是科学研究的基础,它既可以对文献进行评估①,也有助于理顺研究逻辑,明晰理论体系,为新的研究打开一扇窗。形象地说,严谨细致的文献回顾就如同帮助研究者有效地勾勒出一幅"研究地图",并在其间探寻出新的研究生长点、研究方位与方向,以及找寻到合适的研究工具。正如有学者所指出的,通过这张"研究地图",不仅可以清晰标识出自己的研究将处于的位置,并且告诉读者为什么要进行处于那么一个位置的研究。②

公共管理学作为一门新兴学科,目前仍存在着学科边界模糊,视野狭窄,基础不牢,知识体系不完整,研究方法陈旧,知识创新不足,理论研究落后于实践发展等方面的问题;更有学者明确指出,目前许多公共管理研究没有一个明确的研究问题,没有文献评估等,直接导致理论建构和学术创新不足。③ 这种局面说明公共管理研究领域亟须加强文献评估、文献回顾等基础工作。公共管理领域的文献回顾既遵循一般的原则,也有一些特殊的要求和方法。

第一节 公共管理研究中文献回顾概述

文献回顾,又被称为文献综述、研究综述、文献述评等,这些术语大同小异,学界大体在同一意思层面上使用,因此,本书亦不另作区分。

---

① Harris M. Cooper, *Synthesizing Research: A Guide for Literature Reviews*, Sage Publications, 1998.
② 张黎:《怎样写好文献综述——案例及评述》,科学出版社2008年版,第6页。
③ 陈振明:《公共管理的学科定位与知识增长》,《行政论坛》2010年第4期。

一、文献回顾的价值定位

一般而言,文献回顾成果的使用者主要来自三个方面:一是作者本人,用以帮助作者清晰、全面梳理某一领域或某一方面的研究成果,勾勒研究现状,确认下一步的研究走向;二是该领域的其他研究者,文献回顾不只是写给作者一个人看的,更重要的是帮助读者在阅读论文之前在脑海中建构一个清晰的知识体系、知识框架,知道该领域研究的来龙去脉以及当下的研究焦点;三是从事该领域工作的实务工作者,他们通过文献综述的成果更好地把握该领域工作的来龙去脉、发展历程以及发展趋势等。因此,文献综述的目的就在于:与读者一道分享那些早已完成的与本研究紧密相关的其他研究成果;使研究超越时空就相关问题进行对话[①];为确定研究的重要性提供一个框架,也为其他相关研究成果进行比较提供了一个基准。[②]

有学者认为,文献回顾一般应由大家执笔,因为文献回顾是一项高难度工作,功底深厚的大家方能驾驭文献,并高屋建瓴。固然一篇视阈宽广、精深厚重的文献回顾的确需要由积年累月潜心学问、功底深厚的学术巨擘方能灵巧驾驭,尤其对某一领域具有高屋建瓴、思想导航价值的文献回顾往往需要皓首穷经,然而这并不意味着文献回顾之学术权力就要为这些学界泰斗所垄断,也不意味着年轻学人非得等到"众里寻他千百度"之后方始落笔成文。文献回顾是每个学人在研究的不同阶段都需要认真审视并不断付诸实践的一项工作,虽然回顾的视阈有宽有窄、厚度有深有浅,但却是每个学人进入某一研究领域之必修课。不管回顾精度几何,文献回顾本身就体现了研究者对某一研究领域的把握与感悟,意义重大。

1. 提出研究问题并佐证其研究之必要性。 对研究者而言,善于提出研究问题,并对研究问题进行合理界定,是一项基本能力。在公共管理研究学科体系建设不够健全、研究方法不够成熟的情况下,对于公共管理研究领域的学者来说,如何提出并界定学术问题显得尤为重要。否则,很多研究问题可能只是假问题,或者研究工作只是毫无新意的重复劳动。我们日常阅读和写作过程中冒出的思想火花,或观察到的问题,还仅仅只是一般思考层面的问题,还不能明确

---

① D. J. Cooper, and M. J. Sherer, "The Value of Corporate Accounting Report: Arguments for a Political Economy of Accounting." *Accounting, Organization and Society*, 1984, 9(3), pp. 207—232; C. Marshall, & G. B. Rossman, *Designing Qualitative Research*, Thousand Oaks, CA: Sage Publications. 1995.

② 〔美〕约翰·W. 克雷斯威尔:《研究设计与写作指导:定性、定量与混合研究的路径》(崔延强主译),重庆:重庆大学出版社 2007 年版,第 23 页。另参见 Delbert C. Miller & Neil J. Salkind, *Handbook of Research Design and Social Measurement* (6th. ed.), Sage Publications, Inc, 2002。

界定为学术研究层面的问题。研究层面问题的确立必须建立在文献回顾的基础之上,不能是无源之水、无本之木,或者是凭空抒发一通感慨。作为学术研究的问题,必须是建构在一定的"文献地图"的基础之上。正如有学者指出的:"一篇优秀的文献综述其实就是一幅学术谱系图。写文献综述不仅是为了陈述以往的相关研究,也不仅仅是为了表示对前辈、同行或知识产权的尊重,更是为了'认祖归宗',对自己的研究进行定位"①。这种定位既将自己要展开的研究与已有研究成果脉络清晰地关联起来,又寻找到自己研究的生长点。

具体来说,通过对相关文献的搜集、整理、分析,发现已有研究中的空白、不足或薄弱环节等,例如厘清同一研究主题在不同研究方法、不同研究框架之下的问题与矛盾,在此基础上,尝试提出新的问题,并借助构建的研究文献地图来佐证研究问题的价值和意义,尤其是研究问题的理论价值。有学者以建筑房子来比喻学术研究,认为不同的研究内容之间就是"砖——墙——楼"的关系,文献综述就是要搞清楚研究的是哪一块砖、构筑的是哪一面墙、哪一层楼,最后构成整栋大楼。以公共管理研究中的公共服务研究为例,公共服务的理论研究如同建筑一幢大楼,其中,政府购买公共服务模式的研究就好比是构建该幢大楼的某一面墙,而研究政府如何采用 TOT 或 PPP 模式供给公共服务或许就是一块砖的生产。公共服务理论的文献回顾就是要理清自己的研究问题居于该研究领域的哪一面墙,属于哪一块砖,该面墙建得怎样了,该块砖是否已经完备等。从而使自己的研究定位准确,富有理论价值,使人认识到其研究的必要性。

2. 扬弃已有理论并推动该领域整体学术研究创新。文献回顾的过程是对已有理论成果重新审视的过程,是在批判基础上扬弃的过程。在尊重、肯定和继承前人研究成果的基础上,对一些理论观点错误或是不适用于现有条件的理论、研究方法不够严谨的研究成果等进行批判、重新定位、甚至摒弃的过程。这就要求始终坚持批判的原则,运用批判性思维。所谓批判性思维,是"理性的、反思性的思维"。②"是一种评估、比较、分析、批判和综合信息的能力。批判性思维者愿意探索艰难的问题,包括向流行的看法挑战。批判性思维的核心是主动评估观念的愿望。在某种意义上,它是跳出自我、反思你自己思维的能力。

---

① 熊易寒:《文献综述与学术谱系》,《读书》2007 年第 4 期。
② R. H. Ennis, "A Taxonomy of Critical Thinking Dispositions and Abilities", in J. Baron & R. Sternberg(eds.), *Teaching Thinking Skills: Theory and Practice*, New York: W. H. Freeman, 1987, pp. 9—26.

批判性思维者能够分析他们观点的证据的质量,考察他们推理的缺陷"。① 对于文献回顾的过程而言,坚持批判性思维就是强调:文献回顾不单单是对已有理论和研究成果的汇总、分类、整理的过程,更重要的是要评估、比较、反思已有的研究,思考已有理论的论据是否充足、所用材料是否真实、推理的过程是否充分、论证的逻辑力量是否强大,等等。只有这样,才有可能发现已有研究之空白、不足,才可能找到推动学术研究新知、新材料、新方法的出现,避免人为地揠苗助长似地宣称学术创新。

3. 建构研究框架并找到研究的逻辑线索。文献回顾另一个非常重要的功能是帮助研究者把握该学科理论体系的逻辑起点,理顺研究的逻辑,找到新的研究的内在线索,并建构新的研究框架。这是因为,通过文献回顾,研究者能够相对较为全面地梳理该领域的研究成果,并由此把握本学科体系和相关理论的逻辑起点。所谓逻辑起点,虽然学界对此争议较多,但绝大多数学者倾向于认为:逻辑起点是一种理论或一门学科的出发点,它是理论或学科体系中最基本、最抽象、最简单的范畴,由它能推演和引申出整个理论体系的逻辑主线、逻辑结构和逻辑终点。② 在此,需要特别指出的是,逻辑起点和研究起点是两个不同的概念。前者具有客观唯一性和高度抽象性,每一种或每一门学科一般只有一个逻辑起点,而后者则是指人们着手研究某一事物的起步之点,往往表现为事物内在矛盾的外在表现。

在确定逻辑起点和研究起点的基础上,研究者在文献回顾过程中进一步对已有研究按主题进行分类,揭示不同研究内容之间的逻辑关系。只有这样,研究者才有可能合理地建构自己所要开展研究的研究框架,并将其嵌入已有研究的理论体系之中,成为该领域研究工作整体的一个部分,找到自己研究的生长点,同时延展出自己所要开展研究的逻辑线索,合理确定自己研究的目标取向。

二、文献获取方式及其来源

依据不同的标准可以对文献来源做出不同的划分,比如按照文献评价介质可将文献分为纸介型文献、缩微型文献、声像型文献、电子型文献等;按照文献内容加工深度可以分为零次文献、一次文献、二次文献等;按照出版类型可以分为期刊文献、会议文献、图书、专利等。在开展研究的实际过程中,可以从文献

---

① Dennis Coon, John O. Mitterer, *Introduction to Psychology: Gateways to Mind and Behavior with Concept Maps and Reviews*, 12th edition, Wadsworth, 2010. 另参见董毓:《批判性思维原理和方法——走向新的认知和实践》,北京:高等教育出版社2010年版,第3页。
② 曾峻:《公共管理的逻辑起点论析——公共管理学基本问题研究之一》,《上海师范大学学报(哲学社会科学版)》2003年第5期。

回顾的操作角度出发,根据文献获得方式将文献来源分为以下三种类型:

1. **按图索骥型文献来源**。所谓"按图索骥"是指参照一定的目录指导进行文献搜索和定位,这些"目录"一般包括教科书、文献回顾类文章以及相关学者开具的文献清单等。对于初级研究人员或者是进入有别于自己传统研究领域的学者而言,按图索骥型的文献查找方式是文献来源中最为便捷的方式。

2. **顺藤摸瓜型文献来源**。"顺藤摸瓜"是指阅读文献过程中经由内容逻辑分析推动而形成的搜索相关文献并进行阅读、参照对比,由此获得对研究内容的逻辑建构。顺藤摸瓜型文献来源一般适用于文献深读阶段,经过这种方式获取的文献一般质量较高,不同文献的研究结果之间也能很好地关联起来,有助于很快地"编织"该主题研究的框架体系,使研究思路迅速清晰起来。

3. **妙手偶得型文献来源**。阅读其他文献、新闻资讯等时偶然遇到与自己所关注研究主题相关的文献或线索。"妙手"之妙在于对自己所研究主题的专注与敏感,以及搜集文献资料的勤快,能赶紧用手记录下来并加以分类、有序地存放。这一类研究文献往往都较为零散,因此要求研究者平时形成文献分类存放、建立文献索引目录、查询目录等习惯,使这些文献不至于流失,或者是遗忘以致文献资源的浪费。

在做文献回顾的时候,遇到期刊文献,国内的文献来源容易寻找。表 5-1 列出了美国科学情报研究所(Institute for Scientific Information,简称 ISI)的社会科学引文索引(Social Science Citation Index,简称 SSCI)2012 年度收录的公共管理期刊名录,可作为查询文献的重要来源。

表 5-1　2012 年度 SSCI 收录公共管理学科领域的期刊目录(46 种)

No.	Publications' Title	ISSN
1	Administration & Society	0095—3997
2	Administration In Social Work	0364—3107
3	American Review Of Public Administration	0275—0740
4	Amme Idaresi Dergisi	1300—1795
5	Australian Journal Of Public Administration	0313—6647
6	Canadian Public Administration-Administration Publique DuCanada	0008—4840
7	Canadian Public Policy-Analyse De Politiques	0317—0861
8	Civil Szemle	1786—3341
9	Climate Policy	1469—3062
10	Contemporary Economic Policy	1074—3529
11	Environment And Planning C-Government And Policy	0263—774x
12	Gestion Y Politica Publica	1405—1079
13	Governance-An International Journal Of Policy Administration And Institutions	0952—1895

续表

No.	Publications' Title	ISSN
14	Innovar-Revista De Ciencias Administrativas Y Sociales	0121—5051
15	International Public Management Journal	1096—7494
16	International Review Of Administrative Sciences	0020—8523
17	Journal Of Accounting And Public Policy	0278—4254
18	Journal Of Comparative Policy Analysis	1387—6988
19	Journal Of European Public Policy	1350—1763
20	Journal Of European Social Policy	0958—9287
21	Journal Of Homeland Security And Emergency Management	1547—7355
22	Journal Of Policy Analysis And Management	0276—8739
23	Journal Of Public Administration Research And Theory	1053—1858
24	Journal Of Public Policy	0143—814x
25	Journal Of Social Policy	0047—2794
26	Lex Localis-Journal Of Local Self-Government	1581—5374
27	Local Government Studies	0300—3930
28	Nonprofit Management & Leadership	1048—6682
29	Philosophy & Public Affairs	0048—3915
30	Policy And Politics	0305—5736
31	Policy Sciences	0032—2687
32	Policy Studies	0144—2872
33	Policy Studies Journal	0190—292x
34	Public Administration	0033—3298
35	Public Administration And Development	0271—2075
36	Public Administration Review	0033—3352
37	Public Management Review	1471—9037
38	Public Money & Management	0954—0962
39	Public Performance & Management Review	1530—9576
40	Public Personnel Management	0091—0260
41	Review Of Policy Research	1541—132x
42	Review Of Public Personnel Administration	0734—371x
43	Revista Del Clad Reforma Y Democracia	1315—2378
44	Science And Public Policy	0302—3427
45	Social Policy & Administration	0144—5596
46	Transylvanian Review Of Administrative Sciences	1842—2845

资料来源:根据汤森路透(Thomson Reuters)网站的 Social Sciences Citation Index 整理,网站地址:http://ip-science.thomsonreuters.com/cgi-bin/jrnlst/jloptions.cgi? PC=SS,访问时间:2012 年 7 月 16 日。

关于文献的获取和来源,有两点值得探讨:

一是随着电子文献的迅速增加,研究者可以使用相关的个人文献管理软件(Literature Management Software)对自己存放的研究文献进行管理。当前使用较多的文献管理软件包括 EndNote、NoteFirst、NoteExpress、Refworks、Reference Manager 等等。另外,中国知网(CNKI)也开发了个人数字图书馆的功能模块,可以在线管理自己的文献资料。

二是网络社会的到来,使得部分研究者越来越喜欢阅读和引用一些网络信息资料,如维基百科(Wikipedia)、百度百科(Baidu)、Google 学术、网络论坛、个人博客、微博、轻博等,这些所谓文献资料的合法性、有效性等还存在争议。不仅如此,过多引用和依赖这种类型文献的综述行为也违反了学术文献引用的一个重要规则:只要有可能,最好引用经同行评议过的研究成果;要谨慎使用那些未经同行评议的文章、报告、未出版资料及私人通信。[①] 不仅如此,由于这一类网络文献不容易保存、索引和阅读,所以也不方便读者按图索骥再次搜索到该文献,不能找到原文并通读,就可能难以全面理解引用该文献的实质要义,难以在特定语境中进行定位。如果引用文献的作者未能全面理解原文,甚至断章取义的话,那么读者由于无法重新索取定位到原文献,从而导致作者与读者之间学术交流的中断,读者就只能望洋兴叹了。因此,我们主张使用来源确定、且可重复查索的文献,不论这种文献是纸质形式还是电子形式。如果一定要使用网络文献,也建议必须给出浏览该网址的日期,并以纸面的形式打印一份[②],抑或是保存好网页图片。

三、文献回顾成果的表达结构

文献回顾最终形成的成果之表达形式可以各异,有的是以论文的形式呈现,有的则以研究之某一部分的形式出现,两者并不冲突。在表达结构方面,有的是夹叙夹议的结构,有的则是先述后评的结构。不管何种结构,一份完整的文献回顾一般应该包括下述四大内容。

1. **导言**。导言,或为引言,主要是对文献回顾的背景做一个交代,从宏观整体上阐释为什么要开展这一文献回顾的工作,并以简明扼要的语言从整体的视角对该领域目前研究现状进行描述性的定位。有的时候导言部分往往与研究

---

① 〔美〕安德鲁·弗里德兰德、卡罗尔·弗尔特:《如何写好科研项目申请书》(郑如青等译),北京:北京大学出版社 2010 年版,第 110 页;另参见英文版:Andrew J. Friedland, Carol L. Folt, *Writing Successful Science Proposals*, Yale University Press, 2009.

② 〔瑞典〕比约·古斯塔维:《科技论文写作快速入门》(李华山译),北京:北京大学出版社 2008 年版,第 94 页。

背景的阐述结合起来。

2. 文献回顾主体部分。主要是对文献进行分类梳理、逻辑分析。这是文献回顾最主要的内容,所占的篇幅一般是最大的。这一部分内容要求对文献进行分门别类的整理、分析,尤其是涉及文献回顾的逻辑线路。一般来说,在文献回顾的主体部分可以从三个方面展开:一是提出关于"自变量或多个自变量"的学术文献;二是探讨"因变量或多个因变量"有关的文献;三是包含了自变量与因变量的关系的学术文献。① 当然,每一个方面又可以按照次一级的线索展开分析,例如,针对某一争议的焦点等展开分析。

3. 既有文献的评价、定位。这一部分内容有时会与第二部分内容结合起来,尤其是当采用边述边评的结构形式时。对既有文献做出评价一般包括:现有研究的空白、薄弱之处,现有研究在选择研究角度、研究层面、研究方法、模型建构等方面的成果与不足,主要的研究焦点,当前该领域中仍然存在争议的学术问题,等等。通过对既有文献的评价,找寻到自己研究的出发点和突破口。这也是文献回顾的主要目的之一。

4. 研究展望。文献回顾的最终目的不是对已有研究文献进行梳理和评价,而是要找出该领域下一步研究的方向、主题或内容,是要面向未来进一步推进该领域的研究进展。例如,可以是通过补充研究材料来充实某一主题的研究,使该主题中一些观点、论断等得到更广泛的认同;或者也可以是通过采用新的研究方法对某一既有研究结论进行再次检验;或者是开辟全新的研究主题,提出新的观点或论断等,从而拓展该领域的研究。

第二节 公共管理研究中文献回顾的实施流程与规范

在对文献回顾的内容、形式等有一个基本的了解之后,我们需要学习和掌握文献回顾实施的基本流程,并且要注意回避文献回顾操作过程中容易出现的误区,掌握文献回顾过程中的规范要求。

一、公共管理文献回顾的实施流程

文献回顾实施流程大体相似,不过不同学者、不同学科在对流程划分等方面存在一定的差异。有学者将文献回顾的过程分为六个步骤:选择主题、文献

---

① 〔美〕约翰·W.克雷斯威尔:《研究设计与写作指导:定性、定量与混合研究的路径》,第35页。

搜索、展开论证、文献研究、文献批评和综述撰写。① 这种划分将文献搜集、存放、制作文献卡片等相关内容都涵盖在内,比较全面。不过,本书认为文献搜索、存放等虽然是文献回顾工作的相关内容,但是是更多应该是在文献检索类课程中讲解,属于本科学习基本功的范畴,这里不打算赘述。事实上,文献回顾本身不是目的,在文献回顾基础上开展研究设计工作才是文献回顾的终极目标,也是我们要重点阐述的内容。基于此,本书将文献回顾的实施流程分为三大阶段、七个步骤。如图 5-1 所示:

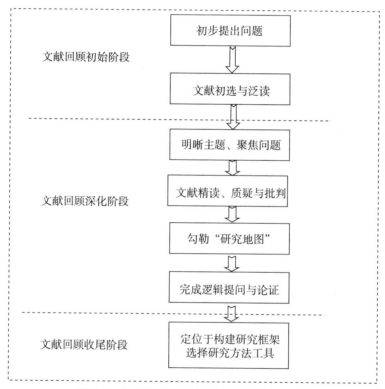

图 5-1 公共管理研究中文献回顾的操作流程

(一)文献回顾的初始阶段

初始阶段的文献回顾主要完成通过对文献的初选和阅读获得对研究问题的全面了解,初始阶段所要完成的目标是界定研究问题,这也成为下一阶段的逻辑起点。研究问题始终是文献回顾过程中需要牢牢把握的中心,具有至高无

---

① Lawrence A. Machi, Brenda T. McEvoy, *The Literature Review: Six Steps to Success*, Corwin Press, 2009. 中文版参见:《怎样做文献综述:六步走向成功》(陈静等译),上海:上海教育出版社 2011 年版。

上的地位。正如著名学者梁启超所指出的："能够发现问题,是做学问的起点;若凡事不成问题,那便无学问可言了。……所有发明创造,皆由发生问题得来。"①可见,提出问题在学术研究中的重要性,它是学术研究的原始动力,也是理论创新的逻辑起点。

必须指出的是,提出问题和界定问题是不同的工作,体现了不同的研究深度。初始提出的问题往往只是一个灵感或一个思想火花的闪现,这种灵感或思想的来源或者是基于对现实社会的关注,抑或者是对理论"缺陷"之顿悟,从而衍生出一个有待探究的问题。这一问题有无研究价值、这一问题如何在时空维度上予以界定等,都还有待通过文献的进一步搜集、整理、阅读、分析而逐渐加以明晰,慢慢将这一问题在研究目标、研究层次、研究类型等方面界定清楚,形成一个值得研究、可以研究的问题,这才算完成了对研究问题的界定。由此可见,"问题"是多种多样的,通过文献回顾,进行合理界定的问题才能是学术研究的问题。正如有学者指出的,"中国学术一直遭受问题贫困",提问分为生活提问和逻辑提问,两者不能混淆。"生活提问依赖对存在现实之缺陷的直接感触,具有感性认识特征。而逻辑提问依赖人类的纯粹理智兴趣,必须运用逻辑思维。生活提问需要的是人对自身生存状况的敏感,建立在审美情感和善恶判断基础上,而逻辑提问带有纯粹理性色彩,成就和发达于抽象思维中的逻辑敏锐性。"②由此可见,我们不能将平时在生活中感性感知到的问题直接当做研究问题。与日常生活中的问题相比较,研究问题是界定更为严谨的问题,这种严谨既体现在它建构在一定的理论范式之内,具有共通的基本概念、命题论断、基本原理、逻辑线索等方面,也体现在其遵循严格的方法论原则。这一议题在文献回顾的深化阶段还需要进一步推进,事实上,研究问题的提出也只有在文献回顾的深化阶段,通过对已有文献的评析、论证才能确立起来。

(二)文献回顾的深化阶段

这一阶段文献回顾的最终目的是实现研究定位,这一研究定位既包括研究问题的最终确立,也包括研究内容框架的设计。当然,在最终得出这些成果之前,还需要认真扎实地完成"研究地图"勾勒的工作。所谓"研究地图"勾勒就是通过研究文献的深读、分析,尤其是经过一番整理和逻辑推导,使本主题的研究内容清晰起来并实现条理化、完整化。勾勒"研究地图"的过程需要研究者对已经收集到的文献进行系统的整理、分析和论证,尤其是找到不同文献之间的逻

---

① 梁启超:《指导之方针及选择研究题目之商榷》,收录于《二十世纪中华学案(综合卷1)》,北京:北京图书馆出版社1999年版,第19页。

② 崔平:《生活提问与逻辑提问——对"问题意识"健全结构的哲学分析》,《北京师范大学学报(社会科学版)》2007年第4期。

辑关系,并将这些逻辑关系梳理清楚,从而使这些文献成为一个相互联系的整体。这种逻辑关系既可能是相互佐证、支撑、拓展或延伸,也可能是相互驳斥、矛盾、对立。要明晰这些逻辑关系,就有必要先弄清楚一篇文献的论点、论断的类型,以及不同类型的论点、论断是如何在论据和论证推理的支撑下成立的。

一般来说,对每一篇文献的分析大体可以遵循"三要素"的结构框架进行剖析,即每一篇文献包括论点、论据和论证三个要素。在文献回顾的深化阶段,我们需要从论点、论据以及论证推理过程三个方面对重点文献进行分析、解读、抽象概括和与其他文献之间建立逻辑关联。这种逻辑关联就像一根根丝线一样,随着这些丝线的不断增多,就构成了前述的"研究地图",从而有助于明晰现有研究的定位,指出未来研究的趋向。

这一阶段的工作量是非常繁重的,对研究者的阅读能力、概括能力以及逻辑思维能力等均有较高的要求。不仅于此,在如何确定重点文献方面尤其对研究者、文献回顾者提出不小的挑战。一般而言,通过文献粗读之后,研究者需要逐步确定一部分重点文献作为精深阅读的材料。对于如何确定重点材料,这需要研究者的感悟和经验,当然,也有一些捷径可供借鉴,例如,通常来说,核心期刊、权威核心期刊、SCI、SSCI或CSSCI期刊的论文等值得关注和作为重点文献。除此之外,通过Google学术、CNKI等数据库的统计工具、计量工具,如文献被引用次数、影响因子等也可以作为确定重点文献的参考依据。当然,这些工具不能作为唯一的评价标准,毕竟一般期刊上的论文也会有值得参考借鉴的重点文献,在文献回顾时需要研究者予以必要关注和充分感悟。

下面,以单一文献为例,我们从论点、论据和论证推理三个方面对文献进行分析:

1. 对文献所持论点的分析。 论点,亦称之为结论、观点、看法、论断,是每一篇文献的中心思想,是作者想要表达和传递的信息,是一篇文献的核心和灵魂。文献的论点一般表现为一个或几个论断。英国学者克里斯·哈特(Chris Hart)在其《撰写文献综述:释放社会科学研究的想象力》一书中将论断分为五种类型:事实论断、价值论断、政策论断、概念论断和解释性论断。[①] 下面结合公共管理的研究文献对上述五种论断类型进行逐一介绍:

(1)事实论断:关于时间、地点、人物、数据、事实等的客观陈述,这一类论断通过文字语言揭示、反映客观事物的属性、实质、客观存在状态等。例如:在

---

① 转引自劳伦斯·马奇、布伦达·麦克伊沃《怎样做文献综述:六步走向成功》(陈静、肖思汉译),上海:上海教育出版社2011年版,第39页。

1950年代初,欧洲福利国家的社会保险支出仍然不到 GDP 的 10%。① 再如:在美国危机管理体系的运作中,NSC(国家安全委员会)、FEMA(联邦紧急事务管理署)、FBI(联邦调查局)、CIA(中央情报局)等机构对于美国危机管理体系的协调运转起着极其重要的作用。②

(2)价值论断:研究者对客观事物、行为活动或其他观点态度等的主观评价。"价值之于个体是关于事物的好与坏、对与错、优与劣、强与弱、多与少的一种主观认定,之于群体则既是一种社会存在,又是一种主观认定与客观存在的相统一的偏好。"③价值论断往往表现为研究者所持有的态度,包括肯定或否定、褒扬或批判、支持或反对、喜欢或讨厌、坚持或放弃,等等。例如:新公共服务理论是在对新公共管理进行批判基础上的超越。④ 再如:出口导向战略优于进口替代战略。⑤

(3)政策论断:这一论断往往是建立在前述两种论断的基础上,通过主张制定标准、规则等表明研究者的立场,赞成、期望或提议采取行动、措施等。政策论断体现了人的主观思维反作用于客观实践的诉求。例如:ADR 的长远发展首先有赖于摆正其与法治及诉讼的关系。⑥ 再如:为有效化解这一矛盾(指农村公共产品供求关系不平衡——笔者注),就必须建立和完善农村公共产品需求选择的表达机制。⑦

(4)概念论断:概念是人类对客观世界认识与把握的成果、精华之体现,是以高度抽象的方式浓缩对客观事物属性之认识的产物。一般来说,广为接受的相对定型的概念的出现标志着人们对某一事物或某一领域认知的成熟程度。概念论断正是人们以主观理性把握客观事物的表现形式,大多数情况下表现为经过验证的定义、内涵界定等。例如:社会权利的贫困就是指一批特定的群体和个人,无法享受社会和法律公认的足够数量和质量的工作、住房、教育、分配、医疗、财产、晋升、迁徙、名誉、娱乐、被赡养以及平等的性别权利,而且由于他们应该享有的社会权利被削弱和侵犯而导致相对或绝对的经济贫困。⑧ 再如:"吸纳式供给"模式是指,基层政府(或派出机关)为社区公共服务的供给主体,

---

① 〔意大利〕莫瑞吉欧·费雷拉:《欧洲福利国家:黄金般的成就与白银般的前景》(张文成译),《经济社会体制比较(双月刊)》2008 年第 4 期。
② 薛澜、钟开斌、张强:《美国危机管理体系的结构》,《世界经济与政治论坛》2003 年第 5 期。
③ 张国庆主编:《公共政策分析》,上海:复旦大学出版社 2005 年版,第 29 页。
④ 王丽莉、田凯:《新公共服务:对新公共管理的批判与超越》2004 年第 5 期。
⑤ 江时学主编:《发展中国家的发展问题》,北京:方志出版社 2008 年版,第 46 页。
⑥ 漆国生、曹智、陈梅凤:《论 ADR 在社区物业管理纠纷化解机制中的适用》,《中国行政管理》2011 年第 9 期。
⑦ 郭泽宝:《建立和完善农村公共产品需求选择的表达机制》,《中国行政管理》2004 年第 12 期。
⑧ 〔美〕洪朝辉:《论中国城市社会权利的贫困》,《江苏社会科学》2003 年第 2 期。

辖区内的企业、民间组织和志愿者被基层政府所"吸纳",共同参与公共服务的供给。①

（5）解释性论断:这一论断是研究者为了支持、佐证某一个观点或研究主题而"借鉴"的,具有说服力的理论框架或研究结论,一般体现为专家鉴定、实证研究、统计数据、历史档案解密以及考古新发现等。例如:《宏观管理与政策学科"十一五"发展战略与优先资助研究报告》课题组的调查数据表明:21%的专家认为我国宏观管理与政策学科(即公共管理及公共政策学科)在基础理论研究上比较薄弱,缺乏系统性、原创性和理论前瞻性,在研究方法上与国际通用的规范方法相脱节;同时,我国公共管理学科正处于创始和形成期,存在大量的理论空白需要填补。② 再如:1962 年,美国政治学家巴查赫(Peter Bachrach)和巴热兹(Morton Baratz)发表了一篇文章,题为"权力的两方面":能否影响决策过程固然是权力的一面,能否影响议事日程的设置则是权力更重要的另一面。③

2. 对文献所使用的论据进行分析。 论据,是为了支持、支撑论点而提供的数据资料、个案事实、历史记录等材料,也可以包括其他文献的支持性的论点、思想理论、分析框架、研究范式等。值得指出的是,论据必然表现为一定的材料、资料,但是,并不是所有的材料、资料都可以当成论据。两者区别之处在于:只有当材料、资料被研究者使用,成为支撑其论点的一部分时才能称其为论据。

文献回顾的深化阶段,也需要对一篇文献所使用的论据材料进行分析。这种分析一般可以从两个角度展开:信度和效度。此处信度是指该论据材料的真实性、可信度,即原作者为了支撑、佐证自己的观点,所使用的论据材料是否真实可靠,是否存在捏造、虚假或歪曲等情况。例如,某些实证研究的论文文献中,研究者为了使统计数据更好地反映、支撑自己的观点,可能对数据进行人为的修改,以提升样本的统计特征、显著性特征等。这属于学术道德层面的审视了。此处效度是指原作者所使用的论据材料能较好地、有效地支撑其论点、观点等,而不是貌合神离,或干脆是论点论据两张皮,互不关联。除此之外,对于论据效度的考察,还应该拷问原作者所使用的论据材料是否权威,是否唯一,是否有更好的、更权威的论据材料可以替换、替代。如果有,那说明该文献所提的观点还可以得到更好的佐证。对于论据的考察,属于学术能力层面的审视了。

3. 对文献的论证推理过程进行分析。 推理(inference)是由一个或若干命题得出另一个命题的思维方法,研究文献中论证推理是否有效需要满足两个条

---

① 吕芳:《社区公共服务中的"吸纳式供给"与"合作式供给"——以社区减灾为例》,《中国行政管理》2011 年第 8 期。
② 陈振明、薛澜:《中国公共管理理论研究的重点领域和主题》,《中国社会科学》2007 年第 3 期。
③ 王绍光:《中国公共政策议程设置的模式》,《中国社会科学》2006 年第 5 期。

件:推理有效和前提真实。① 前提真实这一条件一般侧重强调论据的信度和效度。而推理有效则强调论证推理这一逻辑过程是科学严谨的。当然,这种论证的支撑过程可能充分,亦可能不充分。论据可能是论点的充要条件,也可能是充分条件或必要条件等,论据要充分必要地支撑论点。只有这样才能使人觉得论据真实有效、论证理论无懈可击,论点让人信服。一篇文献的论点与论据、论证过程的关系可以用图 5-2 表示:

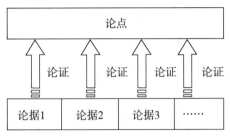

图 5-2 文献的论证架构

大部分的学术论文一般都要试图解答"是什么"、"为什么"以及"怎么办"这样三个问题,其间需要阐释大量的因果关系。应该说,一篇严谨的学术论文,在阐释自变量与因变量之间的关系时一定要做到条分缕析、细致严谨,使读者感觉互为因果、层层递进,方可称之为精致的论证过程。关于论据与论点之间的因果关系以及论证过程的分类等内容,英国学者亚历克·费希尔(Alec Fisher)将基本的论证推理过程分为四类:一对一推理("one reason, one conclusion" pattern)、并行推理("side-by-side" reasons pattern)、链式推理("chain" or "serial" reasoning pattern)和联合推理("joint" reasons pattern)。② 其他更为复杂的论证过程往往是在这四种最为基础的论证基础上单一类型或多种类型混合叠加起来。下面,我们将引用公共管理学科或与之相关的例子对这四种基本的论证推理类型予以介绍:

(1)一对一推理:这种论证推理类型是指原因与结果之间存在简单的对应关系,或者说是一个原因(或论据)引致一个结果(或结论)。这种关系可以用图 5-3 表示。

---

① 谷振诣:《论证与分析——逻辑的运用》,北京:人民出版社 2000 年版,第 87—89 页。

② Alec Fisher, *The Logic of Real Arguments*, New York: Cambridge University Press, 1988, pp. 15. Alec Fisher, *Critical Thinking: An Introduction*, Cambridge University Press, 2001, pp. 33—37. 此处术语的中文翻译参考借鉴了陈静等译的《怎样做文献综述》(上海教育出版社 2011 年版,第 55 页)。考虑到不同论证推理类型之间的联系与区别以及为了更好地向读者阐明这种联系与区别,本书在介绍时对这四种论证推理类型的排序进行了必要的调整。

图 5-3 一对一推理

举例来说,有学者在论述参与式预算的必要性时指出:"由于公共产品项目必须满足人民群众的需要,因此,公民参与预算的制定就非常必要。"①在这个推理过程中,"公共产品必须满足公众需要"成为"公民参与预算制定"的原因。一般来说,一对一推理的形式中,原因(或论据)一般成为结果(或结论)的充分条件,即由原因可以完全推导得出结论。

(2)联合推理:这种论证推理的形式是最为常用的,尤其是在中国学术研究传统中,学者习惯列举多个分论点来佐证支撑起一个总论点的论证风格,更是如此。在联合推理中,多个原因(或论据)联合起来共同推导得出某一个结果或结论(如图5-4)。必须指出的是,这里所使用的多个原因(或论据)缺一不可,只有它们共同发挥作用方可推导出结论或使观点得以稳固成立。也就是说,只有当原因1存在或成立,并且原因2存在或成立,结果或结论才能存在或成立。例如:"在信息时代已经到来、世界性的知识经济和国际金融格局初步形成、世界经济一体化程度不断加深的新的历史条件下,东亚各国和地区政府公共行政管理体制的僵化、失效以及缺乏足够的灵活性,政府公共政策的滞后、失误以及缺乏应有的前瞻性,政府公共行政能力的走低、弱化以及缺乏必要的坚定性,是造成东亚金融危机的主因之一。"②这一段论述里使用了多个原因来佐证"东亚金融危机出现"这一结果,包括前述的历史条件和后面有关政府方面的原因论述,可以看作是两个大的层面的原因,而每一个层面又可以解析出多个小的层面的原因,例如,政府层面的原因就可以解析出政府体制、政府政策、政府能力等原因。从大的层面来说,"历史条件"和"政府"这两个原因缺一不可,正因为历史条件变化了,同时政府体制政策革新以及能力的提升没有同步跟上,于是才导致了东亚金融危机的出现。

---

① Baogang He, "Civic Engagement Through Participatory Budgeting in China: Three Different Logics at Work", *Public Administration and Development Special Issue: Symposium on Governance and Civic Engagement in the Asia Pacific Region*, 2011, 31(2), pp. 122—133.

② 张国庆主编:《公共行政学》(第三版),北京:北京大学出版社2007年版,第67页。

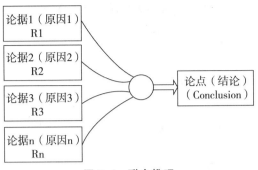

图 5-4 联合推理

(3) 并行推理：从字面意思上可以看出，并行推理是指多个原因并列推进导致某一结果的出现，或者说是多个论据支撑起一个论点（如图 5-5）。需要特别指出的是，各个原因（或论据）之间既然是并行的关系，则谁也不包含谁，彼此之间并无因果关系，否则就变成下述的链式递进推理的形式了。另外，各个原因（或论据）均可单独推理得出这一结果，也就是说，多个原因（或论据）并不必然要求同时存在或满足，这是与前述联合推理的重大差别。在联合推理中，多个原因（或论据）必须同时存在或满足，方可推导得出共同的结果或结论，每一个原因（或论据）只是结果或结论的必要条件之一。但是，在并行推理中，其中任何一个原因（或论据）均可独自承担推导得出这一结果或结论的任务，每一个原因（或论据）都成为这一共同结果的充分条件。例如：为了论证说明"行政效率是行政管理学研究的主题"这一论断，作者论证如下①：

> 管理学家杰克·邓肯（Jack Duncan）指出："如果说人们把一个词与管理联系得最为紧密的话，那么这个词就是效率。事实上，科学管理运动……可以成为效率管理。……正是人们对效率的渴望导致了近代管理思想的诞生。"上述评论用到行政管理学中同样合适不过，行政学的创始人伍德罗·威尔逊明确提出，"行政学研究的目标在于……尽可能高的效率"。

从这一段论述可以看出，作者试图使用两位学术大家的论断观点来佐证自己提出的论断观点。每一位大家的观点均可支撑自己的论点，而如果同时使用两位大家的观点作为证据来支撑自己的观点的话，论证的力度更强了，自己论断的可信度当然就更高了。其实，除了上面这样同时引用两位名家名言的形式之外，有的论证过程可以使用两个或两个以上的不同种类的论据，例如兼用专家观点和统计数据，抑或其他访谈记录或历史文献资料等。总之，在并行论证

---

① 张国庆主编：《公共行政学》（第三版），第 324 页。

推理中,多个原因中的一个均可单独推导出结论,这是联合推理做不到的。

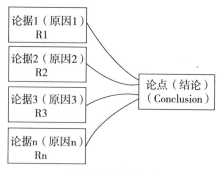

图 5-5 并行推理

(4)链式推理:这是研究者最常使用的另一种论证推理类型,并且是最为引人入胜的推理类型。在这种推理类型中,不同的原因(或论据)构成了一个链条,层层递进,如图5-6,原因1导致结果1,接着,可以将结果1看成原因2,推导出结果2,依此类推,最终得出某一结果或研究者想要证明的观点。在某种意义上,链式推理可以看做是由"一对一推理"叠加所成,当然,这种叠加不是简单叠加,而必须是逻辑关系上一脉相承的、层层递进的论证推理。例如,马克思在论述人天生是社会动物时,其逻辑关系是:人们为了生存必须进行物质生产活动,为了进行物质生产活动必要结成一定形式的社会。① 因此,人天然就是社会动物。这一逻辑线条是非常清晰和连贯的。

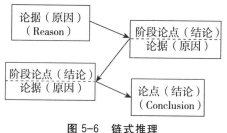

图 5-6 链式推理

值得指出的是,上述论证推理的架构往往内含一定的逻辑规则,它是论据支撑论点的桥梁,也是论证逻辑关系的相应条件。例如:

---

① 王沪宁主编:《政治的逻辑——马克思主义政治学原理》,上海:上海人民出版社2004年版,第38—39页。

第五章 · 公共管理研究的文献回顾

> 论点:省管县等旨在减少行政层级的举措是未来我国行政体制改革的必然取向。
>
> 论据:随着信息化以及行政人员素质提升,省级政府管理能力在迅速提升,管理幅度逐步加大。
>
> 逻辑规则:管理层级与管理幅度成反比关系,管理幅度加大导致管理层级减少。

图 5-7　论证推理过程中的逻辑规则

在这个论证推理过程中,由论据推导得出论点时,作者有时可能不必明确点出内含的逻辑规则,默认为已知条件。事实上,只要是在公共管理学领域有一定基础的人,一般都能意识到这一逻辑关系的存在,而不必浪费笔墨、刻意点出。那样的话,反而显得论述累赘。

4. 完成逻辑提问与论证分析。 经过对文献的"三要素"解析之后,我们发现不同文献之间的逻辑关系。这样一个过程就好像是在纺织纱布,纺织越细密,纱布越结实,文献精读越细致,分析越精当,那么"研究地图"也绘制得更细致和完善。也只有这样,通过对文献的初读、深读,才能实现对该领域主题、思想理论等知识内容的深刻把握,才能让自己"不再是记录他人观点的局外人,而是创造与撰写崭新意义的具有批判性思维的局内人"。①

在完成文献的初步阅读和深度阅读之后,就可以考虑逐步对文献主题内容等聚焦,确立自己的研究焦点和研究问题。对于什么才是真正值得研究的问题,有学者曾经提出过"真问题"的标准,认为任何一个真问题必须满足两个条件:第一,逻辑上能自洽;第二,实践中能举证。② 前者是指研究的问题能够成一家之言,并且言之成理,持之有故;后者则是指研究内容能在现实世界中找到存在的例子,不是天方夜谭。

关于研究问题的提出,是文献回顾初始阶段和深化阶段都非常重要的工作,一个连续的完整的过程可以用图 5-8 表示:

---

① 劳伦斯·马奇、布伦达·麦克伊沃:《怎样做文献综述:六步走向成功》(陈静、肖思汉译),上海:上海教育出版社 2011 年版,第 84 页。
② 劳凯声:《人文社会科学研究的问题意识、学理意识和方法意识》,《北京师范大学学报(社会科学版)》2009 年第 1 期。

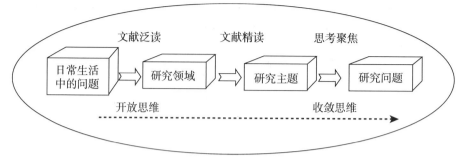

图 5-8 文献回顾中研究问题提出过程

除了部分纯理论思辨的研究问题,很多研究问题往往是由日常生活中发现的问题开始引发兴趣和逐步推进成形的,对于实践性很强的公共管理学科的研究来说,尤其如此。从生活中的问题到成为真正意义上的研究问题,往往需要经历多个过程。首先,对于某一社会问题或日常生活中的其他问题,从不同学科视角出发往往会有不同的研究旨趣。以城市基层公共管理体制的研究为例,公共管理学科的研究兴趣聚焦在公共管理组织结构、职能以及管理绩效等,而社会学的研究兴趣可能聚焦在政府组织之外的其他社会性组织发挥作用的角色、动能等,如果是经济学的研究,则可能借鉴成本收益的分析机制来探讨不同治理机构的效益问题以及如何实现效用最大化。

进入一定的研究领域之后,通过文献搜索和阅读,就要逐步进行问题的聚焦,初期一般表现为聚焦于一定的研究主题。例如,当前我国社区治理过程中物业纠纷频繁发生,针对这一社会问题,我们如果从公共管理的学科视角来研究的话,就可以探讨政府部门对物业服务组织的监管、规制等。这样的话,研究将要涉及的内容等就骤然小了许多,这也就较好地确立了自己的研究主题。

确立研究主题之后,就要完成最为重要的一次跳跃,最终界定研究问题的范畴,并完成研究问题的提出。研究主题只是告诉研究者或读者我将要研究哪一个相对较为具体的内容,而研究问题则是指在该主题范畴之内,存在什么尚未得到满意回答的问题。这种问题要么表现为理论的空白以及实践中急需这方面的政策方案、制度措施,要么表现为现有理论观点与现实情况不一样或存在差异以及现有理论诠释力的下降,抑或者表现为原有思想理论推导出来的证据不足、过程存在逻辑缺陷等。这种研究问题的进一步探讨对学术界、社会实践领域才是有实实在在的贡献的。如若不然,研究必然陷入"假问题"的圈套,"重炒剩饭"做无用功抑或"无病呻吟"制造学术泡沫。学术研究要直面"真问题",提出"真观点",并提供真凭实据,那么就必须通过细致认真的文献回顾完成研究问题的提出。

从上述文献精读到提出研究问题的过程可以看出,这一过程的完成有赖于研究者思维的收敛和思考的聚焦。在开始阶段,研究者的思维往往是发散性的、开放式的,而随着研究焦点的逐步出现和问题边界的逐步划定,研究者的思维逐渐收敛并闭合在一定的研究范畴之内。在这一过程中,研究者要始终铭记"学而不思则罔,思而不学则殆"的古训。

需要指出的是,在文献回顾的深化阶段,除了完成上述研究问题的最终提出,为下一步的研究找到可拓展的空间,另一个重要任务是要佐证这个研究问题研究的可行性。当然,这一工作任务的实现需要结合其他方面的要素考虑,例如,研究者的学术素养、所掌握的学术资源等。

(三) 文献回顾的收尾阶段

撰写文献综述报告是文献回顾工作的最后一步,也是文献回顾工作的最终成果之体现。不管前期准备了多少素材,储备了多少文献资料的卡片,绘制了多少不同研究文献之间的逻辑关系图,文献回顾的最终落脚点是形成一篇内容全面、资料翔实、逻辑清晰、思考深刻、论断明确的文献综述报告。

进入撰写文献综述报告阶段时,研究者的思维方向开始有一定的调整,或者说是完全不同的思维过程,前两个阶段重在信息输入,最后这一阶段重在信息输出,对文献回顾者的思维能力的要求也相对不同了。在文献回顾的初始阶段和深化阶段,思考的重点方向是我试图知道在该领域别人做了什么。而进入文献综述报告的写作阶段时,思考的重点方向有两个:我试图让别人知道我知道什么?我试图让别人知道这个研究领域的前沿问题是什么?我试图让别人知道未来的研究趋向是怎样的?对于这三个问题的完满回答,要求研究者具备良好的表达能力,掌握有效的表达方式以及灵活的表达技巧。

撰写文献综述报告之前,当然需要拟定一份条理清晰的写作大纲,这份大纲至少必须清楚地回答两个问题:一是关于这个研究主题或在这个研究领域已经有哪些研究成果;二是关于这个研究主题或在这个研究领域还存在哪些争议或矛盾问题,急需回答的理论问题是什么?除此之外,对相关研究学术流派、发展脉络的梳理,对相关研究成果的同行评价以及学术定位等,研究者未来打算研究这个领域的什么问题以及打算选择何种研究工具、如何开展研究,也都是值得回答的问题。

文献综述报告可以是独立成篇,单独作为论文发表,亦可以是作为某一宏大论文或鸿篇巨制之一部分,作为其后续论述的基础。

二、公共管理文献回顾中常见问题及其规范

以下将就文献回顾过程中经常出现的一些问题予以探讨。

1. 基于不当目的对文献进行先入为主的筛选。 目前多数的文献回顾采用

质性分析的方式,这种方式容易受到研究者的主观干预。有些研究者为了使文献回顾支持自己将要进行的研究,或者是佐证自己研究问题的学术价值,会根据个人需要或偏好来筛选已有研究文献,留下符合自己需要的研究文献,剔除对自己不利的文献。在这样的文献回顾的基础上形成的文献综述报告符合研究者的需要,表面来看佐证和支持了研究者新提出的研究问题或"证明"了其研究的学术价值,但事实上,这种文献回顾存在严重的以偏概全的问题,所绘制的也只是一幅虚假的、错误的"文献地图",必然将研究者和读者引入歧途。

　　针对这种问题,最根本的解决对策就是要求研究者遵循实事求是的科研原则,尊重已有文献现状的客观事实,尽可能通过文献回顾去把握这种现实状况,而不能削足适履,根据自己的主观喜好或需要来随意裁剪文献,只留下对自己"有利"的文献,再进行述评。针对定性文献综述方法中可能存在的这种问题,有学者提出定量的文献综述方法,例如,元分析(Meta-analysis)方法[①]。当然,需要指出的,虽然定量的文献回顾方法能在一定程度上遏制人为主观随意裁剪文献的冲动,但是,从根本上来说,要尽可能杜绝这种基于不当目的对所综述的文献进行随意裁剪的行为,还是需要从学术道德和学术管理制度两个方面双管齐下。

　　2. **主题过大导致文献回顾和研究设计无法将研究问题聚焦**。在文献回顾过程中如何确定综述主题范畴的大小是需要慎重考量的问题,也是文献回顾的初始阶段需要着力完成的一件事情。有很多文献综述由于初期设定的研究主题过大,导致需要综述的内容过多,这样的话,既导致需要查阅的文献范围没有边界,文献量有如汗牛充栋,因为文献过多、工作量太大而无法有效完成,也导致文献回顾的成果——文献综述报告篇幅过于庞大,且内容体系不够清晰,问题不够聚焦。不管哪种情况,最终将导致文献回顾的终极目标难以实现。文献综述主题大小是相对的,确定大小合适的研究主题是一件重要的事情。

　　3. **文献的简单罗列和堆砌**。有的文献回顾在写作时没有对相关文献进行重新整理和分析,而是简单地罗列,将文献回顾变成了文献大杂烩。这种文献回顾可能在文献搜集方面成绩斐然,但是比较遗憾的是没有进行文献分析和整理,没有深入"吃透"文献,没有从已有文献中汲取营养,因此,也就难以从这些文献中"素描"出该领域的研究现状。在这个方面,许多研究者还容易出现另一突出的问题:在撰写文献回顾的成果时,偏重于直接引用已有文献中的观点,甚至大段大段复制粘贴原文献中的内容,例如原论文的摘要等。这种做法显然是引发文献简单堆砌的重要推手。比较好的文献综述往往采取间接引用的方式,通过研究者转述已有文献的观点、意见等。这就要求研究者对已有文献成果进

[①] 崔智敏、宁泽逵:《定量化文献综述方法与元分析》,《统计与决策》2010年第19期。

行归纳总结,实实在在地理解、吸收已有文献的思想观点,并进行有效的、客观准确的重新表达。

如何避免在文献回顾过程中过多倚重直接引用以及出现简单罗列堆砌文献的弊病,其中一个有效的途径是制作文献卡片,并将这些文献卡片有机地串联起来。文献卡片有两种形式:第一种是对某一篇文献的整理,如图5-9。文献卡片包括该篇文献的关键词、核心观点、评点和出处。关键词便于文献卡片分类,同一主题的文献卡片可以整理在一起;核心观点在于提炼该篇文献的主要观点,尤其是与其他文献相比不同的观点,有新意的思想;评点则是指研究者在阅读这篇文献时对该文献的评价,包括该文献在该领域研究中的定位、地位,与其他文献的关联等,这一评点非常重要,既反映了研究者是否"吃透"该文献,从中汲取了思想的养分,又便于以后重新拿起该份文献时可以省时省力地提取该文献。至于文献出处,当然是便于索引和写作时做注释引用等之便利。

```
                                        编号:
关键词:

核心观点:

评点:

出处:作者(年代):文献名,期刊名或著作名
```

图 5-9　文献卡片形式之一

文献卡片的第二种形式是卡片目录索引,即为了避免前一种卡片因为数量众多而凌乱,于是在前者的基础上进行进一步的宏观层面的分类整理。文献卡片目录形式如图5-10。在这张卡片上按照分主题的不同,将上述卡片目录分别归入不同的分主题内,便于对同一类文献进行分析、综合、评述。

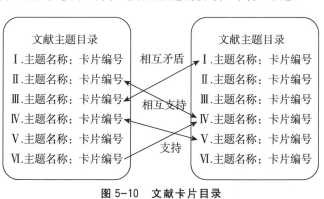

图 5-10　文献卡片目录

在文献回顾过程中,文献卡片的作用主要体现在两个方面:一是帮助研究者将一篇篇文献进行分门别类地存放,避免遗忘或混乱,尤其是避免一旦需要回头再查阅某一篇文献时而无从查起,或者是花费大量时间精力重新搜索和阅读;二是帮助研究者提炼总结每一篇文献思想内核,并将其与其他文献的思想内核建立关联。这种关联关系主要有三种:一是不同文献之间的核心观点上互相印证或支撑的关系,可以是采取另一种研究方法再次验证前一篇文献的观点,也可能是引入新的证据、材料佐证前一篇文献的观点;二是不同文献的核心观点之间相互矛盾、对立,互相驳斥,主要体现为对同一主题的不同看法,这种文献之间的矛盾对立或相互批判是文献回顾过程中尤其值得重视的;三是有的文献可能是其他文献的延伸、拓展或补充,即后一篇文献虽然支持前一篇文献的观点,但是进行了细化、修正或进一步的完善,例如在前提条件、前提假设、命题判断的语句表达、分论点的延展等方面加以补述和完善。可见,使用卡片目录索引还有一个好处是可以在不同目录卡片之间建立关联,即不同主题之间的逻辑关系。

4. 使用不恰当的综述线索导致文献回顾逻辑体系不清晰。如果说单篇文献的认真阅读有如打磨一颗颗华丽的珍珠的话,那么将单篇文献整合起来就如同将一颗颗华丽的珍珠串联起来做成珍珠项链,这就需要使用一根合适的线来串联。在文献回顾时这根线就是恰当的综述线索。目前存在相当一部分文献回顾的成果喜欢以作者为分析的逻辑线索,大多采用某某说,某学者认为,某学者提出了什么观点等。这种文献回顾的形式导致缺乏一个统一的逻辑体系来整合各部分内容,导致内容框架结构不清晰,繁复无序,让人读着不知所云。文献回顾报告所需要提供的关键信息应该是对某一问题的具体看法,对这一问题表象的判断、对问题原因的解析以及对发展对策等的探讨,等等。因此,一般情况下,文献回顾时综述的逻辑线索往往应该是以研究的问题为线索,以矛盾发展为线索,以研究问题中因变量、自变量以及因变量与自变量之关系为焦点展开,看各个学者对这些变量是如何界定的,对变量之间的关系是如何判断的,有何诠释或证据支撑,以及这些界定、判断和诠释等有无发展变化,变化的原因是什么,是否在部分层面或领域达成共识,在哪些层面、方面或领域依然存在争议,争议的焦点是什么,对这一问题的探讨是否形成了几种不同学派的观点的差异,如何评价这种差异,等等。只有围绕这一系列的问题展开文献的阅读和整合,才是一篇有效的文献回顾报告,才能为研究者自身和读者提供切实有效的新知新论。

5. 文献回顾过程中混用概念或变量。每一篇文献的论断推理等都是对基本概念、变量关系之探讨,确保概念、变量等基本单位的清晰准确、严谨合意,是文献回顾的前提和基础。不过,即便是在同一研究领域,或研究同一个主题,由于人们认知事物的角度多元、方法多样,甚至混入有一定的价值偏好,因此,在撰写文献时往往在基本概念、变量等使用方面存在差异。这给文献回顾提出了一定的挑战。研究者在搜罗、整理、阅读和分析文献文本时,需要辨析这些不同的概念、变量背后所指示的具体的客观事物,明晰这些概念、变量等的内涵和外延。只有这样,才能确保后续的分析探讨是针对同一客观事物,否则可能风马牛不相及,或者是"空对空"的争论。这一点在学界经常出现,即概念表面一致,实质内涵指代差别不同,由此引发缺乏价值甚至是无谓的学术争论。除了这种因为学术理解差异导致对概念、变量混用不当之外,有些研究者本身对所要研究的事物缺乏了解,因此在使用概念时前后不一致,频繁变化,竟无任何察觉。例如,有学生在毕业论文开题报告中多次混用"社区医疗卫生服务"、"社区医疗服务"、"社区卫生服务"这三个词,这可能是由于行文不细致造成的,更有可能是因为其对概念内涵、外延把握不到位、逻辑不严谨造成的。

一般来说,在文献回顾过程中,在对相关论断和变量关系进行分析之前,有必要对一些核心概念、关键变量等进行界定,即便不是由研究者独立提出新的界定,也有必要对这些概念、变量的内涵、外延等进行必要的说明。对于大同小异抑或是学界已经习惯混用的概念,也有必要在开篇语中交代清楚,本文献回顾过程中使用哪一概念,基于什么理由,并注明"如无特殊情况,以下不再另外说明"。这样读者在阅读和使用文献综述时就能在清晰的边界范畴之内进行理解、辨析和思考。

6. 没有在文献回顾的基础上有效地提出研究问题和假设。 大多数情况下,文献回顾的终极目的是为了引出新的研究问题或新的研究趋向、新的研究领域,以期推动本研究主题不断走向深入,为人类文明提供新知。因此,在文献综述的基础上提出研究问题和研究假设,是文献回顾的重要目标指向。但是,目前有一部分文献回顾却未能有效地实现这一目标,存在的问题集中体现在两个方面:一是文献回顾止步于已有文献成果的分析与介绍;二是脱离文献先入为主地设置研究问题或假设。对于前一个问题,往往是由于研究者缺乏问题意识所致,或者是因为未能有效地挖掘已有文献中的矛盾争议,对于变量之间的关系没有理清楚,没有很好地驾驭文献的各个议题和争论,因而无法看到未来研究的焦点问题。对于后一个问题,则往往是因为研究者在做文献回顾时,固守自己最初的认知和假设,以自我为中心裁剪相关文献,导致研究问题可能为假问题。这就要求研究者本着客观超然的立场来阅读已有研究文献,不以个人喜好或不当目的来主观歪曲解读已有的研究成果。当然,对于这一问题的解决,不是单靠一些简单的技巧等能解决的,需要研究者提升综合的文献研究能力。

第三节 公共管理文献回顾的例文解析

为了更好地说明公共管理领域文献回顾的基本要求以及文献回顾报告的撰写,本节将选取两篇相对较为成功的文献回顾的成果进行展示和解读。文献回顾的成果可以以单独成篇的形式呈现,即形成一篇文献综述报告形式的论文,也可以作为某一研究的一个部分。就后者而言,既可以是学位论文中的某一个章节,也可以是一般学术论文的某一个部分,一个或几个段落。为了节约篇幅,本书选取的两篇例文都属于后面这种形式。第一篇属于发表于中文核心期刊的学术论文,第二篇是南加州大学的公共管理学科的博士论文。

一、期刊论文中的文献回顾

本书以《地方政府财政支出与经济增长关系的实证分析——以北京市为例》[《经济科学》(2007年第3期)]解析期刊论文中的文献回顾的写法。该文的研究问题聚焦于改革开放后北京市政府财政支出与经济增长之间的关系,通过实证数据分析,发现经济增长促进了政府财政支出规模的扩张这一客观事实。在此基础上,运用VAR模型和IRF从生产性支出冲击和非生产性支出冲击两大类别方面检验它们对经济增长的影响,以期为2008年后北京市经济增长趋向提供一种思路。详见本书光盘"例文解析5-1《地方政府财政支出与经济增长关系的实证分析》的文献综述"。

二、英文博士论文中的文献回顾

以下分析南加州大学政策规划与发展学院乔伊斯·亚特科(Joyce A. Jatko)申请公共行政学专业博士学位的毕业论文《美国南极洲项目的政策执行研究》(Policy Implementation in the United States Antarctic Program)中的文献回顾(Review of Policy Implementation Literature)部分。该文研究目标是确认和研究导致美国南极洲项目政策目标与政策执行结果之间差距的影响因素,评估这些因素对政策目标实现的影响效果。关于政策目标,主要集中在三个方面:一是与南极洲和全球系统相关的研究;二是成本收益分析与管理;三是环境保护。详见本书光盘"例文解析5-2《美国南极洲项目的政策执行研究》的文献综述"。

【延伸阅读】

1. 张黎:《怎样写好文献综述——案例及评述》,北京:科学出版社2008年版。
2. 〔加拿大〕董毓:《批判性思维原理和方法——走向新的认知和实践》,北京:高等教育出版社 2010 年版。

3. 〔美〕库珀:《如何做综述性研究》(刘洋译),重庆:重庆大学出版社 2010 年版。

4. Fisher, Alec, *The Logic of Real Arguments*, New York: Cambridge University Press, 1988.

5. Fisher, Alec, *Critical Thinking: An Introduction*, Cambridge University Press, 2001.

6. Hart, Chris, *Doing a Literature Research: A Comprehensive Guide for the Social Sciences*, London; Thousand Oaks, Calif.: Sage, 2001.

7. Taylor, Dena, The Literature Review: A Few Tips on Conducting It, http://www.writing.utoronto.ca/advice/specific-types-of-writing/literature-review.（多伦多大学写作指导研究网站）

8. Cooper, Harris M., *Synthesizing Research: A Guide for Literature Reviews*, Sage Publications, 1998.

第三编 公共管理研究设计

公共管理研究设计是开展公共管理研究的战略性蓝图和行动规划,是公共管理研究过程的一个环节,这个环节上承公共管理研究的选题,下接公共管理研究的实施。公共管理研究设计需要明确公共管理问题类型、公共管理研究的目的、对象、方法、研究资料的性质、研究的具体实施步骤和研究预期的结果等要素及这些要素之间的逻辑联系。本编分为三章。

第六章介绍公共管理研究设计的概念、目的、要素和类型。在进行公共管理研究设计的时候,要处理好研究目的与研究问题类型、研究问题类型与资料性质、研究资料性质与研究方式、研究方式与具体研究技术之间的逻辑关系。公共管理研究设计可以分为科学发现类研究设计、技术设计类研究设计、评估类研究设计、诠释类研究设计和批判类研究设计,它们之间存在共性和差异。公共管理研究设计是公共管理研究开题报告包含的主要内容。

第七章结合公共管理研究,探讨定量研究设计中的几个关键问题:测量问题、变量问题、抽样问题和时间维度问题。首先介绍了测量的过程、测量的质量评价、测量的工具等问题。然后探讨抽样的类型、程序等问题。接着探讨定量研究设计如何处理变量变异的问题。最后讨论了公共管理中的纵贯研究和横剖研究。

第八章介绍定性研究设计的几个关键问题:定性研究问题、定性研究的背景知识、定性研究的抽样和定性研究质量评价等。本章结合公共管理研究的实践,通过例证探讨公共管理领域中的定性研究设计。

在"基于问题类型学的公共管理研究方法体系"中,本编的意图在于说明不同的公共管理问题类型对应不同类型的研究设计的基本逻辑。

第六章　公共管理研究设计

第一节　公共管理研究设计概论

一、研究设计的概念

众多研究方法论的学者都对研究设计进行过定义,如:艾尔·巴比(Earl Babbie)认为研究设计是:"科学研究的计划,也就是设计发现某事物的战略。虽然设计的细节会因研究对象不同而有所不同,但我们仍然可以讨论研究设计的两个主要方面。第一,必须尽量明确发现的东西;第二,必须采用最好的方法进行研究。"① 袁方认为:"如果说研究的最终目的是解答问题,那么研究设计的任务则是确定解答问题的途径、策略、手段和方案。"② 陈向明认为:"研究设计通常指的是:研究者在研究开始之前对研究的一个初步设想,其中包括问题的提出、具体的方法和手段、研究的步骤和进程、所期待的研究结果以及检验研究结果的方式等。"③

综上所述,公共管理研究设计是开展公共管理研究的战略性蓝图和行动规划,是公共管理研究过程的一个环节,这个环节上承公共管理研究的选题,下接公共管理研究的实施。公共管理研究设计需要明确公共管理问题类型,公共管理研究目的、对象、方法,研究资料的性质、研究的具体实施步骤和研究预期的结果等要素及这些要素之间的逻辑联系。

二、研究设计的目的

研究设计的主要目的如下:

1. 阐明研究问题解答的逻辑。 选题阶段的主要任务是陈述并确定问题,清晰地定位问题的类型,对问题结构进行分析,对问题进行合理的分解。要想进一步回答问题,则需要选取恰当的研究方式、收集资料、进行资料的分析,从而获得问题的答案。研究设计需要在问题陈述的基础上,弄清楚问题类型、资料性质、研究方式、资料收集和分析方法之间的逻辑关系,从而保证研究问题可以

---

① 〔美〕艾尔·巴比:《社会研究方法》(邱泽奇等译),北京:华夏出版社2000年版,第115页。
② 袁方主编:《社会研究方法教程》,北京:北京大学出版社1997年版,第128页。
③ 陈向明:《质的研究方法与社会科学研究》,北京:教育科学出版社2006年版,第67页。

得到有效的回答。就拿实证研究设计而言,"研究问题通常是以研究假设的形式出现的。研究设计的目的就是要通过数量化的分析,为假设中涉及的构念间关系提供有效的检验。"①对于质性研究设计而言,"与其他类型的研究相比,设计在质的研究中享有十分特殊的地位:既非要不可,又必须十分灵活。质的研究设计不能一次定终身,而要根据研究的具体情况作出相应的调整和修改。"②对技术设计类研究而言,研究设计则需要阐明最优化方法的逻辑。

2. **确保研究的信度和效度**。影响科学研究信度和效度的因素有很多,合理的研究设计则是确保研究信度和效度的关键。就实证研究而言,一方面:"严格的研究设计可以确保测量的变量很好地涵盖构念的内涵,提高构念效度;可以帮助我们选择正确的统计方法,保证统计结论效度;通过事先的设计和准备,可以最大限度地剔除各种替代解释对因果结论的影响,提高研究的内部效度;可以通过随机抽样的手段或者选择代表性较高的情景来提高研究的外部效度。"③另一方面:诸如调查研究这样的实证研究方式,由于其研究方式的特性,决定了"调查研究的一般特性是有效度较低而可信度较高。"④如何根据研究方式的特性,平衡好信度和效度的关系,是研究设计中的测量环节需要重点关注的问题。就质性研究而言,则需要不断地修正研究设计,实现研究信度和效度的平衡。

3. **厘清研究的变量**。我们生活的世界是一个普遍联系的、变化的世界。"当我们深思熟虑地考察自然界或我们自己的精神活动的时候,首先呈现在我们眼前的,是一幅由种种联系和相互作用无穷无尽地交织起来的画面。"⑤但我们在进行科学研究的时候,不可能穷尽所有的联系和所有的变化,我们只能研究有限的变量之间的关系。这就需要在研究设计中明确研究变量的地位和性质。图6-1给出了研究设计中需要明确的变量关系模型:

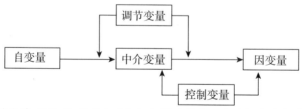

资料来源:陈晓萍、徐淑英、樊景立:《组织与管理的实证方法》,北京大学出版社2008年版,第20页。

图6-1 研究设计中的主要变量

---

① 陈晓萍、徐淑英、樊景立:《组织与管理的实证方法》,北京:北京大学出版社2008年版,第113页。
② 陈向明:《质的研究方法与社会科学研究》,第67—68页。
③ 陈晓萍、徐淑英、樊景立:《组织与管理的实证方法》,第113页。
④ 〔美〕艾尔·巴比:《社会研究方法》,第233页。
⑤ 恩格斯:《自然辩证法》,载《马克思恩格斯选集(第三卷)》,北京:人民出版社1995年版,第359页。

4. **控制变异量。**在实证研究中:"研究设计需要有效地控制造成因变量变化的各种变异量,如系统变异、外生变异和误差变异。通过不同的研究方法,我们可以恰当地控制可能影响因变量变异的各种因素,提高研究结论的严谨性和可信度。"①

5. **明确研究的时间、空间和对象。**研究设计还有一个目的是明确研究对象,明确研究的分析单位和分析层次。对于那些研究对象数目较多的研究,需要根据研究的目标和研究条件限制等因素,制定适当的抽样方案,展开研究。

三、研究设计的要素和模式

研究设计是对整个研究设计的各个关键方面和关键要素之间关系的逻辑联系的总体性考虑。

1. **研究设计的基本要素。**"为了某种可能的研究考虑而选择一个问题的时候,必须考虑并评价整个研究设计以及它的全部元素。"② 表 6-1 列出了研究设计需要考虑的元素。

表 6-1 研究设计的元素及其选择

研究的元素	选择
基本理论的类型	一般理论;中层理论;猜想
研究设计(狭义)	预实验的(调查);实验的;准实验的
接触组织和回答者	需要个人的允许;需要组织管理的允许
对所研究的社会系统的控制	无控制;部分控制;完全控制
可用的资料类型	仅有定量分析;以个案和观察研究作为补充的定量研究;其他(历史的,跨文化的等)
时间维度	来自单个社会单个时期的案例(横剖的);来自单个社会多个时期的案例(实践序列分析或纵贯研究);来自多个社会单个时期的案例研究(跨文化比较);来自多个社会不同时期的案例(比较的纵贯研究)
研究的样本或总体	初级群体(30 人或更少);次级群体(31 人以上);第三级群体(人群、公众等等);州、国家或者社会
样本规模	一个或很少几个个案;小样本(30 以下);大样本(30 以上)
资料来源	需要研究者收集的原始资料;现成的文献或二手资料;需要收集的文献或二手资料

---

① 陈晓萍、徐淑英、樊景立:《组织与管理的实证方法》,第 113 页。
② 〔美〕米勒、萨尔金德:《研究设计与社会测量导引(第六版)》,同前,第 15 页。

续表

研究的元素	选择
收集资料的方法	直接观察;访问;问卷调查;测验或其他形式的测试
自变量的数目	一个;一个以上
因变量的数目	一个;一个以上
测量的水平	定类、定序、定距、定比
评价因变量的尺度选择	具有信度和效度的资料;缺乏信度和效度的资料
因变量的特征	正态分布;非正态分布
研究周期	短暂的(少于6个月);长期的(6个月以上)
完成研究所需要的资源	需要基金支持;不需要基金支持

资料来源:Matilda White Riley, *Sociological Research*:*A Case Approach*, New York: Harcourt, Brace & World, 1963.

2. 定量研究设计的要素和模式。 定量研究设计的各个要素之间的关联是清晰的、线性的、先后比较分明的关联,而质性研究设计的各个要素之间的关联较为复杂,各个要素之间是一种非线性的,前后关系并不分明的交互关联。

下图是罗伊尔(I. Royer)和扎罗维斯基(P. Zarlowski)给出的定量研究的设计过程图:

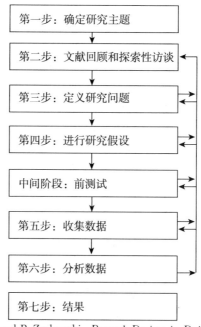

资料来源:I. Royer, and P. Zarlowski, *Reserch Design in Doing Management Research*:*A Comprehensive Guide*, Sage Publications Ltd, 2001, pp.111—131。

图6-2 定量研究的设计过程

米勒(W. L. Miller)和克瑞布垂(B. F. Crabtree)总结了定量研究的阶梯式研究设计模式。该模式第一步是定义研究问题,第二步文献综述,第三步形成假设,第四步研究设计,第五步工具设计和抽样,第六步资料收集,第七步资料分析,第八步结论,第九步修正假设。从第一步到第九步就像阶梯一样逐级向上。①

总之,定量研究设计的主体是一个清晰的线性模型,尽管在实际研究过程中,文献收集和探索性访谈与定义研究问题、提出研究假设等步骤有互动性的修正,但是并不会影响到研究设计各个步骤之间的逻辑关系。

3. 质性研究设计的要素和模式。质性研究设计则具有明显的非线性特征。1988年格雷迪(K. Grady)和韦尔斯顿(B. Wallston)提出了质性研究设计的"垃圾桶模式",包括四个成分即理论、方法、资源、解决方法,它们像在处理垃圾时那样同时在桶中一起滚动,互相平等、互相依赖、互相融合,没有时间上的先后之分。后来,两人在此基础上进一步将其完善,提出了"垃圾桶模式第二",该模式在前面四个成分的基础上增添了三个内容,研究问题、研究对象、研究者的关怀。②

约瑟夫·马克斯威尔(Joseph A. Maxwell)则进一步提出了"橡皮圈模式",该模式由上下两个三角形组成,两个三角的联系环节是研究问题,其余的四个角是研究的目标、情境、研究方法和研究效度,上面的三角形代表研究设计的外部因素,下面的三角代表研究的内部因素。上述因素就像橡皮圈一样,拉动一角而牵动其余。如图6-3所示③:

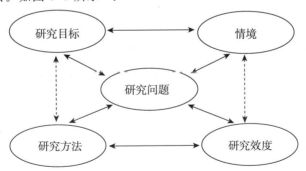

图6-3 马克斯威尔质性研究设计的橡皮圈模型

---

① W. L. Miller & B. F. "Crabtree, Primary Care Research: A Multimethod Typology and Qualitative Road Map", in Crabtree & Miller(eds.), *Doing Qualitative Research: A Practical Handbook*, Newbury Park: Sage, 1992, p. 9.

② K. Grady & B. Wallston, *Research in Health Care Settings*, Sage Publications, Inc., 1988.

③ 〔美〕约瑟夫·A. 马克斯威尔:《质的研究设计:一种互动的取向》(朱光明译),重庆:重庆大学出版社2007年版。

4. 质性与定量混合的研究设计。塔萨科里(A. Tashakkori)和特德利(C. Teddlie)认为行为与社会科学研究方法的演变大约可以分成三个时期。第一个时期是从19世纪末一直到1950年左右,称为单一方法时期,其中包括了纯粹的量化典范与质化典范的运用,以及单一典范,多种方法的使用。第二个时期是从20世纪八十年代到九十年代间,称为混合方法出现时期,包括了典范的争论与实用主义者的出现,及其对方法上的混合运用。第三个时期是从1990年一直到现今,称为混合模式出现时期。不同于第二时期的研究取向只重视在方法上的混合,两种典范如何交互运用并影响研究中每一个历程,是这个时期研究取向所关心的重点。①

质性与定量整合的研究设计又称作"三角校正"或"三角测量"。"并没有任何单一的方法能够适当地解决有关对立的因果问题……因为,每一种方法所揭示而呈现的,都是不同面向的实体;多样性观察方法的运用是必需的,而这也称为'三角校正'"②。美国学者迈尔斯(M. B. Miles)和休伯曼(A. M. Huberman)、德国学者梅英(P. Mayring)、美国学者麦克斯威尔(J. Maxwel)、中国学者陈向明都探讨过质性与定量研究结合的问题。归纳起来,有如下几种质性与定量结合的模式③:

(1)探索式结合模式。探索式结合模式是指,在开始量的研究之前,先通过质的研究来取得对研究对象的初步了解,以便于提出研究假设。然后通过量的研究来验证研究假设。在该模式中,质的研究处于研究过程中的"边缘地位",仅仅被视为是量的研究的准备阶段。质的研究所获得的认识只有在经过量的研究的检验之后才被赋予"科学"的地位。有些量的研究者甚至在调查报告中都不提及质的研究的过程。

(2)推广式结合模式。在推广式结合模式中,研究过程被分为质的研究和量的研究两个独立的阶段。在质的研究阶段进行个案调查并提出分析结果。在量的研究阶段,个案调查的分析结果被放入大样本进行检验,以获得研究结果的推广度。

(3)深入式结合模式。在深入式结合模式中,先在大样本范围内进行量的研究,并分析量的研究的调查结果。然后在分析结果的基础上,有针对性地选

---

① A. Tashakkori & C. Teddlie, *Mixed Methodology: Combining Qualitative and Quantitative Approaches*, London: Sage, 1998, p. 15. 转引自:谢志伟:《教育研究典范的未来趋势:混合方法论介绍》,《屏东教育大学学报》2007年第26期。

② N. K. Denzin, "The Logic of Naturalistic Inquiry", in N. K. Denzin(eds.), *Sociological Methods: A Sourcebook*, New York: McGraw-Hill, 1978.

③ 关于质性与定量结合模式的总结引自孙进:《作为质的研究与量的研究相结合的"三角测量法":国际研究回顾与综述》,《教育学研究》2006年第10期。

出典型的案例进行个案研究或小样本访谈，以取得对量的研究结果的深入理解和解释。

（4）交叉式结合模式。交叉式结合模式是以上结合模式的混合使用模式。第一种交叉模式是先通过质的研究取得对研究问题的了解，然后设计量的研究的调查工具，并在大样本范围内开展调查。最后再通过质的研究对量的研究的结果做出深入解释。第二种交叉模式是先进行量的研究的调查，然后根据量的研究的结果确定重要的或典型的问题，并通过质的研究（观察或访谈）对其进行深入调查。在随后进行的量的研究（实验）阶段，质的研究的结果可以在实验环境下得到进一步的考察和验证。

（5）并列式结合模式。以上四种模式严格来说可以被视为阶段式结合模式。在阶段式结合模式中，研究过程被分为不同的阶段，前一阶段的研究是后一阶段研究的前提和基础，而后者是前者的深入和发展。与阶段式结合模式不同的是，在并列式结合模式中，研究者（一个或多个）同时采用质的研究和量的研究来研究同一个社会现象，并分别单独分析其调查结果。只是在最后撰写研究报告时才比较、分析、汇总两类研究的结果。

（6）多元结合模式。多元结合模式是三角测量法（多元结合法）结合质的研究和量的研究的研究模式。鉴于三角测量法（多元结合法）对研究的多元性要求（包括研究资料、研究者、研究理论、研究方法），多元结合模式表现出循环式设计的特点。视具体研究问题的需要，多元结合模式对两种研究方法的结合，既可以采取阶段式结合模式，也可以采取并列式结合模式，既可以采取探索式结合模式，也可以采取推广式结合模式。

5. 研究设计的过程模型。 研究设计考虑的十个关键要素包括：

第一，研究问题。该要素需要明确研究问题的类型、结构、问题的分解等方面的内容。

第二，研究目的。需要明确研究的目的是描述、解释、预测还是批判等。

第三，研究的资料类型。需要明确研究的资料是质性资料、定量资料还是综合性资料。

第四，研究背景和文献。需要明确研究问题的背景和形成研究假设的相关文献。

第五，研究的理论和假设。需要明确研究的文献基础、研究的理论模型、研究的变量关系、分析单位、分析层次等内容。

第六，研究的概念化与操作化。需要明确研究的概念界定、概念的测量等内容。

第七，研究的时间维度。需要明确研究是纵向研究、横剖研究还是前后对比研究。

第八,研究对象的抽样。需要明确研究的对象和样本。

第九,研究方式和具体研究技术层面。需要明确采用何种资料收集和分析的方式,研究中使用的具体工具和技术等内容。

第十,研究设计报告。在明确上述内容的基础上,完成研究设计报告。

将研究设计的十个关键要素之间的衔接关系绘制成研究设计的过程模型,如图 6-4 所示:

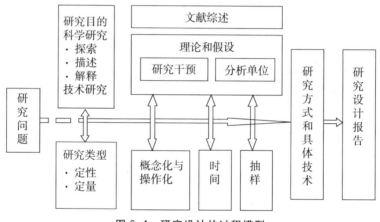

图 6-4 研究设计的过程模型

四、研究设计的类型

研究设计考虑的要素非常多,要素的特征不同则研究设计的类型也不同,根据不同的标准,会形成多种形式的研究设计的分类。

1. **根据研究资料的属性进行分类**。从研究资料的属性来看,可将研究设计分为质性研究设计、定量研究设计和质性定量综合的研究设计。质性研究设计与定量研究设计在研究方法、视角、逻辑、步骤、客观性、工作起点、概念、资料收集计划、资料、理论和研究程序等方面存在显著的差异,如表 6-2 所示:

表 6-2 定量研究设计与质性研究设计的区别

	定量研究设计	质性研究设计
研究方法	实证社会科学	诠释或批判社会科学
视角	技术主导	超验观点
逻辑	建构逻辑	实践逻辑
步骤	线性	非线性和循环
客观性	剥离人的因素	人的因素

续表

	定量研究设计	质性研究设计
工作起点	检验研究者作为工作开始的假设	当研究者开始沉浸于资料中时,掌握和发现意义
概念	概念以不同的变量出现	概念以特殊化的方式进行,而且通常根据个体的环境和研究者个人而具体化
资料收集计划	在资料收集前制定标准化的测量体系	测量以特殊化的方式进行,而且通常根据个体的环境和研究者个人而具体化
资料	资料以精确的数字形式出现	资料以文献、观察和抄本的词语和画面形式出现
理论	理论在很大程度上是因果性和演绎性的	理论不一定是因果性,但通常是归纳的
研究程序	程序是标准化和可重复的	研究的程序是特殊的,很少能重复
资料分析	通过统计数值和图表,以及探讨他们与假设之间的关系进行分析	分析的过程是通过从例证中抽取出主题或概要和组织资料来展现一个紧凑的、一致的图画。

资料来源:〔美〕劳伦斯·纽曼:《社会研究方法——定性和定量的取向》(郝大海译),北京:中国人民大学出版社2007年版,第189页。

  质性研究设计与定量研究设计往往会综合使用,形成质性与定量综合的研究设计。进行一项新的研究项目时,没有正确的质性分析,就不可能作出科学合理的描述,更不能建立起正确的理论假设,定量研究也就因此失去了理论指引。没有理论指引的定量研究,就不可能得出科学而具有指导意义的结论。定量研究的结论有时也需要质性研究加以解释。一般而言,质性研究和定量研究互为补充。需要根据研究的目的分别选用,或是两者混合使用,不可偏废。

  2. 根据研究中是否涉及"价值"进行分类。根据研究是否涉及"价值"问题,可将研究设计分为实证研究设计和规范研究设计。实证研究与规范研究的区分起源于人们对真理与价值、真与善、"实然命题"和"应然命题"之间区别的划分。真正将两类研究从认识论和逻辑学的角度加以系统阐述的哲学家是休谟。大卫·休谟(David Hume)在《人性论》中写道,"人们不能从'是'推断出'应该'这一命题,即纯事实的描述性说明凭其自身的力量只能引起或包含其他事实的描述性说明,而绝不是做什么事情的标准、道德准则或规定。"[①]休谟所阐发的"实然命题"和"应然命题"的区分成为实证研究的一个基本前提,也成为"实证研究"区别"规范研究"的哲学依据。

  一般而言,实证研究设计是指坚持价值中立,以经验为基础,以合理、有效

---

① 休谟的这句转引自马克·布劳格:《经济学方法论》(中译本),商务印书馆1992年版,第135页。

地解答"是什么"和"为什么"这类实然命题为目标的研究计划和蓝图。规范研究设计则是根据既定的价值原则，寻求实现既定价值原则的优化手段、方案和途径的研究计划和蓝图。实证研究设计和规范研究设计在研究问题、研究目的、研究方式等方面存在差异，如表6-3所示：

表6-3 实证研究设计与规范研究设计的区别

	实证研究设计	规范研究设计
研究问题	是什么？为什么？	应该怎么办？采用何种途径可以更好地实现特定的目标？
研究目的	描述、解释、预测	方案设计和优化
学科范畴	科学	人工科学、技术
资料	经验资料，质性的或者定量的	价值前提和经验事实
理论	因果关系	优化
要素	经验要素	伦理规范要素和经验要素的组合

在公共管理研究中，实证研究旨在寻求公共管理现象之间的联系和客观规律性，又被称为基础研究。规范研究综合运用经济、政治、法律和管理的途径，通过战略、组织、制度、体制和政策设计实现既定的目标，又被称为应用研究或政策研究。应用研究或政策研究的主要目标不是发现规律，而是利用科学规律，依据某种价值前提，解决现实中遇到的问题，弥合价值和事实之间的差距。公共管理学是一门集基础研究和应用研究于一身的学科，他的性质与保罗·萨缪尔森（Paul A. Samuelson）对经济学本质的评论具有一致性："经济学本质上就是一门以经验为依据的科学。它以解释我们身边的世界为首要目标，然后帮助我们基于正确合理的经济原则来设计经济政策，以提高国内外人民的生活水平。"①

实证研究设计和规范研究设计有明显的差异，但是在现实生活中，两者之间是密不可分的，实证研究发现的规律可以作为事实前提进入规范研究，成为规范研究方案设计的依据。规范研究不可能脱离经验要素，不可能脱离实证研究成果的支撑。实证研究的成果又为规范研究目标圈定了范围，人不可能超越经验的范围和能力盲目地设定目标。总之，实证研究和规范研究在现实中往往综合使用，只是在某一个单项的研究中，实证研究和规范研究有所侧重。

3.变量取向的研究设计与个案取向的研究设计。变量取向的研究旨在发现研究对象变量之间的联系，往往采用调查法、实验法和统计资料分析等方法

---

① 〔美〕保罗·萨缪尔森等：《经济学》（第16版），北京：华夏出版社1999年版，第5页。

展开研究。变量取向的研究设计需要抽取大量的样本作为变量分析的基础。需要将研究聚焦在几个变量的特征上,因此往往会忽略研究对象的背景、过程和细节。个案取向的研究则往往采用实地法作为基本的研究方式,会综合使用观察、文献、调查等多种资料收集方法,选取少量的个案,对这些个案进行深度的描述。

除此之外,还可以根据研究的时间维度、研究的方法论取向、研究问题的性质、研究设计的结构化程度等方面对研究设计进行分类。本书根据公共管理问题的类型将公共管理研究设计分为科学发现类研究设计、技术设计类研究设计、评估类研究设计、诠释类研究设计和批判类研究设计,第三节将深入阐述不同类型研究设计的基本框架。

第二节 公共管理研究设计的逻辑

研究设计的逻辑就是研究设计构成要素之间的逻辑关联。"在一项研究中,研究问题、研究类型、变量的测量与统计分析是相辅相成,紧密连接的不同步骤。"①

一、研究目的与研究问题类型之间的逻辑关联

研究目的与研究问题类型是紧密相关的,研究提问的问题的类型不同决定了问题的求解目标不一样,从而研究的目的也就不一样。研究目的可分解为研究动机、研究意向和研究目标等内容。

科学发现类问题是那些对客观世界"是什么"和"为什么"提问的问题。因此,对科学发现类问题进行研究的目的是探索世界、描述世界、解释世界和根据规律预测未来。比如:在公共管理研究中,发现政府制度绩效与社会资本之间的联系,并对此联系做出解释就属于科学发现类的问题。

技术设计类问题的目的是在"价值前提"和"事实前提"的相互调试下,设定恰当的目标,并根据这一目标设计方案,找到优化的方案。简言之,目标设定和方案优化是技术设计类研究的目的。比如在公共管理研究中,"如何才能提高行政效率"这样的问题就是典型的技术设计类问题,解答这类问题就是在一定的约束条件下,选择合适的方案。新公共管理采用市场化、民营化和将企业管理方法引入政府管理的方式就是在当时的各种约束条件下,实现了政府管理经

---

① E. J. Pedhazur & L. P. Schmelkin, *Measurement, Design, and Analysis: An Integrated Approach*, Hillsdale, N. J.: Lawrence Erlbaum Associates, 1991. 转引自陈晓萍、徐淑英、樊景立:《组织与管理的实证方法》,第 117 页。

济、效率与效益的提高。解答这一类问题的途径可能有多种,需要根据既定的约束条件,设计出优化的方案。

评估类问题的目的是对社会事实、行为和态度进行客观和主观的评价,客观描述和主观评价是评估类问题的两个基本目的。评估类问题的客观描述和科学发现类问题的描述具有相同点,不同的是,评估类研究对客观事物的描述总是根据设定的标准进行,是按照特定的标准进行的评价。在公共管理研究中对政府绩效的评估就属于典型的评估类问题。

诠释类问题旨在阐发社会现象蕴含的意义,挖掘社会现象和社会行动背后的价值,为社会现象和行动确立价值规范。阐发意义、挖掘价值和确立规范是诠释类研究的目的。比如:在公共政策研究中,某项政策的价值规范如何确立?在诠释的政策分析学派看来,就是一个诠释类问题。诠释的政策分析学派认为:诠释的政策分析超越了技术效益层次,而延伸至更大社群的政治利益和需求。政策分析者将做为民主的促进者与公民形成合作关系。专家的角色从裁断者转变为公众利益的分析者与诠释者,其任务不仅是提出解决问题的技术信息,还要能促进公共讨论与学习。在诠释的政策分析学派看来,一个适当的互动模式或一套程序可以组织专家与公民之间的互动,促进公开讨论,确立政策价值。

批判类问题旨在阐发社会现象背后隐藏的内在矛盾,揭露矛盾,革故鼎新。在公共管理研究中,公共行政的批判理论学派对官僚制现代性的批判,就是一个典型的批判类问题。

二、研究问题类型与资料性质之间的逻辑关系

研究问题类型与资料性质也是紧密相关的。对科学发现类问题的回答可以是质性的回答,也可以是定量的回答,或者两者综合的回答。比如像"中国古代社会治理的模式是什么?"这样的问题,其答案就是质性的答案。黄仁宇在《万历十五年》一书中对此问题进行了回答,总结出了中国古代以意识形态治国的治理模式,该模式与西方资本主义数目字管理的治理模式相区别。再如,社会资本与民主绩效之间的关系是什么?这个问题则需要在质性研究的基础上,提出研究假设,然后进行定量检验的问题。

对技术设计类问题的回答可以是质性的也可以是定量的,或者两者的综合。在公共管理研究中,诸如"为了确保权力在阳光下运作,应该建构什么样的县级政权的权力运行机制?"该问题的答案就是一个质性的答案,该答案能提供权力公开透明运作的机制。再如"为了确保某省公共服务的均等化,应该向某某县提供多少转移支付?"这就是一个需要质性和定量结合来回答的问题。首先需要明确公共服务均等化的范围和标准,然后根据公共服务均等化的模式,进行转移支付数量的计算。

评估类问题的解答以定量资料为主。在公共管理研究中对政府公信力的测评、对政府能力的评估、政府部门行风的评议、地方科学发展的考核等一般都需要通过制定指标和量表的方式加以测量。

诠释类问题尝试阐发现象背后的意义、价值;批判类问题尝试解释现实中存在的固有矛盾,因此诠释类问题和批判类问题的解答以质性资料为主。比如,在公共管理的批判研究中,对官僚制的批判、对理性政策分析的批判等,所使用的资料都是以质性资料为主的。

三、研究资料性质与研究方式之间的逻辑关系

根据研究所使用资料的性质,可将研究分为质性研究、定量研究两种基本类型。获取和处理这两种类型资料所使用的基本研究方式是不同的,不能混淆。这种对应关系如表6-4所示:

表6-4 研究资料性质与研究方式之间的关系

	质性研究	定量研究
研究方式	历史比较法、实地研究、现象学、民族志、扎根理论、常人方法学、话语分析、参与型观察等 质的生态学	实验法、调查法、文献法(内容分析、统计资料二次分析等定量方法)
介入性	历史比较研究(非介入性) 实地研究(介入性)	实验研究(介入性)、调查法(介入性)、文献法(非介入性)
研究方法论	实证主义、诠释主义、批判主义	主要是实证主义

一般而言,历史比较法和实地法收集的资料是质性资料,质性资料旨在总结事物之间的关系、结构和模式;阐发社会现象背后的意义和价值。历史比较法是一种非介入性的方法,该方法借助已有的文献对已经发生过的历史进行比较分析。实地研究则是一个包括了使用现象学、民族志、扎根理论、常人方法学、参与型观察、质的生态学等研究方法,深入研究对象,与研究对象互动的方法和技术群族。质性资料可以用于实证主义、诠释主义和批判主义的研究中。

实验法、调查法、内容分析、元分析等是收集和分析定量资料的基本方法。定量资料的分析方法则需要数学和应用统计学的知识做支撑。实验法和调查法是介入性的资料收集方法,这意味着研究者需要对研究对象进行干预或者在与研究对象的接触、互动中获取资料。

质性资料适用于实证主义、诠释主义和批判主义的研究,定量资料则主要适用于实证主义的研究。

四、研究方式和具体研究技术之间的关系

研究方式与具体的研究技术之间并不存在严格的一一对应的关系,如果将研究方式看作是收集资料"模具",不同模具会压制出不同类型的产品,那么具体的研究技术则更像是收集资料的"工具",有些工具是一个模具上特有的,有些工具则同时适用于不同的模具。一般而言,研究方法的进步,往往并不体现在研究方法论和基本研究方式的差异上,而更多地体现在具体研究技术的改进上。

研究的具体技术广泛地分布在研究方法体系各个层面,比如方法论和哲学层面的分析技术、理论范式层面的研究技术、研究方式层面的资料收集与分析技术等。其中方法论和哲学层面分析技术、理论范式层面的分析技术与特定的理论分析方法相联系,本质上是理论思维的方法。诸如矛盾分析、辩证法、归纳法、演绎法等属于哲学方法论层面的具体方法。交易费用、制度变迁、博弈分析等则属于制度主义的理论分析技术。研究方式层面的具体方法则是收集和分析资料的具体办法,下表列出了研究方式对应的具体研究技术。如表 6-5 所示:

表 6-5 研究方式和研究技术之间的对应关系

	定量			质性	
	调查法	实验法	定量文献	实地研究	历史比较
资料收集技术	问卷 结构访谈 深度访谈 观察 文献收集	问卷 观察 结构式访问 深度访谈 文献收集	二手统计资料 内容分析 元分析	观察 深度访谈 结构访谈 问卷 文献收集	文献收集
分析资料技术	统计描述 统计推断 SPSS、Excel、Stata 等统计分析软件			Nvivo、ATLAS. ti、Hyper-RESEARCH 等质性分析软件	

调查法首选的资料收集的技术是问卷和量表,且更多地使用结构性问卷收集资料。其次常使用的收集资料的技术是结构访谈。深度访谈、观察和文献收集是使用较少的技术。实验法首选的资料收集方法是问卷法,观察、结构式访问也用得较多,深度访谈和文献使用的则较少。定量文献法往往收集的是二手统计资料,以及质性资料的定量内容分析。实地研究经常使用的方法包括观察、深度访谈,结构访谈、问卷和文献收集则使用的较少。历史比较法收集的资料都是已有的文献资料。

就资料分析技术而言:定量资料一般会借助统计学的理论和方法,使用数

据进行统计描述和统计推断。诸如 SPSS、Excel、Stata 等统计分析软件是进行定量数据分析的良好工具。质性资料的分析一般包括资料的审查、资料编码、资料分类整理等步骤，目前已经发展出了诸如 Nvivo、ATLAS.ti、HyperRESEARCH 等质性分析软件。

第三节　公共管理研究设计的基本框架

研究设计的基本框架是研究设计的关键要素、核心议题和要素之间的逻辑联系。本节根据研究问题的类型，对不同类型研究设计的基本框架进行分析。

一、科学发现类研究设计的框架

科学发现类的研究设计是为了回答科学发现类问题而对研究要素、核心议题和研究要素联系的总体规划。

1.**问题性质**。科学发现类研究设计所回答问题的核心特征是主观认知和客观事实之间的矛盾，以及由此引发的主观认知之间的矛盾、客观事实之间的差异。提出科学发现类问题的途径包括：寻求经验事实之间的联系和一致的解释、证实假说和现象可靠性、寻求理论体系内部的不一致性、解答多个理论和假设的不一致性、学科理论方法的移植等。

2.**研究目的**。科学发现类研究设计的目的是有效地回答科学发现类问题，最终的知识成果是人类对客观现象内在联系及其联系的规律性的认知。科学发现类研究目的可以是探索、描述、解释和预测。

3.**资料类型与研究方法**。科学发现类研究收集和处理的资料存在三种可能：质性资料、定量资料和质性定量综合资料。对于质性资料而言，科学发现类的问题旨在发现事物各个方面内在的要素和关系，找到一种结构和模式。在公共管理领域韦伯对官僚制模式的概括，就是一种建立在质性研究基础上，对现代组织形式的总结和提炼。王亚南所著的《中国古代官僚政治制度研究》，就是基于中国古代历史资料，以中西方对比的视野，提炼出了中国古代官僚制度的要素、结构和模式。"旧官僚政治完全建立于传统的封建农业经济上……新官僚政治……更直接靠近买办性商业金融业。"就是建立在质性研究基础上的一种"科学发现"。

对于定量资料而言，科学发现类问题旨在寻求变量之间的相关关系和函数关系。对于质性定量资料综合使用的研究而言，质性研究是定量研究的前提、基础和引导，定量研究则是质性研究的深化和实证检验。在公共管理领域，帕特南得出了"民主绩效与公民精神之间呈正相关"关系的结论，就是定量研究寻求相关关系的例子。凯恩斯发现的利率与投资之间的关系,则是寻求函数关系的例子。

4. **研究设计的逻辑。**对于质性的科学发现类研究设计而言,其资料是软性和实证的,理论考察的是主旨、主题、区别和想法。质性研究重视个案的详细剖析,往往将个案而非变量置于中心位置,检验一个和少数个案的方方面面。其理论往往是对特定情境的事件过程的归纳概括。质性研究在资料收集中发展理论,理论从资料中建构,根植于资料。质性研究者通常使用比较建立理论。对于定量的科学发现类研究设计而言,研究的过程就是证明或证伪研究假设的过程。

二、技术设计类的研究框架

技术设计类的研究设计是为了寻求"实现特定目标的最优化方案、手段和措施是什么"这一类问题的答案,而对研究要素、核心议题和研究要素联系的总体规划。技术设计类的研究设计的基本要素如下所述:

1. **问题性质。**设计过程类似于赫伯特·西蒙(Herbert Simon)解释的决策过程,西蒙将决策过程看做是价值前提和事实前提之间的相互调试和选择过程。

技术设计类问题的解决一般包括技术设计问题的确立、情报的收集和分析、设计要素的归纳、方案的设计、方案的选优、选择结果的审查这样六个基本的步骤。其中技术设计问题的确立是技术设计类研究设计的起点。技术设计问题是特定目标与现实之间的差距,弥补这一差距的方案和手段是多样的。大量的公共管理研究实际上是一种设计活动,公共管理研究者在面对技术设计类的问题时,需要深入地了解现实问题利益相关者的需求,然后根据利益相关者的需求进行利益综合,在利益综合后形成的特定价值前提下,设计出满足这些价值需求的方案来。

2. **研究目的。**技术设计类研究的目的是寻求实现特定目标的优化方案。具体如下:

(1)明确目标和界定技术问题。技术设计类的研究本身就有辨明相关需求、界定目标、明晰问题的目的。一般而言,技术设计类的研究设计可以根据技术设计目标的不同情形分为三种情况:第一种情况是目标既定的技术设计。此类研究设计只需根据已经明确的目标,寻找实现目标的方案。第二种情况是目标模糊的研究设计,该类研究设计的目标本身仅仅是一个方向性的、尚未精确地确定的目标,需要技术设计者根据技术手段的可能性,不断地调整具体的目标,技术手段的约束和目标的调适是一个交互的过程。第三种情况是目标未定的技术设计。目标未定的技术设计是那些目标尚未确定,需要经过利益相关者的博弈过程才能将目标确立的技术设计。在公共管理研究和实践中,上述三种情况都存在,但是技术设计活动本身需要明确的目标,确立目标、明确需求的过程是技术设计活动的前置过程,也是确立技术设计问题的必经阶段。

(2)方案优选。技术设计研究并不仅仅局限于提出实现特定目标的方案,更重要的是根据相关标准,论证该方案是优化的。方案优化的约束条件和参数是多方面,可以从价值前提和事实前提两个方面分解为合意的、正当的、可能的、可行的四个方面,这四个方面的交集就是方案优化的基本标准。① 诸如系统工程、成本收益分析、运筹学等都是进行方案优化的分析工具。

(3)在比较分析中提出对策。技术设计类研究的最终目的是找出在既定约束条件和环境参数下实现特定目标的方案、政策和手段。在公共管理研究中,往往需要在时间(时间段、历史、现状等)和空间(国别、地区、部门等)中进行目标比较、约束条件比较、环境参数比较、手段比较,找出当前问题的特殊性,并"有的放矢"地提出战略与政策、体制与机制、措施与办法来解决这些问题。

3. **资料类型与研究方式**。技术设计类研究收集和处理的资料亦存在三种可能:质性资料、定量资料和质性定量综合资料。在公共管理研究中,对于体制、机制、组织设计而言,更多地使用质性资料。比如在进行行政体制设计的时候,我们需要梳理清楚分工与职能、权责分配、机构与人员等基本的信息,然后根据职能、责任、机构、人员相统一的原则形成合理的行政管理体制。在公共管理研究中,还会大量地使用定量资料,给出精确的政策建议,比如中央政府对银行准备金额度、利率、最低收入水平的确立等政策的设计,就需要处理大量的定量资料,形成定量的政策建议。当然,公共管理研究中更多的是综合运用质性和定量的资料,进行战略设计、政策设计、体制机制设计等技术设计活动。

4. **研究设计的逻辑**。对于技术设计类研究而言,其目的是为了设计出实现既定目标的手段,从主观需求与现实状况之间的差距入手,利用既有的理论知识,使其为特定的目的服务,实现合目的与合规律的有机统一。技术设计类的理论仅仅是技术设计逻辑中的一个环节,是关于"环境变量"和"固定变量"的知识。技术设计类的研究不像科学发现类研究那样提出一个研究假设进行检验,而是更强调通过既有科学理论和既有技术成果的比较,发掘不同方案在命令变量、固定变量、环境变量和效用函数方面的差异,在比较的基础上,通过技术借鉴和设计创新,形成新的设计方案,从而将冷冰冰的科学原理变为造福人类的手段。②

---

① 申仲英:《人工自然建造的前提》,《自然辩证法研究》1994 年第 9 期。
② H. A. 西蒙:《人工科学》(武夷山译),北京,商务印书馆 1987 年版,第五章。

如果说科学发现类研究提出理论假设后需要通过抽样和概念化操作化过程将理论和经验连接起来,那么技术设计类研究的逻辑则是界定清楚技术设计问题,明确技术设计的目的后,通过方案的比较借鉴、理论事实和经验事实的重组、技术试验等方法,获得创新性的、新型的、优化的设计方案。

三、评估类研究设计的框架

评估类研究设计框架寻求"事实、行为和态度与某一标准之间的关系是什么"这一问题答案而形成的要素及要素间的逻辑关系。

1. **问题性质**。评估类研究的问题与科学发现类问题的相似之处在于两者都是对事实、行为和态度的描述和解释。但不同的是,评估类研究在对事实、行为和态度进行描述时,是建立在与特定标准进行比较基础上的描述和解释,比较的标准可以是客观的标准也可以是主观的标准。比如对经济发展水平的评估,各个评估指标的标准是客观的标准;对政府公共服务满意度的评估则是主观的标准。评估至少包括三个要素,即标准(criteria)、证据(evidence)和判断(judgment)。评估研究问题的本质是根据经验证据,寻求特定标准和经验证据之间的关系,并对这种关系进行事实和价值上的判断。

2. **研究目的**。评估研究的目的除了描述客观现状,对客观现象之间的关联作出解释以外,评估研究独有的目的是进行有效性评价,旨在对社会干预导致的社会现象、行为、态度等方面的有效性进行测量和评价,从而为公共管理控制和调试提供依据。事实上,公共管理活动就是一种社会干预活动,只要涉及对公共管理活动的测量和评价就涉及公共管理评估研究。总之,评估研究的目的包括四个方面:描述、解释、测量和评价,通过评估活动为公共管理控制提供前提基础。

3. **资料类型与研究方式**。评估研究虽然不是与调查法、文献法、实地法、实验法并列的四种基本研究方式,也不是与实证主义、诠释主义、批判主义并列的方法论流派,但是评估研究会综合运用不同方法流派的方法论,综合运用质性和定量的资料,综合运用调查法、实地法、实验法和文献法等研究方式。

4. **研究设计的逻辑**。评估研究的三个基本要素(标准、证据和判断)同时涉及事实因素和价值因素,对评估过程中事实和价值之间关系的理解不同,形成了实证主义评估、诠释主义评估和整合评估三种不同的评估范式,不同的评估研究范式有不同的评估方法和主客观联系机制。本书十二章将详细论述评估研究的设计逻辑。

四、诠释类研究设计的框架

1. **问题的性质**。诠释研究问题是那些从社会现象中阐发意义、建构规范和明确价值的一类问题。

2. **诠释研究的目的**。诠释研究的目的是阐发、确立和建构社会现象背后的价值和意义。诠释研究尝试回答文化、价值和精神领域的"应该怎么样"的价值问题,与人的目的、自由和人与人之间的共识和规则紧密相关。

公共管理领域的理解与诠释类知识是一个多元的大家庭。主要包括公共管理的价值诠释、公共管理的历史诠释、公共管理的文本诠释和话语诠释、公共管理的行动诠释等内容。

3. **资料类型和研究方式**。诠释研究一般都针对的是质性资料,其主要采用现象学、民族志、扎根理论、常人方法学、话语分析、参与型观察、质的生态学等收集和分析资料的方法。

4. **研究设计的逻辑**。诠释研究的基本逻辑是表意(ideographic)与归纳。表意指这个研究取向提供的是一种符号式的呈现或深入的描述。诠释理论犹如一张勾勒出社会世界的地图,或是一本描述地方风俗与非正式规则的旅游指南。一份诠释研究报告读起来像是一本小说,或是一本传记,而不是一个数学证明。借助于揭示日常生活中人们使用的意义、价值、诠释框架和生活规则,诠释理论工作者让读者感受到另一个人的社会现实。①

五、批判类研究设计的框架

1. **问题的性质**。批判问题是那些批判者主观价值和追求与现实存在矛盾的系列问题。在批判研究者看来,现实社会并不是实证主义所谓的纯粹的经验的堆积,而是主体被"异化",需要改变客观世界,将主体从"异化"中解放出来。批判主义者进行的政治经济批判、哲学批判、文化批判都是建立在对现实的矛盾分析和否定性辩证分析基础之上,以矛盾的观点和辩证的观点看待和分析现实是批判问题的基本特征。

2. **研究目的**。批评研究的目的是改变世界。"哲学家只是以不同方式解释世界,而问题是在改变世界。"②批判社会研究者是行动取向的。研究的目标就是赋予权力,批判研究本身就是改变社会秩序的重要力量。

3. **资料类型和研究方式**。批判研究者往往综合使用质性与定量的资料。将价值与事实熔为一炉,在矛盾分析、辩证分析、交互理性等方法引导下,收集和分析资料。

4. **研究设计的逻辑**。批判研究的基本逻辑是辩证的方法,使用反思和否定

---

① 〔美〕劳伦斯·纽曼:《社会研究方法——定性和定量的取向》(郝大海译),北京:中国人民大学出版社 2007 年版,第 101 页。
② 马克思:《关于费尔巴哈的提纲》,《马克思恩格斯选集》(第 1 卷),人民出版社 1972 年版。

的思维揭示事物的发展规律。批判研究通过对信念和价值的反思、通过行动改变现实世界,在揭示矛盾和克服困难中,找到一条通向解放的道路。

总之,问题的性质、研究目的、资料类型、研究方式、研究设计的逻辑概括了不同类型研究框架的主要区别。不同类型的研究框架在研究的创新评价、研究的程序、研究的信度和效度等方面亦存在诸种差异。

第四节 公共管理研究设计与开题报告

研究设计是开题报告、项目立项书、研究提案、研究计划的基础和核心部分,相当于它们的"项目论证"和"课题论证"部分。本节介绍开题报告的写作中需要注意的重要事项。

一、开题报告概述

开题报告是在开展某项研究、写作一篇研究报告、完成学位论文之前,对研究题目、研究目的、研究背景、研究问题、研究意义、研究文献、研究内容、研究方法、研究计划、研究创新点、参考书目等方面进行概要性的陈述,以便提交给专家和相关人员进行评定和审查的研究提案。开题报告与通常所谓的选题报告、项目立项书、研究提案、研究计划等称谓所指称概念的含义大体是一致的。

研究设计与开题报告、项目立项书、研究提案、研究计划之间并不存在本质的区别。开题报告、项目立项书、研究提案、研究计划主要针对特定人群展示研究设计,要在阐明研究设计的基础上有针对性地说明研究的合理性、可行性和重要性。"研究设计通常表现的是一项研究的内在逻辑和结构,包括研究的部分以及这些部分之间的关系;而研究提案通常是一份对研究设计进行说明和论证的文件,其目的是向特定读者群论证自身的合理性、可行性和重要性。"[①]

可以使用不同的标准对开题报告的类型进行划分。比如按照资料的性质进行分类、按照学科进行分类、按照研究的应用程度进行分类、按照问题性质进行分类等。

二、开题报告的一般形式

目前各个大学、研究机构、项目招标和评审机构基本上都制作了开题报告的格式文本。从这些格式文本可以看出,开题报告的核心内容包括以下几个部分:

[①] 陈向明:《质的研究方法与社会科学研究》,教育科学出版社2006年版,第72—76页。

1. **研究题目**。研究题目是一项研究的门脸，好的标题能够凝练研究的问题，集中体现研究的内容，展现研究的亮点，突出研究的特色。正因如此，研究题目的设定往往是在开题报告写作过程中不断修订，最后定下来的点睛之笔。好的标题的设定是一项艺术，需要反复推敲琢磨，一般而言，好的标题要满足简明扼要、富有意义、契合研究内容、引起审阅人兴趣、传递中心思想等标准。很多项目可以使用主标题和副标题结合形式，使题目更加完善。事实上，我们可以通过多看看已经获得资助或者已经获得学位的题目，领会选题的奥妙。

2. **选题背景和研究问题陈述**。科学研究始于问题，能够清晰地陈述研究问题，很大程度上意味着研究成功了一半。在实际的开题报告的写作中，研究问题陈述工作往往并不是一次就完成的，需要不断地修正，最后才能对研究问题进行清晰的表达。

研究问题由背景知识、经验事实、求解目标等要素构成，因此在清晰地阐明问题之前需要对选题的背景进行介绍。选题的背景一般包括理论性的背景知识、实践需求背景、个人研究经历等。对选题背景的介绍实质上是对问题提出途径的阐述。

3. **研究目的、意义和创新之处**。研究目的是对研究问题解答过程和解答结果的进一步解释。研究目的简要地阐述问题解答的目标和最终达成的成果。

研究意义则阐述问题解答过程和解答成果的理论价值、应用价值和学科建设价值等内容。在研究意义的阐述中，要突出研究的贡献和创新之处。创新之处是这项研究与其他研究相比，前人的研究和同行的研究尚未进行的、开创性的知识贡献。研究的创新评价需要根据不同的研究类型进行评价。比如科学发现类研究的创新表现在新规律、新关系、新模式的发现，已有的理论被证实或证伪等。技术设计类的创新表现在新技术和新方案在正当性、合意性、可能性、可行性方面有了新的突破等。

4. **文献回顾**。文献回顾围绕研究问题，对与研究问题相关的文献进行系统的叙述和评价。文献回顾的目的是找到既有研究与目前研究问题之间的联系，找到既有知识的空白地带和可拓展地带。

5. **研究的理论框架和研究方法**。研究的理论框架是开展研究的思维框架、途径和视角。对于定量研究而言，需要在阐述清楚研究框架的基础上说明研究假设。还需要进一步对核心概念进行操作化。质性研究则需要提出引导性的研究框架，以便引导资料的收集和资料分析。

研究方法则包括了方法论、研究方式和研究工具三个层次。需要重点阐述研究方式的选择。以及各个研究方式的实施步骤，比如采用调查法，就需要清楚地阐述测量、抽样等问题。

研究范围包括研究领域、核心概念范围、案例范围和观察的范围等。明确研究范围是研究理论框架建立的重要部分。

6. **研究的内容**。研究内容是研究的构成部分，这些构成部分实质上是对拆分的研究问题的回答。

7. **研究的局限性**。这部分重点阐明研究在主客观方面的限制。比如在理论上对变量的设定和控制，收集和分析资料的限制，方案设计的局限等等方面。阐述研究的局限性有助于清晰地认识该项研究在知识体系中的地位，也是研究进一步完善和推广的起点。

8. **研究的基础和研究计划**。本部分重点阐明研究的理论准备、实验条件、人员条件、资料条件、写作和支持条件等客观和主观基础。研究计划是对研究一步步开展的时间规划，可以使用统筹法、甘特图等项目计划管理的工具制定研究的计划。

9. **参考文献、注释和附录**。参考文献需要列出与本项目紧密相关的文献，主要是立项报告文献综述中涉及的文献。注释则是对项目报告的注解性说明。附录是不必要放在正文，但有必要提供的各种资料和图表。

三、不同类型开题报告内容的特殊性

在公共管理研究中，不同问题类型的研究在开题报告的写作中，既要体现开题报告的共性和一般形式，还要体现不同问题类型开题报告内容的特殊性。

（一）科学发现类研究开题报告

科学发现类开题报告需要重点清晰地阐明研究问题、重点研究框架、研究假设和研究方法。表6-6、6-7、6-8是参考格式：

表6-6 定量的科学发现类开题报告

导言	研究设计的类型
陈述问题	样本、总体和参与者
研究目的	收集资料的工具、变量和原始资料
理论视角（框架）	数据分析程序
研究的具体问题或假设	预计伦理问题
定义术语（概念化和操作化）	预研究或预测试
界限和局限	研究的意义
文献综述	附录：研究工具、时间表、经费预算
研究方法	

表 6-7　质性的科学发现类的开题报告

1. 题目/签名页
　　1.1. 完整的研究项目的题目和项目带头人
　　1.2. 所有研究者的姓名和签名、工作单位、电话和传真号
　　1.3. 经费预算、项目开始和完成时间
　　1.4. 申请人单位领导的姓名、签名、地址
2. 摘要页(研究项目的内容摘要)
3. 提案正文
　　3.1. 导论
　　3.2. 目的陈述
　　3.3. 文献综述
　　　　项目的重要性
　　　　研究的问题
　　3.4. 方法
　　　　3.4.1. 对研究地点和对象的描述
　　　　3.4.2. 资料收集
　　　　　　资料收集的过程
　　　　3.4.3. 资料分析
　　3.5. 对研究对象的保护措施
　　3.6. 时间安排(研究时间进度)
4. 推荐书
5. 附录
　　5.1. 研究者的个人简历
　　　　主要研究者的个人简历总结(每个人不得超过两页)
　　5.2. 同意书
　　5.3. 访谈提纲
　　5.4. 出版物
　　　　研究者计划通过此研究项目出版的文章和专著

资料来源：J. M. Morse(ed.), *Critical Issues in Qualitative Research Methods*, Sage, Thousand Oaks, CA., 1994, p. 228. 转引自陈向明：《质的研究方法与社会科学研究》,教育科学出版社 2006 年版,第 74 页。

表 6-8　质性定量综合的开题报告

导言
　　陈述问题
　　研究目的(包括质性定量陈述及其混合应用的基本原理)
　　研究具体问题(包括质性研究和定量研究)
　　文献综述(如果定量研究则单独成一部分)
步骤或方法
　　混合研究的特征

混合研究设计的类型(包括对其选择的决策)
　　　设计路线图和程序
　　　数据收集程序(数据类型,抽样策略)
　　　数据分析和程序
　　　报告呈现的结构
研究者角色
潜在伦理问题
研究意义
预研究的结果
预期的成果
附录:工具或草案、章节大纲、经费预算

(二) 技术设计类研究开题报告

技术设计类开题报告除了陈述研究问题、研究目的、文献综述等开题报告的一般要素以外,在通常的研究思路、内容和方法部分还需要清晰地体现技术设计的特点,围绕技术设计问题、设计目标、设计思想、设计方案、方案优化等关键环节展开。(见表6-9)

表6-9　技术设计类的开题报告格式

导言
　　技术设计问题陈述(阐明政策问题和实践问题:主观需求和现状之间的差距)
　　研究目的
　　研究意义文献综述设计方案(研究思路、内容和方法)
文献综述
设计方案(研究思路内容方法)
　　　设计目标
　　　设计思想(框架、视角、术语)
　　　设计的技术路线(手段、途径和方法)
　　　设计方案优化
　　　　　方案比较(国际国内成功例证)
　　　　　方案优化论证(合意、正当、可能、可行)
政策措施
前期成果和研究进度安排
参考文献
注释
附录

(三) 评估类研究开题报告

评估类研究开题报告除了包含陈述研究问题、研究目的、文献综述(国内外研究现状评述)等开题报告的一般要素以外,在开题报告的"研究思路、内容和方法"部分还需要清晰地阐述评估对象、评估标准、评估的证据、评估判断等评估研究的基本要素。(见表6-10)

表6-10 评估类研究的开题报告格式

导言
  评估问题陈述(阐明评估什么?说明评估标准和评估对象间的关系)
  研究目的
  研究意义
  研究范围和限制(包括评估对象的阐述)
文献综述
评估内容和方法
  评估标准
    评估框架
    术语
    标准和指标体系
  评估的证据
    资料收集方法
    抽样
  评估的判断
    资料分析方法
    评判方法
结论和建议
前期成果和研究进度
参考文献、注释和附录

(四)诠释类研究开题报告

评估类研究开题报告除了包含陈述研究问题、研究目的、文献综述(国内外研究现状评述)等开题报告的一般要素以外,在开题报告的"研究思路、内容和方法"部分还需要清晰地阐述诠释对象、诠释思路、诠释方法和诠释结果的呈现等诠释研究的基本要素。(见表6-11)

表6-11 诠释类研究的开题报告格式

导言
  诠释问题陈述(到底诠释什么?)
  研究目的
  研究意义
  研究范围与局限(包括诠释对象的阐述)

文献综述(已有文献对诠释问题的研讨)诠释研究的方法
诠释研究的方法论和特点(可选择)
  诠释研究的策略
  研究者的角色
  资料收集步骤
  资料分析步骤
  证实结论的策略
  叙事框架
诠释研究的主要内容
预计伦理问题
预研究的结果
预期成果
参考文献和注释
附录:访谈的问题、观察形式、时间表、经费预算

资料来源:根据〔美〕克雷斯威尔著《研究设计与写作指导》(崔延强译,重庆大学出版社2007年版)第40页中"定性研究的建构主义解释主义格式"改编。

(五)批判类研究开题报告

批判类研究的开题报告除了包含陈述研究问题、研究目的、文献综述(国内外研究现状评述)等开题报告的一般要素以外,在开题报告的"研究思路、内容和方法"部分还需要清晰地阐述批判的对象、批判的方法、资料分析和收集这两项批判研究的基本要素。(见表6-12)

表6-12　批判类研究的开题报告格式

导言
  批判研究问题陈述(到底诠释什么?)
  研究目的
  研究意义
  研究范围与局限(包括批判对象的阐述)
文献综述(已有文献对批判问题的研讨)
批判研究的方法
  批判研究的方法论和特点(可选择)
  批判研究的策略
  资料收集步骤
  资料分析步骤
批判研究的主要内容
现实的批判和未来的方向
参考文献和注释

【延伸阅读】

1. 〔澳〕戴维·德沃斯:《社会研究中的研究设计》,北京:中国人民大学出版社 2008 年版。

2. 〔美〕肯尼斯·S.博登斯、布鲁斯·B.阿博特:《研究设计与方法》(袁军等译),上海:上海人民出版社 2008 年版。

3. 〔美〕约翰·W.克里斯韦尔:《质的研究及其设计方法与选择》(余东升译),青岛:中国海洋大学出版社 2008 年版。

4. 〔美〕米勒、〔美〕萨尔金德:《研究设计与社会测量导引(第六版)》(风笑天等译),重庆大学出版社 2004 年版。

5. 芭芭拉·格迪斯:《范式与沙堡:比较政治学中的理论建构与研究设计》(陈子恪、刘骥等译),重庆:重庆大学出版社 2012 年版。

6. 约翰·W.克雷斯威尔:《研究设计与写作指导:定性、定量与混合研究的路径》(崔延强主译),重庆:重庆大学出版社 2007 年版。

7. 约瑟夫·A.马克斯威尔:《质的研究设计:一种互动的取向》,重庆:重庆大学出版社 2007 年版。

8. Black, Thomas R., *Doing Quantitative Research in the Social Sciences: An Integrated Approach to Research Design, Measurement and Statistics*, Publisher London: SAGE, 1999.

9. Blalock, H. M. (ed.), *Measurement in the Social Sciences: Theories and Strategies*, Chicago, Illinois: Aidine Publishing Company, 1974.

10. Bordens, Kenneth S., *Research Design and Methods: A Process Approach*, 4th ed., Mountain View, Calif.: Mayfield Pub. Co., 1999.

11. Gschwend, Thomas, *Research Design in Political Science: How to Practice What They Preach*, New York: Palgrave Macmillan, 2007.

12. Kuehl, R. O., *Design of Experiments: Statistical Principles of Research Design and Analysis*, Publisher Pacific Grove, CA: Duxbury/Thomson Learning, 2000.

13. Menard, Scott W., *Handbook of Longitudinal Research: Design, Measurement, and Analysis*, 1st ed., Boston: Elsevier, 2008.

14. Perri 6, *Principles of Methodology: Research Design in Social Science*, Sage Publications Ltd, 2011.

第七章 定量的公共管理研究设计

上一章从问题类型的角度对公共管理研究设计进行了分类,不同类型的研究设计在问题性质、研究目的、研究设计框架等方面存在根本性的差异。从收集和分析资料的角度来看,处理定性资料的研究设计与处理定量资料的研究设计亦有各自的特殊性。随后两章将结合公共管理研究,阐述定量研究设计和质性研究设计各自的特性和重要议题。

第一节 定量研究设计中的测量

著名管理大师彼得·德鲁克(Peter Drucker)曾经说过:"无法测量就无法管理"。马克思说:"一种科学只有在成功地运用数学时,才算真正达到了完善的地步。"[1]测量是自然科学研究和社会科学研究中都会涉及的一个概念,也是管理和公共管理理论和实践中具有重要意义的概念。测量也是展开研究,规划研究设计的蓝图时,必须重点思考的问题。

一、测量概述

1. **测量的定义**。"广义上讲,所谓测量就是根据一定法则把数字分配于物体或事件之上。"[2]简言之,测量(measurement)就是根据一定的法则,对事物进行量化的过程。公共管理测量是测量的一种特殊形式,是对公共管理领域内的现象、行为、态度等方面的量化过程。

2. **测量的构成要素**。测量由以下几个基本要素构成:

(1)测量的对象和内容。测量的对象是测量的客体,测量的内容则是测量客体所具有的特定属性。有时测量对象与测量内容是重合的,有时则不完全相同。比如对群体的态度进行测量,群体是测量的对象,态度则是测量的内容。

---

[1] 〔德〕弗·默林:《马克思传》(上、下)北京:人民出版社1965年版,第871页。
[2] Rebecca F. Guy, Charles E. Edgley, Ibtihaz Arafat, and Donald E. Allen, *Social Research Methods*, Allyn and Bacon, Inc, 1987.

可以根据不同的标准对测量内容进行分类。如果按照测量对象的物质性，可将测量分为物质的测量和非物质的测量。物质测量是对物体或人类行为特征的测量，本身不涉及人的心理因素。非物质测量则是心理和精神层面的测量，一般采用心理测量的方法进行。介于物质测量与非物质测量之间的是个体对物理刺激的感知。这类测量可以采用心理物理度量方法进行。在公共管理研究中对公共信任、公民精神的测量属于对非物质世界的测量，对公共体育设施提供数量的测量则是对物质世界的测量。

根据是否可以直接观察，可以将测量分为直接观察事物的测量和不能直接观察事物的测量。在公共管理研究中对公务员的年龄、性别、文件数量等方面的测量属于对可直接观察事物的测量。对舆论倾向、公共服务动机、行政精神的测量则属于对不能直接观察事物的测量。

（2）测量的标度。测量标度是测量中使用的计量单位，比如在长度计量中单位为米(m)、毫米(mm)和微米(μm)等。在公共管理研究中并不是所有测量都可以用固定的测量累加的方式来度量。比如对满意度的测量，我们难以制定一个满意度得分单位，对满意度进行累加。满意度得分的测量仅仅是测量了满意度的强弱顺序，计量单位没有实际意义，计量单位的累加也没有实际意义。

（3）测量的方法和工具。测量的方法是进行测量时，采用的测量程序和步骤。测量的工具则是测量时使用的技术和手段。概念化和操作化过程是公共管理测量的基本方法。问卷和量表则是公共管理测量的基本工具。

3. 测量的层次。 1951年斯坦利·史蒂文斯(Stanley Stevens)将测量按照由低到高的顺序，分成四个层次，即定类测量、定序测量、定距测量和定比测量。这四种测量层次分别对应于四种变量，即定类变量、定序变量、定距变量和定比变量。（1）定类测量：当变量的属性只有完备性和排他性的特征时的测量称为定类测量，又称为类别测量、定名测量。（2）定序变量：又称为等级测量、顺序测量。根据变量的属性进行逻辑排序。不同的属性代表变量特质的相对程度。定序测量是某种属性的相对排序，序列之间的距离没有实际意义。（3）定距测量：就组成变量的属性而言，当对属性间实际距离的测量有意义的时候，这种变量就是定距变量。对定距变量属性之间的实际意义的测量就是定距测量。（4）定比测量：除了符合定距测量基本要求以外，还具有一个有实际意义的零点。这些测量层次的关系如表7-1所示：

表 7-1　测量层次的差异

测量层次	类型	排序	间距	真正零点	例子
定类	◆				宗教类别
定序	◆	◆			满意度
定距	◆	◆	◆		智商
定比	◆	◆	◆	◆	金钱、年龄

在四种测量层次中，高层次的测量具有低层次测量的所有功能，即它不仅可以测量低层次测量所无法测量的内容，而且可以测量低层次测量能够测量的内容，同时，高层次的测量还可以直接作为低层次测量使用。比如，定序测量具有定类测量的分类功能，且可以作为事实上的定类测量使用；定比测量具有其他三种测量的所有功能，且可以直接作为这三种测量使用。相反，低层次测量是不能作为高层次测量使用的。在后期对调查资料的整理和统计分析中，也需要根据不同测量层次所具有的特性采用不同的统计方法。如表 7-2 所示：

表 7-2　测量层次与统计方法之间的关系

		自变量		
		定类	定序	定距或定比
因变量	定类	列联表、对数线性模型	列联表	逻辑斯蒂（Logistic）回归、判别分析
	定序	列联表	列联表、相关分析（Tau，Speaman）	
	定距或定比	t-test、方差分析、Eta2系数	t-test、方差分析	相关分析（皮尔森相关系数）、回归分析、典型相关分析

二、公共管理测量过程：概念化和操作化

在社会研究（包括公共管理研究）过程中，概念化和操作化是研究设计的一个重要阶段，是测量的基本方法，也是将研究假设转换为资料收集的重要环节。概念化（conceptualization）就是对研究问题中涉及的抽象概念进行精简与明确的定义。操作化（operationalization）则是将抽象的概念定义转化成可观察的具体指标的过程。一般而言概念化与操作化仅适用于量化研究。在质性研究中，研究者往往不会事前设定具体的、明确的、客观的变项与指标来进行测量。

有些质性研究甚至完全排除"操作化"这样的说法。① 定量研究概念化和操作化的过程如图7-1所示：

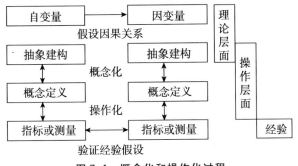

图7-1 概念化和操作化过程

1. 概念化。在定量研究中,概念化就是给研究假设中涉及的构念一个清晰的定义的过程,概念化也就是对概念进行语义上的定义与范围的界定。比如,新公共管理和新公共行政对"绩效"的定义是不同的。定义有很多种方法,比如"种加属差"法、发生定义法、词法定义法、情境定义法、列举定义法等。在公共管理研究中更多使用"种加属差"定义法以标明概念在理论脉络中的位置。

2. 操作化。操作化就是把无法直接观察到的概念,同义转换为可直接观察的具体事实的程序、步骤、方法和手段。在操作化过程中经常使用的工具是指标、指数和量表。

指标是说明总体数量特征的概念。指标一般由指标名称和指标数值两部分组成,它体现了事物质的规定性和量的规定性两个方面的特点。有一些概念只需要一个指标就可以测量。但有些概念比较复杂,就需要用多个指标(indicators)来测量,多个指标构成指标群,指标群中的各个指标往往可以区分出层次,分成 级指标、二级指标、二级指标甚至更多层次的指标。有的文献中,将指标分为目标层、准则层和指标层。表7-3是人民网公布的2009年中国政府部委网站绩效评估指标体系的部分指标。

---

① 纽曼认为定性研究中也存在测量、概念化和操作化问题,其特征与定量研究迥然。将测量、概念化和操作化看做是定量研究独有的特点,因为概念化和操作化是一个演绎逻辑。定性研究则遵循归纳逻辑,定性研究的研究设计在下章叙述。

表 7-3　2009 年部委网站绩效评估指标体系(部分)

一级指标	二级指标	三级指标	分值	评分细则
信息公开(27)	主动公开(7)	概况信息	0.8	政府网站领导信息、机构信息等概况介绍的情况;
		法规文件及解读	0.8	政府网站发布国家法律法规、部门规章、通知公告等规范性文件及政策解读等信息的情况;
		规划计划	0.8	政府网站发布相关发展规划、专项规划、区域规划及执行情况;部门年度工作计划及执行情况等规划计划类信息的情况;
		统计信息	0.8	政府网站发布上年度部门相关统计数据及解读,本部门季度、月度统计数据及解读等统计信息的情况;
		财政预决算	1	政府网站发布财政资金的预算分配、使用情况和决算报告等财政预决算信息的情况;
		政府采购	1	政府网站发布政府集中采购相关政策法规与指南、政府集中采购招标公告、政府集中采购中标公告等政府采购信息的情况;
		人事及招考信息	1	政府网站发布人事任免、公务员招考等信息的情况;
		工作动态	0.8	政府网站发布的工作动态信息的情况

资料来源:人民网。http://politics.people.com.cn/GB/8198/166006/166111/10368801.html。说明:仅仅展示部分内容。

三、公共管理测量工具:指数、量表和问卷

指数、量表和问卷是公共管理测量的常用工具。

(一)指数、量表和问卷的概念

指数(indexes)和量表(scale)都是一种综合性的测量,也就是将一个"潜在变项"(latent variable)的多个指标(indicators)经一定的程序合并后得到的测量。指数(index)通常将每个指标给予一定的权重后,累加起来获得。量表则是寻找指标(indicators)间可能存在的结构后,依照一定的方法(理论或数据实际分布)得到的,量表试图测量潜在变项在强度及方向上的变化。表 7-4 出了指数和量表的区别与联系:

表 7-4 指数和量表的区别和联系

		指数	量表
共同点	测量对象	潜在变项	
	测量指标	多个指标	
	测量性质	综合测量	
相异点	指标间关系	在强度和方向上无结构	在强度和方向上有结构
	合成方法	简单累加(等权相加或者不等权相加)	项目分析、因素分析
	变量性质	大多是定距指标	大多是定序指标

问卷(questionnaire)是为了搜集行为、态度和事实信息而设计的一系列问题。问卷和量表都是用来收集资料的工具,在表现形式上也有类似之处,但两者也存在差异:第一,是否有理论依据。量表的编制需要根据特定的理论来进行,根据理论确定量表测量的维度、指标和基本结构。在编制问卷的时候,对于探索性和描述性研究,只需要根据主题编制问卷即可,对于解释性研究则需要根据特定的理论编制相应的问卷。第二,量表可以分解为多个分量表,且分量表都要有明确的界定和含义,问卷则不需要对问卷的组成部分单独界定。量表是以各个分量表为计分的单位,研究者只要将分量表中每一题的分数相加得到分量表的得分。问卷则以各题项为单位展开统计计算。第三,量表的计算单位是分数,而问卷的计算单位是次数。量表是将各题的分数相加而得到一个分数。而问卷是以各题的选项来计算次数,所得的结果是各个选项的次数分配。①

问卷的编制步骤和建立步骤我们将在第十章调查法中进行专门的介绍。

(二) 指数的编制

1. 指数的类型。可以按照不同的标准对指数进行分类。

(1)按说明对象的范围。可以分为:个体指数和总指数。个体指数说明单项事物的动态比较指标,也称单项指数。总指数说明多种事物综合变动的比较指标。在公共管理研究中,人类发展指数、清廉指数、和谐指数都属于总指数。

(2)按所反映现象特征。可分为数量指标指数和质量指标指数。数量指标指数说明总体的规模、水平变动情况的指数,如产品产量指数、商品销售量指数等。质量指标指数说明总体内涵质量的变动情况的指数,如劳动生产率指数、价格指数等。

(3)根据使用基期。可分为定基指数和环比指数。定基指数是指各个时期

---

① 王俊明:《问卷与量表的编制及分析方法》,《"国立"体育学院学报》2001年第3期,第12—13页。

指数都是采用同一固定时期为基期计算的,表明社会经济现象对某一固定基期的综合变动程度的指数。环比指数是以前一时期为基期计算的指数,表明社会经济现象对上一期或前一期的综合变动的指数。

2. **指数编制的步骤**。一般而言,建立一个指数需要以下步骤:

第一步:选定指标。评价指标选取的方法有定性和定量两大类。定量方法是从数据出发,用数理统计的方法选取一部分"代表"性指标。定量方法选取评价指标的具体方法有逐步判别分析法、极小广义方差法、系统聚类法、主成分分析法、极大不相关法、选取典型指标法。[①] 定性方法主要使用专家访谈法、文献法、德尔菲法等方法,确定指标及指标之间的结构关系。

第二步:指标无量纲化处理。对于多指标综合评价体系,必须对性质和计量单位不同的指标进行无量纲化处理,这样才便于指标之间进行对比。所谓无量纲化,就是把不同计量单位的指标数值改造成可以直接汇总的同度量值。无量纲化函数的选取,一般要求严格单调、取值区间明确、结果直观、意义明确、尽量不受指标正向或逆向形式的影响。[②] 指标无量纲化的方法多种多样,依指标值与对指标值无量纲后的标准值的关系分为线性无量纲化和非线性无量纲化两种。线性无量纲化方法假设指标值与对应标准值之间成线性变化关系,这是一种比较简单的常用的方法,比如:极差正规化无量纲化法、极大化的无量纲化、平均化无量纲化法、标准差化(Z-score 法)、秩次法的标准化法、比重法的无量纲化法等。[③]

第三步:确定指标的权重。权重是以某种数量形式对比、权衡被评价事物总体中诸因素相对重要程度的量值。就其本质而言,权重是一个结构相对数,无论它以什么数量形式出现,总是可以归结为相对数的形式。目前国内外关于评价指标权系数的确定方法有数十种之多,根据计算权系数时原始数据来源以及计算过程的不同,这些方法大致可分为三大类:一类为主观赋权法,一类为客观赋权法,一类为主客观综合集成赋权法。(1)主观赋权法采取定性的方法,由专家根据经验进行主观判断而得到权数,然后再对指标进行综合评估。层次分析法、专家德尔菲法、模糊分析法、二项系数法、环比评分法、最小平方法、序关系分析法等方法是常用的主观赋权法。(2)客观赋权法则根据历史数据分析指标之间的相关关系或指标与评估结果的量化关系。最大熵技术法、主成分分析法、多目标规划法、均方差、变异系数法、最大离差最法、简单关联函数法是常

[①] 张尧庭等:《几种选取部分代表性指标的统计方法》,《统计研究》1990 年第 1 期。
[②] 邱东:《多指标综合评价方法的系统分析》,北京:中国统计出版社 1991 年版。
[③] 樊红艳、刘学录:《基于综合评价法的各种无量纲化方法的比较和优选——以兰州市永登县的土地开发为例》,《湖南农业科学》2010 年第 17 期。

见的客观赋权法。(3)主客观综合集成赋权法。这类方法主要将主观赋权法和客观赋权法结合在一起使用,从而充分利用各自的优点。[①]

第四步:将指标合成指数。合成是指通过一定的计算方式,将多个指标对事物不同方面的评价值综合在一起,得到一个整体性的评价。常见的合成方法有加权算术平均合成模型、加权几何平均合成模型、加权算术平均和加权几何平均联合使用的混合合成模型等。

3. **指数编制的实例**。例文解析7-1是一个人类发展指数的例子,人类发展指数是由不同的指标构成的综合指数。这些指标被赋予不同的权重,并进行无量纲化处理后,累加形成人类发展指数。详见光盘"例文解析 7-1 人类发展指数的编制"。

(三) 量表的编制

一般而言,量表编制由以下步骤构成[②]:

1. **明确测量的对象**。量表往往是对不能直接观察的潜在变量的测量,"必须至少确定一种实验性的理论模型来指导量表的编制"。[③] 理论模型的得出源自文献资料的概括,量表编制者根据量表所述的理论范畴,搜索与该理论范畴相关的资料。比如,编制领导风格量表就需要在心理学和组织行为学相关文献中搜索以获取相关理论。

2. **拟定量表的基本内容和架构**。在测量对象所属文献中,量表编制者可以参考某一理论,或综合多种理论拟出所要编制量表的架构。比如,艾森克(H. J. Eysenck)人格量表结合了类型与特质的概念,提出了人格的维度理论,从人格的特质和维度的研究出发,将人格特征分为三个基本的维度:

E 维度:内—外向(introversion-extroversion),测量性格的内、外倾向。

N 维度:情绪稳定性(neuroticism),测量情绪的稳定性。

P 维度:精神质(psychoticism):单极量表,即只有 P 分高时才有意义,P 分低被认为是正常。

L 量表:原本为一个效度量表,测量回答问题的真实性,同时,它本身也代表一种稳定的人格功能。

再如,在公共管理研究中,詹姆斯·佩里(James Perry)认为公共服务动机包含有六个方面的内涵:政策制定的吸引、公共利益的承诺、社会公正、公民责任、同情心、自我牺牲,其后又在此基础上设计了测量公共服务动机的量表,包

---

① 引自佚名:《评价指标权重确定方法综述》,百度文库。

② 参见:〔美〕罗伯特·F.德维利斯:《量表编制:理论与应用》(魏勇刚、席仲恩、龙长权),重庆大学出版社 2004 年版,第 67 页。

③ 同上。

括公共政策的吸引、公共利益的承诺、同情心、自我牺牲四个维度。范德纳比（Vandenabeele）在此基础上又增加了民主治理这一维度。[①] 量表的架构与特定的理论认知紧密相关。

3. **编制量表题目**。当量表的架构定出来之后，编制者即可参考所搜集来的其他的量表资料来编写题项，建立一个题项库。通常为了将来有删题的空间，编制者大约要比预定的题数多编二分之一的题目。一份量表究竟需要多少题，并没有一个定论。大约有几个指标可供参考：可用的时间（时间越长，题目就可越多）。所测特质的灵敏度（较不灵敏的特质通常需要较多的题目，才能区分出不同的群体）、分量表的多寡（分量表越多，所编的题数就会越多）等。

确定量表的基本题项的主要方法有以下几种：

（1）理论推导法。首先形成研究对象的理论认知，在理论上阐明测量对象的概念、属性和关系，然后推导出能测评这些理论内容的题目，由这些题目组合构成量表。

（2）校标比照法。校标比照法以量表项目与校标间的关系来编写量表的题项。该方法分三个步骤进行：第一步设定校标组和对照组。校标组由具有评定对象特质的人组成，对照组由普通人组成。第二步通过文献、访谈、观察等方法寻求校标组和对照组的差异，并根据此差异确定量表项目。第三步是将编好的项目对校标组和对照组进行评价，将能区分两组人群的项目保留，并构成测量对象的量表。

（3）同质法。同质法适合编制题项之间具有较高相关性的量表。同质法要求将量表中不相关的项目删除，以保证量表各不相同的项目都能测量共同的特质。该方法需要三步完成：第一步，编制初步的量表，并发放给大量的样本，进行测试；第二步，采用因素分析或其他相关分析，进行项目的归类，将与各类别相关很低的项目，或者各类别都有较高相关的项目删除；第三步，通过因子命名，形成若干分量表，将分量表合成完整的量表。

在量表的实际编制过程中，需要综合采用多种量表编制的方法进行，比如可以使用理论推导法形成量表的项目，运用校标比较法和同质法筛选项目。

4. **决定量表的模式**。量表的模式就是量表中题项和得分的组合。人们往往根据测量对象的理论陈述选择特定的量表模式。常用的量表模式有李克特量表、瑟斯顿量表、哥特曼量表、语义差别量表等。

---

① James L. Perry, "Measuring Public Service Motivation: An Assessment of Construct Reliability and Validity", *Journal of Public Administration Research and Theory*, 1996, 6(1), pp. 5—22; Naff and Crum, "Working for America: does Public Service Motivation Make a Difference?" *Review of Public Personnel Administration*, 1999, 19(4), pp. 5—16.

5. **题项库的专家评价。**邀请对测量对象有研究的专家组对题项进行评价。专家评价的目的是"使该量表的内容效度最大化"。① 在专家评价的时候,需要专家们对每一个题项与测量对象之间的相关程度做出评估。专家还能够对题项措辞和表达进行评价,促使题项的表达更加清晰和简洁,从而增加测量的信度。专家评价还能帮助研究者指出量表编制中忽视的维度、方法和路径,从而增加测量的内容效度。

6. **考虑确认题项的包含性。**包含性即题项是否已经完全包含了测量的项目。完整的量表考虑两个方面:第一,量表应该包含一些旨在检测被试者扭曲和不当的反应倾向的额外题项。这些题项可以增加量表的效度。被试者往往能受到其他动机的影响,而不按照研究者的假设回答题项的问题,因此需要在问卷中插入一个能够反映扭曲动机和不当反应的分量表,用以检测出被试者的扭曲和不当反应。第二,量表还应该包含与所要测量现象相关的结构。相关结构可以为量表提供校标效度的支撑。

7. **在一个试测样本中测试题项。**当题目编好后,编制者需要找一些受试者先对此份量表试作,以便选出合适的题项。在发表的量表试测的文章中,试测样本的数量并没有一个统一的标准,试测样本的数量从十几个到上千个不等。有学者建议"300 人是一个合适的数字"。"然而实践经验表明,量表也能成功地用较小的样本来检测。"②

8. **项目分析。**项目分析就是根据试测结果对组成量表的各个题项进行分析,评价题目好坏,对题目进行筛选。项目分析包括难度分析和区分度分析。难度是测验题项的难易程度,如果大多数人能答对,则题项的难度小,反之则大。进行难度分析的主要目的是为了筛选项目,"项目的难度多高合适,取决于测验的目的、性质以及项目的形式"。③项目的区分度是测验题项对测量对象属性、特征的区分程度。题项的区分度过低则表明无法正确地鉴别被试。独立样本 T 检验和积差相关是检验项目的区分度的常用方法。

9. **因素分析与构念效度。**构念效度是指一个测验实际测到所要测量的理论结构和特质的程度。构念可由被称为"因素"的共同相关的部分的得分来表示。因素分析可用来探讨潜在特质的因素结构与存在的形式,同时可以简化测量的内容。因素分析可以分为探索性因素分析及验证性因素分析。基本步骤一般包括:判断题项是否适合做因素分析、抽取主成分、运用特征值和碎石检验

---

① 〔美〕罗伯特·F. 德维利斯(DeVellis. R. F.):《量表编制:理论与应用》(魏勇刚、席仲恩、龙长权),重庆:重庆大学出版社 2004 年版,第 95 页。
② 同上书,第 98 页。
③ 郑日昌:《心理测量学》,北京:人民教育出版社 1999 年版,第 28 页。

图以决定抽取因素的多少、找出最适合的解释、因素命名。

10. **信度分析**。因素分析完成后,对量表各层面与总量表的信度进行检验。信度分析的内容随后将详细阐述。

在实际操作中,项目分析、因素分析与信度分析都可通过 SPSS 等软件实现。

第二节 定量研究中观察对象的选取

观察对象的选取是调查法、实验法等定量研究设计中需要重点考虑的议题之一。比如对调查研究而言,如果调查涉及研究对象的全体,则称为全面调查;如果调查仅仅涉及研究对象的一部分,则称为非全面调查,全面调查又称为普查、整体调查。非全面调查又称为抽样调查(survey sampling)、样本调查(sample survey),即按一定程序从所研究对象的全体(总体)中抽取一部分(样本)进行调查或观察,获取数据,并以此对总体的一定目标量(参数)做出推断(例如估计)。① 本节介绍抽样术语、程序、类型、样本规模等研究设计时需要考虑的问题。

一、抽样的术语、类型和程序

(一)抽样的相关术语

1. 总体(population)。总体通常与构成它的元素(element)共同定义。总体是构成它的所有元素的集合而元素则是构成总体的最基本单位。总体中所包含元素的数目通常用大写字母 N 表示。常用的总体指标包括总体平均数、总体成数、总体标准差和总体方差等。

2. 样本(sample)。样本就是从总体中按一定方式抽取出的一部分元素的集合。样本中的元素数目通常用小写字母 n 表示。常用的抽样指标有:抽样平均数、抽样成数、抽样总体标准差和抽样总体方差。抽样指标是样本变量的函数,是随机可变的变量。

3. 抽样(sampling)。抽样是指从组成某个总体的所有元素的集合中,按一定的方式选择或抽取一部分元素的过程,或者说,抽样是从总体中按一定方式选择或抽取样本的过程。

4. 抽样单位(sampling Unit)。抽样单位就是一次直接的抽样所使用的基本单位。抽样单位可以是构成总体的元素,也可以是其他元素的新组合单位。

---

① 冯士雍:《抽样调查理论与方法》,中国统计出版社 1994 年版。

5. 抽样框(sampling Frame)。抽样框也叫抽样范围,是一次抽样时总体中所有抽样单位的名单。

6. 参数值(parameter)。也称总体值,它是关于总体中某一变量的综合描述,或者说是总体中所有元素的某种特征的综合数量表现。参数值只有对总体中的每一个元素都进行调查或测量才能得到。

7. 统计值(statistic)。统计值也称为样本值,它是样本中所有元素的某种特征的综合数量表现。统计值是从样本中计算出来的。按照习惯,参数值通常以希腊字母表示,而统计值通常以罗马字母表示。参数值是固定不变的,唯一的,通常是未知的。就同一个总体来说,不同样本的统计值存在差别,对于一个特定样本而言,统计值则可以计算得到,抽样调查的优势在于可以运用适当的统计方法由统计值推论参数值。

8. 置信度(confidence level)与置信区间(confidence interval)。置信度也称为置信水平,它是指总体参数值落在样本统计值某一区间内的概率,或者描述总体参数值落在样本统计值某一区间中的把握性程度。它反映的是抽样的可靠性程度。置信区间指的是样本统计值与总体参数值之间的误差范围,置信区间反映的是抽样的精确性程度。置信区间越大,即误差范围越大,置信水平越高,抽样的精确性程度就越低。反之,置信区间越小,即误差范围越小,抽样的精确性程度就越高。

(二) 抽样的类型

根据抽样总体中的个体被抽中的概率是否相等,将抽样分为概率抽样和非概率抽样。

概率抽样(probability sampling)又称几率抽样、可能率抽样、随机抽样。概率抽样以概率论与数理统计为基础,按照随机原则选取调查样本,使总体中每一个元素都有被选中的可能性。概率抽样可以保证样本对总体的代表性,可以使用统计推断方法由样本统计值推断总体参数值。

非概率抽样则指不按照等概率原则进行的抽样。非概率抽样不能在统计学上保证样本的代表性,因此不能使用统计原理从样本推论总体。在社会科学研究中,有时候,严格的随机抽样难度较大,就需要采用合理的非概率抽样方法提高样本的代表性。一般而言,非概率抽样适用于探索性研究、案例研究、评估研究等研究方式。表7-6列出了概率抽样和非概率抽样的主要区别。

表 7-6　概率抽样和非概率抽样的主要区别

	概率抽样	非概率抽样
总体中个体被抽中的概率	相同	不同
抽样结果能否推论总体	可以	不可以
用途	用来了解总体的情况	进行探索性研究,对事物有初步了解。
误差	抽样误差较大	抽样误差较大

（三）抽样的程序

合理的抽样程序可以减少抽样误差,保证抽取的样本具有代表性。一般而言,抽样程序包括以下步骤:

1. 界定总体。根据调查的目的要求,确定调查对象的范围,包括时间、地点和人物等因素。

2. 确定抽样框。根据抽样单位将总体划分为不同的单位,确保单位划分的穷尽性和互斥性,然后编制出抽样框。在多阶段抽样中,不同阶段有不同的抽样框,需要准确清晰地界定抽样框。

3. 选取样本。选取样本需要考虑选取样本的数量和具体的抽样方法。样本数量的选取和抽样方式的确定将随后专门进行阐述。

4. 对样本进行评估。对样本评估就是对抽样所得的样本的代表性进行评价。一般而言,可以先获得总体容易获得的某些信息,然后计算出样本在这些方面的信息,将总体信息与样本信息进行比较,以判断样本的质量。如果在某些方面,样本与总体的情况相似,那么就可以判定样本质量较高,反之则可以判定样本质量差,需要对抽样过程重新加以审视。

（四）抽样单位与分析单位

分析单位是一项社会研究中所研究的对象,研究所收集的资料直接描述分析单位中的个体。社会科学研究中常见的分析单位包括个人、群体、组织、社区、制度和社会系统六个层次。

调查内容是调查研究中对分析单位的属性、特征、变化和发展的描述、分析和解释。分析单位是调查内容的载体。一般而言,调查内容包括状态特征、态度特征和行为特征。状态特征是指分析单位的基本情况,可以使用一些客观指标进行表述。意向性特征是分析单位的主观态度、情感和取向。行为特征研究者观察到的分析单位的活动和表现。

如果抽样的时候直接抽取研究对象,那么分析单位就等同于抽样单位,如果采用多段抽样、分层抽样、整群抽样,那么第一阶段的抽样单位与分析单位往往是不一致的。

与分析单位相关的常见逻辑错误是层次谬误和简化论。层次谬论(或生态谬误)是指一种高层的分析单位做调查,却用另一种低层次的分析单位做结论。简化论(或还原论)指用某类低层次的特征来分析和解释各种复杂的社会现象。层次谬论与简化论是由于分析单位不明确、分析层次混乱或调查内容狭窄而导致的错误。

二、概率抽样和非概率抽样

(一)概率抽样

概率抽样是按照等概率原则进行的抽样,概率抽样可以保证样本的代表性。常见的概率抽样包括简单随机抽样、系统抽样、分层抽样、整群抽样和多段抽样。

1. **简单随机抽样**。简单随机抽样(simple random sampling)是在抽样框中,保证每一个样本都有相同被抽中概率的方法。简单随机抽样法是其他概率抽样方法的基础。常用的简单随机抽样法有摸彩法(lottery sampling)和随机数表(table of random numbers)法。

摸彩法先将抽样框的元素进行编号,并将号码写在大小一样的纸片上,将编好号的纸片放入摸彩箱中。将纸片搅拌均匀后,使用抽出后不放回的方式,每次抽取一张卡片,直到抽到需要的样本数量。

随机数表法是使用随机数表中的数字抽取样本的方法。使用随机数表进行抽样的基本步骤是:(1)制定调查总体的抽样框。(2)将抽样框中的所有个体按照顺序编号。(3)根据总体规模是几位数来确定从随机数表中选几位数码;(4)以总体规模为标准,对随机数表中的数码逐一进行衡量并决定取舍;(5)根据样本规模在随机数表中选择出足够的个数的数码;(6)依据从随机数表中选出的数码,到抽样框中去找出它所对应的个体。随着计算机技术的发展,可以使用随机数生成器等软件,直接完成上述步骤,省去了人工的耗费。

2. **系统抽样**。系统抽样(simple random sampling)就是将含 N 个单位的总体,依次从 1 至 N 进行编号,然后从其中抽出 n 个单位为样本,每个相邻样本间隔相同,间距为 Range = (N/n)。进行系统抽样的时候要求抽样框中的元素排列无次序和等级的划分;在抽样框中抽样间隔不能恰好呈现某种周期性的规律分布。系统抽样适用于总体数量不大,个体排列无次序性、无周期性的抽样框。

3. **分层抽样**。分层抽样(stratified random sampling)是先将总体中的所有元素按某种特征或标志划分为若干类型,然后再在各类型中采用简单随机抽样或系统抽样的方法抽取一个子样本,最后将这些子样本合起来构成抽样样本的抽样方法。分层抽样适用的条件是:已知某种特征在层间元素差异大,层内元素差异小的情况。当群体中个体差异甚大,且分布不均时,为增加样本的可靠性,最好使用分层抽样法。同时分层抽样也为层间的比较分析奠定了基础。分层抽样的基本步骤如下:(1)根据对总体的判断,确定分类标准,并根据标准将总体分为若干类型。(2)计算各类型单位数量占总体单位数量的比重。设总体单位数为 N,各类型单位数为 N_i,各类型单位数占总体单位数的比重为 R_i。则 $R_i = N_i/N$。(3)根据 R_i 计算出各类型中应抽取样本单位的数量。设各类型的样本单位数为 n_i,所需抽取的样本总数为 n。则 $n_i = n \times R_i$。(4)按简单随机抽样或系统抽样方法从各类型中按比例抽取样本。

4. **整群抽样**。整群抽样(cluster sampling)是从总体中随机抽取一些小群体,然后由所抽出的若干个小群体内的所有元素构成调查的一个样本。整群抽样适用于群间同质性高,而群内异质性高的情况。这恰好与分层抽样相反。

(二) 非概率抽样

常见的非概率抽样有以下几种,即便利抽样、判断抽样、滚雪球抽样、配额抽样。

1. **便利抽样**(convenience sampling)。便利抽样又称作就近抽样、偶遇抽样、方便抽样、自然抽样。其主要特征是研究者根据现实情况,以自己方便的形式抽取偶然遇到的人作为调查对象,或者仅仅选择那些最方便接近的人(离得最近的、最容易找到、联系方便等)作为调查对象。比如在公共管理研究中要调查某市的公共交通运行状况,研究者选取距离自己较近的几个公交站,对站上相关人员发放问卷就属于便利抽样。某课题组为了调查公务员的工作满意度,就在市政府门口,给下班的公务员发放问卷也属于便利抽样。

2. **判断抽样**(judgment sampling)。判断抽样又称为目标抽样、主观抽样、立意抽样。判断抽样是调查者根据研究的目标、对研究对象的主观认知、相关专家的意见等因素,抽取调查对象的方法。为了提高判断抽样的代表性,往往可以使用德尔菲法、头脑风暴等决策方法提高样本选取的合理性。在公共管理研究中,如果我们要研究当代中国的地方行政管理体制改革,那么就可以邀请行政管理体制改革的相关学者、中央编制办公室工作的政策研究人员、发展改革委等部门的政策研究人员,征求他们的意见,选择和确定研究的对象。

3. **滚雪球抽样**(snowball sampling)。滚雪球抽样的特征是当我们对研究对象了解较少或者不容易接近的时候,我们可以先找到研究全体中的某一个人,然后由这个人再介绍若干人,就像滚雪球一样,最后获得适当的研究对象。比如我们要研究政府政策对一些弱势群体的影响,我们可以通过介绍认识弱势群体中的一个人,由他再介绍几位,这样不断地获得对这个群体展开研究的足够样本。

4. 配额抽样(quota sampling)。是按调查对象的某种属性或特征将总体中所有个体分成若干类或层,然后在各层中抽样,样本中各层(类)所占比例与他们在总体中所占比例一样。在进行配额抽样的时候,研究者要尽可能的依据那些有可能影响研究变量的各种因素来对总体分层,并找出具有各种不同特征的成员在总体中所占的比例。然后依据这种划分以及各类成员的比例去选择调查对象,使样本中的成员在上述各种因素、各种特征方面的构成以及在样本的比例尽量接近总体情形。

配额抽样是容易与分层抽样混淆的非概率抽样方式。二者虽然都依据某些特征对总体进行分层,但二者的目的不同,抽样方法也不同。配额抽样之所以分层分类,其目的在于要抽选出一个总体的"模拟物",其方法则是通过主观的分析来确定和选择组成这种模拟物的成员。也就是说,配额抽样注重的是样本与总体在结构比例上的表面一致性。而分层抽样进行分层,一方面是要提高各层间的异质性与同层中的同质性,另一方面也是为了照顾到某些比例小的层次,使得所抽样本的代表性进一步提高,误差进一步减小。而其抽样的方法则是完全根据概率原则到各层中进行抽样,这与配额抽样中那种按事先规定的条件,有目的地寻找的做法是完全不同的。

非概率抽样除了上述基本方法以外,在研究中还存在多种形式,我们将在质性研究设计中进一步进行阐述。

三、抽样误差

统计误差是指在统计调查中,调查资料与实际情况间的偏差。即抽样估计值与被估计的未知总体参数之差。例如,样本平均数与总体平均数之差;样本成数与总体成数之差等。在统计推断中,误差的来源是多方面的,统计误差按产生的来源分类,有登记误差和代表性误差。

登记误差又称调查误差或工作误差,是指在调查过程中,由于各种主观或客观的原因而引起的误差。代表性误差是指在抽样调查中,样本各单位的结构情况不足以代表总体的状况,而用部分去推断总体所产生的误差。

代表性误差的发生有以下两种情况:一种是由于违反了抽样调查的随机原则而产生的误差,称为偏差(deviation)。另一种情况是在没有登记性误差的前提下,遵循了随机原则,纯粹是由样本指标推断总体指标时产生的误差,称为抽样误差(sampling error)。抽样误差是统计推断所固有的,虽然无法避免,但可以运用数学公式计算其具体的数量界限,并可以通过抽样设计程序加以控制。

一般而言,影响抽样误差的因素如下:

第一,抽样单位的数目。在其他条件不变的情况下,抽样单位的数目越多,抽样误差越小；抽样单位数目越少，抽样误差越大。这是因为随着样本数目的增多，样本结构越接近总体，抽样调查也就越接近全面调查。当样本扩大到总体时，则为全面调查，也就不存在抽样误差了。

第二，总体被研究标志的变异程度。在其他条件不变的情况下，总体标志的变异程度越小，抽样误差越小。总体标志的变异程度越大，抽样误差越大。抽样误差和总体标志的变异程度成正比变化。这是因为总体的变异程度小，表示各单位标志值之间的差异小。则样本指标与总体指标之间的差异也可能小；如果总体各单位标志值相等，则标志变动度为零，样本指标等于总体指标，此时不存在抽样误差。

第三，抽样方法的选择。重复抽样和不重复抽样的抽样误差的大小不同。采用不重复抽样比采用重复抽样的抽样误差小。

第四，抽样组织方式不同。采用不同的组织方式，会有不同的抽样误差，这是因为不同的抽样组织所抽中的样本，对于总体的代表性也不同。

四、样本容量的确定

样本容量（sample size）样本容量又称"样本数"。一般来说，样本的容量大的话，样本的误差就小。反之则大。通常样本单位数大于 30 的样本可称为大样本，小于 30 的样本则称为小样本。

在统计学中，可使用相应的公式确定样本的容量。[①] 确定样本容量的大小是比较复杂的问题，通常需要在理论的计算和实际可行性之间进行综合考量。以下是通常需要考虑的因素：

第一，决策的重要性。一般而言，更重要的决策，需要更多的信息和更准确的信息，这就需要较大的样本。

第二，研究的性质。探索性研究，样本量一般较小，描述性研究和解释性研究则需要较大的样本。

第三，变量个数。收集许多变量的数据，样本量就要大一些，以减少抽样误差的累积效应。

第四，统计分析方法。如果需要采用多元统计方法对数据进行复杂的高级分析，样本量就应当较大；如果需要特别详细的分析，如做许多分类等，也需要大样本。

第五，经验判断。经验判断是根据已有研究抽取的样本数量确定所需的样本数量。比如一些社会家认为社会调查中的样本规模至少不能少于 100 个。

---

① 参见耿修林：《社会调查中样本容量的确定》，北京：科学出版社 2008 年版。

小型调查的样本规模在 100—300 之间,中型调查的样本规模在 300—1000 之间,大型调查的样本规模在 1000—3000 之间。①

第六,研究的经费和资源。研究经费和资源会制约样本量的大小,如果获取的样本量不能满足研究目的、置信水平、置信区间等方面的要求,则需要调整经费和资源。

第七,总体规模。在一定的置信水平和置信区间下,总体规模越大,则需要的样本规模也越大。

第八,置信水平和置信区间。窄的置信区间比宽的置信区间能提供更多的有关总体参数的信息。在置信水平固定的情况下,样本量越多,置信区间越窄。置信区间变窄的速度不像样本量增加的速度那么快,也就是说并不是样本量增加一倍,置信区间也变窄一倍(实践证明,样本量要增加四倍,置信区间才能变窄一倍),所以当样本量达到一个量时(通常是 1200),就不再增加样本了。置信水平是指总体参数值落在样本统计值某一区内的概率。在样本量相同的情况下,置信水平(confidence level)越高,置信区间越宽。在置信区间不变的情况下,样本量越多,置信水平越高。表 7-7 是 95% 置信水平下不同抽样误差所要求的样本规模。

表 7-7　95% 置信水平下不同抽样误差所要求的样本规模

容许的抽样误差比例	样本规模	容许的抽样误差比例	样本规模
1.0%	10000	5.5%	330
1.5%	4500	6.0%	277
2.0%	2500	6.5%	237
2.5%	1600	7.0%	204
3.0%	1100	7.5%	178
3.5%	816	8.0%	156
4.0%	625	8.5%	138
4.5%	494	9.0%	123
5.0%	400	9.5%	110
		10.0%	100

95% 置信水平($t=1.96$),计算时取 $t=2$。

资料来源:D. A. De vaus., *Surveys in Social Research*, George Allen & Unwin Ltd. 1986, p.63.

第九,总体的异质性程度。在异质性程度高的总体中抽取的样本容量要大些,而在同质性程度高的总体中要达到同样的精度,所需要的样本容量要小些。

---

① 风笑天:《现代社会调查方法》(第四版),华中科技大学出版社 2009 年版,第 90—91 页。

总体异质性还体现在总体中大部分成员对某个问题的回答或选择与小部分成员的回答或选择不同时,所需的样本规模不同。如表 7-8 所示:

表 7-8　根据总体同质性程度和精确性要求需要的样本规模

容许的抽样误差比例(%)	所期望的给予特定回答的总体比例(%)					
	5 或 95	10 或 90	20 或 80	30 或 70	40 或 60	50 或 50
1%	1900	3600	6400	8400	9600	10000
2%	479	900	1600	2100	2400	2500
3%	211	400	711	933	1066	1100
4%	119	225	400	525	600	625
5%	76	144	256	336	370	400
6%		100	178	233	267	277
7%		73	131	171	192	204
8%			100	131	150	156
9%			79	104	117	123
10%				84	96	100

注:置信水平为 95%。样本规模小于表中横线上的数字时,难以进行有意义的分析。
资料来源:D. A. De vaus., *Surveys in Social Research*, George Allen & Unwin Ltd. 1986, p. 63。

第三节　定量研究设计中的信度与效度

创新性、重要性、可行性、信度和效度等都是衡量研究质量的重要指标。在定量研究中,测量的信度和效度是评价测量质量的关键指标,本节对此展开讨论。

一、测量真值和误差

测量对象客观的真实值称为测量内容的真值(true value)。比如公共管理研究中的满意度,无论你测量与否,它是客观存在的。但是,由于测量手段、测量工具、环境的不稳定性等因素的影响,待测量的真值往往我们无法准确得知。测量结果和真值之间总有一定的差异,即测量误差。

根据误差的性质和产生原因可将测量误差分为系统误差、随机误差和异常值三种。

1. **系统误差**。系统误差(systematic error)指对同一被测量进行无限多次测量所得结果的平均值与被测量的真值之差。当测量条件不变时,系统误差基本上具有确定的大小和方向。当测量条件改变时,系统误差往往会按照一定的规律变化。增加测量次数并不能减小系统误差。一般而言,系统误差的来源主要有以下三个方面:① 由于仪器本身的缺陷或没有按规定的条件使用仪器而造成的误差。② 由于测量所依据的理论公式本身的近似性,或实验条件不能达到理论公式所规定的要求,或测量方法所带来的误差。③ 由于测量者本人的生理或心理特点所造成的误差。

2. **随机误差**。随机误差(random error)指在相同的测量条件下,多次测量同一对象时,误差时大时小,时正时负,以不可预定的方式变化着的误差。它是由人的感官灵敏度和仪器精度的限制、周围环境的干扰以及一些偶然因素的影响而产生的,具有随机性。虽然随机误差无法控制和排除,但在相同的实验条件下,进行多次测量时,随机误差大小的分布服从一定的统计规律,可以利用这种规律对随机误差进行估算。

3. **异常值**。异常值(outlier)是由于观测者不正确地使用仪器,观察错误或记录错数据等不正常情况下引起的误差,在数据处理中应将其剔除。误差分析仅估算系统误差和随机误差。

经典测验理论假定,观察分数(X)与真分数(T)之间是一种线性关系,并只相差一个随机误差(E)。因此,测验总变异量 = 真实分数的变异 + 随机误差变异,即测验实得分数的方差 = 测验真分数的方差 + 测验误差的方差。

由于真值是不能确知的,所以测量值的误差也不能确切知道,因此测量的任务就是给出被测真值的最佳估计值,并估算出这种最佳估计值的可靠程度。

二、测量的信度

信度(reliability)主要是指测量结果的可靠性、一致性(consistency)和稳定性(stability),即测验结果是否反映了被测者的稳定的、一贯性的真实特征。稳定性指不同的测验时点下,测验分数前后一致的程度。一致性指测验内部试题间是否相互符合。信度只受随机误差的影响,随机误差越大,信度越低。因此,信度可以视为测试结果受随机误差影响的程度。系统误差产生恒定效应,不影响信度。

1. **信度的定义**。在测量理论中,信度被定义为:一组测量分数的真分数方差与实得方差的比率。即:$r_{xx} = S_T^2/S_X^2$。

由于真实分数的方差是无法统计的,因此转化为:在总的方差中非测量误差的方差所占的比例。$r_{xx} = 1 - S_E^2/S_X^2$。

2. **信度指标**。信度系数、信度指数和测量标准误是信度的指标。

信度系数是真分数方差与实得分数方差的比值,公式为:$r_{XX} = S_T^2/S_X^2$。

信度指数:是真分数标准差与实得分数的标准差的比值,公式是:$r_{XT} = S_T/S_X$。

信度指数的平方就是信度系数。公式是:$r_{XT}^2 = S_T^2/S_X^2 = r_{XX}$。

测量标准误差(standard error)是各测量值误差的平方和的平均值的平方根,故又称为均方误差。标准误差是统计推断可靠性的指标。测量的标准误差与信度之间呈反比关系:标准误差越小,信度越大;标准误差越大,信度越低。两者关系式:$S_E^2 = S_X^2(1 - r_{XX})$。

3. 影响信度的因素。 测量对象、测量主体、测量情境和测量工具都会影响到测量的信度。

第一,测量对象。测量的样本特征分布、测量的样本异质性、测量的样本平均能力水平都会影响到信度。当测量的样本特征分布范围增大时,其信度估计就较高;当分布范围减小时,相关系数随之下降,信度值则较低。若测量的样本较为异质的话,往往会高估测量的信度,相反则会低估测量的信度。对于不同能力水平的团体,题目具有不同的难度,每个题目在难度上的差异累计起来便会影响信度。

第二,测量主体。测量主体是否规范施测,测量主体是否按照相同标准给实测者打分,测量主体的情绪等因素都会影响到测量的信度。

第三,测量工具。测量题项的取样、测量题项之间的同质性程度、测量题项的难度等是影响测验信度的主要因素。

第四,测量情境。测量的环境的温度、声音、空间、颜色、氛围等方面都会影响到受测者的选择,从而对测量信度产生影响。另外两次测量的时间间隔也会影响到测量的信度。

4. 信度的类型。 常用的信度类型有重测信度、复本信度、分半信度、同质性信度和评分者信度。

(1)重测信度(test-retest reliability),又称稳定性系数。其计算方法是使用同一测验,在同样条件下对同一组被试前后施行两次测验,求出两次得分的相关系数。重测信度要求所测量的对象属性必须是稳定的。重复测量的时间间隔不宜太长,也不宜太短,多数学者认为以 2—4 周较为合适。如果测量的变量是定类变量,可用 Kappa 系数来评估再测。如果测量的变量是定序变量、定距变量和定比变量,则可以使用基于方差分析的内部相关系数 ICC(intraclass correlation coefficient)来评价问卷的重测信度。一般信度系数大于 0.75 表示重测信度很好。如果重测信度系数低于 0.4 表示较差,则要考虑对该项目进行修改或者删除该项目。

(2)复本信度(alternate-form reliability),又称等值性系数。它是以两个平行或等值但题目不同的复本来测量同一群体,然后求得被试在两个测验上得分的相关系数。复本信度要两份或两份以上真正平行的测验。如果两个复本的施测相隔一段时间,则称稳定与等值系数。稳定与等值系数既考虑了测验在时间上的稳定性,也考虑了不同题目样本反应的一致性,因而是更为严格的信度考察方法,也是应用较为广泛的方法。在实际应用时,为了抵消施测顺序的效应,应该有半数的被试先作 A 本再作 B 本,另一半被试先作 B 本再作 A 本。

(3)同质性信度(homogeneity reliability),指测验内部所有题目间的一致性。题目的一致性有两层含义:其一是指所有题目都测的是同一种特质;其二是指所有题目之间都具有较高的正相关。总之,同质性信度就是一个测验所测内容或特质的相同程度。对于一些复杂的、异质的变量,采用单一的同质性测验是不行的,因而常常采用若干相对异质的分测验,并使每个分测验内容具有同质性。反映测验内部题目得分一致性程度的统计指标,主要包括有 KR20 和 Cronbach's α 系数。KR20 适用于二分变数的测量,Cronbach's α 适用于多元尺度变数的测量。

(4)分半信度(split-half reliability)。指采用分半法估计所得的信度系数。通常是在测验实施后将测验按奇、偶数分为等值的两半,并分别计算每位被试在两半测验上的得分,求出这两半分数的相关系数。如果题目按某种顺序(如难度)排列则可以按照奇偶分半;如果所有题目是平等的(要么难度相等,要么性质一样)则可按照随机排列,再按照奇偶分半;如果测验有多个分量表,应该在分量表内部排好顺序,再把各分量表分两半组合起来求相关。当一个测验无法分成对等的两半时,分半信度不宜使用。

分半信度只是使用半份测验的信度而已,它通常会降低原来试题长度的测验信度,因此,为了能够评估原来量表试题长度的信度,必须根据具体情形选用斯皮尔曼–布朗校正公式(Spearman-Brown prophesy formula)、福兰根(Flanagan)校正公式、卢伦(Rulon)校正公式、古特曼(Guttman)校正公式加以校正,将折半信度加以还原估计。①

(5)评分者信度(scorer reliability),指的是多个评分者给同一批人的表现进行评分的一致性程度。是用于测量不同评分者之间所产生的误差。两名调查者的评分者间信度和测量两次的评分者内信度可用 Pearson 相关系数或 Kendall、Spearman 等级相关系数表示。如果调查者在三人以上或同一调查者

---

① 如果两半测验分数的变异数相等(方差齐性),则先计算两半测验的积差相关系数,再用斯皮尔曼–布朗公式进行校正。如两半测验分数的变异数不等(方差不齐),则用福兰根公式或卢伦公式进行校正。

测量三次以上,且采用等级记分时可以采用 Kendall 和谐系数来确定评分者信度。为了衡量评分者之间的信度高低,可随机抽取若干份测验卷,由两位评分者按评分标准分别给分,然后再根据每份测验卷的两个分数计算相关,即得评分者信度。一般要求在成对的受过训练的评分者之间平均一致性达 0.90 以上,才认为评分是客观的。

三、测量的效度

1. **效度的定义**。效度是反映真实程度的概念,效度被定义为:在一系列测量中,与测量目的有关的真实变异数与总变异数的比率。

$$r_{xy}^2 = \frac{S_v^2}{S_x^2}$$

式中 r_{xy} 代表效度系数,S_v^2 代表有效变异数,S_x^2 代表总变异数。

2. **效度与信度的关系**。由信度和效度公式可推出两者关系为:

$S_X^2 = S_T^2 + S_E^2 \quad\quad S_T^2 = S_V^2 + S_I^2$

S_E^2:随机误差方差,S_I^2:无关而稳定的方差(系统误差);S_T^2:真分数方差,S_V^2:有效方差,S_X^2:总变异数。

信度:$r_{XX} = S_T^2/S_X^2$,效度:$r_{XY}^2 = S_V^2/S_X^2 = S_T^2 - S_I^2/S_X^2 = r_{XX} - S_I^2/S_X^2$。

可见,信度是效度的必要而非充分条件。效度是信度的充分条件。效度高,信度肯定高;但信度高,效度不一定高。效度受信度的制约,信度系数规定了效度系数的上限。

3. **效度的类型**:效度贯穿在研究的各个环节中,是研究设计必须考虑的问题,如下图所示:

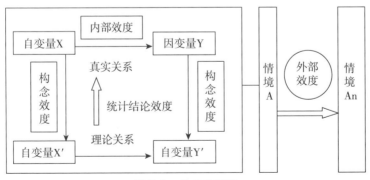

图 7-2 效度的类型

第一,构念效度。构念效度(construct validity)是指所使用的测量工具和想要测量的构念之间的符合程度。构念效度是含义广泛的概念,凡是涉及将理论层面转换为操作层面的研究行动都涉及构念效度问题。① 构念效度涉及到概念化、操作化的各个环节,厘清构念形成的理论、给出构念清晰的界定、厘定构念的维度和指标、合理地选择反映构念的指标都是确保构念效度的基本前提。

构念效度往往与多重指标的测量相关,可以根据多重指标的同质性或异质性将构念效度分为聚合效度(convergent validity)、区分效度(discriminant validity)和因素效度(factorial validity)。(1)聚合效度:指测量同一构念的多重指标彼此间聚合或有关联时,就有此种效度存在。(2)区分效度:与聚合效度相反,区分效度要求一个有效的测验不仅应与其他测同一构想的测验有关,而且还必须与测量不同构念的测验无关。(3)因素效度:通过对一组测验进行因素分析,找到影响测验分数的共同因素,每个测验在共同因素上的负荷量,即每个测验与共同因素的相关,称作测验的因素效度。当编制者自行编制题目时,可以使用探索性因素分析了解所编的题目中究竟含有多少个因素。而当编制者采用某个理论来编制测量工具时,可使用验证性因素分析检验量表是否和所用的理论一致。

内容效度和校标效度(content and criterion validity)都属于构念效度的范畴。②

(1)内容效度(content validity)是指测量工具能够在多大程度上包含测量内容的范围。以下三种方法是确定内容效度的基本方法:①专家判断法:为了确定一个测验是否有内容效度,最常用的方法是请有关专家对测验题目与原定内容的符合性作出判断,看测验的题目是否代表规定的内容。如果专家认为测验题目代表了所测内容,测验就是有内容效度。②统计分析法:评分者信度、复本信度和再测法都可以作为内容效度评价的统计方法。评分者信度计算两个评分者之间评定的一致性,该方法虽然考察的是评分者的判断信度,但由于来自两个独立的评判者,因此符合程度越高越能反映测验的内容效度。复本信度由一组被试在两个测验复本(两个复本测量同一内容)上得分的相关来估计。再测法也可用于内容效度的评估,方法是先前测,再让被试学习新的知识或参与某种训练,然后再测。如果成绩提高,效度高。③经验推测法:通过实践和经验推测某项测量的内容效度。

---

① W. M. K. Trochim & J. P. Donnelly, *Research Methods Knowledge Base*, Cincinnati, OH: Atomic Dog Publishing, 2006.

② G. Domino & M. L. Domino, *Psychological Testing: An Introduction*, Cambridge University Press, 2006, p.55.

表面效度(face validity)与内容效度是既联系又有区别的概念。表面效度是外行对测验所作的表面上的是否涵盖测量内容的判断,只考虑测验项目与测验目的之间的明显的、直接的关系。内容效度是专家对测验进行详尽的、系统的评价,同时考虑到测验项目与测验目的,测验项目与总体内容之间的联系。表面效度高的题目内容效度不一定高,表面效度低的项目内容效度也不一定低。

(2)校标效度(criterion validity)关心的是测量结果与另外一个校标(criterion)的符合程度,它并不关心测量本身的内容。校标是已具效度的参照标准。按照设置校标时间上的差异,可将校标效度分为同时效度(concurrent validity)和预测效度(predictive validity)。同时效度指一个指标与既存且已被视为有效的指标的相关程度。预测效度(predictive validity)当某一事件已经被确认为能有效地测量设定的构念,且某一指标能预测到该事件时,则该事件就是预测校标效度。比如公务员录用阶段的面试测量工具和公务员工作阶段的个人绩效,两者都是测量公务员行政职业能力的指标,工作阶段的个人绩效是已经确认的测量公务员职业能力的指标;如果公务员面试测量成绩能预测到公务员工作阶段的实际成绩,那么公务员工作阶段的绩效就是预测校标效度。

第二,内部效度。内部效度(internal validity)是指研究人员控制外部变量的程度,表明研究结果被明确解释的程度。内部效度通常要回答的问题是:(1)所研究的两个或多个变量之间是否存在一定的关系?(2)是否确实是自变量的变化引起了因变量的变化?研究结果是否是由所操纵的自变量引起?内部效度在实验研究中的表现尤为典型,在实验研究中历史、成熟、测验、工具、回归、抽样、样本流失、实验组和控制组的交互等因素都会影响实验研究的内部效度。[1] 因此,进行研究设计时,在理论指导下明确变量的含义、地位和作用,选择合适的因变量和自变量,控制好其他无关变量,有助于内部效度的提升。

第三,外部效度。研究的外部效度是指研究结果能够被推广到一般化和普遍适用到样本来自的总体和其他总体中的程度。外部效度可以细分为总体效度和生态效度两类。(1)总体效度(population validity)指研究结果能够适应于研究样本来自的总体的程度与能力,或说对总体的普遍意义。(2)生态效度(ecological validity)是指研究结果可以被概推以适应于其他研究条件和情景的程度。研究样本、研究时代、研究地域和研究情境等因素都会影响到外部效度。

---

[1] T. D. Cook & D. T. Campbell, "The Design and Conduct of Quasi-experiments and True Experiments in Field Setting", in M. D. Dunette(ed.), *Handbook of Industrial and Organizational Psychology*, Chicago: Rand McNally, 1976, pp. 223—326.

提高研究的效度,需要保证所研究的样本和选取的研究对象具有代表性,随机抽样、条件比对、专家判断等方法是确保外部效度的有效手段。

第四,统计结论效度。统计结论效度(statistical conclusion validity)是关于研究的数据分析处理程序与方法有效性的指标,它主要反映统计量与总体参数之间的关系,是正确运用统计方法解释研究结果的程度。统计结论效度的基本问题是研究误差、变异来源、如何适当地运用统计显著性检验,它不涉及系统性偏差的来源问题。① 不当的统计检验方法和显著水平的高低都会影响统计结论效度。比如将相依样本的数据,误用独立样本的统计方法。分析前、后测数据的差异检验应使用共变量分析,却使用 t 检验或变异数分析。统计结果须加以校正却没校正,如:使用卡方检验时,当 df = 1 且理论次数小于 5 时,就必须进行耶兹氏校正(Yate's correction for continuity)②。应使用非参数检验(nonparametric statistical test),却使用参数检验(parametric statistical test)。显著水平的不同,其统计结果亦会产生极大的变化等。在评估研究中,对统计方法本身效度的评估是元评估的组成部分。

上述四种效度是 1976 年库克(T. D. Cook)和坎贝尔(D. T. Campbell)在研究实验法时提出来的。③ 但是这四种效度也适用于对其他研究方法(调查法、案例法、实地法等)的评价,从而成为研究设计必须考虑的基本问题。④ 不同研究方法都同时或部分涉及上述四种效度,只是分析侧重点有多不同。表 7-9 是案例法中的效度分析。其余研究方法的效度分析将在相关章节进一步介绍。

表 7-9 案例研究的效度类型

检验	案例研究策略	策略使用阶段
建构效度	采用多元的证据来源 形成证据链 要求证据的主要提供者对案例研究报告草案进行检查、核实	资料收集 资料收集 撰写报告

---

① 统计功效(Statistical Power)是统计学中的一个重要概念,也是一个十分有用的测度指标。参见:袁卫等编著:《新编统计学教程》,北京:经济科学出版社 1999 年版。
② 林清山:《心理与教育统计学》,台北:东华书局 1992 年版。
③ T. D. Cook & D. T. Campbell, "The Design and Conduct of Quasi-experiments and True Experiments in Field Setting", in M. D. Dunette(ed.), *Handbook of Industrial and Organizational Psychology*, Chicago: Rand McNally, 1976, pp. 223—326.
④ D. H. McBurney, *Research Methods*(4th ed.), Pacific Grove, CA: Brooks/Cole, 1998.

续表

检验	案例研究策略	策略使用阶段
内在效度	进行模式匹配 尝试进行某种解释 分析与之相对立的竞争性解释 使用逻辑模型	证据分析
外在效度	用理论指导单案例研究 通过重复、复制的方法进行多案例研究	研究设计

资料来源:〔美〕罗伯特·殷:《案例研究:设计与方法》(第3版),周海涛译,重庆:重庆大学出版社2004年版,第38页。

第四节 定量研究中的时间和变异问题

一、定量研究的变异问题

在定量研究中,我们试图将差异量化,并且尽可能按照各种理由或原因将差异区分开来。研究设计从变异的角度来看,主要解决的问题是如何处理因变量变异的问题。研究者要尽力控制三类变异,即最大化系统变异、控制外生变异、最小化误差变异。此三种变异在研究设计上有重要的含义,不同类型的变异也有不同的处理方法。①

1. **最大化系统变异**。系统变异是指在因变量的变异中受到自变量影响的部分。在研究设计中,我们希望发现自变量对因变量的影响是最大化的。系统变异在因变量的变异中占的比重越大,说明研究中自变量的影响越明显,我们也就更有机会发现支持我们假设的证据。

最大化系统变异可以通过样本选择或者自变量的精准测量来实现,每一种方法都致力于让自变量对因变量有最大的效应。另外,由于变量性质的不同,在研究设计中的控制操纵方法也不同。

变量可以分为两类:可变变量和属性变量。可变变量指可以被操纵的、可以变化的变量。对这类变量我们可以通过实验法对其加以控制,实施具有影响力的操纵,使实验组与控制组的情景非常不同。而属性变量是不可变的或是非常难以操纵的,需要通过对样本的选择来实现。

2. **控制外生变异**。外生变异会系统地影响我们感兴趣的因变量,但却与我们研究目的无关。所以,我们需要对这类可能对因变量造成影响的外生变量实

---

① 陈晓萍、徐淑英、樊景立:《组织与管理的实证方法》,同前,第121—125页。

现有效地控制,将其效应最小化、抵消,或者与我们的自变量进行隔离。在研究设计中,我们可以通过抽样的方式(如排除法、随机化、匹配法等)或者统计控制的方式,实现对外生变量的控制。

3. **最小化误差变异**。误差变异是指由于随机因素而导致的因变量变异。这是属于随机性质的,而不像外生变异那样造成系统性的偏误。将误差变异最小化的目的,有助于将系统变异凸显出来。一般来说,减少被试的个体差异、提高测量的精确度可以实现最小化误差变异。

二、定量研究的时间维度问题

研究的时间维度是定量研究设计中需要考虑的关键问题之一。从时间维度来划分,可以将研究设计分为纵贯研究、横剖研究两类。

1. **纵贯研究**。纵贯研究是在较长时期的不同时点收集资料,并对社会现象作纵向研究。纵贯研究的主要目的是了解某一社会现象的历史发展过程,分析社会现象产生的社会历史背景和社会条件,探寻现象之间的前后联系,由此来发现社会发展的一般规律或者对事物发展、变化的全过程作出详细说明。例如,社会变迁研究、政治制度史研究、家庭生命周期研究。

纵贯研究主要有以下四种类型。

第一,趋势研究(trend studies)。趋势研究一般是对较大规模的调查对象总体随时间推移而发生的变化的研究。比如每年调查公务员离职率的变化情况,然后通过对不同时点的调查结果的比较来探寻这些社会现象的变化趋势。

第二,世代研究(cohort study)。世代研究又称同期群研究,是对在某一时期具有同一特征的人群随时间的推移而发生的变化的研究。如调查"80 后"公务员的心理状况。同期群研究不是对同一类人,而是对同一代或同一年龄组的某一群人的纵向研究。此外,它注重的是这一人群的特征,而不是其中某些人的特征。所以,在不同时点可以抽取不同的样本,只要他们都属于这一人群。

第三,连续样本研究(panel studies)。连续样本研究又称追踪研究,是对同一批人随时间推移而发生的变化的研究。例如,在不同时点调查一届"少年班"的情况。追踪研究与同期群研究比较相似,区别在于前者的每次调查都是了解同一批人,而后者的样本可以每次不同。

第四,回溯研究(ex post facto study)。回溯研究只是作一次调查,在这一调查中要求被调查者回想他们过去的态度或行为是怎样的,而现在又起了哪些变化。回溯研究的资料准确性较差,有时被调查者记忆不清,无法准确地说出过去的事情或出现记忆错误。

纵贯研究的优点在于,它能够了解事物的变化过程,能够对社会现象作动态分析,并通过这种分析发现现象之间的联系,由于能掌握现象之间或现象变化的时间顺序,因而也能确定出各种因素的因果联系。但它的缺点是,比较费时、费力,需要较多的经费。此外,由于历时较长,调查内容较丰富,因而调查范围一般较小,调查结论的概括性程度不高,尤其是追踪研究。

2. **横剖研究。**横剖研究(cross-sectional studies)指在一个时间点上收集研究资料,并用以描述研究对象在这一时间点上的状况,或者探讨这一时间点上不同变量之间的关系。所谓"横剖面"是指由调查对象的各种类型在某一时点上所构成的全貌,比如不同年龄、不同职业、不同地区、不同民族的人在某一调查时点上对物价政策的意见和态度。横剖研究一般是对大量对象作调查,但有时也只调查少量对象。横剖研究的同一时间点可以是一天也可以是一周和数月,是不涉及多个短期期间变动的研究。横剖研究的优点是调查的面较大,调查资料的格式较统一,标准化程度较高,而且资料都是在同一时间收集的,未受到时间变化的影响,因而可供比较分析。横剖研究适用于对各类调查对象进行描述和比较。

【延伸阅读】

1. 陈永国编著:《公共管理定量分析方法》,上海:上海交通大学出版社 2006 年版。
2. 范柏乃、蓝志勇编著:《公共管理研究与定量分析方法》,北京:科学出版社 2008 年版。
3. 蓝石编:《社会科学定量研究的变量类型、方法选择及范例解析》,重庆:重庆大学出版社 2011 年版。
4. 林毓铭:《应急管理定量分析方法》,广州:暨南大学出版社 2011 年版。
5. 〔加〕约翰·福克斯等:《社会科学中的数理基础及应用》,上海:格致出版社、上海人民出版社 2011 年版。
6. 齐欢、代建民、齐翔编著:《公共管理数学建模方法与实例》,北京:科学出版社 2006 年版。
7. 汪应洛等:《管理统计学》,武汉:武汉理工大学出版社 2010 年版。
8. 袁政编著:《公共管理定量分析——方法与技术》,重庆:重庆大学出版社 2009 年版。
9. Tashakkori, A. & Teddlie C. (eds.), *Handbook of Mixed Methods in Social and Behavioral Research*, Thousand Oaks, CA: Sage, 2003.

第八章　质性的公共管理研究设计

第一节　质性研究中的研究问题和研究目的

质性研究的问题具有问题的一般特性,都是比研究领域和研究议题聚焦更明确的范畴,都反映了主观认知或主观价值与现状之间的差距,都具有问题的结构特征,都有相似的提出问题的途径。质性研究以归纳逻辑为主,定量研究以演绎逻辑为主,这决定了质性研究的问题与定量研究的问题存在显著的差异。

1. 质性研究问题的特征。 质性研究问题和定量研究问题在特殊与一般、过程与差异、价值与事实、情境与普遍等方面存在差异,参见表8-1。

表8-1　质性研究问题与定量研究问题的差异

	质性研究问题	定量研究问题
特殊与一般	以特殊性问题为主	以概括性问题为主
过程与差异	以过程性问题为主	以差异性问题为主
价值和事实	以价值性问题为主	以事实性问题为主
情境和普遍	以情境类和意义类问题为主	以普遍性问题为主

2. 质性研究问题的类型。 很多学者都认识到了质性研究问题的特殊性,并对质性研究问题的类型进行过分类和归纳。比如陈向明从概括性问题和特殊性问题;差异性问题和过程性问题;意义类问题和情境类问题;描述性问题、解释性问题、理论性问题、推论性问题、评价性问题;比较性问题;因果性问题的特征出发,总结了适合采用质性研究的问题类型。米勒(W. L. Miller)和克瑞布垂(B. F. Crabtree)从质性研究的范畴与研究学术传统的角度,将质性研究问题归属于生活经验、个人的行为或事件、社会世界、文化、交流与说话、实践与过程等范畴。[①] 特施(R. Tesch)根据研究的兴趣将质性研究问题分为四类,一类是与语言特点有关的问题;一类是与发现规律有关的问题;一类是理解文本和行动

---

① Benjamin F. Crabtree, William L. Miller, *Doing Qualitative Research*, Sage Publications, 1992, p.24.

意义的问题;一类是反思的问题。① 莫斯(J. Morse)将质性研究问题分为五种类型:即意义类问题、描述类问题、过程类问题、口语互动和对话类问题、行为类问题。② 不同类型的问题对应不同的研究策略、学科范式和具体研究方法,如表8-2所示:

表 8-2 质性研究问题与研究策略、范式、方法、资料的关系

	策略③	范式	方法	其他资料来源
意义类问题:了解生活经历的本质	现象学	哲学	录音"谈话";笔录个人经历中的有关逸事	现象学文献;哲学反思;诗歌;艺术
描述类问题:对文化群体的价值观念、信念和行为进行描述	民族志	人类学(文化)	无结构访谈;参与型观察;实地笔记	文件;记录;照片;地图;谱系图;社会关系图
"过程"类问题:了解时间维度上事情发生过的变化,研究问题可以呈现阶段性和不同的层面	扎根理论	社会学(象征互动主义)	访谈(录音)	参与型观察;写备忘录;记日记
口语互动和对话类问题	常人方法学;话语分析	语用学	对话(录音、录像)	观察;记实地笔记
行为类问题 宏观 微观	参与型观察 质的生态学	人类学 动物学	观察;实地笔记 观察	访谈,照相 录像;记笔记

资料来源:J. Morse, *Critical Issues in Qualitative Research Methods*, Thousand Oaks, CA: Sage, 1994, p.224。

上述对质性问题类型的研究中,莫斯(J. Morse)、米勒(W. L. Miller)和克瑞布垂(B. F. Crabtree)对问题的划分的依据是质性研究的范畴和行动特征。特施(R. Tesch)的划分则从研究的旨趣出发,与哈贝马斯对认知旨趣划分的思路是一致的。本书在公共管理问题类型学框架下,将质性研究问题划分为以下几类:

第一,科学发现类问题。公共管理研究中的科学发现类问题旨在发现公共

---

① R. Tesch, *Qualitative Research*, New York: Falmer Press, 1990, p.72.
② J. Morse, *Critical Issues in Qualitative Research Methods*, Thousand Oaks, CA: Sage, 1994, p.224.
③ 克里斯韦尔将研究传统分为传记式的生活史、现象学、扎根理论研究、人种志和案例研究五种传统。参见〔美〕约翰·W. 克里斯韦尔:《质的研究及其设计:方法与选择》(余东升译),青岛:中国海洋大学出版社2009年版。

管理现象中存在的联系、模式和规律。科学发现类问题可以使用定量的语言进行描述，亦可以使用定性的语言进行描述。使用定性语言解答的科学发现类问题包括两种类型，一种类型是对因素进行辨别（并分类）同时探究其联系，这类问题常使用的方法包括超现实主义、民族志内容分析、事件结构分析、生态心理学和扎根理论等。另一种类型是辨识模式。其中主概念的模式辨识使用现象学方法；作为缺陷和意识形态的模式辨识使用质的评估、行动研究、合作研究、批判解放研究的方法；作为文化的模式辨识主要使用整体民族志的方法；作为社会化的模式辨识主要使用教育民族志和自然探究的方法。在公共管理研究中，对新公共管理改革进行类型划分，就属于概念化的模式辨识。

第二，评估类问题。评估类问题涉及三个关键的要素，即标准、证据和判断。这三个要素既涉及人的主观价值尺度和价值判断，亦涉及客观事物本身的状态。这决定了评估类问题是定性问题和定量问题的有机统一。评估研究中的质性问题一般包括：如何形成评估的维度、准则和指标；通过什么样的社会互动过程形成评估的价值标准、尺度和形成价值判断；社会干预的细节是什么；等。

第三，技术设计类问题。技术设计类问题涉及通过目的和手段的链接，寻求合理手段，形成优化方案，实现特定目标的思想、程序、知识和技艺。技术设计类问题贯穿在公共管理技术设计过程的每一个环节，在这些环节中，既有数量化的定量优化问题，亦有公共管理价值挖掘、确定和阐发等质性问题。

诠释类和批判类问题属于质性研究问题的范畴，在前面的章节已经进行了论述，此处从略。

3. **质性研究的目的**。约瑟夫·马克斯威尔（Joseph Maxwell）曾经总结了质性研究目的三种类型：个人目的（personal purposes）、实用目的（practical purposes）和科学研究目的（research purposes）。[1] 个人目的是促使研究者从事某项研究的个人动机、利益和愿望。如希望改变某项现存的社会制度、对某一社会现象感到好奇、希望亲身体验从事某类研究的滋味、通过发表研究成果提高自己的声誉等。实用目的是研究者通过对这个问题的研究可以完成某些具有实际价值的任务，如改变现存的不良现象、揭示有关社会人士关心的问题、解决某些具体困难、完成某项工作、满足某类人或某些组织的需要、向有关人员提供决策和行动指导等。科学研究目的就是为人类探索世界、认识社会和追求真理提供有益的思路和方法等。主要包括理解意义、理解实践背景、探明难以预测的现象及其影响、理解某种过程、获得某种因果解释等形式。事实上，马克斯

---

[1] 〔美〕约瑟夫·A. 马克斯威尔：《质的研究设计：一种互动的取向》，重庆：重庆大学出版社 2007 年版。

威尔所谓的实践目的包括了批判研究、技术设计研究和评估研究三种类型。科学研究目的则包括了科学发现研究和诠释研究两种类型。

第二节　质性研究的概念框架

在质性研究中,概念框架包括研究使用的概念、假设、预期、信念和理论,是研究的"理论框架"或"理论背景"。概念框架可以使用文字或概念图的形式表现出来。质性研究中"建立概念框架的目的是促使研究在研究开始之前就用比较简洁、直观的方式将研究问题所包含的重要方面呈现出来。概念框架一方面可以将研究者心中隐蔽的一些理论假设明朗化,另一方面可以进一步加深研究者对问题的理解,发展自己原有的理论。"①

概念框架"就像数盏探照灯,可以揭示研究现象的某些侧面,帮助研究者对自己的研究问题聚焦;探照灯的光束不仅可以为本研究领域勾勒出一个基本的地域范围,而且可以为本研究照亮方向。构建概念框架的目的不只是描述,同样要有批判性;需要理解前人研究都存在什么问题(包括伦理学的问题)、已有的研究中又有怎样的矛盾对立以及你对这个问题可以做出什么独立的贡献。"②

在构建概念框架时,个体经验知识、前人的研究回顾、预备实验和思想实验是四个主要的资源模块。③

第一,个体经验知识。质性研究过程中,研究者与研究情景是相互作用,相互建构的过程,研究者本身变为研究的工具,研究者的研究技巧、学术背景、文化知识、个人经历都会影响研究的过程和研究的结果。

第二,前人研究回顾。质性研究的文献回顾具有启迪思维、引导研究的作用,通过对前人的研究进行系统的梳理、分析和批判,有助于拓宽研究的思路,找到资料收集的重点,为扎根理论的建立找到合理的定位。质性研究中,过度依赖前人的研究和无视前人的研究都是错误的倾向,需要根据研究问题的性质寻求前人理论介入研究的程度。

第三,预备实验。预实验可以帮助研究者将问题集中到关心的问题和理论上。质性研究中,预实验有助于了解所研究的人群持有的想法。

第四,思想实验。在质性研究中思想实验是一种促进我们思考,从而推动质性资料收集和分析的手段。在思想试验中,研究者通过提出和回答"如果……会

---

① 陈向明:《质的研究方法与社会科学研究》,教育科学出版社2006年版,第91页。
② 〔美〕约瑟夫·A.马克斯威尔:《质的研究设计:一种互动的取向》,重庆大学出版社2007年版,第44页。
③ 同上书,第47—80页。

怎么样"的问题,形成模型、假设,推动研究者寻求如何证实和反驳假设的证据。思想实验指引研究者实际的研究行动。

第三节 质性研究中的研究方法

此处的"质性研究方法"指收集和分析资料的程序和技术。包括四个方面:与被研究群体建立的研究关系、研究地点和群体的选择(更接近取样方法)、数据收集以及数据分析。在质性研究中,研究者是研究的工具,而研究关系是研究得以进行的途径。[1]

1. 与被研究群体建立的研究关系。 涉及两个方面的问题:一是研究者个人因素对研究的影响;二是研究者与被研究者之间的关系对研究的影响。研究者的个人因素包括研究者的身份和研究者的个人倾向。研究者与被研究者关系主要包括局内人与局外人、熟人与生人、上下级与平级、性别异同,年龄异同等关系。[2]

上述各种关系构成了研究的情境。"在质的研究中一个情境通常包括社会行为所发生的物理环境、一些参与者以及他们相互之间的关系、参与者的社会活动。此外……一个情境是位于文化与历史之中的地点与时间。"[3]研究情境是质性研究区别于定量研究的一个重要特征。定量研究的情境往往都是受控制的、被操纵的和静态的。质性研究的情境则是动态的、复杂的、历史的。阿莫斯·哈奇(J. Amos Hatch)总结了决定情境的主要因素:"最主要的考虑是,所研究的情境必须能够回答所研究的问题。其他诸如可接近性、可行性、熟悉性等各因素也是重要的。研究的类型也是重要的考量因素。研究类型不仅会框定问题的产生,而且对情境的选择也有重要影响。"[4]

2. 抽样。 抽样是确定研究对象的基本方法,质性研究中的抽样属于非概率抽样,其基本特征是"按照研究的目的抽取能够为研究问题提供最大信息量的研究对象"[5]抽样的基本依据是主观判断、目的和理论的指引。

库泽尔(A. J. Kuzel)和巴顿(M. Q. Patton)总结了质性研究中的常见抽样策略,如表8-3所示:

---

[1] 陈向明:《质的研究方法与社会科学研究》,同前,第105页。
[2] 同上书,第93页。
[3] 〔美〕哈奇:《如何做质的研究》(朱光明等译),中国轻工业出版社2007年版,第44页。
[4] 同上书,第44—48页。
[5] M. Patton, *Qualitative Evaluation and Research Methods*, Beverly Hills, CA: Sage, 1990, p. 169.

表 8-3　质性研究抽样的策略

抽样类型	目的
最大变异抽样	记录下各种变异，并且辨识出重要的共同模式
同性质抽样	聚焦于、浓缩至、简化为、便利于团体会谈
关键个案抽样	可以做逻辑上的分类，以及将信息在其他个案做最大范围的应用
理论本位抽样	为一个理论上的构念寻找范例，从而探究与检验该观念
验证性或否证性个案抽样	深化最初的分析，寻找例外，探究变异
雪球或链式抽样	研究者借由一些人找到另一些信息丰富的个案
极端或异常个案抽样	该个案为特殊，可以反映研究者感兴趣的现象，让研究者有所学习
典型个案抽样	选取的个案可以凸显出何谓正常或平均状况
深度抽样	选取信息丰富的个案（但不是极端的个案），可以充分地显示某现象
政治上重要个案抽样	获得想要的关注，或是避开不想要的关注
随机目的性抽样	当可能成为目的的样本的数量过大时，采用此方法可提高可信性
分层目的性抽样	阐释各个次群体，适合比较
效标抽样	所选的个案全部都符合某些标准，这种方法对于质量保证特别有用
机会抽样	跟随着新线索去探究；获得未预期到的好处
综合或混合抽样	三角测量，有弹性，满足多重旨趣与需求
便利抽样	省时、省钱、省力，但会牺牲掉所得的信息，并可能降低可信性

资料来源：〔美〕迈尔斯、休伯曼：《质性资料分析：方法与实践》（张芬芬译），重庆大学出版社 2008 年版，第 39 页。

3. 数据收集与数据分析。质性研究的数据具有极强的广泛性和弹性的特征，只要能够回答研究问题的数据都可以作为资料加以收集。对于质性研究而言，常见的数据收集方法包括：访谈、观察、实物分析、口述史、叙事分析、历史法等。① 为了保证多种来源数据的真实性，可以使用三角校正法。质性数据的分析我们将在第十四章专述。

---

① 陈向明：《质的研究方法与社会科学研究》，第 95 页。

第四节　质性研究设计中的质量评价

质性研究的信度和效度与定量研究的信度和效度存在根本的差异,以下介绍质性研究的效度、信度和质量评价问题。

1. 效度。质性研究关心的并不是量的研究所谓的"客观现实"的"真实性"本身,而是被研究者所看到的"真实"、他们看事物的角度和方式以及研究关系对理解这一"真实"所发挥的作用。质性研究的效度指的是一种"关系",是研究结果和研究的其他部分(包括研究者、研究的问题、目的、对象、方法和情境)之间的一种"一致性"。① 换言之,可靠且值得信赖(trustworthiness)是质性研究的基本目标。

马克斯威尔针对质性研究的特征,将质性研究的效度分为以下几类:

第一,描述效度(descriptive validity),指对外在可观察到的现象或事物进行描述的准确程度。

第二,解释效度(interpretive validity),指研究者了解、理解和表达被研究者对事物所赋予的意义的"确切"程度。

第三,理论效度(theoretical validity),指研究所依据的理论或从研究结果中建立起来的理论是否真实地反映了所研究的现象。

第四,评估效度(evaluative validity),指研究者对研究结果所作的价值判断是否确切。

第五,推论效度(generalizability)。推论效度可以分为内部推论效度和外部推论效度。内部推论效度指结果代表本样本的情况,可以在本样本所包含的时空范围内进行推论。如果内在效度不涉及因果关系,内在效度反映了研究者对研究中各环节对特定事件、议题或某组资料所做出的解释,所获得的实际资料支持的程度,即研究的准确度。当内在效度涉及因果关系的时候,内在效度反映的是研究结论是否属于因果关系。质性研究者如果确认事件的因果关系,需要检查每一可能发生的线索,并尝试排除每一个对立的解释。质性研究者虽然很少使用控制组,但是要做比较时,其心中需先有一个假设性的控制组作为参照,以思考将会发生的事情。② 外部推论效度则是研究的结果可以应用到本样本范围以外的同类事物。与定量研究的统计推论不同,质性研究的外部效度与研究成果使用者个人的认知、认同和领悟有关。这种认同的逻辑是分析归纳

---

① 朱玉婷:《质的研究中效度问题探讨》,《理工高教研究》2008 年第 1 期。
② 王文科:《质的教育研究法》,台北:师大书苑有限公司 2000 年版。

的逻辑,通过建立有关理论来实现推论。①

质性研究过程中的诸多因素都会导致效度的降低,导致效度降低的因素称为"效度威胁"。常见的效度威胁因素包括以下几个方面:第一,记忆问题。人们对以往事件的记忆总存在衰退和扭曲的情况,这会导致对以前的行为和时间做出扭曲的解释。第二,研究效应。当研究对象知道自己被人观察和注视的时候,会影响研究对象原有的行为,从而导致效度的降低。第三,文化背景。如果研究者与被研究者的文化背景差异较大,就会掩盖、忽视或扭曲一些事实。第四,间接资料来源。被研究者使用二手资料进行解释,得出结论,二手资料很有可能本身就是失真的,这直接降低了研究的效度。②

质性研究与量化研究在处理效度威胁时使用的方法完全不同:质性研究在某种观点形成之后才涉及具体的效度威胁,而不是通过事先的研究设计来消除效度威胁。量化研究会使用设置控制组、控制无关变量、随机取样的分配、限于数据收集的理论假设、统计显著性检验等手段提高效度。③ 质性研究则针对不同阶段和不同因素对效度的影响,采用不同的方式进行规避。如表8-4所示:

表8-4 质性研究提高效度的影响因素和方法

影响因素	产生如下结果	避免技术		研究特性
		研究中	研究完成后	
多元因子交互作用形成的复杂情境	无法正确了解与诠释	长期参与、持续观察、参与者的检验	参与者的再核查（侦探法）	可信性
研究情境的独特性	无法比较	收集丰富的描述资料、采用立意抽样、比较、证伪法	对情境做丰富的描述	迁移性
研究工具的变动不定	不稳定	采用三角校正	对研究过程进行可靠性核查	可靠性
研究者的偏好	偏见	三角校正实施反省	对研究成果进行核查、诠释学循环、反馈法	验证性

资料来源:根据网络资料《质性研究和量化研究的信效度》(PPT)改编整理。

第一,参与者的检验。即研究者将研究结论反馈到被研究者身上,并依其

---

① 陈向明:《质的研究方法与社会科学研究》,第409—410页。
② 同上书,第397—399页。
③ 〔美〕约瑟夫·A.马克斯威尔:《质的研究设计:一种互动的取向》,重庆:重庆大学出版社2007年版,第136页。

反应修正结论。

第二,参与者的再核查。即研究者按照研究问题的性质、目的和所依据的理论形成研究的基本线索,然后对研究线索上的参与者进行再次访谈,对研究结论进行核实。参与者再核查类似案件的侦破,也称作侦探法。

第三,收集丰富的原始资料。丰富的原始资料可以为研究的结论提供充分的论证依据,进而提高结论的效度。

第四,比较法。当研究情境独特的时候,可以采用比较法增加研究的效度。在选题、收集和分析资料等环节不断地通过比较归纳共性,找出差异,以便获得研究对象的真实特征的认知。

第五,证伪法。首先建立一个假设,然后寻找该假设不正确的证据,然后根据情况修改、排除或完善这一假设。

第六,三角校正。即将同一结论用不同的方法、在不同的情境和时间里,对样本中不同人进行检验,目的是通过尽可能多的渠道对目前已经建立的结论进行检验,以求得最大真实度。

第七,自行反省。研究者积极对自己可能持有的偏见和倾向进行批判性的自我省思,透过反省,研究者进一步清晰地瞭解自我、调整、控制自己的偏见。

第八,反馈法。即研究者得出初步结论后广泛地与自己的同行、同事、朋友和家人交换看法,听取他们的意见,从研究者不同的角度来检验效度。

第九,诠释学循环。诠释学循环包括两层意思,一是在文本的部分和整体之间反复循环论证,以此来提高对文本的理解和确切性;二是在阐释者的阐释意图与阐释对象(文本)之间的循环,以此寻求两者之间的契合。研究者可以设身处地、换位思考、视阈融合等方式融入研究对象的情景中,建构事实和意义。

2. 信度。质性研究对信度的定义不同于量化研究,质性研究的信度是指不同参与者对结果诠释的一致性。由于质性研究是高度个人化的,每一个个案都有其特殊的脉络,因此信度不容易达到。①

质性研究的信度分为外在信度(external reliability)和内在信度(internal reliability)。内在信度指在相同的条件下,搜集、分析和解释资料的一致程度。有六种策略可以提升质性研究的内在信度:(1)逐字解说与低推论描述。直接引用文件,以及具体、精确的田野札记,对正面与负面的报导同样予以关注。(2)使用多位研究者。质性研究因为要从事长期而专业的观察,使用多位观察者并不常见,比较常见的是使用两位观察者。对于观察者需要事先接受广泛的训练与讨论;确认在不同场所进行的观察,其一致性如何;由每个田野工作者独

---

① 林重新:《教育研究法》,扬智文化事业股份有限公司2001年版。

自为所观察的现场负责。(3)参与研究者。研究者可以透过参与者的协助来确认记录的内容、参与者对意义的诠释。(4)同僚检查与参与者检查。同僚检查有三种方式:将其他类似的研究加以统合;在多种场所同时进行研究,并将资料统合;将研究结果出版,供同僚探讨,而且将结果交由参与者复查。(5)以机械来记录资料。可以辅以科学仪器来记录,例如、录音机、录影机、照相机等,增加内在信度。(6)负向个案或不一致资料。负向个案是指与所呈现的意义组型相互矛盾者,而不一致的资料是指与意义组型变异的资料,研究对这些资料应加以主动的探讨、记录、分析与检核。①

外在信度是指独立的研究者在相同的或类似的情境中,能发现相同现象的程度。提升外在信度的途径主要有:(1)研究者角色。研究者运用本身的专业素养与社会关系,使研究者能把握在该团体的角色与地位,以提升信度。(2)提供信息者的选取。研究者必须对信息提供者的背景与选取的历程加以审核,若研究者所选择的信息提供者与先前研究类似,则比较容易复制。(3)社会脉络。必须详细叙述脉络的物质性、社会性、人际性与功能性。(4)资料搜集与分析策略。研究者必须描述回溯与解释资料的综合方法,以及确证与诠释资料的一般策略。(5)分析的构念与前提。研究者公开报导该研究的架构,并以该架构整合各种发现。②

3. **伦理原则**。质的研究中的伦理道德问题涉及所有与研究有关的人和社会机构,不仅贯穿研究的全过程,而且本身具有十分丰富的内容层次。自愿和不隐蔽原则、尊重个人隐私和保密原则、公正合理原则、公平回报原则是保证研究过程质量的基本伦理原则。③

4. **质性研究质量指标体系**。质性研究的信度与效度,无法像量化研究有具体数据来衡量、解释,但可以在研究的各个环节加以控制,凯尔斯特·马特汝德(Kirsti Malterud)给出了评价质性研究质量的指标体系。④

第一,目标。(1)研究问题与研究目标是否为相关联的议题;(2)研究目标是否够聚焦且能清楚地陈述;(3)论文标题是否能明白地表达出研究目标。

第二,反省性。是否呈现出研究者的动机、背景、观点及基本假设,而研究的议题是否充分地处理了问题。

第三,方法与设计。(1)所采用的质性研究方法是否适合于探索研究问题;

---

① 王文科:《质的教育研究法》,师大书苑有限公司2000年版。
② 林重新:《教育研究法》,扬智文化事业股份有限公司2001年版。
③ 陈向明:《质的研究方法与社会科学研究》,教育科学出版社2006年版,第426—443页。
④ Kirsti Malterud, "Qualitative Research: Standards, Challemgs, and Guidelines", *The Lancet*, 2001, 358(9), pp. 483—488.

(2)针对研究问题是否已采用最适当方法。

第四,资料收集与抽样。(1)能否清楚地陈述收集资料的策略;(2)有无陈述采取目的性或理论性抽样,而非随机性抽样的理由;(3)根据研究问题是否已采取最佳的资料收集与抽样的方式;(4)有无讨论到所选择策略的可能结果,并与可能的其他选项相比较;(5)所呈现的样本特质,其深度是否足以了解到所研究议题的脉络与背景。

第五,理论架构。(1)有无提出用来诠释资料的理念与观点;(2)依据研究的目标这个理论架构是否适当;(3)有无交代分析中作者角色对理论架构的影响。

第六,分析。(1)依循哪些原则来组织并呈现研究发现;(2)是否使用交互检查对立的情形或是否使用三角检验等方法来验证结果的策略;(3)假使这些讨论没有在这一章出现,在本研究的后面也应该要提到;(4)不同的概念类目是从资料中发展出来的,还是从理论或先入为主观念中产生的;(5)资料组织的原则与程序是否完整地描述,并能让读者了解到原始资料是如何转变成研究结果的。

第七,发现。(1)研究发现是否与研究目标是相关的;(2)研究发现有无提供新贡献;(3)所提出的研究发现是否是透过资料的系统性分析所致,而非借由研究者先入为主的观念而组合起来的;(4)所使用的引文是否适切地支持作者的分析架构,并能够验明系统分析出的模式。

第八,讨论。(1)能否提出有关内在效度及反省性问题的讨论;(2)所提出的研究发现是否能提出一些清楚的结论;(3)研究发现是否能与相称的理论与经验结果是否能交相验证与比较;(4)研究的缺失能否进一步解释与讨论,而不逃避选择本研究设计所需负起的责任。

第九,结果呈现。(1)研究报告是否易于理解并清楚呈现脉络性;(2)能否区分出研究者的话语与资料提供者的话语。

第十,参考文献。本领域中重要及特定的资料是否都涵盖,而这些资料是否被适当地呈现并应用到研究报告中。

第五节 质性研究的范式和传统

质性研究的方法论是质性研究设计背后的哲学、方法论、范式和研究传统。质性研究的方法论是质性研究方法体系的最高层,制约质性研究的研究设计、资料收集与分析、研究工具等方面。本节重点总结质性研究中常用的研究范式和研究传统,以及这些范式或传统在研究程序上的基本特色。

正如林肯（Y. Lincoln）和邓津（N. Denzin）总结的那样："质的研究是跨学科、超学科、有时甚至是反学科的研究领域。之所以会出现如此庞杂的局面，是因为质的研究不是来自一种哲学、一个社会领域或一类研究传统。"[①]以下介绍常用的研究策略：

1. 人种志。人种志对应的英语单词"ethnography"中"graphy"意指"描写"，"ethno"意指"民族"、"种族"、"人们"，其字面意思即民族写照。作为一种研究传统，人种志的研究来自文化人类学，指从参与者的视角描述一个文化或理解某种生活方式的艺术和科学，家庭、教室、学校、或工厂等都可作为人种志描写的对象。

人种志研究（ethnographic studies）又译为"俗民志研究"或"民族志"。这种方法强调研究者与被研究者间的互动，研究者通过参与观察、访谈、记录等方法，以描绘出社会群体和社会关系的状态。人种志的研究采用自然主义的研究态度，主要的目的是描述情境中的事件、行为和脉络。很多探索性研究都采用人种志的方法。

人种志研究具有以下特点：第一，自然情境下的研究。与实验方法不同，人种志的研究不需要对研究情境进行控制，只需要研究者在自然情境下进行收集资料，研究者本身已经融入了研究的现场，成为研究现场的一部分。第二，文化诠释性的研究。人种志的研究不仅涉及事实性的要素，更多涉及社会群体的文化、心理、习俗等价值性要素，需要研究者对这些价值性要素进行诠释，阐明社会行动背后的意义。第三，弱理论引导的研究。在文献和已有理论的基础上提出研究假设是定量研究的前提，案例研究也需要理论框架指引研究工作。人种志研究不需要从一个明确而固定的理论开始，既有的理论仅仅起到知识背景和启发研究者观察的作用。人种志的研究需要研究者浸润在实地中，逐渐聚焦，通过归纳，建构理论。第四，资料收集手段的多样性。人种志研究不依赖单一的资料收集方法，需要综合运用所有感官，观察、访谈、问卷、档案、日志等都是收集资料的手段。第五，资料收集过程的非线性。人种志的研究资料收集过程并不是一次完成的，往往需要经过不断的循环反复，对同一个研究对象往往需要经过多次观察和访谈，资料收集过程本身就是学习和修正既有认知的过程。

---

① 陈向明：《质的研究方法与社会科学研究》，教育科学出版社 2006 年版，第 6 页。该书第一章总结了不同学者对质的研究范式、策略的不同概括。Van Maanen et al.（1992）认为质的研究犹如一把大伞，Wolcott（1992）绘制了教育研究中质的研究的大树图。Morse（1994:224）将质的研究策略分为现象学、民族志、扎根理论、常人方法学；话语分析和参与观察、质的生态学等传统。Miller & Crabtree（1992:24）将质的研究学术传统分为心理学、心理学、人类学、社会学、社会语言学、应用型专业技术等领域，不同领域有不同的研究传统。Tesch（1990:72）根据问题的性质区分了不同的研究传统，约翰·克里斯韦尔阐述了五种质性研究的传统，即传记方法、现象学研究、扎根理论研究、人种志和案例研究。

2. **扎根理论**。扎根理论(grounded theory)不是一种理论,而是一种从资料中产生理论的研究方法和研究策略。"扎根"意指理论是从观察和文献资料中产生的,"理论"意指搜集与分析研究资料的目的是要建构理论。扎根理论的创始者巴尼·格拉泽(Barney Glaser)与安瑟伦·施特劳斯(Anselm Strauss)在1967年所出版的《扎根理论的探究》(*The Discovery of Grounded Theory*)一书中将扎根理论定义为:"如何从资料中发展理论。"扎根理论具有以下特征:第一,遵循归纳逻辑。扎根理论研究从现实的资料出发,通过资料的比较分析,形成概念、命题和理论,遵循从个别到一般的归纳逻辑。第二,当事人的视角。扎根理论离不开研究者与研究对象的互动,研究者所展现出的是事实以及对事件的诠释,与研究者本身的视角、观点和态度紧密相关。第三,日常化收集资料的方法。扎根理论并不设定固定的资料收集程序和规范,而是在日常生活中,通过浸润式的融合,获得日常生活的材料,从微观行动中发展出理论。

3. **传记研究**。传记是使用艺术的手法反映个人生活历史的文学形式。传记研究(biographical study)方法指通过搜集研究对象个人的生活历史材料,以揭示研究对象生活历史和心路历程的研究方法。传记存在多种形式,按照传记涉及人数的多少可以分为个人传记和集体传记,集体传记是"通过对历史中一群人的生活的集体研究,对之共同的背景特征的探索。"[①]根据传记撰写方法客观程度,可将传记分为六类:(1)资料性的传记(informative biography),它是传记中最为客观的,仅仅通过资料证据来展示传记主人公的生平,除了对资料进行无法避免的选择之外,作者避免任何形式的解释,这类传记大多可以成为后来的传记作者的原始素材;(2)评传(critical biography),是学术性和评论性的,作者要按学术规范通过对原始材料细致的研究而写出,不允许任何虚构,作者的目的主要是评价传记主人公的工作和展示其生平,这类传记通常只能吸引专家们的兴趣;(3)"标准"传记("standard" biography),是尝试在客观性和主观性之间保持一种均衡的传记;(4)阐述性的传记(interpretative biography),虽有一定的依据,但却是主观性的,对材料的解释没有固定的标准;(5)小说化的传记(fictionalized biography),可以自由地进行虚构,凭想象来撰写场景和对话,而且往往是根据二手材料在粗略研究的基础上写成;(6)传记式的小说(fiction presented as biography),完全是虚构的小说,只不过以传记形式写成而已。[②]

4. **叙事研究**。叙事研究(narrative inquiry)是通过讲故事(story-telling)的方式展开研究的方法,它被广泛运用于教育学、人类学、心理学、政治学、管理学等社会科学的多个领域。早期的社会科学研究很多都带有叙事研究的色彩,近

---

① 刘兵:《关于科学史研究中的集体传记方法》,《自然辩证法通讯》1996年第3期。
② 刘兵:《试论科学史研究中的传记方法》,《科学技术与辩证法》1993年第5期。

代自然科学方法对社会科学研究的影响,使得叙事研究淡出了社会科学研究方法的舞台。为了弥补科学主义强调抽样和概括的局限性,叙事研究在强调逻辑和理论的基础上,更加关注事实和情节。叙事研究努力恢复被科学话语遗忘和压制了的"寓言"的合法性,这使研究领域一度发出"走向叙事研究"的呼声;社会科学研究领域不少研究者将叙事法作为研究的一个基本方法,也有研究者称之为叙事研究转向(narrative turn)。①

5. 行动研究。行动研究(action research)是20世纪40年代勒温(Kurt Lewin)和(Stephen Corey)等人所倡导的研究方法;行动研究是一种在将认知、实践和行动作为一个整体看待的研究策略。行动研究者相信没有无研究的行动,也没有无行动的研究。行动研究是螺旋式的探究过程,有三个步骤:计划行动,包括勘察和实情调查;采取行动;审查行动的结果。② 行动研究是一种实践问题导向的研究,在认识论上体现了认识、实践再认识的高度统一。

在公共管理研究中,行动研究已经发展成为公共行政的行动理论,并产生了一批研究成果。比如,保罗·贝塔(Paul Bate)在《社会政策与行政》杂志上发表的《实践与研究的综合:卫生保健机构的行动研究途径》一文,该文为了弥合理论和实践的差异,提出了行动研究模型,在该模型中传统的参与者和研究者的角色转向了研究型的参与者。随后作者使用该模型展开了对英国国民健康保险制度(NHS)的案例研究。③ 2009年理查德·科博(Richard Kebo)提交给阿兰特国际大学(Alliant International University)马歇尔·戈德史密斯管理学院(Marshall Goldsmith School of Management)的博士学位论文也是一篇行动研究的论文。④ 行动研究方法促使了公共管理知识和实践的统一,是弥合公共管理知识和实务的有效途径。

6. 案例研究。案例研究(case study)是通过对单独个案进行深度的描述和解释的研究活动。案例可以是一个人、一个群体、一个插曲、一个过程、一个小区、一个社会,或任何社会生活的其他单位。案例也可以是一个决定、政策、过程、意外或某类事件,及其他的可能性。我们将在第十一章中详细阐述案例研究方法。

除了上述六种常见的质性研究策略以外,还有诸如人类学(anthropology)、

---

① 彭刚:《叙事的转向》,北京:北京大学出版社2009年版。
② B. Atweh, S. Kemmis & P. Weeks(eds.), *Action Research in Practice*, New York: Routledge, 1998.
③ Paul Bate, "Synthesizing Research and Practice: Using the Action Research Approach in Health Care Settings", *Social Policy & Administration*, 2000, 34(4), pp.478—493.
④ Richard Kebo, "Action Research as an Evaluation Tool For Improving a Succession Planning Programin City Government", Alliant International University, phD dissertation. 2009.

现象学(phenomenology)、符号互动(symbolic Interactionist)、诠释学(hermeneutic)、背景主义(contextualism)、过程理论(process theory)等多种质性研究的策略。质性研究传统和研究策略并不是泾渭分明的,他们之间相互融合相互借鉴,形成了犬牙交错的局面。本书光盘"例文解析 8-1 对《探索老年人的运动休闲经验》的研究设计"进行了分析。

【延伸阅读】

1. 〔德〕伍威·弗里克:《质性研究方法》(孙进译),重庆:重庆大学出版社 2011 年版。

2. 〔加〕D. 简·克兰迪宁、F. 迈克尔·康纳利:《叙事探究:质的研究中的经验和故事》(张园译),北京:北京大学出版社 2008 年版。

3. 〔美〕哈利·沃尔科:《质性研究写作》(顾瑜君译),台北:五南出版社 1998 年版。

4. 〔美〕理查德·A·克鲁杰、玛丽·安妮·凯西:《焦点团体:应用研究实用指南》(林小英译),重庆:重庆大学出版社 2007 年版。

5. 〔美〕洛夫兰德等:《分析社会情境:质性观察与分析方法》(林小英译),重庆:重庆大学出版社 2009 年版。

6. 〔美〕哈奇:《如何做质的研究》(朱光明等译),北京:中国轻工业出版社 2007 年版。

7. 〔美〕马茨·艾尔维森、卡伊·舍尔德贝里:《质性研究的理论视角:一种反身性的方法论》(陈仁仁译),重庆:重庆大学出版社 2009 年版。

8. 〔美〕迈尔斯、休伯曼:《质性资料的分析:方法与实践》,(张芬芬译),重庆:重庆大学出版社 2008 年版。

9. 〔美〕乔根森:《参与观察法》(龙筱红、张小山),重庆:重庆大学出版社 2009 年版。

10. 〔美〕约翰·W. 克里斯韦尔:《质的研究及其设计:方法与选择》,青岛:中国海洋大学出版社 2009 年版。

11. 〔以〕利布里奇、图沃-玛沙奇、奇尔波:《叙事研究:阅读、分析和诠释》(王红艳译),重庆:重庆大学出版社 2008 年版。

12. 〔英〕希尔弗曼:《如何做质性研究》(李雪、张劼颖译),重庆:重庆大学出版社 2009 年版。

13. 陈向明:《质的研究方法与社会科学研究》,北京:教育科学出版社 2000 年版。

17. Times Tracesea Slater, E. Alana James, Alan Bucknam, *Action Research for Business, Nonprofit, and Public Administration:A Tool for Complex*, SAGE Publications, 2011.

第四编　公共管理研究资料收集和分析

本编重点阐述公共管理研究的基本研究方式，它们体现了不同的资料收集和分析的模式。本编分为六章。

第九章介绍公共管理实验研究的概念、特点、目的、适用条件，说明实验研究设计的流程、准则和类型。介绍完整的实验设计的六个基本步骤。归纳公共管理实验研究涉及的议题。本章最后通过两篇例文，剖析实验研究方法的实际运用和写作规范。

第十章介绍公共管理研究中调查法的概念、特点、历史发展、类型、适用范围，解析调查研究方法的实施流程。归纳了公共管理研究领域运用调查法的主要议题。

第十一章首先介绍了实地研究的定义、特定、哲学基础、方法论特点、适用条件、基本步骤等问题。随后，本章重点阐述了案例研究的概念、优缺点、适用范围和案例研究的发展历史。分析了案例研究的逻辑特征。总结了案例研究的基本类型。说明了案例研究质量评价的基本指标。本章还分析了案例研究方法在公共管理领域的应用情况。

第十二章和十三章介绍公共管理的非介入性研究方法。第十二章介绍非介入性研究的定义、适用对象、特点等基本问题。阐明了内容分析法和二次分析法的适用范围和对应议题、类型、特点、应用步骤等问题。第十三章重点介绍非介入性研究方法中的历史方法、比较方法和历史比较方法。对这些方法的含义、特征、类型、步骤等方面进行了介绍，并选取例文解析了这些方法在公共管理研究的运用。

第十四章介绍公共管理研究过程中资料分析的内涵，对比分析了质性资料分析与定量资料分析的异同。本章还介绍了质性定量资料分析常用的电脑软件。最后以《战略管理与公共组织绩效》为例说明了资料分析方法在公共管理研究和论文写作中的运用。

在"基于问题类型学的公共管理研究方法体系"中，本编总结社会研究的基本研究方式在公共管理领域的应用，寻求研究议题与研究方法之间的对应关系。

第九章 公共管理研究中的实验法

第一节 公共管理实验研究概述

实验研究(experimental study 或者 experimentation)是指研究者在控制所有无关变量的情况下,对实验变量进行实验处理,观察和分析实验变量的变化对因变量产生的影响。比如物理学中闭合电路欧姆定律演示实验、"实验经济学之父"弗农·史密斯(Vernon Smith)所做的拍卖实验、管理学中的"霍桑实验"等等都属于实验研究。

实验研究是与非实验研究相对的一种研究方式。非实验研究指不经人为操纵变量而收集研究资料的方法,调查法、实地法、文献法都属于非实验研究。表9-1列出了实验研究和非实验研究的主要区别。

表9-1 实验研究和非实验研究的区别

	实验研究	非实验研究
是否对变量进行人为操纵	是	否
因果关系的探究	严格且明确	社会网络
时间顺序	先因后果	倒果寻因
研究性质	预测性研究	解释性研究

公共管理实验研究是实验研究方法在公共管理领域的运用,指研究者在实验室或者现场自然情境下,控制无关变量,对实验变量进行实验处理,观察和分析实验变量对因变量产生的影响。实验研究的方法被广泛地应用在公共管理领域的决策、评估、绩效、组织生产力、公共组织行为等领域,逐渐汇聚成"实验公共管理学"这一别具特色的研究潮流。

一、实验研究的历史概况

实验研究法是唯物主义哲学世界观的体现,在某种意义上,实验研究法的历史与人类世界观发展的历史同样久远。早在12—13世纪,罗吉尔·培根

(Roger Bacon)、邓斯·司各脱(Duns Scotus)和奥卡姆的威廉(William of Occam)等人就进行了大量的实验研究。

科学的实验方法的兴起与意大利文艺复兴后期伟大的天文学家、力学家、哲学家、物理学家、数学家伽利略·伽利雷(Galileo Galilei)和英国哲学家、思想家、作家和科学家弗兰西斯·培根(Francis Bacon)两人的努力密不可分。1590年,伽利略在比萨斜塔上做了"两个球同时落地"的著名试验,推翻了亚里士多德"物体下落速度和重量成比例"这一延续了1900年之久的错误命题。从研究方法论的角度而言,比萨斜塔实验标志着传统的观察思辨方法让位于实验方法,伽利略也因此被称为近代实验科学的先驱者,被誉为"近代科学之父"。培根所著的《学术的进步》(1605)和《新工具论》(1620)两部著作中,在唯物主义经验论的基础上,较为系统地阐述了实验研究方法的基本步骤。培根因此被马克思称为"英国唯物主义和整个现代实验科学的真正始祖"。

实验研究方法在近代兴起以后,在自然科学的各个领域得到了广泛的应用。力学、天文学、化学、生物学、地质学等各门自然科学开始广泛地运用实验研究,正如恩格斯所说:"在希腊人那里是天才直觉的东西,在我们这里是严格科学的以实验为依据的研究结果,因而,也就具有确定得多和明白得多的形式。"①自然科学取得的巨大成就,使得一些社会科学家开始尝试将包括实验方法在内的实证方法应用于社会科学的研究中。形成了19世纪"从自然科学奔向社会科学的潮流"。②

将实验研究方法引入社会学的是法国著名的哲学家、社会学、实证主义的创始人奥古斯特·孔德(Isidore Marie Auguste Francois Xavier Comte)。他在1838年出版的《实证哲学教程》中将实验法与观察法、比较法、历史法并列作为实证主义社会研究主要方法之一。1879年,德国心理学家威廉·冯特(Wilhelm Wundt)在莱比锡大学建立了世界上第一个心理学实验室,开始对心理现象进行实验研究,从而将实验研究方法引入了心理学,冯特因此被誉为实验心理学之父。

西方经济学实验方法的运用,至少可追溯至1738年丹尼尔·伯努利(Daniel Bernoulli)所进行的有关决策论的实验,以后经过较长时间的沉寂,在20世纪30年代复兴,20世纪60年代蓬勃发展,直至80年代末、90年代初蔚然成风。迄今为止,实验方法已成为西方经济学研究中,不同经济学流派和学者所共同关心和应用的一种通用的研究手段。2002年度诺贝尔经济学奖授予美国

---

① 恩格斯:《自然辩证法》,北京:人民出版社1972年版,第16页。
② 列宁:《列宁全集》(第20卷),北京:人民出版社1959年版,第189页。

普林斯顿大学心理学和公共事务教授丹尼尔·卡纳曼(Daniel Kahneman)和美国乔治梅森大学经济学和法律教授弗农·史密斯(Vernon Smith),表彰他们在心理学和实验经济学研究方面的开创性贡献。

现代管理学实验研究可以追溯到"科学管理之父"弗雷德里克·泰勒(Frederick Winslow Taylor)1878年起在米德维尔(Midvale)钢铁公司和后期在伯利恒钢铁公司所做的系列科学管理实验。继泰勒的科学管理之后,1924—1932年期间,美国哈佛大学教授乔治·梅奥(George Mayo)在美国西方电器公司位于芝加哥附近霍桑地区的工厂,进行长达8年的霍桑试验,则是管理学历史上影响最为深远的实验研究。管理学的实验研究方法随后扩展到了管理学的各二级学科及其所属各个专业。比如企业管理学二级学科之下的市场营销、战略管理、组织行为等等专业都广泛地使用实验研究方法。[1] 公共管理二级学科中的行政管理、城市管理、国土资源与管理、社会保障等专业也广泛地使用实验研究的方法。

二、实验研究的特点

实验研究与调查法、文献法和实地法等研究方法不同,具有自身显著的特点:

第一,控制变量。实验研究需要人为地创设一定的实验情境,并对变量进行操纵或控制。调查法、文献法和实地法不需要人为创设实验情境,研究者对研究对象的干预仅仅体现在抽样、样本选择、参与观察和访谈等环节,研究者不会刻意去操纵或控制某些变量。

第二,实验设计。实验研究的主要目的是考察实验变量与因变量之间的因果关系,为此实验研究会设计严格的实验条件和实验情境。尽管调查法、文献法和实地法也会考察因果关系,但是这些非实验方法不会专门设计因果关系发生的实验条件和实验情境。

第三,测量工具。实验研究往往会使用现代测量工具,非实验研究方法对测量工具的使用远远没有实验研究那么多。

社会科学中的实验研究与自然科学中的实验研究相比也有自身的特点:

第一,人的因素影响。与自然科学实验不同,包括公共管理学在内的社会科学中的实验研究往往在人为选择和创设的社会情境中进行。"人的因素"要么本身就是研究的对象,要么影响到研究过程的始终,人的心理、人的价值、人

---

[1] 详细了解管理学中的实验研究可以参考何斌、李泽莹、王学力:《管理实验和实验管理学》,北京:清华大学出版社2010年版。

的社会伦理等等复杂难以控制和量化的因素,使社会科学实验研究很难达到自然科学般的精确和客观。

第二,变量复杂,控制难度高。在社会情境中进行的实验,与实验室的实验有所不同。在社会情境之中,各种变量复杂且难以或不可能完全控制。过度控制的实验研究虽然能得出精确的结果,但是容易失真。

第三,价值难以中立。社会科学家在进行实验的时候,会影响到实验的对象。另外研究者的社会影响力、权力、价值等因素也会对实验对象产生一定的影响,这些在很大程度上会影响到社会科学实验的客观性。比如霍桑实验的第一阶段实验者本想验证照明和工作效率之间的相关关系,可是被试受者到了实验"关注"行为的影响,使得原有的假设得不到验证,并推动霍桑实验进行第二阶段,试图寻找人的因素对工作效率的影响。

第四,因果关系的社会建构性。社会科学研究,尤其是公共管理研究具有高度的复杂性,很多因果联系是在人与人之间的互动中建立起来的,因果关系具有社会建构的性质,这与自然科学实验追求纯粹客观的因果联系存在显著的区别。

第五,伦理、政治等社会因素。社会情境下的实验往往涉及被试者隐私和资料保密等问题,善意欺骗、不公平对待等伦理问题。另外社会政治价值、政治权力、政治信仰等因素也会影响到实验的过程。上述伦理、政治等社会因素与自然科学的实验研究存在显著的差异。

三、社会科学和公共管理实验研究的适用内容和适用条件

社会科学实验研究有其特定的使用情形和使用条件,公共管理的学科特性决定了公共管理领域较少采用实验方法,更多地使用实地实验研究方法。

1. 社会科学采用实验研究的情形

亨利·里耶肯(Henry W. Riecken)和罗伯特·巴鲁克(Robert F. Boruch)总结了社会科学领域采用实验研究的五种情形。[①]

(1)验证假设。社会实验与传统实验室实验最相近的地方,就是去验证一个可能性的假设。它是社会改革计划发展的先期步骤。这类的实验研究强调一个特定的因素,以及一些所预想效果之间的关系。验证假设式的实验研究,其目的在于给一个一般命题最初步的证实。

(2)开发社会计划的基本要素。如果验证假设式的实验研究已经证明了人类行为与单一因素的关系,实验研究的目的转变为发展这种社会干预计划的基

---

① Henry W. Riecken, *Social Experimentation*, New York: Academic Press Inc, 1974.

本要素。

（3）形成社会计划。这种规模的实验研究较为少见，其目的是在产生一个完整的计划。在此，实验研究成为社会计划发展的整合工具。

（4）在计划间作选择。以试验研究法考验不同社会计划的效果，做出抉择。

（5）评价概念或主张。就像实验研究法可以测试各种有关社会行动上的主张，它同时也可用来解决不同方法主张间的冲突，特别是在多中选一的情形之下，由于实验研究法强大的说服力，它所做出的评价也较容易为众人所接受。

2. 公共管理研究中实验方法的优缺点

公共管理领域的实验研究远远不如心理学、管理学、经济学、信息科学、社会学、政治学等领域的实验研究。按照1992年巴瑞·波兹曼（Barry Bozeman）和帕特里克·斯科特（Patrick Scott）在《公共行政研究和理论杂志》上发表的《实验室研究法在公共政策和管理领域》一文的阐述，公共管理领域实验研究之所以较少的原因主要有以下几点[1]：

（1）公共管理研究往往忽视内部效度。实验室的实验研究通过较少的信息获得较多的知识，实地研究则通过较多的信息获得较少的知识。公共政策和管理研究是现实主义取向的，并且需要提供明确的政策导向和行动准则，因此在研究方法上，公共政策和管理研究往往更重视建构效度和外在效度，而较忽视内部效度；重视行动导向而不是理论导向，因此在方法论上较少采用实验方法。

（2）对公共管理研究而言实地研究是首选的研究方法。实验室研究与实地研究相比较而言，实地研究往往成为首选，基于准实验研究的实地研究则更是首选。原因是实地研究和准实验研究能够较为严格地揭示因果关系，而且可以使政策制定和管理者与公民进行有效的沟通。基于准实验研究的实地研究的诸多发现，已经成为众多公共政策制定的源泉。[2]

（3）可信程度像真理一样重要。公共政策和管理研究更倾向于获得特定情境下的发现，而不是获得一般性的结论；公共政策制定者和管理者更相信个人的判断和经验而不是依靠理论推导；公共政策和管理问题也很难分解为单一的变量进行线性的因果分析。总之，公共政策和管理的研究更加重视可信程度，故多采用实地研究而不是实验室实验研究。

（4）很少对博士生进行实验室方法的训练。正是因为公共政策和管理研究

---

[1] Barry Bozeman and Patrick Scott, "Laboratory Experiments in Public Policy and Management", *Journal of Public Administration Research and Theory*, 1992, 2(3), pp. 293—313.

[2] D. H. Greenberg and P. K. Robins, "The Changing Role of Social Experiments in Policy Analysis", *Journal of Policy Analysis and Management*, 1986, 5(2), pp. 340—362.

更多的关注特殊问题而不是一般问题,学校很少给博士生提供实验室方法的训练。这与博士论文缺少严格性、对知识的积累的贡献很少、往往写成后就束之高阁不能出版的现状是一致的。①

(5)公共政策和管理研究很少进行个体层面的分析。大多数实验研究都是进行个体层面的分析,尽管研究个体行为在公共管理学中具有重要的地位,但是公共管理中的个体行为往往更多地依赖集团和组织特征。聚焦于集团和组织的公共管理研究是难以进行实验变量的统计控制和调整的。

约书亚·惠特曼(Joshua Whitman)在回顾大量文献的基础上,总结了政治学研究使用现场实验研究的优点。② 这些优点对于公共管理学的研究是同样适用的。他认为尽管大多政治和公共管理学者倾向于使用调查法和模型化的方法,但是实地实验研究也有很多这些研究方法不具有的优点:(1)通过随机化地安排实验组和控制组,可以有效地观察到自变量引起因变量变化。(2)研究的团体经过实验处理后,便于研究者比较不同团体之间理论上存在的差异。(3)实验研究只需要简单的分析就能获得因果知识。(4)因为现场实验是在自然真实场景下进行的实验研究,因此现场实验与实验室实验相比,所得出的结论更容易实现通则化。

第二节 实验研究设计的基本框架和基本问题

本节重点阐述实验研究的流程、基本准则。实验研究可以根据不同的标准进行分类,本节给出了一个整合性的分类系统,将实验研究分为前试验研究、真实验研究、准实验研究和单一样本实验研究四大类别。

一、实验研究设计的流程

实验研究设计即进行实验的蓝图和规划,实验研究设计在时间和空间上对实验研究要素进行组合和安排。实验研究设计的核心是巧妙地安排实验变量,排除无关变量的影响,使实验情境标准化,严格控制整个实验过程,正确观察效果变量,控制并分析效果变量的变异,确保实验研究的信度和效度。

---

① Jay D. White,"Dissertations and Publications in Public Administration", *Public Administration Review*, 1986, 46(3), pp. 227—234, J. Perry and K. Kraemer,"Research Methodology in Public Administration", in N. B. Lynn and A. Wildavsky, eds. *Public Administration: The State of the Discipline*, Chatham, N. J.: Chatham Publishing, 1990, pp. 347—372.

② Joshua Whitman, *Does Targeted Campaign Message Impact Vote Intention and Vote Choice? An Experimental Study of Alabama Seniors*, ProQuest, UMI Dissertation Publishing, 2011, p. 78.

一个完整的实验研究设计需要经历以下基本步骤：

第一步，形成研究问题和研究假设。根据研究背景和研究目的，在文献综述所得到的理论框架基础上提出研究问题，形成研究假设。

第二步，变量的概念化、操作化和测量。对研究假设涉及的变量进行概念化和操作化，并使用量表、指标和问卷对变量进行测量。实验研究中的测量分为前测和后测两种。实验研究中的变量包括自变量、因变量、额外变量、调节变量、中介变量、协变量等。

资料专栏9-1　实验研究中的各种变量

自变量是实验者对被试施加的实验影响。

因变量又称作期望变量或者反应变量，是实验研究的设计者期望发生变化的变量。在实验研究中自变量引起因变量的变化，自变量是因变量的条件和原因。

干扰变量（extraneous variable）：凡未被控制且可能影响自变量对因变量关系的变量。干扰变量又可称为额外变量、无关变量，或混淆变量（confounding variable）。干扰变量分为系统干扰变量和随机干扰变量。系统干扰变量与实验目的无关，是相对恒定的客观条件对实验结果产生的影响，这种影响在一个恒定的水平上下波动。系统干扰变量对实验结果造成系统误差。随机干扰变量：随机的、偶然出现的、不可预期的与实验目的无关但对实验结果有影响的因素。也可简称为随机变量，它引起的误差称为随机误差。

控制变量（control variable）：由研究者决定除了会影响因变量结果的自变量外，尚必须控制与保持恒定的变量，如教学时段、教学环境、家庭背景等。

调节变量，如果变量 Y 与变量 X 的关系是变量 M 的函数，称 M 为调节变量。就是说，Y 与 X 的关系受到第三个变量 M 的影响。调节变量可以是定性的（如性别、种族、学校类型等），也可以是定量的（如年龄、受教育年限、刺激次数等），它影响因变量和自变量之间关系的方向（正或负）和强弱。

中介变量（mediator）是自变量对因变量发生影响的中介，是自变量对因变量产生影响的实质性的、内在的原因，通俗地讲，就是自变量通过中介变量对因变量产生作用。

协变量（covariate）指与因变量有线性相关并在探讨自变量与因变量关系时通过统计技术加以控制的变量。协变量应该属于控制变量的一种。有些控制变量可以通过实验操作加以控制(如照明、室温等),也称为无关变量;而另一些控制变量由于受实验设计等因素的限制,只能借助统计技术来加以控制,即成了统计分析中的协变量,因而属于统计概念。

第三步,确定被试、进行分组与抽样。实验研究中的被试(subject)指参加实验研究的对象。在实验研究中往往分为实验组和控制组。接受实验处理的一组称为实验组(experimental group),而未接受实验处理的一组称为控制组(control group)或对照组(comparison group)。实验所期望的精确度决定了抽样时样本的容量。一般而言,精确度要求越高,就需要越多的样本容量。不过,样本容量过大又会增加实验的困难,也会造成不必要的浪费。在实验研究中,控制严密的实验样本可少一些,反之应多一些;抽样误差大的,样本应多一些,反之则少一些;第一轮实验样本量可少一些,第二轮、第三轮实验样本含量应逐渐增大;实验室实验样本量可少一些,自然场景下的实验样本应多一些,至少要在 30 以上。

第四步,完成实验设计并进行进行实验。完成实验设计的时候需要首先考虑干扰变量的控制,凡在实验情境中对因变量会产生影响的无关干扰变量,都要设法有效控制或评估。其次需要进行实验设计的选择。综合考虑实验的各个因素,采用某种类型的实验设计模式,比如前实验设计、真实验设计、准实验设计和单一样本实验设计。最后制定详细的实验方案,明确受试者、分组、抽样、实验处理、测量等要素,严格按照实验方案进行实验操作。

第五步,分析数据与验证假设。通过实验对各变量进行测量,将研究假设转换为统计假设和统计语言,选择合适的统计方法对数据进行分析。同时需要检验实验的内在效度。随后本章会在"实验研究中的数量分析"对此进行详细探讨。

第六步,推论。根据结论进行推论,检验外在效度。

二、实验研究的基本原理

上述步骤的每个阶段都要遵循一定的基本原理和基本准则。[①]

原理 1　操纵原理。操纵原理意味着自变量是可以人为操纵,根据研究者的目的通过人为的手段对自变量施加实验影响。

---

① 各项原理的写作参考了林生传:《教育研究法:全方位的统整与分析》,台北:心理出版社 2003 年版。

原理2　分析原理。 实验研究中的各个变量可以通过实验控制或统计控制的方法隔离开来,单独进行分析。

原理3　恒定原理。 在试验中必须对干扰变量进行控制,或使干扰变量保持恒定以免对效果变量所发生的影响与实验处理所发生的效应相互混淆,低估或高估实验效应。控制干扰变量的常用方法包括:

(1)排除法:使用排除法,特别是双盲实验可以消除额外变量的影响,但其成果缺乏推广价值。排除法的使用会造成社会科学实验远离自然情境,从而降低实验的效度。

(2)恒定法:使额外变量在实验的过程中保持固定不变。

(3)匹配法:使实验组和控制组的被试的特点相等。

(4)随机法:根据概率论,在分组、安排实验处理顺序等许多实验环节上,不受实验人员主观意图的影响,而由偶然机遇决定。

(5)纳入法:当某些干扰因素无法排除时,可以把它作为一种实验变量,纳入实验之中,使之有系统地变化,分析它与反应变量之间的关系。

(5)抵消平衡法:是通过采用某些综合平衡的方式使额外变量的效应互相抵消以达到实验目的的方法。比如重复验证可以使一些无关变量相互抵消,从而保证实验效度。另外在实验中确保被试的代表性也可提高实验的效度。

(6)统计控制法:是指用统计中的协方差分析,把影响结果的因素找出来,以达到对额外变量的控制的目的。

原理4　客观原理。 研究者保持客观来观察实验的结果,避免研究者的价值、情绪、偏好等主观因素对实验的影响。

原理5　真实原理。 真实原理意味着实验情境应具有一定的真实性,实验结果能有效应用于真实世界。实验研究的真实性可以用内在效度和外在效度进行测量。

(1)内在效度(internal validity)。实验研究的内在效度指自变量与因变量的因果联系的真实程度,即因变量的变化,确实由自变量引起,是操作自变量的直接后果,而非其他未加控制的因素所致。内在效度表明的是因变量的变化在多大程度上是有自变量引起的。以下因素会影响到实验研究的内在效度:第一,历史。实验期间发生的事件;研究对象的经历。第二,自然的成熟。实验对象自然的成长或随着时间所发生的变化。第三,选样的偏差。实验对象的起点行为或原本特质即异于控制组或一般人。第四,测验影响。前测对后测的影响。第五,研究工具使用不当的问题。错误或不当地使用了研究工具。第六,统计回归效应。当一个被考察对象已经处于一个极端状态情况下,任何影响都会引起研究对象的明显变化。第七,研究对象的流失。实验期间部分实验对象退出或因各种原因(迁徙、人口学)而流失。第八,因素的交互作用。上述因素两个或两个以上的交互作用,如历史与选择的交互作用、选择与成熟的交互作用等。

(2)外在效度(external validity)又称作生态效度(ecological validity)。是指实验研究得到的结论是否能够推论抽样全体、能否推论到其他时间和空间的程度。影响外在效度的因素包括:第一,测验的交互作用效应。由于受实验处理具有敏感性,受试者会比平常情境下变得更加敏捷和警觉,从而能导致了测验交互效应的产生。因此有前测的实验结果,只能推论有前测经验的情况,而不能推论到其他没有前测经验的团体中去。第二,选样偏差与实验处理的交互作用。当研究者选择一些具有独特心理的特质的受试者作实验时,有利于对实验处理造成较佳的反应。如果将这种结果随意推广到一般或较低的人群,显然会造成推论的错误。第三,实验处理的反作用效应。受试者知道自己正在被观察或正在参加实验,他(她)所表现出来的行为,通常与他(她)不知道在正在被观察或不是参加实验时,有很大的不同。第四,重复实验处理的干扰。当同样的受试者重复接受两种以上或多种实验处理时,由于前面的处理通常不易完全消失,以至几项实验处理之间会产生干扰的作用。

三、实验研究设计的基本类型

可以根据不同的标准对实验研究设计进行分类:

1. **按照场所**。按照场所可以将实验设计分为实验室实验(laboratory experimentation)和现场实验(field experimentation)两类。实验室实验就是在受控的实验室中进行的实验。现场实验则是在自然情境下进行的实验。

2. **按照研究目的**。可将实验研究分为探索性实验、验证性实验和应用性实验。探索性实验旨在发现以前尚未发现的变量间的关系。验证性实验旨在检验已有的命题或者提出的研究假设。应用性实验旨在将一定的科学原理运用于实际的生产和生活目的。

3. **按自变量状态划分**。可将实验研究分为单一自变量实验、多自变量实验和复杂自变量实验。

4. **按照实验组和控制组的数量**。1926年麦考尔(McCall)将实验研究分为单组实验、等组实验和轮组实验。[①] 单组实验法就是对一组或一个实验对象既用A法,又用B法,顺序随机或轮流循环。等组实验法就是将情况相等的对象,

---

① William. A. McCall, *How to Experiment in Education*? New York: The Macmillan Company, 1926.

分成两组或多组,一组用 A 法,另一组用 B 法。轮组实验法就是对两组或两组以上的对象,轮番循环两个或两个以上的实验处理,如甲组用 A 法、B 法,乙组用 B 法、A 法等,这样能有效地平衡和抵消无关变量的影响。

5. 按照样本的控制程度。1963 年学者唐纳德·坎贝尔(Donald Campbell)与朱利安·斯坦利(Julian Stanley)在 1963 年发表了一本探讨实验设计的著作《实验与准实验研究》,根据样本的控制程度和内外在效度的水平将实验分为前实验(pre-experimental design)、真实验(true experimental design)和准实验(quasi-experimental design)三大类。① 前实验指可以进行观察和比较,但缺乏控制无关干扰因素的措施,从而无法验证实验使用的因素同实验结果之间的因果关系,也很难将实验结果推论到实验以外的其他群体或情境,内外效度都很差的实验。准实验指不能随机分派被试,无法像真实验那样完全控制误差来源,只尽可能予以控制的实验。而真实验则指能随机分派被试,完全控制无关干扰因素,能系统地操作实验因素,从而使内外在效度都很高的实验。

还有学者将两个或两个以上分类维度结合起来进行分类,比如有学者使用样本控制程度和场所两个维度对实验研究进行分类,形成了四个象限,如下表所示②:

表 9-2　实验研究的随机和场地两维分类表

	随机	不随机
实验室	实验室真实验	实验室准实验
现场	现场真实验	现场准实验

上述对实验研究设计的分类,各自从实验研究设计要素中的某一个要素进行,如果考虑到实验研究设计各要素之间的联系,可以绘出下图所示的实验研究分类图:

---

① D. T. Campbell & J. C. Stanley, *Experimental and Quasi-experimental Designs for Research*, Chicago, IL: Rand McNally, 1966.
② 万迪、谢刚、乔志林:《管理学新视角:实验管理学》,《科学学研究》2003 年第 2 期。

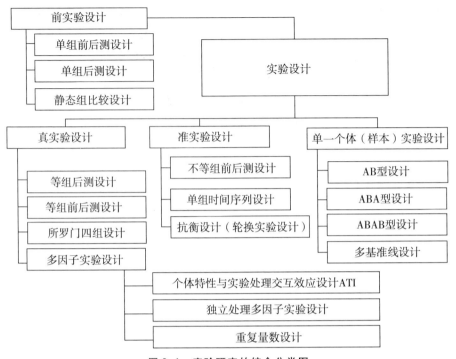

图 9-1 实验研究的综合分类图

以下对上述实验类型分别进行介绍。在介绍前我们先对图表中的符号进行说明：

X：表示实验处理、自变量、实验变量引起变化的原因

O：表示观察、因变量和结果

E：表示实验组

C：表示控制组

R：表示随机分派

T：表示测量

（一）前实验设计

前实验设计又称作弱实验设计(weak-experimented designs)或无设计实验(non-design experiment)。前试验设计对实验中涉及的干扰变量几乎没有任何控制，实验效度非常低。前试验设计包含实验处理、测验或观察两个基本要素。前实验设计适用于现场行动研究、探索性研究或发展研究工具。

前试验设计包括三种基本的类型。即单组后测设计(one-group posttest-only design)、单组前后测设计(one-group pretest posttest design)和静态组比较设计(static-group comparison design)。

1. 单组后测设计。 此设计又称作单组个案研究设计,是先对一组受试者进行实验处理,然后再测量或观察因变量,如图 9-2 所示。

实验组(R)	X	O(或 T2)

图 9-2　单组后测设计

2. 单组前后测设计。 研究者选择一些受试者为对象,在进行实验处理之前(X),先增加一项观察(前测 T1)。实验处理后观察或施以后测(T2),应用适当的统计检验因变量的变化是来自于自变量。该设计引入了前后比较,如果前后组相同则提供了控制的作用。如图 9-3 所示:

实验组(R)	T1	X	O(或 T2)

图 9-3　单组前后测设计

3. 静态组比较设计。 该设计使用实验组和控制组两组为实验对象,实验者仅对实验组进行实验处理(X),然后对两组皆观察或施以后测(T2),比较已接受处理的实验组与未接受处理控制组的区别。该设计另增控制组可供初步的比较。如图 9-4 所示:

实验组(R)	X	T2
控制组		T2

图 9-4　静态组比较设计

(二)真实验设计

真实验设计或者真实实验设计(true-experimental designs)又称作古典实验设计(classical experimental design)。真实验设计中实验组与控制组是以随机抽样和随机分派方式组成,因此真实验设计也称等组设计。真实验设计在严格的实验控制情境下,遵循随机化原则,以实验组、控制组比照进行实验研究,并运用统计方法检验和分析实验数据,验证假设。虽然真实验设计是最合乎科学研究精神的研究设计,但对社会科学而言,真实验设计的外部效度不够,结果难以推论到实际情境中。

真实验设计一般包括随机化控制组后测设计、随机化控制组前后测设计、所罗门四等组设计(Soloman four-group design)和多因子实验设计(factorial design)。

1. 随机化控制组后测实验设计。 随机化分派受试者于实验组、控制组中,实验组进行实验处理后,让实验组和控制组都接受后测,并比较两组后测的差异。如图 9-5 所示:

组别	自变量	后测
(R)E	X	T2
(R)C		T2

图 9-5　随机化控制组后测实验设计

2. **随机化控制组前测后测实验设计**。随机划分派受试者于实验组、控制组中,二组均进行前测,再将实验组进行实验处理,再对实验组和控制组都进行后测,分析实验处理是否具有影响。如图 9-6 所示:

组别	前测	自变量	后测
(R)E	T1	X	T2
(R)C	T1		T2

图 9-6　随机化控制组前测后测实验设计

3. **所罗门四组设计**。该实验设计由所罗门(Solomon)于 1949 年首先使用故名为所罗门四组设计。所罗门四组设计是前述两组实验设计的组合运用,将前测纳入实验设计中,先用随机方法选择受试者,并以随机分派方式将受试者分到不同的四组,接受不同的实验处理。设计中前二组均接受前测,而对第一组和第三组分别给予实验处理,在实验处理之后,四组均接受后测。如图 9-7 所示:

组别	前测	自变量	后测
(R)E	T1	X	T2
(R)C	T1		T2
(R)E		X	T2
(R)C			T2

图 9-7　所罗门四组设计

4. **多因子实验设计**。社会科学中的很多事件往往是由许多变量交互作用形成的结果,很难完全孤立地分析某一个变量的对结果的单独作用。基于此,在实验研究中,研究者同时操纵两个以上的变量,以探究每个自变量对因变量的影响,以及各个变量之间的交互作用,称为多因子实验设计。多因子实验设计可分为个体特性与实验处理交互效应设计(aptitude or attribute-treatment interaction designs,ATI)独立处理多因子实验设计(independent factorial designs)和重复测量设计(repeated-measures designs)。

(三)准实验设计

真实验设计需要严格地限制实验条件,实验组和控制组都是通过随机抽样和随机分派方式形成的,但在社会科学研究中,往往大量存在试验组和控制组难以随机抽样和随机分派的情形,这种不需要随机抽取和随机分派实验组和控制组的实验称为准实验(quasi-experiments)。准实验设计通常包括以下几种常见的类型。

1. 不等组前后测实验设计。 不等组前后测实验设计(nonequivalent pretest-posttest designs)与真验设计中的"前测后测等组设计"类似,唯一的差别在于实验组和控制组不是随机抽取和随机分派产生的。如图9-8所示:

组别	前测	自变量	后测
E	T1	X	T2
C	T1		T2

图9-8 不等组前后测实验设计

2. 单组时间序列设计。 单组时间序列设计(single-group time-serious design)与前实验设计中的"单组前后测设计"类似,不同的是,单组时间序列设计会对单组受试者在实验处理前后进行若干次周期性的测量,分析多次测量结果的变化趋势,用以判断实验处理的成效。如果单组时间序列设计的基础上增设控制组,则成为控制组时间序列设计(control group time-serious design)。如图9-9所示:

实验组	O1 O2 O3 O4	X	O5 O6 O7 O8
控制组	O1 O2 O3 O4		O5 O6 O7 O8

图9-9 单组时间序列设计

3. 平衡对抗设计。 平衡对抗设计(counterbalanced design)又称轮换实验设计(rotation experimental design)或拉丁方格设计(latin square design)。该设计中的每组以不同的顺序接受所有的实验处理,以便控制实验处理顺序所造成影响的混淆。在进行设计时,组别数须与实验处理数相同,且各组应以随机的方式决定进行实验处理的顺序。如图9-10所示:

组别	自变量			
	X1	X2	X3	X4
1	A	B	C	D
2	C	A	D	B
3	B	D	A	C
4	D	C	B	A

图 9-10 平衡对抗设计

(四) 单一样本实验设计

前述的实验设计都是以分组团体作为被试对象,对于研究对象人数较少的被试,则可以采用单一样本实验设计。单一样本实验设计是准实验设计"单组时间序列设计"的推广。这种研究设计与案例研究、实地研究中的个案研究在表面上非常近似,但实际上存在本质的区别。案例研究和实地研究不需要严格地控制变量,而单一样本实验设计则会在实验处理中控制无关干扰变量的影响,以便进行合理的因果推论,实验内在效度较高。[①] 常见的单一样本实验设计有 AB 设计、ABA 设计、ABAB 设计和多基准线设计(multiple-baseline design)。

1. AB 设计、ABA 设计和 ABAB 设计

A 表示单一受试者接受周期性观察或测验的"基准线期",B 表示该受试者接受实验处理与成效测量的"实验处理期"。上述三种设计如图 9-11 所示:

A 基线	B 实验处理
OOOOOO	OOOOOO

基线期 A	实验处理期 B	基线期 A
OOOO	XOXOXOXO	OOOO

基线期 A	实验处理期 B	基线期 A	实验处理期 B
OOOO	XOXOXOXO	OOOO	XOXOXOXO

图 9-11 AB 设计、ABA 设计和 ABAB 设计

---

① 王文科:《教育研究法》,台北:五南图书出版公司 2001 年版。

2. 多基准线设计

多基准线设计(multiple-baseline design)针对单一受试者三种以上的行为基线分别进行观察,再比较它们之间基准线期与实验处理期的变化情形。如图 9-12 所示。有时也可运用于三个以上不同的受试者,分别进行同一行为基线的资料搜集与比较。

行为 1	O	O	O	XO	XO	XO	XO	XO	XO	XO	XO	XO
行为 2	O	O	O	O	O	O	XO	XO	XO	XO	XO	XO
行为 3	O	O	O	O	O	O	O	O	O	XO	XO	XO

图 9-12　多基准线设计

四、实验研究中的数量分析

实验研究作为量化研究的研究方式之一,一般会涉及差异性、相关性和描述性三类问题;主要涉及假设检验、方差分析和相关性分析三种统计分析方法。其中差异性问题是最基本的数据分析类型。假设检验的目的是判断样本统计值与总体参数值是否一致。方差分析将实验数据的总变异分解为来源于不同因素的相应变异,并作出数量估计,从而明确各个变量因素在总变异中所占的重要程度。相关性分析则寻找实验中各个变量之间的相关关系。表 9-3 总结了实验研究在进行数量分析研究途径、研究目标、问题类型和统计分析方法之间的有机联系。

表 9-3　实验研究法数量分析总览

一般目标	探索变量间关系			仅仅是描述
一般途径	实验处理(自变量)		个体差异(因变量)	描述
特殊途径	随机化实验	准实验	比较的	相关的	描述
特殊目标	确定原因	检验因果关系	对照组	发现相关性进行预测	描述
问题和假设类型	差异(与对照组比较的)		相关性(与相关变量)	描述
一般的统计类型	差异(统计推论)比如 t test,ANOVA		相关性(统计推论)比如相关分析,多元回归分析	统计描述比如柱状图、中值、百分比

资料来源:Jeffrey A. Gliner, George A. Morgan, Nancy L. Leech, *Research Methods in Applied Settings: An Integrated Approach to Design and Analysis*, Psychology Press, 2000, p.78。

从表 9-3 可以看出：实验研究的研究问题包括描述性、关联性和差异性三类。这三类问题都需要转化为统计上的假设。研究假设的检验包括基本差异分析、复杂差异分析、基本相关分析、复杂相关分析四种基本的统计方法。如表 9-4 所示。每种方法的具体使用步骤在专门的统计学教材中会有详细的介绍，在例文解析中也会做部分的介绍，此处不再赘述。

表 9-4　实验研究统计分析的基本方法

什么类型的研究问题。 是否存在一些（5 个以上）有序水平的因变量	
不 因此是一个差异性问题（比较不同分组）	是 因此是一个相关性问题（相关的变量）
是否存在一个以上的因变量或自变量	是否存在一个以上的因变量

否 使用基本差异性分析表（表 9-5）	是 使用复杂性差异统计分析表（表 9-6）	否 使用基本相关性分析统计表（表 9-7）	是 使用复杂性相关性分析表（表 9-8）

资料来源：Jeffrey A. Gliner, George A. Morgan, Nancy L. Leech, *Research Methods in Applied Settings: An Integrated Approach to Design and Analysis*, Psychology Press, 2000, p. 203.

表 9-5　基本差异性分析表

	自变量测量范围	比较	在两类或层次或分组样本中的单因素（因变量）		在两类或更多类型或层次或分组样本中的单因变量	
			因变量样本或分组（之间）	相关样本（内部）	因变量样本或分组（之间）	相关样本（内部）
参数统计	自变量接近正态分布数据并且假设没有明显违背	方法	因变量样本的 T 检验或者单因素方差分析（one-way ANOVA）	成对样本 T 检验	单因素方差分析（one-way ANOVA）	Repeated measure ANOVA（重复测量变异数分析）
非参数统计	自变量是明显的定序变量并且假设明显违背	秩	MannWhtiney U test	Wilcoxon 或者 Ston 检验	Kruskal-Wallis test 检验	Friedman 检验
		计算	Chi 方或者 Fisher Exact Test	McNemar 检验	Chi 方	cochran Q test

资料来源：Jeffrey A. Gliner, George A. Morgan, Nancy L. Leech, *Research Methods in Applied Settings: An Integrated Approach to Design and Analysis*, Psychology Press, 2000, p. 204.

表 9-6　复杂差异性分析

自变量	两个或更多的因变量		
	所有分组之间	所有被试内部	混合（之间和内部）
一个标准正态分布的自变量	因子方差 ANOVA	所有因子重复测量的因子方差分析	对最后或最后两个因子的重复测量的因子方差分析
定序自变量	没有一个共同的	没有一个共同的	没有一个共同的
定类自变量	对数线性模型	没有一个共同的	没有一个共同的
多个正态分布的自变量	多元方差分析（Manova）	对所有因子重复测量的多元方差分析	对最后或最后几个因子的重复测量的多元方差分析

资料来源：Jeffrey A. Gliner, George A. Morgan, Nancy L. Leech, *Research Methods in Applied Settings: An Integrated Approach to Design and Analysis*, Psychology Press, 2000, p. 205。

表 9-7　简单相关统计分析

双变量的测量层次	相关	样本，或相关被试双变量，或计分
变量是正态数据并且假设没有明显违背	计分	Pearson(r)
双变量并且至少一个是定序变量	等级	Spearman(Rho)
一个或两个变量是定类变量	计数	Phi 或 Cramer V

资料来源：Jeffrey A. Gliner, George A. Morgan, Nancy L. Leech, *Research Methods in Applied Settings: An Integrated Approach to Design and Analysis*, Psychology Press, 2000, p. 205。

表 9-8　复杂相关统计分析

一个自变量	几个因变量		
	所有的正态分布	一些正态，一些二项分类	全部是二项分类
正态分布（连续）	多重回归	多重回归	多重回归
二项分布	判别分析	逻辑斯蒂（logistic）回归	逻辑斯蒂（logistic）回归

资料来源：Jeffrey A. Gliner, George A. Morgan, Nancy L. Leech, *Research Methods in Applied Settings: An Integrated Approach to Design and Analysis*, Psychology Press, 2000, p. 205。

第三节　公共管理实验研究的基本议题

公共管理研究具有极强的综合性和交叉性,社会科学、自然科学和人文科学的很多分支学科都影响到公共管理学的研究。从这种意义上来讲,公共管理研究的实验方法与自然科学的实验方法有同样悠久的历史。但与公共管理领域实验研究最紧密相关的实验方法可以追溯到心理学的实验研究和管理学的实验研究。这些文献在心理学和管理学著作中已经有详细的阐述,另外考虑到公共管理二级学科中的土地资源管理、城市管理、社会保障专业性较强,且在这些二级学科的本科专业课程设置中已开设了本专业的研究方法论课程。因此本节重点研究公共管理领域中具有基础性、原理性较强的亚领域,即公共行政、公共政策、公共预算和财政、公共人事行政、公共组织中使用的实验法。

(一) 公共管理英文博士论文和论著中的实验研究方法

进入 ProQuest 学位论文库进行检索,所得文献分析可以看出:公共管理领域博士论文使用实验研究方法兴起于 20 世纪 70 年代。[1] 1971 年加州大学(University of California)的查尔斯·埃利奥特·沃尔科特(Charles Eliot Walcott)完成了《预算决策的实验研究》(Budgetary Decision-making: An Experimental Study)。1973 年锡拉丘兹大学(Syracuse University),迈克尔·埃德蒙·格里森(Michael Edmond Gleeson)完成了博士论文《立法政策执行影响因素:住房代码法律强制执行的实验研究》(Factors Influencing the Implementation of Legislative Policy: an Experimental Study of Housing Code Enforcement)是政策执行领域实验研究先驱。1974 年,耶鲁大学(Yale University)的达里恩·奥本Ⅲ·麦克沃特(Darien Auburn Ⅲ McWhirter)完成博士论文《预期组成员对团体决策制定质量和风险影响的实验研究》(An Experimental Study of the Effect of Anticipated Group Membership on the Quality and Riskiness of Group Decision-making)。1977 年俄克拉荷马州大学(University of Oklahoma)的罗宾·罗伯逊(Roby Dick Robertson)完成了博士论文《小团体中的政策制定:选择行为和选择转换的实验研究》(Political Decision Making in Small Groups: An Experimental Study of Search Behavior and Choice Shifts)推进了政策制定领域的实验研究。上述博士论文的完成标志公共管理实验研究方法

---

[1] 进入 ProQuest 学位论文库,选"摘要"检索,检索词为(Quasi-experiments) OR (experimental study) AND(public administration)获得 19 篇文献。实际上,用这样的检索方式会漏掉一些公共管理领域实验研究的文献,但是已经具有了一定的代表性。

的成熟。20 世纪 80 年代以来,公共管理领域使用实验研究方法完成的论文逐年增加,研究议题涉及组织学习、决策、绩效等领域。

就英文和中文论著而言,很少能检索到通篇使用实验研究方法对公共管理问题进行研究的英文和中文论著。虽然有一些属于政治学、组织理论、心理学、教育学、组织行为学等学科领域实验研究论著,但这些学科本身并不属于公共管理学科,仅仅是公共管理学科的知识基础。比如:丽贝卡·B. 莫顿(Rebecca B. Morton)所著的《实验政治科学与因果关系研究》对政治学领域的实验研究方法进行了较为系统的介绍。[①]何斌、李泽莹、王学力所著的《管理实验与实验管理学》介绍了管理学领域的实验研究方法。[②]

(二) 公共管理英文期刊研究议题分析

为了较为全面归纳公共管理实验研究的研究议题,笔者抽取在公共管理领域排名前十的期刊,以题名 Experiments 或者 Experimental Study 或者 Quasi-experiments 进行检索,对检索所获的期刊论文进行分类,归纳得出公共管理实验研究所关注的议题。如表 9-9 所示:

表 9-9 公共管理领域排名前十的英文期刊刊登实验研究数量

JOURNALS	PA	PP	PB & F	PPA	POS	实验研究总数
Administration & Society	2		4	2		0
American Review of Public Administration	3		6	4		0
Canadian Public Administration	9					0
Evaluation Review		9				40
Financial Accountability and Management			8			4
Human Relations				5	10	33
International Journal of Public Administration	6					0
Journal of Management Studies					7	4
Journal of Policy Analysis & Management	7	1				7

---

① Rebecca B. Morton, *Experimental Political Science and the Study of Causality: From Nature to the Lab*, Cambridge University Press, 2010.

② 何斌、李泽莹、王学力:《管理实验和实验管理学》,北京:清华大学出版社 2010 年版。

续表

JOURNALS	PA	PP	PB & F	PPA	POS	实验研究总数
Journal of Public Administration Research & Theory	4				5	7
Journal of Public Policy		5				0
Municipal Finance Journal			6			0
National Tax Journal			5			9
Organization Studies					3	3
Policy Sciences		2				0
Policy Studies Journal		3				7
Policy Studies Review		4				1
Public Administration Quarterly	5			7	8	0
Public Administration Review	1	6	3	2	1	6
Public Budgeting and Finance			1			1
Public Budgeting, Accounting & Financial Management			2			0
Public Finance Quarterly			4			1
Public Performance and Management Review	8		7	3	6	0
Publius		10				0
Review of Public Personnel Administration				1		2
Social Science Quarterly		8				4
State & Local Government Review					9	0
Urban Affairs Quarterly		7				0

注：PA：*Public Administration*；PP：*Public Policy*；PB & F：*Public Budgeting and Finance*；PPA：*Public Personnel Administration*；POS：*Public Organization Study*。2~6列数字表示杂志在列所示的领域的排名。

杂志名资料来源：Forrester & Watson, "An Assessment of Public Administration Journals: The Perspective of Editors and Editorial Board Members", *Public Administration Review*, 1994, 54(5)。

检索方法：实验研究题名 Experiments 或者 Experimental Study；准实验研究题名 Quasi-experiments, 截止日期为 2010 年 5 月。

上述 28 本杂志中有 13 本杂志没有刊登公共管理实验研究的论文。其余的 15 本杂志都发表过公共管理实验研究的论文。其中《评估评论》(*Evaluation*

Review)和《人际关系》(*Human Relations*)所刊登的公共管理实验研究的论文数量最多。在这些刊发的论文中,较早地涉及公共管理问题的实验研究的论文则是库尔特·W. 巴克(Kurt W. Back),鲁本·希尔(Reuben Hill)和 J. 梅奥·斯泰克斯(J. Mayone Stycos)在波多黎各对人口控制问题进行的现场实验研究。① 随后公共管理领域的实验研究经过 60 余年的发展,逐渐扩展到了决策与政策制定、评估、绩效、组织生产力、公共组织行为等公共管理领域。

1. **对实验研究方法本身的研究**。实验研究方法在自然科学和社会科学中的运用已经发育的相对成熟,但是实验研究在公共管理研究的大量文献中,仅仅占据很少的比重。与此形成对比的,在一般管理学、经济学和心理学等领域,实验研究已经成为这些学科的主要研究方法。为什么公共管理领域缺少实验研究,实验研究在公共管理学领域的应用中主要存在哪些问题,公共管理实验研究的未来方向是什么,等问题从 20 世纪 70 年代开始引发了学者们的探讨。莱斯利·L. 小鲁斯(Leslie L. Roos, Jr.)对环境政策的实验研究进行系统的回顾。② 罗伯特·F. 波卢克(Robert F. Boruch),A. 约翰·麦克斯威尼(A. John McSweeny)和 E. 乔恩·索德斯特隆(E. Jon Soderstrom)全面地总结了在规划、发展和评估领域使用随机化现场实验的议题、方法和遇到的问题。③ 巴里·波兹曼(Barry Bozeman)和帕特里克·斯科特(Patrick Scott)总结了公共管理领域缺乏实验研究的原因。④ 比约恩·古斯塔夫森(Bjorn Gustavsen)论证了工作场所研究方法从实验研究方法转向网络建构法的合理性、必要性,阐述了网络建构方法和实验研究方法的异同。⑤ 艾伦·S. 李(Allen S. Lee)则探讨了自然条件下进行实验的案例研究的方法论问题。⑥ 霍华德·S. 布鲁姆(Howard S. Bloom)阐述了进化分析途径的特点和具体操作程序。⑦ 加里·M. 克拉斯

---

① Kurt W. Back, Reuben Hill, and J. Mayone Stycos,"The Puerto Rican Field Experiment in Population Control", *Human Relations*, 1957, 10(4), pp. 315—334.

② Leslie L. Roos, Jr. ,"Quasi-Experiments and Environmental Policy Quasi-Experiments and Environmental Policy", *Policy Sciences*, 1975, 6(3), pp. 249—265.

③ Robert F. Boruch, A. John McSweeny, and E. Jon Soderstrom,"Randomized Field Experiments for Program Planning, Development, and Evaluation: An Illustrative Bibliography", *Evaluation Review*, 1978, 2(4), pp. 655—695.

④ Barry Bozeman and Patrick Scott,"Laboratory Experiments in Public Policy and Management", *Journal of Public Administration Research and Theory*, 1992, 2(3), pp. 293—313.

⑤ Bjorn Gustavsen,"From Experiments to Network Building: Trends in the Use of Research for Reconstructing Working Life", *Human Relations*, 1998, 51(3), pp. 431—448.

⑥ Allen S. Lee,"Case Studies as Natural Experiments", *Human Relations*, 1989, 42(2), pp. 117—137.

⑦ Howard S. Bloom, *Learning More from Social Experiments: Evolving Analytic Approaches*, New York: Russell Sage, 2005.

(Gary M. Klass)探讨了政策实验中的推论和内部效度问题。① 迈克尔·L. 丹尼斯(Michael L. Dennis)则专门探讨了随机化现场实验效度性问题。② 拉尔夫·B. 小麦克尼尔(Ralph B. McNeal, JR)和威廉·B. 汉森(William B. Hansen)分析了自然实验中获得聚合效度的方法。③ 托马斯·D. 库克(Thomas D. Cook)、威廉·R. 沙迪什(William R. Shadish)、薇薇安·C. 王(Vivian C. Wong)阐述了实验和观察获得因果关系的三个条件。④ 大卫·H. 格林伯格(David H. Greenberg)、查尔斯·米哈洛普洛斯(Charles Michalopoulos)、菲利浦·K. 罗宾(Philip K. Robin)则分析了实验研究和非实验研究分别用于政府基金训练计划的研究得出不同结论的现象。⑤

2. **决策与政策制定研究**。决策和政策制定的实验研究主要涉及决策制定、公共选择、决策体制机制等问题。该议题的研究论文主要刊登在《人际关系》(*Human Relations*)、《评估评论》(*Evaluation Review*)、《管理研究杂志》(*Journal of Management Studies*)、《政策分析和管理杂志》(*Journal of Policy Analysis and Management*)、《公共行政研究和理论》(*Public Adm. Res. Theory*)等杂志上。

从检索所得的文献来看,决策和政策制定的实验研究可以追溯到20世纪60年代,该议题的研究主要集中在决策和政策制定中的参与、效用、信息、决策的复杂性、决策模型、决策质量等问题。

(1)决策中的参与:约翰·R. P. 小佛伦奇(John R. P. French, Jr.),乔吉姆·伊斯雷尔(Joachim Israel)和达格芬(Dagfinn)从人际关系的角度研究了挪威工厂参与决策问题。⑥

---

① Marvin B. Mandell, "Having One's Cake and Eating It, Too: Combining True Experiments With Regression Discontinuity Designs", *Evaluation Review*, 2008, 32(5), pp. 415—434.

② Michael L. Dennis, "Assessing the Validity of Randomized Field Experiments: An Example from Drug Abuse Treatment Research", *Evaluation Review*, 1990, 14(4), pp. 347—373.

③ Ralph B. McNeal, JR and William B. Hansen, "An Examination of Strategies for Gaining Convergent Validity in Natural Experiments: D. A. R. E. as an Illustrative Case Study", *Evaluation Review*, 1995, 19(2), pp. 141—158.

④ Thomas D. Cook, William R. Shadish, Vivian C. Wong, "Three Conditions Under which Experiments and Observational Studies Produce Comparable Causal Estimates: New Findings from within-study Comparisons", *Journal of Policy Analysis and Management*, 2008, 27(4), pp. 724—750.

⑤ David H. Greenberg, Charles Michalopoulos, Philip K. Robin, "Do experimental and Nonexperimental Evaluations Give Different Answers About the Effectiveness of Government-funded Training Programs?" *Journal of Policy Analysis and Management*, 2006, 25(3), pp. 523—552.

⑥ John R. P. French, Jr., Joachim Israel, and Dagfinn, "An Experiment on Participation in a Norwegian Factory: Interpersonal Dimensions of Decision-Making", *Human Relations*, 1960, 13(1), pp. 3—19.

(2)决策过程和模型:巴里·波兹曼(Barry Bozeman)和威廉·E.麦卡尔平(William E. McAlpine)使用实验研究的方法,研究了目标和官僚决策制定问题。① 丹尼斯·韦特默(Dennis Wittmer)分析了管理决策制定过程中伦理敏感性(Ethical Sensitivity)问题。② 库尔特·塞缪尔(Kurt Thurmaier)使用实验研究方法研究了中央预算局的预算决策。③ 大卫·兰兹波尔根(David Landsbergen),巴里·波兹曼(Barry Bozeman)和斯图尔特·布莱特施耐德(Stuart Bretschneider)通过公共管理决策制定实验,研究了决策内部理性模型、感知决策异议效应问题。④

(3)决策的影响因素:帕特里克·G.斯科特(Patrick G. Scott)通过街头决策实验,探讨了官僚判断形成的三个重要影响因素:组织控制的层次、委托人特征和职业领域。⑤ 大卫·兰兹波尔根(David Landsbergen),大卫·H.库西(David H. Coursey),斯蒂芬·拉弗勒斯(Stephen Loveless)和 R·F.小尚格劳(R. F. Shangraw, Jr.)通过实验研究阐明了决策质量、信任、专家系统之间的关系。⑥

(4)决策的信息、效用等问题的研究:杰克·H.诺特(Jack H. Knott),加里·J.米勒(Gary J. Miller)和杰伊·佛尔奎伦(Jay Verkuilen)通过实验验证了信息不充分和复杂条件下的渐进主义决策模型。⑦ 劳伦斯·D.菲尔普斯(Phillips, Lawrence D.)在风险决策的实验研究中检验了效用假设。⑧ 大卫·H.格

---

① Barry Bozeman and William E. McAlpine, "Goals and Bureaucratic Decision-Making: An Experiment", *Human Relations*, 1977, 30(5), pp. 417—429.

② Dennis Wittmer, "Ethical Sensitivity and Managerial Decisionmaking: An Experiment", *Journal of Public Administration Research & Theory*, 1992, 2(4), pp. 443—462.

③ Kurt Thurmaier, "Budgetary Decisionmaking in Central Budget Bureaus: An Experiment", *Journal of Public Administration Research & Theory*, 1992, 2(4), pp. 463—487.

④ David Landsbergen, Barry Bozeman, and Stuart Bretschneider, "'Internal Rationality' and the Effects of Perceived Decision Difficulty: Results of a Public Management Decisionmaking Experiment", *Journal of Public Administration Research & Theory*, 1992, 2(3), pp. 247—264.

⑤ Patvick G. Scott, "Assessing Determinants of Bureaucratic Discretion: An Experiment in Street-Level Decision Making", *Journal of Public Administration Research & Theory*, 1997, 7(1), pp. 35—58.

⑥ David Landsbergen, David H. Coursey, Stephen Loveless, and R. F. Shangraw, Jr., Decision "Quality, Confidence, and Commitment with Expert Systems: An Experimental Study", *Journal of Public Administration Research & Theory*, 1997, 7(1), pp. 131—158.

⑦ Jack H. Knott, Gary J. Miller, and Jay Verkuilen, "Adaptive Incrementalism and Complexity: Experiments with Two-Person Cooperative Signaling Games", *Journal of Public Administration Research & Theory*, 2003, 13(3), pp. 341—365.

⑧ Lawrence D. Phillips, "Experiments on Decisions under Risk: The Expected Utility Hypothesis", *Journal of Management Studies*, 1982, 19(4), pp. 449—451.

林伯格(David H. Greenberg),马文·B. 曼德尔(Marvin B. Mandell)研究了政策制定中的效用(utilization)问题。①

3. 生产力和绩效研究。在公共管理领域采用实验方法研究生产力和绩效问题也是一个重要的议题。这类文章主要刊登在《人际关系》(*Human Relations*)、《公共行政评论》(*Public Administration Review*)、《管理研究杂志》(*Journal of Management Studies*)、《公共人事行政评论》(*Review of Public Personnel Administration*)等杂志上。

早在1951年斯坦利·沙克特(Stanley Schachter),诺里斯·埃勒森(Norris Ellertson),桃乐西·麦克布莱德(Dorothy McBride)和桃瑞丝·格雷戈里(Doris Gregory)就研究了组织凝聚力与生产力之间的关系(Cohesiveness and Productivity)。②三隅二不二(Jyuji Misumi)和白樫三四郎(Sanshiro Shirakashi)通过实验方法研究了科层组织中监督行为对组织生产力的影响。③保罗·D. 斯陶多哈(Paul D. Staudohar)以实验研究的方法研究了提高警察服务雇员生产力的问题。④ 简·P. 穆兹克(Jan P. Muczyk)使用受控现场实验的方法研究了MBO对绩效的数据的影响。⑤ 尼古拉斯·P. 小洛夫里奇(Nicholas P., Jr. Lovrich),罗纳德·H. 霍普金斯(Ronald H. Hopkins),保罗·L. 谢弗(Paul L. Shaffer),唐纳德·A. 耶尔(Donald A. Yale)以四个州政府机关为对象进行准实验研究,研究了参与性绩效评估对工作满意度、组织氛围和工作价值的影响。⑥

4. 评估研究。计划、规划和社会政策的评估研究是公共管理实验研究的议题之一。这类议题的研究论文主要发表在《评估评论》(*Evaluation Review*)、

---

① David H. Greenberg, Marvin B. Mandell, "Research Utilization in Policymaking: A Tale of Two Series(of social experiments)", *Journal of Policy Analysis and Management*, 1991, 10(4), pp. 633—656.

② Stanley Schachter, Norris Ellertson, Dorothy McBride, and Doris Gregory, "An Experimental Study of Cohesiveness and Productivity", *Human Relations*, 1951, 4(3), pp. 229—238.

③ Jyuji Misumi and Sanshiro Shirakashi, "An Experimental Study of the Effects of Supervisory Behavior on Productivity and Morale in a Hierarchical Organization", *Human Relations*, 1966, 19(3), pp. 297—307.

④ Paul D. Staudohar, "Experiment in Increasing Productivity of Police Service Employees". *Public Administration Review*, 1975, 35(5), p. 518.

⑤ Jan P. Muczyk, "A Controlled Field Experiment Measuring the Impact of MBO on Performance Data", *Journal of Management Studies*, 1978, 15(3), pp. 318—329.

⑥ Nicholas P. Lovrich, Jr., Ronald H. Hopkins, Paul L. Shaffer, Donald A. Yale, "Participative Performance Appraisal Effects upon Job Satisfaction, Agency Climate, and Work Values: Results of a Quasi-Experimental Study in Six State Agencies", *Review of Public Personnel Administration*, 1981, 1(3), p. 51.

《公共行政评论》(Public Administration Review)、《公共人事行政评论》(Review of Public Personnel Administration)、《管理研究杂志》(Journal of Management Studies)等期刊上。评估的对象包括规划、社会政策、教育培训、医疗、公共卫生等多方面的内容。

罗伯特·F.波卢克(Robert F. Boruch)等对地方规划评估的实验方法进行了总结。① 琳达·希斯(Linda Heath)等总结了社会规划评估中的多维整合性方法论途径。② 约翰(L. John)等选取10个社区,对青少年吸烟进行了现场实验研究,提炼了影响吸烟的共同变量。③ 迈克尔·T.佛伦奇(Michael T. French)等使用现场实验的方法对门诊吸食大麻的青少年进行治疗进行经济评估。④ 理查德德·T.桑迪(Richard T. Santee)和芭芭拉·格罗斯·戴维斯(Barbara Gross Davis)使用实验研究的方法研究了预备教育规划实施的影响因素。⑤

5. 公共服务、公共事务和社会管理。 公共服务、公共事务和社会管理是政府的重要职能,亦是公共管理实验研究的议题之一。该议题的论文发表在《人际关系》(Human Relations)、《财务会计和管理》(Financial Accountability & Management)、《社会科学季刊》(Social Science Quarterly)、《政策分析和管理杂志》(Journal of Policy Analysis and Management)等期刊上。这一议题涉及的研究内容包括人口控制、公共卫生和医疗、教育、社区等方面的内容。比如:贝基·佩蒂特(Becky Pettit)和萨拉·麦克拉纳汉(Sara McLanahan)使用实验研究的方法研究了居住地流动和儿童社会能力之间的关系。⑥ 苏珊娜·洛

---

① R. F. Boruch, D. Rindskopf, P. S. Anderson, I. R. Amidjaya, D. M. Jansson, "Randomized Experiments for Evaluating and Planning Local Programs: A Summary on Appropriateness and Feasibility", *Public Administration Review*, 1979, 39(1), pp. 141—150.

② Linda Heath, Deborah Kendzierski, and Eugene Borgida, "Evaluation of Social Programs: A Multimethodological Approach Combining a Delayed Treatment True Experiment and Multiple Time Series", *Evaluation Review*, 1982, 6(2), pp. 233—246.

③ John L, Karl E. Bauman, and Gary G. Koch, "High Intercommunity Variation in Adolescent Cigarette Smoking in a 10-Community Field Experiment", *Evaluation Review*, 1992, 16(2), pp. 115—130.

④ Michael T. French, M. Christopher Roebuck, Michael L. Dennis, Susan H. Godley, Howard A. Liddle, and Frank M. Tims, "Outpatient Marijuana Treatment for Adolescents: Economic Evaluation of a Multisite Field Experiment", *Evaluation Review*, 2003, 27(4), pp. 421—459.

⑤ Richard T. Santee and Barbara Gross Davis, "The Summer Threshold Program: An Experiment in Preparatory Education", *Evaluation Review*, 1980, 4(2), pp. 215—224.

⑥ Becky Pettit, Sara McLanahan, "Residential Mobility and Children's Social Capital: Evidence from an Experiment", *Social Science Quarterly*, 2003, 84(3), p. 632.

柏(Susanna Loeb)等在康涅狄格州进行随机实验研究了福利改革对儿童的影响。①

6. 司法、犯罪和警察。 司法、犯罪和警察方面的议题是公共管理实验研究的重要议题之一,这方面研究的论文主要发表在《评估研究》(*Evaluation Review*)上。

该议题的研究涉及的议题包括犯罪学、监视系统、诉讼、假释、巡逻和治安等等方面。比如:约耳书·H. 加纳(Joel H. Garner)和克里斯蒂·A. 维舍(Christy A. Visher)对犯罪产生进行了实验研究。② 大卫·P. 法林顿(David P. Farrington)回顾了犯罪学随机化实验的发展历史。③ 琼·彼得斯利尔(Joan Petersilia)采用随机化实验的方法对密集监视项目(BJA's Intensive Supervision Project)进行了研究。④ 安东尼·J. 彼得罗西诺(Anthony J. Petrosino)⑤等分别对治安和巡逻问题进行了实验研究。

7. 组织行为。 组织行为学本身是一门成熟的学科,组织行为学的实验研究也相对成熟。在公共管理领域组织行为的实验研究主要涉及领导、沟通、团队竞争与合作、动机、态度、倾向、组织文化等议题。这类论文主要发表在《人际关系》(*Human Relations*)、《管理研究杂志》(*Journal of Management Studies*)、《组织研究》(*Organization Studies*)等期刊上。

该类议题主要涉及领导与沟通问题;团队合作与竞争;动机、态度和倾向;组织文化等问题。

8. 公共财政。 公共财政在国内属于应用经济学一级学科下的二级学科,在西方国家公共行政的研究中,往往将公共财政作为公共行政研究的一个重要领域。

如果说国内应用经济学下公共财政研究侧重从经济学角度研究公共财政的话,那么公共行政学更侧重从政治、管理和法律等非经济学的视角研究公共财政问题。实验研究方法也是公共行政学研究公共财政的重要方法。主要包

---

① Susanna Loeb, Bruce Fuller, Sharon Lynn Kagan, Bidemi Carrol, "How Welfare Reform Affects Young Children: Experimental Findings from Connecticut-A Research Note", *Journal of Policy Analysis and Management*, 2003, 22(4), pp. 537—550.

② Joel H. Garner and Christy A. Visher, "The Production of Criminological Experiments", *Evaluation Review*, 2003, 27(3), pp. 316—335.

③ David P. Farrington, "A Short History of Randomized Experiments in Criminology: A Meager Feast", *Evaluation Review*, 2003, 27(3), pp. 218—227.

④ Joan Petersilia, "Implementing Randomized Experiments: Lessons from BJA's Intensive Supervision Project", *Evaluation Review*, 1989, 13(5), pp. 435—458.

⑤ Anthony J. Petrosino, "Specifying Inclusion Criteria for a Meta-Analysis: Lessons and Illustrations From a Quantitative Synthesis of Crime Reduction Experiments", *Evaluation Review*, 1995, 19(3), pp. 274—293.

括公共产品、税收顺从(tax compliance)、税收信任(Tax Credits)和避税和财政不公(Fiscal Inequity and Tax Evasion)等议题。这类议题的研究论文主要发表在《国民税收》、《公共财政季刊》等杂志上。

9. **信息管理**。管理本身是一个较为成熟的学科,公共管理的侧重研究公共信息和公共部门信息的管理问题,实验研究方法也是公共管理信息管理研究中采用的方法之一,侧重研究公共报告、公共管理者信息的使用等问题。该议题的研究主要发表在《公共行政评论》等期刊上。比如:拉尔夫·F. 小尚格劳(Ralph F. Shangraw, Jr.)对公共管理者如何使用信息的实验检验。① 信息可信性的实验室研究是一个较为突出的领域。比如巴里·波兹曼(Barry Bozeman)和大卫·兰兹波尔根对政策分析中的真实性和可信性的研究。②

第四节 公共管理实验研究法的例文解析

公共管理实验研究包括多种类型,我们各选择一篇实验室研究和现场实验研究的例文进行解析,这些例文为论文写作提供了较好的参考规范。

一、实验室研究的例文分析

根据实验室研究中样本的选择是否随机,可将公共管理领域的实验室研究分为实验室随机实验和实验室非随机实验,前者又称作实验室真实验,后者称作实验室准实验。实验室实验研究的样本一般都是随机选取的,大多数实验室研究都是实验室真实实验。

本书选取帕特里克·G. 斯科特在《公共行政研究和理论杂志》上发表的《实验方法评估街头官僚自由裁量的决定因素》一文对其使用的实验方法展开分析。③ 详见本书光盘"例文解析 9-1《街头官僚自由裁量的决定因素》的实验方法"。

二、现场实验研究的例文分析

现场实验研究是公共管理研究中采用较多的实验研究方法,一般可以分为现场真实验或者随机化的现场实验(randomized field experiment)和现场准实

---

① Mauk Mulder, "The Power Variable in Communication Experiments", *Human Relations*, 1960, 13(3), pp. 241—257.

② Barry Bozeman and David Landsbergen, "Truth and Credibility in Sincere Policy Analysis", *Evaluation Review*, 1989, 13(4), pp. 355—379.

③ Patrick G. Scott, "Assessing Determinants of Bureaucratic Discretion: An Experiment in Street-Level", *Journal of Public Administration Research and Theory*, 1997, 7(1), pp. 35—57.

验(或称自然性情境下的现场准实验)研究,前者样本的选择是随机的,后者样本的选择是不随机的。詹姆斯·C.麦克尔罗伊(James C. McElroy),宝拉·C.莫罗(Paula C. Morrow)发表了的《雇员对管理机关设计的反应:多代背景下的自然事件准实验研究》就是一篇现场准实验研究的例文。凯文·阿西诺(Kevin Arceneaux)年在《美国政治和社会科学研究》上发表的《选举行为的整群随机抽样的现场实验研究》是一篇较为典型的现场真实验研究。[①] 笔者选取约书亚·M.惠特曼(Joshua M. Whitman)在奥本大学(Auburn University)完成的博士论文《受影响的竞争信息是否影响到投票意向的选择:在亚拉巴马州 65 岁以上老年人中的实验研究》(Does Targeted Campaign Message Impact Vote Intention and Vote Choice? an Experimental Study of Alabama Seniors)为例进行分析。详见本书光盘"例文解析 9-2《受影响的竞争信息是否影响到投票意向的选择》的实验方法"。

【延伸阅读】

1. 何斌、李泽莹、王学力著:《管理实验和实验管理学》,清华大学出版社 2010 年版。

2. Orr, Dr. Larry L., *Social Experiments*: *Evaluating Public Programs With Experimental Methods*, Sage Publications, 1998.

3. Greennood, Ernest, *Experimental Sociology*: *A Study in Method*, Publisher: King's Crown Press, 1947.

4. Morton, Rebecca B., *Experimental Political Science and the Study of Causality*: *From Nature to the Lab*, Cambridge University Press, 2010.

5. Basilevsky, Alexander, *Experimental social programs and analytic methods*: *An Evaluation of the U. S. Income Maintenance Projects*(Quantitative studies in social relations), Academic Press; First Edition, 1984.

6. Kinder, Donald R., *Experimental Foundations of Political Science*, University of Michigan Press, 1993.

[①] Kevin Arceneaux, "Using Cluster Randomized Field Experiments to Study Voting Behavior", *Annals of the American Academy of Political and Social Science*, Vol. 601, 2005, pp. 169—179.

第十章 公共管理研究中的调查法

第一节 公共管理调查研究概述

调查研究(Survey Research)是一种非常古老的研究方法,也是当前社会科学领域最常使用的研究方式之一。对于公共管理学这样与社会实践结合紧密的研究学科、研究领域来说,调查法亦是非常重要的研究方法之一。[1]

一、调查研究的基本概念及特点

一般而言,调查研究是指研究主体依据一定的研究框架,通过问卷、访谈等形式,有目的、有计划、系统地收集资料,并对所搜集的资料进行定量分析,并形成相关结论或理论的科学研究方法。

与其他研究方式相比较,调查研究具有两个最显著的特点:一是要求研究者真正地深入到社会实践生活中,去系统地观察和了解社会现象,分析和把握客观社会事实;二是调查研究过程中所使用的研究材料主要依赖于第一手资料;三是调查研究主要收集并分析定量资料。基于这三点可以看出,调查研究与实验研究、文献研究、实地研究有重要的区别。

与实验研究相比较,虽然实验研究也重视对第一手资料的把握,也要求研究者深入到社会实践当中,但是,实验研究的最大特点是人为地控制受实验者所处的社会环境,通过改变实验环境的相关因素来激发受实验者在思想认识和行为行动等方面的变化,并与对照组进行对比,以比较的研究方式,得出相关结论和认识。调查研究则与此不同,它不强调对所观察社会现象的人为干预或控制,恰恰相反,调查研究还力求限制调查者可能对受调查者所形成的影响,减少调查误差,以保证调查研究的科学性。

与文献研究相比较,两者最大的区别是研究所依据的材料是不是第一手材料。文献研究方法注重对已有相关文献的搜集、整理、分析和逻辑推理,尤其注重对文本的梳理和抽象分析。另外,文献研究也不要求深入社会实践去实地接

---

[1] Owen E. Hughes, *Public Management and Administration: An Introduction*, Palgrave Macmillan, 1994, pp. 271—273.

触研究对象、观察社会现象。

与实地研究相比,调查法主要使用结构化的资料收集方式,并对相关资料展开定量分析。实地法主要收集非结构化的资料,对资料的分析往往以质性分析为主,定量分析为辅。

二、调查研究的历史发展

调查研究是人类社会的重要活动,是人的主观思维对客观世界深刻把握的一种有效方式。自古以来,无论是政府开展的以行政改善为目的的社会调查,还是民间人士、研究学者出于研究目的而开展的社会调查,都取得了丰硕的成果,并推动着社会调查方法的不断革新。

1. **社会调查研究方法萌芽**。调查研究是人类诸多活动中起源较早、发展较快的一类活动。根据中国古代《易经》记载,上古即有"结绳"之举,可以说是最原始的调查统计活动。古代的调查研究主要被作为统治者掌握国情、治理国家的工具。例如,早在公元前3000年的第一、二王朝时期,古埃及法老每两年就对所治理领地上人口、土地、牲畜等情况开展原始普查,以确定每年租税的数额。这在古代中国亦是如此。春秋时期齐国政治家管仲(约前723或前716—前645)主持齐国政事时就特别重视对社会情况的调查和把握。体现管仲思想的《管子》一书在《问》篇中就提出"凡主持朝廷政事,进行调查要遵守一些根本原则。"[①]秦国商鞅也提出治理国家首先要通过调查统计掌握国家之数量情况,尤其是"强国知十三数:竟内仓口之数,壮男、壮女之数,老、弱之数,官、士之数,以言说取食者之数,利民之数,马、牛、刍藁之数。欲强国,不知国十三数,地虽利,民虽众,国愈弱至削。"[②]由此可见,无论是古代埃及的普查,还是中国古代管仲和商鞅的数量调查,都反映出社会调查研究在公共管理活动过程中具有重要的作用。

2. **近现代社会调查研究方法的系统化与科学化**。近代以来,欧美学者在社会调查方法的发展方面作出了杰出的贡献。例如,比利时数理统计学派创始人艾道尔夫·凯特勒(Adolphe Quetelet)将数理统计和概率论的方法应用于社会调查统计过程中,使社会调查研究向精确数量方向迈进一大步。尤其是他在犯罪调查方面作出了突出贡献。[③] 另外,法国经济学家弗雷德里克·勒普累(Fre-

---

① 赵守正译:《问 第二十四》,《白话先秦诸子》,合肥:黄山书社1993年版,第422—423页。
② 《商君书·去强》,载胡建新等选译:《诸子精语译释》,济南:济南出版社1992年版,第592页。
③ Piers Beirne,"Adolphe Quetelet and the Origins of Positivist Criminology", *The American Journal of Sociology*, 1987, 92(5), pp.1140—1169.

dric Le Pley)在孔德实证主义思想的影响下,从 1835 年开始花 20 年时间先后调查了英、法、德、匈、俄、土等国数千名工人家庭账簿,并于 1855 年发表了 6 卷本的《欧洲工人》和《家庭组织》两本著作,采用了访问法、问卷法以及家庭经济分析技术等,成为家计调查的奠基者之一。① 另一位开创家计调查学的学者是德国社会学家 W. H. 里尔(Wilhelm Heimrieh Riehl),他以观察和询问的方式调查了家庭出现危机的原因,于 1855 年出版了《家庭》一书。英国社会学家查理斯·布思(Charles Booth)从 1886 年开始运用社会调查的方法描述了伦敦各阶级的生活状况,先后出版了 17 卷本的《伦敦人民的生活和劳动》,拓展了社会分类研究方法。② 后来,英国社会学者朗特里(B. Seebohm Rowntree)继承和发展了布思的调查方法,对贫困及维持"体力效应"的最低工资标准等开展了研究。③ 这也为后来制定合理的社会福利制度提供了理论和实践方面的支撑。此外,法国社会学家维勒梅(Villerme)的《工人物质和精神状况之概述》(*Tableau del'etat Physique Moral des Ouviers*)通过调查访问的方式掌握了纺织工人的情况,还对后来制定"童工管理法"起到了很大的推动作用。

此外,20 世纪初美国社会科学研究领域对社会调查法运用非常著名的两大案例分别是匹兹堡调查(Pittsburgh Survey)和春田调查(Spring Field Survey)。如果大致以 1900 年为界,那么我们可以看到之前的社会调查法尚显不够成熟,大多以解决某一个或某一类当时比较尖锐的社会问题为诉求,如童工使用、家庭危机、犯罪等,这些社会调查虽然能起到一定的治世之效,但是缺乏系统的理论指导,大多处于经验调查的阶段。而自涂尔干《自杀论》的问世,社会调查法的发展进入了一个全新的阶段。④ 从这一时期开始,社会科学调查法呈现出几个比较明显的发展趋势:一是调查法的实施日益得到相关理论的科学指导,尤其是孔德实证主义思想在社会科学研究领域被广泛重视,"研究假设——经验检验——理论结论"的实证程序得到推广;二是调查法的研究过程开始从单变量、描述性的研究向多变量、解释性的研究转变,对社会现象的分析更为深刻,

---

① 可参阅陈建远主编:《社会科学方法辞典》,沈阳:辽宁人民出版社 1990 年版,第 126 页。
② Wayne K. D. Davies,"Charles Booth and the Measurement of Urban Social Character", *Area*, 1978, 10(4), pp. 290—296.
③ A. L. Bowley,"Obituary of B. Seebohm Rowntree, C. H. 1871—1954", *Journal of the Royal Statistical Society A*,1955, 118(4), pp. 125—126.
④ Emile Durkheim, "Suicide and Fertility: A Study of Moral Statistics"(translator, H. L. Sutcliffe and John Simons), *European Journal of Population/Revue Européenne de Démographie*,1992, 8(3), pp. 175—197.

尤其是将历史分析的方法与调查法结合起来一并引入社会学领域①;三是各种复杂的统计技术初步应用于调查法中。

在近现代社会调查研究法发展过程中,必须要提到马克思和恩格斯这两位开创马克思主义思想理论的先驱。马克思是运用社会调查研究方法的著名政治社会学家,他在1843年10月至1845年2月的15个月的巴黎生活中,考察了法国的社会经济状况和社会活动情况。恩格斯则于1842年11月至1844年8月在英国曼彻斯特生活了21个月,他在此期间认真研究了英国的社会关系和工业革命的发展状况,经常深入工人工作生活的区间参观访问,调查获取了大量有关工人阶级的情况,并最终写出了他的第一部长达22万字的专著《英国工人阶级状况——根据亲身观察和可靠材料》②。1849年8月,马克思到伦敦定居,深入工厂等地开展了广泛的社会调查,并最终完成了其鸿篇巨制《资本论》。恩格斯在写作《家庭、私有制和国家的起源》一书时也充分借鉴了摩尔根的调查材料,并补充自己调查所获取的新鲜材料。

3. **当代社会调查方法的数理化与精确化。** 当代社会科学研究领域一个重要的发展趋势是大量借鉴自然科学的研究方法,将数学模型、计算机仿真等技术和手段不断推广应用于社会科学研究过程中。其中,以抽样统计为基础的问卷调查方法是当代社会调查方法发展最为迅速、最为活跃、最引人关注的领域。问卷调查方法是最常用的社会调查方法,它是建立在经验观察和归纳法的基础之上的一种科学的社会统计调查方法。与传统研究方法相比,这种方法使社会研究者对社会现象的研究进一步定量化、科学化。不仅于此,社会统计调查方法的发展还建立在统计学、心理学、社会学等学科发展的基础之上,在20世纪20年代至50年代逐渐成熟,并得到迅速地推广和应用,最终成为目前应用最为广泛的社会科学研究方法。

4. **公共管理领域的民意调查法的蓬勃发展。** 以上所述社会调查研究法的发展历程中有许多内容已经涵盖了公共管理的领域,例如美国的春田调查,就是为了提升当地公共事业管理绩效而开展的广泛调查。其他诸如对监狱管理、社会劳动力使用状况的调查等,都属于公共管理的相关领域。目前民意调查在公共管理领域已获得蓬勃发展。③

---

① Mustafa Emirbayer,"Durkheim's Contribution to Sociological Analysis of History", *Sociological Forum*, 1996, 11(2), pp. 263—284.
② 《马克思恩格斯全集》,北京:人民出版社2002年版,第417—419页。
③ 详见刘德寰:《在游戏、质疑与验证中走向决策支柱的民意测验》,《市场研究》2005年第7期。

三、调查研究法的分类及方法体系

根据研究目的、研究范围、研究时间特性等的不同,调查研究方法也可以从多个维度进行分类。①

1. **根据调查研究性质的不同。** 可以将其划分为应用性调查研究和理论性调查研究。应用性研究主要使用经验的研究方法,多用于微观或中观的研究,而理论性研究则多使用哲学思辨的方法,多用在宏观领域的研究。

2. **根据调查对象范围的不同。** 可以将其划分为普查、抽样调查、典型调查与重点调查以及个案研究这五种。普查强调囊括调查总体的全部个体,范围广,但成本高;抽样调查是适用面更广的调查方式,但如何保证抽样的科学性是其关键点;典型调查是主管选取一个或几个具有代表性的样本进行深入、细致分析,其关键之处是要保证调查对象的代表性;重点调查是抽样调查中的一种特殊形式,所选取的对象不一定具有代表性,但往往是在总体中占有较大权重或比重的个体;个案研究往往采取实地研究的方式,进行定性分析。

3. **根据调查研究目的和作用的不同。** 可以将其划分为探索性调查研究、描述性调查研究和解释性调查研究。探索性调查研究往往是某一大型研究的先导性研究,描述性研究重在探寻"是什么"的答案,解释性研究则注重解答某一社会现象或社会问题的"为什么"的答案,解释性研究的结论往往要求具有一定的解释力。

4. **根据调查研究时间特性之不同。** 可以将其划分为横剖研究与纵贯研究。横剖研究是指在某一个时间点对调查对象进行横切面的研究,以了解研究对象的不同类型在某一时间点上的全貌。纵贯研究是指在不同时间点或较长的时间段内观察和研究同一社会现象的方法。

5. **根据调查研究所使用的调查工具、资料的特征以及资料分析方法之不同。** 可以将其划分为统计调查和实地研究。统计调查是一种利用标准化的方式进行定量分析的调查研究;实地研究则侧重使用定性的方式开展研究。

6. **根据研究者与被研究者之间互动关系的不同。** 可以将其划分为观察法、访问法、电话调查法、网络调查法。观察法可以依据不同的标准进一步的细分,例如根据是否直接参与被观察者的活动划分为参与式观察和非参与式观察;访问法也可以细分出许多分支,如访问调查法、问卷调查法、民意测验法、头脑风暴法、德尔菲法等类别。电话调查则是一类新兴的调查方式,具有成本低、效率高的优点,尤其是对于一些较为敏感的主题,使用电话调查便于保护受访者的

---

① 部分内容参考借鉴袁方:《社会研究方法教程》,北京:北京大学出版社 2004 年版,第 24—27 页。

隐私,受访者也更可能表达真实的想法。电话调查的缺点是容易中断,在电话推销充斥的商业时代,电话调查会被受访者混淆而产生厌恶情绪,这对电话调查是非常不利的。此外,日益兴起的网络调查法是另一类使用越来越多的调查法,尤其是通过电子邮件发送和回收问卷,或者受访者通过网络在线答题的形式接受调查。这种调查具有效率高、成本低的特点,但在调查效度和信度方面稍显不足。①

以上所阐释的分类是依据不同的标准进行划分的,并不意味着某一调查研究只能归类为上述某一种类型。事实上,从不同标准、不同角度来归类某一调查研究,它可能属于上述分类的多种类型。例如,中国和美国都开展的每隔十年一次的全国人口普查,就可以分别被归类为应用型调查研究、普查、描述性调查研究、纵贯研究和统计调查等。

四、调查研究的逻辑基础及优缺点分析

调查研究方法有其内在的优缺点。调查研究方法最大的优点是适用于大样本对象的研究。在试图描述和解释大样本的社会现象时,实地观察或实验法等方法根本无法有效实施,而调查法通过科学抽样,能够以样本推断总体,有效地把握大样本社会现象的整体特征。

其次,调查研究具有效率高的优势。通过发放一定的问卷或访谈调查,调查法能在较短的时间内、以相对较低的经济成本获取最大量的研究资料,这是实验法和实地观察法所无法比肩的。不仅如此,信息时代借助电话和网络等现代通讯技术工具,调查法的效率还能进一步提升。

调查法也不可避免地存在诸多不足。首先,调查法的标准化问卷形式在一定程度上制约了调查的科学性和全面性。实行标准化的调查问卷有如一把双刃剑,一方面它降低了调查的随意性,尤其是有效地控制了调查人员的不当影响及由此可能形成的误差,但是,另一方面,标准化的问卷也存在削足适履的问题,使一些被调查者无法真实全面地表达自己的观点、意见和想法,只能在问卷所限定的选项框内做出"违心"的选择。调查法中的标准化问题与如何处理调查对象的个性与共性之议题密切相关,调查法的标准化处理措施在很大程度上追求的是调查对象的共性特征,而舍弃了调查对象的个性特征——这在实地观察方面却是非常重要的信息资料。调查法的这种缺陷导致其在研究复杂议题

---

① 参见〔美〕特里·安德森、希瑟·卡努卡:《网络调研:方法、策略与问题》,北京:中国劳动社会保障出版社 2007 年版,第 7—11 页。Terry Anderson, Heather Kanuka, *E-Research Methods: Strategy, and Issues*, Pearson Education, Inc., 2003.

时存在一定的不足,无法对大型复杂的议题进行深入的、全方面的剖析,而往往只能描述一个大体的、宏观的、粗线条的特征形象。

其次,调查法的研究缺乏弹性。基于标准化操作的要求,调查法在实施过程中不能根据客观情况的变化因地制宜地给予灵活处理,这就使得调查法缺乏弹性,甚至在某些地方存在教条主义、僵化的问题。

最后,调查法不可避免地存在人为的干扰因素。调查法需要大量的调查人员参与,调查人员本身素质、知识结构、个人生长环境、价值观等可能对调查过程产生影响,将个人因素带入调查过程中。调查人员在培训过程中本身对于调查议题、调查问题和调查问卷的理解就存在一个"解构"和"重新建构"的思维过程,在实施调查过程中,其推出的调查问卷、调查问题往往可能是其"消化"、理解过的调查问题。这种理解如果与调查研究者的原初意图一致,则能保证信度、效度;如果出现丝毫的偏离,则可能会误导被调查者。人为干扰因素是调查法需要考虑和尽可能弥补的一个缺陷。

总体来说,调查研究方法的信度和效度在诸多研究方法中都处于居中的程度,相对而言,其调查的信度较高一点,而效度相对较低。

五、调查研究的适用范围与适用条件

调查研究法的适用范围非常广,对于描述性的研究、解释性的研究和探索性的研究,调查法都是重要的研究方式。对于一些个体样本量太大而无法直接观察的群体研究,调查研究方法是最为适用的方法。通过科学严谨的抽样能够最大限度地获取具有代表性的研究样本,并推论研究群体整体的状况。事实上,调查研究中并不遵循"样本量越大,调查结果越准确"的似是而非的简单逻辑。例如,1936 年,已多次成功预测美国总统选举的美国文学文摘杂志就在样本量不断扩大的情况下(甚至达到 200 万人)预测失败,这就是因为他们在不断扩大样本量的情况下忽视了样本抽样的科学性与严谨性。

调查研究使用非常广泛的另一个领域是民意测验,这是目前民主政治国家使用最为广泛的一种民意调查的形式,往往应用在预测政治选举、社会热点议题的调查、公共政策抉择等多个领域。需要指出的是,调查法通常以个体为研究单位,虽然在很多情况下调查研究也可以将群体、团体或互动关系等作为分析单位,但具体在搜集资料过程中,还必须落实到个体,"仍然需要把个体作为受访者(respondents)"[①]。

---

① 〔美〕艾尔·巴比:《社会研究方法》(邱泽奇译),北京:华夏出版社 2005 年版,第 236 页。

第二节　公共管理调查研究的实施流程和关键问题

本节重点介绍调查研究方法的实施流程,以及在实施过程中需要注意的关键问题。

一、公共管理调查研究的行动框架

一般而言,调查法的实施流程大致可以分为四个阶段:

1. **调查准备阶段**。这一阶段包括两个大的工作内容,一是项目构思,二是研究设计。这是整个调查法实施的基础,决定着调查研究实施能否成功。项目构思环节需要完成四个大的任务:确立调查项目,包括组建调查项目组的核心成员,成员结构优化等;项目初步分析,对项目进行初步的梳理,初步提出调查项目的目标,调查的可能的难点、重点等;梳理既有理论,通过大量文献的检阅,寻找该领域已有的理论总结,探寻调查项目需要进一步研究的问题;此外,通过与相关专家进行咨询和讨论(包括运用头脑风暴法或德尔菲法)了解调查过程中需要着重考察的要点内容。在这些工作的基础上,提出调查研究的研究假设,并建立研究框架。

在建立研究框架之后,调查研究开始进入研究设计阶段。需要完成五个方面的工作:第一,最终确立调查项目的框架结构,确定分析单位。例如,以个人为单位还是以某一群体为分析单位等。第二,概念、变量的操作化。要对调查中使用的概念进行科学明晰的界定,并对相关变量操作化。最终要形成调查的指标体系。此外,还需要设计调查问卷的初稿。第三,选择具体的调查方式。在调查的方法体系中介绍了多种具体的调查方式,在研究设计阶段需要根据不同性质的调查内容选择具体的调查方式,如典型调查、重点调查、抽样调查等。这一步中,非常重要的工作内容是制定符合调查项目要求的抽样方案。第四,确定调研计划。调研计划是保证调查过程按时、按质推进和完成的重要保证。制定时间安排进度,组织对调查员的培训。对调查员的培训是一个难点,如何使调查员尽可能遵循客观的原则,避免调查员个人主观认知偏差对调查过程的干扰。第五,问卷修改定稿。在制定好调查问卷初稿和组织调查员的培训之后,就要开展预调查。预调查是调查研究的重要环节,有助于发现调查问卷和调查过程中可能出现的问题。通过预调查能够及早发现问题,并及时进行调整和完善。经过预调查之后,形成最终的调查问卷的版本。

至此,调查的准备工作完成,这样就可以进入正式的调查阶段了。

2. **调查实施阶段**。调查实施阶段的主要任务是完成数据的采集。在正式进入和接触调查对象之后,开始发放问卷或依据问卷开展调查,填写调查表格,问卷回收和检查,确保问卷的回收率和有效性。除了问卷发放和调查之外,还可以结合座谈、访谈等其他方式搜集资料和数据,包括收集调查对象的相关文献资料、统计资料等。调查实施阶段往往需要付出大量的时间,同时也要耗费大量的经费。

3. 数据分析阶段。 在完成数据采集之后,调查研究就进入数据分析阶段。这一部分需要对采集过来的数据进行核查,完成"去粗取精、去伪存真、由此及彼、由表及里"的数据分析过程。对采集的数据进行编码、汇总和分类,并进行初步的统计描述,并进一步运用相关的数据分析模型进行深入分析,包括单变量回归分析、多变量回归分析、逻辑回归分析、判别分析、人工神经网络分析、遗传算法,等等。

在深入分析数据的基础上,进行抽象概括和提炼,形成新的理论。

4. 调查总结阶段。 在完成数据采集和分析之后就要给出调查研究的结论,这是调查研究成果呈现的阶段,包括撰写调查研究报告,提出结论和相关政策建议。进行调查总结和评估,总结调查过程的经验和教训,为以后的调查提供指导。推广和应用调查研究的成果,解决社会中的现实问题。这一点对于公共管理学的调查研究来说,尤其重要。

以上所述实施的流程图可以用图 10-1 表示。

二、公共管理调查研究实施过程中的关键问题

调查研究在诸多行动步骤中,有些环节具有关键性的意义。妥善处理好这些关键环节的关键性的问题,有助于大大降低调查研究中的误差,保障调查法的科学性和准确性。

1. 调查研究中的问题设计

第一,调查问题要与陈述一起表述。研究者试图通过调查法了解被调查者的态度等问题时需要用精炼的语言文字对相关问题进行陈述,例如利克特量表中使用"十分同意、同意、不同意、十分不同意"的陈述。调查问题与陈述一起表述还有助于使调查问题的表述更为清晰,很多情况下,调查者根据自己的意图和理解设计了相关问题,但基于个人思维到文字表达之间存在一定的差距,加之受到被调查者的理解认知、生活背景等差异的影响,难免出现对调查问题的误解,在这种情况下,对相关问题加以必要的说明和陈述就显得非常必要了。例如,在公共管理的问卷调查中使用到"政府",就可以适当注明是广义的政府还是狭义的行政机关,"当前"这样的时间词语也有必要说明清楚具体的时间段。

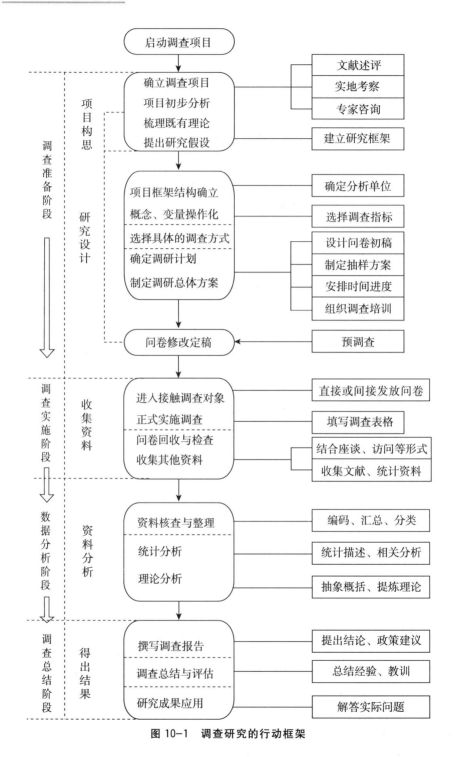

图 10-1 调查研究的行动框架

第二,调查问题设计既可是开放式的问题,也可是封闭式的问题。开放式的问题留出空白给被调查者自行回答,而封闭式问题则由调查者事先设计好相关选项,由被调查者自行选择相应的选项。开放式问题比较适用于时间比较宽裕、受调查者知识文化水平比较高的情况下,比较能够全面、客观、真实地反映被调查者的有关情况。但是,开放式问题在后期数据处理、信息编码等过程中量化的难度较大,如果由调查者进行解读、归类和编码的话,出现误解的概率非常大,导致调查误差很大。封闭式问题好处在于易于回答,能够保持问题的一致性以及后期数据编码处理,但是封闭式问题的设计难度相对较大,要求答案的选项尽可能穷尽所有的可能性,不能出现情况的遗漏,同时,不同选项之间还应该是完全互斥的,不能相互包含而导致被调查者无法选择、无所适从的状况。在这种情况下,多增加一个"其他(请注明:____)"的选项是非常有裨益的。当然,如果出现许多被调查者选择和填写"其他"选项的话,那就说明封闭式问题的设计并不成功,没有囊括主要的选项。这一问题在预调查阶段应该得到妥善处理。

第三,调查法中使用的问题不能超出被调查者的常识或一般的能力范畴,同时应该让被调查者愿意回答。在设计调查问题时不能设定超出被调查者常识或一般能力范畴的问题,例如,超出了常人一般记忆能力、口算能力等范畴的问题。另外,问题的设计还应该考虑被调查者是否愿意回答,尤其对于一些涉及隐私、个人信仰或政治意识等问题,问题的表述要力求客观中允,避免引起被调查者的反感或不安全感。当然,一般情况下,如果可能这类问题调查一般采取匿名的方式进行。

第四,调查问题尽量使用肯定性的表述,避免否定性的问题。带有"不"、"非"等类似否定性用语的问题往往容易被误读,被调查者要么容易忽视这些否定词,给出调查者意料之外的回答,要么容易产生混淆的错误认识或错觉,选择违背自己意愿的答案。

2. 调查问卷的构建

调查问卷是调查法中使用最为广泛的工具,调查问卷的构建往往也成为调查研究的关键环节。一份科学、严谨、合理的调查问卷有助于调查者完整地搜集到所需要的信息,并保障信息的真实度、可信度、有效程度等,可以说,问卷构建是调查法成功的最重要的关键点之一。对于问卷构建,需要注意以下几个要点。

第一,问卷长短要与调查主题、被调查者可能所处的环境等因素结合起来考虑。对于一些邮寄到家里可以让被调查者有宽裕时间回答的问卷,可以稍微长一些,但最好也别超过一刻钟或半小时。对于一些在公共场合或工作场合填写的问卷则应该尽可能再缩短一些。

第二,关联问题的格式设计。在调查问卷中,有时会出现一些连贯性的问题,譬如被调查者在回答完上一问题之后会出现另一个与这一问题密切相关的问题,对于这类问题,应该置于一起,同时,在格式上也最好能设计在一起,以使被调查者选择问题或跳过问题更为方便。例如,在公共管理领域中一份有关城市社区居委会委员选举的调查问卷中,前一问题是询问被调查者是否参加过自己所在社区的居委会委员选举活动,对于回答参加过的被调查者则进一步询问参加过几次。这两个关联问题可以用如图10-2的格式安排。

16.您是否参加过您所在社区的居委会委员选举的投票活动?
　①参加过;
　②没有参加过。

　　如果回答"参加过",请回答:
　　您参加社区居委会选举投票活动的频率是:
　　①参加过一次;
　　②参加过两次;
　　③参加过多次;
　　④每次都参加。

图 10-2　调查问卷中关联问题的格式设计

第三,调查问卷中问题序列安排。问卷中问题的顺序会影响到被调查者的情绪,进而影响被调查回答问卷的质量与真实度。美国南佛罗里达大学的教授本顿(J. Edwin Benton)和达理(John L. Daly)在一次当地政府的调查研究中发现受教育程度的不同会影响被调查者对问卷问题序列的感知,受教育程度比较低的被调查者比那些受教育程度相对比较高的受调查者更容易受到问题序列的影响。① 对于如何减少问题序列对调查过程的影响,既有一些常识性的处理方式,也需要在每一次的调查实践中进行摸索和采取因地制宜的办法。所谓常识性的处理方式是指调查者根据常识来人为地安排调查问题的序列,譬如将一些相对比较容易回答的问题置于问卷前半部分,使被调查者首先乐于接受问卷,然后再逐层深入;将一些比较敏感或难于回答的问题置于问卷后半部分,这样避免"万事开头难"的状况;另外,对于有关被调查者个人信息,诸如年龄、性别、职业等信息采集的问题,最好置于问卷的最后面,这样被调查者在回答完整份问卷的问题后也乐于以"完满地完成某件事"的心态来填写个人信息资料。

---

①　J. Edwin Benton and John L. Daly,"A Question Order Effect in a Local Government Survey", *Public Opinion Quarterly*,1991,55(4),pp.640—642.

当然,对于如何尽可能降低问题序列对问卷回答的影响,调查者可以在预调查阶段通过设计多种问题序列结构以形成多种版本的问卷,通过对多种版本问卷预调查结果的分析来探索最为科学合理的问卷问题序列结构。

第四,问卷中必须有必要的说明。虽然调查问卷的主体部分是调查问题及其答案等的设计,但是,作为一份完整科学的问卷,尤其是要成为"卷面友好型"的问卷,有必要在一些地方附上相关的说明。(1)开篇语方面,要对本次调查的主题给予必要说明,有时需要说明问卷填写过程中可能使用的符号,如"√"或"○"等;同时也要说明问卷由哪些部分组成,答题完成大概需要多长时间,譬如10—15分钟等,以便让被调查者容易接受;(2)对于相关涉及隐私的问题要为被调查者进行保密,声明不会泄露调查问卷中所涉及的个人信息,如果有必要,还可以附带相关签过名的保密声明;(3)调查问题是单选还是多选,如果单选,单选的依据是什么,是最重要的还是最佳的选项等,这些都有必要说明清楚,以方便被调查者回答。对于一些涉及要对选项按重要程度进行排序的问卷问题,更是需要在问题的最后给予说明。总之,说明性文字是提高被调查者填写或回答问卷问题的便利程度和放心程度。

3. 问卷发放与回收

问卷构建完成之后,以及在部分情况下完成必要的预调查之后就正式进入问卷发放和调查阶段。对于问卷的发放和回收,有以下关键点需要注意:

第一,要准备好回寄问卷的信封和邮票。在发放或邮寄问卷的同时应当在信封内放置好便于回寄调查问卷的信封和邮票,必要时应当将邮票贴好。有的情况下,可以将问卷本身直接设计成多重折叠并含有信封表面的形式,这样的情况下,被调查者填写完问卷之后可以直接折叠后将问卷投入邮筒,更为方便。

第二,问卷回函率登记与补寄问卷。在回收问卷时有必要进行相应的登记和记录,以掌握问卷回收的状况。尤其是对于一些问卷回收比较慢或比较少的区域,有必要选择合适的时机再次补寄问卷,这样既能起到提醒被调查者的作用,又能很便于一些可能遗忘或遗失问卷的被调查者有问卷来填写和回寄。补寄调查问卷开始的时间点要根据不同的调查主题和具体的问卷回收情况来定,一般情况下,第一轮问卷寄出后三四个星期时是可以考虑的补寄问卷时间点。

第三,有效的问卷回收率的探讨。多高的问卷回收率是有效的,这一问题暂无标准答案,不同学者有不同的答案。事实上,对于不同性质的研究,对于问卷回收率的要求也是不一样的。与此同时,也不能单单关注回收率而忽视回收问卷本身的质量,更不能为了提高问卷回收率而牺牲回收问卷的质量。美国著名社会学家艾尔·巴比(Earl Babbie)提出,"要进行分析和撰写报告,问卷回收率至少要有50%才是足够的;要至少达到60%的回收率才算是好的;而达到

70%就非常好。"①这是一个可以参考的回收率。

4. 访谈式调查

访谈式调查法是另一类应用较为广泛的调查研究方法,很多情况下,它与问卷调查法结合起来使用。访谈式调查研究具有独特的优势,包括能提高访谈问卷的回收率,对于访谈员的到访和提问,受访谈者一般碍于情面不好回绝;访谈式调查的实施过程中访谈员能对相关调查问题进行解释说明,提升被调查者的理解程度,由此提高问题回答的有效程度和准确程度;访谈调查过程中访谈员对相关调查问题的追问,有助于进一步补充调查问题的答案,使调查所获取的信息更为全面和准确;访谈式调查法还有另一独特作用,即利用受过专门培训的访谈员的眼睛观察发现调查问卷本身所无法揭示的信息,例如访谈员对受访谈者衣着、家庭环境、表情手势等信息的观察,可以捕获调查问卷之外的辅助信息,使调查问卷所要揭示的问题更为透彻清楚。

虽然访谈式调查研究有以上诸多优点,但是其实施的难度相对较大,成本相对较高,尤其是要注意把握以下两个关键点:

第一,明确访谈调查人员的角色定位。访谈调查人员是访谈调查不可缺少的要素,但是,访谈员的介入不可避免地提高了产生调查误差的概率。具体而言,访谈调查人员本身存在感情好恶,存在对相关调查问题的主观意识,在调查过程中他(她)很可能将个人的好恶和主观认识表露出来,甚至影响受访谈者的态度,另外,在记录问题的过程中,访谈调查人员可能会根据自己的理解来记录受访谈者的言语,甚至换用自己的语言来记录和"意译"受访谈者的语言,这就存在误用词语、歪曲含义的可能性。不管是主观的曲解还是客观上不由自主地歪曲,都会对访谈调查方法的科学性形成冲击。对于访谈调查人员的角色定位必须给予明确,他们是信息的传递者,是中立的媒介。形象地说,访谈调查人员是信息记录的照相机,而不是一部解读器或解码器。

第二,提升访谈调查人员的操作技能。访谈调查人员在正式开展工作之前,应该接受专门的培训,尤其是结合所要使用的访谈问卷进行专门的培训和预调查。对于访谈调查人员而言,熟悉将要使用的问卷,谨遵调查问卷中的遣词造句,准确记录受访谈者的言语,访谈调查人员有个人意见或相关信息需要补充时,应该在旁白位置或使用一个专门的记事本进行记录,而不应该与受访谈者的言谈记录混在一起。这些都是访谈调查人员的基本技能。

---

① 〔美〕艾尔·巴比:《社会研究方法》(邱泽奇译),北京:华夏出版社2005年版,第254页。

第三节　公共管理调查研究的主要议题

本节梳理和介绍了国外教材、专著、学位论文和期刊论文中运用调查法的相关情况。

一、公共管理博士论文及著作分析

调查法是社会科学研究领域非常重要的方法工具,因此国外公共管理学领域有教材专门就调查法在该领域的运用进行了介绍。圣迭戈州立大学路易斯·里教授(Louis M. Rea)和理查德·帕克(Richard A. Parker)参编了乔西-巴斯(Jossey Bass)公共行政学系列丛书中的《设计与实施调查研究:全面引导》,是一本畅销的较全面介绍调查研究方法的教材。[1] 除了教材之外,部分著作还对公共管理实践活动过程中使用调查法的情况进行分析和提出改进的建议。例如,由扎拉·斯坦纳(Zara Steiner)(1982)选编的论文集《国外行政机构调查》,该书对运用调查法和比较研究的方法对世界上二十四个国家政府最主要的部门的发展以及角色进行了研究。[2] 田纳西州立大学戴维德·福尔兹教授(David H. Folz)编著了《公共行政调查研究》(1996)一书,讨论了在政府创新领域应用越来越多的民意调查等调查工具。[3] 需要特别说明的是,在公共管理学的二级学科领域,运用调查法研究所形成的专著非常多,尤其是在水资源管理、垃圾处理、公共学校教育、医疗卫生服务、国土资源管理等领域形成的专著等文献非常丰富。

调查法是公共管理博士学位论文中使用较多的方法之一。无论是采用问卷调查还是实地访问调查,国外博士学位论文在研究方法方面都有一定的操作规范。本书利用 ProQuest Dissertations and Theses 数据库进行检索和整理,发现有大量学位论文采用了调查法开展研究,议题涉及地方政府、组织变革、领导行为、战略绩效、公众参与等,几乎涵盖了公共管理的全部领域。

二、公共管理英文期刊研究议题分析

公共管理学科领域运用调查法的例子可以追溯到 20 世纪 30 年代。1934 年在英国利物浦举行的"北部地区生活水平与贫困"的研讨会上,亨利·梅斯博

---

[1] Louis M. Rea, Richard A. Parker, *Designing and Conducting Survey Research: A Comprehensive Guide* (Jossey Bass Public Administration Series), Jossey-Bass, 3 edition, 2005.

[2] Zara S. Steiner, *"Times" Survey of Foreign Ministries of the World*, Times Books, 1982.

[3] David H. Folz. *Survey Research for Public Administration*, Sage Publications, Inc, 1996.

士(Henry A. Mess)(1934)提交了一篇名为《区域调查问题》的文章,指出传统的调查法中侧重于对单个城镇的调查,缺乏将数个城镇联合起来进行调查的尝试。他主张将几个城镇(例如 Warrington,Northampton,and Stanley)作为区域这样一个完整有效的研究单位开展调查。① 由于调查法在公共管理领域是运用非常广泛的研究方法之一,形成的文献也非常丰富。在对这些文献进行总体梳理,对议题进行分类的基础上,表 10-1 选取部分具有代表性的文献予以简介。

表 10-1 公共管理领域排名前十的英文期刊刊登调查研究数量

JOURNALS	ACRONYM	调查研究总数
Administration & Society	A & S	29
American Review of Public Administration	ARPA	31
Canadian Public Administration	CPA	9
Evaluation Review	ER	47
Financial Accountability and Management	FAM	11
Human Relations	HR	65
International Journal of Public Administration	IJPA	17
Journal of Management Studies	JMS	25
Journal of Policy Analysis & Management	JPAM	13
Journal of Public Administration Research & Theory	JPART	3
Journal of Public Policy	JPP	39
Municipal Finance Journal	MFJ	0
National Tax Journal	NTJ	9
Organization Studies	OS	11
Policy Sciences	PS	9
Policy Studies Journal	PSJ	3
Policy Studies Review	PSR	2
Public Administration Quarterly	PAQ	4
Public Administration Review	PAR	10
Public Budgeting and Finance	PBF	10

---

① Henry A. Mess,"Problems of Regional Survey", *Public Administration*,1934,12(1),pp.53—57.

续表

JOURNALS	ACRONYM	调查研究总数
Public Budgeting, Accounting & Financial Management	PBAFM	9
Public Finance Quarterly	PFQ	2
Public Performance and Management Review	PPMR	5
Publius	Pub	2
Review of Public Personnel Administration	RPPA	6
Social Science Quarterly	SSQ	15
State & Local Government Review	SLGR	9
Urban Affairs Quarterly	UAQ	0
总计		395

检索方法:期刊的选择根据前述排名前十位的期刊,检索时在 Article Titles 中设定"survey"、"investigate"、或"investigation"逐一进行检索和累计。截止日期:2011 年 8 月 5 日。

下面对上述期刊中运用调查法研究的议题加以梳理和分述:

1. 对调查法在公共管理研究领域拓展的研究

从一定程度上来讲,上述亨利·梅斯博士(Henry A. Mess)(1934)对区域调查研究的发展是对调查法在公共管理研究领域应用和拓展的重要尝试,同时也是对调查法的革新和发展。与此同时,卡尔-桑德斯教授(A. M. Carr-Saunders)(1934)在布思调查法的基础上探讨了调查运用的新类型。[①] 英国斯特拉斯克莱德大学(University of Strathclyde)的李文斯顿(J. M. Livingstone)和赛克斯(A. J. M. Sykes)(1972)探讨了调查法在运用过程中容易产生争议的一个问题,即如何收集涉及安全、隐私等内容的信息,这些保密情报的收集可能触发相应的研究伦理问题。该文以举例的形式阐释了如何在调查工作中搜集涉及保密或机密的信息,应该说无论是对于公共管理调查法还是对于整个社会科学研究而言都具有重要的参考价值。[②] 佐治亚州立大学政策研究学院的博伊斯特教授(Theodore H. Poister)和约翰·汤姆斯教授(John Clayton Thomas)(2007)探讨了公共机构在运用调查法获取公民信息反馈过程中可能存在的问题,他们首先介绍了公众意见调查过程中公众可能如何回应这些调查,对如何创新公共

[①] A. M. Carr-Saunders, "Problems of Regional Survey", *Public Administration*, 1934, 12(1), pp. 47—52.

[②] J. M. Livingstone and A. J. M. Sykes. "Confidential Information Collecting in Survey Work", *Social Policy & Administration*, 1972, 6(3), pp. 232—235.

管理领域的调查法提出了创新与改进的意见。① 宾夕法尼亚州立大学的助研究员约翰·欣格勒等学者(John Shingler, Mollie E. Van Loon, Theodore R. Alter, Jeffrey C. Bridger)强调了主观数据在公共机构绩效评估中的重要性,打破了传统公共组织绩效评估中对客观数据的盲目偏重。应该说,这是对调查法在公共管理领域应用的重要修正。② 部分学者还进一步探讨了调查法在公共管理实际工作的运用。犹他州税务委员会的首席经济学家道格拉斯·麦克唐纳(Douglas A. Macdonald)和犹他州大学调查研究中心主任罗伊斯·哈格德(Lois Haggard)注意到税收预测家们由于使用不同的工具因而总是会对税收预估存在很大的争议。为了解决这一问题,他们引荐了犹他州的经验,将调查研究法引入模型中,较好地避免了预测争议这一困局。③ 面对网络时代的到来,网络调查开始成为重要的调查法运用领域,于是有学者在运用网络调查法的同时也在思考网络调查的有效性问题。加州大学洛杉矶分校的科赫(Nadine S. Koch)与乔莉·艾姆瑞(Jolly A. Emrey)运用网络调查的形式探寻了网络调查这一新兴的调查法的有效性,通过他们的测试发现,虽然存在一定的局限性,网络作为一种有价值的研究工具能够克服传统标准调查研究方法无法锁定特定人群的缺陷。中田纳西州立大学(Middle Tennessee State University)的戴维德·彭(David A. Penn)对调查法在公共管理领域的运用进行了完善,提出在调查数据分析过程中如何处理缺损的信息。他提出可以采取多重替代法(multiple imputation),这种方法可以尽可能降低偏见因素等对调查结果的影响。④ 米歇尔·林克等(Michael W Link, Robert W Oldendick)探索了调查研究方法在标杆管理流程中的运用,具体包括问卷设计、人口界定、抽样程序、数据搜集方法以及数据分析等。⑤

2. 公共决策与公共政策研究

康涅狄格州大学公共政策学院马克·罗宾斯(Mark D Robbins)、比尔·西

---

① T. H. Poister, and J. C. Thomas,"The Wisdom of Crowds: Learning from Administrators' Predictions of Citizen Perceptions", *Public Administration Review*, 2007, 67(2), pp. 279—289.

② J. Shingler, M. E. Van Loon, T. R. Alter, and J. C. Bridger,"The Importance of Subjective Data for Public Agency Performance Evaluation", *Public Administration Review*, 2008, 68(6), pp. 1101—1111.

③ D. A. Macdonald, and L. Haggard,"Turning Point Analysis: Using Survey Research to Call Changes in Consumer Behavior and Predict Sales Taxes", *Public Budgeting & Finance*, 1990, 10(4), pp. 47—61.

④ D. A. Penn,"Estimating Missing Values from the General Social Survey: An Application of Multiple Imputation", *Social Science Quarterly*, 2007, 88(2), pp. 573—584.

⑤ W. Link Michael, Robert W Oldendick,"The Role of Survey Research in the Benchmarking Process", *Accounting & Financial Management*, 2000, 12(1), pp. 138—146.

第十章 公共管理研究中的调查法

蒙森(Bill Simonsen)和巴里·菲尔德曼(Barry Feldman)在西哈特福德曼利用网络调查的形式尝试克服公民参与的困境,从而使公共决策者更好地把握公众的偏好,最终制定出符合需要的公共政策。① 丹尼尔·默林(Danielle Morin)针对效益审计(value-for-money legislative audits)追求公共项目更为经济、效率和效益的目的,但却缺乏有效数据支撑的局面,通过新的询问调查模型检视了 VFMA 的效果。② 里·弗里德曼(Lee S. Friedman)以调查报告的形式分析了研究生项目中的经济因素,包括存在的不足和政策改进的措施。③ 奥克·巴哈等人(Alok K. Bohara, Neil J. Mitchell, Carl F. Mittendorff)通过对跨县域政府的调查揭示了控制公共部门的腐败取决于公共部门官员的补偿与责任,以及公开的竞争性的经济。④ 州政府债务管理政策全国调查联合项目组主任、肯塔基州大学财政与公共行政学院教授莫尔·哈克巴特等(Merl M. Hackbart, James Leigland)利用全国调查的机会考察了州政府债务管理政策,从而为政策制定者公开借款等政策提供了参考建议。⑤ 城市设计专家马歇尔等(Marshall D. Wilson, Thomas N. Debo)曾经利用态度调查的方法了解像亚特兰大这样的大城市的税收政策问题,在这个调查中他们分析了不同人群受税收政策变化的影响,从而为政府制定相应的税收政策提供参考。⑥ 戴维德·福尔茨(David H. Folz)和杰奎琳·贾尔斯(Jacqueline N. Giles)通过对全国范围内已经开设垃圾回收项目的具有代表性的城市的调查,分析了"扔垃圾付费"(Pay-as-you-throw)收费政策在固体垃圾回收方面如何影响家庭的垃圾处理行为。该项调查最后认为该政策能够潜在地帮助地方官员提升垃圾管理战略目标,增加回收率,以及控制垃圾的处理成本。⑦ 美国住房与城市发展部哈罗德·布鲁斯(Harold L. Bunce)与苏·尼尔(Sue G. Neal)运用政府部门广泛调查的数据,考

---

① M. D. Robbins, B. Simonsen, and B. Feldman, "Citizens and Resource Allocation: Improving Decision Making with Interactive Web-Based Citizen Participation", *Public Administration Review*, 2008, 68(3), pp. 564—575.

② D. Morin, "Measuring the Impact of Value-for-Money Audits: a Model for Surveying Audited Managers", *Canadian Public Administration*, 2004, 47(2), pp. 141—164.

③ L. S. Friedman, "Public Policy Economics: A Survey of Current Pedagogical Practice", *Journal of Policy Analysis and Management*, 1987, 6(3), pp. 503—520.

④ A. K. Bohara, N. J. Mitchell, and C. F. Mittendorff, "Compound Democracy and the Control of Corruption: A Cross-Country Investigation", *Policy Studies Journal*, 2004, 32(4), pp. 481—499.

⑤ M. M. Hackbart, and J. Leigland, "State Debt Management Policy: A National Survey", *Public Budgeting & Finance*, 1990, 10(1), pp. 37—54.

⑥ Marshall D. Wilson, Thomas N. Debo. "Attitudinal Survey of an Occupation Tax for the City of Atlanta", *State & Local Government Review*, 1983, 15(2), pp. 67—73.

⑦ David H. Folz, Jacqueline N. Giles. "Municipal Experience with 'Pay-as-You-Throw' Policies: Findings from a National Survey", *State & Local Government Review*, 2002, 34(2), pp. 105—115.

察了 1970 年至 1980 年间 627 个城市的人口统计变化与社会经济状况之间的关系,分析了人口结构变化对城市经济社会发展的影响以及相关对策。①

3. 公共经济与区域治理研究

公共经济和区域经济是公共管理研究的新兴领域,也是受实证主义方法影响最为深刻的领域之一。在这个领域,运用调查法研究公共经济的个案非常多。肯塔基大学马丁公共政策与行政学院的朱莉·奥尔伯丁(Julie Cencula Olberding)研究了一定都市区不同地方政府之间不是互相竞争、各自为政,而是互相合作、共同发展的现象。通过严格的调查设计,作者较好地验证了其假设。②位于多伦多的加拿大公共行政学院的威顿霍尔(R. L. Wettenhall)评述了运用比较调查研究方法分析八个国家的公共企业的情况的论文集。该论文集选取了澳大利亚、比利时、法国、瑞典等国家公共企业为样本开展调查研究。③

4. 公共组织绩效评估研究

英国伯明翰阿斯顿大学的伯瓦尔德(A. G. Bovaird)、格莱格里(D. Gregory)、斯蒂文森(J. N. Stevens)等运用调查法开展了对多边组织的评价系统和评价活动进行了研究。④ 田纳西大学的珍妮特·凯利(Janet M. Kelly1)和克莱蒙森大学的戴维德·斯温德尔(David Swindell)研究了城市公共服务质量评价过程中运用调查法需要注意的因素,以及这些因素如何影响公众满意度的感知。⑤佛罗里达大学的伊凡·波曼(Evan Berman, XiaoHu Wang)在美国全国范围内选择人口超过五万人的县作为调查样本,考察他们推进绩效管理的能力。⑥除此之外,他们还运用这一调查数据进一步分析了公共部门内部工作场所的人

---

① Harold L. Bunce and Sue G. Neal. "Trends in City Conditions During the 1970s: A Survey of Demographic and Socioeconomic Changes", *Publius*, 1984, 14(2), pp. 7—19.

② J. C. Olberding, "Does Regionalism Beget Regionalism? The Relationship between Norms and Regional Partnerships for Economic Development", *Public Administration Review*, 2002, 62(4), pp. 480—491.

③ R. L. Wettenhall, "Public Enterprise in Eilght Countries: A Comparative Survey", *Australian Journal of Public Administration*, 1978, 37(4), pp. 398—403.

④ A. G. Bovaird, D. Gregory and J. N. Stevens ODA. "A Study of Multilateral Agencies Evaluation Systems", *Public Administration and Development*, 1990, 10(7), pp. 122—123.

⑤ J. M. Kelly, and D. Swindell, "A Multiple-Indicator Approach to Municipal Service Evaluation: Correlating Performance Measurement and Citizen Satisfaction across Jurisdictions", *Public Administration Review*, 2002, 62(5), pp. 610—621.

⑥ E. Berman, and X. Wang, "Performance Measurement in U. S. Counties: Capacity for Reform", *Public Administration Review*, 2000, 60(5), pp. 409—420.

际关系的模式以及对工作绩效的影响。① 埃斯特班·戴尔海特(Esteban G. Dalehite)分析了在公共部门绩效评估过程中加大公民调查的权重,并阐述了公民调查(Citizen Survey)的运用技巧。② 纽约市立大学巴鲁克学院公共事务系的凡·格雷格等人(Gregg G. Van Ryzin, Stephen Immerwahr, Stan Altman)通过对4000多纽约市民的调查,分析了纽约市清洁工作的绩效。该调查研究的结果指出公众意见调查是有助于公共部门绩效改进的非常有效的举措。③ 伊利诺伊斯大学公共行政学茱莉亚·莫克斯等(Julia Melkers, Katherine Willoughby)利用城市与县政府全国调查的机会采纳其中300个政府的样本数据进行分析,解释了政府绩效系统的运用对政府绩效的改进。④ 荷兰格罗宁根大学(University of Groningen)经济学系亨克·博格特(Henk J. Ter Bogt)通过对262位市政府参事的调查了解他们在实施以结果为导向的绩效评估过程中对绩效信息使用的看法。⑤ 伊凡·伯曼(Evan Berman)在每个州选取五个机构开展调查,结果显示有58%的州运用了全面质量管理。⑥

5. 公共服务、公共事务和社会管理

建设服务型政府是世界各国公共管理领域改革的共同潮流,因此,对公共服务和公共事务开展研究是当前世界各国公共管理研究的重要发展趋势之一。与此同时,以调查法作为研究工具对公共服务研究的文献也越来越多。德克萨斯州立大学马克·罗森垂布(Mark S. Rosentraub)探讨了调查法在公共服务供给绩效评估中的应用。⑦ 加拿大公共行政研究学院(Institute of Public Admin-

---

① E. M., Berman, J. P. West, and M. N. Richter, Jr., "Workplace Relations: Friendship Patterns and Consequences(According to Managers)", *Public Administration Review*, 2002, 62(2) pp. 217—230.

② Dalehite. Esteban G. "Determinants of Performance Measurement: An Investigation into the Decision to Conduct Citizen Surveys", *Public Administration Review*, 2008, 68(5), pp. 891—907.

③ G. G., Van Ryzin, S. Immerwahr, and S. Altman, "Measuring Street Cleanliness: A Comparison of New York City's Scorecard and Results from a Citizen Survey", *Public Administration Review*, 2008, 68(2), pp. 295—303.

④ J. Melkers, and K., Willoughby, "Models of Performance-Measurement Use in Local Governments: Understanding Budgeting, Communication, and Lasting Effects", *Public Administration Review*, 2005, 65(2), pp. 180—190.

⑤ H.J., Ter Bogt, "Politicians in Search of Performance Information? —Survey Research on Dutch Aldermen's Use of Performance Information", *Financial Accountability & Management*, 2004, 20(3), pp. 221—252.

⑥ Evan Berman. "Implementing TQM in State Governments: A Survey of Recent Progress", *State & Local Government Review*, 1994, 26(1), pp. 46—53.

⑦ M. S., Rosentraub, "The Use of Surveys of Satisfaction for Evaluations", *Policy Studies Journal*, 1981, 9(7), pp. 990—999.

istration of Canada)的斯坦福特·鲍林斯(Sandford F. Borins)运用标准随机抽样的方式从财政委员会秘书处(Treasury Board Secretarial)官方语言分支机构(Official Languages Branch)中抽取样本调查联邦政府公务员在执行政府语言法案的情况,以了解公务员是否使用多种语言服务不同公民,以提升沟通交流的有效性。① 巴尔的摩大学公共事务学院的罗伯特·杜兰特等(Robert F. Durant, Jerome S. Legge, Jr.)运用调查研究分析了法国公共事业市场化过程中政治家、公民的意见与态度。② 美国北卡罗来纳州伊隆大学的亨特·巴克特(Hunter Bacot)等运用全国调查的机会分析了机场等公共设施对都市经济发展的影响。③ 韦恩州立大学的汤普森(Lyke Thompson)和依琳(Richard C. Elling)运用调查数据分析了公共部门如何通过公共事务市场化促使盈利组织或非营利组织参与公共服务的供给。④ 堪萨斯州大学的凯利·勒鲁(Kelly LeRoux)应用芝加哥非营利社会服务机构的调查数据分析了非政府组织在社会服务供给过程中的顾客参与度问题。⑤ 约翰·麦基弗(John M. McIver)通过对加拿大所有城市经理的问卷调查了解了城市经理的规划。⑥ 康奈尔大学传播学院凯瑟琳·麦科马斯等(Katherine A. McComas, John C. Besley, Craig W. Trumbo)通过在六个社区开展一系列邮件调查的形式了解哪些因素影响这些公众参与当地有关癌症调查的公共会议。⑦

6. 公共伦理与行政哲学

公共伦理是公共管理学的基础理论,也是公共管理研究的传统领域。这一部分运用实证分析、数量分析相对较少。不过,近些年来,该领域应用调查法的

---

① Sandford F. Borins, "Language Use in the Federal Public Service: Some Recent Survey Results", *Canadian Public Administration*, 1984, 27(2), pp. 262—268.

② R. F. Durant, and J. S., Legge, Jr., Politics, "Public Opinion, and Privatization in France: Assessing the Calculus of Consent for Market Reforms", *Public Administration Review*, 2002, 62(3), pp. 307—323.

③ H. Bacot, and J. Christine, "What's So 'Special' About Airport Authorities? Assessing the Administrative Structure of U. S. Airports", *Public Administration Review*, 2006, 66(2), pp. 241—251.

④ L. Thompson, and R. C. Elling, "Mapping Patterns of Support for Privatization in the Mass Public: The Case of Michigan", *Public Administration Review*, 2006, 60(4), pp. 338—348.

⑤ K. LeRoux, "Paternalistic or Participatory Governance? Examining Opportunities for Client Participation in Nonprofit Social Service Organizations", *Public Administration Review*, 2009, 69(3), pp. 504—517.

⑥ J. M. McIver, "A Survey of the City Manager Plan in Canada". *Canadian Public Administration*, 1960, 3(3), pp. 216—232.

⑦ K. A. McComas, J. C. Besley, and C. W. Trumbo, "Why Citizens Do and Do Not Attend Public Meetings about Local Cancer Cluster Investigations", *Policy Studies Journal*, 2006, 34(4), pp. 671—698.

例子也在不断增多。例如,北卡罗来纳州大学的斯图尔特等人(Debra W. Stewart, Norman A. Sprinthall, Jackie D. Kem)通过访谈的形式调查了俄罗斯参与毕业生培训项目的公务员,探索性地研究了公共行政过程中的伦理分析。① 德克萨斯州立大学唐苏·德米尔(Tansu Demir)运用调查法重新审视了政治与行政二分法的行政哲学理论。通过对全国范围内城市经理的调查数据的分析,进一步批判了政治与行政二分法,验证了互补理论的科学性。② 性别平等一直公共行政伦理关注的重要领域。纽约州立大学政府中妇女雇员研究中心执行主任朱迪思·塞德尔(Judith R. Saidel)与卡恩·罗斯科(Karyn Loscocco)通过对全国部分男性和女性领导的调查,研究了妇女在公共部门中的地位,以及由妇女担任领导的公共机构是不是比男性担任领导的机构更倾向于维护和提升妇女雇员的权益。③ 这是运用访谈法对公共部门中性别平等等伦理问题开展实证研究的重要尝试。斯蒂芬尼·维特(Stephanie L. Witt)运用调查法研究了公共行政人事管理领域的性别差异问题,将性别与公共行政的研究由传统的理论分析层面向经验层面推进。④ 除了性别问题之外,种族问题在美国公共管理研究领域也是热点问题。德克萨斯州立大学政治科学系杰西卡·曼佛特等(Jessica Lavariega Monforti, Gabriel R. Sanchez)等运用2002年拉美国家调查(Kaiser/Pew Latino National Survey of Latinos)数据以及描述统计和多元变量回归分析的方法探讨了拉丁裔在美国公共部门受歧视的问题。⑤ 乔治梅森大学的布莱恩·卡普兰(Bryan Caplan)运用调查法重新检视了政治学经济模型中的两个前提假设:一个是人的行为动机都是自我中心主义的,而非社会情势性的;二是人都是理性的。⑥ 休斯敦大学珍妮佛·布拉特等(Jenifer L. Bratter, Karl Eschbach)利用1997年至2001年全国医疗卫生访谈调查这五年的数据,并运用多

---

① D. W. Stewart, N. A. Sprinthall, and J. D. Kem, "Moral Reasoning in the Context of Reform: A Study of Russian Officials", *Public Administration Review*, 2002, 62(3), pp. 282—297.

② T. Demir, "The Complementarity View: Exploring a Continuum in Political-Administrative Relations", *Public Administration Review*, 2009, 69(5), pp. 876—888.

③ J. R. Saidel, and K. Loscocco, "Agency Leaders, Gendered Institutions, and Representative Bureaucracy", *Public Administration Review*, 2005, 65(2), pp. 158—170.

④ S. L. Witt, "Results of A National Survey of Instructors", *Review of Public Personnel Administration*, 1994, 14(4), pp. 82—92.

⑤ J. Lavariega Monforti, and G. R. Sanchez, "The Politics of Perception: An Investigation of the Presence and Sources of Perceptions of Internal Discrimination Among Latinos", *Social Science Quarterly*, 2010, 91(1), pp. 245—265.

⑥ B. Caplan, "Sociotropes, Systematic Bias, and Political Failure: Reflections on the Survey of Americans and Economists on the Economy", *Social Science Quarterly*, 2002, 83(2), pp. 416—435.

元回归分析的方法分析了美国心理健康服务系统中如何处理种族多元化的问题。①

7. 组织行为与人力资源研究

组织与人事一直是公共行政学的主体内容,同时也是公共管理学不可忽视的重要研究领域。美国阿拉巴马州奥本市的温蒂·哈赛特(Wendy L. Hassett)与道格拉斯·沃特森(Douglas J. Watson)通过对 145 名城市经理的问卷调查,试图探寻这些经理在同一个城市服务超过 20 年的原因,运用调查法来确定哪些因素促使他们工作时间如此之长,以致远远超越了平均的工作年限。② 佐治亚州立大学政策研究学院的格莱格里·刘易斯(Gregory B. Lewis)与苏·弗兰克(Sue A. Frank)运用 1989 年至 1998 年社会普查的数据,结合回归分析对政府部门吸引优秀人力资源的政策举措进行了分析。③ 美国拉法耶特学院的约翰(John Kincaid)和理查德(Richard L. Cole)为了研究"9·11事件"对美国府际关系的影响,在美国政治科学联合会联邦主义与政府间关系分部的专家中发放问卷,通过问卷调查的方式了解学者如何看待恐怖主义对联邦主义的影响。④ 南卡罗来纳州大学斯蒂文·海斯等(Steven W. Hays, Richard C. Kearney)通过对国际人事管理协会成员和美国公共行政协会人事劳动分会工作人员的调查,测量了不同人事管理技术的使用情况。⑤ 加拿大蒙特利尔大学的詹姆斯·高教授(James Iain Gow)总结了 1987 年至 1988 年冬天公共部门雇员的调查情况,探寻了雇员教育、培训与作为高级公务员应该具备的应变、团结、创新精神之间的关系。⑥ 瑞尔森大学政治与行政学院布莱恩·伊凡斯(Bryan Evans)、珍妮特·朗(Janet Lum)和约翰·希尔兹(John Shields)于 2006 年夏天,通过对 941 位高级公共行政执行人员的调查,分析了这一为行政学界较少了解的但对公共管理作

---

① J. L. Bratter, and K. Eschbach, "Race/Ethnic Differences in Nonspecific Psychological Distress: Evidence from the National Health Interview Survey", *Social Science Quarterly*, 2005, 86(3), pp. 620—644.

② W. L. Hassett, and D. J. Watson, "Long-Serving City Managers: Practical Application of the Academic Literature", *Public Administration Review*, 2002, 62(5), pp. 622—629.

③ G. B. Lewis, and S. A. Frank, "Who Wants to Work for the Government?" *Public Administration Review*, 2002, 62(4), pp. 395—404.

④ J. Kincaid, and R. L. Cole, "Issues of Federalism in Response to Terrorism", *Public Administration Review*, 2002, 62(51), pp. 181—192.

⑤ S. W. Hays, and R. C. Kearney, "Anticipated Changes in Human Resource Management: Views from the Field", *Public Administration Review*, 2001, 61(5), pp. 585—597.

⑥ J. I. Gow, "Members' Survey on Theory, Practice and Innovation in Public Administration", *Canadian Public Administration*, 1989, 32(3), pp. 382—406.

用重大的公务员群体。① 伦敦经济学院杰克·库勒沙皮罗(Jackie Coyle-Shapiro)和安·克塞乐(Ian Kessler)借助大规模的调查研究了心理契约(psychological contract)对雇佣双方关系调整的作用。② 英国阿伯丁大学(University of Aberdeen)斯隆(P. J. Sloane)利用 1986 年底至 1987 年初的调查数据,研究了阿伯丁地方劳动力市场的弹性人力资源使用制度。③ 密歇根州大学哈利·霍泽尔(Harry J. Holzer)利用 1997 年对密歇根 900 名雇主的调查数据分析了雇主是否愿意雇佣领取社会福利金的人。④

8. 公共财政与预算

公共财政与预算是公共管理的传统研究领域,长期以来运用大量调查数据开展分析。应该说,财政预算是运用调查法特别有效、也特别频繁的一个研究领域。斯科特·派特森(Scott Pattison)对《经济繁荣与萧条的交替循环时期州政府基于绩效的预算:一种分析框架以及诸州的调查》一文进行了评述。后者运用调查法分析美国州政府的绩效预算的成效。⑤ 奥本大学政治学系鲍林等人(Cynthia J. Bowling, Chung-Lae Cho, Deil S. Wright)利用 1964 年至 1998 年的"州公共服务机构主任的调查数据"分析表明:传统的官僚"预算最大化"的假设是片面的。⑥ 南卡罗来纳州大学詹姆斯·道格拉斯(James W. Douglas)和罗格·哈特利(Roger E. Hartley)通过对法院管理人员、预算执行官员、立法预算委员会委员的调查,分析了司法预算政治的三个方面,重新思考了美国政治体

---

① B. Evans, J. Lum, and J. Shields, "Profiling of the Public-service ÉLite: A Demographic and Career Trajectory Survey of Deputy and Assistant Deputy Ministers in Canada", *Canadian Public Administration*, 2007, 50(4), pp. 609—634.

② J. Coyle-Shapiro, and I. Kessler, "Consequences of The Psychological Contract For The Employment Relationship: A Large Scale Survey", *Journal of Management Studies*, 2000, 37(7), pp. 903—930.

③ P. J. Sloane, "Flexible Manpower Resourcing: A Local Local Market Murvey", *Journal of Management Studies*, 1989, 26(2), pp. 129—150.

④ H. J. Holzer, "Will Employers Hire Welfare Recipients? Recent Survey Evidence from Michigan", *Journal of Policy Analysis and Management*, 1999, 18(3), pp. 449—472.

⑤ Scott Pattison, "Commentary on 'State Performance-Based Budgeting in Boom and Bust Years: An Analytical Framework and Survey of the States'", *Public Administration Review*, 2011, 71(3), pp. 389—390.

⑥ C. J. Bowling, C.-L. Cho, and D. S. Wright, "Establishing a Continuum from Minimizing to Maximizing Bureaucrats: State Agency Head Preferences for Governmental Expansion—A Typology of Administrator Growth Postures, 1964—98", *Public Administration Review*, 2004, 64(4), pp. 489—499.

系中司法独立与财政预算的关系。① 多伦多大学经济学院道格拉斯·哈特尔教授(Douglas G. Hurtle)运用电子邮件调查问卷的形式询问了联邦政府及省政府的选任官员或任命官员在他们的判断中哪些方面影响支出预算的过程。② 明尼苏达大学德鲁斯分校布兰南教授(Rodger L. Brannan)运用调查法研究 1984年单一审计法(Single Audit Act)如何强化对联邦基金支出的控制,他通过对政府间审计法庭审计员和会计员的调查,揭示了审计员们对该法案的理解直接影响其对联邦基础支出的控制。③

9. 电子政务与公共部门信息化管理

电子政务和公共部门信息化管理是公共管理的新兴领域。随着后工业社会的来临,电子政务和公共部门信息化管理日益受到学术界和政府部门人士的广泛重视。这一领域也是应用调查法较多的新兴领域。爱荷华州立大学政治学系的阿尔弗莱德(Alfred Tat-Kei Ho)通过对网络发展部门的调查发现网络在重塑地方政府方面提供了非常有用的工具。④ 得克萨斯州立大学的穆恩(M. Jae Moon)运用国际城市管理联合会的调查数据分析了电子化政府在市政自治中的进化。⑤ 锡拉丘兹大学技术与信息中心的安娜·尼·娅等(Anna Ya Ni, Stuart Bretschneider)利用美国州政府 CIO 协会(NASCIO:National Association of State Chief Information Officers)的数据分析了电子政府服务对政府服务外包决策的影响。⑥ 得克萨斯州立大学公共行政学院克里斯托弗·雷德里克等(Christopher G. Reddick, Howard A. Frank)通过对佛罗里达和堪萨斯的城市经理的调查,分析了电子政府及其对管理效果的影响。⑦ 迈阿密大学乔纳森·韦

---

① J. W. Douglas, and R. E. Hartley,"The Politics of Court Budgeting in the States:Is Judicial Independence Threatened by the Budgetary Process?"*Public Administration Review*,2003,63(4),pp. 441—454.

② D. G. Hurtle,"Perceptions of the Expenditure Budget Process:Survey of Federal and Provincial Legislators and Public Servants",*Canadian Public Administration*,1989,32(3),pp. 427—448.

③ R. L. Brannan,"The Single Audit Act of 1984:A Survey of Practitioners",*Public Budgeting & Finance*,1993,13(2),pp. 66—74.

④ A. Tat-Kei Ho,"Reinventing Local Governments and the E-Government Initiative",*Public Administration Review*,2002,62(4),pp. 434—444.

⑤ M. J. Moon,"The Evolution of E-Government among Municipalities:Rhetoric or Reality?",*Public Administration Review*,2002,62(4),pp. 424—433.

⑥ A. Ya Ni, and S. Bretschneider,"The Decision to Contract Out:A Study of Contracting for E-Government Services in State Governments",*Public Administration Review*,2007,67(3),pp. 531—544.

⑦ C. G. Reddick, and H. A. Frank,"E-Government And Its Influence On Managerial Effectiveness:A Survey Of Florida And Texas City Managers",*Financial Accountability & Management*,2007,23(1),pp. 1—26.

斯特(Jonathan P. West)与中佛罗里达大学伊凡·伯曼(Evan M. Berman)于2000年春夏时节在全国范围内调查了人口超过五万人的城市的经理,了解信息技术应用于管理实践再造之间的关系,提出地方政府应用信息技术有助于改善其管理水平。①

10. 公共部门行为与改革

多伦多大学公共管理教授斯坦福·博林斯(Sandford Borins)以调查报告的形式探讨了加拿大公共行政研究对公共行政从业人员的实际影响及相关特征,探讨了对促进公共部门改革的作用。② 英国阿伯丁大学会计学系教授戴维德·希尔德(David Heald)通过对政府公共支出的调查分析了英国政府的行为。③

除了这些传统议题之外,国外公共管理研究领域还有一些比较有趣的研究主体,例如佛罗里达州立大学公共行政学教授詹姆斯·鲍曼(James S. Bowman)就在全国范围内开展了一项调查,以了解各州人力资源经理对于公务员着装的态度。调查设计五个方面的主题,包括在社会上和政府部门中着装的价值、个人着装形象在组织中的作用、服饰标准是如何确定的、机关里服装流行的元素代码以及服饰标准确定的建议与问题。④ 这一研究是公共部门职业发展规划的内容之一,属于公共管理职业教育的重要内容。

第四节 公共管理调查研究方法的例文分析

公共管理调查研究包括许多类型,在传统问卷调查的基础上,一些新兴的调查方式,如电话调查、网络调查等不断涌现。这些研究有的是为了解释公共管理领域的某一类社会现象,这里姑且将其命名为"从现象思考出发的调查类论文",有的则是从对既有理论的批判与反思出发,可名之为"从理论反思出发的调查类论文"。

从现象思考出发的调查类论文是公共管理研究领域运用调查法中最主要

---

① Jonathan P. West and Evan M. Berman. "The Impact of Revitalized Management Practices on the Adoption of Information Technology: A National Survey of Local Governments", *Public Performance & Management Review*, 2001, 24(3), pp. 233—253.

② S. Borins, "From Research to Practice: A Survey of Public Administration Scholars in Canada", *Canadian Public Administration*, 2003, 46(2), pp. 243—256.

③ D. Heald, Charging by British Government: Evidence Fron the Public Expenditure Survey. *Financial Accountability & Management*, 1990, 6(4), pp. 229—261.

④ James S. Bowman. "Dress Standards in Government: A National Survey of State Administrators", *Review of Public Personnel Administration January*, 1992, 12(2), pp. 35—51.

的类型,占了调查类论文文献的绝大部分。一般从对社会现象的观察入手,运用调查法搜集数据,加以分类梳理等,得出相关理论。这种研究方式一般遵循归纳法的研究思路。

康奈尔大学传播学院助理教授(assistant professor)凯瑟琳·麦科马斯博士(Katherine A. McComas)在公民参与、社区参与的研究领域颇有建树。本书选取凯瑟琳·麦科马斯博士在《政策研究》期刊(*The Policy Studies Journal*)上发表的《公民为什么参加或不参加地方癌症集群调查的公共会议?》(2006)(Why Citizens Do and Do Not Attend Public Meetings about Local Cancer Cluster Investigations)①一文进行分析。该文获得了美国国家科学基金会的资助。详见本书光盘"例文解析10-1《公民为什么参加或不参加地方癌症集群调查的公共会议?》的调查法"。

【延伸阅读】

1. 伯克利大学调查研究中心,http://srcweb.berdeley.edu/。
2. 国家民意调查,http://www.pollingthenations.com。
3. 网上调查方法,http://www.websm.org/。
4. 兰德公司数据中心,http://www.rand.org/about/tools.html。
5. 中国数据调查中心,http://www.chinasurveycenter.org/。
6. Folz. David H., *Survey Research for Public Administration*, Sage Publications, Inc, 1996.
7. Babbie, Earl R., *Adventures in social research: data analysis using SPSS 14.0 and 15.0 for Windows* (6th ed)., Pine Forge Press, an Imprint of Sage Publications, 2007.
8. Babbie, Earl R. *The basics of social research*, Foreing Language Teaching and Research Press, 2005.
9. Sharma, Ram Sharan. *Survey of research in economic and social history of India: a project sponsored by Indian Council of Social Science Research*, Ajanta Publications, 1986.

---

① Michael Bernabé Aguilera, "The Impact of Social Capital on Labor Force Participation: Evidence from the 2000 Social Capital Benchmark Survey", *Social Science Quarterly*, 2002, 83(3), pp. 853—874.

第十一章 公共管理研究中的实地研究和案例研究

第一节 实地研究和公共管理实地研究概述

实地研究(field research)也可以称作田野调查、田野工作和现场研究,是一种深入到研究对象的生活背景中,以参与观察和无结构访谈的方式收集资料,并通过对这些资料的定性分析来说明和诠释现象的社会研究方式。实地研究是一种定性的资料收集和分析方式,亦是基本的科学研究方式之一,被广泛地运用于人类学、民俗学、考古学、生物学、生态学、环境科学、地质学、地形学、地球物理学、古生物学、人类学、语言学、哲学、建筑学及社会学等自然或社会科学领域。

公共管理实地研究是实地研究方法在公共管理领域的运用,指研究者在解决公共管理问题时候,深入到研究对象的生活背景中,以参与观察和无结构访谈的方式收集资料,并通过对这些资料的定性分析来说明公共管理行为、制度、文化等的图景、模式和联系,诠释公共管理意义的研究方式。实地研究方法几乎可以运用到公共管理的所有领域,诸如决策制定、组织文化、公务人员心理、社区治理、公共服务等领域。

一、实地研究的历史概况

实地研究可以追溯到古代中西方的游记或历史记载或风土人情的记录。中国的《徐霞客游记》、西方13世纪的探险家和传教士对异域文化的记录等都是实地研究的萌芽。

学术性的实地研究始于19世纪晚期的人类学。[①] 当时诸如摩尔根(Lewis Henry Morgan)等人开展的实地研究调查时间短,仅有几个月或几个星期,加之不懂当地语言,过度依赖第三人,导致了研究成果充满了歧义与矛盾。英国的社会人类学家马林诺夫斯基(Bronislaw Kaspar Malinowski)开创了长期田野工作、民族志写作、理论证明三者结合的学术传统,奠定了社会人类学和实地研

---

① 〔美〕劳伦斯·纽曼:《社会研究方法——定性和定量的取向》(郝大海译),北京:中国人民大学出版社2007年版,第461页。

究方法的基础。

1880年至1920年被称为美国的"进步时代",这个时代美国社会矛盾异常尖锐,政治和新闻传播领域的"扒粪运动",新闻记者对事件、团体、个人的深入报道,促使了实地研究方法的运用。1892年美国社会学家A. W. 斯莫尔(Albion Woodbury Small)在芝加哥大学建立了世界上第一个社会学系,开设了第一个社会学研究生班。围绕芝加哥大学社会学系形成的芝加哥社会学派,倡导直接观察、非结构访谈等实地研究的方法,深入社会的每个角落,这些都推动了实地研究方法的发展和成熟。"20世纪40年代至60年代结束,芝加哥学派把参与观察发展成一项独特的技术,……形成了实地研究的三项基本原则:研究处于自然状况或情景下的人群;通过直接与人群互动的方式来研究他们;获得对社会世界的了解,并且对成员的观点提出理论陈述。"[①]

第二次世界大战结束到20世纪70年代,实地研究受到了来自调查研究和定量研究的挑战,此间,实地研究的比重大幅下降。20世纪70年代与80年代,实地研究再度活跃,实地研究方法论也得到了拓展。

目前,实地研究已经有了一套独特的方法论,形成了从哲学、方法论到研究技术的完整体系。与实证主义相对的自然主义奠定了实地研究的方法论基础,民族志、常人方法论、认知心理学、文化人类学、民俗学、语言学等诸多学科的概念和方法被实地研究所采纳,丰富了实地研究的研究方式和研究技术。

二、实地研究的特征

实地研究是一个富有弹性的概念,"很难为实地研究下一个定义"。[②] 伦纳德·萨奇曼(Leonard Schatzman)和安塞姆·施特劳斯(Anselm L. Strauss)将实地研究比作一把大伞,"伞下的任何一项技术都可以被用于获得想要的知识,并用于对这个信息进行思索的过程"。实地研究是"方法论上的实用主义者"。[③] 换言之,实地研究是多种研究技术的集合体,而不像调查法、实验法那样拥有相对固定的程序和分析技术。实地研究的弹性和难以定义,与实地研究的自然主义哲学基础紧密相关。

自然主义(naturalism)是与实证主义相对的哲学观念。实证主义以主客二分为前提,客观和价值无涉是实证主义的基本信条,认为科学研究的任务是发

[①] 〔美〕劳伦斯·纽曼:《社会研究方法——定性和定量的取向》(郝大海译),北京:中国人民大学出版社2007年版,第462页。

[②] 同上书,第465页。

[③] Leonard Schatzman, Anselm L. Strauss, *Field Research Strategies for a Natural Sociology*. Prentice-Hall (Englewood Cliffs, N.J), 1973, p. 7.

现社会现象中的定律和法则。自然主义则认为主观和客观是不可分离的,社会现象是价值与事实的结合体,科学研究的任务是在经验观察的基础上,深入理解人类行为的内在意义结构,诠释行为背后的意识以及意识之间的因果关系。[①]表 11-1 总结了以实证主义与自然主义的基本区别。

表 11-1 实证主义与自然主义的区别

	实证主义	自然主义
本体论:实体性质	单一的、有形的、细分的、辐合的	多元的、建构的、整体的、分歧的
客观性:研究者与研究对象的关系	彼此独立	彼此关联
目的:通则化	探究超越时空的规律	有限时空内的工作假设,个案的陈述
解释:因果关系	先发生或同时发生的真正原因	正反馈互动影响
价值论:价值的角色	价值无涉	充满价值

资料来源:Y. S. Lincoln, and E. G. Guba, *Naturalistic Inquiry*, London: Sage, 1985, p.37.

实验法、调查法、文献法和实地法各自方法论基础的差异,决定了这四种研究方式在研究取向、资料属性、资料收集、资料分析等方面都存在差异。

第一,研究取向。实地研究是一种情景取向的研究,通过深入现实世界,对研究对象进行深度考察,用图片、情节、故事等形式展示研究对象的丰富细节,并使用扎根理论,运用归纳逻辑,展示有关研究对象的图景、模式和联系。调查研究和实验研究则是一种变量取向的研究,情境被看做背景或被隔离开来,旨在描述、解释、预测变量之间的关系,研究设计遵循演绎逻辑。

第二,资料属性。实地研究收集的是质性资料,对质性资料的分析虽然可以使用内容分析等定量方法,但定量分析技术只是补充。调查法和实验法则收集定量资料,并使用统计分析方法处理资料。

第三,研究对象的选取。实地研究是在自然情境中的研究,不适用随机抽样方法确定研究对象,研究对象的数量和规模有一定的限度。调查研究和实验研究往往需要采用随机抽样技术选取样本,调查研究需要一定规模的样本量,实验研究则需要设计实验组和控制组。

表 11-2 详细列出了实地研究与其他研究方式的区别:

[①] Y. S. Lincoln, and E. G. Guba, *Naturalistic Inquiry*, London: Sage, 1985, pp.39—45.

表 11-2 实地研究与其他研究方式的区别

	实地法	实验法	调查法	文献法
研究取向	情境取向	变量取向	变量取向	历史情境或者历史变量
研究介入性	自然情景的深度介入	中度介入	一般介入	不介入
理论和假设	默会知识的应用	需要事先提出研究假设	理论和假设引导研究	多样化的
研究逻辑	归纳逻辑、诠释逻辑	演绎逻辑、因果逻辑	演绎逻辑、相关关系	归纳、演绎、因果等多种逻辑
资料属性	定性资料	定量资料	定量资料	定性和定量都有
研究对象选取	自然情境的	设计实验组和控制组	随机抽样	视具体研究技术而定
资料分析	定性资料分析技术，扎根理论，归纳分析	统计技术	统计技术	定性、定量分析技术
研究报告	偏重个案研究报告的形式	大样本的统计表	大样本的统计表	多样化的
研究设计	弹性和灵活的现场研究设计	设计实验组和控制组	结构化的研究研究	多样化的

根据江明修:《社会科学多重典范的争辩:试论质与量研究方法的整合》,《国立政治大学学报》,1992 年第 64 期,第 333 页。

三、实地研究的适用条件

"实地研究法一般适用于研究涉及体会、理解或描述某个互动中的人群的那些情况。实地研究适合处理以下问题:社会世界中的人们是如何办到 Y 这件事的呢？或是,X 这个社会世界是什么样的呢？"[1]

洛夫兰夫妇(John & Lyn Lofland)在《社会情境分析:定性观察和分析导论》中总结了实地研究的思考主题(thinking topics)[2]:

1. 实践:主要指各式各样的行为。
2. 情节:包括各种事件诸如离婚、犯罪和疾病。
3. 邂逅:包括两人以上的会面以及在直接状态下与他人的互动。
4. 角色:分析人所处的地位,以及在此地位上所表现出的行为,如职业、家

---

[1] 〔美〕劳伦斯·纽曼:《社会研究方法——定性和定量的取向》(郝大海译),北京:中国人民大学出版社 2007 年版,第 460 页。

[2] 〔美〕洛夫兰德、戴维·A.斯诺、利昂·安德森:《分析社会情境:质性观察与分析方法》(林小英译),重庆:重庆大学出版社 2009 年版。

庭角色、种族群体等。

5. 关系：有许多社会生活可以通过适合的角色丛的行为来考察，例如母子关系和朋友关系等。

6. 群体：在关系之外也可以用于研究小群体，如朋党、运动团队、工作群体。

7. 组织：在小群体之外，也可用于研究正式组织。

8. 聚落：研究如国家这样的大型社会是很困难的，实地调查者常对小型的社会，如村落、贫民窟、邻近地区等进行研究。

9. 社会世界：一些范围和人口都模糊不明的社会实体也可以成为社会科学研究的适当对象。

10. 生活形态或亚文化：社会科学家们有时会将焦点放在生活方式雷同的人身上。

实地研究具有自身的优点：

第一，适合在自然情境中展开研究。很多社会现象都是难以控制的，很难使用实验研究方法设计出实验组和控制组。实地研究则适用于在自然情境中展开对这些社会现象的研究和探讨。

第二，适合对研究对象展开深度描述，研究的效度较高。调查研究和实验研究都需要对变量进行测量，往往需要使用简单的少数几个指标刻画研究对象，这容易忽略研究对象的大量生动细节。实地研究则通过对研究对象细节的深度描述，展示研究对象真实的存在，研究效度较高。

第三，适合弹性较大的研究。实地研究的程序和方式较为灵活，没有严格的程序限定，需要研究者与研究对象通过互动获取，研究中的艺术性、灵活性、机动性是资料获取的重要保证。调查研究和实验研究则弹性相对较低，需要在资料收集之前就做好严格的研究设计，研究一旦开始，研究设计的调整往往意味着新研究的开始。

第四，适合历时研究。实地研究一般需要经过几个月甚至几年的田野工作。长时间的跟踪有助于揭示社会现象的发展变化，揭示事物演变的过程。而一次调查研究收集的资料都是横剖面资料，无法揭示研究对象的历时发展。

与实地研究所具有的优点相对，实地研究也有概括性较差，信度较低，研究对象容易受研究过程影响，所需时间较长等缺点。实地研究还会面临研究者隐藏身份导致"欺瞒"等伦理问题。

四、实地研究的基本步骤

实地研究法是一门需要和研究对象互动、沟通才能得以进行的活动，在研究中充满艺术性，很难像调查法、实验法那样限定严格的步骤。从研究的自然过程来看,选择"实地"、进入现场、建立信任、抽样、收集资料、分析资料、撰写报告是实地研究的基本步骤。分析资料和研究报告的撰写我们将在随后的章节详述。

1. 确定研究议题,选择实地。 实地研究也是从问题开始的,不过实地研究的问题不像调查研究和实验研究那么清晰、明朗。实地研究者往往受到作者的兴趣、背景知识、研究能力、资金资助、研究条件的限制。实地研究者会提出一个有待研究的议题或领域,然后再深入实地,在研究过程中逐渐提炼出合理的研究问题,并获得具体的答案。比如,20世纪30年代,费孝通先生在英国伦敦大学学习时,为了反映中国农村经济和社会结构,将江苏省吴江县开弦弓村作为研究对象,撰写博士论文。威廉·怀特(William Foote Whyte)撰写《街角社会》则是基于"当时能读到的其他许多社会学文献往往是从社会问题方面来看待社区,所以根本不存在作为一个有组织的社会系统的社区"这一考虑,在哈佛大学青年研究员基金的资助下,作者于1936年至1940年对波士顿市的一个意大利人贫民区(即作者称之为"科纳维尔"的波士顿北区)进行了实地研究。研究议题和实地的选择受多种条件的制约,机遇、社会关系、机构资助、熟人介绍、工作安排等都可能为实地研究地点的选择提供便利。比如,北京大学冯军旗博士写作《中县干部》就是利用了自己在中县挂职两年写就的。

2. 进入现场。 顺利进入实地现场是开展实地研究的关键。进入现场的方式是多种多样的。有些实地研究需要研究者以成员的方式完全参与其中,但又不能表明研究者的身份,这就需要"局内人"(insider)的认可,以某种程序或仪式加入组织,或以"局内人"推荐、"关键人物"帮助、偶然相遇、"卧底"等方式参与其中。

有些实地研究不需要研究者完全浸入其中,但需要以研究者的身份与研究对象正式的接触。这时候组织介绍、领导安排、熟人帮忙等方式就是较为合理的进入现场的方式。

有些实地研究会遇到一堵"看不见的墙",一些组织会拒绝研究者参与观察和获取资料,一些组织则会"应付"、"对付"研究者,这时候则需要考虑进入组织的方式,或者重新选择研究课题。比如,1988年,曹锦清教授打算运用人类学方法研究国有企业,结果"第一人家没有时间接受你的采访,第二人家不大可能对你敞开信息,尤其各个部门之间向你敞开信息,这是不大可能的事情"。后来课题组"把这个课题换成抽象研究,就是从理论层面上去研究。把所有的国有企业称为一个'单位',把人民公社也称为一个'单位'去解决,把计划经济看成是一个单位制的社会,所有人都聚集在各个单位里面,所在单位都属于国家,这样'社会'就被单位所吸纳,单位被国家所吸纳,就形成计划—公有制,就把单位看成是计划和公有制实现的一个总的形式。研究方向从研究企业转向为单位制的制度研究"。①

3. **建立信任**。进入现场后需要和研究者建立良好的信任关系,否则就很难融入其中,通过互动获取实地研究的资料。如果研究者是以正式、公开身份与研究对象接触,那么相互尊重、满足研究者的需求、进行正式的保密承诺、友善地交往都有助于建立良好的信任关系。但是实地研究中建立信任关系会涉及隐藏研究身份所导致的伦理问题。当研究对象知道真相后很可能产生隐私被曝光和被欺骗的感觉,研究者需要遵循法律、法规和基本伦理准则。比如,《美国人类学协会伦理法典》(Code of Ethics of the American Anthropological Association)、美国民俗学会的《伦理宣言:专业责任的原则》(Statement on Ethics: Principles of Professional Responsibility)、美国国家科学院的《科学家的研究责任》(On Being a Scientist: Responsible Conduct in Research)等文献都对实地研究的基本伦理做出了规定。

4. **抽样**。进入现场后就需要明确观察和访谈的对象。明确观察和访谈对象的过程就是抽样的过程,在实地研究中一般采用非概率抽样的方式确定观察和访谈对象。常见的抽样方式有滚雪球抽样、偶遇抽样、定额抽样和特异个案抽样等。(可参见表8-3质性研究的抽样策略)

5. **资料收集**。观察法和访谈法是实地研究常用的资料收集方法。

第一,观察法(observational method),是指研究者在实地研究中,有目的地以感觉器官或科学仪器去记录人们的态度或行为。实地研究中的观察需要处理好理论在观察中的作用问题,虽然理论和背景知识会引导观察的进行,但是过度的先入之见和理论条框会限制研究者发现真实的世界,在观察中研究者需要不断与研究对象互动,不断浸入现象中,建构出社会事实。

按照研究者是否参与可将观察分为参与观察和非参与观察。按照参与中是否隐匿身份,可将参与观察分为隐藏身份的完全参与观察(complete-participant observation)和公开身份的半参与观察。《街角社会》就是公开身份的参与观察的典型例证。怀特在"科纳维尔"的意大利贫民区进行研究的时候,通过一位社会工作者,认识了当地青年帮伙中的一个叫多克的头目。多克的保证、介绍和支持,使他可以以研究者身份参与社区的各种活动。

按照观察的标准化程度,可将观察分为结构式观察和无结构式观察。结构式观察(constructed observation)事先对要观察的内容进行分类并加以标准化,规定要观察的内容和记录标准,它所获得的资料大多可以进行定量处理和分

---

① 徐杰舜、曹锦清:《〈黄河边的中国〉前后的故事——人类学学者访谈之四十四(2)》,《广西民族大学学报》(哲学社会科学版),2007年第2期。

析。非结构式观察(non-constructed observation)没有事先规定要观察的内容,并不要求专注于某些特定的行为与现象,而是对该场景下的所有行为和现象都进行观察,所获资料也多是从定性角度描述所观察的对象。实地研究的观察基本都是非结构式的观察。

根据观察对象的不同,可将观察法分为直接观察和间接观察。直接观察(direct observation)是对那些正在发生的社会行为和社会现象进行观察。间接观察(indirect observation)是对人们行动以后、事件发生以后所遗留下的痕迹进行观察。

按照观察者扮演的角色不同,福瑞德·戴维斯(Fred Davis)曾经用"火星人"(the Martian)和"皈依者"(the Convert)形象地说明观察者扮演角色的不同。① 前者指观察者想象自己被送到火星上去观察新生命体的行为,观察者以完全旁观者的立场,进行观察。后者指观察者完全融入研究情境的观察。

观察过程中可以使用观察卡片、记录观察笔记、录音、写日记等方式将收集的资料记录下来。

第二,访谈法。访谈是直接与研究对象交流,以便理解研究对象的处境、想法、价值、态度等方面的情况。按照访谈的标准化程度,可将访谈分为结构化访谈和非结构化访谈。结构化访谈有确定的访谈题目、程序、问题选项、时间限制等规定。非结构化访谈则是在自然情境下、无标准化程式规定的访谈。实地研究的访谈一般都是非结构化的访谈。研究者可以根据研究对象的不同,采用事后回忆、现场记录、录音等方式保存好访谈记录。

除了观察和访谈以外,研究者还可以使用多种视听媒体获取实地资料。

第二节 案例研究和公共管理案例研究概述

根据实地研究的单位选择,可将实地研究分为案例研究和社区研究。社区(Community)概念由德国社会学家斐迪南·滕尼斯(Ferdinand Tönnies)首先提出,指聚居在一定地域中人群的生活共同体。单位、街道、居委会都可以看做是一个社区。案例则是单个的个人、事件、行动和集团。最初案例研究是作为实地研究的一个重要类型而存在和发展的。随着案例研究的发展成熟,案例研究逐渐吸收了调查法、文献法、实验法等其他研究方法的特点,逐渐发育成一套针对个案展开探索、描述、解释的逻辑和技术。案例研究成为从实地研究母体中走出,又比实地研究更为丰富的独立研究方法。以下重点介绍案例研究及其

---

① Fred Davis,"The Martian and the Convert: Ontological Polarities in Social ResearchDavis", *Journal of Contemporary Ethnography*, 1973. 2(3), p.333.

案例研究在公共管理领域的运用。

一、案例研究的概念

1. 案例。《辞海》将案例定义为"已有的可作典型事例的案件"。《新华字典》将案例定义为:"能作范例的个案。"按照《韦伯斯特新大学词典》的解释,"案例"(case)的意思包括这样几种主要释义:(1)一组情况;(2)需要调查的情形;(3)调查或者考虑的目标;(4)实际存在或发生的事实等。① 案例又称作个案、实例、个例、例子等。案例的含义本身比较容易理解,凡是一个事件、行为、情形、场合都可以称作案例。

作为一个科学研究的概念,案例最早是医学界对医案及个别病例的统称,即对病情诊断、处理方法的记录。后来"案例"被广泛地用于心理学、法学、教育学、政治学、管理学等诸多学科的教学和科研中。不同学科的学者从不同的角度对案例的概念进行过诠释,形成了异彩纷呈的案例含义的解读。查尔斯·拉金(Charles C. Ragin)和霍华德·比克(Howard Saul Beckre)列出了理解案例的四种途径,如表 11-3 所示②:

表 11-3 对案例理解的四种类型

对案例的理解	案例的概念	
	个别的	一般的
作为经验的单元	1. 案例被作为基础(Harper)	2. 案例是作为对象的(Vaughan)
作为理论的构造	3. 案例是被构造出来的(Wieviorka)	4. 案例是一种惯例(Platt)

2. 案例研究与案例研究法。 关于案例研究的定义,不同的研究者们持有不完全相同的认识。表 11-4 给出了一些学者对案例研究的定义:

表 11-4 学者们对案例研究的一些定义

时间	学者	定义
1928	贝纳德(Bernard)	案例研究是用来阐明和支持命题和规则的方法,而不是归纳出新的假说。如此,诸如寓言、讽喻、远见、揭露的事物、神话、故事、悲剧、小说等都从古代就开始运用社会案例。③

---

① Merriam-Webster, *Webster's Ninth New Collegiate Dictionary*, Springfield, MA.: Merriam-Webster Inc., Publisher, p. 211.

② Charles C. Ragin, Howard Saul Beckre. *What is a case?: Exploring the Foundations of Social Inquiry*. Cambridge University Press, 1992, p. 242.

③ L. L. Bernard, "the Development of Methods in Sociology," *The Monist*, 1928, 38(2), pp. 306—307.

续表

时间	学者	定义
1971	斯切尔曼(Schramm)	案例研究的本质在于,它试着阐明一个或一组决策:为什么他们会被采用、如何来执行,以及会有什么机会。①
1984	殷(Robert K. Yin)	案例研究是一种实证研究(empirical inquiry),作为一种研究策略(research strategy),案例研究的特点是致力于在现实情境中研究时下的现象,并且这种现象与现实情境并没有十分明显的界限,(研究者只能)大量运用事例证据来展开研究。②
1992	普兰特(Jennifer Platt)	一整套设计研究方案必须遵循的逻辑,是只有当所要研究的问题与其环境相适应时才会适用的方法,而不是什么环境下都要生搬硬套的教条。③
1995	斯特克(Robert E Stake)	案例研究是对单一案例的特定性和复杂性的研究,并理解在重要的案例情境下其自身的活动。案例研究不是抽样研究;研究案例的主要目的并不是为了理解其他案例,而是为了理解所研究的案例本身。案例研究的实质是进行"特定化研究,而不是一般化(概推)研究"。④
2011	弗雷夫耶格(Bent Flyvbjerg)	案例研究方法涉及的深入、纵向(在一个较长的一段时间)的单个实例或事件案例研究自己建立并检验假设。⑤

根据上述学者的论述,可以看出,案例研究不仅仅是资料收集技术,还是一种全面的、综合性的研究思路。是"一整套研究方案必须遵循的逻辑"。⑥ 这套逻辑包括以下要点:

第一,案例研究的对象。案例研究的对象是个案,这些个案可以是行为、现象、事件、组织、决策等等,案例研究要对这些个案进行深入的探索、描述和解释。

---

① W. Schramm,"Notes on Case Studies of Instructional Media Projects",Working paper, the Academy for Educational Development,Washington,DC. 1971.

② 〔美〕罗伯特·K. 殷:《案例研究:设计与方法》(周海涛等译),重庆:重庆大学出版社 2004 年版,第 14—16 页。

③ J. Platt,"Case Study in American Methodological Thought",*Current Sociology*,1992,40(1),pp. 17—48.

④ R. E. Stake,*The Art of Case Study Research*. Thousand Oaks. CA;Sage Publications,1995.

⑤ Bent Flyvbjerg. "Case Study",in Norman K. Denzin and Yvonna S. Lincoln, eds.,*The Sage Handbook of Qualitative Research*,4th Edition,Thousand Oaks, CA;Sage,2011,pp. 301—316.

⑥ J. Platt,"Case Study in American Methodological Thought",*Current Sociology*,1992,40(1),p. 46.

第二,从时间维度上来说,案例研究是在不脱离现实生活的情况下,研究当前正在进行的现象。

第三,从理论特性来看,案例研究是情景取向的研究,而不是变量取向的研究。案例研究的现象与其所处的环境背景之间的界限并不十分明显。

第四,从资料收集和分析来看。案例研究需要通过多渠道收集资料,并将资料汇合进行交叉分析。案例研究需要事先提出理论假设,以指导资料的收集。

第五,从方法论的逻辑来看。案例研究可以是实证性的亦可以是诠释性和批判性的,对于实证取向的案例研究而言,其主要逻辑是归纳逻辑,而不是假设验证式的演绎逻辑。

3. 案例研究的方法论定位。 案例研究法(case study method)是研究方法体系中介于研究方法论与研究技术之间的一种综合性研究方式,是开展案例研究的思维和行动的策略、逻辑、步骤、程序和技术。正如齐格弗里德·拉姆尼克(Siegfried Lamnek)所言"案例研究是一种研究方法,介于获取具体数据的技术和方法论的范式之间"。[1]

案例研究与教学案例、实地研究、质性研究存在区别和联系。

第一,案例研究与教学案例。案例研究方法和教学案例很容易混淆,以至于"认为案例研究方法不够严谨也可能是因为混淆了案例研究与教学案例的区别"。[2] 教学案例是教学过程中使用的案例,教学案例是针对教学的需要,通过具体的情景和事件将理论、观点和思想呈现出来,反映特定的问题、能揭示解决问题的办法,使抽象的理论变得具体、现实和有趣,用以激发学习者的学习兴趣、加深理解、丰富经验。教学案例具有较强的人为设计的色彩,一般包括主题与背景、情境描述、问题讨论、诠释与研究四个部分。

案例研究与教学案例的区别主要体现在以下几个方面:(1)从研究设计来看:案例研究是一种与研究对象有互动的研究设计,关注的是当前正在发生的事件。教学案例的编写则不需要考虑与研究对象的互动,而更多地考虑与教学对象的互动。(2)从资料收集来看:案例研究需要研究者展开实地研究,直接与研究对象接触,通过观察、访谈、问卷、文献等多种途径收集相关资料。而教学案例的编写可以不进行实地研究,可以根据教学的需要整合已有的文献资料,就可以展开编写。(3)从严谨程度来看:案例研究需要经受信度和效度检验,确

---

[1] Siegfried Lamnek, *Qualitative Sozialforschung*, Lehrbuch. 4. Auflage. Beltz Verlag. Weihnhein, Basel, 2005.

[2] 〔美〕罗伯特·K.殷:《案例研究:设计与方法》(周海涛等译),重庆,重庆大学出版社2004年版,第12页。

保研究的真实性和可靠性。而教学案例更强调故事性、情境性和生动性。有的教学案例对真实事件适度改编。一般来说,案例研究的成果可以作为编写教学案例的依据。但教学案例不能作为案例研究的成果看待。

第二,案例研究与实地研究。案例研究方法(case study methodology)属于经验性研究方法(empirical research method)的范畴。经验性研究方法是对应非经验性研究方法而言的,它包括实地研究、实验研究和调查研究。案例研究与实地研究紧密相关。实地研究可以区分为个案研究和社区研究。案例研究具有实地研究的基本特性。不过,案例研究并不简单地等同于实地研究,而是在实地研究的基础上,发育生长起来综合性研究策略、逻辑和程序。比如在展开实地研究的时候,一般不需要带着清晰的理论框架引导研究;而案例研究则需要明晰的理论框架引导研究。实地研究往往只收集定性的资料,案例研究则综合使用定性和定量的资料收集与分析方法。

第三,案例研究与质性研究。由于案例研究遵循归纳逻辑、需要深入实地,展开田野调查,所以传统观点一般将案例研究看做质性研究的一种。甚至混淆案例研究和质性研究,形成了案例研究是非理性的、不科学的印象。事实上案例研究并不能等同于质性研究。(1)质性研究是从资料的特性来界定研究传统,质性研究包括实证的质性研究(实地研究)、诠释的质性研究和批判的质性研究。我们所说的案例研究是一种实证性的质性研究,通过观察法收集资料,通过归纳法得出结论,遵循归纳逻辑,并不是非理性的和不科学的。案例研究需要明确的理论框架,虽然也需要研究者近距离观察获取详尽的资料,但并不单单依靠直接观察的资料。(2)案例研究和质性或定量研究强调的并非同一个问题。质性与定量强调的是资料的性质,案例研究强调的是归纳逻辑。案例研究可以基于定量材料,或者采用定性材料与定量材料相结合。[1] 比如"这些年来兴起的案例调查(case survey)方法作为案例研究方法与调查研究方法的一个嫁接产物,它将调查研究中确定变量间具体关系的定量方法,尤其是统计分析方法大举带入了案例研究领域"。[2]

总之,从研究的方法论层次而言,案例研究属于实证主义和归纳逻辑的范畴。从处理资料性质而言,案例研究是综合性的处理资料的方式。从研究的时间点来看,案例研究关注的是当前正在进行的问题。

---

[1] R. K. Yin,"The Case Study Crisis: Some Answers", *Administrative Science Quarferly*, 1981, 26(1), pp. 58—65.

[2] 余菁:《案例研究与案例研究方法》,《经济管理》2004 年第 20 期。

二、案例研究的优缺点和适用范围

罗伯特·殷(Robert K. Yin)认为可以使用研究问题的类型、研究者对事件的控制程度和研究对当下事件的聚焦程度三个指标作为选取研究方法的标准,可用表11-5进行决策。①

表11-5　研究方法的选取表

研究方法	研究问题的类型	是否需要对研究过程进行控制	研究焦点是否集中在当前问题
实验法	怎么样、为什么	需要	是
调查法	什么人、什么事、在哪里、有多少	不需要	是
档案分析法	什么人、什么事、在哪里、有多少	不需要	是/否
历史分析法	怎么样、为什么	不需要	否
案例研究法	怎么样、为什么	不需要	是

资料来源:〔美〕罗伯特·K.殷:《案例研究:设计与方法》(周海涛等译),重庆:重庆大学出版社2004年版,第7页。

从表中可以看出,案例研究适合的研究问题类型是"怎么样"和"为什么"的问题,研究对象是目前正在发生的事件,研究者对于当前正在发生的事件不能控制或者极少能控制。② 一般而言,"怎么样"和"为什么"问题往往属于解释性研究的范围,这类问题需要寻求事件发展的动态性的因果联系。

相比于其他研究方法,案例研究方法主要有以下优势:

第一,案例研究的结果能被更多的读者所接受,而不局限于学术研究圈,给读者以身临其境的现实感。

第二,案例研究为其他类似案例提供了易于理解的解释。

第三,案例研究有可能发现被传统的统计方法忽视的特殊现象。

第四,案例研究适合于个体研究者,而无需研究小组。③

第五,案例研究的优势在于深入理解问题的复杂性、整体性和系统性。案例研究通过系统而深入地收集相关资料,有助于把握真实世界的复杂性、整体性和系统性。

---

① 〔美〕罗伯特·K.殷:《案例研究:设计与方法》(周海涛等译),重庆:重庆大学出版社2004年版,第7页。
② 同上书,第11页。
③ 张梦中、〔美〕马克·霍哲:《案例研究方法论》,《中国行政管理》2002年第1期。

第六,案例研究往往是理论建构的前期工作。案例研究在于研究对象的互动中深入把握研究对象,有利于研究者通过扎根理论形成理论。案例研究可服务于五个目的:检验理论、创造理论、辨识前提条件、检验前提条件的重要性,以及解释具有内在重要价值的案例。① 正因为案例研究的理论建构意义,"采用案例研究法的学者,都不是凡夫俗子,其中一些甚至是相关学科领域中的泰山北斗。"②

案例研究也存在一些缺陷和不足:

第一,案例研究的结果不易归纳为普遍结论。

第二,案例研究的严格性容易受到质疑。比如,如何选择案例就不像问卷法那样有普遍意义。

第三,案例研究耗费时间长,案例报告也可能太长,反映的问题不明了。③

三、案例研究的历史

朴素的案例研究的思想与人类认识的发展同样悠久。中国诸子百家中的孔子、孟子、墨子、老子等善于使用具体的例子说明复杂深刻的道理。在西方,人们认为案例教学的发展,可以追溯到两千多年前的古希腊时代。两千多年前,古希腊哲学家、教育家苏格拉底创造的"问答法"教学就是案例教学的雏形,开创了案例教学之先河。他的学生柏拉图师承了这种教学方法,将他的"问答法"编辑成书,通过一个个故事来说明一个个道理,从而首创了历史上最早的案例教学法。④

长期以来,案例研究方法并没有形成公认的、严谨的、规范的研究框架。"大多数社会科学教材根本未把案例研究当作正式的研究方法。"⑤学者们往往在归纳逻辑和质性研究的框架下,将案例研究与历史比较研究、实地研究、人种学方法、参与观察等研究方法合并讨论。与此同时,那些强调实证观察的学科,诸如医学、心理学、社会学、生理学等等,都在自觉不自觉地使用案例研究方法。

1870年,美国哈佛法学院院长克里斯托弗·哥伦姆布斯·朗德尔(Christo-

---

① 〔美〕斯蒂芬·范埃弗拉:《政治学研究方法指南》,北京大学出版社2006年版,第53页。
② R. K. Yin, *Case Study Research*: *Design and Methods*, Newbury. Park, CA: Sage Publications Inc, 2003.
③ 〔美〕罗伯特·K. 殷:《案例研究:设计与方法》(周海涛等译),重庆:重庆大学出版社2004年版,第192—193页。
④ 杨光富、张宏菊:《案例教学:从哈佛走向世界——案例教学发展历史研究》,《外国中小学教育》2008年第6期。
⑤ 〔美〕罗伯特·K. 殷:《案例研究:设计与方法》(周海涛等译),重庆:重庆大学出版社2004年版,第15页。

pher Columbus Langdell)创立了判例教学法(case method),被誉为案例教学法的"先驱者"。① 与此同时,哈佛医学院和商学院也全面引进案例教学。哈佛医学院采用临床实践和临床病理学会议两种案例教学的形式,对当时传统的医学教学进行改革。工商管理学中的案例研究最早可以回溯到哈佛商学院所代表的教学案例学派(the teaching case approach)和经验主义学派(the empirical approach)②。1908 年哈佛商学院将案例教学方法引入商业教育领域。华莱士·B·唐哈姆(Wallace B. Donham)院长大力推动案例教学法,1921 年科波兰德博(Malvin T. Copeland)出版了世界上第一本管理教学案例集,由此奠定了管理教学中案例教学法的基础。③ 哈佛商学院还成立了商业研究中心(the Burea of Business Research)专门进行案例的开发和研究工作。到 1922 年之前,哈佛商学院案例方面的书籍被 85 所学院采用。1954 年,该中心编写出版了《哈佛商学院的案例教学法》一书,并出版了《哈佛案例目录总览》,建立了"校际案例交流中心",对澄清有关概念、统一术语,就案例教学的功能与意义达成共识起到了良好的推动作用。1955 年至 1965 年,在福特基金会的资助下,哈佛商学院为其他一流的商学院的二百名教授和院长开展客座教授案例法项目(the Visiting Professors Case Method Program),该项目总共有十期,每年暑假开设一期(每期有二十名教授和院长)。他们在哈佛商学院进行案例的研究、编写和教学工作,以提高他们案例法各方面的能力。④ 今天哈佛商学院,尽管也适当地使用课堂讲授、模拟、实地调查以及其他的教学形式,但超过 80%的课程是建立在"案例法"的基础之上的。⑤

把案例研究引入经济学的代表人物是新制度经济学之父科斯,科斯主张研究真实世界的经济学,认为经济学理论赖以成立的前提性假设,不但应当是"易于处理的",而且必须是"真实的"。

在公共行政和公共政策领域,"案例方法的发展始于 20 世纪 30 年代。在社会科学研究协会公共行政委员会(Committee on Public Administration of the Social Science Research Council)的推动下,案例研究获得了长足的发展。在哈佛大学等学校的倡议下,高校间公共行政案例委员会(Committee on Pu-

---

① David A. Garvin, "Making the Case: Professional Education for the World of Practice", *Harvard Magazine*, 2003, 9(10), p.58.
② 欧阳桃花:《试论工商管理学科的案例研究方法》,天津:《南开管理评论》2004 年第 2 期,第 100—105 页。
③ 傅永刚、王淑娟:《管理教育中的案例教学法》,大连:大连理工大学出版社 2008 年版。
④ David A. Garvin, *Making the Case: Professional education for the world of practice*, Harvard Magazine. 2003, 9(10), p.60.
⑤ 张成良:《在案例教学法中培养学生的媒介素养》,《新闻世界杂志》2009 年第 2 期。

bilc Administraton Cases)推动了 20 世纪 50 年代案例研究的发展。20 世纪 70 年代以来,在福特和斯隆基金会(Ford and Sloan Foundation)等基金的资助下,公共政策和管理的案例、课程项目得以开展,推进了公共政策和管理案例研究的发展。诸如格雷厄姆·T·艾里森(Graham. T. Allison)的《决策的实质:解释古巴导弹危机》(*Essence of Decision*:*Explaining the Cuba Missile Crisis*)、赫伯特·考夫曼(Herbert Kaufman)的《森林管理员:行政行为研究》(*The Forest Ranger*:*A Study in Administrative Behavior*)以及菲利普·塞兹尼克(Philip Selznick)的《田纳西山谷政权和基层组织:政治与组织研究》(*TVA and the Grass Roots*:*A Study in the Sociology of Formal Organization*)等均成为美国公共行政学历史上案例研究的经典之作"。①

目前案例研究已经成为一套包括问题类型、研究设计、资料收集和分析、报告撰写的一整套逻辑、研究策略和研究方式。世界各个国家的教学、科研和培训机构成立了规模不等的案例教学研究中心。比如:哈佛大学的肯尼迪政府管理学院建立了案例教学中心,将公共政策案例划分为若干子领域,分门别类地展开案例研究和教学,建立了案例库。案例库包括以基础理论和方法论、公民权利与种族关系、社团关系、竞争与私有化、国防与军事、开发、家庭储备与国家安全、经济学、教育、选举政治家和选举官员、环境、伦理、评估与计划、性别问题、健康、历史、住房、人力资源、执行、创新、利益集团和游说、国际、法律的强制执行、领导、谈判、非盈利管理、组织与组织变革、出版和媒体、通货膨胀与紧缩、公共财政、管制、社会福利与社会服务、技术、交通等等类别。

四、案例研究的逻辑特征

案例研究的逻辑可以概括为以下三个方面:

第一,案例研究属于实证主义的方法论传统。实证主义、诠释主义和批判主义是社会研究的三大传统。尽管诠释主义和批判主义的研究也可以针对个案展开,但是本章所探讨的案例研究是在实证主义方法论指导下进行的研究。诠释主义和批判主义针对个案的研究本书暂不讨论。实证主义取向的案例研究假定世界是客观的,研究者价值中立,通过经验材料的归纳可以获得关于客观世界规律性的认识。在研究过程中,研究者通过使用观察、文献、访谈等多种资料收集的途径获取客观对象的认识,使用归纳法形成概念,建构理论,在已有理论的指导下收集材料,验证理论。

第二,案例研究遵循归纳逻辑,而不是统计推断逻辑。归纳逻辑是指人们

---

① 张梦中、〔美〕马克·霍哲:《案例研究方法论》,《中国行政管理》2002 年第 1 期。

以一系列经验事物或知识素材为依据,寻找出其服从的基本规律或共同规律,并假设同类事物中的其他事物也服从这些规律,从而将这些规律作为预测同类事物的其他事物的基本原理的一种认知方法。

案例研究尝试对一个或多个事件和现象进行详细的、深入的分析和描述,揭示事件和现象之间的联系,并将这种规律推论到同等条件下的同类现象中。"在个案研究中,没有明确的研究总体。或者说,在个案研究中,研究总体的边界是模糊的。正因为个案不是统计样本,所以它并不一定需要具有代表性。个案研究实质上是通过对某个(或几个)案例的研究来达到对某一类现象的认识,而不是达到对一个总体的认识。至于这一类现象的范围有多大、它涵盖了多少个体,则是不清楚的,也不是个案研究所能回答的问题。"[1]对这一问题的回答只能依靠实践的不断发展和认识的不断完善。

统计推断是指,对于有一个确定总体的研究问题,其总体分布未知或部分未知,通过从该总体中抽取的样本(观测数据)作出与未知分布有关的某种结论。统计推断的基本问题可以分为两大类:一类是参数估计问题;另一类是假设检验问题。[2] 统计推断一般运用在调查法当中,在随机抽样调查研究中,通过随机抽样的方式获得样本的信息,然后使用统计推断从样本推断总体。案例研究方法的逻辑并不是从总体中抽取样本,而是从一个特定的个体出发,通过知识的积累,归纳得出一定范围内正确的经验结论。总之,案例研究是归纳的逻辑而不是统计推断的逻辑。

第三,案例研究的概推模式。概推(generalization)是从特殊到一般的逻辑推理。学者们提出了三种概推的模式,即"自然主义式概推"、"分析概推"和"非经验式概推"。[3]

(1)"自然主义式概推"(naturalistic generalization)模式。斯特克(R. E. Stake)和特兰伯尔(D. Trumbull)最早提出自然主义式概推模式。自然主义式概推主张:案例研究结果的概推主要由读者进行,案例研究者起辅助性作用;研究者通过对案例情境和结果的详细描述使读者产生身临其境的感受。读者通过对案例的反思及与自身所处情境和自身体验的比较来判断案例研究结果的概推性。与自然主义概推相对的概推模式是命题式概推。[4]

---

[1] 王宁:《代表性还是典型性?——个案的属性与个案研究方法的逻辑基础》,载《社会学研究》2002年第5期。
[2] 〔美〕卡塞拉、〔美〕贝耶:《统计推断》,北京:机械工业出版社2004年版。
[3] 张建民、何宾:《案例研究概推性的理论逻辑与评价体系——基于公共管理案例研究样本论文的实证分析》,《公共管理学报》2011年第2期。
[4] R. E. Stake, D. Trumbull, "Naturalistic Generalization". *Review Journal of Philosophy and Social Science*, 1982, 7(1), pp. 1—12.

(2)"分析概推"(analytic generalization)是罗伯特·殷等提出的概推模式,该模式的核心思想是案例研究实证结果的用途是支撑或挑战理论。"分析概推"是与统计概推相对的概念。比如,殷主张案例设计遵循的是复制逻辑,包括逐项复制和差别复制,前者选择能产生理论预期相同结果的案例,后者则选择产生理论预期结果不同的案例。① 米切尔(Mitchell)也指出,案例的选择应该基于案例的理论解释力,而不是基于其典型性。②

(3)非正式经验概推(informal empirical generalizations)。葛姆(R. Gomm)等学者认为统计抽样并不是进行经验概推的唯一手段。在日常生活中,人们经常进行非正式的经验概推。"非正式经验概推"的准确性主要取决于案例所代表的总体的异质性程度。若总体的异质性程度低,则一个或几个案例的代表性程度就高;若总体的异质性程度高,则会对案例研究的经验概推构成较大的挑战。③

上述三种概推模式从不同角度说明了案例研究所体现出来的归纳逻辑。自然主义概推强调在相同或相似情境下,同一类现象也会发生。分析概推强调在相同的理论框架内,拥有共同变量特征的现象会再次出现。非经验式概推则强调总体同质性高的情况下,个体之间的表现具有相似性。总之,上述三种概推模式的逻辑基础是共变法和差异法。

第四,案例选择以典型性为标准。④ 案例研究的概推旨在归纳出某一类现象的共性。一般而言存在三种不同的共性类型:普遍现象的共性类型、反常(或离轨)现象的共性类型和未知现象的共性类型(鲜为人知的类别)。对应于这三种不同类型的共性,存在三种不同的典型性:集中性、极端性和启示性。(1)对应于普遍现象的共性类型,选择个案研究可遵循集中性标准。所谓集中性,指所选个案集中了某个类别现象的主要特征和属性,因而成为该类别现象的典型载体。突出性、平均性或系列性是集中性的常见形式。所谓突出性标准,就是选择那些共性特征最突出的个体作为个案研究对象。平均性标准,就是选择那些共性特征既不是最突出,也不是最薄弱的个体作为个案研究对象。系列性标

---

① 〔美〕罗伯特·K.殷:《案例研究:设计与方法》(周海涛等译),重庆:重庆大学出版社2004年版,第57页。
② J. L. Jensen, and R. Rodgers,"Cumulating the Intellectual Gold of Case Study Research",*Public Administration Review*,2001,61(2),pp. 235—246.
③ R. Gomm, M. Hammersley, & P. Foster,"Case Study and Generalization", in R. Gomm, M. Hammersley, & P. Foster(Eds.), *Case Study Method:Key Issues,Key Texts*, London:Sage Publications,2000,pp. 98—115.
④ 参考:王宁:《代表性还是典型性?——个案的属性与个案研究方法的逻辑基础》,《社会学研究》2002年第5期。

准,就是分别选取共性特征最突出、共性特征较平均和共性特征最不突出等几个个体作为复合个案研究对象。(2)对应于反常现象的共性类型,选择个案对象的标准往往是极端性标准,即以最反常的个案作为研究对象。(3)对应于未知类型的共性(鲜为人知的类别),选择个案的标准往往是启示性标准,即所选个案对某类现象最具有揭示性意义。与上述三种不同类型现象的共性相联系,个案研究分别可以区分为普遍性个案研究、反常性个案研究和揭示性个案研究。①

第三节 公共管理案例研究的类型和步骤

一、案例研究的类型

学者们根据不同的标准对案例研究进行了分类：

1. 按照案例的数量。 按照一项案例研究中案例的数量,可将案例研究分为单案例(single case)研究和多案例(multiple cases)研究。

殷归纳了单案例研究的五种适用范围:第一种用法是对一个广为接受的理论进行批驳或检验(也可类推到批驳式的实验)。第二种用法是对某一个极端案例或独一无二的案例进行分析。第三种用途是研究具有代表性的典型的案例。第四种用途是研究真实性的案例。第五种适用范围是研究纵向案例:对于两个或多个不同时间点上的同一案例进行研究。②

多案例研究则围绕同一主题,展开多个案例的研究,多案例研究范围较广,能更全面地反映案例背景的不同方面,研究结论的有效性和科学性都比单案例研究要强。多案例研究"遵从的是复制法则,而不是抽样法则"。多案例研究背后的原理与多元实验相同。每一个案例都要经过仔细挑选,挑选出来的案例要么能产生相同的结果(逐项复制);要么能由于可预知的原因而产生与前一研究不同的结果(差别复制)。在一个多案例研究中合理安排6—10个案例,就如同围绕同一主题设计6到10个实验一样,需要精心地准备。在多案例研究的"复制过程的所有步骤中,最重要的一个步骤是建构合适的理论框架。理论框架需要申明在哪些条件下,某一特定的现象将有可能出现(逐项复制),或者在哪些条件下,某一特定的现象将有可能出现(差别复制)。"③ 多案例研究的实施过程如图11-1所示:

---

① Robert K. Yin, *Case Study Research: Design and Methods*(2nd ed.), London: Sage. 1994.

② 〔美〕罗伯特·K.殷:《案例研究:设计与方法》(周海涛等译),重庆:重庆大学出版社2004年版,第44—48页。

③ 同上书,第52—56页。

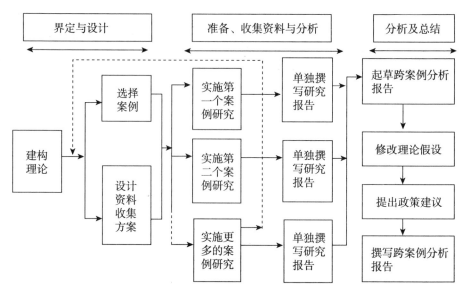

资料来源:〔美〕罗伯特·K.殷:《案例研究:设计与方法》(周海涛等译),重庆:重庆大学出版社2004年版,第56页。

图 11-1 多案例研究实施过程

2. 按照案例的分析单位的数量。 按照案例研究的分析单位的数量,可将案例研究分为整体性案例研究和嵌入性案例研究。整体性案例研究只有一个分析单位。嵌入性案例研究则包括两个或两个以上的分析单位。

如果将案例研究的分析单位和案例研究的数量两个维度构成矩阵,则形成表 11-6 所示的案例研究的四种类型:

表 11-6 案例数量和分析单位的二维分类

		分析单位	
		一个分析单位	多个分析单位
案例数量	单案例研究	单案例整体性案例研究	单案例嵌入性案例研究
	多案例研究	多案例整体性案例研究	多案例嵌入性案例研究

3. 按照案例研究的目的。 很多学者都从案例研究目的角度对案例研究进行分类。比如利普哈特(A. Lijphart)将案例分为非理论型(atheoretical)案例研究、解释型(interpretative)案例研究、产生假说型(hypothesis—generating)案例研究、理论证实型(theory—confirming)案例研究、理论证伪型(theory—in firming)案例研究和异常型(deviant)案例研究。① 斯卡蓬斯(R. W. Scapens)和赫西(Hussey J. & Hussey R.)等人将案例研究分为探索型(exploratory)、描述型(descriptive)、例证型(illustrative)、实验型(experimental)和解释型(explanatory)的案例研究。② 巴斯(M. Bassey)将案例研究分为探索型案例研究、描述型案例研究、解释型案例和评价型案例研究。③ 本书在综合上述论述的基础上,将案例研究分为以下几类:

(1)探索型案例研究。探索型案例研究是在未确定研究问题和研究假设之前,凭借研究者的直觉线索到现场了解情况、收集资料形成案例,然后再根据这样的案例来确定研究问题和理论假设。由于这样的研究往往不是最终的案例研究,而且有可能被其他研究方法所替代,因此,探索型案例研究被一些学者看作是其他类型的案例研究或其他方法研究的前奏。④ 探索型案例研究所探讨的案例往往缺乏现成的理论指导,或者现有的理论不能概括新的经验,探索型案例研究通过对新经验的探索,提出新概念、新假设和新理论。在探索型案例研究中,理论不是既定的,案例研究过程遵循扎根理论的逻辑。

(2)描述型案例研究。描述型案例研究侧重于对案例行为、事件、态度等进行定性和定量的描绘,讲故事、画图、制表等都是描述的常用方法。描述型案例研究通过对事件的深度描写,在归纳经验材料的基础上,建立、检验和发展理论。理论证实型、理论证伪型和例证型案例研究都以描述型案例研究作为基础。

(3)解释型案例研究。解释型案例研究旨在通过特定的案例,对事物背后的因果关系进行分析和说明。在解释型案例研究中,案例中所包含的一些事实被作为自变量,另外一些事实被作为因变量,通过对案例背景的研究,寻找不同变量之间的相关性或因果关系。解释型案例研究一般适用于研究"为什么"、"怎么样"之类有关因果关系的问题。实验型(experimental)案例研究一般属于解释性案例研究的范畴。

(4)评估型案例研究。评估型案例研究是评估研究的一个类型,是对特定事件、项目、行动进行的测量和评价。

---

① 〔美〕阿伦德·利普哈特:《比较政治学与比较方法》(李陈华译),《经济社会体制比较》2006年第3期。

② R. W. Scapens, "Researching Management Accounting Practice: Therole of Case Study Methods", *British Accounting Review*, 1990. 22(3), pp. 259—281; J. Hussey, & R. Hussey, *Business Research*, Basingstoke: Macmillan Press, 1997.

③ M. Bassey, *Case Study Research in Educational Settings*, Buckinghamand Philadelphia: Open University Press. 1999.

④ 〔美〕罗伯特·K.殷:《案例研究:设计与方法》(周海涛等译),重庆:重庆大学出版社2004年版,第14—16页。

4. 按照知识门类和学科。 按照案例研究涉及的学科可以将案例研究分为自然科学的案例研究、社会科学的案例研究、人文科学的案例研究。在社会科学中法学、工商管理、公共管理、政治学、教育学、经济学等学科都广泛地使用案例研究的方法。在物理学、化学、天文学、气象学等基础科学和农业科学、生物学、医学、材料科学等科学中也广泛地使用案例研究的方法。在历史、文学等人文学科中案例研究方法也屡见不鲜。

事实上,案例研究作为综合性的研究方式,还可以依据很多标准对其进行分类。比如按照案例研究问题的性质可以将案例研究分为实证性案例研究、诠释性案例研究、批判性案例研究。按照案例研究资料的性质可以分为质性资料的案例研究、定量资料的案例研究和质性和定量综合性的案例研究等等。

二、案例研究的基本步骤

诸多学者都对案例研究的基本步骤进行过描述分析。

艾森哈特(K. M. Eisenhardt)将案例研究总结为启动、研究设计与案例选择、研究工具与方法选择、资料搜集、资料分析、形成假设、文献对话及结束等八个步骤。[①] 郑伯埙等对其研究成果做了进一步的整理,将八个基本步骤归纳为三个阶段:准备阶段、执行阶段和对话阶段,如表 11-7 所示。[②]

表 11-7 艾森哈特案例研究的八步骤

阶段	步骤	活动	原因
准备阶段	启动	界定研究问题 预先找出可能的构念	将努力聚焦 提供构念测量的较佳基础
	研究设计与案例选择	不受限于理论与假说,进行研究设计 聚焦于特定族群 基于理论而非随机选择案例	保持理论的灵活性 限制额外变异,并强化外部效度 聚焦于具理意涵的有用案例
	研究工具与方法选择	采用多元资料收集方式 定性资料与定量资料的结合 多为研究者	透过三角验证,强化研究基础 证据的综合 采纳多元观点,集思广益

---

① K. M. Eisenhardt,"Building Theories from Case Study Research", *Administrative Science Quarterly*, 1989, 14(4), pp. 532—550.

② 陈晓萍、徐淑英、樊景立:《组织与管理的实证方法》,北京:北京大学出版社 2008 年版,第 199—226 页。

续表

阶段	步骤	活动	原因
执行阶段	资料收集	反复进行资料收集与分析,包括现场笔记 采用灵活和随机应变的资料收集方法	即时分析,随时作出有助于资料收集的调整 允许研究者运用浮现的主题和独特的案例性质
执行阶段	资料分析	案例内(within case)分析 采用发散方式,寻找跨案例(cross case)的共同模式	熟悉资料,并进行初步理论建构 促使研究者挣脱初步印象,并透过各种视角来观察证据
执行阶段	形成假设	针对各项构念,进行证据的持续复核 跨案例逻辑推理,复制而非抽样 寻找关系背后"为什么"的证据	精炼构念定义、效度及测量 证实、引申及精炼理论 建立内部效度
对话阶段	文献对话	与矛盾文献互相比较 与类似文献互相比较	建构内部效度,提升理论水平并强化构念定义 提升类推能力,改善构念定义及提高理论水平
对话阶段	结束	尽可能达到理论饱和(saturation)	当边际改善很小时结束进程

资料来源:陈晓萍、徐淑英、樊景立:《组织与管理的实证方法》,北京:北京大学出版社2008年版,第207—208页。

殷(Yin)将案例研究分为案例研究的方案设计、研究实施前的准备、实施案例研究、案例研究资料分析、案例研究报告撰写五个大的步骤。每个步骤中又包含若干小的步骤。① 如表11-8所示:

表11-8 殷的案例研究五步骤

主要步骤	具体行动	主要内容
案例研究方案设计	明确案例设计的要素	分析所要研究的问题;提出研究假设;界定分析单位;连接数据与假设的逻辑;解释研究结果的标准
案例研究方案设计	理论建构	理论框架、假设、分析单元等
案例研究方案设计	案例研究类型选择	单案例(整体、嵌入) 多案例(整体、嵌入)

---

① 〔美〕罗伯特·K.殷:《案例研究:设计与方法》(周海涛等译),重庆:重庆大学出版社2004年版,第23—42页。

续表

主要步骤	具体行动	主要内容
实施案例研究：收集资料的准备	案例研究者：理想的技能技巧	(1)优秀的案例研究者能够提出好的问题,并对答案进行解释;(2)优秀的研究者是一个好的倾听者,不会被自己思维方式和先入之见所束缚;(3)研究者该具有灵活性、伸缩性,这样他在遇到新问题时,才能化问题为机遇,化挑战为动力;(4)无论进行理论研究,还是对策研究,研究者都应能够时刻牢牢抓住研究问题的本质;(5)研究者对于要研究的问题不应心存偏见,必须排除一切先入之见或既定的看法,即使有一定的理论根据的先入之见,也要完全摒除。
	为进行某一特定的案例研究而接受训练	(1)通过专题研讨进行训练 (2)发现问题
	案例研究草案	(1)对案例研究项目进行审查、评估(2)实地调查的程序(3)需要研究的问题(4)指导撰写案例研究报告
	筛选案例	选择研究的案例
	试验性研究	预研究
实施案例研究：收集资料	六种证据的来源	文献、档案、记录、访谈、直接观察、参与性观察、实物证据
	资料收集的三大原则	使用多种证据来源;建立案例研究数据库;组成一系列数据链
案例研究的资料分析	三种主要分析策略	(1)依据理论观点(2)考虑与之相反的竞争性解释(3)进行案例描述
	具体分析技术	(1)模式匹配(2)建构性解释(3)时序分析(4)逻辑模型
案例研究报告撰写	撰写报告	线形分析式结构(阐释和描述);比较式结构;事件顺序结构;理论建构式结构;悬念式结构;无序(混合)结构。

资料来源：〔美〕罗伯特·K.殷：《案例研究：设计与方法》(周海涛等译),重庆：重庆大学出版社2004年版,第2—6章。

综合上述学者的论述,结合公共管理问题类型学的分析框架,公共管理案例研究的基本步骤如下：

1. **案例研究问题的提出。** 案例研究的问题从问句的形式上来看,主要适用于回答"怎么样"或"为什么"这类问题。① 对"怎么样"和"为什么"问题的回答属于科学发现类问题和评估类问题。案例研究与所有科学研究一样遵循"科学研究始于问题"的基本逻辑,提出案例研究的问题是案例研究的第一步。

2. 案例研究设计。案例研究设计需要从总体上考虑研究问题、研究目的、研究的资料类型、研究背景和文献、研究的理论和假设、研究的概念化操作化、研究的时间维度、抽样、研究方式和具体研究技术、研究设计报告之间的逻辑关系。案例研究设计需要重点考虑以下关键问题:

第一,案例研究的目的。需要考虑案例研究的目的是什么?一般而言,可以将案例研究的目的分为探索、描述、解释、评价、验证等多种目的。

第二,案例研究资料的性质。案例研究的资料形式是多样的,既可以是质性资料、定量资料,亦可以是质性与定量混合的资料。案例研究需要对所选的个案进行深度的描述和分析,资料的多样性,在一定程度上反映了案例研究的深入程度。

第三,研究背景和文献。案例研究与一般的科学研究一样,最终目的是修正、增加、挑战人类已有的认识,文献回顾可以以将案例研究置于整个人类知识的背景中,不仅有助于提出有价值的案例研究的问题,还有助于形成案例研究的理论基础,引导案例案例的开展。

第四,理论基础。案例研究的基础理论为案例研究的进行提供了一个指导性的框架。殷把案例研究的基础理论表述为五个组成部分:(1)研究要回答的问题。(2)研究者的主张。研究者的主张可以来自现存的理论或假设,是引导研究进行的线索。无论是建立新的理论还是对现存的理论进行检验,主张的提出都必不可少。根据研究目的的差异,研究者的主张实际上是从模糊到明确的连续统一体。(3)研究的分析单位。分析的单位可以是一个计划、一个实体、一个人、一个群体、一个组织或一个社区等。案例研究中分析单位的确立往往与案例的政治、经济、社会、文化背景融合在一起,存在一定程度的复杂性和流动性。(4)连接数据与假设的逻辑。数据的分析可以采用量化的解释性分析技术,也可以采用以定性为主的结构性分析和反射性分析技术。(5)解释研究结果的标准。

第五,案例的选择。案例研究的目的主要是通过解剖"麻雀",即对具有典型意义的个案进行研究。人们往往根据典型性、代表性等标准选出合适的案例。选择案例的数量也会根据研究的目的、研究的限制等因素综合权衡。无论采用何种方式选取多少案例,研究者必须牢记案例研究的目的和所回答的问题。

---

① 〔美〕罗伯特·K. 殷:《案例研究:设计与方法》(周海涛等译),重庆:重庆大学出版社2004年版。第7页。

3. **深入实地搜集数据**。案例研究作为一种综合性的研究方式,在资料的获取的途径方面,要求多渠道获取资料。常用的数据获取渠道包括:档案记录、文献、访谈、直接观察、参与观察和人工制品法等。对同一问题,采用多种渠道的资料相互印证,以提高案例研究的效度。案例研究对资料的性质也没有固定的要求,可以是定性资料、定量资料或者定性与定量综合的资料。

4. **资料分析**。案例研究的资料分析过程和资料收集过程往往是共同进行,相互影响的交互过程。在数据收集和数据分析不断循环的过程中,形成新认识,产生新的研究方向,获取新的发现。案例研究的数据分析与引导案例研究的理论紧密相关,研究者往往是按照理论的指引对资料进行检查、分类、制表和证据重组。

5. **撰写报告**。研究报告是对研究成果的系统总结,成功的研究报告有利于系统地反映研究过程,交流研究成果,促进知识积累。研究者可以根据研究的目的选择适当的研究报告的结构。线形分析式结构适用于诠释和描述,包括研究的问题、文献综述、研究方法、成果和结论及其意义等部分。比较式结构适合于探索、描述和解释,把同一案例重复两次以上,比较对相同案例的不同陈述和解释。事件顺序结构按照事件顺序陈述案例研究的成果,适合探索、描述和解释三种研究目的。理论建构式结构按照一些理论建构的逻辑来安排章节的顺序,适用于阐释和探索研究。悬念式结构适用于诠释研究。无序(混合)结构则适用于描述研究。①

第四节 公共管理研究方法的成果和例文解析

在公共管理领域,案例研究几乎渗透在公共管理研究的每个领域。1992 年盖伊·亚当斯(Guy B. Adams)和杰·怀特(Jay D. White)对 201 篇美国公共管理博士学位论文进行过评估,结果表明:138 篇运用案例研究方法,占论文总数的 69%。②拉尔夫·布朗(Ralph S. Brower)等考察的 72 篇公共管理质性研究论文中,61 篇为案例研究,占总数的 85%。③蓝志勇和凯思林·安德尔(Kathleen K. Anders)评估的 8 种国际一流公共管理学术期刊发表于 1993—1995 年间的 634

---

① 〔美〕罗伯特·K. 殷:《案例研究:设计与方法》(周海涛等译),重庆:重庆大学出版社 2004 年版。第 150—175 页。

② Guy B. Adams and Jay D. White, "Dissertation Research in Public Administration and Cognate Fields: An Assessment of Methods and Quality", *Public Administration Review*, 1994, 54(6), pp. 565—576.

③ Ralph S. Brower, Mitchel Y. Abolafia, Jered B. Carr, "On Improving Qualitative Methods in Public Adminiatration Research", *Administration & Society*, 2000, 32(4), pp. 363—398.

篇论文中,案例研究论文占 25.3%。[1]

本书利用 ProQuest Dissertations and Theses 数据库进行检索和整理,检索设定学科 public administration。检索词使用题名中含有"Case Study"或"Case Studies"或"Case Analysis"或"Case Research"的博士论文。[2] 截至 2011 年 9 月 17 日,在公共行政学领域使用案例研究的博士论文就达到了 1189 篇(其中有少量硕士论文)。在 ProQuest Dissertations and Theses 数据库中,从 2008 年到 2011 年 9 月 17 日就有 115 篇博士论文使用了案例研究的方法。公共管理案例研究几乎渗透在公共管理的每个领域,从微观的组织行为到宏观的制度变迁都可以成为案例研究的议题。以下选取一篇单案例研究和一篇多案例研究的例文进行解析,这些例文为论文写作提供了较好的参考规范。

一、单案例研究的例文分析

以下是一篇单案例研究的博士论文。这篇博士论文从问题的提出、文献综述、研究设计、资料收集和分析都体现了案例研究的基本规范。详见本书光盘"例文解析 11-1 单案例研究:《理解利益集团策略》"。

在期刊上发表的单案例研究论文,虽然篇幅上不会那么长,在行文、章节和标题设置上会相对灵活些,但是"麻雀虽小,五脏俱全",在期刊论文中也可以得出类似博士论文结构的案例研究的逻辑。

二、多案例研究例文解析

"任何一种多案例研究设计都遵循复制法则,而不能沿袭抽样法则。研究者在选择案例时必须十分仔细,所选案例应该如同进行多元实验一样,在研究开始之前就清楚明确地预告其会出现相同的结果(逐项复制)或不同的结果(差别复制)。"[3]复制逻辑使得案例研究的数量在理论上可以无限的拓展,《公共事物的治理之道》就是通过大量的案例研究,建构理论,推动了理论发展的研究典范。详见本书光盘"例文解析 11-2 多案例研究:《公共事物的治理之道》"与"例文解析 11-3 多案例研究:《基础设施中公私伙伴关系的制度和管理经济学》"。

---

[1] Zhiyong Lan, Kathleen K. Anders,"A Paradigmatic View of Contemporary Public Administration Research", *Administration & Society*, 2000, 32(2), pp.138—165.

[2] Jan Dul, Tony Hak, *Case Study Methodology in Business Research*, Amaterdaul:Elsevier Ltd, 2008;张建民、何宾:《案例研究概推性的理论逻辑与评价体系——基于公共管理案例研究样本论文的实证分析》等人都使用这种方法确定案例研究的论文。这种方法可能会遗漏一些论文,但是对于公共管理案例研究议题的分析已经足够了。

[3] 〔美〕罗伯特·K.殷:《案例研究:设计与方法》(周海涛等译),重庆大学出版社 2004 年版,第 59 页。

【延伸阅读】

1. 〔美〕丹尼·L. 乔金森:《参与观察法》,重庆:重庆大学出版社 2009 年版。
2. 〔美〕赫伯特·J. 鲁宾(Herbert J. Rubin)等:《质性访谈方法:聆听与提问的艺术》,重庆:重庆大学出版社 2010 年版。
3. 〔美〕罗伯特·K. 殷:《案例研究:设计与方法》(周海涛等译),重庆:重庆大学出版社 2004 年版。
4. 〔美〕威廉·富特·怀特:《街角社会一个意大利人贫民区的社会结构》(黄育馥),北京:商务印书馆 2007 年版。
5. 哈佛大学肯尼迪政府学院案例中心:http://www.hks.harvard.edu/。
6. 中国管理案例共享中心 http://www.cmcc-dut.cn/index.php。
7. George Alexander L. & Bennett Andrew, *Case Studies and Theory Development in the Social Sciences*, MIT Press, 2005.
8. Byrne David and Ragin Charles C., eds., *The Sage Handbook of Case-Based Methods*, Thousand Oaks: Sage, 2009.
9. Hancocok Dawson R. & Algozzine Bob, *Doing Case Study Research: A Practical Guide for Beginning Researchers*, Teachers College Press, 2006.
10. Gerring John, *Case Study Research: Principles and Practices*, Cambridge University Press, 2007.

第十二章 公共管理研究中的非介入性方法(上):内容分析、二次分析和元分析

第一节 非介入性研究概述

非介入性研究是研究主体不对研究对象施加干预的多种研究方式的总称。第十二章和第十三章将重点介绍非介入性研究中常用的几种研究方式:内容分析、二次分析、元分析、历史方法和比较方法。

一、非介入性研究的定义

1. 定义。非介入性研究(unobtrusive research)又称作非介入性测量(unobtrusive measures)是研究者不介入研究对象,依靠现存的文献、遗迹、传记、统计数据等资料,对特定现象展开探索、描述、解释和预测的研究活动。尽管非介入性方法人们总是在不自觉地使用,但是将其作为研究方法加以系统论述的是尤金·威伯等人(Eugene J. Webb、Donald T. Campbell、Richard D. Schwartz、Lee Sechrest)。他们在1966年出版了《非介入性测量:社会科学中的非反应研究》一书。在该书中,威伯和他的同事通过观察人们无意遗留的线索来研究人类的行为。[1]

非介入性研究是与调查法、实地法和实验法等介入性方法相对的系列研究方法的总称。当研究者无法或不需要与研究对象互动,而仅借助定性或定量的文献资料展开研究时,所使用的方法就是非介入性研究方法。非介入性研究方法并不是一种单一的资料收集和分析技术,而是一类资料收集和分析技术的统称。

2. 非介入性研究与文献法的关系。非介入性研究适用于那些无法或不需要与研究对象互动的研究议题。文献法是非介入性研究方法家庭中的主要成员,如果研究者凭借的研究中介是定性和定量的文献资料,而不是历史遗迹、文物、古迹等非文献形成的资料,都可以称为文献法。依靠历史遗迹、遗留物、文

---

[1] Eugene Webb, *Unobtrusive Measures: Nonreactive Research in the Social Sciences*, Chicago: Rand McNally, 1966.

物和古迹展开的研究是考古学和侦察学等领域的主要研究方法。本书仅仅介绍非介入性研究中的文献法。常见文献法包括内容分析、二次分析、现有统计资料分析和历史比较分析。

文献法与文献综述不是一个概念。文献综述是科学研究的一个必经环节,文献综述强调围绕特定问题,对这一问题相关的已有研究展开系统的描述、分析和评论。文献法则是一种非介入性的研究方法。两者的异同见表12-1。

表12-1 文献综述和文献法的区别和联系

		文献综述	文献法
区别	地位	围绕研究问题,系统性地描述、分析、评价已有的研究成果	回答特定问题的资料收集和分析方法
	内容	包括对研究的背景、理论、方法等多方面的回顾	资料收集和分析的过程、技术
	目的性	论证研究问题合理性、可行性和创新性	普遍适用于各种研究目的
联系	文献综述和文献法都以文献作为研究的介质。有的文献综述会使用文献法进行;文献综述不一定使用文献研究法进行。文献法本身就是一种独立的研究方法,并非仅仅为文献综述所使用。		

二、非介入性研究的介质:文献

"文献"一词,现存的古书中,最早见于《论语·八佾》:"子曰:夏礼,吾能言之,杞不足征也。殷礼,吾能言之,宋不足征也。文献不足故也。足,则吾能征之矣。"宋元之际,马端临撰《文献通考》,在《总序》中对"文献"进行了解释:"文"是书中的叙事,指摘录历代典籍中的记载;"献"是论事,指汇辑臣僚、儒者等各色人等的议论。国家标准《文献著录总则》(GB3792.1—83,1983年7月2日发布,1984年4月起实施)将文献界定为"已发表过的、或虽未发表但已被整理、报导过的那些记录有知识的一切载体"。

文献有很多种分类方法,一种较为简明的方法是根据文献的来源和加工程度进行分类。将文献分为原始资料(primary data)和次级资料(secondary date)。原始资料是研究者针对特定的问题和特定的研究目的,立即进行相关资料的收集和整理,所获得的资料。实验研究、实地研究、调查研究是获取原始资料的常用途径。次级资料是相对于原始资料而言的,当已经存在的原始资料或文字陈述用于新的研究问题、新的研究目的,使用新的分析方法重新进行分析时,这些资料就是次级资料。① 如果非反应研究所依赖的介质是二次文献,那么凡是对二手资料展开的分析都可以纳入二次分析(secondary analysis)或称为次级资料研究的范畴。换言之,二次分析是采用与先前研究不同的假设、不同的研究设计、或不同的统计分析方法对次级资料展开的分析。

三、非介入性研究的分类

非介入性研究是一个包含非常广泛的研究方法的大家庭。可以根据多种标准加以分类。如果按照研究的介质,可以将非介入性研究分为文献研究和实物研究。文献研究是以文献为研究介质或研究依据展开的非介入性研究。实物研究则是以遗迹、遗物、行踪等非文献物理留存为研究介质或研究依据展开的非介入性研究。

就文献研究而言,根据文献资料的属性,可以分为质性的文献研究和定量的文献研究。内容分析、现存统计资料的二次分析、元分析是最常见的综合性定量文献研究法。历史研究、比较研究和历史比较研究则是常见的质性文献研究法。

文献研究在方法体系中的定位如下图:

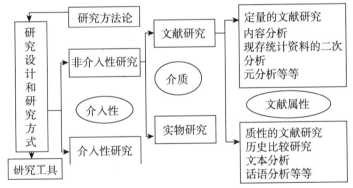

图 12-1 非介入性研究在研究方法体系中的定位

第一,不同的研究取向对文献研究的理解不同。实证主义、诠释主义和批

---

① 更精细的分析将文献分为零次文献、一次文献、二次文献(secondary document)和三次文献(tertiary document),或称为零级、一级、二级、三级文献。零次文献。零次文献即曾经历过特别事件或行为的人撰写的目击描述或使用其他方式的实况纪录,是未经发表和有意识处理的最原始的资料。一次文献也称原始文献,一般指直接记录事件经过、研究成果、新知识、新技术的专著、论文、调查报告等文献。二次文献又称检索性文献,是指对一次文献进行加工整理,包括著录其文献特征、摘录其内容要点,并按照一定方法编排成系统的便于查找的文献。三次文献也称参考性文献。三次文献是在利用二次文献检索的基础上,对一次文献进行系统的整理并概括论述的文献。参见许红梅:《教育科学研究方法原理与应用》,哈尔滨:黑龙江教育出版社 2007 年版。

判主义进行文献研究的程序和技术存在很大的差异。如果说定量的文献研究主要是实证主义取向的研究;那么质性的文献研究则可能存在多种取向。比如:文本分析和话语分析是一种诠释色彩更浓的质性文献研究;历史比较研究则是实证色彩更浓的质性文献研究。正如纽曼所言:"非反应技术大部分是根据实证主义原则,但常被诠释与批判研究者所使用。"①本章重点讨论实证主义研究取向之下的文献研究。

第二,本章所阐述的研究方法,具有综合性,是一种研究方式。那些更具技术性的文献分析(资料分析)程序和技术将在第十四章"质性与定量资料分析"中进一步阐述。

第三,非反应研究、文献研究和二次分析的关系。文献研究是非反应研究的一种,那些不依靠文献展开的非反应研究不应纳入文献研究的范畴。比如考古和刑侦等等。二次分析是文献研究的一种,凡是使用二手文献展开的研究都可以称为二次分析。② 内容分析、现存统计资料分析、元分析、文本分析和话语分析等都属于二次分析的范畴。③

四、非介入性研究的特点

非介入性研究具有以下特点:

1. **空间的非限制性**。非介入性研究不需要像调查法、实验法、实地法那样需要深入到现场,通过发放问卷、观察、访谈等形式与研究对象接触。文献资料收集完成后,只需要坐在书斋就可以完成研究。

2. **时间的非限制性**。调查法、实验法、实地法、案例法都需要关注当下的情况,研究的主题都是当前发生的事件。非介入性研究的主题则不受时间的限制。比如要对20世纪初期美国掀起的行政效率运动展开研究,我们不可能采用介入性研究方法回到当时的历史,只需要收集当时与行政效率相关的法律、政策、预算报告、档案记录等文献资料展开研究即可。

3. **研究介质的局限性**。非介入性研究需要通过文献、档案、图像、历史记

---

① 〔美〕劳伦斯·纽曼:《社会研究方法——定性和定量的取向》(郝大海译),北京:中国人民大学出版社2007年版,第387页。
② David W. Stewart & Michael A Kamins:《次级资料研究法》(董旭英、黄仪娟译),台北:弘智出版社2000年版。
③ 我国学者袁方所著的《社会研究方法教程》和风笑天所著的《社会学研究方法》中将二次分析和现存统计资料分析作为并列的研究方法来论述。纽曼《社会研究方法》第11章在反应研究和二次分析的章节中合并讨论"现存统计资料/文献和二次分析"。艾尔·巴比在第11章非介入性研究方法中写道:"本章介绍非介入性研究方法:内容分析法、现存统计资料分析法、历史比较分析法。"(艾尔·巴比:《社会研究方法》(第11版),华夏出版社2009年版)。

录、遗迹、文物等研究介质展开研究,这些介质本身并不等同于客观对象和客观事实,与客观对象和客观事实相比较,这些介质可能会带有一定价值偏见和认知局限。这些都会影响到研究的信度和效度。

4. 研究介质的依赖性。虽然非介入性研究不需要深入现场,也不受时间的局限,但是对研究介质有高度的依赖性。如果文献难以获得,历史遗迹无法开发,文献难以整理都会影响到研究的进展。比如公共管理研究者要对一些重大决策的过程展开研究,但很多文件和资料往往都是封存在档案馆的涉秘文献,一些重要的有价值的文献无法获得,往往影响研究的质量。

非介入性研究的上述特点决定了非介入性研究具有研究费用相对较低、节省人力物力,容易开展历史比较研究,研究的保险系数较大等优点。当然也会产生文献质量难以保证,文献难以获得,文献资料缺乏标准化形式,信度效度难以保证等缺点。

第二节 内容分析法

一、内容分析的概念

1. 定义。内容分析法(content analysis)是非介入性研究的一种,当研究者无法、难以或者不必要直接与研究对象接触,转向利用已有文献的时候,可以使用内容分析法展开资料收集和分析的工作。很多学者都对内容分析法给出过定义:

劳伦斯·纽曼(W. Lawrence Neuman)认为"内容分析是一种搜集资料与分析文本内容的技术。内容(content)是指文字、意义、图片、符号、构思、主题或任何用来交流的信息。文本(text)是指任何书面的、可读的或者口头的作为交流媒介的东西:书籍、报纸、杂志文章、广告、演讲、官方文件、影片或录像带、乐谱、照片、衣物或艺术作品"。[1]

罗伯特·韦伯(Robert P. Weber)在《内容分析基础》(Basic Content Analysis)中指出内容分析法是一种研究方法论,即对文件内容做出有效推论结果的一组程序。这些推论的消息是关于消息的接受者和传送者或消息本身;而推论的方法则随着研究者本身对理论或实质研究偏好而有所不同。[2] 波尔森(B. Berelson)认为:内容分析是一种研究的技术,针对沟通产生的内容做客观的

---

[1] 〔美〕劳伦斯·纽曼:《社会研究方法——定性和定量的取向》(郝大海译),北京:中国人民大学出版社2007年版,第391页。

[2] Robert P. Weber. *Basic Content Analysis*. Sage Publications, Inc; 2nd Revised edition, 1990.

(objective)、系统的(systematic)，以及量化的(quantitative)描述。① 卡特怀特(D. P. Cartwright)认为："内容分析"与"编码"可以交换使用,指以客观的、系统的、量化的方式描述任何符号的行为。②

综合上述学者的论述可见:内容分析法(content analysis)是一种资料收集和分析的技术,研究者按照特定的程序,系统地分析各类文献信息,间接地对特定现象(行为、事实、态度等)进行研究。

2. **类型**。可以根据不同的标准对内容分析加以分类。

(1)按照研究的取向。可将内容分析分为质性的内容分析、定量的内容分析。亚历山大·乔治(Alexander L. George)曾对定量内容分析、质性内容分析和质性定量综合的内容分析做了系统的分析。质性的内容分析侧重分析文本资料的意义,进而分析文本资料的背景、文本形成的条件及文本内容的真正意图。质性的内容分析具有以下四个特点:第一,质性内容分析是对文本资料的初步阅读,目的是建构理论、形成假设,而不是通过量化的系统方式对假设进行检验;第二,分析的焦点是文本潜在的意义,而不是文本中既有的词语字段;第三,质性内容分析是一种观察、诠释和理解过程,程序上具有主观性、非线性和弹性的特点;第四,质性分析有二分法的特质(dichotomous attributes),往往形成属于或不属于的二分变量。③

定量内容分析则使用客观化、系统化和量化的编码系统,对文本的频率、强度、空间、方向等方面展开定量的统计,以便发现隐含在文字符号背后的意义。

事实上,质性内容分析和定量内容分析并不是截然对立的两种途径,两者分别适用于不同的情况。两者的区别和联系如表12-2所示:

表12-2 质性内容分析和定量内容分析的区别

	定量的内容分析	质性的内容分析
研究内容	重视"显著内容"即构成文件材料的非推论数据。	探讨"潜在内容"即构成文件材料中推论、内隐或潜在意义。
研究样本	选择范围既大且广,注重类目统计,以频率多寡为主。	选择范围较小且不完整。
研究分析	系统的、客观的。	弹性的、主观的。

---

① B. Berelson, *Content Analysis in Communication Research*, Glencoe, Ⅲ: Free Press. 1952
② D. P. Cartwright, Analysis of Qualitative Material, *Research Methods in the Behavioral Sciences*, eds. New York: Holt, Rinehart & Winston, 1953, pp. 421—470.
③ Alexander L. George, "Quantitative and Qualitative Approaches to Content Analysis", Klaus Krippendorff, Mary Angela Bock, *The Content Analysis Reader*, Sage Publications, 2008.

第十二章 · 公共管理研究中的非介入性方法(上):内容分析、二次分析和元分析

续表

	定量的内容分析	质性的内容分析
研究方向	机械的、系统的、类目选择与分类极为重要。	低频率或非频率研究。
联系	都是针对一批(群)文本依指定的规则以系统化的步骤来加以分析。"最好的内容分析使用定性和定量两种途径用于对文本的分析。"①	

(2)根据分析内容的特征。可将内容分析归纳为以下几类:②

第一,概念的分析(conceptual analysis)。对概念的含义和意义进行厘定和澄清,对概念的多种含义进行区别和分析,在实例中描述概念的适当用法。

第二,编纂性叙述(edition or compilation)。对文献进行编辑整理,可使用编年体例进行整理,为进一步研究提供文献支持。

第三,描述性叙述(descriptive narration)。对事件进行描述,按照年代呈现事件发生发展的过程。

第四,诠释性分析(interpretative analysis)。将某类事件置于宽广的政治、经济、社会和文化背景中,将事件纳入历史脉络之中,分析事件之间的关联性。

第五,比较分析(comparative analysis)。分析事件的相同点和相异点,发现一致性和独特性。

第六,普遍化的分析(universal analysis)。通过对规律、趋势的分析,发展出一般化的理论,形成普遍适用的历史理论和哲学。

二、内容分析的适用范围和优缺点

内容分析法(content analysis)其起源可以追溯到十八世纪的瑞典,当时的学者为了解决教派信仰的纷争,以定量的方式分析锡安歌集(Songs of Zion)。20世纪30年代,新闻传播学、社会学和政治学等领域的学者开始系统地使用内容分析的方法,展开对社会现象的研究。20世纪50年代,内容分析的方法日渐成熟,并拓展到更为广阔的社会科学研究领域,比如心理学、教育学、图书馆、情报学等学科。随着内容分析方法的成熟和电脑科技与统计软件的进步,目前该方法已成为了社会科学最重要的研究方法之一。③ 1971年,哈佛大学的卡尔·多伊奇(Karl W. Deutsch)等人将"内容分析"列为从1900年至1965年六十二项

---

① Robert P. Weber, *Basic Content Analysis*, Sage Publications, Inc; 2nd Revised edition, 1990, p. 25.

② J. McMillian, and S. Schumacher, *Research in education: A conceptual introduction* (4th edition), New York: HarpersCollins College Publishers, 1997, pp. 463—499.

③ Kimberly A. Neuendorf, *The Content Analysis Guidebook*, Sage Publications, Inc 2002, p. 10.

"社会科学的重大进展"之一。美国未来学家约翰·奈斯比特(John Naisbitt)依据这一方法创办了著名的《趋势报告》季刊,推出了被誉为"能够准确地把握时代发展脉搏"的论著《大趋势》,成功预见了网络和全球经济一体化等现象。

1. **适用范围和议题**。纽曼认为有三种类型的研究问题使用内容分析方法相当管用:

第一,内容分析法有助于处理数量相当庞大的文本。研究者可以利用抽样或多个编码者来测量数量众多的文本(例如,历年的报纸论文)。

第二,内容分析有助于研究发现那些发生在"千里之外"的主题。例如内容分析可以用来研究历史文献、过世人物的作品或者某个不友善国家的广播。

第三,内容分析能够揭露随意观察文本时很难发掘的信息。无论是文本的撰写者,还是文本的阅读者,可能都不尽然知道文本中所涉及的所有主题、偏差甚或角色。①

在公共管理研究中,内容分析所涉及的议题是非常广泛的,凡是以大量文献形式存在的资料都可以采用内容分析的方法进行分析。比如:策略分析;新闻媒体对政治过程(比如总统竞选过程)报道特征的分析;政府公共关系监测;公共危机监测;政策过程分析;政治和管理理念分析等广泛的议题。②

2. **内容分析的优点和缺点**。内容分析具有以下的优点,比如:(1)无干扰性(unobtrusive)。使用内容分析不需要与研究对象直接接触,也不会因为观察和访谈等介入研究方式干扰到研究对象。(2)便于进行历时性纵贯分析。(3)可以收集大量的文献资料,研究的样本数量可以非常大。(4)内容分析可以针对同一资料,反复研究,编码系统也可以进行调整。(5)内容分析文本收集完毕后,研究的操作成本较低。

当然内容分析也有其固有的缺点,比如:(1)高度的依赖文献,文献本身可能就存在偏见和失真的地方。(2)内容分析的文献往往比较杂乱,将其标准化是不容易的。(3)对文本进行编码受到研究者本身偏好的影响,可能带有一定的偏见。(4)尽管内容分析可以容纳大量的文本,但也不排除在对文本进行抽样的时候,难以满足随机原则,存在抽样的偏差。

三、内容分析的步骤

内容分析的步骤,有很多学者进行过论述。

---

① 〔美〕劳伦斯·纽曼:《社会研究方法——定性和定量的取向》(郝大海译),北京:中国人民大学出版社 2007 年版,第 392—393 页。
② 李钢:《公共政策内容分析方法:理论与应用》,重庆:重庆大学出版社 2007 年版。

1997年英奇(S. Insch)和莫尔(J. E. Moore)总结出了内容分析的11步模型,如图12-2:

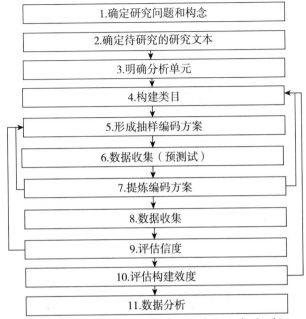

资料来源:G. S. Insch, and J. E. Moore, Content analysis in leadership research: Examples, procedures, and suggestions for future use, *Leadership Quarterly*, 1997, 8(1), pp. 1—25。

图 12-2　英奇和莫尔总结的内容分析步骤

2011年霍华德·哈瑞斯(Howard Harris)在总结了前人研究的基础上,进一步将内容分析精简为以下八个步骤,如图12-3所示:

资料来源:Howard Harris, Content Analysis of Secondary Data: A Study of Courage in Managerial Decision Making, *Journal of Business Ethics*, 2001, 34(3—4), pp. 191—208。

图 12-3　哈瑞斯总结的内容分析的步骤

2011年金邦度·纽多夫（Kimberly A. Neuendorf）则提出了内容分析的九步模型，如下图所示：

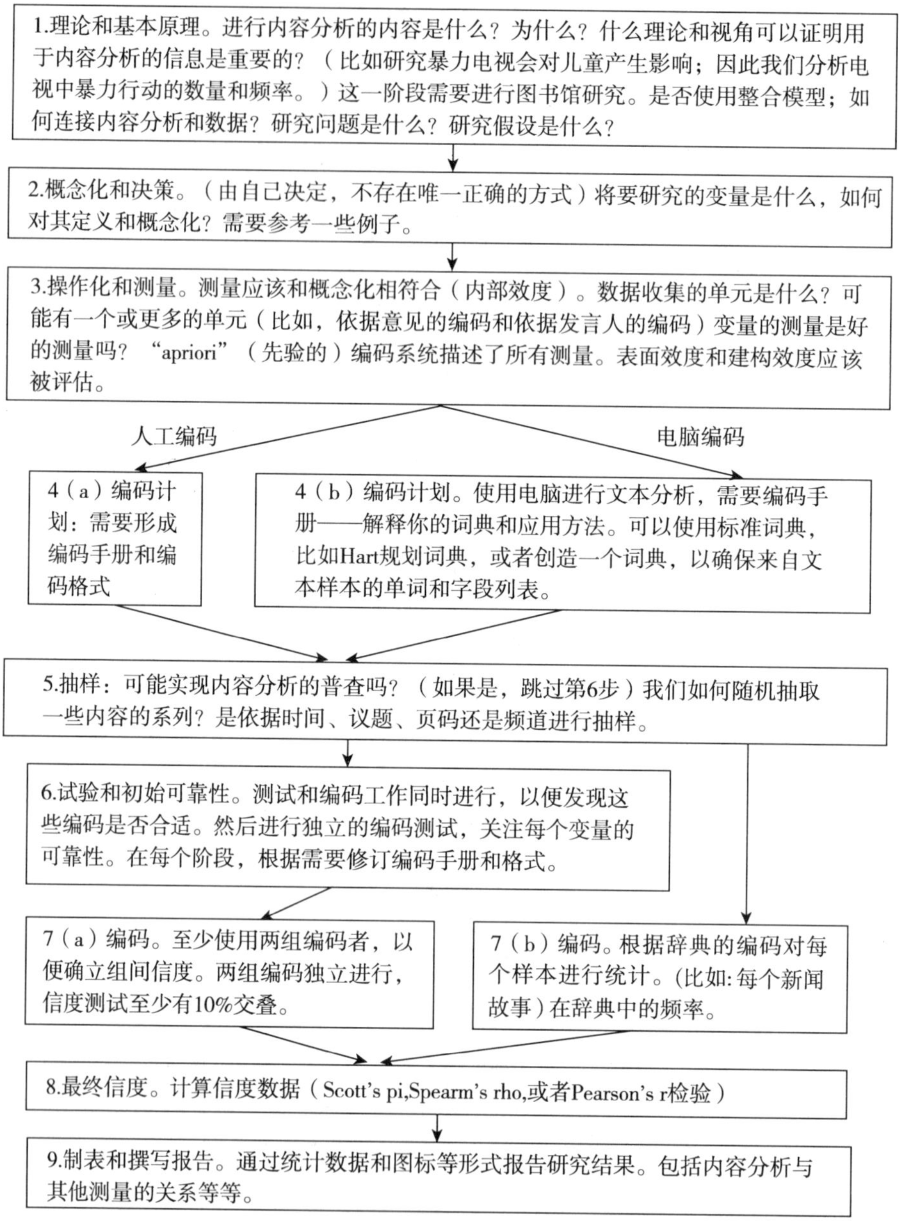

1. 理论和基本原理。进行内容分析的内容是什么？为什么？什么理论和视角可以证明用于内容分析的信息是重要的？（比如研究暴力电视会对儿童产生影响；因此我们分析电视中暴力行动的数量和频率。）这一阶段需要进行图书馆研究。是否使用整合模型；如何连接内容分析和数据？研究问题是什么？研究假设是什么？

2. 概念化和决策。（由自己决定，不存在唯一正确的方式）将要研究的变量是什么，如何对其定义和概念化？需要参考一些例子。

3. 操作化和测量。测量应该和概念化相符合（内部效度）。数据收集的单元是什么？可能有一个或更多的单元（比如，依据意见的编码和依据发言人的编码）变量的测量是好的测量吗？"apriori"（先验的）编码系统描述了所有测量。表面效度和建构效度应该被评估。

人工编码　　　　　　　　　电脑编码

4（a）编码计划：需要形成编码手册和编码格式

4（b）编码计划。使用电脑进行文本分析，需要编码手册——解释你的词典和应用方法。可以使用标准词典，比如Hart规划词典，或者创造一个词典，以确保来自文本样本的单词和字段列表。

5. 抽样：可能实现内容分析的普查吗？（如果是，跳过第6步）我们如何随机抽取一些内容的系列？是依据时间、议题、页码还是频道进行抽样。

6. 试验和初始可靠性。测试和编码工作同时进行，以便发现这些编码是否合适。然后进行独立的编码测试，关注每个变量的可靠性。在每个阶段，根据需要修订编码手册和格式。

7（a）编码。至少使用两组编码者，以便确立组间信度。两组编码独立进行，信度测试至少有10%交叠。

7（b）编码。根据辞典的编码对每个样本进行统计。（比如：每个新闻故事）在辞典中的频率。

8. 最终信度。计算信度数据（Scott's pi, Spearm's rho, 或者Pearson's r检验）

9. 制表和撰写报告。通过统计数据和图标等形式报告研究结果。包括内容分析与其他测量的关系等等。

资料来源：Kimberly A. Neuendorf, *The Content Analysis Guidebook*, Sage Publications, Inc; 1st edition, 2001。

图 12-4　纽多夫总结的内容分析的步骤

综合上述学者的论述,内容分析一般包括以下几个基本步骤:

第一步,建立理论框架并界定研究问题。问题是科学研究的开始,也是内容分析的开始,进行内容分析之前需要明确界定研究的问题。界定问题之前需要进行文献回顾,在文献回顾的基础上提出问题,并形成分析问题的理论框架。一般而言,内容分析常涉及的研究问题包括以下几种:(1)描述性问题。描述性问题是对特定信息状态、频率、分布、空间和联系等方面的表征和说明。内容分析是描述大样本文本信息的重要方式。(2)建构性问题。建构性问题是将描述性问题组织起来,形成一个有意义的主题。(3)检验性问题。检验性问题包括对理论、假设和命题的检验。

第二步,界定总体进行抽样。内容分析的总体是内容分析涉及文本的全体。内容分析总体的资料来源和数量往往非常庞大。我们在展开研究的时候,可以从总体中抽取一部分资料展开研究,从总体中抽取的部分资料就是样本。

在界定总体的时候需要注意两点:(1)选择的总体必须和研究问题紧密相关。选择的文本应该能反映研究问题。无论选择的文本与问题的联系是直接的还是间接的,都需要研究者阐明两者之间的关系。(2)选择的文本可以是现成的文献,也可以是自己前期通过问卷、实地研究方法收集到的资料。比如通过访谈或开放式问卷(open-ended questionnaires)获得的定性资料,也可用于内容分析。

当不对全部文本的总体进行研究的时候,可以使用抽样方法从总体中选取一部分资料展开分析。研究者可以根据资料的特性和研究目的,使用随机抽样和非随机抽样的方法进行抽样。比如:当所有资料都是同样重要,而又不能全部分析,就可采用简单随机抽样或系统抽样法对资料进行选择;如果认为适合于研究目的的所有资料不是同样重要,就需要按照判断抽样的方法,根据专家的判断抽取具有最直接、最重要的意义的资料。当然,随着电子计算机技术的发展,对全部文本进行研究越来越容易。

第三步,界定分析单位。分析单位是展开内容分析的最小单位。在内容分析中,分析单位包含词、句子、段、写作素材主题、词组、口头素材、一个镜头、舞台布置、举止、剧本、甚至姓名、制度等。[①] 分析单位可以是抽样单位、记录单位和脉络单位。抽样单位(sampling units)是一个独立、与其他样本没有关联的抽样样本,抽样单位也是统计分析的最小单元。记录单位(recording units)则是编码表中被分类的最小元素。如小说书中的主题、人物、字汇、句子或段落。脉络单位(context units)则是将记录单位整合起来形成的整个内容脉络元素,如

[①] Don W. Stacks, John E. Hocking, *Communication Research*, Communication research. New York: Longman, 1999.

一整篇课文。分析单位是展开研究设计,提出研究问题和假设的基础。①

第四步,构建分析类目。类目(category)是研究者根据研究问题和假设,在特定的理论框架指导下建立的分类的项目。类目并不是随意形成的,需要一定的理论作为基础,依据的理论可以是已有的理论、已有的研究,也可以是作者在文献回顾基础上,整合相关理论自行总结出来的整合性理论。没有扎实的文献回顾工作,没有良好的问题意识是难以建构起良好类目的。在建构类目的时候可以使用现成的内容分析辞典,比如邓菲等人(D. Dunphy, C. Bullard, & E. Crossing)编辑的《哈佛 IV 社会心理词典》(*Harvard IV Psychosocial Dictionary*, 1974);纳姆沃斯和韦伯(J. Zvi Namenwirth and Robert Philip Weber)编辑的《拉斯韦尔价值词典》(*Lasswell Value Dictionary*, 1987)前者是多重归属的分类辞典(multiple classification.),后者则是单一归属的分类辞典(single classification)。②

确定类目时应遵循以下原则:(1)预先原则。类目必须在进行内容分析判断之前预先制定。如果类目不能一次形成,那么需要进行预研究和预测试,修订完善类目。当分类系统并不来源于研究的文本,而是研究者预先制定的,这种分类系统是假设的分类系统(assumed category)。当分类系统来源于待分析的文本,可以使用因素分析等技术确定分类系统。这种分类系统称为推断的分类系统(inferred category scheme)。(2)周延原则。类目应该全部覆盖所有的分析内容和分析单位,每一个分析单位应该都能归入一个特定的类目。(3)互斥原则。类目之间应该是互斥的,不能互相包含或重叠。类目的含义及其所涵盖的范围一般需要进行明确的界定,并需要编码者对类目的含义达成共识。类目的互斥性是保证组间信度的重要条件。(4)适当原则。类目所涵盖的内容应该适当、均衡、正确,避免出现类目过细和类目过宽的现象,类目之间也应该相对均衡,尽量做到类目之间所涵盖的分析单元个数相当。(5)信度和效度原则。在进行编码的时候,需要注意编码的表面效度,即研究者定义的概念、类目与测量内容之间的一致性。类目的建构需编码者之间达成共识,将某项内容归入某类时,需经过参与编码者的认可。

第五步,编码和量化系统。编码(coding)就是对文本内容中存在的分析单元按照分类规则,以计数的方式纳入类目的过程。根据编码文本内容的差异,可以将编码分为外显内容(manifest content)的编码和潜在内容(latent con-

---

① Daniel Riffe, Stephen Lacy, Frederick Fico, *Analyzing Media Messages: Using Quantitative Content Analysis in Research*, Taylor & Francis, 1998.

② G. S. Insch, and J. E. Moore, "Content Analysis in Leadership Research: Examples, Procedures, and Suggestions for Future Use", *Leadership Quarterly*, 1997, 8(1), pp. 1—25.

tent)的编码。外显内容是明显、表面的内容,例如:文字、图画、影像等,可以让感官直接接受,而且不必去推论背后的意义。潜在内容(latent content)则是外显的文本内容背后的意义。对潜在内容进行编码需要研究者对文本进行阅读、理解和诠释。

在内容分析法中,编码形成的变量可以是定类变量、定序变量、定距变量以及定比变量。在进行编码形成量化系统的过程中,内容分析重点关注频率、方向、密度和空间的数量特征:(1)频率(frequency):某件事是否发生的计算;(2)方向(direction):信息在内容中的方向性,如:正向或负向、支持或反对;(3)密度(intensity):某个维度上,信息的强弱大小;(4)空间(space):文本信息的大小或是所占空间的多寡。

在实施编码的过程中,首先需要建立编码表或编码手册。编码表是对文本内容、编码类目、分析单元、编码代号的详细规定。编码者使用编码表进行编码,并为研究者提供一个连贯一致的研究框架。[1] 编码表只是一页表格,包括编码类别、日期以及编码员姓名等内容(就是将类目等制成表格的形式),所有这些内容都有助于制表和分析。对大多数内容分析而言,它允许研究者记录被计算的项目,每检查一个样本都需要一份表。[2]

其次,需要对照样本按照编码表赋值。编码表类似于一份问卷,研究者通过对每份样本的考察,填写这份问卷,从而形成最后的量化系统。我们可以通过培训编码员,让编码员完成赋值工作。研究者要给予每位编码员一份详细的说明和指导编码的培训材料。对编码员的培训不是为了评估编码员的一致性,而是测试他们能否在所给定义的基础上进行合理的判断。如果在经过适当地思考和训练后,不能对某一定义的使用达成共识,那么这个定义可能有问题。此时就需要对定义有问题的变量重新分类。[3]

在实际研究中,研究者往往难以一次就形成成功的编码表,往往需要形成初步的编码系统,然后进行预测试,在预测试的基础上形成正式的编码系统和编码手册,根据编码表对编码系统进行赋值。

第六步,信度和效度检验。内容分析的信度(reliability)是内容分析编码的稳定性(stability)和可重复性(reproducibility)。内容分析常用的信度检验方法是编码者间信度(intercoder reliability),即不同的编码者对同一文件进行编码

---

[1] J. Macnamara,"Media Content Analysis Research Paper", Media Monitors Pty Ltd. 2006[2009-12-10]. http://www.mediamonitors.com.au/documents/media content analysis research paper.pdf.

[2] Michael Singletary, *Mass Communication Research*: *Contemporary Methods and Applications*, New York: Longman Publishers, 1994, p.286.

[3] Idid.

时,如果编码的结果是一致的,则编码的信度较高,反之则低。编码者间的信度可以根据"霍尔斯提公式(Holsti formulas)、斯科特 Pi 指数(Scott's pi)或克雷格指数(Craig index)来测量"。① 内容分析的效度分析侧重分析表面效度、校标效度和建构效度。

第七步,资料分析。内容分析的资料分析主要包括解释、描述、趋势分析、假设检验、规范比较(Comparison to Norms)等类型。② 频数分析、列联表分析、相关分析等统计分析技术都可以运用到内容分析的过程中。随着各种分析软件的兴起,诸如 ATLAS.ti、QSRNUD*IST、Nvivo 以及 Hyper Research 等软件被广泛地用于内容分析中,这不但减省了人力,还大大提高了分析的标准化程度。

四、内容分析在公共管理研究中的运用

内容分析被广泛地运用于公共管理的研究中。③ 公共管理领域使用内容分析进行研究的论文可以分为两类。一类是对公共管理学科本身的研究,通过分析公共管理学科领域的期刊,梳理公共管理学科和研究领域的情况。比如华士·凯隆(Walsh Kieron)等人就使用了内容分析的方法研究了八十年代以来公共管理学科领域的变化。④

另一类则是对具体公共管理问题的研究,涉及公共政策、公共行政、公共组织、行政领导等多方面的内容。比如 1961 年基思·亨德森(Keith M. Henderson)撰写的博士论文《对政府官员逃避回答问题的内容分析和理论探索》就是一篇使用内容分析研究政府官员行为的博士论文。这篇论文也是公共管理领

---

① 〔美〕迈克尔·辛格尔特里:《大众传播研究——现代方法与应用》(刘燕南译),北京:华夏出版社 2000 年版。霍尔斯提公式参见:Ole R. Holsti, *Content Analysis for the Social Sciences and Humanities*, Reading, MA: Addison-Wesley, 1969, pp. 138—141。斯科特 Pi 指数参见:W. Scott, "Reliability of Content Analysis: The Case of Nominal Scale Coding", *Public Opinion Quarterly*, 1955, 19(3), pp. 321—325。克雷格指数参见:Robert T. Craig, "Generalization of Scott's Index of Intercoder Agreement", *Public Opinion Quarterly*, 1981, 45(2), pp. 260—264。

② G. S. Insch, and J. E. Moore, "Content Analysis in Leadership Research: Examples, Procedures, and Suggestions for Future Use", *Leadership Quarterly*, 1997, 8(1), pp. 1—25。

③ 进入 Academic Research Library——学术期刊图书馆数据库(ProQuest)使用摘要:content analysis 和 public administration 进行检索,一共有 418 篇文章。如果使用题名:content analysis 和 public administration 进行检索,一共有可以检索到 21 篇文献。其中一篇文献为期刊文章,其余的 20 篇文献为博士或硕士论文。

④ Walsh Kieron, Lowndes Vivien, Riley Kathryn, Woollam Jackie, "Management in the Public Sector: A Content Analysis of Journals", *Public Administration*, 1996, 74(2), pp. 315—318。

域较早使用内容分析方法展开研究的文献。①

在公共管理研究中,内容分析作为一种规范的研究方法,已经被很多博士论文所使用。比如,2009年贾尼思·罗德利古兹(Janice Snow Rodriguez)在田纳西州立大学完成了《"911"前后州层面政策语言的内容分析》,该文使用了质性与定量结合的内容分析方法研究了"911"前后美国政策辩论中语义特征的变化;②2002年詹姆斯·库巴拉(James Joseph Kubala)在卡佩拉大学(Capella University)完成了博士论文《公共部门管理中领导战略对绩效测量的影响:一个全国的内容分析》;③2000年维克柯·勒兹(Vicki Arden Lens)在叶史瓦大学(Yeshiva University)完成了《福利改革与媒体:对两份报纸的内容分析》等等。④ 除了上述所举例子以外,其他博士论文的研究还广泛地涉及立法、福利改革、行政领导、教育政策等领域。国内学者李钢、蓝石等编著的《公共政策内容分析方法:理论与应用》选取了20世纪40年代至今,国际上在不同时期应用内容分析方法于政策分析的著名案例。

本书以《无形领导理论:玛丽·福莱特(Mary Parker Follett)著作的内容分析》为例说明内容分析方法的使用。详见本书光盘"例文解析12-1《无形领导理论:福莱特著作的内容分析》的内容分析法"。

第三节 现存统计数据的二次分析

一、概念

统计数据是表示某一地理区域自然、经济、社会、文化等方面构成要素、特征、规模,结构、水平等指标的数据。与散乱的数据文献和定性文献相比,统计数据具有系统性、科学性、长期性等特点。现存统计数据的二次分析是社会学、经济学、管理学、教育学等众多社会科学经常使用的一种方法。

统计数据的来源主要有:普查、抽样调查、统计报表、重点调查和典型调查。

普查是专门组织一次性的全面调查,用来调查属于一定时点或时期内的社会经济现象的总量。它适用于搜集某些不能或不适宜于定期的全面统计报表

---

① Keith M. Henderson,"A Content Analysis and Theoretic Exploration of Evasiveness of Governmental Administrators when Answering Questions", University of Southern California, D. P. A. , 1961.

② Janice Snow Rodriguez,"Content Analyses of State-level Language Policy Rhetoric", pre-and post-9/11. Ph. D. , Tennessee State University, 2009.

③ James Joseph Kubala,"Leadership Strategies of Performance Measures Impacts in Public Sector Management: A National Content Analysis", Ph. D. , Capella University, 2002.

④ Vicki Arden Lens,"Welfare Reform and the Media: A Content Analysis of Two Newspapers", Ph. D. , Yeshiva University, 2000.

搜集的统计资料,以摸清重大的国情、国力。如:人口普查、农业普查、经济普查等。

抽样调查是按随机原则,从总体中抽取一部分单位作为样本来进行观察,并根据其观察的结果来推断总体数量特征的一种非全面调查方法。

统计报表是按照国家统一规定的调查要求与文件(指标、表格形式、计算方法等)自下而上的提供统计资料的一种报表。在官方统计的经常调查中目前依然发挥着一定的作用。

重点调查是一种非全面调查,它是在调查对象中选择一部分对全局具有决定性作用的重点单位进行调查。重点调查组织方式有两种:一是专门组织的一次性调查;另一种是利用定期统计报表经常性地对一些重点单位进行调查。其优点是花费较少人力、物力,在较少时间内及时取得有关的基本情况。

典型调查根据调查的目的与要求,在对被调查对象进行全面分析的基础上,有意识地选择若干具有典型意义的或有代表性的单位进行调查。

二、适用范围和优缺点

现存统计数据的二次分析被广泛地运用于多种学科的各种议题中。"如果研究者可以控制条件并操作变量,这样的主题最适合实验法。如果研究者提供出问题,了解回答者的态度和行为,这样的主题适合调查研究。内容分析则适合那些牵涉到文化沟通信息的研究主题。最适合现有统计资料研究的是那些会用到大型科层组织已经搜集的信息主题。"[①]

该方法的优点如下:

第一,容易获得大样本和历时数据。采用一手数据的研究方法,因为研究者个人资源的有限性(时间、经费和人手),通常情况下,样本量难以做到很大。要做跨时段采样,就更加困难了。专业数据机构通常系统搜集数据并长时期维护数据库,这使得二手数据能克服样本量小,历时数据难以获得的缺陷。

第二,具有高度的客观性和系统性。很多统计数据是对研究对象的客观的、系统的描述。与主观评价的数据相比较,使用这些统计数据,可以增强研究的客观性和系统性。

第三,具有高度的可复制性。理论上说,对任何一篇采用二手数据的实证论文,只要对数据的选取和变量的设置描述得清楚,我们都可以复制它。而对于一手数据的论文,除非拥有原来一手数据的研究者愿意分享数据,否则我们

---

① 〔美〕劳伦斯·纽曼:《社会研究方法——定性和定量的取向》(郝大海译),北京:中国人民大学出版社 2007 年版,第 402 页

第十二章 · 公共管理研究中的非介入性方法(上):内容分析、二次分析和元分析

很难做到对该研究的"原样"复制。①

第四,省时、省钱、省人力。使用现存统计数据所需的成本比起实际调查的成本要少了许多;研究者可以自己单独进行研究,不需其他访员的协助,可以节省很多人力。如果在搜集原始数据受到预算及时间之限制时,使用现存统计数据可能就比搜集新数据更为有利。

第五,维持研究者独立自主的精神。研究者常为筹措搜集原始资料的成本,也因此难免受到他人或机构对其研究的影响,以致无法维持研究者在学术上该有的独立自主精神。②

该方法也存在一定的局限性③:

第一,研究者所使用的现有统计资料也许并不适合他的研究问题。现存统计资料的单位(例如,个人类型、组织)、资料搜集的时间和地点、所使用的抽样方法以及资料设计等,很有可能在上述几个方面与所要研究的问题不相匹配。

第二,研究者不了解数据调查的项目。研究者对现存统计资料的主题了解可能甚少,对数据收集的背景、数据的意义、数据测量的对象缺乏清晰充分的认识,这样很容易做出错误的假设或者对结果做出错误的解释。这将导致误置精确性谬误(fallacy of misplaced concreteness),即指研究者会不加求证地过分详尽地引用统计数字,给人一种资料精确,但实则错误的假象。

第三,效度问题。统计数据的发布者会详细地说明相关的概念的定义,这些定义很可能与研究者的定义不相吻合。研究者可能使用不太合适的指标测量真正想要研究的构念。另外搜集原始资料时产生的系统误差、整理报告咨询时的偏差以及出版资料时产生的错误等都会降低测量的效度。

第四,信度问题。当官方的定义或搜集信息的方法因不同的时期而有所改变时,就会产生信度问题。比如:官方对工作伤害、残障失能、失业等的定义,会做定期的修改。就算研究者了解这种变迁,也无法进行一致的测量。当研究者常利用官方统计资料来进行国际比较时,由于各国政府收集资料的方法不一样,数据质量也有差别,就会产生代表性信度问题了。

第五,缺失资料。政府机构会因政治、预算或其他理由,开始或停止资料的搜集。有些资料根本无法收集到,或者搜集了一些资料,仍旧存在遗漏的资料。

---

① 陈晓萍、徐淑英、樊景立:《组织与管理的实证方法》,北京:北京大学出版社 2008 年版,第 182—183 页。

② K. J. Kiecolt, and E. Nathan, *Secondary Analysis of Survey Data*, California: Sage, 1988.

③ 〔美〕劳伦斯·纽曼:《社会研究方法——定性和定量的取向》(郝大海译),北京:中国人民大学出版社 2007 年版,第 407—411 页。

三、步骤

对现存统计资料展开二次分析的过程并不是一个界定问题、选择资料、收集资料和分析资料的单向的线性过程,而是一个问题选择和数据选择交互影响的过程。当提出的研究问题无法找到合适的统计资料时,就需要修正问题,提出有数据支持的研究问题;如果研究的数据足够充分,还可能启发研究者提出新的问题。图12-5绘制了现存统计资料分析的一般步骤:

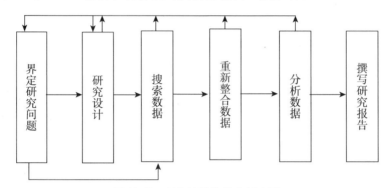

图 12-5 现存统计资料分析步骤

第一步,选择合适的主题并界定研究问题。作者在进行现存统计资料二次分析之前需要明确研究问题的性质,一般而言满足以下条件的话,可以考虑使用现存统计资料的二次分析:(1)作者不能控制变量;(2)无法发放问卷;(3)无法深入现场;(4)该问题所属的研究领域是一个较为成熟的研究领域,且与该问题相关的领域已经形成了较为成熟的指标和测量体系;(5)与该问题相关的统计数据容易获得且充足。如果研究的问题符合上述条件,那么就需要通过文献回顾或实践应用的需要,对问题进行初步的界定。

第二步,研究设计。当对问题有了初步的界定后,需要进行初步的研究设计,明确变量、样本、概念化和操作化、数据收集策略等问题。

进行研究设计存在两种情况:如果研究者对该研究问题所在领域的数据非常熟悉,那么可以先进行研究设计,然后根据研究设计直接搜索数据,并进行数据分析。

如果研究者所提出的研究问题超出了研究者掌握的数据资源范围,或者研究问题与研究数据不匹配。那么研究者往往无法一次完成研究设计,往往需要通过专家咨询、文献回顾等方式广泛地搜索数据,然后根据数据的可用性,修正研究问题,调整研究设计,根据研究设计进一步展开数据的收集和分析工作。

第三步,搜索数据。搜索数据主要有两个来源:直接来源和间接来源。(1)直接来源的统计数据可以通过普查、抽样调查、统计报表等方式获得。(2)间接来源主要有:国际组织(世界银行、货币基金组织、透明国际等);公开的出版物(比如各类统计年鉴、白皮书等等);研究机构发布的数据(比如国务院发展研究中心、中国社会科学院等);未公开的内部调查;图书馆中的各类数据库;公司和第三部门提供的数据(比如上市公司的数据、慈善组织的数据等等);学术网络社群等。

第四步,重新整合数据。利用现存统计资料展开研究往往会遇到研究问题的概念定义与来源数据的概念定义不一致;研究问题的分析单元与数据的分析单元不一致;来源数据的样本与研究问题的总体不对应;研究问题的延续时间和统计资料的时间并不完全吻合等问题,这些都需要研究者重新整合数据,形成与研究问题一致的可用数据。在这个过程中,研究者往往需要根据数据的可整合性、可加工性对研究问题进行修正。

第五步,分析数据。当研究者通过多轮资料整合和问题修正的互动后,就可以清晰地界定研究问题,并能找到适当的数据,对数据整合后,就可以对新数据展开分析了。研究者可以使用统计描述、假设检验、方差分析、因素分析、相关分析等多种统计分析的技术对数据展开分析。在这个阶段,统计方法和技术发挥着至关重要的作用,往往可以形成已有数据和研究无法得出的结论。

第六步,撰写研究报告。完成数据分析后,作者需要系统地思考研究问题、研究设计、研究方法、数据分析等步骤之间的逻辑联系,用清晰的语言,按照论文撰写的规范,撰写最终的研究报告。最终的研究报告一般是标准的线性结构,但事实上,最终研究报告只是对前面五个步骤相互调试结果的呈现。

四、例文解析

事实上,现存统计资料的二次分析被广泛地运用于经济学、政治学、社会学、历史学等各个学科。历史上使用现存统计资料二次分析方法展开的研究的经典例子是法国社会学家涂尔干一百多年前对自杀现象的经典性研究。在公共管理研究领域。很多公共管理领域的博士论文都采用二次分析的方法展开研究。本书选择一篇期刊论文解析二次分析方法的应用。本书光盘"例文解析12-2 分析了《监管者绩效评估:实践经验以及对中层管理者抗拒变革的认识》的现存统计资料二次分析法"。

第四节 元分析

一、概念

1. 定义。 早在1904年卡尔·皮尔森（Karl Pearson）就开始运用元分析的思想，他尝试克服样本规模小，造成的统计力（statistical power）弱小的问题，尝试将多个不同研究者的研究结果进行整合分析。① 元分析（Meta-analysis）最早由格拉斯（G. V. Glass）于1976年所提出，格拉斯认为元分析是区分第一手数据的原始分析（primary analysis）以及二手数据分析的文献研究方法。所谓的元分析即整合所有相关的研究发现，整合个别研究成果，再次进行统计分析的方法，亦即分析旧有分析的方法（analysis of analysis）。② 元分析亦有整合性的分析（integrative analysis）、统合分析、聚合分析、全面分析、后设分析、荟萃分析、系统回顾（systematic review）等称谓。元分析方法一经提出，经过纳姆贝里·拉加（Nambury S. Raju）、拉里·赫奇思（Larry V. Hedges）、哈里斯·库伯（Harris Cooper）、英格拉姆·奥尔金（Ingram Olkin）、约翰·亨特（John E. Hunter）、雅各布·科恩（Jacob Cohen）、托马斯·查尔莫斯（Thomas C. Chalmers）、罗伯特·罗森塔尔（Robert Rosenthal）和弗兰克·施密特（Frank L. Schmidt）等人的持续努力，元分析已经成为一种成熟的、定量的、文献研究方法。

2. 特征。 元分析具有以下特点：

第一，与质性的文献研究相比，具有定量特征。文献回顾可以分为质性的叙述性回顾和定量的回顾。与叙述性文献回顾相比，元分析是一种定量的文献研究方式。不过元分析往往以定性分析作为前提，在定性分析的基础上展开元分析。"量化研究的回顾（reviewing）与整合技术，若能加上质化的分析，将更能强化研究的效果"。③

第二，与内容分析相比，研究对象不同。内容分析的对象是文本，通过构建文本分析的类目，对分析单元的频率、密度、强度和方向进行描述、推断和解释。元分析则是对已有定量研究的数据进行归并和整合，针对新的假设，展开统计描述和推断。元分析的对象是单个研究的统计数据，诸如平均数、标准差、显著

---

① Keith. O' Rourke, "An Historical Perspective on Meta-analysis: Dealing Quantitatively with Varying Study Results", *Journal of the Royal Society of Medicine*, 2007, 100(12), pp. 579—582.

② G. V. Glass, "Primary, Secondary, and Meta-analysis of Research", *Educational Researcher*, 1976, 5(10), pp. 3—8.

③ Harris M. Cooper, and Robert M. Arkin, "On Quantitative Reviewing", *Journal of Personality*, 1981, 49(2), pp. 225—230.

水平、统计检验结果等。

第三,与现存统计资料的二次分析相比,统计手段更具针对性。现存统计资料的二次分析使用的统计技术非常广泛。从统计描述到统计推断,从单变量分析到多变量分析,几乎所有的统计技术都可以用于现存统计资料的二次分析。与此相比,元分析是一种更具针对性的统计分析技术。元分析主要围绕效应大小(effect size,ES)、同质性检验(homogeneity)、数据运算和合并展开,数据的整合等问题展开。

第四,与传统的叙述型文献综述相比,检验功效(power of test)强。研究者采用叙述型的传统方法进行文献探讨的时候,往往不自觉地使用多数决的"投票法"(voting method)来决定某一个结论、实验处理、两个变项(variable)之间的关系。① 如果某种研究结果得到比较多数研究的支持,那倾向认定这类研究结论是正确的。投票法未考虑每一个研究的样本人数不同、显著水平定的也不一样、统计考验力更是不同,却给予每一个研究同等一票的机会。② 元分析则克服了上述缺陷,通过整合分析,提高了检验功效。

二、适用范围和优缺点

1. **目标**。罗伯特·罗森塔尔(Robert Rosenthal)认为元分析的目标包括以下三类:第一是要从一组研究中提炼出两变量间的总体关系,通常是去估计这一组研究中所发现的两变量间的平均关系。第二是要确定两变量关系强度的变动所关联的因素为何,也就是调节变项为何。第三是提供每项研究的每个变量一个集群数据或平均数据,这些集群性或平均的数据是彼此相关或与其他研究特性相关,可进行假设检验或提出可检验的假设。③

2. **对元分析的批评**。1981年格拉斯(G. V. Glass)等人整理出一般学者对元分析的批评,总共有四点。④ 第一是所谓"苹果与橘子"的问题。批评者认为:不同的研究有不同的概念测量方法、不同的研究程序、不同的样本等等,元分析把这些不同的研究放在一起,就像把苹果跟橘子混在一起,其比较没什么意义。第二个批评是所谓"好坏不分"的问题。批评者认为元分析把好、坏研究放在一起统整起来,可能对低质量研究有利。第三个批评是所谓"出版偏差"(publication bias)的问题。批评者认为出版的研究与未出版的研究之间存有系统性的

---

① R. J. Light, & P. V. Smith,"Accumulating Evidence: Procedures for Resolving Contradictions Among Different Research Studies", *Harvard Educational Review*, 1971, 41(4), pp. 429—471.
② 詹志禹:《后设分析:量化的文献探讨法》,《思与言》第26卷第4期,1988年11月。
③ Robert Rosenthal:《社会研究的后设分析程序》(齐力译),台北:国立编译馆1999年版。
④ G. V. Glass, B. McGaw, & M. L. Smith,"Primary, Secondary, and Meta-analysis of Research", *Educational Researcher*, 1976, 5(10), pp. 3—8. 转引自詹志禹:《后设分析:量化的文献探讨法》。

差异,结果不显著的研究往往得不到出版的机会,而元分析多依赖出版的研究,其结论将有偏差。第四个批评是"资料不独立"(lumpy data)的问题。批评者认为,元分析把同一个研究的多项结果当作多个独立的研究结果来分析,将会给读者一个错误的印象,以为这些结果很一致,但其实这些结果之间是不独立的。

格拉斯等人回应了上述批判,通过元分析的技术的改进,不断克服了上述问题,推进了元分析的发展。

三、步骤

元分析的基本流程包括六大步骤[①]:

第一步:问题界定。到目前为止,元分析只能适用于研究两个变量之间的关系,或两组个体之间的行为表现。许多较复杂的情境,例如变异数分析常处理的交互作用(interaction)问题,元分析就很难加以处理。

第二步,数据收集。搜寻相关数据时须列举搜寻的策略,包括电子搜寻及手工搜寻,并清楚列出选取文献的纳入与排除条件。为了避免有些研究因为无统计学上重要性而被遗漏的情形发生,还须通过手工检索一些重要文献,必要时要去寻找未发表的文章,甚至进一步与原作者联系以取得更完整的原始资料,以免出现文章发表的偏颇。上溯法(ancestry approach)与下延法(descendency approach)是两种常用的资料搜索途径。上溯法就是利用文章后面的书目、各种摘要,以及计算机数据库等资源,寻找以前的有关数据;下延法就是利用引文索引(例如 Social Science Citation Index)向下寻找后续的研究。[②]

第三步,评估数据。数据备齐后,需要两位以上的专家对资料进行评估,可以使用卡帕系数(Kappa Coefficient)来判定不同评估者之间的一致性。遴选的数据需要有抽样方法、样本说明、实验组与对照组说明、数据分析及结果等项目。对于那些剔除的资料(drop out data)也要开展进一步的统计分析,以便对研究样本有确切的认识。

第四步,对数据进行编码。设计一份数据登录的编码表(coding sheet),编码表登录各种基本资料、平均数、标准差、显著水平、统计检验结果以及各种可能的干扰变量等。在进行数据编码和登录的时候需要围绕研究问题和研究假设展开,并且要进行编码者间的信度分析。[③]

[①] 元分析的基本流程包括六大步骤参考了:李宛柔、林怡君、于耀华、赖玉玲:《后设分析之介绍》,《牙医学杂志》2009 年 29 卷第 2 期,第 63—68 页。

[②] H. Cooper, "Scientific Guidelines for Conducting Integrative Research Reviews", *Review of Educational Research*, 1982, 52(2), pp. 291—302.

[③] G. V. Glass, B. McGaw, & M. L. Smith, "Primary, Secondary, and Meta-analysis of Research", *Educational Researcher*, 1976, 5(10), pp. 3—8.

第五步,数据分析。元分析的数据分析主要包括以下几个方面:①

(1)单位转换。由于各个研究测量数据单位不同,必须先进行格式的转换才能合并分析。在元分析中,关于共同单位(common metric)有个专有名词称做"效应大小"(effect size,ES),它可以显示出实验组与对照组间的差异性,以及干预变量的影响程度和方向。而效应大小有许多指数,例如实验组与对照组测量平均数的差(mean difference,MD),一般是直接将实验组数值减去对照组的。有些会进一步标准化,将平均数差除以标准差来减少背景的影响。另外还有胜算比(odds ratio,OR)、卡方值(Chi-square)、相对危险度(relative risk 或称 risk ratio,RR)、率差(risk difference,RD)等。

(2)同质性检验。因为各研究的样本数、实验设计及架构的质量不一,元分析将各个研究的数据进行整合,整合之前需要对数据之间的一致性进行检验(homogeneity test)。②

(3)数据运算与合并。数据的运算与合并主要包括以下几类情形:③

其一,综合检验(omnibus tests)。当有一系列的研究不断测试或复制某个实验效果时,最常被文献探讨者所问的问题就是:整体说起来,这个实验效果是否为零?综合检验的虚无假设是:每个实验的处理效果(或相关)都是零。假如检验显著了,虚无假设被推翻了,我们只能下结论说:其中至少有一个处理效果不是零。④

其二,估计单一研究的标准化效果量(effect size)。每个研究多用不同的方式或工具来测量其实验效果,以至于效果的大小很难做跨研究的比较或整合,最佳的解决方式就是将这些效果的大小加以标准化,也就是说用一个统一的单位将每个实验的大小重新尺度化(rescaling)。一般来说,估计这个真实效果量的方式有三种:参数估计(parametric esti-mation)、非参数估计(nonparametric estimation)与其他方式。⑤

其三,联合多个研究估计标准化效果量。当一系列独立研究的标准化效果

---

① 参考:G. V. Glass, B. McGaw, & M. L. Smith, *Meta-analysis in Social Research*, Beverly Hills, CA: Sage; R. Rosenthal, *Meta-analytic Procedures for Social Research* (rev. ed.), Newbury Park, CA: Sage; L. V. Hedges, I. Olkin, *Statistical Methods for Meta-analysis*, New York: Academic Press.

② Tania B. Huedo-Medina, Julio Sánchez-Meca, Fulgencio Marín-Martínez, and Juan Botella, "Assessing Heterogeneity in Meta-analysis: Q Statistic or I^2 Index?" Center for Health, Intervention, and Prevention(CHIP), 2006.

③ 詹志禹:《后设分析:量化的文献探讨法》,《思与言》第26卷第4期,1988年11月。

④ L. V. Hedges, & L. V. Olkin, *Statistical Methods for Meta-analysis*, Orlando: Academic Press, 1985.

⑤ L. V. Hedges, & I. O. Olkin, *Statistical Methods for Meta-analysis*, Orlando: Academic Press, 1985, pp. 76—84.

量都估计出来之后,我们可以想象它们都是在估计总体的效果量,但有的比较精确,有的比较不精确;合理的假设是:样本较大的研究估计的比较准确;因此,当我们根据这一系列的标准化效果量来估计总体的效果量时,样本较大的研究应该得到较多的加权。① 一般常用的公式有两种,固定效应模块(fixed effect model)和随机效应模块(random effect model)②。

其四,敏感度分析(sensitivity test)。就是将各种可能的调节变量各进行一次元分析。当一系列的标准化效果量不太一致时,下列变量常被当作调节变量(moderator)来探索:因变量不同的操作型定义、不同类型的实验程序、研究者的性别、样本的性质(性别或年龄等)、出版年代、出版或未出版、博士或硕士论文、本国或外国研究等等。可以用一种类似变异数分析(ANOVA)的方式,来探讨调节变量的解释力。③

其五,概括结果呈现。元分析常以图表做总结,称为森林图(forest plot)。这个概括统计量有几个阅读的重点:首先表的左侧会列出收录的文章以及其实验组、对照组的状况。接着根据样本数大小、实验设计严谨度给予加权值,并检验同质性。此外,横线须与无效垂线(zero vertical line)比较,其横轴刻度有 0 和 1 两种。④

第六步:形成结论。根据整合数据分析,得出一般性的结论,以供研究和决策参考。

四、例文解析

元分析被广泛地运用于社会科学各个领域。在公共管理领域,已经积累了大量的关于元分析的专著、博士论文和期刊论文。比如 2004 年卡罗林·希尔(Carolyn J. Hill)与劳伦斯·林恩(Laurence E. Lynn, Jr.)用元分析的方法,从八百多篇公共行政相关领域的研究论文中,回答了在分权化、网络化以及协力化的治理风潮中,学术界经验研究对于科层式的治理模式是否已经失去兴趣的问题;其研究结果显示,学界对于科层式治理的兴趣仍然不减,新的治理研究发

---

① L. V. Hedges, & I. O. Olkin, *Statistical Methods for Meta-analysis*, Orlando: Academic Press, 1985, p. 111.

② D. K. Stangl, D. A. Berry, and D. Marcel, *Meta-analysis in Medicine and Health Policy*, New York Basel, 2000, pp. 207—209.

③ L. V. Hedges, & I. O. Olkin, *Statistical Methods for Meta-analysis*, Orlando: Academic Press, 1985, pp. 147—165.

④ Aviva Petrie and Caroline Sabin, *Medical Statistic at a Glance*. 2nd ed., Wiley-Blackwell, 2005, pp. 116—118.

第十二章 · 公共管理研究中的非介入性方法(上):内容分析、二次分析和元分析

展,只是一种将分权化的概念与传统的科层治理模式结合起来的新尝试。① 另外,2004年谢尔登·杰恩(Sheldon Gen)完成的博士论文《环境评估的元分析》(Meta-Analysis of Environmental Valuation Studies);2009年尼古拉·彼得罗夫斯基(Nicolai Petrovsky)撰写的论文《公共服务动机能解释高的公共服务绩效吗?一个研究综合》(Does Public Service Motivation Predict Higher Public Service Performance? A Research Synthesis);2004年卡罗林·希尔(Carolyn J. Hill)撰写的论文《科层制衰落了吗?来自经验研究的证据》(Is Hierarchical Governance In Decline? Evidence from Empirical Research);2006年弗雷茨·赛捷尔(Fritz Sager)撰写的《欧洲城市的政策协调:元分析》(Policy Coordination in the European Metropolis: A Metaanalysis)②等都是使用元分析研究的例子。本书以《欧洲城市的政策协调:元分析》作为例文,对元分析方法的应用和论文写作进行解析。详见光盘"例文解析12—3《欧洲城市的政策协调:元分析》的元分析法"。

【延伸阅读】

1. B. Berelson, *Content Analysis in Communication Research*, Glencoe, Ⅲ: Free Press, 1952.

2. Hedges, L. V., & Olkin, I. O., *Statistical Methods for Meta-analysis*, New York: Academic Press, 1985.

3. Holsti, O. R., *Content Analysis for the Social Sciences and Humanities*, Reading, MA: Addison-Wesley, 1969.

4. Hunter, John E; Schmidt, Frank L, *Methods of Meta-Analysis: Correcting Error and Bias in Research Findings*, SAGE Publications, 1990.

5. K. Krippendorff, *Content Analysis: An Introduction to Its Methodology*, Newbury Park, CA: Sage, 1980.

6. Rosenthal, R., *Meta-analytic Procedures for Social Research*, CA: Sage Publications, Inc, 1963.

7. Weber, R. P., *Basic Content Analysis*, 2nd ed. Newbury Park, CA, 1990.

8. Wilson, D. B., & Lipsey, M. W., *Practical Meta-analysis*, Thousand Oaks: Sage publications, 2001.

---

① Carolyn J. Hill, and Laurence E. Lynn, Jr., "Is Hierarchical Governance in Decline? Evidence from Empirical Research", *Journal of Public Administration Research and Theory*, 2004, 15(2), pp. 173—195.另参见:李仲彬、陈敦源、萧乃沂、黄东益:《电子化政府在公共行政研究的定位与价值:议题连结的初探性分析》,《东吴政治学报》2006年第22期,第73—120页。

② Fritz Sager, "Policy Coordination in the European Metropolis: A Metaanalysis", *West European Politics*, 2006, 29(3), pp.

第十三章 公共管理研究中的非介入性方法(下):历史方法和比较方法

历史方法和比较方法是两种相对独立但又常常共生使用的方法。历史方法侧重对历史事件的历时联系进行分析,试图发现历史发展的关系、模式和规律。比较方法侧重不同时间和空间中行为、事件、组织、制度、文化等诸现象的对比和分析,试图发现不同时空中现象的相同点和相异点,从而发现现象之间的关系、模式和规律。历史方法和比较方法既可以独立使用,也可以共生使用,当两者共生使用的时候,就形成了历史比较法或比较历史分析。历史比较法是按照时间顺序,解释同一社会内部或不同社会中的社会现象的相似性和差异性的研究方法。如果将历史与比较两个维度进行交叉组合,可以形成如表13-1所示的形态:

表 13-1 历史比较研究在时间维度和空间维度中的定位

		时间维度	
		横剖面研究	历史研究
空间和数量维度	单个案	个案调查(Case Survey)、个案访谈等	个案史(case history)
	多个案	跨案例比较研究 案例内比较研究	历史比较研究

表 13-1 中所述的个案调查、个案访谈、跨案例比较、案例内比较、个案史的概念在第十章中已经做了介绍,本章重点介绍历史比较方法。在实际研究过程中,历史方法和比较方法往往是很难截然区分开的,因为"社会科学研究者不像历史学者是以单纯地描述一组特殊的历史事件为主,而是试图去发展不同时空下,所发生的历史事件的相同与相异性。"①

---

① 林万亿:《福利国家——历史比较的分析》,台北:巨流图书公司,第91—92页。

第一节 历史方法

一、历史方法概述

1. **定义**。按照《辞海》的解释,广义的历史指"自然界和人类社会的发展过程,也指某种事物的发展过程和个人的经历。"①可见,只要涉及时间和过程的社会研究和自然研究都可以看做是历史研究。从广义上说:"我们仅仅知道一门唯一的科学,即历史科学。"②狭义的历史研究则探索、描述和解释人类社会以往运动发展的过程,以期追溯当前的根源,提出未来预测的研究活动。历史研究方法是从事历史研究方法论、研究方式和研究工具的总和。

2. **功能**。历史研究具有以下几种基本的功能:

第一,描述历史事实。历史研究的基础工作之一是收集历史文献,考证历史遗迹,寻求历史见证者,收集和整理史料,以便描述、澄清、重述历史事实。史料考证往往针对特定的历史时段展开。

第二,揭示历史演进。通过历史事实的梳理,揭示历史发展过程中各个事件之间的联系,揭示历史演进的规律是历史研究的重要功能。在公共管理研究中,诸如《新公共管理发展历史系络之初探》、《福利国家:历史比较的分析》等论著都体现了历史研究的这一功能。

第三,建构历史理论。通过对历史史料的加工组合,提出假设,形成对历史发展模式的新认识,阐明历史事件之间的因果联系和因果机制是建构历史理论的重要内容。比如:黄仁宇所著的《万历十五年》通过对万历皇帝、张居正、申时行、海瑞、戚继光、李贽的人生沉浮的叙述,展现了万历年间中国政治、经济、社会和文化的运转机制,揭示了中国依靠意识形态治国的治理模式。正如黄仁宇所言"如是等等问题,其症结到底何在,这是研治明史者所不能不认真考虑的。笔者以为,中国二千年,以道德代替法制,至明代而极,这就是一切问题的症结。"③黄仁宇正是在"大历史观"的指导下,通过历史事实,描绘了中国封建社会的运转机制,建构了历史理论。

第四,预测未来。"以铜为鉴,可正衣冠;以古为鉴,可知兴替;以人为鉴,可明得失。"④历史研究为认知当代社会问题提供了一面镜子,当人们认识了历史研究所揭示的历史发展规律后,通过古今的对比,就很容易发现未来的发展

---

① 《辞海》,上海:上海辞书出版社1999年版,第406页。
② 《马克思恩格斯选集》第1卷,北京:人民出版社1995年版,第66页。
③ 〔美〕黄仁宇:《万历十五年(增订本)》,北京:中华书局2007年版,第3页。
④ 欧阳修、宋祁:《新唐书》(卷一一零·列传第二十二魏徵),北京:中华书局2000年版。

趋势。

3. 类型。可以根据多种标准对历史研究方法进行类型化的划分：

(1)传统史学方法和新史学方法。传统史学方法和新史学方法的划分与新史学的兴起紧密联系。"新史学"是20世纪以来,以反对兰克(Leopold von Ranke)为代表的传统史学的史学新潮流,其中较具代表性的,是法国的"年鉴学派"、英国的"马克思主义历史学派"和美国的"克莱奥学派"。新史学的兴起被称为史学界"哥白尼式的革命"。① 新史学在信念、价值、技术手段等方面与传统史学形成了鲜明的对比,有学者将其概括为新史学范式。新史学范式"从研究对象来说,新史学突破了政治史的局限,强调研究人类社会生活的一切方面,强调历史的综合研究；从研究方法说,新史学突破了传统史学单纯强调史料考证的局限,提供研究方法的革新,重视理论概括和解释结合；从与其他学科的关系说,新史学强调打破历史学与其他学科之间的樊篱,主张跨学科研究；从写作说,新史学反对单纯的描述,强调说明问题。"②

(2)技术性方法和导向性方法。按照历史学研究处理资料的方法,可将历史方法区分为技术性方法和导向性方法。技术性方法是确定历史事实的方法。诸如,怎样搜集、考订和辨识史料,怎样对史料、史实进行分类、排比,怎样进行严密的逻辑推理而避免混乱的推理,怎样把一些现代科学方法和技术手段运用于历史事实的确定,怎样把历史研究的成果写作成为适应不同的主题和不同读者需要的历史著述等问题。导向性方法主要是解释事实的方法,导向性方法是从社会历史观——史学本体论转化而来的"解释事实"的指导原则,由此决定,持有什么样的社会历史观——史学本体论,就会采用什么样的解释原则和方法。③

(3)质性方法和定量方法。按照历史研究处理资料的性质可将历史方法分为质性方法和定量方法。质性方法根据历史情境,在整理和归纳定性资料的基础上,形成历史概念、归纳历史模式,展示历史进程。定量方法则使用历史统计数据,或将历史资料转换为历史数据,运用数据展开历史研究。计量史学是历史研究定量方法的代表。

二、历史研究方法流派

20世纪以来,西方史学方法先后经历了兰克学派的旧史学,年鉴学派的新

---

① 安德烈·布吉耶尔：《年鉴派史学的演变和现状》,载《八十年代的西方史学》,北京：中国社会科学出版社1990年版,第126页。
② 徐浩、侯建新：《当代西方史学流派》(第2版),北京：中国人民大学出版社2009年版,序第2—3页。
③ 庞卓恒、李学智、吴英：《史学概论》,北京：高等教育出版社2006年版,第六章。

史学和后现代主义史学三个阶段。形成了以年鉴学派为代表的社会科学范式和以后现代主义为代表的叙事范式两大范式。产生了年鉴学派、新社会史、计量史学、西方马克思主义史学、比较史学、心理史学、经济—社会史、医学社会史、环境史、后现代主义史学和性别史等史学流派。①

以下重点介绍年鉴学派、计量史学、比较史学、马克思主义史学的研究方法。

1. 年鉴学派的方法。 1929 年,卢西恩·费夫尔(Lucien Febvre)与马克·布洛赫(Marc Bloch)共同创办《社会经济史年鉴》。1942 年,扩大篇幅,改名《经济、社会、文化年鉴》。Annals 原意历史、编年史,该刊聚集了大批史学家尤其经济史学家,被称为年鉴学派。至今年鉴学派已经历近一个世纪的发展,先后经历了四代。20 世纪 80 年代以后,年鉴学派进入反省的阶段,研究和讨论的范围也日渐广泛。年鉴学派的方法具有以下特征:

第一,整体论。整体论主张采用整体的视角分析历史,认为社会是由不同质的领域有机结合而成的结构。整体论是年鉴学派的重要方法论,这种方法"不是对历史事实作事无巨细的叙述,而是强调人类的不同探求领域之间的关系"。②

第二,跨学科研究。新史学倡导史学家去研究人类活动的总体史,它包括地理环境、气候条件、社会、经济、文化、思想、情感、政治等因素,并且注重社会结构的分析,要求扩大史料的范围。新史学这一主张使其影响跨越了国界与学科界限。

第三,问题导向。"问题史学"主张历史研究就是要回答现实提出的各类问题。研究不同领域内的历史问题,历史性、实践性、具体性是问题导向的新史学的典型特征。

2. 计量史学。 就方法论而言,当代史学的突出特征可以毫不夸张地说是所谓的"计量革命"。③ 计量史学又称历史计量分析方法或历史定量分析方法,是指运用数学方法、统计学方法分析历史事实、进行历史研究的史学研究流派。采用计量方法分析历史现象的方法古已有之,但是将其作为一种系统的研究方法提出,应用于经济、政治、社会、文化等历史现象的研究中,是在 20 世纪 50 年代,当时"新经济史学派"、"新政治史学派"、"新城市史学派"纷纷崛起并成为计量史学的代表学派。

---

① 徐浩、侯建新:《当代西方史学流派》(第 2 版),北京:中国人民大学出版社 2009 年版,内容简介。
② 〔英〕彼得·伯克:《历史学与社会理论》,上海:上海人民出版社 2001 年版,前言第 2 页。
③ 〔英〕杰弗里·巴勒克拉夫:《当代史学主要趋势》(杨豫译),上海:上海译文出版社 1987 年版,第 131 页。

3. **比较史学。**比较史学（comparative history）是采用历史比较研究（comparative study of history）展开历史研究的史学流派，即通过两种或两种以上的历史现象的时间和空间比较来描述、解释和预测历史事实，加深历史知识的研究方法。社会学创始人之一孔德就把比较研究作为探求社会历史发展规律的一个主要方法。从20世纪初到第二次世界大战结束，比较研究成为众多历史学家所接受的新方法。1900年，在海牙召开了"国际比较历史学代表大会"，这标志着比较史学作为一个史学流派开始出现。1928年，法国史学家布洛克（Marc Bloch）在第六届国际史学家会议上作《欧洲社会历史的比较研究》，这是一篇对西欧社会历史比较研究的纲领性文件，被称为"比较史学的滥觞"，布洛克也被尊为"比较史学之父"。第二次世界大战以后，历史比较研究的范围从欧洲扩大到全世界，成为多种学科普遍采用的研究方法。

4. **马克思主义史学方法。**马克思主义史学方法是在马克思主义指导下形成的认识历史的观点、立场和方法。辩证唯物主义和历史唯物主义是马克思主义史学方法的基本特征。马克思主义史学方法包括以下基本方法：

第一，从历史事实出发，实事求是。从历史事实出发，而不是从抽象的概念、原则和本本出发研究历史是马克思主义唯物史观的重要体现。恩格斯曾说："在自然界和历史的每一科学领域中，都必须从既有的事实出发。"[1]毛泽东则把从事实出发的认识原则概括为实事求是。

第二，利益分析法。马克思和恩格斯从唯心史观到唯物史观的转变的关键就是对物质利益的关注。对物质利益问题的接触和研究，是历史唯物主义创立的关键点。[2] 历史唯物主义正是从利益出发，从唯心史观过渡到对法哲学、政治经济学等问题的研究，并最终形成了完整的历史唯物主义理论体系。同时也形成了完整的利益分析方法和利益理论。

第三，阶级分析法。阶级分析法是指运用马克思主义的阶级观点，从阶级对立和阶级斗争的角度分析社会历史现象的方法。"阶级是在生产关系中处于不同地位的人们的集团，其中一个集团由于占有生产资料因而占有另一个集团的劳动。"[3]阶级分析将历史看做是阶级斗争的历史，认为从原始社会解体以来的历史都是阶级斗争的历史。[4] 列宁指出："马克思主义提供了一条指导性的线索，使我们能在这种看来扑朔迷离、一团混乱的状态中发现规律性。这条线索

---

[1] 《马克思恩格斯选集》第4卷，北京：人民出版社1995年版，第288页。
[2] 彭劲松：《利益理论：历史唯物主义的重要一环》，载《重庆社会科学》1998年第1期，第37页。
[3] 《列宁选集》(第4卷)，北京：人民出版社1995年版，第11页。
[4] 马克思、恩格斯：《共产党宣言》，北京：人民出版社1997年版，第27页。

就是阶级斗争的理论。"①阶级分析法从生产力发展和生产关系变革的角度分析社会的经济和政治结构,提供了分析历史现象的指导线索。

第四,历史发展的方法。历史发展的方法就是将历史看做是新事物代替旧事物的发展过程。事物之所以有发展变化,是由于事物内部的矛盾性以及事物和他事物的相互联系和相互影响。矛盾的发展、斗争及其转化,使得任何事物都呈现出暂时性、阶段性和前进性。

第五,比较研究方法。马克思曾说:"极为相似的事情,但在不同的历史环境中出现就引起了完全不同的结果。如果把这些发展过程中的每一个都分别加以研究,然后再把它们加以比较,我们就会很容易地找到理解这种现象的钥匙;但是,使用一般历史哲学理论这一把万能钥匙,那是永远达不到这种目的的,这种历史哲学理论的最大长处就在于它是超历史的。"②列宁曾说:"把各个国家的政治经济的发展情况加以比较,把各个国家的马克思主义纲领也加以比较,从马克思主义观点看来,具有极大的意义,因为各现代国家无疑具有共同的资本主义本性和共同的发展规律。可是,这样的比较必须作得适当。"③

马克思主义史学方法是一个完整的体系,除了上述方法以外,诸如制度分析、结构分析、数学方法、自然科学研究方法、矛盾分析法、具体情况具体分析④等等都体现在马克思主义史学的研究中。

三、历史方法的步骤

一般而言,历史研究方法的步骤如下⑤:

第一步,界定研究问题。挖掘、厘定和陈述研究问题是科学研究的开始。历史研究过程中的研究问题有多种表现形式,有的问题以假设的形式出现,有的问题以研究目标的形式出现,有的问题则以引导性的问题出现。在历史研究中,研究问题、研究目标、理论框架、研究方法之间是随着研究过程的不断深入而不断调整的过程,研究者从任何一个环节切入研究,都会推动其他环节的调整,从而不断地将历史研究推向深入。

第二步,收集资料。历史研究的资料源自历史文献和历史遗迹,主要包括以下四类:(1)历史文件(documents)。历史文件是任何以某种形式产生的书写或印刷材料,诸如年度报告、美术品、法案、书籍、漫画、传单、法庭记录、日记、证

---

① 《列宁全集》第 26 卷,第 60 页。
② 《马克思恩格斯全集》第 19 卷,北京:人民出版社 1963 年版,第 131 页。
③ 《列宁选集》第 2 卷,北京:人民出版社 1995 年版,第 379 页。
④ 《列宁选集》第 4 卷,北京:人民出版社 1995 年第 3 版,第 213 页。
⑤ 参考了:W. Wiersma & S. G. . Jurs, *Research Methods in Education*, Boston: Allyn and Bacon, 2005, p. 227。

书、报纸、杂志、笔记、备忘录等等;非文字史料包含图像类等多种类型。(2)数字性纪录(numerical records)。数字性纪录可视为独自的一种数据类型,也可看做文件类别的一小类。这些纪录包括任何类型的印刷形式的数字数据。(3)口头陈述(oral statements)。故事、神话、传说、传奇、歌谣、歌曲和其他形式的口头表达,都被人们用来作为留给后世的纪录。历史学者也可访谈目睹或经历过去某一事件的人,这种研究形式,称为"口述历史"(oral history)。(4)遗迹(relics)。过去流传下来的文物史迹也是重要的史料,遗迹是指任何在质地或外观上的特征能对过去提供某种信息的物体。

第三步,评估史料。历史研究搜集得到的史料,须经过内部鉴定(internal criticism)与外部鉴定(external criticism)。外部鉴定着重从数据的外在形式确定资料的真伪(authenticity)或真实性(genuineness)。内部鉴定着重确定数据内容的正确性与价值。史料作者的知识与能力、作者的偏见与动机、数据的一致性都会影响到史料的真实性和价值。

第四步,资料整理和整合。当完成了资料评估过后,研究者下一步的工作就是整合已有的资料。整合资料的方法有多种,比如:(1)比较性整合。可以通过比较分析,将相同的资料归为一类,将不同的资料归为另一类,通过逐级归纳,形成概念、命题和理论。(2)因果性整合。将历史事件纳入因果分析的框架,按照因果关系整合相关的资料。(3)主题整合。将资料分为若干主题类型,将同一类型的资料归为一个特定的主题,形成若干主题,最终将各个主题有机地联系起来。(4)矛盾性整合。可以将一些相互矛盾,甚至相互抵触的资料和事实进行分类整理,通过反复对比和考证,形成新的假设和理论。

第五步,分析、诠释以及形成结论。完成了资料整理和整合工作后,接下来就需要对资料进行分析,资料分析是资料加工、整理、诠释的过程。通过分析呈现资料所反映的社会事实之间的联系,并对资料中蕴含的价值、意义进行诠释,得出分析结论。

四、公共管理研究中的历史方法及其例文解析

在公共管理研究中,历史方法的兴起与西蒙与沃尔多的争论紧密相关。赫伯特·西蒙(Herbert A. Simon)倡导建立基于逻辑实证主义的行政科学。德怀特·沃尔多(Dwight Waldo)则倡导建立在历史、哲学和规范的方法基础之上的公共行政学。以下就沃尔多所著的《行政国家》使用的历史研究方法进行解析。详见本书光盘"例文解析13-1《行政国家》的历史研究方法"。

第十三章 · 公共管理研究中的非介入性方法（下）：历史方法和比较方法

第二节　比较方法

一、比较方法概述

1. 定义。比较法（comparative method）是将两种以上的心理、行为、制度、现象等事物或个案，进行有计划、有目的描述、对比、分析，寻求其中的相同点和相异点，解释原因，归纳趋势和规律，以便解决问题和提供决策参考的研究方法。

比较法被广泛地运用在自然科学、社会科学和人文科学各个门类的研究中，比较法不仅仅是一种研究方法，更是一种思维逻辑和学科建构方式。在公共管理研究中，比较公共行政、比较公共政策、比较地方政府等已经成为成熟的分支学科。在政治学研究中，比较政治学说明分析如何进行而非分析的是什么，是唯一一个被认为旨在方法而非实际内容的分科。①

2. 特点。比较方法具有以下基本特点：

第一，比较方法体现了归纳法思维方式。1843 年，约翰·穆勒（John Stuart Mill）在《逻辑学体系》中运用归纳法研究自然界因果关系时，创造出的五种逻辑方法，称为穆勒五法。穆勒五法包括契合法、差异法、契合差异并用法、共变法和剩余法。社会学家涂尔干（Emile Durkheim）认为：穆勒五法就是比较方法。② 涂尔干认为，由于社会现象的因果关系往往是不明显的、复杂的，研究者不能从直接观察中得出，因此，考察这些现象只能用比较方法，这是社会学研究唯一适当的办法。③ 英国人类学家拉德克利夫—布朗（Alfred Radcliffe-Brown）也认为比较方法就是自然科学中的归纳方法（穆勒五法）在人类文化研究中的应用。总之，穆勒五法是比较方法的具体表现形式，比较方法是归纳法思维的表现。

第二，比较方法是横断方法。正因为比较方法是一种思维方式，"没有比较的思维是不可思议的，如果不进行比较，一切科学思想和所有科学研究，也都是不可思议的。明显的和含蓄的比较充满了社会科学家的著作，并且一开始就是这样"。④ 比较法可以与每一种研究方式结合，比如：实验法本身就体现了实验

---

① 〔美〕阿伦德·利普哈特：《比较政治学与比较方法》（李陈华译），载《经济社会体制比较》2006 年第 3 期。

② 〔法〕埃米尔·迪尔凯姆：《社会学方法的规则》（胡伟译），北京：华夏出版社 1999 年版，第 106 页。

③ 同上书，第 102 页。

④ 〔美〕尼尔·J·斯梅尔塞：《社会科学的比较方法》（王宏周、张平平译），北京：社会科学文献出版社 1992 年版，第 12—14 页。

组和控制组比较的思想;如果进行多案例研究,则案例之间就是比较性的研究;在进行实地研究的时候,往往也会使用比较观察的方法。可见,比较方法是一种横断性的方法,贯穿在多种研究方式中,比较方法可用于介入性的比较,也可用于非介入性的比较,可以与定性方法结合也可以与定量方法结合,可以展开横剖研究也可以展开历史研究。

第三,比较方法是研究方式而非专门的技术。比较方法是一个宽泛的、一般的方法,而不仅仅是狭隘的、专门的技术。比如贡纳尔·赫克舍尔（Gunnar Heckscher）把比较方法看做是一种研究的程序。① 沃尔特·戈德施米特（Walter Goldschmidt）认为比较方法"类似于比较分析的研究途径"（approach）②。总之,比较方法是一套从研究逻辑、研究程序到研究技术的统一的方法,是社会科学研究的基本研究方式之一。

二、比较方法的功能

通过现象间的比较进行理论建构,构造理想类型,寻求因果关系,进行历史比较是比较方法的基本功能。以下介绍比较方法在实现这些功能时的逻辑思路。

1. **通过现象间的比较进行理论建构**。概念是理论建构的基础,比较则是形成概念的主要途径。从远古开始人们就自觉不自觉地使用求同、求异、类比等方法来对事物进行分类,形成概念和知识。很多著名的社会学家、政治学家、历史学家、哲学家都在使用比较法进行理论建构。比如涂尔干在《社会分工论》中对传统社会和现代社会做的比较分析。托克维尔（Alexis de Tocqueville）在《旧制度与大革命》中对法国、美国、英国、德国革命模式的比较。总之,比较方法通过合并同类,找出差异,进行分类,可以使我们形成一般性的概念,认识事物的本质,推动我们的思维从具体走向一般,并逐级获得普遍性的认识,建构出不同层次的理论。

2. **建构理想类型**。理想类型（ideal-types）是著名社会学家韦伯（Max Weber）提出的概念,"理想类型是通过单方面地突出一个或更多的观点,通过综合许多弥漫的、无联系的,或多或少存在、偶尔又不存在的具体的个别的现象而成的,这些现象根据那些被单方面地强调的观点而被整理成一个统一的分析结

---

① Gunnar Heckscher, *The Study of Comparative Government and Politics*, London: Allen and Un-win, 1957, p. 68.

② Walter Goldschmidt, Comparative Functionalism: An Essay in Anthropological Theory, Berkeley, CA, 1966.

构。"①这种统一的分析结构具有诠释性、抽象性、复合性和对照性的特点。这些特点体现了现实和思维比较、事实和价值比较、现象间比较的多重比较思想。

第一,诠释性。韦伯认为,人文学科按照自然科学那样发现社会的发展规律是不可能的,人文学科所做的更多的是描述历史本身,解释其中的意义所在。理想类型是为了帮助人们在研究社会现象时有一个方便的着眼点。韦伯说:在社会学研究方法上,我一直力求把说明与理解结合起来,以建构起我称之为理解的社会学。我的社会学研究主要集中在探讨社会生活的本质上,通过研究社会的精神气质和分析人们社会行动的动机进而把握社会行动的意义,我认为人们的社会行动既是主观的,亦是客观的,但是主观理解乃是社会学研究的独具的特点。②

第二,抽象性。韦伯将理想类型又称作"理想图象"或"思想图象"。"这种思想图象将历史活动的某些关系和事件联结到一个自身无矛盾的世界之上面,这个世界是由设想出来的各种联系组成的。这种构想在内容上包含着乌托邦的特征,这种乌托邦是通过思想中强化实在中的某些因素而获得的。""实在包含无数的关系和事件,并且从理论上来说,它们具有各种发展的可能性。那么,人们做出如此选择并从此出发构造出某种联系的根据是什么?由关于价值关联和理解的分析我们知道,这样的根据应从两个方面来惟度:一方面是主体的价值兴趣,它决定了整个图象的联系得以建立的出发点,另一方面是实在里面的人的行动动机和社会活动中的支配观念。这两者都是以研究者理解后的形式出现的,研究由此获得对特定文化事件的观点,而这些观点被大大地强化和夸大了,从而成为实在中选择各种因素用于构成一种理想的内在无矛盾的基本线索。"③

第三,复合性。在韦伯看来,从理解的社会学所研究的基本对象即个人的社会行动的角度看,资本主义、儒教与道德等可以被看做是个人社会行动的方式;而反过来,新教伦理、禁欲主义等又可以被看做是对个人社会行动方式的限制。这样一来,韦伯就把对社会行动意义的理解与社会现象规则的研究结合起来,使每一个概念都成为具有理想类型涵义的复合概念。

第四,对照性。韦伯认为理想类型犹如康德所说的人类认知的范畴,理想类型提供了认知复杂社会现象的图式。比如韦伯在对基督教信仰进行研究的

---

① 〔德〕马克斯·韦伯:《社会科学方法论》(朱红文等译),北京:中国人民大学出版社1992年版,第85页。
② 王威海编著:《韦伯:摆脱现代社会两难困境》,辽海出版社1999年版,第271—274页。
③ 〔德〕马克斯·韦伯:《社会科学方法论》(韩水法、莫茜译),北京:中央编译出版社1999年版,第39—40页。

时候,为了能够弄清社会实在中包含的无数关系的混沌,"唯一的手段就是借助理想类型,这就是说,构想出一种内在无矛盾的基督教观念结构,并以此来与实际存在的这个混沌相比较,从而梳理出其中存在的联系的清楚线索,并且把它综合起来。""理想类型在发挥这个作用时,事实上是用来比较和衡量实在的手段。"①理想类型的功能是引导研究,当通过深入的研究,发现了理想类型与事实之间的矛盾之后,理想类型就需要进行修正,构造成新的理想类型。韦伯在其研究中常常使用理想类型的方法,官僚制就是韦伯建构的一种理想类型。如资料专栏13-1所述。

资料专栏13-1 韦伯的理想类型学方法在官僚制研究中的运用

1.理想类型方法的运用。在韦伯的研究中,理想类型可分为两种:一是历史学的理想类型;二是社会学的理想类型。前者如韦伯在《新教伦理与资本主义精神》一书中所经常使用的术语资本主义文化、新教伦理等。由于这种理想类型是在特殊的时空条件下形成的,亦即是在一定的历史进程中形成的,因此又被称为形成过程中的理想类型;后者指韦伯所讲的三种权力类型,即指克里斯玛型统治、传统型统治、法制型统治。②

韦伯认为诸如资本主义精神之类的概念,"它不能按照'属加种差'的公式来定义,而必须逐步逐步地把那些从历史实在中抽取出来的个别部分构成为整体,从而组成这个概念。"③

2.作为一种理想类型的官僚制。韦伯是在探讨统治类型的背景下对官僚制展开了论述。韦伯认为,"统治"是指"在一个可标明的人群里,让具体的命令得到服从的机会",而统治的维系除利用经济手段(物质利益)等因素外,不可或缺的一个因素是"对合法性的信仰"。"根据它们典型的合法性要求来区分统治的种类是恰当的"④。由此韦伯提出了合法性权威的三种"纯粹的类型"。韦伯认为法理型权威是最理性的统治类型,基于此种权威的现代官僚制的运作方式表现为⑤:(1)存

---

① 〔德〕马克斯·韦伯:《社会科学方法论》(韩水法、莫茜译),北京:中央编译出版社1999年版,第45—47页。
② 〔美〕莱因哈特·本迪克斯:《马克斯·韦伯思想肖像》(刘北成等译),上海人民出版社2002年版,第319—452页。
③ 〔德〕马克斯·韦伯:《新教伦理与资本主义精神》(李修建、张云江译),九江出版社2007年版,第25页。
④ 〔德〕马克斯·韦伯:《经济与社会》(上、下册),北京:商务印书馆1997年版,上册第238—239页。
⑤ 同上书,下册第248—281页。

在着固定和法定的管辖范围原则,一般通过法律或行政规则加以规定;(2)存在着职务等级制和权力等级化原则,即有一个上下级安排固定有序的体系,上级监督下级;(3)现代职务的执行建立在保存书面文件(档案)的基础之上,职务工作是与个人生活分离的领域,职位上的财物同官员的私有财产分开;(4)职务工作,至少是一切专门化的职务工作以深入的专业培训为前提;(5)职位得到充分发展时,职务工作要求官员要投入他的整个劳动力;(6)官员职务的执行根据一般的规定,这些规定或多或少是稳定的、全面的,并且可以学习的。在韦伯的官僚制理论中,官员个人的地位是重要的一个方面。韦伯论述道①:(1)现代官员总是力争并且大多数享有一种特别高对的、"等级的"社会评价;(2)官员是由上级权力机关任命的;(3)职位终身制,至少公共官僚机构是如此;(4)官员定期拿到货币报酬,一般采用固定薪金和退休金这种形式;(5)与机构的等级制度相适应,官员的"仕途生涯"从层级较低、不太重要、薪酬较少的职位向较高职位升迁。

韦伯区分了形式理性与实质理性之间的区别,以此对西方世俗理性化进程特别是现代资本主义发展过程作了分析和考察。在韦伯看来,形式理性是指"通过对外界事物的情况和其他人的举止的期待,并利用这种期待作为'条件'或者作为'手段',以期实现自己合乎理性所争取和考虑的作为成果的目的";实质理性是指"通过有意识地对一个特定的举止的——伦理的、美学的、宗教的或作任何其他阐释的——无条件的固有价值的纯粹信仰,不管是否取得成就"。② 根据形式理性,官僚制的理性类型可能是组织的最理性类型。韦伯明确指出"官僚制是'理性'性质的;规则、目的、手段和'求实的'非人格性控制着它的行为"。③

资料来源:作者根据相关材料整合汇编。

3. 寻求因果关系。 运用比较方法形成因果关系是比较法的基本功能之一。一般来讲,研究者可以使用穆勒(John Stuart Mill)所描述的差异法(method of difference)和共变法(method of concomitant variations)寻求因果关系。差异法比较某现象出现的场合和不出现的场合,如果这两个场合除一点不同外,其他情况都相同,那么这个不同点就是这个现象的原因。共变法的内容是:在其

---

① 〔德〕马克斯·韦伯:《经济与社会》(上、下册),北京:商务印书馆1997年版,下册第282—286页。
② 同上书,上册第56页。
③ 同上书,下册第324页。

他条件不变的情况下,如果某一现象发生变化另一现象也随之发生相应变化,那么,前一现象就是后一现象的原因。通常认为,穆勒的共变法是对现代比较方法的首次系统阐述。①

有些学者对运用差异法和共变法寻求社会领域的因果关系持悲观态度。因为差异法与共变法的运用需要严格的前提条件,这些严格的条件在社会研究中很难完全满足。② 比如:穆勒自己认为差异方法与共变法不能应用于社会科学,因为不能发现足够相似的案例。③ 涂尔干(Durkheim)亦认为:"很难保证在应用这种方法时,在一切相同或者相异的事实中,所有同一时期和同一性质的现象都能够一览无遗地包括在内进行比较。"④为了克服上述困难,在研究设计的时候需要把比较分析集中于"可比较的"案例,"可比较的"是指:我们想将其视为常量的许多重要特征是相似的,但如果我们想知道其相互关系而考虑那些变量,它们的特征是很不一样的。如果可以找到这些可比较的案例,那么它们就能提供运用比较方法的极好机会,因为其容许在少数变量之间建立关系,而许多其他变量是受控制的。⑤

使用比较方法寻求因果关系著名例子是马克思·韦伯(MaxWeber)对资本主义在西方产生原因的研究,他在《新教伦理与资本主义精神》等著作中,通过对中国、印度和西方社会的政治、经济、科学文化等方面的系统比较得出理性主义是西方资本主义和独有的经济伦理是资本主义在西方率先产生的原因。

4. 开展历史比较。开展历史比较研究是比较方法在时间维度上的运用和拓展。正如马克·布洛赫所说:"如果没有历史学——也就是说,如果仅仅简单地从现在的状况去对人类进行思考……社会科学就不完整。只有历史学才能为我们提供理解各个时期的社会进程和社会制度如何发挥作用所需要的认识

---

① S. F. Nadel, *The Foundations of Social Anthropology*. London: Cohen and West, 1951, pp. 222—223.

② 使用差异法和共变法寻求因果关系都需要一定的前提条件。运用差异法必须注意两点:第一,必须注意排除除了一点外的其他一切差异因素。如果相比较的两个场合还有其他差异因素未被发觉,结论就会被否定或出现误差。第二,运用差异法,还应注意两个场合唯一不同的情况是被考察现象的全部原因还是部分原因。运用共变法则需要注意:第一,不能只凭简单观察,来确定共变的因果关系,有时两种现象共变,但实际并无因果联系,可能二者都是另一现象引起的结果。第二,共变法通过两种现象之间的共变,来确定两者之间的因果联系,是以其他条件保持不变为前提的。第三,两种现象的共变是有一定限度的,超过这一限度,两种现象就不再有共变关系。(参见:迟雅、路艳华编著:《科技论文写作与评审》,辽宁科学技术出版社 1990 年版。)

③ John Stuart Mill, *A System of Logic: Raciocinative and Inductive*, London: Longmans, 1872.

④ 〔法〕埃米尔·迪尔凯姆:《社会学方法的规则》(胡伟译),北京:华夏出版社 1999 年版,第 106 页。

⑤ Neil J. Smelser, "Notes on the Methodology of Comparative Analysis of Economic Activity," *Social Science Information*, 1967, 6(2), pp. 7—21.

能力。"①"在历史比较研究中,主要目的是如何划分历史阶段,如何发现影响系统发展的一般驱动因素及其功能和主要驱动因素及其功能。具体做法是:运用系统方法将所研究对象概念化,然后结合典型案例,考察、比较每个维度、每个层次、每个因素在案例对象发展过程中功能的证据,就可以发现每一个因素在对象或系统发展的不同时期的不同作用,并可以发现对象在不同发展时期的主要驱动因素。"②

三、比较方法的原则

1. 可比性原则。 可比性包括两方面的含义:首先,对相互比较的事物而言,研究者想将其视为常量的许多重要特征变量是相似的,而待研究的变量是存在差异的,那么就可以认为两个事物具有可比性。可比性为差异法和共变法的使用提供了前提。其次,可比性还意味着对比较项目测量的口径、指标和方法是一致的。不同事物的比较项目的可比性,称为统一性;同一事物不同时期比较项目的可比性,则称为一贯性。统一性强调的是横向比较,一贯性强调的是纵向比较。

2. 对等性原则。 对等性是比较研究中的一个重要议题。"它是跨越不同情境进行比较,或者说是生活在某个特定时期与文化中的研究者能否正确地阅读、理解和概化不同历史时期或文化中的人们的资料的一个议题。""这个问题与定量研究中所出现的效度问题类似。"③

对等性包括词汇对等、情境对等、构念对等、测量对等。④(1)词汇对等。词汇对等是指字或词的正确转换,或是找到了与另一个词指称相同的词。比较研究者可以使用反向翻译来取得词汇等值。在历史研究中,文字的意义往往会随着时间的变动而发生变化,需要通过明辨词汇的历史含义,确保词汇的等值性。(2)情境对等性。情境对等性是指在不同的社会或历史情境下,正确地使用情境术语或概念的状况。(3)构念对等性。即在不同的历史和文化情境中,同一个概念是否具有相同的含义。⑤ 在公共管理研究中,不同国家和文化环境中概念所指的含义往往并不相同,比如"官僚制"这一概念在不同的国家和文化氛围

---

① 〔英〕杰弗里·巴勒克拉夫:《当代史学的主要趋势》(杨豫译),上海:上海译文出版社1987年版,第342页。
② 王革、王迎军:《社会科学定性研究中比较方法的应用》,《财经问题研究》2009年第12期(总第313期)。
③ 〔美〕劳伦斯·纽曼:《社会研究方法——定性和定量的取向》(郝大海译),北京:中国人民大学出版社2007年版,第547页。
④ 同上书,第547—551页。
⑤ 梁觉、周帆:《跨文化研究方法的回顾及展望》,《心理学报》2010年01期。

中所包含的内容并不完全一致。(4)测量的对等性(measurement equivalence)。"概念等值就测量而言,是指用在单独的社会中的测量工具事实上测量的是不是相同的概念,不论其明显的内容与程序是否相同。"①

3. **精简性原则**。精简性原则意味着在展开比较分析的时候,需要避免变量太多的问题。"比较分析必须避免变量太多所造成的危险,变量太多就会使我们发现不了受控制的关系,因此,比较分析必须明智地局限于真正关键的变量,而忽视那些无足轻重的变量。"为了避免出现变量过多的问题,可以使用缩小分析的"特征空间(property-space)",将表示本质上类似的基本属性的两个或更多的变量组合为一个变量。也可以通过理论简化(theoretical parsimony)的途径来缓解"多变量"问题。②

三、比较法的类型

1. **根据研究意图**。查尔斯·蒂利(Charles Tilly)根据比较研究的意图的差异将比较法分成四种类型③:

(1)个体化的比较(individualizing comparisons)。个体化的比较旨在发现独特性,并从这种独特性中进行概括。

(2)普遍化的比较(universalizing comparisons)。普遍化的比较则旨在发现个案间的共性,并在此基础上进行概括。

(3)差异发现的比较(variation finding comparisons)差异发现的比较则是通过审视个案之间的系统性差异来建立一种差异原则,这种差异涉及具有多种形式的某个现象的强度或特征。

(4)包围性的比较(encompassing comparisons)。包围性比较是在一个宏大结构或过程中选择若干位置(locations),解释这些位置之间的差异和相似性,并将其看做是它们与整体结构或整个过程的某种关系的结果。即它利用微观与宏观的关系来解释微观层面的差异。

布拉姆布施(A. A. van den Braembussche)将比较研究划分为五种类型,与查尔斯·蒂利的分类较为相似。④ 这五种是:

---

① Michael Armer and A. D. Grimshaw, "Methodological Problems and Possibilities in Comparatie Research", *Comparatie Social Research*, New York:Wiley, 1973, p.52.

② 〔美〕阿伦德·利普哈特:《比较政治学与比较方法》(李陈华译),《经济社会体制比较》2006年第03期。

③ Charles Tilly, *Big Structures, Large Processes, Huge Comparisons*, Russell Sage Foundation, 1984, pp.87—146.

④ A. A. Van den Braembussche, Historical Explanation and Comparative Method:Towards a Theory of the History of Society, in:History and Theory, 28(1989).

(1)反差比较。即极端个性化比较,这种比较仅强调对差异性的考察,并且在每个社会中这种比较都仅仅关注具有个性的唯一社会单位。

(2)普遍化比较。这种比较在考察差异性的同时还考察共同性,这种比较不同于历史反差比较,它基于某种普遍性的概念之上。

(3)宏观因果性历史比较。这种比较对不同的历史事例提出一个共通原因的解释。

(4)包容性历史比较。从不同历史事例与某一共通的结构体系之间的功能的角度进行比较。

(5)规律化比较。试图从众多的历史事例中证明普遍的规律或发展。

2. 根据比较的对象。 科恩(M. L. Kohn)根据研究对象的差异将比较研究划分为四个类型[①]:

(1)个案比较(case-study comparative)。即选择特殊的社会或文化单位进行异同比较。个案比较研究对于辨识少数几个个案中那些固定或变动的因素是颇为有用的。

(2)文化情境研究(culture-context research)。文化情境研究选取代表不同文化情境的社会或单位的个案进行比较。

(3)跨国研究(cross-national research)。跨国研究以国家为分析单位,研究者跨国测量一组共同的变量。

(4)多国研究(transnational research)是将国家间的集团当做分析单位,对集团间的异同进行比较。

3. 根据比较的时间维度。 根据比较的时间维度可以分为横向比较和纵向比较。横向比较是指对同一时期的不同对象进行对比分析,也可以在同类事物内部的不同部分之间进行对比。纵向比较是指对同一对象在不同时期的状况进行对比分析,又称历史比较。

4. 根据比较的聚焦点。 根据比较的聚焦点可以分为以个案为取向的比较和以变量为取向的比较。个案取向的比较指针对个案(国家、地区、组织等)或特定主题展开深入细致的分析。变量取向的比较则指针对多个个案中的相关变量进行比较,以便概括出变量之间的关系。[②]

[①] M. L. Kohn, "Cross-national Research as an Analytical Strategy", *American Sociological Review*, 1987, 52(6), pp. 713—731. 转引自〔美〕劳伦斯·纽曼:《社会研究方法——定性和定量的取向》(郝大海译),北京:中国人民大学出版社2007年版,第539页。

[②] 李路曲:《个案比较与变量比较方法在制度与政策分析中的应用》,《晋阳学刊》2011年第3期。

四、比较方法的步骤

与其他研究方法一样,比较研究也需要历经研究问题的提出、文献回顾、理论框架的建立、研究设计、资料收集、资料分析、报告写作等基本步骤。这些基本步骤并不像定量研究那样是一种线性模式:"比较研究既不像定量研究那样流畅,也不像定量研究那样固定。典型的比较研究者始于特定的感兴趣的有关现象的范畴,使用分析框架帮助理解范畴,在对证据进行检查的基础上修订范畴。在研究过程中,他们集中关注案例间相似和不同的模式,评估模式的多样性。这种对多样性的评估为他们提高或修改研究之初的框架提供基础。像任何质性研究一样,比较研究在想法和证据之间激起丰富的对话"①。图 13-1 展示了比较研究步骤及其各个步骤之间的关系。

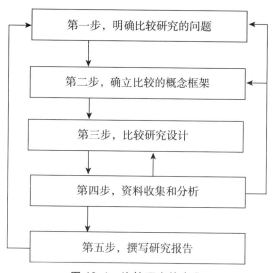

图 13-1 比较研究的步骤

以下是比较研究的基本步骤②:

第一步,明确比较的问题。 比较问题是比较研究所要回答的疑问。比较问题的差异决定了比较目的和比较功能的差异。也决定了比较研究设计的要素和选择。常见的比较问题包括以下几类:(1)形成概念建构理论类问题,比如新公共管理改革实践类型的比较。(2)历史比较类问题,比如公共行政学的范式

---

① Charles Ragin, *Constructing Social Research: The Unity and Diversity of Method*, Northwestern University, Pine Forge, Thousand Oaks, 1994, pp. 155—160.

② 本部分的写作参考了:王革、王迎军:《社会科学定性研究中比较方法的应用》,载《财经问题研究》,2009 年第 12 期(总第 313 期)。

经历了几个阶段的发展。(3)探索因果类问题,比如引入内部市场机制如何提高了政府绩效?(4)差异比较类问题,比如美国和中国地方政府公共服务职能方面存在哪些异同?

第二步,确立比较框架。比较框架是进行比较的概念框架,该框架提供了比较焦点、变量关系、模型、假设,为比较研究资料的收集提供了指引。生态行政学提出的行政生态分析框架,比较政治学使用的系统分析和结构功能分析框架都是开展政治和公共管理比较研究的有用框架。

比较研究的概念框架提出的过程往往是一个逐渐完善和丰富的过程。最初的概念框架来自已经阅读过的理论和文献,但是随着研究的深入和资料来源的扩大,研究框架往往需要进行调整。对于质性的比较研究而言,比较的概念框架引导资料的收集和分析。对于定量的比较研究而言,需要在概念框架的基础上对概念进行操作化,提出研究假设。

第三步,展开比较研究设计。比较研究设计是开展比较研究,回答比较研究问题的整个规划和蓝图,反映了回答问题的逻辑、途径和方法。选择恰当的案例、确定比较单位、确立比较标准、明确比较的逻辑是比较研究设计的主要任务。

(1)选择恰当的比较对象。比较研究对象的选择是进行比较的前提,在选择比较对象的时候需要评估和检验比较对象的可比性。在进行可比性评估的同时,逐渐建立起比较研究的基本框架,以便确定比较的焦点和变量。

(2)确定比较单位。比较单位的选择过程也是比较研究者澄清比较内容,确定比较层次的过程。尼尔·J.斯梅尔塞(Neil J Smelser)从方法论的角度提出了选择比较分析单位的五条标准:第一,分析单位必须适合于研究者所提出的那种理论问题。比如,研究者研究的组织结构对组织绩效的影响,那么比较的分析单位就应该是组织层次。如果研究的是公务员的公共服务动机的差异,那么比较的分析单位就是公务员个人层次。第二,分析单位应该与被研究的现象有贴切的因果关系。第三,考虑到对分析单位进行分类的标准——它们的"社会性"或"文化性"。这些单位从经验上看,实际上应该是不变的,以免掩盖变化的主要根源。第四,分析单位的选择应该反映与这个单位有关的资料的可利用程度。第五,只要可能,选择和分类分析单位的决定,应该以标准化的和可以重复的程序为基础,因为这些程序本身不会成为导致错误的重要根源。[①]

(3)确立比较标准。比较框架中的内容一般包括多项,这种比较要进行多

---

① 王革、王迎军:《社会科学定性研究中比较方法的应用》,载《财经问题研究》,2009年第12期(总第313期)。

次比较，每次比较的单位不同，比较标准也不一样。①

第四步，资料收集与分析。比较研究者根据比较研究的概念框架分门别类地搜集资料。并根据资料的情况修改比较框架、调整比较的问题和焦点。比较研究者在汇集证据时，需要回答两个问题：一是证据及其浮现的研究问题与所要研究的问题是否一致，证据是否足以支持所要研究的问题。二是这些证据究竟有多正确，在重新构建过去历史时，所有的文献并不是同样有价值。随着研究焦点的转变，本来无关的证据会变成有关。有的证据可能引出新的调查路线，使研究者寻找额外的肯定证据。好的证据能使研究者发现隐性的概念架构、特殊的细节以及经验通则。②

第五步，撰写研究报告。撰写研究报告是系统化地总结整个研究的过程。根据比较研究的问题和目的，可将比较研究的报告分为整理材料类的报告、探索异同原因类的报告和寻求一般理论模式的报告。这三类报告体现了比较研究逐步深入的过程。

五、比较公共行政研究

1997年高斯（Guess）在《公共行政手册》中总结了比较公共行政学（comparative public administration，CPA）的历史、理论、发展和未来的议题。他将比较公共行政学划分为古典时期和新比较公共行政时期。古典时期从1961年到1981年，这一时期研究的主导理论框架是功能主义的框架。研究的主要目的是将西方行政管理的技术和体系输出到发展中国家，实现发展中国家行政的现代化。新比较公共行政从1982年开始至今，这一时期比较公共行政的理论框架、研究领域和研究议题都得到了空前的拓展。形成了功能主义、公共选择、新制度主义三大理论框架，在研究议题上广泛地涉及政治文化、公共服务改革、人事管理、政府间关系、地方政府等议题。③

比较公共行政几乎涵盖了公共管理领域的所有议题，主要包括议题如下：

1. **比较行政学的理论和方法。** 比较行政学的理论和方法重点探讨比较行政学的历史发展、理论范式和研究方法。近些年来一批公共行政学理论和方法总论性的著作和手册不断涌现，丰富了比较公共行政学的研究。比如1985年

---

① 可参见〔美〕威廉·乔伊斯、尼汀·诺瑞亚：《4+2什么对企业真正有效》（张玉文译），北京：机械工业出版社2004年版，第15—351页。

② Charles Ragin, *Constructing Social Research：The Unity and Diversity of Method*, Northwestern University, Pine Forge, Thousand Oaks, 1994, pp. 155—160.

③ George M. Guess and Vache Gabrielyan, Chapter 15. "Comparative and International Administration", In Jack Rabin, W. Bartley Hildreth, and Gerald J. Miller, *Handbook of Public Administration*, Third Edition, CRC Press, 2006.

第十三章 · 公共管理研究中的非介入性方法(下):历史方法和比较方法

厄玛(S. P. Verma)和莎尔玛(S. K. Sharma)等人出版的《比较公共行政》①,1990年苏布拉马尼(V. Subramaniam)出版的《第三世界公共行政:国际性的手册》②,1999年简·埃里克·莱恩(Jan-Erik Lane)和摩西·马奥尔(Moshe Maor)出版的《比较公共行政》(1、2 卷)③,2000年钱德勒(J. A. Chandler)出版的《比较公共行政学》④,2001年费若尔·海迪(Ferrel Heady)和马塞尔·德克(Marcel Dekker)出版的《比较公共行政学》⑤,2001年阿里·法拉兹曼德(Ali Farazmand)出版的《比较公共行政和发展公共行政手册》(第二版)⑥,2004年乔普拉(J. K. Chopra)出版的《比较公共行政》⑦等,上述著作繁荣了比较公共行政的理论和方法的研究。

2. 比较公共政策。 比较公共政策研究兴起于 20 世纪 60 年代,其研究包括对某些特定国家之间的比较,不同国别之间实质性政策(如保健政策、税收政策、教育政策、住房政策和环保政策等)内容的比较以及公共政策过程比较。弗兰西斯·G. 卡斯尔斯(Francis G. Castles)的《比较公共政策:战后模式的转型》⑧、拉梅斯·库玛·阿罗拉(Ramesh Kumar Arora)的《比较公共行政:生态视角》⑨、B·盖伊·彼得斯(B. Guy Peters)的《比较公共官僚:理论和方法问题》⑩、道格拉斯·埃利奥特·阿什福德的(Douglas Elliott Ashford)《比较公共行政的历史和脉络》⑪、贾米尔·杰瑞赛德(Jamil E Jreisat)的《比较公共行政与

---

① S. P. Verma and S. K. Sharma, *Comparative Public Administration*, New Delhi: Indian Institute of Public Administration, 1985.

② V. Subramaniam, *Public Administration in the Third World: An International Handbook*, Greenwood Press, 1990.

③ Jan-Erik Lane, Moshe Maor, *Comparative Public Administration*, Vol. 1 & 2 Vermont, Ashgate Publishing Company, 1999.

④ J. A. Chandler, *Comparative Public Administration*, Routledge, 2000.

⑤ Ferrel Heady & Marcel Dekker, *Public Administration: A Comparative Perspective*, 2001. 此书国内已经有翻译。《比较公共行政学》,北京:中国人民大学出版社 2006 年版。

⑥ Ali Farazmand, *Handbook of Comparative and Development Public Administration*, Marcel Dekker Ltd; 2Rev Ed edition, 2001.

⑦ J. K. Chopra, *Comparative Public Administration*, Commonwealth Publishers, 2004.

⑧ Francis G. Castles, *Comparative Public Policy: Patterns of Post-War Transformation*, 1999.

⑨ Ramesh Kumar Arora, *Comparative Public Administration: An Ecological Perspective*, Associated Pub. House, 1972.

⑩ B. Guy Peters, *Comparing Public Bureaucracies: Problems of Theory and Method*, Tuscaloosa: Alabama University Press, 1988.

⑪ Douglas Elliott Ashford, *History and Context in Comparative Public Policy*, University of Pittsburgh Press, 1992.

政策》①、理查德·罗斯(Richard Rose)的《比较公共政策的实践经验》②等书推进了比较公共政策研究。

3. 比较官僚制和政府人事管理。比较官僚制和政府人事管理的研究重点探讨不同国家官僚制度的共性和特点。比如 1995 年皮埃尔(J Pierre)等人所著的《现代国家的官僚:比较公共行政导论》③,2008 年盖伊·彼得斯(Guy Peters)所著的《官僚政治:比较公共行政导论》④。2008 年杰克·雷宾(Jack Rabin)所著的《比较政府人事管理》⑤等著作推进了对不同国家官僚制构成、运转和改革的认识。

4. 比较公共预算与财政管理。比较公共预算和财政管理的研究侧重研究不同国家、不同地区、不同层次政府预算和财政管理的行为、过程、规范、制度、政策等内容。比如,凯登和威尔达夫斯基(Caiden & Wildavsky)的《穷国的计划和预算》⑥、欧亨尼奥·卡佩西奥勒(Eugenio Caperchione)和里卡多·穆塞里(Riccardo Mussari)的《地方政府会计的议题比较》⑦,安德里亚·特福林(Andrea H. Tevlin)和塞西尔·皮特勒(Cecile Pettle)的《比较公共预算和财政管理手册》⑧等等。

5. 比较公共部门改革。比较公共部门改革侧重探讨不同公共部门改革的路径、方式、战略和工具。比如布伦达·诺兰(Brendan C. Nolan)的《公共部门改革:国际透视》⑨、克里斯托弗·波利特(Christopher Pollitt)和吉尔特·布夏尔特(Geert Bouckaert)的《公共管理改革:比较分析》⑩、劳伦斯·林恩(Lau-

---

① Jamil E Jreisat, *Comparative Public Administration and Policy*, Westview Press, 2002.
② Richard Rose, *Learning From Comparative Public Policy: A Practical Guide*, Routledge, 2004.
③ J Pierre, *Bureaucracy in the Modern State: An Introduction to Comparative Public Administration*, Edward Elgar, 1995.
④ Guy Peters, *Politics of Bureaucracy: An Introduction to Comparative Public Administration*, 6 edition, Routledge, 2008, 此书 2000 年版已经翻译出版。〔美〕B·盖伊·彼得斯:《官僚政治》(聂露、李姿姿译),北京:中国人民大学出版社 2006 年版。
⑤ Jack Rabin, *Comparative Personnel Management: The People In Government*, 1 edition, CRC, 2008.
⑥ N. Caiden, & Wildavsky, *A Planning and Budgeting in Poor Countries*, New York, Wiley, 1974.
⑦ Eugenio Caperchione and Riccardo Mussari, *Comparative Issues in Local Government Accounting*, Springer-Verlag New York, LLC, 2000.
⑧ Andrea H. Tevlin, Cecile Pettle. *Handbook of Comparative Public Budgeting and Financial Management*, CRC, 1992.
⑨ Brendan C. Nolan, *Public Sector Reform: An International Perspective*, Palgrave, 2001.
⑩ Christopher Pollitt and Geert Bouckaert, *Public Management Reform: A Comparative Analysis*, Oxford University Press, 2000. 此书国内已经有翻译。《公共管理改革:比较分析》(夏镇平译),上海:上海译文出版社。

rence Lynn)的《旧公共管理和新公共管理》①等等。

6. 比较地方政府。比较地方政府是一个相对独立的领域,已经出版了不同国别地方政府治理和管理的著作。近些年来一些采用跨国比较的视角,分析了不同国家地方政府管理差异的著作也相继出版,比如:《关于改进地方政府产出的比较公共行政研究》②、《跨国公共行政的批判性议题:私有化、民主化和分权化》③等。

除了上述议题外,诸如比较政府战略、比较政府绩效、公共管理的国别比较等领域也成为学者们关注的重要领域。本书以《行政生态学》为例,阐述比较研究方法在公共管理领域的运用。详见本书光盘"例文解析13-2《行政生态学》的比较研究方法"。

第三节 历史比较方法

一、历史比较法的含义

1. 定义。历史比较法又称作比较历史法,或比较历史分析,是比较研究和历史研究同时使用的共生概念,指在历史变化发展过程中,通过对社会现象的对比,寻求历史现象的共同性和差异性,从而"在其个性中更为准确地把握历史对象并使之与其他历史对象相互区别开来"的研究方法。④

2. 历史发展。历史比较法是渊源非常悠久的研究方法,古典典籍《春秋》,"以史为鉴可以知兴替"是人们对历史比较方法价值的朴素认识。近代以来,历史比较研究方法逐渐成为系统化的、科学的研究方法。早期的历史比较研究结合了社会学、史学、政治科学和经济学。⑤ 19世纪社会学的创始人孔德、马克思、韦伯等人都是使用历史比较研究的大家,历史比较研究成为社会科学各个学科鼻祖建构经典理论的基本方法。

19世纪末20世纪以来,随着实证主义思想的兴起,历史比较研究的统治地位逐渐被实证主义所取代。到了20世纪中叶,实证主义和行为主义成为社会科学研究的主流,社会科学家开始更加注重社会研究的一般性和形式化,更加

---

① Laurence Lynn, *Public Management Old and New*, Routledge, 2006.
② Michiel S. De Vries, P. S. Reddy, and M. Shamsul Haque, *Improving Local Government: Outcomes of Comparative Public Administration Research*, Palgrave Macmillan, 2008.
③ Stuart S. Nagel, *Critical Issues in Cross-National Public Administration: Privatization, Democratization, Decentralization*, Quorum Books, 2000.
④ 〔德〕凯博:《历史比较研究导论》(赵进中译),北京:北京大学出版社2009年版。
⑤ 〔美〕劳伦斯·纽曼:《社会研究方法——定性和定量的取向》(郝大海译),北京:中国人民大学出版社2007年版,第513页。

注重行为分析,更加注重共时分析。历史比较研究所倡导的历史分析、宏观制度分析、历史背景分析日渐式微。

20世纪60年代以后,随着(1)社会科学研究中后行为主义对行为主义展开了批判和否定,(2)新制度主义的兴起,(3)国家回归学派的兴起,(4)马克思主义观点在西方社会科学研究中再度引起重视,(5)社会科学研究受法国年鉴学派的影响等因素,社会科学研究中的历史比较方法日益复兴。

20世纪70年代之后,社会科学研究中出现了从行为主义转向历史比较研究的"历史学转向。"正如查尔斯·蒂利(Charles Tilly)所概括的那样:"所谓的历史化指的是,将重大社会转型的研究时期向过去延伸,寻找出可以与现代变迁相类似的历史,然后再借助它们在历史上所留下的文献资料,来考察现代社会变迁的过程及其结果,并检验一般概念是否无误。"① 20世纪80年代以后,历史比较研究成为一股主要的势力。1983年美国社会学学会成立了一个历史比较社会学学会。使用某种形式的历史比较研究的论文被刊登在某些领导性的学术期刊上。例如1990年后,刊登在最富声望的美国社会学期刊上的论文,在某种意义上,大约有40%是历史研究或比较研究。2003年马奥尼(Mahoney)和鲁斯齐美尔(Rueschemeyer)编辑出版了《社会科学中的比较历史分析》一书,该书标志着历史比较研究传统在方法上的自觉。②

3. 适合的研究问题。历史比较方法适合于回答以下几类问题:

第一,适合回答大问题。历史比较研究是一个讨论重大问题的有力方法:例如,主要的社会变迁如何发生?绝大多数的社会有哪些共同特征?为什么当前的社会制度安排,在某些社会呈现的是某种特定的形式,而不是另一些社会呈现的另一番风貌?

第二,探索哪些社会因素共同造成特殊的结果。

第三,比较不同社会体系。比较整个社会体系以了解不同社会之间,哪些是共同特征,哪些是独特之处。

第四,研究长期的社会变迁。

第五,重新解释资料或挑战旧的解释。

第六,加强概念化及理论建构。通过检验历史事件或不同的文化情境,研究者不仅能够产生新的概念,并且还能拓展自己的观点。概念比较不可能被限制在单一的历史时刻或单一的文化之中。它们可能根植于生活在某个特定文化与历史情境之下的人类经验。

---

① S·肯德里克、P·斯特劳、D·麦克龙编:《解释过去了解现在——历史社会学》,上海:上海人民出版社1999年版,第15页。
② 陈那波:《历史比较分析的复兴》,《公共行政评论》2008年第3期,第58页。

二、历史比较法的方法论特征

历史比较研究的方法论特征是将历史比较研究与其他研究方法进行区别的标志,亦是历史比较研究的本质。很多学者都尝试概括历史比较研究的方法论特征,比如戈德斯通(Goldstone)将历史比较分析的特点概括为:贝叶斯式分析、过程追踪和一致性检验。马奥尼(Mahoney)和鲁斯齐美尔(Rueschemeye)认为历史比较分析的特征为:因果分析为逻辑、强调历时性的分析、用数目较小的个案来进行背景制约式的比较。斯科克波尔(Skocpol)则强调历史比较分析的问题取向和知识累积两个方面的特点。① 纽曼概括了历史比较研究与实地研究的六大相似之处和六项独特之处。哈特穆特·凯博(Kaelble)认为历史比较研究具有专业界限的流动性、空间限度、时间分割、概念和资料处理方式特殊的特点。② 综合上述学者的观点,历史比较研究方法论特征可以归纳概括如下:

1. 定量与定性综合。③ 从历史比较研究处理资料的特征来看,历史比较既可以是定性的也可以定量的,亦可以是定性与定量结合的研究。比如:纽曼从历史比较研究的案例数量、时间、资料特征三个维度,将历史比较研究分为16种类型。纽曼还进一步分析了历史比较研究与实地研究、定量研究的共同特征。如表13-2所示:

表13-2 历史比较研究与实地研究、定量研究的共性

主题	历史比较研究与实地研究	历史比较研究与定量研究
研究者的观点	属于研究过程的一个不可或缺的部分	从研究过程中剔除
处理资料的方法	沉浸在许多细节当中试图获得理解	精确地将变量操作化
理论与资料	基础理论、概念与资料间的对话	演绎性的理论与经验资料比较
提出发现	翻译出某个意义系统	验证假设
行动/结构	人们建构意义,但仍在结构之内	社会力量塑造行为
法则/一般化	有限的一般化,取决于环境	发现放之四海皆准,不受环境影响的法则

资料来源:〔美〕劳伦斯·纽曼:《社会研究方法——定性和定量的取向》(郝大海译),北京:中国人民大学出版社2007年版,第520页。

2. 介于极端的实证主义和诠释主义之间。 在历史比较研究的大阵营里,诠释史学和计量史学代表质性研究和定量研究的两个极端,历史比较研究就处于

---

① 陈那波:《历史比较分析的复兴》,《公共行政评论》2008年第3期,第59页。
② 〔德〕凯博:《历史比较研究导论》(赵进中译),北京:北京大学出版社2009年版,第75—91页。
③ 〔美〕劳伦斯·纽曼:《社会研究方法——定性和定量的取向》,第581页。

这两个极端之间,具有质性与定量综合的特征。"历史比较研究不同于实证主义的研究取向。它与某些实地研究者、文化人类学者和历史学家所鼓吹的极端诠释主义研究取向也不相同。"[1]它把对某个特定历史或文化的情景敏感性,与理论概括结合起来。历史比较研究可以使用定量资料来弥补质性资料分析。历史比较研究的逻辑与目标接近实地研究的程度高于传统实证主义研究取向。[2]

历史比较研究与实地研究的共同的特征包括:(1)历史比较研究与实地研究两者都承认,研究者的观点是无可避免的一部分。两种类型的研究都涉及诠释,因而把诠释者所在的时空与世界观带进研究中。(2)历史比较研究与实地研究两者都检验多样性的资料。(3)实地与历史比较研究者都经常使用扎根理论。(4)实地与历史比较研究都涉及某种类型的翻译。(5)实地研究与历史比较研究的焦点集中在行动、过程和顺序上,并且视时间与过程为基本要素。(6)实地与历史比较研究中,概括与理论相当有限。

综上,可将历史比较研究的特征列表概括如表 13-3。

表 13-3 历史比较方法的特点

主题	历史比较研究取向
证据	从不完整与断简残篇的资料中重新构建
扭曲	避免使用研究者自己知道、在社会或历史情境之外的因素
人的角色	包括某个情境之下人们所具有的意识,并且将他们的动机作为因果解释的因素
原因	视原因为偶发的,并且是几种因素结合的结果
微观/宏观	将个案做整体比较,连接宏观或微观层级或社会现实的各个层级
跨情境	对照某个情境下具体的特定事件,跨越不同情境,进行抽象的比较

资料来源:〔美〕劳伦斯·纽曼:《社会研究方法——定性和定量的取向》(郝大海译),北京:中国人民大学出版社 2007 年版,第 520 页。

3. 使用特殊的方式探索因果关系。 历史比较研究在探索因果关系的时候,"研究者经常使用组合性解释。这类似于化学反应,在特定情境下(温度、压力),把几个元素(化学药品、氧气)掺在一起所产生的化学结果(爆炸)。这不同于线性因果关系。其中的逻辑比较接近 A、B 和 C 在某个时空下同时出现,然

---

[1] 〔美〕劳伦斯·纽曼:《社会研究方法——定性和定量的取向》,第 519—520 页。
[2] 同上书,第 520 页

后 D 产生了,而不是 A 造成 B,B 造成 C,C 造成 D。"①这种组合性解释类似于我们在比较分析中阐述的差异法和共变法。

历史比较研究的特征是"案例少、变量多",这与定量研究"案例多、变量少"恰恰相反,如果说定量研究(调查研究)寻求的是基于统计推断的普遍因果关系,那么历史比较研究寻求的则是基于归纳的特殊因果关系。模式匹配(pattern matching)、过程追踪(process tracing)、因果叙述(causal narrative)和次序阐述(sequence elaboration)等,是历史比较研究寻求因果关系的常用方法。②

4. **强调历史的重要性**。历史比较研究的标志是"历史",从历史出发、在历史中展开、得出历史结论。在比较历史制度分析中,已经发展出了一套成熟的分析制度演进的概念和分析框架。

5. **使用比较案例研究**。进行多案例比较研究是历史比较研究的特征之一。比较案例通过有限的案例来覆盖有限的自变量的变化范围,探索一定范围内适用的规律。③通过选择可比较的案例,设定背景变量和研究变量,探索历史因果关系。

6. **连接微观和宏观**。历史比较研究"不单单描述微观或宏观层次的过程,而且同时叙述现实的几个层面或层次,并且寻找其间的联系"。④ 在理论层次上,历史比较研究倡导中层理论的研究,对有限的经验进行适度的概括,将宏大理论和微观个案连接起来,推动理论的发展。在方法论层次上,历史比较研究往往综合使用基于方法论个体主义的方法和基于方法论集体主义的方法,将两者紧密地结合起来。比如莱维(Levi)所倡导的"比较历史的理性选择"(comparative and historical rational choice)的方法就是尝试连接微观和宏观的理论分析途径。⑤

7. **强调知识的累积性和方法的兼容性**。历史比较研究从个案比较开始,遵循的是归纳的逻辑,历史比较研究的知识增长和累积是不断归纳的过程。在人类不断地归纳获得一般性知识的逻辑路途上,具有归纳性质的历史比较方法往往与具有演绎性质的问卷调查法相互结合使用,体现了定性与定量的结合。

---

① 〔美〕劳伦斯·纽曼:《社会研究方法——定性和定量的取向》(郝大海译),北京:中国人民大学出版社 2007 年版,第 523 页。
② 转引自朱天飚:《比较政治经济学与比较历史研究》,《国家行政学院学报》2011 年第 2 期。
③ Gary King, Robert O. Keohane, Sidney Verba, *Designing Social Inquiry: Scientific Inference in Qualitative Research*, Princeton University Press, 1994.
④ 〔美〕劳伦斯·纽曼:《社会研究方法——定性和定量的取向》(郝大海译),北京:中国人民大学出版社 2007 年版,第 523 页。
⑤ 转引自朱天飚:《比较政治经济学与比较历史研究》,《国家行政学院学报》2011 年第 2 期。

三、历史比较法的类型

历史比较研究是一个庞大的家族,根据不同的分类标准,形成了多种类型划分:

1. 根据历史比较的功能。 斯科克波尔(Theda Skocpol)和萨默斯(Margaret Somers)根据历史比较研究的功能将历史比较研究划分为三类①:(1)宏观因果比较。通过对某些重大历史过程的比较分析,为社会发展与变迁提供因果性解释。(2)理论的平行比照说明。通过对处于不同社会历史环境中的不同实例的说明,来证明一种理论或观点的普遍性。(3)背景比较。把两个或多个事物放在一起,对比说明它们与某一主题或特定理论之间的关系。

2. 根据比较历史的方式。 曼得尔鲍姆(Maurice Madelbaum)把比较历史分为三种方式:(1)进化方式。这种方式从社会的进化角度进行历史比较。(2)遗传学方式。通过社会的传承路线追寻它们之间的相似性。(3)类比方式。包括进行直接描述的现象学形式和指明隐含相似性的分析方法。②

3. 根据比较对象的综合性。 1925年马克·布洛赫(Marc Bloch)区分了整体化比较和个性化比较。(1)整体性比较。对一般性的理论纲领在尽可能多的社会中进行验证。整体性历史比较的目的通常在于解释一切历史的和现代社会中的人类共同生活的共同规律。整体比较总体上关注的是对结构、经历、价值以及经济、社会、文化或政治的综合性整体的比较,而不是仅对单一方面、机构、社会群体或事件的比较。(2)个性化比较。使某个社会的独特性在比较中展示出来。在实践中,历史比较通常是特殊性比较,它并不研究社会的所有方面,而是集中在特殊的课题上。③

4. 根据比较动机。 根据研究动机的不同,可将历史比较分为分析性比较、启蒙性比较、理解性比较、认同性比较和历史文明比较五种。(1)分析性比较。分析性比较是对历史原因的历史分析及历史类型学的构建。分析比较更多的是试图从历史环境和历史先决条件中去解释或对一定的社会结构、体制、心态、事件、决策、辩论进行模式归纳。(2)启蒙性比较。又称评价性和裁决性比较。这类比较的目的不仅是对社会历史进程和事件进行一定距离的分析和模式化,也不仅是为更好地理解另一社会以及确认一个国家、地区或文明的性质,它更

---

① Theda Skocpol, & Margaret Somers,"The Uses of Comparative History in Macrosocial Inquiry", *Journal of Comparative History and Society*, 1980, 22(2), pp. 174—197.

② Maurice Mandelbaum, "Some Forms and Uses of Comparative History," *American. Studies International*, 1980, 18(2), pp. 19—34.

③ 〔德〕凯博:《历史比较研究导论》(赵进中译),北京:北京大学出版社2009年版。

多地是对社会发展积极和消极方面的评价。(3)理解性比较。理解性比较旨在更好地理解其他不同的社会,他们的独特性、特有的制度、心态和结构中的逻辑性。(4)认同性比较,是对历史认同的研究,旨在发现历史的认同性或者对其进行重建,要写出一个国家,有时是一个地区、一个地方、一种职业的这类的历史,它能使读者在这种历史中重新发现自我,在这种历史中找到自我认同,以及能够发展这种认同的条件。(5)历史文明比较。是整体文明以及大社会之间之间的比较。历史文明比较同其他已经谈到的历史比较的基本意图一样,并非是特殊模式。其大部分是认同性的,当然它也可以是分析性、启蒙性和理解性的。[①]

四、历史比较法的步骤

一般而言,历史比较研究需要重点考虑以下六个基本步骤[②]:

1. 熟悉研究状况。对于任何历史比较研究,研究者都应尽早、尽量彻底地熟悉各个比较社会的有关研究状况。人们只有对研究状况有了一定的了解之后,才能构建出合适的比较问题。对研究状况的熟悉主要包括以下几个方面:(1)对不同社会中的比较课题进行了解,并搞清在所选比较社会中其研究对象是否大体具有可比性,或把不可比的东西相互排列出来,然后去寻求其他的一定程度的可比较的制度、结构或心态。(2)了解当时的术语和语言,要注意这方面的可比性和不可比性。(3)确定在基本分析上是否真的可以放弃比较社会的某个部分。(4)了解历史资料的形式和获取途径以及对资料的处理。

2. 确立比较问题。比较问题是比较研究的灵魂,可以通过专家咨询和理论回顾的方式提出适当的研究问题。一个好的比较问题应该满足以下几点要求:(1)有合适的比较事项。在比较事项的选择上,它要适合比较的问题,要清楚地意识到每个比较事项的优劣,然后再作出决定。(2)问题与方法统一。比较研究通常需要运用多种的方法,研究者需要根据史料与问题特征选取适当的方法。(3)有明确的比较的类型。研究者需要根据问题的性质确定比较的类型。(4)有明确的知识背景。问题通常是人们从自身社会某个特定的意义背景关系中产生出来,明确比较的知识背景有助于克服可比性、跨文化比较等问题。

3. 选择比较事项。选择比较事项是每个比较项目的一个关键决策。进行比较事项的选择时,需要重点考虑:研究对象的可比性、比较对象的范围、研究项目的时限、比较的层次是微观还是宏观等因素。

4. 确定历史背景。对历史背景的思考,相比社会学、人口统计学以及经济

---

① 〔德〕凯博:《历史比较研究导论》(赵进中译),北京:北京大学出版社 2009 年版,第 36—37 页。
② 〔美〕劳伦斯·纽曼:《社会研究方法——定性和定量的取向》(郝大海译),北京:中国人民大学出版社 2007 年版,第 525—528 页。

学比较来讲,是历史比较的强项。(1)背景的选择取决于差异性比较还是共同性比较。一般地,若是差异性比较,把考察对象放入比较社会中就足矣;相反对于共同性的比较,一定要考虑更为宽广的背景。(2)背景的选择还取决于课题的跨度。比较研究可以对世界范围的历史进行考察,尽管最终仅限于对几个国家进行研究;相反也可以对特殊历史进程进行研究,而这种进程只在很少的几个国家存在。(3)背景选择取决于一个比较的因果分析和类型学。(4)背景的选择也要考虑到当时人们优先关注的问题。

5. 选择资料。 选择资料时研究者需要考虑资料来源的渠道,分析资料的等值性,评估资料的质量,对多种资料进行对比鉴别等。

6. 选择适合的比较方法。 在上述步骤完成后,就需要选择合适的比较方法展开比较研究。可选的比较方法包括简单的差异对比、求同法、共变法、分析性概括等等。比较方法决定了资料的组织和综合形式。

五、公共管理研究中的历史比较制度分析

历史比较制度分析是历史制度主义的重要分析方法,亦是发育较为成熟、影响也较为重大、应用较为广泛的研究途径、资料收集和分析方法。正如彼得斯(Peters)所言:"真正从政治学传统中发展出来,最早成为方法论意义上的新制度主义,并产生重大影响的就是历史制度主义。"①

历史比较制度分析是以制度为聚焦点的历史比较研究方法,被广泛地运用于比较政策、比较行政、比较政治经济等领域。在政治学和公共管理学的研究中,对制度的关注经历了旧制度主义时期,行为主义排斥制度的时期,新制度主义(new institutionalism)重新发现制度的时期。新制度主义包括理性选择制度主义(rational choice institutionalism)、历史制度主义(historical institutionalism)与社会学制度主义(socioligical institutionalism)三个学派。

历史比较方法被广泛地运用于公共管理的研究中,研究主题涉及政策执行、绩效、组织文化、区域治理等广泛的领域。比如:托马斯·布伦纳(Thomas E. Brener)完成的博士论文《社会政策和社会工作教育:一个历史比较研究》(Social Policy and Social Work Education: A Historical Comparative Study),穆杰查·马丁(Mujica San Martin)完成的博士论文《国家的重建:秘鲁和哥伦比亚的管制改革和私有化》(Restructuring the State: Regulation Reform and

---

① G., Peters, *Institutional Theory in Political Science: The New Institutionalism*, London: Pinter, 1999, 64.

Privatization in Peru and Colmbia)。① 等等。见本书光盘"例文解析13-3 对《驾驭经济》的历史比较研究方法"。

【延伸阅读】

1. 〔德〕凯博著:《历史比较研究导论》(赵进中译),北京大学出版社2009年版。
2. 〔苏〕И·Д·科瓦利琴科:《计量历史学》,四川人民出版社1987年版。
3. 杜维运著:《史学方法》,北京大学出版社2006年版。
4. 葛懋春、姜义华主编:《历史计量研究法》,山东教育出版社1987年版。
5. Ragin, Charles C. *The Comparative Method*: *Moving Beyond Qualitative and Quantitative Strategies*, University of California Press, 1989.
6. Mahoney, James Rueschemeyer, Dietrich *Comparative Historical Analysis in the Social Sciences*, Cambridge University Press, 2003.
7. Jreisat, Jamil E. *Comparative Public Administration*, Westview Press, 2002.
8. Kalberg, Stephen *Max Weber's Comparative-Historical Sociology*, University Of Chicago Press; 1 edition, 1994.

---

① Mujica San Martin, Maria Eugenia, "Restructuring the Sate: Regulatory Reform and Privatization in Peru and Colombia", Dissertations from ProQuest, 2002.

第十四章 公共管理研究中的定性与定量资料分析

第一节 公共管理研究资料分析概述

一、公共管理研究资料分析的内涵

资料分析是紧随研究问题提出、研究设计、研究方法和资料收集之后的一个基本步骤,亦是研究论文写作的重要组成部分。所谓资料分析"通过对资料所包含的被研究事物的各个部分、各个阶段和属性的考察,对本质与非本质、偶然与必然因素的区分,把握事物的本质特征、属性、功能、结构和规律性,进而对所研究的事物做出正确的解释与结论。"[①]在公共管理研究中,根据公共管理研究资料的特点,运用科学的思维方法和专门的资料分析工具对公共管理现象进行比较、分析和综合,获得公共管理知识的过程就是公共管理研究的资料分析。

资料分析过程是思维过程、资料转换和结论呈现过程的统一。首先,研究者需要综合使用哲学的、科学的、人文的多个领域的知识,形成适当的思维方法,按照正确的逻辑推理,对经验材料进行整理和加工,形成有用的知识。"狭隘的经验主义者好像蚂蚁,只会收集材料而不会加工使用;经院哲学家就像蜘蛛那样,只会从肚子里吐丝结网;真正的哲学家应当像蜜蜂,既能收集材料,又能消化加工。"[②]其次,资料分析过程是收集所获得的资料不断转换的过程,包括资料的整理、资料的筛选、资料的呈现和结论的得出四个环节,这四个环节环环相扣,将原初的杂乱的资料转换为研究结论。资料整理是对收集到的原始资料进行检查、分类和简化,使之系统化、条理化,从而为进一步分析提供条件的过程。[③] 资料筛选是根据研究的需要对整理后的资料进行精选和取舍。资料的呈现是使用图表、符号、文字等方式将具有一定含义的资料表达出来。结论得出是对资料呈现的结果进行阐述、说明和解释以得出研究的结论。

[①] 袁方主编:《社会研究方法教程》,北京:北京大学出版社1997年版,第421页。
[②] 北京大学哲学系外国哲学史教研室:《16—18世纪西欧各国哲学》,北京:商务印书馆1961年版,第41页。
[③] 袁方主编:《社会研究方法教程》,北京:北京大学出版社1997年版,第423页。

二、质性与定量资料分析比较

在公共管理研究中,根据资料的性质,一般将公共管理的资料分析分为质性的资料分析和定量的资料分析,表14-1总结了两者之间的区别和联系:

表14-1 质性与定量资料分析比较

		质性资料分析	定量资料分析
相同点		都涉及推论	
		都涉及公开的方法和程序	
		比较是所有资料分析的核心程序	
		竭尽避免误差、错误的结论以及误导性推论	
相异点	标准化	较少标准化形式,资料分析方法具有多样化	从一组特殊化、标准化的资料分析技术中进行选择
	分析资料和收集资料的过程	也可以从事模式或关系的寻找,不过他们在一项研究的早期阶段就开始进行分析,同时他们还继续搜集资料	直接完成所有资料的搜集并将它们浓缩到数字中之后,才开始进行资料分析
	同社会理论的关系	将经验验证与抽象概念融合在一起,来建立新的概念和理论	操作代表经验事实的数字,以检验带有变量建构的抽象假设
	同社会生活的抽象程度	多以文字形式来呈现,可能含有多重意义	通过统计、假设和变量来实现的
	目的	发现规模和模式	描述和检测
	取向	系统取向,理解复杂情境中变量互动	分析取向,了解少数控制的变量

资料来源:根据〔美〕劳伦斯·纽曼:《社会研究方法——定性和定量的取向》(郝大海译),北京:中国人民大学出版社2007年版,第558—560页整理。

从表14-1可以看出:质的资料分析与量的资料分析并不是水火不容,截然分开的,只是两者在分析的思路、方法和分析工具的选择上存在差异。

三、质性与定量资料分析的整合

事实上,"量化法与质性研究法其实是无可避免地纠结在一起的,不只在特定资料组中可看到此现象,即使是研究设计与资料分析之中亦是如此。"[1]从资

---

[1] 〔美〕迈尔斯、〔美〕休伯曼:《质性资料分析:方法与实践》(张芬芬译),重庆:重庆大学出版社2008年版,第58页。

料分析与研究设计的角度而言,质的资料分析与量的资料分析往往相互结合,互相促进。

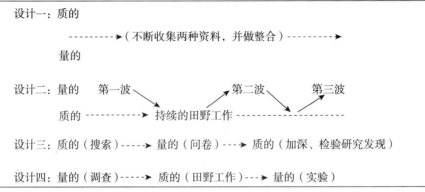

资料来源:〔美〕迈尔斯、〔美〕休伯曼:《质性资料分析:方法与实践》(张芬芬译),重庆:重庆大学出版社 2008 年版,第 58 页。

图 14-1　质性与定量资料分析的整合

由图 14-1 可知,质性资料分析和定量资料分析是社会研究过程中两个相依相生的方面。其整合的方式主要包括四种:第一,质量并举。定量的资料与质性的资料混杂在一起,或者同时收集两类资料,两类资料相互印证整合成统一的资料。第二,珍珠串模式。持续的田野工作像珍珠串的红线,定量研究则像红线上串着的珍珠,在田野研究的指引下,定量研究阶段性地推进。第三,从质开始的质量互动。从探索性的质性研究开始,形成量的问卷调查,然后加深、检验研究发现。第四,从量开始的质量互动。从量的调查开始,然后通过田野工作,加深对研究对象的系统认识,然后再进行量化的实验研究。

第二节　公共管理质性资料分析

一、概念

1.**定义**。质性资料(qualitative date)又翻译为定性资料、质的资料,指与定量资料相对,不能、不必要或难以直接用数字表达和呈现的资料。① 质性资料分析则是研究者基于某种研究立场和取向,在某种理论框架和方法的指引下,按照特定的步骤,使用分析的工具和技术对质性资料进行加工、整理、诠释,以呈现资料中隐含的联系和意义的活动。

---

① 本专题除了引用原文使用定性资料、质的资料外,如无特殊说明,统一使用质性资料指称 Qualitative date 表达的概念。

学者们从不同的角度对质性资料予以阐释。比如：伯吉斯（R. C. Burgess）认为"以某种意义而言，所有资料都是质性资料。质性资料关系着人们、事物以及情境的本质。当我们拥有一些原始经验后，可以将它们化为文字。"[1]劳伦斯·纽曼（W. Lawrence Neuman）认为："定性资料是以文本、书面文字、词句或象征符号等形式，来描述或呈现社会生活中的人们、行为和事件。"[2]风笑天将质性资料界定为："研究者从实地研究中所得到的各种以文字、符号表示的观察记录、访谈笔记，以及其他类似的记录材料。"[3]陈向明将描述性资料、实地笔记、当事人引言等统称为质性资料。[4]

2. 特点。质性资料主要是文字资料，"也就是用详尽的文字形式表现出来的一种语言。这些文字根据的是观察、访谈、文件。基本上这些资料的搜集活动，是极为贴近某一现场，且持续了一段时间。最后，这类资料通常并不是立即用来做分析的，必须做某些处理。原始的田野札记需要经过校对，编辑与录入，录音带需要誊写为文字，并且校对过。"[5]质性资料具有三个特征[6]：

第一，质性资料着重在自然情境里自然地反复出现的那些日常事件，这样资料才能让我们稳固地掌握"真实生活"的样貌。

第二，质性资料具有丰富性和整体性，更有可能展现复杂性。这样的资料提供了"浓厚的描述"，生动地嵌入其脉络里，犹如拥有真相的指环，可以让读者产生深刻的印象。

第三，质性资料的搜集通常都持续一段时间，因此这类资料很适合用来研究任何过程（包括历史在内）。它不只可以对"什么"或"多少"做一"快照"，更介意探究事件究竟如何与为何发生，甚至还可以评估因果关系，显示在某特定情境里因果关系运作的情形。

第四，质性资料着重人们"活生生的经验"，基本上就很适合探究意义问题，这些意义乃是人们归诸于生活事件、过程与结构里，这些意义也就是人们的"知觉、预设、先见与前提"。

3. 功能。质性资料具有三项基本功能："第一，发展研究假设，要想发现、探究一个新领域，人们通常认为最合适的策略就是运用质性资料。此外，质性资

---

[1] R. C. Burgess, *The Ethics of Educational Research*, New York:Falmer, 1989. 转引自〔美〕迈尔斯、休伯曼：《质性资料分析：方法与实践》（第二版）（张芬芬译），重庆：重庆大学出版社2008年版，第14页。

[2] 〔美〕劳伦斯·纽曼：《社会研究方法——定性和定量的取向》，第557页。

[3] 风笑天：《社会学研究方法》（第三版），第296页。

[4] 陈向明：《质的研究方法与社会科学研究》，第11页。

[5] 〔美〕迈尔斯、休伯曼：《质性资料分析：方法与实践》（第二版），第14页。

[6] 同上书，第16页。

料适合用来检验研究假设,看看某一预测是否获得支持。最后,质性资料也适合用来辅助量化资料;如果研究者想要对统一情境搜集到的量化资料,进行补充、证明、解释、阐明或诠释的话,质性资料很能发挥这些功能。"①

二、质性资料分析的类型

由质性资料分析的定义可知,质性资料分析可以根据多种标准进行划分。

1. 按照分析者的研究立场和取向。按照分析者的研究立场和取向可将质性资料分析分为实证的质性资料分析、诠释的质性资料分析和批判的质性资料分析。三种取向的质性资料分析反映了研究者对待质性资料的不同哲学和方法论立场。

2. 按照资料获得的来源。按照资料获得的来源可将质性资料分析分为现场中的资料分析和现场外的资料分析。现场中的资料分析需要首先确定研究方向和类型,然后记录实地笔记,分清描述性信息和反思性信息。现场外的资料分析则需要经过阅读原始资料、登录、寻找本土概念等环节。②

3. 按照研究者的涉入程度。1992 年米勒(W. L. Miller)和克瑞布垂(B. F. Crabtree)在整合多位学者意见的基础上,按照资料分析中研究者的涉入程度将质性资料分析分为:准统计式、模版式、编辑式、融入/结晶式。③

第一,准统计式。准统计式(quasi-statistical analysis)先将登录簿准备好,其中包含分类系统,然后将文字数据中的某特定"字词"找出,在登录簿上画记,然后进行统计,以显示文本中的关联性,再回到文本中去验证,最后提出报告。内容分析法(content analysis)就是属于统计模式。

第二,模版式。模版式(template analysis style)是由研究者先准备一份模版(template),即预建的分类系统,然后半开放地对文字数据进行归类,有需要时再调整原分类系统,之后以诠释方式(非统计方式)说明文字数据中的关联性,再回到文字数据中去验证,最后提出报告。

第三,编辑式。编辑式(editing analysis style)即研究者像一个编辑者一样处理文本:剪裁、组织、再组织。先阅读文本,辨识分析单位,逐步发展出有意义的分类系统,然后以诠释方式(非统计方式)说明文本中的关联性,回到文本验证后,最后提出报告。编辑式是一种未预设分类系统的方法,扎根理论法就属

---

① 〔美〕迈尔斯、休伯曼:《质性资料分析:方法与实践》(第二版),第 16 页。
② 陈向明:《质的研究方法与社会科学研究》,北京:教育科学出版社 2006 年版,第 277—286 页。
③ W. L. Miller, & B. F. Crabtree, *Doing Qualitative Research*, (1st ed.), London: Sage, 1992, pp. 17—21. 转引自张芬芬:《质性资料分析的五步骤:在抽象阶梯上爬升》,《初等教育学刊》2010 第 35 期, 第 87—120 页。

于此模式。

第四,融入/结晶分析式。融入/结晶分析式(immersion/crystallization analysis style)研究者像是个探索者或省思者,长期浸淫在文字数据中以求融会贯通,获得领悟,提炼结晶,显示文本中的关联性,最后提出报告。

4. 按照资料分析的聚焦点。按照资料分析的聚焦点可将资料分析分为类属分析和情境分析。类属分析是在资料中寻找反复出现的现象和解释这些现象的重要概念的过程。在这个过程中,具有相同属性的资料被归入同一类别,并以相应的概念命名,类属分析的基础是比较。情境分析是把资料放在研究现象所处的自然情境之中,按照事情发生的线索对有关的事件和人物进行的描述性分析。情境分析强调对事物做整体的和动态的描述,注意寻找把资料连接成一个叙事结构的关键线索。①

5. 按照分析的目的。按照分析的目的可将质性资料分析分为类型分析、归纳分析、解释性分析、政治分析和多话语分析五种,这五种分析方式构成从后实证主义到后结构主义范式的连续统一体。②

6. 按照资料分析的系统性。杰瑞·W.瑞安(Dr. Gery W Ryan)和H.拉塞尔·伯纳德(Dr. H. Russell Bernard)对质性分析方法进行了系统的分类。首先将质性数据分为音频资料、文本资料和视频资料。文本资料分为代表经验的文本和作为分析对象的文本。代表经验的文本分为系统引导和自由组织的文本两类,系统引导的数据收集方法包括自由列表、归堆分类、结构性引导、三个一组测试。分析这类数据的方法包括主成分分析、分类法和心智图。就自由组织的文本而言,上下文中的关键词、词语计数、语言网络、认知地图是词语分析的常用方法;扎根理论、图表分析、经典内容分析、内容词典、分析性归纳、布尔代数、民族志决策模型是代码分析的主要方法。③

7. 按照分析的手段是否量化。按照分析的手段是否量化可将质性资料分析分为质性资料的统计分析和质性资料的非统计分析。质性资料的统计分析将质性资料转换为定类变量和定序变量,从而展开统计分析。质性资料的统计分析已经属于定量资料分析的范畴。艾伦·阿格雷斯蒂(Alan Agresti)出版的

---

① 陈向明:《质的研究方法与社会科学研究》,北京:教育科学出版社2006年版,第292—297页。
② 〔美〕希尔弗曼:《如何做质的研究》(李雪、张劼颖译),重庆:重庆大学出版社2009年版,第153页。
③ 〔美〕诺曼·K.邓津、〔美〕伊冯娜·S.林肯:《定性研究—经验资料收集与分析的方法》(第3卷)(风笑天译),重庆:重庆大学出版社,第824页。

《定序分类变量分析》[1]、《分类数据分析》[2]、《分类数据分析引论》[3]系统阐述了质性资料分析的一般原理和方法。张尧庭(1991)出版了《定性资料的统计分析》重点介绍了因变量为定性变量,自变量为定性变量。因变量为定性变量,自变量为定性变量或定量变量的统计分析方法。[4] 丹尼尔 A. 鲍威斯(Daniel A. Poweres)在《分类数据分析的统计方法》中则将定量的离散变量、定类变量和定序变量作为分类变量,阐述了分类变量分析的常用方法。质性资料分统计分析方法主要有:对数线性模型、logistic 回归模型、相关分析、列联表、判别分析等方法。

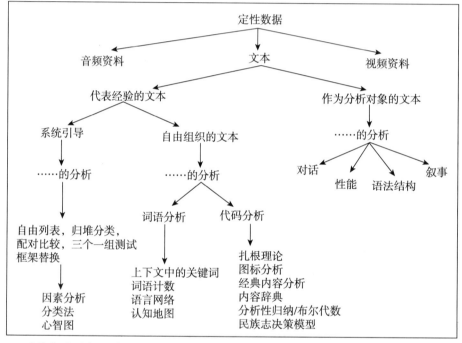

资料来源:〔美〕诺曼·K. 邓津、〔美〕伊冯娜·S. 林肯:《定性研究——经验资料收集与分析的方法》(第3卷),重庆大学出版社,第824页。

图 14-2 质性分析方法的类型学

---

[1] Alan Agresti, *Analysis of Ordinal Categorical Data*, New York:Wiley,1984.

[2] Alan Agresti, *Categorical Data Analysis*, New York:Wiley,1990.中译本参见:阿兰·阿格莱斯蒂:《分类数据分析》(齐亚强译),重庆:重庆大学出版社2012年版。

[3] Alan Agresti, *An Introduction to Categorical Data Analysis*, New York:Wiley,1996.中译本参见:阿格雷斯蒂:《属性数据分析引论》(张淑梅、王睿、曾莉译),北京:北京大学出版社2008年版。

[4] 张尧庭:《定性资料的统计分析》,桂林:广西师范大学出版社1991年版,第3页。

8. 按照资料分析的编码模式。 施特劳斯(A. Strauss)和柯宾(J. Corbin)根据资料分析编码模式将质性资料分析分为开放编码、关联编码、核心编码。① 开放编码即在阅读资料的过程中,研究者保持开放的态度,让概念(代码)自己从资料中浮现出来。开放编码要求研究者将观察笔记、访问稿或任何问卷逐段落阅读,再逐行逐句或段落分解并加以标签(labeling)。主轴编码即,在开放编码产生众多层次较低的概念之后,将相关概念进行归纳,产生较高层次的代码,形成不同的范畴(categorizing)。选择编码即根据已经发展好的若干个主要范畴,阐明事件叙事主线,找出核心范畴(core category),建立范畴与范畴之间的关系,形成复杂的理论。

三、模式和步骤

质性资料分析与定量资料分析相比,标准化程度要低很多,很多学者都阐述了质性资料分析的不同模式及其步骤。比如:戴伊(I. Dey)认为质性资料分析包括描述(describing)、分类(classifing)与连结(connecting)三个基本的环节。迈尔斯(M. Miles)与休伯曼(A. Huberman)认为质性资料分析包括六个步骤:(1)将代码贴在一组札记上,札记由观察或访谈而来。(2)在札记边缘写反思或评注。(3)将这些材料做分类与筛选,以期找出相似的词组、变量间的关系、模式、主旨、主题、各组间的差异,以及共同顺序等。(4)把这些模式、过程、共同性、差异性抽离出来,在下一轮资料搜集时,将这些东西带到田野。(5)慢慢思量一小组概述,这组概述能涵括数据库之中的一致性。(6)用一组已定型的知识体,去检验那组概述,用一种以概念或理论形式出现的知识去检验那组概述。② 陈向明将质性资料分析分为四步,即阅读原始资料、登录、寻找本土概念、建立编码和归档系统。以下介绍两种常见的质性资料分析模式及其步骤。

1. 连贯和互动模式。 迈尔斯等人阐述了质性资料分析的连贯和互动模式。③ 该模式将质性资料分析分为资料简化、资料展示、结论引出或验证三个步骤,构成资料分析的连贯模式,如图 14-3 所示。

---

① A. Strauss, & J. Corbin, *Basics of Qualitative Research: Grounded Theory Procedures and Techniques*, (2nd ed.), London: Sage, 1998.
② 〔美〕迈尔斯、〔美〕休伯曼:《质性资料分析:方法与实践》(第二版),第 13 页。
③ 同上书,16 页。

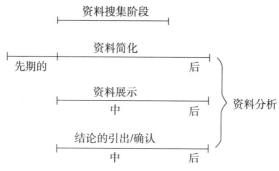

图 14-3 资料分析的连贯模式

资料简化是将清理过的札记或方案眷录稿之中的资料予以选择、聚焦、单纯化、抽象化与转化的一种过程。资料展示是将质性资料进行组织和压缩,通过矩阵表、图形、图表与网状图等形式,汇集已组织过的信息,形成一个压缩体,让人可以立即进入现场,使分析者看见究竟发生了什么事情,并且引出证明过的结论或进行下一分析步骤。结果引出和验证是从资料中逐渐地引出结论,使规律、模式、解释、可能的轮廓、前因后果以及命题逐渐呈现出来,结果引出的同时也在进行验证工作。资料简化、资料展示、结论引出或验证与资料收集工作是同时进行的,形成一个完整的网状循环过程,形成质性资料分析的互动模式,如图 14-4 所示:

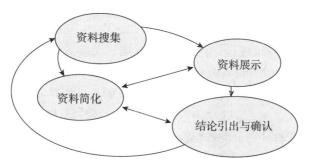

图 14-4 资料分析的互动模式

迈尔斯在上述模式的基础上,针对每个步骤的特点,提出了每个步骤相对应的方法。① 除了迈尔斯所列举的上述方法以外,劳伦斯·纽曼(W. Lawrence Neuman)总结了七种主要的质性研究的策略和五种其他策略②:(1)叙述。讲述关于社会生活的某个特定剖面的具体故事。(2)理想类型。将特定资料与一个

---

① 详见〔美〕迈尔斯、〔美〕休伯曼:《质性资料分析:方法与实践》(第二版),第 71—397 页。
② 〔美〕劳伦斯·纽曼:《社会研究方法——定性和定量的取向》,第 581 页。

关于社会生活的完美模型进行比较。(3)连续逼近法。在资料与理论之间来回揣摩,直到它们之间的断裂变小或消失。(4)例证法。用质性资料填充理论的"空盒子"。(5)路径分析和偶然事件。开始于某个结果,根据事件发生的顺序回溯到其源头,以发现限制这组事件的路径。(6)主题分析。确定主概念内组成文化主体的从属概念。(7)分析性比较。确定许多特征和一个关键的结果,然后检查这些特征之间的一致性和差异,以发掘哪一个特征与结果相关。(8)网络分析。质性研究者经常图示出一组人、组织、事件或场所之间的关联。使用社会关系图或类似的制图技术,他们可以发现、分析并呈现一组关系。(9)多重分类过程。研究者给予被研究者一份名词、照片、地点、人名等清单,然后要求他们将清单的内容分类。受试者或成员使用他们自己设想出来的类别。当分类完成之后,研究者询问他们所使用的标准。然后再给予受试者一份项目名单,要求他们用能够想到的另一种方式来进行分类。通过检查这些分类,研究者可以看到别人是如何组织他们的世界的。(10)图表。研究者使用空间或时间地图,类型或社会关系图等图表的方式来呈现他们的资料。(11)用于质性资料的软件。这些软件包括全文检索、文本基础管理程序、编码与检索程序、以编码为基础建立理论的程序、概念间网络建构程序等。(12)事件—结构分析。用来帮助研究者以容易看出的因果关系的方式来组织事件的序列,与之配套的计算机程序称为 ETHNO。

2. 抽象阶梯模式。 卡尼(T. F. Carney)提出了质性资料分析抽象阶梯模式,该模式从数据转换(data transformation)的观点来看分析过程,将质性资料分析过程看作是抽象层级不断提升的过程。如图 14-5 所示①:抽象阶梯模式将资料分析分为三个大阶梯,第一个阶梯是资料的摘要与包裹,第二个阶梯是资料的再包裹与收集,第三个阶梯是发展并检测命题以建立一个解释架构。第一阶梯又包括两个小的阶梯,即产生 份可分析的文本、尝试编码找出一套合适的类目。第三阶梯则包括检测假设并简化资料组以分析其中趋势、勾勒深层结构两个阶梯。张芬芬则将上述五个步骤进一步概括为文字化、概念化、命题化、图表化、理论化五个阶梯。②

---

① T. F. Carney, Collaborative Inquiry Methodology, Windsor, Ontario, Canada: University of Windsor, 1990.
② 张芬芬:《质性资料分析的五步骤:在抽象阶梯上爬升》,《初等教育学刊》2010 第 35 期。

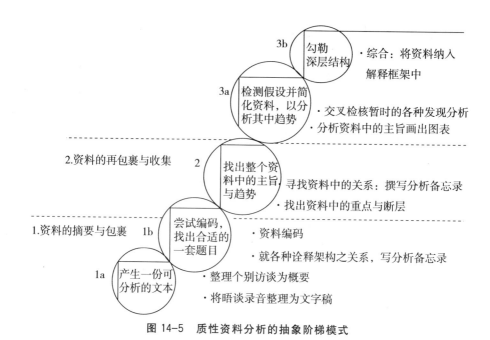

图 14-5 质性资料分析的抽象阶梯模式

四、质性资料分析的计算机辅助软件

质性资料分析的计算机辅助软件(Computer-Assisted Qualitative Data Analysis Software(CAQDAS))是在整个质性研究各个环节发挥辅助作用的计算机程序和软件。以下介绍常用的质性分析资料分析软件。

1. Ethnography。该软件于 1985 年发行,是第一个计算机辅助质性分析的程序。该程序可以分析访谈稿、现场札记、开放性的问卷调查以及其他文本基础的文件。该软件拥有便捷的窗口操作,使用便捷。它可以帮助研究者搜寻以及注记数据的片段,让质性研究者能够进一步从文件档案中分辨文本数据,研究者可以根据单一或多重译码进行资料分析。该软件具有超级链接的功能,这种功能和 Internet 的功能很类似,超级链接不只提取相关段落,也会显示它的原始出处、上下文便于开展资料的背景分析。

2. ATLAS.ti。这个程序的第一版是由德国柏林科技大学跨领域研究团队 ATLAS(1989—1992)研发,1993 年发行了商业版,1997 年发行的 ATLAS.ti 适用于 Windows4.1 版,2004 年发行了第五版。该软件适用于分析文字、图形、声音及影像等质性的数据。该软件拥有可视化的接口,使用便捷。目前该软件可以分析来自 Word、Excel、Powerpoint 等格式的文本,同时具有大纲、透过对象的探索、互动的边缘区、全文检索以及超级链接等功能,它同时支持多位研究者对同一专题资料展开分析,并可以相互沟通和转换数据。

3. CISAID。该软件全称(Code-A-Text Integrated System for the Analysis of Interviews and Dialogues)访谈及对话分析—编码文件整合系统。该软件是一个整合性的软件包,可用于文本、对话、问卷等多种形式文件的分析。CISAID具有开放性编码、评论、文字批注、内容分析、听觉管理(acoustic manager)和定量分析等功能。

4. Nvivo。Nvivo是新一代的质性研究软件,是扎根理论研究者经常使用的电脑辅助软件。该软件可以针对文字数据进行编辑、编码、提取和弹性地记录,具有连结统计数据以及撰写备忘录等功能。该软件具有较富弹性的编码系统和窗口化的接口,使用便捷。

5. QDA Miner。QDA Miner是一个易于使用的编码、注释、检索、分析和图像文件的小型和大型集合混合模型的质性数据分析软件包。该软件具有处理文字数据、作批注、提取编码的数据、从其他项目中输入编码簿等功能,可用于分析访谈或焦点小组记录、法律文件、杂志文章、书籍、图纸、照片、绘画和其他类型的视觉文件。

6. NUD*IST。该软件是由美国Sage出版公司研发的质性研究工具,由于功能强大,具有针对访谈逐字稿做关键词查询、模式查询、分类、编行号、记录、使用布尔逻辑等多项功能。该软件可以用来协助使用者处理非数字以及非结构性的数据,比如:访谈、现场札记、文件搜集、焦点团体访谈之逐字稿或者相关事件或问题的笔记等。该软件的程序提供了协助解释、编码和制作索引的功能,可以对文本进行编码并进行理论化,还可以输入统计软件包SPSS的数据,对数据进行定量分析。

第三节 公共管理定量资料分析

一、概念与类型

定量资料是以数字形式表现出来的研究资料。定量资料分析则是基于定量资料,对被研究对象的属性、特征关系、结构、变化等方面进行数量的表达、推论、分析和解释。一些质性资料可以转化为定类变量和定序变量,从而成为定量资料。

可以根据多种标准对定量资料分析进行分类。根据使用统计方法的特性可将定量资料的分析分为描述性统计和统计推断。描述性统计(descriptive statistics)是在收集、整理数据的基础上,通过相应的统计量、统计图和统计表来描述资料特征。常用的描述统计分析主要包括数据的频数分析、数据的集中趋势分析、数据离散程度分析、数据的分布、数据的相对位置和相关量以及一些基本的统计图形等内容。统计推断(statistical inference)是根据带随机性的观测数据(样本)以及问题的条件和假定(模型),而对未知事物作出的,以概率形式表述的推断。统计推断的基本问题可以分为两大类:一类是参数估计问题;另一类是假设检验问题。

另外还可以根据变量的类型对定量资料分析进行分类,比如根据测量层次将定量数据分析分为定类变量分析、定序变量分析、定比变量分析和定距变量分析。按照数据是否可连续取值分为离散变量分析和连续变量分析等等。

二、程序和步骤

数据分析的一般步骤如下。

1. **制定数据分析计划**。明确数据分析目标是数据分析的出发点。明确数据分析目标就是要明确本次数据分析要研究的主要问题和预期的分析目标等。常见数据分析的目标有以下几种:探测性主要进行数据的分类归纳。描述性主要分析数据分布和趋势。解释性主要分析数据的相关关系、因果关系等。预测性主要是建立预测模型。制定数据分析计划需要明确研究目标、数据的范围选择、研究方案;选择数据收集方式和分析技术,分析评估所需样本量,建立项目预算等。

2. **收集数据**。需要根据数据分析计划收集数据,否则收集的数据可能无法实现分析的目标。在收集数据过程中,按照数据的来源数据可分为原始数据和次级数据。原始数据也称为第一手资料,是反映被调查对象原始状况的资料。如原始记录、统计台账、调查问卷答案、实验结果等。次级数据也称为第二手资料,是已经存在的经他人整理分析过的资料。如期刊、报纸、广播、电视以及因特网上的资料,各级政府机构公布的资料,企业内部记录和报告等。

3. **数据的加工整理**。数据的加工整理通常包括数据缺失值处理、数据的分组、基本描述统计量的计算、基本统计图形的绘制、数据取值的转换、数据的正态化处理等,它能够帮助人们掌握数据的分布特征,是进一步深入分析和建模的基础。

4. **选择统计方法**。进行数据分析的关键是选择适当的统计方法。如果对特定统计方法要求的变量类型、使用前提、使用范围不清楚,容易造成滥用和误用统计分析方法的错误。每一种统计分析方法都有自己的特点和局限,可以选择几种方法反复印证分析,可以增强结果的科学性。

5. **阐明分析结果**。阐明分析结果是对数据分析报表中的各个统计量和参数值进行解释和分析,阐述其统计意义。更为关键的是还需要进一步解释统计量和参数值与研究问题、理论假设之间的关系,将数学语言转换成特定学科的理论语言。

三、主要方法

统计研究方法作为一种分析工具,需要根据研究的时间维度、研究对象和研究问题的性质选择适当的研究方法。

按照观测数据的时空维度可将数据分析分为纵贯数据分析、横剖数据分析和面板数据分析。

1. 纵贯数据分析。 如果采用纵贯研究设计,则需要使用纵贯研究数据分析的相关方法。纵贯研究相较截面研究而言,其最大的优点是可以描述事物的发展过程和变化,并从这种变化中考察社会发展趋势。常用的纵贯数据分析模型包括世代分析、纵向研究、重复调查以及多元时间序列模型。①

2. 横剖数据分析。 对于横剖数据的分析可根据关系类型,将数据关系类型分为因果模型(dependence model)和相依模型(interdependence model)。按变量的测度等级(数据类型)划分:一是类别(非测量型)变量,二是数值型(测量型)变量。按照模型中因变量的数量划分:一种是单因变量模型;一种是多因变量模型;还有多层因果模型。可将上述分析方法之间的联系如图14—6所示。②

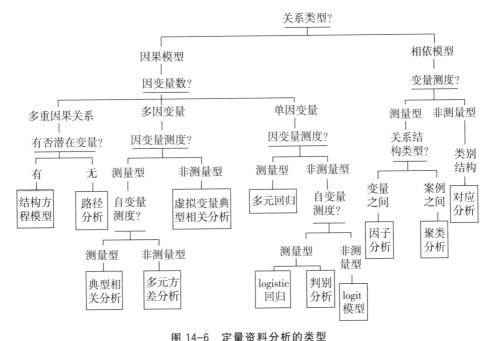

图14—6 定量资料分析的类型

---

① 〔美〕诺瓦尔·D.格伦:《纵贯数据分析》(於嘉译),上海:格致出版社2011年版。
② 郭志刚:《社会统计分析方法——SPSS软件应用》,北京:中国人民大学出版社2009年版,第6页。

3. **面板数据分析**。面板数据(panel data)也称作时间序列与截面混合数据(pooled time series and cross section data)。面板数据是截面上个体在不同时点的重复观测数据。"面板数据的分析重点是对异质性的处理,而且扩展到几乎所有的计量经济学分析中,包括结构方程、动态分析、时间序列模型、离散选择、样本选择性问题和单位根,所有标准的计量分析工具对面板数据都需要重新进行分析。"①

公共管理定量分析的发展将推进公共管理研究标准化、科学化和精确化的进展。

四、定量资料分析的计算机辅助软件

目前已经形成了大量的关于定量资料分析的计算机辅助软件,帮助研究者整理、分析、呈现和解释数据。以下是一些常用的定量资料分析计算机辅助软件。

1. **统计分析系统(Statistics Analysis System,SAS)**。SAS 最早由北卡罗来纳大学的两位生物统计学研究生编制,并于 1976 年成立了 SAS 软件研究所,正式推出了 SAS 软件。经过多年的发展,SAS 已被全世界 120 多个国家和地区的近三万家机构所采用,遍及金融、医药卫生、生产、运输、通讯、政府和教育科研等领域。SAS 系统是一个组合软件系统,它由多个功能模块组合而成,其基本部分是 BASE SAS 模块。SAS 系统具有灵活的功能扩展接口和强大的功能模块,在 BASE SAS 的基础上,还可以增加如下不同的模块而增加不同的功能:SAS/STAT(统计分析模块)、SAS/GRAPH(绘图模块)、SAS/QC(质量控制模块)、SAS/ETS(经济计量学和时间序列分析模块)、SAS/OR(运筹学模块)、SAS/IML(交互式矩阵程序设计语言模块)、SAS/FSP(快速数据处理的交互式菜单系统模块)、SAS/AF(交互式全屏幕软件应用系统模块)等等。SAS 有一个智能型绘图系统,不仅能绘各种统计图,还能绘出地图。SAS 提供多个统计过程,每个过程均含有极丰富的任选项。用户还可以通过对数据集的一连串加工,实现更为复杂的统计分析。此外,SAS 还提供了各类概率分析函数、分位数函数、样本统计函数和随机数生成函数,使用户能方便地实现特殊统计要求。SAS 系统是从大型机上的系统发展而来,其操作至今仍以编程为主,人机对话界面不太友好,系统地学习和掌握 SAS,需要花费一定的时间和精力。②

2. **统计产品与服务解决方案(Statistical Product and Service Solutions,SPSS)**。SPSS 是世界上最早的统计分析软件,由美国斯坦福大学的三位研究生于 20 世纪 60 年代末研制,同时成立了 SPSS 公司,并于 1975 年在芝加哥组建

---

① 王志刚:《面板数据模型及其在经济分析中的应用》,北京:经济科学出版社 2008 年版,第 2 页。
② 冉启康、张立柱:《常用数学软件教程》,北京:人民邮电出版社 2008 年版。

了 SPSS 总部。1984 年 SPSS 总部首先推出了世界上第一个统计分析软件微机版本 SPSS/PC＋，开创了 SPSS 微机系列产品的开发方向，极大地扩充了它的应用范围，并使其能很快地应用于自然科学、技术科学、社会科学的各个领域。迄今 SPSS 软件已有 50 余年的成长历史，成为世界上应用最广泛的专业统计软件。SPSS 是世界上最早采用图形菜单驱动界面的统计软件之一，它最突出的特点就是操作界面友好，输出结果美观漂亮。它将几乎所有的功能都以统一、规范的界面展现出来，使用 Windows 的窗口方式展示各种管理和分析数据方法的功能，对话框展示出各种功能选择项。

3. Stata。 Stata 是一套提供数据分析、数据管理以及绘制专业图表的完整及整合性统计软件。"Stata"并非数个单词的缩写，而是由"statistics"和"data"合成的一个新词。Stata 是一个用于分析和管理数据的功能强大又小巧玲珑的实用统计分析软件，由美国计算机资源中心（Computer Resource Center）研制。从 1985 到现在，已连续推出多个版本，通过不断更新和扩充，内容日趋完善。它同时具有数据管理软件、统计分析软件、绘图软件、矩阵计算软件和程序语言的功能。Stata 擅长数据处理、面板数据分析、时间序列分析、生存分析，以及调查数据分析等功能。Stata 提供完整的使用手册，包含统计样本建立、解释、模型与语法、文献等超过一万余页的出版品。

4. 计量经济学软件 EView。 EViews 通常称为计量经济学软件包。EViews 是 Econometrics Views 的缩写，它的本意是对社会经济关系与经济活动的数量规律，采用计量经济学方法与技术进行"观察"。计量经济学研究的核心是设计模型、收集资料、估计模型、检验模型、运用模型进行预测、求解模型和运用模型。EViews 是完成上述任务得力的必不可少的工具。正是由于 EViews 等计量经济学软件包的出现，使计量经济学取得了长足的进步，发展成为实用与严谨的经济学科。使用 EViews 软件包可以对时间序列和非时间序列的数据进行分析，建立序列（变量）间的统计关系式，并用该关系式进行预测、模拟等等。

除了上述定量资料分析软件以外，S-Plus、NCSS、DPS、Minitab、BMDP、MATLAB、Mathematica、LaTeX 等等都是较常用的定量分析软件。

本书以《战略管理与公共组织绩效：与新近理论相对立的正统观念的检验》为例对公共管理定量资料分析方法和论文写作进行解析。详见本书光盘"例文解析 14-1《战略管理与公共组织绩效》的定量资料分析方法"。

【延伸阅读】

1. 〔美〕Alan Agresti，Barbara Finlay：《社会科学统计方法》（朱红兵，何丽娟译），北京：电子工业出版社 2011 年版。
2. 〔美〕阿格雷斯蒂：《属性数据分析引论》（张淑梅、王睿、曾莉译），北京：北京大学出版社 2008 年版。

3. 〔美〕阿格雷斯蒂:《社会统计学》(郑宗琳、吴宇真译),台北:五南图书出版股份有限公司 2002 年版。

4. 〔美〕阿格莱斯蒂:《分类数据分析》(齐亚强译),重庆:重庆大学出版社 2012 年版。

6. Thomas Herzog:《社会科学研究方法与资料分析》(朱柔若译),台北:扬智文化事业股份有限公司 1996 年版。

9. 齐力、林本炫编:《质性研究方法与资料分析》,南华大学教育社会学研究所 2004 年版。

10. Bauer, M. W. & Gaskell, G. *Qualitative Researching with Text, Image and Sound: A Practical Handbook*. London: SAGE. 2000.

11. Denzin, N. K. & Lincoln, Y. S. *The Landscape of Qualitative Research: Theories and Issues*. Calif.: Sage. 2003.

第五编 公共管理综合研究领域

公共管理综合研究领域是指公共管理研究对象、研究理论、研究途径方面形成了相对独立完整,具有横断性、综合性和方法论意义的研究方向和研究空间。事实上,本编是一个开放的部分,诸如评估研究、系统研究、制度研究、理性选择研究、文化研究等都可以纳入本编。本书暂介绍两个经常涉及的综合研究领域。

第十五章介绍评估研究这一综合性的应用研究领域,公共管理评估研究是评估研究的理论和方法在公共管理领域的应用。本章对评估研究的类型、历史、范式、途径、模式进行介绍,阐明评估研究的流程、方法光谱、问题类型和研究设计,总结和归纳公共管理评估的基本议题和领域,并通过例文解析公共管理评估研究的实施和论文写作。

第十六章介绍公共管理研究中的系统研究方法。对于公共管理研究而言,除了经常会涉及实证主义、诠释主义和批判主义三种常见的方法论以外,系统方法也是指导公共管理研究的一种综合性研究方法体系。本章重点介绍公共管理研究系统方法体系,该体系包括系统哲学层面、资料收集和分析层面、系统分析技术和工具层面。

本编是"基于问题类型学的公共管理研究方法体系"的拓展,重点探讨横断性和综合性特征的公共管理研究方法。

第十五章　公共管理评估研究

第一节　公共管理评估研究概述

一、评估研究和公共管理评估的概念

1. **评估研究的定义。**评估研究实际上是"评估"和"研究"两种行为的结合。评估是评估主体依据一定的价值标准和事实标准对评估对象的事实、行为、态度、价值等方面进行的测量、评价和判定。测量意味着根据经验实证资料,用定性和定量的数据,反映评估对象的客观情况。评价意味着将测量的客观情况与主观期望、特定标准进行对比。判定意味着对评估的结果给出判断结论。研究则是采用科学的、学术的方法系统探究问题答案,获取知识的活动。评估研究是使用科学的过程和方法系统地收集信息,对社会干预进行测量、评价和判断的活动。"评估比科学具有更多的艺术成分,每一项评估都要进行测试,以适合项目决策者和相关方的需要。因此,尽管科学研究要求满足研究的标准,但是评估研究却要在既有的政治环境、项目局限和可用资源下、最大限度地为决策者提供有用信息。"[1]

著名社会研究方法专家劳伦斯·纽曼(W. Lawrence Neuman)认为:"评估研究是一种广泛使用的应用研究。这种类型的研究被广泛地用于大型科层组织,去发现一个项目、一种新的做事方法、一种营销活动、一个政策等是否有效。评估研究测量一个方案、政策、做事方式的有效性。"[2] 艾尔·巴比(Earl Babble)则认为"评估是应用研究的一种形式,它想对实际社会生活有一定的影响。评估研究——有时也称为项目评估。更确切地说,评估研究与其说是一种研究方法,不如说是一种研究目的。其目的在于评估社会干预的影响,如新教学方法、解释新构想和许多诸如此类的项目。许多研究方法——调查、实验等等——都

---

[1] 〔美〕罗希等:《评估:方法与技术》(邱泽奇等译),重庆:重庆大学出版社2007年版,第17—18页。

[2] 〔美〕劳伦斯·纽曼:《社会研究方法——定性和定量的取向》,第32页。

可以用于评估研究。"①彼得·罗希(Peter H. Rossi)等认为:"不管我们所研究的社会干预属于何种类型,评估研究就是使用社会研究方法搜集项目绩效的资料,并对资料进行分析和解释。这种社会研究的信念,就是评估的核心观点。"②

公共管理评估研究则是对与公共管理相关的各项事实、行为、价值、心理、项目等进行的评估研究,是评估研究在公共管理领域的具体运用。

2. 评估三要素。评估至少包括三个要素,即标准(criteria)、证据(evidence)和判断(judgment)。标准是评估主体用以判断社会干预的事实尺度和价值尺度,这些尺度用于度量诸如大小、多少、远近、满意、好坏等事实或价值。证据是用来衡量的事实和价值数据、资料和信息。判断则是将社会干预与标准比较得出的结论。

3. 评估研究的特点。评估研究具有以下几个显著的特点:

第一,应用性。评估研究是应用研究的一种。基础研究用以探究事物内部的规律,发现变量之间的因果联系。科学研究本身不能有任何价值的涉入,仅仅是对客观规律的探求。应用研究则是为了实现特定的目的,针对具体的问题,寻求解决问题的途径或手段,这些途径和手段既包括程序性的方法,又包括基础研究所发现规律的运用。评估研究并不是单纯地探究规律,其目的非常明确,旨在对社会干预的必要性、过程和效果等方面进行评价,属于应用研究的范畴。

第二,综合性。评估研究虽然不是与调查法、文献法、实地法、实验法并列的四种基本研究方式,也不是与实证主义、诠释主义、批判主义并列的方法论流派,但是评估研究会综合运用到不同方法流派的方法论思想,还会综合运用到调查、实地、实验和文献四种基本的研究方式。比如:使用实证主义方法论的评估研究形成了实证主义评估范式,使用诠释主义方法论的评估研究则形成了建构主义评估范式等等。

第三,多样性。可以认为只要有人活动的地方就有评估,评估研究并不局限于某一个领域或某一个学科,评估研究广泛地渗透在社会科学各个领域。比如经济领域的资产评估、房地产评估;政治领域的选民意向评估;公共管理领域的行政服务满意度评估;企业管理领域的营销评估、质量评估、项目评估;文化领域的价值观评估等等。在评估过程中需要使用特定的标准对评估对象进行度量,这与社会研究方法所谓的"测量"范畴实质上是一样。测量无所不在,评估也就无所不在。

---

① 〔美〕艾尔·巴比:《社会研究方法》(社会学教材经典译丛)(邱泽奇译),北京:华夏出版社 2009年版,第 427 页。

② 〔美〕罗希等:《评估:方法与技术》,第 12 页。

4. 评估研究的作用。 评估研究具有以下作用：

第一，描述和解释。评估研究通常回答以下所列出的问题："问题的特质和范围是什么？问题出在哪里？影响到谁？如何影响？什么样的问题或结果能够说明新的、扩展的或修订的社会项目必要性？对问题产生明显改善作用的可行的干预是什么？干预涉及的人口数以多少为宜？特定的干预影响了其设定的目标吗？干预活动实施得好吗？提供了原定的服务吗？项目成本是多少？与绩效和收益比较，项目的成本是否恰当？"①通过上述问题的回答可以获得社会干预的全面、系统、科学、有效的信息。

第二，必要性、合理性和可行性论证。评估研究通过对社会干预的需求、目标和资源进行分析，论证社会干预的必要性、合理性和可行性，从而为新政策的制定提供前提基础。

第三，监测。通过对社会干预过程和结果的评估，可以有效地监测项目进展的情况、完成的情况和产生的社会效益。这些监测信息有助于及时发现社会干预与预定目标之间的差距，从而为社会干预的控制、调适和修正提供依据。公共政策学者邓恩（William Dunn）将政策监测的功能概括为以下几点：（1）服从（Compliance），用以监测政策执行主体是否忠实地执行政策制定者的意愿和目标。（2）审计（Auditing）用以监测公共政策的标的团体是否真正地得到了政策所进行的利益、资源和服务分配。（3）会计（Accounting），在政策执行过程中，发布经济社会统计指标和信息。（4）解释（Explanation）通过对政策过程的监测，解释政策结果产生的原因和政策成败的原因。②

在公共政策领域，通过对政策执行情况进行定期的监测，有助于及时地修正政策、调整执行方略。比如，我国对国家五年规划、专项规划、地方规划等进行的中期评估就发挥了执行监测的功能。2010 年 7 月，温家宝主持召开国务院常务会议讨论并原则通过《国家环境保护"十一五"规划中期评估报告》，说明政策执行评估和监测已经成为中国政府的一项常规性的管理措施。

第四，公信、问责和资源分配。对社会干预前置评估、过程评估和结果评估，并发布评估信息，可以增强社会干预的公信力，增强社会干预合法性。与此相关，通过评估判定社会干预的绩效，确定社会干预绩效形成的原因，从而为激励和问责提供了客观依据。更重要的是，通过社会干预评估，可以客观准确地发现影响社会干预成败的因素，剖析绩效不彰到底是哪个环节的问题，确定责任的归属，从而避免问责中的相互推诿。公信和问责都会影响到资源的再分

---

① 〔美〕罗希等：《评估：方法与技术》，第 2 页。
② 〔美〕威廉·N. 邓恩：《公共政策分析导论》（英文版第 4 版），北京：中国人民大学出版社 2011 年版，第 233—234 页。

配,对于那些投入过多而绩效不彰的社会干预,往往会面临下一年度预算的削减,对于在经济、效率、效益和公平方面被认为是优秀的社会干预,则会获得更多的预算和资源支持。新公共管理运动中决策局对执行机构的管理就是建立在双方签订的绩效合同的基础上,通过短期、中期和长期评估,发布评估报告,实现对执行机构公信力、责任和资源分配的管理。

第五,改良和发展。通过对社会干预的评估,可以发现社会干预决策、实施中存在的问题,为社会干预的调整和改良奠定基础。社会评估所形成的知识还可以推广到相关情境中,为类似问题的解决提供参照。评估研究所获得知识和结论,在丰富应用社会科学知识的同时,为新的政策制定和实施提供了的经验,从而有助于社会的改良和发展。

二、评估研究的类型

评估研究作为一种综合性的研究领域,学者们从不同的角度对其进行了分类,以下是常见的分类视角:

1. **评估主体的视角**。从评估主体的角度来看,评估研究可以分为自我评估和异体评估。自我评估是组织或者个体对自身进行的测量和评价。异体评估则是与组织相关的组织和个人对组织进行的评估。

在进行异体评估的时候,按照评估者与项目方的关系可以分为三种形式的评估:独立评估、参与性或合作性评估、授权性评估。独立评估(independent evaluation)是评估者全权负责制定评估方案、实施评估以及发布评估结果。参与式或合作性评估(participatory or collaborative evaluation)是利益相关者代表组成评估团队,共同合作以进行评估计划、实施与分析,但评估者在团队中扮演领导与咨询者的角色。参与其中的项目方和评估者合作完成评估的过程。授权性评估(empowerment evaluation)强调项目方的主动、自辩和自我决定。主要在于鼓励方案实务工作者先从自我决定做起,并有系统地协助提升其方案规划与执行的相关知能,进而能产生正向的结果循环。①

2. **评估时间段的视角**。从评估时间段的视角来看,评估可以分为前置(front-end evaluation)评估、形成评估(formative evaluation)、总结评估(summative evaluation)和影响评估(impact evaluation)。

前置评估是项目策划和酝酿阶段的评估。需求评估、风险评估、可行性评估等等都属于前置评估的范畴。比如,2011年国家发改委、工信部、环保部、国家安全监管总局、国土部在内的五部委下发《关于加强PX等敏感产品安全环保

---

① 〔美〕罗希等:《评估:方法与技术》,第37页。

工作的紧急通知》提出要将社会风险评估作为项目审批的前置条件。在此例中,项目立项之前所进行的社会风险评估就属于前置评估。

形成评估是社会干预实施阶段对实施过程进行的评估。其主要目的是追踪、监测社会干预的过程和相关产出,以确保社会干预过程与预定的目标相互一致。形成评估又称为实施评估、过程评估(process evaluation)、监测评估(monitoring evaluation)。

总结评估是社会干预实施完成后进行的评估。通常指在方案实施阶段性或全部完成后,对方案是否达到原定目标与期望的评估。总结评估与结果评估(outcome evaluation)、绩效评估(performance evaluation)、效率评估、成本收益测量是接近的概念。

影响评估指在社会干预结束一段时间之后,再来评估原先方案设定的结果或长期的影响程度。

迈克尔·斯克瑞文(Michael Scriven)、赫尔曼(J. L. Herman)等人总结了形成评估和总结评估的差异,如表15-1:

表 15-1 形成性评估和总结性评估的差异

	形成性评估	总结性评估
关心对象	方案管理者、实务工作者	决策者、赞助者、社会大众
资料搜集重点	厘清目标、执行过程	测量结果、确认结果
评估者角色	互动	独立
方法论	质量并重、重视质化	重视量化
数据搜集频率	持续追踪	有限的次数
报告过程	非正式讨论	正式报告
报告频率	整个过程	评估完成

资料来源:M. Scriven,"The Methodology Of Evaluation", In R. W. Tyler, R. M. Gagne, M. Scriven(Eds.), *Perspectives of Curriculum Evaluation*, Chicago: Rand-McNally, 1967.

人们一般使用评估的逻辑模型来描述评估的时间段和过程。评估的逻辑模型(Logic Model)使用直观的流程图的方式,展示社会干预投入、产出、成果和环境等因素之间的因果关系。如图15-1所示:

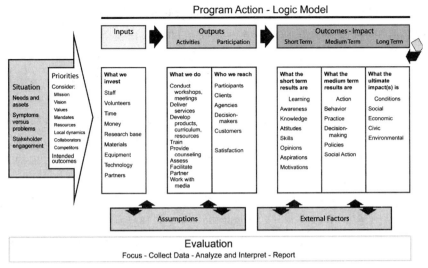

说明：投入（inputs）：资源、捐赠、项目投资。产出（outputs）：提供给项目参与者或者享有者的行动、服务、事件和产品。成果（outcomes）：结果或者个体、团体、社区、组织、系统的改变。假设：关于项目的信念，相关人员，背景，我们认为项目应有的运转方式。外部因素：项目存在的环境，包括影响和项目行动的互动。

资料来源：Ellen Taylor-Powell, "Logic Models: A Framework for Program Planning and Evaluation", http://www.uwex.edu/ces/pdande/, 2006。

图15-1 评估的时间段和逻辑模型

3. **评估资料的性质**。评估研究作为研究的一种特例子，也存在质性评估、定量评估和定性定量综合评估的区别。评估研究中质性研究与定量研究是相互衔接，定性评估用于形成评估的维度、准则和指标，形成价值判断，展开对社会干预过程的深度描述，形成评估利益共同体的社会共识。① 定量评估则用量化数据将可以量化的定性指标量化，使用数量结构描述和反映社会干预的产出、效率和影响等方面。

4. **评估层次的视角**。根据评估涉及的不同层面，可以将评估分为个体层次的评估、团体层次的评估和机构层次的评估。个体层次的评估主要对个人的行为、心理等方面进行评估；团体层次的评估则针对组织中的正式和非正式团体进行；机构层次则针对整个组织进行评估。

5. **根据评估问题的类型**。评估的问题是评估研究所要描述、解释的疑问或提问。彼得·罗希（Pete Rossi）等人将评估问题分为五种类型，即对项目服务需求程度的问题、项目概念化或设计问题、项目运作和服务送达问题、项目结果问题、项目成本和收益问题。根据评估问题的类型可将评估研究分为相应的五

---

① 〔美〕罗伊斯：《公共项目评估导论》（第三版），北京：中国人民大学出版社2007年版，第74页。

种类型。即需求评估、项目理论评估、项目过程评估、影响评估和效率评估。需求评估回答项目运作所需的社会条件以及项目需求程度等问题。项目理论评估回答项目的概念化和设计问题。项目过程评估回答项目的操作、实施以及服务送达等问题。影响评估(结果评估)回答项目结果和影响等问题。效率评估回答项目成本和成本—收益问题。①

6. 评估活动的规范性。按照评估活动程序和内容的规范程度,可将评估分为正式评估和非正式评估。正式评估是指事先制定完整的评估方案,由专门的机构与人员按严格的程序和规范所进行的评估。这种评估由于评估机构与人员具有专门的知识与素养,评估的资料详尽真实,评估方法手段先进,因而评估的结果比较客观、可信。非正式评估是指那种对评估者、评估程序、评估方法、评估资料都未作严格要求而进行的局部的、分散的评估。非正式评估虽然结论不一定非常可靠、完整,但其形式灵活、简单易行,有广泛的适用性。这两种评估活动方式可以有机结合起来运用。

三、评估研究兴起的历史背景

"尽管评估的历史可以追溯至17世纪,但是,系统的评估研究则是现代的事情。"评估最早发展于第一次世界大战前的教育与公共卫生领域。20世纪30年代,社会科学家开始致力于用一些严格的科学研究方法对社会项目进行评估。比如:李普特(Lewin Lippitt)和怀特(R. K. White)对领导风格的研究,管理学的"霍桑试验"等等都是比较有影响的评估研究。②

1. 评估研究兴起的历史背景。评估研究的发展是与20世纪人类社会的进步、社会科学的发展和大政府时代的到来紧密相关的。

(1)人类社会的进步。20世纪以来,人类社会发展进入快速发展的时期,科技革命推动了产业、经济、社会的发展和全面进步。这一切促使了经济、教育、政治、社会、文化传播等领域的社会干预项目也日益增加,为了使这些社会干预项目达到预期的目标,并发挥改善人类福祉的功能,就有必要对这些项目进行评估,回答项目利益相关人都非常关心的问题:这些项目是否合理?这些项目实施的过程如何?这些项目达到了预期的目标吗?这些项目产生了什么样的影响?等等。这些问题需要通过评估研究得到满意的答案。

(2)应用社会科学的发展。20世纪以来,随着行为主义的兴起和经济社会事务的日益复杂,催生了应用社会科学的勃兴。社会科学家们对解决日益复杂而专业的社会问题的兴趣开始超出了对社会一般原则和一般理论的兴趣。诸

---

① 〔美〕罗希等:《评估:方法与技术》,第39—45页。
② 同上书,第6页。

如政策分析、系统分析、社会政策、营养和健康、社区发展、人类服务等应用性社会科学理论和方法的兴起,也进一步推动了评估研究的发展。评估研究与社会政策和公共行政运动也日益紧密地结合起来,"评估研究的实践也主要发生在政策分析和公共行政等政治和组织领域。"① 以至于专业政策分析人员成为美国联邦政府的专门职位。

(3) 大政府时代的到来。为了应对 1929—1933 年的大萧条,罗斯福通过政府对市场和社会的积极干预,通过公共投资、政府管制、财政政策等方式刺激经济复苏。罗斯福新政以来,政府收入、规模、支出和干预范围日益扩大,形成了以管制、公共投资、福利国家为特征的"大政府"时代。大政府时代虽然在 20 世纪 80 年代受到新自由主义执政理念的挑战,但至今"大政府"仍旧是时代的特征。在民主体制下,大政府的扩张,伴生了人民对政府行动评估的需求,大政府发展的促进了评估研究的繁荣。

2. **评估研究的繁荣**。与大政府的繁荣和应用社会科学的繁荣相一致,20 世纪 50 年代以后,评估研究进入了持续的繁荣期。

"20 世纪 50 年代以后,对社会项目进行评估变得十分流行,也成为必要。评估研究也十分活跃,社会科学家们热衷于一些公益事业、公共项目的评估研究,并把这些评估活动深入到社区、家庭。其他一些不太发达的国家,也仿效美国、英国的做法,开始重视社会项目的评估工作,评估研究风靡世界。渐渐地,亚洲的家庭计划、拉丁美洲的营养和健康、非洲的农业与社区发展等,都成为评估研究的重要内容"。② 20 世纪 60 年代,约翰逊总统发起向贫困宣战(The War on Poverty)这一大型的政府干预运动。这场运动推动了诸如法律服务的提供、小区卫生、营养健康、住房、社会服务、学前教育、少年犯罪预防与矫正、心理卫生服务等社会项目的兴起。与此相一致,对政府干预项目的效果评估也迎来了空前的繁荣。评估理论、方法和技术形成了大发展的态势,到 60 年代后期,评估在美国已成为一个成长很快的产业。诸如兰德公司(Rand Corporation)这样的政策分析和评估研究机构获得了长足的发展。

1965 年"政策分析和评估研究"变成了研究领域的一个独立分支,20 世纪 70 年代评估研究已经成为社会科学界的一个重要学术领域。各类书籍纷纷出版,其中有教材、有评论、有对评估机构的讨论。1976 年创刊的《评估评论》(*Evaluation Review*)成为广大评估工作者广泛阅读的刊物。目前,评估方面的期刊已经有十余种。在社会实践中,当时美国政府发动了一系列的社会实验,诸如房屋津贴实验、健康保险实验、负面所得税实验(Negative Income Tex exper-

---

① 〔美〕罗希等:《评估:方法与技术》,第 9 页。
② 同上书,第 6 页。

iment)等等,这些社会实验用实验研究的方法测量政策和方案的效果,以供决策和立法使用。

20 世纪 80 年代,"评估研究已经成为美国社会科学中最有活力的前沿阵地"①1981 年里根总统就任后,推行减少政府管制的新自由主义政策,这使得大量的社会干预方案被削减,但是评估研究并没有因此衰落,对新方案的评估以及执行的评估仍旧是繁荣的研究领域。

20 世纪 90 年代以来,随着资源紧缺日益严重,评估成为决定项目优先次序、缩减、保留、扩充的重要依据。在选择的压力下,也要求项目的运行更加高效、要求节省资源。因而,客观上又存在着对评估研究的更大需求。

3. 评估研究的国际化。 20 世纪 90 年代以来,评估研究变得日益国际化。评估工作变得更加本土化、更加全球性和跨国性。本土化指评估研究在许多国家都得到了发展,用他们自己的设施、发展自己的理论和方法;全球化指世界上某个地区的发展,常会影响到其他地区的人、机构和项目;而跨国化指评估的问题和项目常常要超出某个国家、某个大陆、甚至某个洲。譬如,环境保护问题、发展中国家的问题、妇女社会地位问题等等。

第二节 评估研究的范式、途径和模型

评估研究的范式是评估研究的哲学基础、理论假定和操作规则。评估范式的差异源自评估研究所依据的哲学基础的差异。与社会科学研究的基本取向相一致,评估研究范式的差异取决于评估者进行评估研究时本体论、认识论和价值论的差异,主要体现在对以下三个问题的回答:

第一,真实的性质是什么?

第二,我们如何获得真实的知识?

第三,研究者(评估者)和评估过程参与者之间的关系如何?

围绕上述三个问题,20 世纪 70 年代以来,科学主义范式和非科学主义范式;实证实证主义范式和后实证主义范式(诠释主义范式、批判主义范式);经验维度和规范维度;定性途径与定量途径之间展开错综复杂,又犬牙交错的争论。② 事实上,评估研究本身就具有描述、解释和规范研究的多重属性,研究问题的复杂性和多样性决定了评估研究范式、途径和模型的多样性。不同评估研究的范式所研究的评估问题的侧重点不同。古贝和林肯(Cuba And Lincoln)根

---

① L. J. Cronbach, et al. *Toward Reform of Program Evaluation*, San Francisco:Jossey-Bass, 1980.

② 参见曾冠球:《政策评估方法之理论与实践:典范变迁的观点》,国立政治大学公共行政学系硕士论文,1998 年的论述。

据评估研究的问题性质和取向,将评估研究划分为四代,第一代:测量取向的评估,第二代:描述取向的评估,第三代:判断取向的评估,第四代:回应性建构主义评估。① 四代评估的区别如表 15-2 所示:

表 15-2 古贝和林肯对评估研究所做的代际划分

项目阶段	第一代	第二代	第三代	第四代
时间	20 世纪第一次世界大战	一次世界大战到 1957 年	1957 年到 1980 年	1980 年后
评估特色	测量评估	描述评估	判断评估	回应性评估
评估方式	测量	描述	判断	协商
理论基础	实证论	实证论	实证论	自然典范
评估场地	实验室	实验室	社会实验	政策制定
研究方法	量化实验室	加入个人描述	加入个人判断	质化研究
评估内涵	工具导向	目的导向	暂时性决策导向	重视政策的公平性及政策在社会环境中的意义
评估者角色	技术者	描述者	判断者	判断者、协商者、变革者、描述者
评估活动	操作工具活动,运用适当系统化工具收集各项资料	目的功能活动,对执行的政策有预定的目的功能,加以描述结果,了解优劣	暂时性的决策,依评估者之内在本质、外在因素来判断	综合人类整体性问题,政治的、社会的、文化的、经济各项导致前因后果的因素,强调评估者与利害关系人彼此之间的互动、协商中完成评估

资料来源:张芳全:《教育政策》,台北:师大书苑 1999 年版。

评估模式则是评估要素、评估过程、评估方法等因素形成的相对稳固的逻辑关系。评估模式"都能表现特征,呈现作者对于评估工作的主要概念与结构的看法,同时能针对如何使用这些概念,以产生辨明性的描述、判断及建议,提供指导方针,并发挥示范性作用。"② 众多学者都尝试给评估模式的大家庭进行分类。比如:迈克尔·斯克瑞文(M. Scriven)将评估模式分为:强的决定支持的观点、弱的决定支持的观点、相对的观点、重视描述的观点、强调社会历程的观

---

① 〔美〕古贝等:《第四代评估》(秦霖等译),北京:中国人民大学出版社 2008 年版,第 1—20 页。
② 〔美〕斯塔弗尔比姆:《评估模型》(苏锦丽等译),北京:北京大学出版社 2007 年版,第 25 页。

点、第四代取向、鉴赏与批判的评鉴观点。①

伊沃特·韦唐(Evert Vedung)将评估模式分为三大类：效果模式(effectiveness models)、经济模式(economic models)和职业化模式(professional models)。效果模式包括目标达成评估(goal-attainment evaluation)、附带效果模式(side-effects evaluation)、无目标评估(goal-free evaluation)、综合评估(comprehensive evaluation)、顾客导向评估(client-oriented evaluation)和利益相关者模式(stakeholder model)。经济模式包括生产率模式(productivity model)和效率模式(efficiency model)。同行评议模式(peer review model)则是职业化模式的代表。②

马文·奥凯(Marvin C. Alkin)和克里斯蒂娜·克里斯蒂(Christina A. Christie)从方法论、价值和使用情形对评估模型进行分类，将不同理论家绘制了评估理论之树。如图 15-2③：

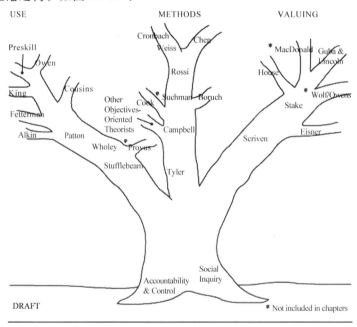

资料来源：Marvin C. Alkin and Christina A. Christie. An Evaluation Theory Tree, In Marvin C. Alkin, *Evaluation Roots*, Sage Publications, 2004.

图 15-2 评估理论之树

---

① Scriven, M. The Final Synthesis. *Evaluation Practice*, 1994, 15(3), pp.367—382.

② E. Vedung, *Public Policy and Program Evaluation*, New Bruswick(U.S.A)and London(U.K)：Transaction Publishers, 1997.

③ Marvin C. Alkin and Christina A. Christie, "An Evaluation Theory Tree", In Marvin C. Alkin, *Evaluation Roots*, Sage Publications, 2004.

丹尼尔·斯塔夫比姆(Daniel Stufflebeam)等人在《评估模型》(Evaluation-Models)中列举了22种评估模型,划分为四大类,包括伪评估、问题取向的评估、决策取向的评估和社会回应取向的评估。① 随后丹尼尔·斯塔夫比姆(Daniel L. Stufflebeam)和安东尼·欣克菲尔德(Anthony J. Shinkfield)根据评估的目的将评估分为假评估、问题和方法导向的评估(准评估研究)、改进和问责导向的评估、社会议程和倡导途径、折中途径五类,共计26种评估途径。如表15-3所示:

表15-3 斯塔夫比姆等人对评估取向和模型的分类

假评估	准评估	改进和问责	社会议程	折中
公关授意研究 政治操纵研究 逢迎评估 文饰评估 评估伪装下的授权	以目标为基础的评估 支付报偿研究 成功案例方法 目标测试方案 作为价值附加的产出评估 绩效测验 实验研究 管理信息系统 成本收益分析 听证 案例研究评估 批判和鉴赏评估 以理论为基础的评估方案 混合方法研究	决策和问责导向的评估 消费者导向的评估 证明合格评估	回应性评估或委托人导向的评估 建构主义评估审议评估	效用焦点评估

资料来源:Daniel L. Stufflebeam, Anthony J. Shinkfield, *Evaluation theory, models, and applications*, San Francisco: Jossey-Bass, 2007.

本书从时间发展和方法论取向两个维度对评估研究的范式、途径和模式进行了定位和概括。(见表15-4)

---

① 〔美〕斯塔弗尔比姆(Stufflebeam, Daniel L.):《评估模型》(苏锦丽等译),北京:北京大学出版社2007年版,第25页。

表 15-4　评估研究的范式演变

	实证主义评估	诠释主义评估	整合评估
时间和代际	20世纪20年代到80年代 包括第一代、第二代和第三代评估	20世纪80年代兴起 第四代评估	20世纪80年代
主要理论取向或理论模型	测量取向 描述取向 判断取向	目标中立评估 回应性建构主义评估 参与评估	以理论为基础的评估 实际的审慎思辩
核心问题	如何客观、精确地测量评估对象？找出预期目标和结果的差距	方案从制定、执行到终结的利益相关者的参与，如何重新建构评估的价值标准？	政策的理论基础和政策过程的因果机制？评估的经验基础和规范基础如何整合？
评估者价值	客观中立	深度参与，诠释建构	实践性的批判者
评估者角色	测量者、实验者、描述者、判断者	参与者	对话者
评估焦点和内容	测量数据、因果关系、决策过程、结果	多元价值及其整合	事实、价值和批判
评估获得事实的性质	科学主义的客观事实	建构的社会价值	事实和价值的互动

资料来源：作者根据江明修：《从公共行政方法论之演进反思"政策规划"及"政策评估"方法之应用、发展与重建（Ⅲ）》，"国科会"，1998年。曾冠球：《政策评估方法之理论与实践：典范变迁的观点》，"国立"政治大学公共行政学系，1998年等相关资料整理。

一、实证主义评估范式

实证主义评估范式兴盛于20世纪20年代，该范式坚持评估主体和评估客体的二分，评估研究者在评估过程中保持价值中立，形成对评估对象客观状态的认识。该范式主要包括测量取向的评估、描述取向的评估和判断取向的评估。①

1. 测量取向的评估。古贝（E. G. Guba）与林肯（Y. S. Lincoln）将20世纪20年代和30年代主导的评估范式称做测量取向的评估或第一代评估。测量取向的评估（evaluation）认为评估的核心是测量（measurement），甚至对两者不加区分。测量取向的评估深受自然科学的影响，强调使用科学的方法对社会现象和

---

① E. G. Guba, & Y. S. Lincoln, *Fourth Generation Evaluation*, Newbury Park, CA: Sage, 1989, pp. 22—26.

人的行为进行精确的测量,评估者的主要任务是寻求合适的工具,精确地测量评估对象。20世纪60年代测量取向的评估发展为新测量模型(Neomeasurement Model),即实验模型(The Experimental Model)。[1] 新测量模型将实验科学的原则,应用至政策评估领域,通过控制变量,寻求政策和社会行为的因果关系,据以评估政策或方案实际产生的影响。

2. 描述取向的评估。描述取向的评估又称作第二代评估,是20世纪30年代至自20世纪50年代末期占主导地位的评估取向。评估者的主要任务在于描述特定方案执行的结果,然后将结果与预期的目标进行对比,评价结果的优劣。泰勒(R. W. Tyler)的评估模型是描述取向评估的代表。[2] 描述取向的评估强调结果与预期目标的比照,预期目标是确定的。这一点受到了坚持诠释主义评估范式的目标中立(goal-free)评估模式的挑战。

3. 判断取向的评估。判断取向(Decision-Oriented Model)的评估又称作第三代评估,1967年后的十多年中判断成为第三代评估者的标志。[3] "这一代评估以努力得出判断为特征,评估者在其中扮演评判者的角色,同时还保持早期技术性和描述性的功能。"[4] 评估者通过扮演沟通者的角色,与整个规划发展周期的相关人员进行沟通合作,收集涉及规划制定、执行和终结阶段的信息,从而获得对方案的全面认识,评估者依据内在特性、因果关系对评估对象加以判断,判断成为评估过程的一个组成部分。[5]

将判断看成评估的一个部分,意味着评估标准的形成是一个社会建构过程。判断取向的评估将评估标准局限于"暂定标准"和"专业标准",参与标准社会建构的主体和范围是单一的,带有强烈的科学主义和实证主义色彩。尽管如此,判断取向的评估已经涉及评估标准的社会建构,是实证主义评估范式向诠释主义评估范式的过渡环节。

二、诠释主义评估范式

诠释主义评估范式又称作建构主义评估范式,该范式扎根于人类学传统,通过与评估对象的参与观察和深度访谈,形成对评估对象的全面深入理解。该

---

[1] D. T. Campbell, J. C. Stanley. *Experimental and Quasi-Experimental Designs for Research*. Wadsworth Publishing, 1963.

[2] R. W. Tyler, "A Rationale for Program Evaluation," in G. F. Madaus, et al. (eds.), *Evaluation Models: Viewpoints on Educational and Human Service Evaluation*, Boston: Kluwer-Nijhoff Publishing, 1983.

[3] 〔美〕古贝等:《第四代评估》,第9页。

[4] 同上书,第8页。

[5] B. M. Stecher and W. A. Davis, *How to Focus an Evaluation*, C. A.: Sage, 1987, pp. 29—32.

范式更多地依靠质性数据和资料,对社会规划从许多不同的视角加以理解。诠释主义评估范式有助于我们深入地理解环境因素和规划的复杂性,有助于我们进行规划改进和项目管理方面的决策。目标中立评估、回应性建构主义评估和参与式评估是诠释主义评估范式家庭中的代表。

1. **目标中立的评估**。目标中立评估(goal-free evaluation)亦翻译为目标丰富化评估、目标游离评估等。20世纪70年代,目标中立评估开始兴起,该模式由迈克尔·斯克瑞文(Michael Scriven)针对目标导向评估存在的目标单一的弊端而提出。迈克尔·斯克瑞文认为目标导向的评估依据既定的期望目标,对少数几个可操作化、可量化的结果进行测量和描述,以便进行目标和结果的对比,并以此断定政策与结果之间存在的因果关系。这种假设演绎式的评估逻辑,使得评估的范围大大缩减,且容易忽视其他更有意义的评估焦点。① 目标中立评估主张评估者本身应该目标中立,不要设定预期的目标,而应该全面了解实际社会干预的实际效果和利益相关人的信息,在结果的描述中提炼更为丰富的评估目标。通过评估执行者的目标中立,避免评估的片面化,从而丰富评估的目标,是目标中立评估的核心。

2. **参与式评估**。参与式评估最早由斯德克(R. E. Stake)于1967年提出。② 随后一大批学者从各个角度丰富、发展和修正了斯德克的思想,比如帕利特(M. Parlett)和汉密尔顿(D. Hamilton)的说明性(illuminative)评估。③ 麦克唐纳德(B. MacDonald)的民主评估(democratic evaluation)。④ 菲特曼(D. M. Fetterman)的授权评估(empowerment evaluation)等等。⑤

参与式评估的共同点在于主张:涉及方案制定和执行的利益相关者参与到方案的评估过程中,评估者使用多种评估方法和评估手段,从多个角度收集来自利益相关者各方的资料,以便充分体现参与者的诉求和意见,通过意见的诠释、整合和建构,形成对事件完整而真实的评价。在参与式评估中,并没有固定的评估模式,评估研究者需要与参与评估的人建立良好的合作伙伴关系,通过沟通形成适当的参与评估模式,评估研究者在评估过程中提供评估的程序、技

---

① M. Scriven, Goal-Free Evaluation, in E. R. House (ed.), *School Evaluation*, C. A.: McCutchan Publishing Corporation, 1973, pp. 319—328.

② R. E. Stake, The Countenance of Educational Evaluation, Teachers College Record, 1967, 68, pp. 523—540.

③ M. Parlett & D. Hamilton. "Evaluation as Illumination: A New Approach to the Study of Innovative Programs". In G. V. Glass(ed.), *Evaluation Studies Review Annual*, Beverly Hills, Calif, 1976.

④ B. MacDonald, Evaluation and the Control of Education. Norwich, England: Centrefor Applied Research in Education, 1974.

⑤ D. M. Fetterman, "Theme for the 1993 Annual Meeting: Empowerment Evaluation", *Evaluation Practice*, 1993, 14(1), pp. 115—117.

术、方法,参与人员则在适当的程序、技术和方法中提供事件的相关信息。评估研究者和参与者的密切合作,各自发挥好自身的优势,是评估研究取得成功的关键。①

3. 回应性建构主义评估。回应性建构主义评估(responsive constructivist evaluation)最早的思想渊源可以追溯到 1967 年斯德克(R. E. Stake)提出的评估支持框架(Countenance Framework),该框架也是参与式评估的思想源泉。20 世纪 80 年代古贝(E. G. Guba)与林肯(Y. S. Lincoln)在批判性地分析测量取向、描述取向和判断取向评估,并吸收参与式评估思想的基础上,提出了回应性建构主义评估模式,并将其称做是第四代评估(fourth generation evaluation)。回应性建构主义评估以自然主义方法论为基础,评估者的角色由原来客观中立的测量者、描述者、实验者和判断者变为评估参与者和评估利害相关人的价值诠释者和价值整合者。所谓"回应"指评估者不再是客观中立的局外人,评估者要对评估对象所涉及的各种利益相关者的价值、态度和观点做出回应。所谓"建构"意味着评估者要在认识、理解、分析和诠释利益相关者多元观点的基础上形成一个整合的价值体系,以便对社会行动和政策做出评价。②

三、整合评估范式

整合性评估范式尝试将实证主义和诠释主义的观点结合起来,试图融合评估中的事实因素和价值因素。有代表性的整合评估范式包括效用焦点评估、理论取向的评估和实践审议评估等。

1. 效用焦点的评估。20 世纪 70 年代评估研究中出现的一个尴尬局面:虽然评估研究广泛运用于种种项目和社会事件,评估报告也堆积如山,但是却少有人真正关注这些评估信息。究其原因是评估报告潜在的使用者对评估参与不够,缺乏对评估的归属感和认同感。考虑到评估报告潜在的使用者具有多样的价值观和需求。为此,迈克尔·巴顿(Michael Patton)提出了效用焦点评估(Utilization-focused evaluation),该模式"以意欲使用者的意图(intended use by intended users)作为焦点。"③效用焦点评估"并非针对任何特定的评估内容、模型、方法、理论。基本上,它是从旁协助主要的意欲使用者,就其特定情境,筛选最为适当的内容、模型、方法、理论和使用。情境的响应性指引了评估者和主

---

① E. G. Guba, Y. S. Lincoln, "Fourth Generation Evaluation as an Alternative", *Educational Horizons*, 1985, 63(4), pp.139—141.

② 〔美〕古贝等:《第四代评估》,第 1—20 页,第 14—21 页。

③ M. Q. Patton, *Utilization-focused Evaluation: The New Century Text* (3rd ed.), Thousand Oaks, CA: Sage, 1997, p.20.

要意欲使用者之间的互动过程。"① 效用焦点评估根据潜在使用者的不同特性，从目标导向(goal-oriented)、方法导向(method- oriented)、比较导向(comparative-oriented)、判断导向(judgement-oriented)与决定导向(decision-oriented)等评估途径中选择适当的评估方法、技术和模式。② 可以认为效用焦点评估是一种整合性的权变评估模式。

2. 理论驱动的评估。 理论驱动的评估(Theory-Driven Evaluation)是 20 世纪 90 年代陈惠次(Chen Huey-Tsyh)、彼得·罗希(P. H. Rossi)等人针对以往的评估研究过度重视方法和技术的倾向，而提出的一种评估理论。该理论主张评估应该建立在系统性的政策理论基础之上，深入了解政策的设计、政策执行过程中的因果关系和内在机制。"理论"指一套用来解释或指引社会行动的相关假定、原则、或命题，包括描述性理论(descriptive theory)和规范性理论(prescriptive theory)，具有响应性(responsiveness)、客观性(objectivity)、真诚性(trustworthiness)、概推性(generalizability)的特征。该理论将评估分为六大领域：即处理领域(treatment domain)、执行环境领域(implementation environment domain)、结果领域(outcome domain)、影响领域(impact domain)、干预机制领域(intervening mechanism domain)与概推领域(generalization domain)。这六大领域相对应六种理论，即处理理论、执行环境理论、结果理论、影响理论、干预机制理论与概推理论。前三者为规范理论，后三者为因果理论。总之，理论取向的评估可视为一种结合基础与应用的社会科学模型，强调从不同社会科学理论与知识出发，推演政策效果，探讨输入与输出之间的动态因果关系。③

3. 实践审议评估。 20 世纪 90 年代费舍尔(F. Fischer)提出了实践审议(practical deliberation)政策评估理论。④ 费舍尔首先对政策评估的实证主义倾向进行了批判性地分析，尝试整合经验性评估和规范性评估，建构一种包含经验性的事实判断和价值性的规范判断的实践性、参与性、协商性评估理论。费舍尔认为实践审议评估应包括四个环节：即技术—分析的对话：方案验证；环境对话：情境确认；系统的对话：社会的确证；意识形态的对谈：社会选择。这四个环节分别对应经验手段/目标分析、现象社会科学、系统分析与政治哲学四种方法论取向。⑤ 实践审议评估是同时包含经验、诠释与批判三种方法论取向的评

---

① M. Q. Patton, *Utilization-focused Evaluation: The New Century Text* (3rd ed.), Thousand Oaks, CA: Sage, 1997, p. 22.
② Ibid., pp. 23—25.
③ H. T. Chen, & P. H. Rossi, "The Multi-goal, Theory-driven Approach to Evaluation: A Model Linking Basic and Applied Social Sciences", *Social Forces*, 1980, 59(1), pp. 106—122.
④ F. Fischer, *Evaluating Public Policy*, Chicago, IL: Nelson Hall Publishers, 1995, p. 6.
⑤ F. Fischer, *Evaluating Public Policy*, Chicago, IL: Nelson Hall Publishers, 1995, p. 17—23.

估途径。

第三节　公共管理评估研究的基本框架和基本问题

一、评估研究的流程

评估研究是应用研究的一个特殊类型,与基础研究不同的是,在评估研究过程中,评估者和参与者的需求和价值会影响评估的整个过程。评估研究要将评估主体的互动和评估对象的测量有机地结合起来,这一点贯穿在评估研究的始终。

评估研究一般包括以下几个步骤[①]:

第一步,发现和选择评估的机会。评估机会是进行评估的时机,评估需求产生之时往往是评估时机来临之际。评估机会往往诞生于客观的现状无法满足主观需求、主观需求之间存在分歧、主观对客观现实缺乏了解的时候。这恰恰也是产生评估问题的时候。一般而言,评估机会往往产生于以下情境:(1)困境。个人、组织和项目处于困境,预定的目标无法达成或者没有按照预定的计划达成的时候。(2)监控。当需要了解项目和规划执行过程的详细信息,以便监控项目和规划过程的时候。(3)变革。当项目和组织需要变革的时候,亦是需要评估的时候。(4)竞争。当需要比较组织和项目的优劣时候。(5)创新。当需要引入新利力量和社会干预改变现状的时候。(6)民主。当利益相关者需要了解社会干预的相关信息的时候。事实上,评估的机会是普遍存在的,社会干预的描述、评价和解释都为评估研究提供可能的机会。

第二步,建立评估的组织网络。任何评估活动都会涉及评估的组织者、参与者、使用者等各个利益相关者,他们形成一个评估活动的网络,一旦评估机会产生,就需要确定评估的利益相关者,促进评估组织网络的建立。评估组织网络的确立的关键是确定评估的领导者。评估的领导者(facilitators)发起、领导、促进和监督评估的顺利开展。评估的前期准备工作包括确定参加评估的人员、确定评估活动的目的和目标、确定评估活动日程三项工作。[②]

第三步,确定评估动机。评估动机是开展评估的宗旨和根本目的。评估动机决定了评估主体对评估活动所要最终达到的结果、作用、意义和功效的期望。

---

① 评估步骤部分参考了 Daniel L. Stufflebeam, Anthony J. Shinkfield: *Evaluation Theory, Models, and Applications*, Jossey-Bass edition, 2007.

② 朱丽亚等编辑:《温洛克非营利组织管理参考资料系列:社会组织能力评估》,北京:温洛克民间组织能力开发项目,2005年版。

评估的动机包括以下几种①：

（1）项目改进。前置评估、形成评估、总结评估和影响评估都可以发挥项目优化和改进的作用。前置评估提供项目可行性和合理性的信息，形成评估项目过程的信息，总结评估形成项目结果的信息，影响评估获得项目影响的信息，这些信息为项目的优化和改进提供基础和指引。

（2）责任承担。通过对项目结果进行综合性的评价，寻求项目结果与预期目标的关系，发现项目的因果关系。这些信息为项目的问责和资源的再分配提供了科学合理的依据。

（3）知识再生产。很多评估旨在发现某种社会干预与特定现象之间的联系，通过评估研究可以形成新的概念，解决新问题，发现新的命题，从而为科学知识的增长提供基础。

（4）隐秘目的。仅仅为了某种政治或公共关系目的进行的评估，很容易陷入虚假评估的处境。评估仅仅是为了证明或宣扬某种既定的结论，产生某种公共关系效应。

第四步，确定评估问题。"一套合适的评估问题是整个评估过程的核心。"②确定评估问题包括评估问题特征分析、评估问题类型分析和评估问题优先次序选择三个方面。③

（1）评估问题的特征。并非所有的问题都是适合评估研究的，好的评估问题必须具有以下特征。

首先，评估问题必须是合适的。优秀的评估问题包含的绩效维度应该是切合实际的。这意味着评估者必须经常与项目各方合作，这样便能准确掌握项目规模，从而将精力集中在评估问题上。

其次，评估问题必须是能够回答的。为了让一个评估问题能被回答，就必须事前搜集一些现实的信息，以保证访问者可以作答。

最后，评估问题与评估标准结合。评估问题的特殊性在于其与绩效息息相关，至少与一些可判断的绩效标准紧密结合在一起。一般而言，项目绩效标准包括：目标人群的需求和想法；陈述出来的目标和目的；职业性水平；惯例性实践，其他项目标准；法律要求；伦理或道德价值，社会司法与公平性；过去的绩效，历史资料；由项目经理设定的目标；专家意见；目标人群先前的基准；在缺乏项目帮助的情况下会出现的情况；经费或相关经费等等。

（2）评估问题的类型。一般而言，可以将评估问题分为以下五种：对项目

---

① 〔美〕罗希等：《评估：方法与技术》，第 25—28 页。
② 同上书，第 47 页。
③ 同上书，第 48—68 页。

服务需求程度的问题;项目概念化或设计问题;项目运作和服务送达问题;项目结果问题;项目成本和收益问题。表15-5列出了常见的评估问题。

表15-5 评估问题的类型

项目发展阶段	问题	评估功能
1.确定社会问题和需求评估	在多大程度上满足社区需求和标准	需求评估、问题描述
2.确定目标	怎样才能满足那些需求和标准?	需求评估、服务需求
3.项目备选方案	用什么样的服务来产生预期的变化?	项目逻辑或理论
4.方案选择	什么样的方案可能是最好的方案?	可行性研究、形成性评估
5.项目实施	如何实施项目?	实施评估
6.项目运作	项目是否按计划运作?	过程评估、项目督导
7.项目产出	项目是否获得预期结果?	产出评估
8.项目效率	项目的结果与成本比较是否合理?	成本收益分析,成本绩效分析

资料来源:S. Mark Pancer and Anne Westhues,"A Developmental Stage Approach to Program Planning and Evaluation", *Evaluation Review*, 1989, 13(1), pp.56—77.

3.确定评估问题的优先顺序。在充分考虑了项目各方关心的问题和分析了由项目理论指导的项目问题之后,评估者可以根据项目的动机和宗旨确定问题的优先秩序。

第五步,进行评估设计。 评估设计是在评估之前就要完成的工作,在评估设计中需要确定评估目标和焦点、评估组织、评估的范式和途径、评估指标、抽样和样本的选取、评估资料的收集和分析方法、评估的执行等方面。评估设计的核心是根据评估的要求、目标和焦点选择适当的评估途径。

图15-3是评估设计的基本框架:

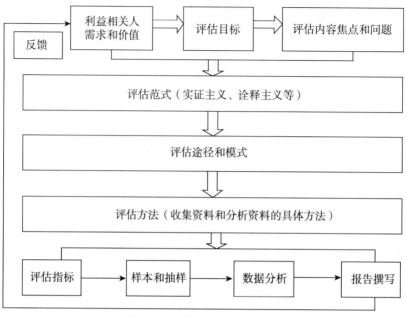

图 15-3 评估研究设计流程图

评估设计的具体内容,诸如评估问题与评估方法的连续统一体,不同评估问题的评估步骤随后将展开详细的论述。

第六步,评估资料的收集和分析。评估研究所收集和分析的资料具有多种来源和渠道。历史文献、档案、数据库、资料库、访谈、观察和问卷调查等等都是获取评估资料的常用方式。社会指标、政策实验、调查研究、交叉影响分析、目标达成矩阵等是常用的定量评估方法。深度访谈法、焦点团体法、参与观察法、人种志研究和非介入性测量是常用的质性评估资料收集和分析方法。[1]

第七步,沟通评估的发现。完成正式的评估报告,需要和利益相关者、媒体、潜在的使用者进行沟通,建立信任,促进评估报告的使用,扩大评估报告的影响力,帮助评估使用者运用评估结果,以便为项目改进服务。

第八步,进行元评估。元评估(Meta-evaluation)即对评估本身进行评估。20世纪以来,随着评估学发展成为社会科学研究的重要领域,元评估研究亦逐渐成为推进评估学发展的重要途径。1940年皮多·奥若塔(Pedro Orata)提出的"评估的评估"(evaluation of evaluation)概念是元评估概念的雏形。1969年迈克尔·史克立芬(Michael Scriven)正式提出了"元评估"这一概念。元评估将原来的评估变成受评者,而对该项评估活动及评估者的表现进行价值判断,以

---

[1] 曾冠球:《政策评估方法之理论与实践:典范变迁的观点》,国立政治大学公共行政研究所硕士论文,1998未出版。

提升评估的品质。① 元评估的目的在于改进评估工作本身的理论与实务,主要完成以下工作:对评估工作的品质、影响及使用进行评价;探讨评估过程的性质;纠正可能发生评估的误用;提供并确保评估的绩效责任;说明及控制评估实施时的偏差;评估新的评估取向的实用性。②

进行元评估时,需要相继完成以下任务:(1)确定一个或多个具有元评估资格的评估人员;(2)确认或者安排评估利益相关者进行讨论互动;(3)界定元评估的问题;(4)确定用以评价评估系统或实践的适当的、一致同意的原则、标准;(5)签署正式评估合同、备忘录;(6)收集新的需要的元评估信息;(7)对发现进行分析和综合;(8)使用确立的标准、原则和维度对评估进行判断;(9)通过报告、信件、口头陈述等方式传递发现;(10)适当地帮助顾客和利益相关者理解和使用研究发现。③

二、社会干预评估研究的方法光谱

在实践中,评估研究存在多种形式,但就社会干预而言,其本质是通过比较施加在不同团体之上不同社会干预效果,发现社会干预与社会事实的因果关系,因此需要有控制组或对照组。从这一点上来说评估研究与实验研究法是类似的。但是两者之间也存在区别:评估研究属于应用性研究,研究的结果需有助于实际决策和项目的改进;实验研究通常是一种基础研究,旨在揭示现象背后的规律。另外,有些评估研究,比如需求评估就是旨在用以确定各服务项目是否必要的非实验研究。

根据控制组和对照组设定的严谨程度,可将评估研究划分为横断面研究(cross-sectional study)、时间序列(time-series)、同期群调查(cohort study)、非随机实验或历史控制(nonrandomzed trialw/historical controls)、非随机实验或同期控制(nonrandomzed trialw/contemporaneous controls)、随机控制实验(randommized controlled study)。④ 如图15-4所示:

---

① M. Scriven, *Evaluation Thesaurus*, (Fourth Edifion), SAge Publiafions, Inc. Newbny Park, 1991, p. 228.

② N. L. Smith, Criticism and Meta-Evaluation. In N. L. Smith(Ed.), *New Techniques for Evaluation*. Newbury Park, CA: SAGE Publications, 1981.

③ Daniel L. Stufflebeam, Anthony J. Shinkfield: *Evaluation Theory, Models, and Applications*. Jossey-Bass edition, 2007, p. 473.

④ Lewin, *Increasing Organ Donation and Transplantation*: *The Challenge of Evaluation*, The Lewin Group, Inc. Contract: HHS-100-97-0012, Delivery Order No. 7. 1998.

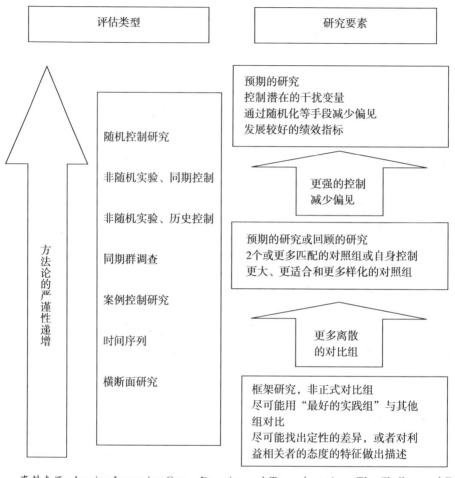

资料来源：Lewin, Increasing Organ Donation and Transplantation: The Challenge of Evaluation, The Lewin Group, Inc. Contract: HHS-100-97-0012, Delivery Order No. 7. 1998。

图 15-4 评估方法光谱

从实验研究方法的严谨程度而言，随机研究比非随机研究要求更严谨。预期研究比回溯性研究更严谨。大样本研究比小样本研究严谨。同期控制比历史研究更严谨。内部控制（多组设计）比自身控制（单组设计）更严谨。

横断面研究（cross-sectional study）。横断面研究所获得的描述性资料是在某一时点或在一个较短时间区间内收集的，它客观地反映了这一时点受到干预后相关因素及其关联的结果。

时间序列（time-series）研究干预前后趋势的规律性变化，即干预前与干预后的比较。在时间序列研究中需要排除掉其他因素对结果的影响。

案例控制研究（case-control study）又称个案对照研究。这是一种预期性的观察研究。

同期群研究(cohort study)：是对同一时期同一类型的研究对象随时间推移而发生变化的研究。同期群研究注重的是某一类型，而不是某一个体的特征。所以在不同时间可以调查不同的人，只要他们都属于同一类型。

随机控制实验［randomized controlled trial(RCT)］：在一次研究中采取两种干预措施，将实验对象随机分配到其中一组。这种方法能够让研究者比较两种干预的效果和风险。

三、评估研究的问题类型和研究设计[①]

根据评估问题类型的差异可将评估研究分为五种类型，即需求评估、项目理论评估、项目过程评估、影响评估和效率评估。以下重点阐述这五种评估的研究设计。

(一)需求评估的研究设计

需求评估的一般步骤如下：

第一步，界定需求评估的问题。当某事件、行为、现象的利益相关人的主观期望与现状产生差距的时候，就形成了需求评估的问题。需求评估问题是利益相关者的期许、价值与客观现实(通过数据、资料、图像反映出来)互动形成的。常见的需求评估主要包括以下五类问题：(1)这个政策方案所处理的社会问题本质与社会问题的规模是什么？(2)标的人口的需求是什么？(3)需要什么样的服务？(4)需要多少的服务量？需要持续多久的时间？(5)需要什么样的服务传送安排，才能提供服务给标的人口？

第二步，认定社会问题的范围与严重程度。首先需要明确问题是否存在。一般而言利用现有数据，利用持续性发布的社会指标，利用社会科学研究(比如行政机关纪录、评估者自己从事调查与普查、专家评估调查法)可以用来确定问题是否存在以及问题的严重程度。

第三步，定义及界定政策方案所要服务的标的团体。问题定义的不同，标的团体的范围也会有差异。一般来说，方案提供服务给直接标的团体，但是仍有可能提供服务给间接标的团体。专业人士、政治人物、利害关系人以及接受服务的人对于标的界定往往存在冲突，需要明确标的团体的范围，以利于评估的执行。

第四步，描述需求。许多标的人口对于服务的需求必须经过详细且实地的

[①] 此部分的写作主要参考了〔美〕罗希等：《评估：方法与技术》，第4章—第11章。如无特别说明不再注出。

探索,描述需求的常用方法包括焦点团体法、专家估计法、访谈法等方法。对标的需求的描述往往需要先使用质化方法收集社会问题本质的相关信息,然后利用量化方法估计社会问题严重程度与分布情形。

(二) 项目理论评估

每一个项目都会提出了一个适应其目标的结构、功能和程序的概念。这个概念组成了项目计划或逻辑,即项目理论。项目理论解释了项目为什么采取那些行动,并且给我们提供了合理性的基础:只要按照项目规定行动,就可以得到所需要的结果。① 完整的项目理论包括两个要素:项目影响理论和过程理论,前者描述项目及其预期的社会影响之间的因果联系链条。后者阐述项目的目标群体和项目所提供的服务之间是如何互动的,包括服务计划和组织计划两个方面。项目理论评估的意义在于:回答有关方案的因果问题;说明方案如何运作;提供改进的建议。②

项目理论评估与理论驱动的评估是相关但是并不相等的概念。③ 理论驱动的评估(theory-driven evaluation)根据理论形成评估问题、引导评估活动、在理论框架内解释评估的因果联系。理论驱动的评估强调理论对评估的引领作用,而项目理论评估强调对项目依据的理论(明示的或潜在的)进行挖掘、描述和评价。

项目理论评估包括阐述项目理论、评估项目理论、使用评估结果三个基本步骤。

第一步,阐述项目理论。即建构一套明确的概念、假设和预期作为构造和执行项目的逻辑基础。项目理论往往隐含在项目的结构和执行过程中。评估者可以通过阅读相关文件、访谈重要相关人员、实地观察、文献研究等方式收集资料,找出所要评估方案背后的方案理论。通常项目理论包括三个重要的方面:项目的目标;项目功能、要素和活动;项目功能、要素和活动的逻辑关联。

第二步,评估项目理论。对项目理论进行评价一般从以下四个方面入手:

(1) 项目需求理论评价。进行需求评估以便了解项目服务与目标环境之间的关联是否合适;在需求评估的基础上对如何满足多样的需求进行评价。

(2) 项目逻辑性与恰当性评价。政策方案的逻辑与合理性如何?主要从以

---

① 〔美〕罗希等:《评估:方法与技术》,第 95 页。
② M. F. Smith, "Evaluation: Peview of the Future", *American Journal of Evaluation*, 2001, 22(3), pp. 281—300.
③ Chris L. S. Coryn, Lindsay A. Noakes, Carl D. Westine, and Daniela C. Schröter, "Systematic Review of Theory-Driven Evaluation Practice From 1990 to 2009", *American Journal of Evaluation*, 2011, 32(2) pp. 199—226.

下六个方面进行评价:政策方案的目标与目的界定得清楚吗?政策方案的目标与目的有一定程度的可行性吗?既有政策的方案理论所阐述的政策行动与政策结果之间的改变过程是否合理?界定标的团体以及提供完整服务的步骤是否说明得很清楚?方案的成分、活动以及功能是否明白且充分的界定?方案的资源是否充分?

(3)项目真实性评价。通过直接观察项目的运转,可为评估项目理论和项目一致性提供检验。

(4)项目经验评价。将项目与过去的研究结果或是实际的经验加以比较,看看项目理论与经验和实际是否吻合?

第三步,评估结果的使用。通过项目理论评估,为重新设计项目提供三方面的帮助:明确项目的目标;去掉不会发生、不必要、不合理的因素;与项目各方合作,获得有关项目目标、活动和结果的共识。

本书例文解析15-1《公立学校的系统途径》是一篇项目理论适用性评价的例文,体现了项目理论评估的一般步骤。

(三) 过程评估

过程评估(process evaluation)与形成性评估(formative evaluation)、监测与评估(monitoring and evaluation)的概念近似,其主要目的皆在透过即时追踪或审视方案执行的过程与相关产出,以确保依照先前方案所设定的计划目标与期望效益,保证项目处于受控状态下得以完成。

过程评估主要回答以下三类问题:项目的意图是什么?事实上产生了什么?规划设计和服务送达之间的缺口是什么?[1]

过程评估的主要步骤如下[2]:

第一步,形成合作关系。在开展过程评估之前,需要明确评估项目过程涉及的利益相关者,与评估的委托者、受众和参与者形成合作伙伴关系,以创造良好的评估条件和氛围。

第二步,界定项目的要素。项目的要素是对项目中5W1H(who,what,when,where,and how)的回答。Who:即项目的顾客、服务者和职员。What:即项目的行动、行为和内容。When:合同或干涉的频率和时间。Where:项目所

---

[1] Melanie J. Bliss, M. A. James G. Emshoff, *Workbook for Designing a Process Evaluation*, Produced for theGeorgia Department of Human Resources Division of Public Health, Department of Psychology, Georgia State University July, 2002.

[2] Ibid.

在社区和地域。How:项目或干涉运转的策略。①

第三步,发展逻辑模型。逻辑模型将规划强调的问题、针对问题采取的行动、预期的结果(直接和间接的产出、长期和目的)连接起来。逻辑模型有助于澄清项目,有助于达成共识,有助于识别计划中的缺口和冗余、有助于澄清核心假设,有助于简明地传达项目的内容。

第四步,确定评估问题。过程评估的问题可以分为描述性问题、规范性问题和因果性问题。描述性问题试图了解或描述一个计划或过程的实际情况。规范性问题将"是什么"与"应该是什么"进行比较,根据既定的标准对实施进行衡量。因果性问题回答干预活动如何引起的特定后果。

第五步,确定方法。过程评估方法的选择和问题的性质相关。常用的方法包括案例研究、人种志分析、专家判断、焦点团体、观察、问卷、深度访谈、结构访谈等等。

第六步,考虑管理信息系统。管理信息系统是项目日常运转过程中建立起来的信息采集、整理、分析、使用系统,管理信息系统提供的信息有助于过程评估的展开。

第七步,开展数据收集和分析。按照选定的研究方法收集数据并进行分析。

第八步,写作研究报告。根据规范格式撰写过程评估研究报告。

(四) 影响评估

影响评估(Impact Assessment)侧重对干预结果的评价。影响评估是对某项干预(项目、政策、规划)形成阶段、设计阶段和完成阶段是否产生预期效果的测量和评价。干预的结果可以是预期的结果,也可能是执行过程中的阶段性结果,还可能是最终的产出和效果。

1. 影响评估的范围。影响评估涉及的范围非常广泛,我们经常遇到的社会影响评估、环境影响评估、政策影响评估等等都属于影响评估的范畴。比如:社会影响评估就包含人口变迁(population changes)、职业变迁(employment changes)、移置(displacement)与安置(relocation)、邻里情谊的分裂(neighbourhood disruption)、噪音影响(noise impacts)、美学的影响(aesthetic impacts)、可达性变迁(accessibility changes)、闲暇和休闲的影响(leisure and recreation impacts)、健康和安全(health and safety)、公民反应(citizens' reactions)、小区影

---

① R. Hughes, C. Black, N. P Kennedy, *Public Health Nutrition Intervention Management: Process Evaluation*, JobNut Project, Trinity College Dublin, 2008.

响(community impact)、土地使用变迁(land use changes)等领域。①

2. 影响评估研究设计。影响评估的任务是将项目的净效果从观测到的总结果中分离出来。因此,所有影响评估的基础是随机实验研究模型。实验模型依赖一个或一个以上的实验(干预)组与一个或一个以上的对照(未干预)组的比较。尽管许多影响评估不可能采用严格的实验技术,但所有影响评估设计都是将干预结果与某些没有干预存在的估计值进行比较。

影响评估研究设计需要重点考虑对照条件、干预特点和数据收集三个方面的因素。(1)就对照条件而言:在理想的条件下,影响评估要求除了干预以外,对照组和比较组是对等的。随机对照、回归——非连续对照、配对法建构的对照、统计均衡对照、反身对照、重复测量反身对照、时间序列反身对照、总体对照是常用的建立对照条件的方法。(2)就干预特点而言,可以将响评估分为全面覆盖的干预和部分覆盖的干预。全面覆盖的干预指那些干预影响到了对象群体的所有成员。部分覆盖的干预指那些干预影响到了对象群体的部分成员。全面覆盖干预采用的主要研究设计战略是反身对照,即某种形式的前后比较。部分覆盖的干预可以采用随机实验和建立对照组的方法进行研究设计。

表 15-6 影响评估的研究设计

研究设计	干预分配	所用对照类型	数据搜集策略
Ⅰ:部分覆盖项目			
A. 随机或真实实验	研究者控制的随机分配	随机选择的实验组和对照组	需要最少数据的是干预后测量;主要包括测量干预前、中和后的数据
B. 准实验			
1. 回归—非连续	非随机但对研究者是固定的,已知的	选择对象与非选择对象比较,且选择恒定	典型地讲,由干预前后的多种结果测量方法构成
2. 配对控制	非随机且不可知	研究者将所选择的干预组与对照组配对	典型地讲,由干预前后的测量方法构成

---

① John Western and Mark Lynch, "Overview of the Social Impact Assessment Process", In Lawrence R. Goldman(eds.), *Social Impact Analysis : An Applied Anthropology Manual*, New York: Oxford, 2000, pp. 35—36.

续表

研究设计	干预分配	所用对照类型	数据搜集策略
3.统计均衡控制	非随机且经常不一致	借助统计控制的方法比较处理和未处理对象	干预前后或仅干预后的结果测量方法；需要控制变量。
4.类属控制	非随机	将处理对象与有效的类属结果测量值进行比较	干预后结果测量方法加上公开有效的类属结果平均值
Ⅱ.全面覆盖项目的设计*			
A.简单的事前事后研究	非随机和一致	干预前后被测量的对象	干预前后对象的测量结果
B.对统一性项目的截面研究	非随机和非一致	将不同程度上接受干预的对象与统计对照比较	干预后结果测量方法与控制变量
C.小群体组研究：对小群体的多次重复测量	非随机和非一致	干预前、中及后被测量的对象	接受干预和结果的重复测量
D.时间序列：许多重复测量	非随机和一致	干预前后被比较的大群体	对大群体的干预前与干预后的重复的结果测量方法

* 这些设计中的许多设计也被用于部分覆盖项目的影响评估,不推荐这种应用。

资料来源:〔美〕彼得·罗希等:《项目评估:方法与技术》(第六版),(邱泽奇译),华夏出版社 2002 年版,第 193 页。

例文解析 18-2《共享领导训练规划的评估研究》是一篇采用准实验设计的例文。提供了采用实验方法展开影响评估研究的步骤和论文写作规范。

(五)效率评估

效率评估旨在对某项干预的投入和产出进行的测量和评价。效率评估的应用主要发生在项目的规划设计阶段或者已经实施或有重大修订之后,目的是确定项目是否实施或者扩展。在规划设计阶段,会根据预期的成本和结果进行事前的效率分析。在更多的情况下,效率分析往往发生在影响评估之后,因为那个时候已经知道了项目的净效果。①

---

① 〔美〕彼得·罗希等:《项目评估:方法与技术》(第六版),(邱泽奇译),华夏出版社 2002 年版,第 239 页。

在对效率评估进行界定的时候,投入方面容易达成共识。产出方面则存在效益(effectiveness)、收益(benefit)、效用(utility)等多种解释。从而形成了效率评价的多种相似或相近的方法。成本效益分析(cost-effectiveness analysis,CEA)是效率评估最常用的方法,是指按照替代方案的成本以及由此而产生的效益对替代方案作出评估。① 成本收益分析(Cost-Benefit Analysis,CBA)是指在替代方案的成本和收益均可用货币进行度量时,对替代方案作出的评估。② 成本效用分析(Cost-Utility Analysis,CUA)是成本效益分析的孪生姊妹,它是按照替代方案的成本及其效用或价值的比较对其进行的评估。③ 与此相关,成本—可行性分析是指估计某个替代方案的成本超过其预算或其他有效资源,则没有必要做进一步的分析。④

第四节 公共管理评估研究的基本议题和例文解析

公共管理过程可以看作环境与资源、输入、转换设施和机制、输出、反馈五个环节循环往复的系统过程。公共管理评估能嵌入这个大的系统循环圈中的一个或多个环节中。以下给出了一个公共管理系统和公共管理评估的二维表,表的横向维度为公共管理系统过程,包括从环境与资源、输入、转换设施和机制、输出和反馈的整个环节。纵向维度为公共管理评估的基本要素、评估主要内容、评估时段、评估指标等内容。公共管理评估嵌入在公共管理过程中的每一个环节,覆盖了公共管理系统过程包含的一个或多个要素、结构和功能。比如:政策评估、公共部门绩效评估、政府能力评估、治理评估、发展评估等等是涉及公共管理全过程的综合性评估。满意度评估则更侧重于评价公共管理产出产生的主观效应。换言之,从公共管理系统过程的视角来看,名目繁多的公共管理评估存在众多的相似、相近和交叉的地方。在实践中,需要根据研究的目的和评估问题的性质,选取恰当的研究方法,展开评估研究。

---

① 〔美〕亨利·M.莱文、帕特里克·J.麦克尤恩:《成本决定效益:成本—效益分析方法和应用》(第2版),(金志农、孙长青、史昱译),中国林业出版社2006年版,第8页。
② 同上书,第12页。
③ 同上书,第15页。
④ 同上书,第18页。

表 15-7　系统视角下公共管理评估

过程评估	公共管理系统过程				
	环境与资源	输入	转换设施和机制	输出	反馈
基本要素	一般环境、外部操作环境、内部环境、资源	耗费的人、财、物等	技术管理制度	产出（产品、服务、规范等）	满意、信任
评估议题和领域	环境评估、资源评估、诉求评估、投入评估、成本评估		管理能力评估、项目评估、流程评估	质量评估、效果评估	满意度评估、公信力评估
	政策评估、公共部门绩效评估、政府能力评估、治理评估、发展评估等等				
评估时段	前置评估	形成评估	过程评估	效果评估	总结评估
评估指标	资源 resource	投入 Input 成本 Cost	结构 Structure 流程 Process 技术 technology	产出 output 结果 outcome	满意 公信力 Accountability
	经济(economy)				
			效率(efficiency)		
				效益(effectiveness)	

资料来源：根据 HM Treasury Cabinet Office National Audit Office Audit Commission Office For National Statistics. Choosing the Right Fabric：A framework for Performance Information. March 2001. p. 10. 等资料改编。

一、公共管理评估的议题和领域

1. **政策评估**。"不仅评估研究的发展史涉及社会政策和公共行政运动，而且评估研究的实践也主要发生在政策分析和公共行政等政治和组织领域。"[①] 1951 年哈罗德·拉斯维尔（Harold D. Lasswell）和丹尼尔·勒纳（Daniel Lerner）合作发表的《政策科学》（*The Policy Sciences*：*Recent Development in Scope and Method*）一书标志着政策科学的诞生。1956 年拉斯维尔在《决策过程》

[①] 〔美〕罗希等：《评估：方法与技术》（邱泽奇等译），第 9 页。

(The Decision Process)一书中,提出了情报、提议、规定、合法化、运用、终止和评价的政策过程七阶段理论。① 政策评估作为政策过程的一个环节,是政策科学研究的重点领域。政策评估所涉及的对象非常广泛,凡是政府制定的行为规范都纳入了政策评估的研究范围。战略评估、计划评估、规制评估等等都属于政策评估的范畴。

20 世纪 50 年代在约翰逊(Lyndon Johnson)总统的"伟大社会计划"(great society)以及向贫困宣战计划(The War on Poverty Program)的推动下,政策分析成为美国政府中的专门职位。"政策分析者"一词便经常被人们用来表示政策研究的实践者或学术家的身份。② 1970 年,约瑟夫·候雷(Joseph Wholey)出版了《联邦评估政策》,1972 年卡洛尔·威丝(Carol H. Weiss)出版了《项目有效性评估方法》,这些都促使了政策评估研究领域的独立发展。2002 年斯图亚特·那格尔(Stuart S. Nagel)出版了《公共政策评估手册》标志着公共政策评估进一步走向成熟。

2. **公共部门绩效评估**。公共部门绩效评估有悠久的历史,从 20 世纪初期的科学管理到 20 世纪 60 年代的 PPBS 系统、70 年代的零基预算、80 年代的目标管理和质量管理,都与公共部门绩效评估紧密相关。进入 90 年代以后,伴随着新公共管理和重塑政府运动的持续影响,美国政府绩效评估(公共政策的结果、公共项目、公共行为和官员行为)走向了法制化和常规化管理的阶段。法制化表现在 1993 年国会颁布了《政府绩效和结果法案》(Government Performance and Results Act,1993)推动和保障了政府绩效评估改革的迅速发展。常规化管理表现在为了执行《政府绩效和结果法案》,1993 年 3 月,克林顿任命副总统戈尔主持新成立的国家绩效审查委员会(NPR)的工作,1993 年 9 月,戈尔发布了《从繁文缛节到结果导向:创造一个工作更好、花钱更少的政府》(From Red Tape to Result:Creating A Government That Work Better and Cost Less,又称《戈尔报告》),《戈尔报告》提出了很多具体的改进政府绩效评估的方法、原则、程序和操作指南,使其绩效和政策评估成为了政府常规化管理的重要构成部分。

3. **公共项目评估**。项目对应的英文名词是 project,基本含义是计划、方案和需要一致协调努力的任务。③ 美国项目管理协会(Project Management Insti-

---

① Harold D. Lasswel,*The Decision Process*. College Park:University of Maryland Press,1956,pp. 1—23.

② Yehezkel Dror,"Policy Analysts:A New Professional Role in Government Service",*Public Administration Review*,1967,27(3),pp. 197—203.

③ Paul G. Evenson,*American Heritage Dictionary*,Dell Publishing,1994.

tute,PMI)在《项目管理知识体系指南》(A Guide to the Project Management Body of Knowledge)认为所谓项目就是用来创造唯一产品或服务的一项临时性任务。项目是外延非常广范的概念,一项工程、一项研究、一个计划、一场活动都可能成为一个项目。公共项目是指公共部门为社会大众提供便利的公共基础设施工程。例如:市民广场,水电暖气管道,公共给排水工程等。公共项目评估侧重对公共项目进行预前评估、过程评估、结果评估和影响评估,同政策评估和绩效评估一样,已经发展成为一个繁荣的评估领域。

4. 公共服务评估。公共服务评估是对政府公共服务职能、公共服务提供过程、结果和影响的评估。公共服务,通常指建立在一定社会共识基础上,一国全体公民不论其种族、收入和地位差异如何,都应公平、普遍享有的服务。从范围看,公共服务不仅包含通常所说的公共产品(具有非竞争性和非排他性的物品),而且也包括那些市场供应不足的产品和服务。广义的公共服务还包括制度安排、法律、产权保护、宏观经济社会政策等。

西方国家公共服务评估的兴起与福利国家的兴起紧密相关。福利国家的兴起促使政府将大量的财政资金投入到社会福利和公共服务上,这催生了公共服务评估的繁荣。我国在建设服务型政府的战略,推动了公共服务评估研究领域的兴起。比如2006年国内学术界首次全面评估我国公共服务绩效的报告——《中国公共服务发展报告2006》在北京发布。在全面梳理新中国公共服务供给制度演进的基础上,开发了一个含8个子系统和165个指标的指标体系,对中国公共服务进行了评估。[①]

5. 治理与发展评估。20世纪90年代,随着治理理论的兴起,对治理评估的理论研究和实际应用也随之受到普遍关注。最早确立完整的治理标准,并对主权国家的治理状况进行整体性评估的是一些著名的国际组织,例如联合国开发署(UNDP)、经合组织(OECD)、世界银行(WB)等。据世界银行有关部门统计,目前经常使用的治理评估指标体系大概有140种。其中影响较大的有世界银行的"世界治理指标"(Worldwide Governance Indicators,WGI)、联合国人类发展中心的"人文治理指标"(Humane Governance Indicators,HGI)、联合国奥斯陆治理研究中心的"民主治理测评体系"(Measuring Democratic Governance)和经合组织(OECD)的"人权与民主治理测评"指标体系(Measuring Human Rights and Democratic Governance)。这些国际组织和西方机构研制的不同治理评估体系,其共同的地方,就是希望依据一套普遍适用的评价标准,对世界各国的治理状况进行测量。为了克服这些致命的弱点,近些年来一些国际组织正

---

① 陈昌盛、蔡跃洲编著:《中国政府公共服务:体制变迁与地区综合评估》,北京:中国社会科学出版社2007年版。

努力与主权国家合作,试图确立基于国别的国家治理评估系统。①

6. 规制影响评估。 根据经济合作与发展组织(OECD 组织)的界定,规制影响评估是用以审查及衡量新拟定的规制或要修改的规制的潜在收益、成本和效果的一种政策工具,它为决策者提供了有价值的实验性数据以及一个综合的框架以便他们能用以评估其决策中存在的不同方案及其结果,被用来界定问题并确保政府行为的正确性和适当性。② 规制影响评估的范围比较广泛。包括经济性规制、社会性规制、文牍性规制及规制改革。更广义地讲,规制影响评估的范围还涵盖其他形式的政策工具,如补助、税收和预算支出等财政工具。

规制影响评估制度始于 1975 年的美国福特政府,其后不断演变发展。早在 1978 年,美国总统卡特就签发了名为《改善政府规制》的 12044 号行政命令,要求所有的联邦行政机关在制定规制之前必须提出"规制影响分析报告",用成本——收益分析衡量规制的效率。1981 年,里根总统又发布了 12291 号行政命令正式确立了以成本效益分析为核心的规制影响分析制度。③ 21 世纪以来,规制影响评估制度在不同发展程度的国家中得到了深度拓展,不仅 OECD 组织的 23 个成员国都已经建立了这一制度,一些发展中国家如菲律宾、坦桑尼亚、牙买加等国也开始了这一制度实践,欧盟也于 2003 年建立了影响评估机制。④ 西方国家的规制影响评估制度经过三十多年的发展,已经不断趋于成熟,不少国家都通过较高层次的立法对这一制度予以规范。⑤

二、公共管理评估研究的例文解析

本章选取《公立学校改革的系统途径》和《共享领导训练规划的评估研究》两篇文章对公共管理评估研究的例文进行解析。详见本书光盘"例文解析 15-1《公立学校改革的系统途径》的评估研究方法"与"例文解析 15-2《分享型领导训练规划的评估》的评估研究方法"。

---

① 俞可平:《中国治理评估框架》,人民网,2008 年 12 月 16 日。
② OECD Reviews on Regulatory Reform:Background Document on Regulatory Reform in OECD Countries,2006,p.6.
③ E.O. 12044,12291.
④ Darren Welch,Introducing Regulatory Impact Assessment(RIA)in Developing Countries:The Case of Uganda,http://www.competition-regulation.org.uk/conferences/southafrica04/welch.pdf,p.1; Designing a Regulatory Impact Assessment for South Africa,August 2003,P1—2;Regulatory Impact Assessment:A Tool for Better Regulatory Governance in Sri Lanka? Interim Concept Paper,April 2005, http://www.competition-regulation.org.uk/conferences/southafrica04/knightjohn.pdf,p.3,最后访问时间,2010-2-24.
⑤ 郑宁:《我国行政立法评估制度的背景与价值探析》,载《行政法学研究》,2010 年 04 期。

【延伸阅读】

1. 米高·奎因·巴顿:《质的评鉴与研究》(吴芝仪、李奉儒译),台北:桂冠图书股份有限公司1995年版。

2. American Evaluation Association(web page：www. eval. org)等世界各国评估学会网站。

3. Chelimsky, E., and Shadish, W. R. eds, *Evaluation for the 21st Century：A Handbook*. Thousand Oaks, Calif.：Sage Publications, 1997.

4. Orr, Dr. Larry L. *Social Experiments：Evaluating Public Programs With Experimental Methods*, Sage Publications, Inc; 1 edition, 1998.

5. Struening, Elmer L. Marcia Guttentag, *Handbook of Evaluation Research*, Calif.：Sage Publications, 1975.

6. Fitzpatrick, J. L., Sanders, J. R. and Worthen, B. R. *Program Evaluation：Alternative Approaches and Practical Guidelines*, 4th ed. Boston：Allyn & Bacon, 2010.

7. Hatry, H. *Performance Measurement：Getting Results*, 2nd ed. Washington, D. C.：Urban Institute Press, 2007.

8. Langbein, L., and Felbinger, C. L. *Public Program Evaluation：A Statistical Guide*. Armonk, N. Y.：M. E. Sharpe, 2006.

9. M. M. Mark, Henry, G. T. and Julnes, G. *Evaluation：An Integrated Framework for Understanding, Guiding, and Improving Policies and Programs*. San Francisco, Calif.：Jossey-Bass, 2000.

10. I. F. Shaw, Greene, J. C. and Mark, M. M. *The Sage Handbook of Evaluation*. Thousand Oaks, Calif.：Sage Publications, 2006.

11. Stufflebeam, D. L., and Shinkfield, A. J. *Evaluation Theory, Models, and Applications*. San Francisco, Calif.：Jossey Bass, 2007.

12. Wholey, J. S., Hatry, H. P. and Newcomer, K. E. *Handbook of Practical Program Evaluation*, 3rd ed. San Francisco, Calif.：Jossey-Bass, 2010.

第十六章　公共管理研究中的系统研究方法

第一节　系统与系统科学概述

研究方法是一个包括哲学方法论层面、资料收集和分析层面、研究技术和工具层面的统一体，系统方法也是包括上述三个层面的综合性研究方法体系，在公共管理研究领域有广泛的应用。

一、系统

清晰地认识系统、系统科学、系统工程、系统哲学等概念，有助于理解系统方法的含义。

1. 系统的定义。《辞海》对系统的解释是："由元素组成的彼此相互作用的有机整体。"系统一词，在古希腊语中带有组合、整体和有序的涵义。不同的学者会从不同的角度对系统进行界定。资料专栏 16-1 提供了一些较为典型的定义。

资料专栏 16-1　系统的定义举例

一般系统论的提出者贝塔朗菲将系统定义为：系统是相互联系、相互作用的诸元素的综合体。(1)"上述各种实体可看做'系统'，也就是处于相互作用中的要素的复合体"；(2)"系统可以定义为处于自身相互关系中以及与环境的相互关系中的要素集合"；(3)"系统是一般性质的模型，即被观察到的实体的某些相当普遍的特性在概念上的类比"。①贝塔朗菲的系统思想被称为类比型一般系统论。

苏联的萨多夫斯基在他的《一般系统论原理》一书中汇集了 34 种系统定义。② 苏联另一位系统研究学者 А·И·乌约莫夫运用数理逻辑方法和形式化语言对萨多夫斯基书中的 34 个系统定义作了整理、

---

① 〔奥〕冯·贝塔朗菲:《一般系统论·基础、发展和应用》(林康义、魏宏森等译)，北京：清华大学出版社 1987 年版，第 31、240、239 页。
② 〔苏〕瓦·尼·萨多夫斯基:《一般系统论原理》(贾泽林等译)，北京：人民出版社 1984 年版，第 73 页。

归并和更高一级的抽象,得出了"系统"作为一般概念的定义:"可以把系统定义为客体的集合,在此集合上实现着带有固定性质的确定关系。"或者"把系统定义为客体的集合,这些客体具备预先确定的性质,这些性质则带有在它们之间固定的关系"。① 乌约莫夫的系统学说被称为参量型系统论。

我国学者钱学森认为:系统是由相互制约的各部分组成的具有一定功能的整体。这个定义强调的是系统的功能,因为从技术科学看,研究、设计、组建、管理系统都是为了实现特定的功能目标,具有特定功能是系统的本质特性。②

我国学者徐志国认为:"如果一个对象集合中至少有两个可以区分的对象,所有对象按照可以辨认的特有方式相互联系在一起,就称该集合为一个系统。集合中包含的对象称为系统的组分(组成部分),最小的即不需要再细分的组分称为系统的元素或要素。"③

我国学者申仲英教授将系统定义为:"系统是在一定环境条件下由相互作用着的若干元素所构成的有特定功能的整体。"④

如上所述,系统是物质联系的一种方式,物质的联系可以分为简单联系和复杂联系。对于简单事物和简单联系而言,通过部分之间的线性叠加就能把握对象的整体。这种将物质联系仅仅看成是简单联系的思想被称为"还原论":近代科学长期以来"把实际存在的事物分割成一个个尽量小的单元和孤立的单个因果链。因此物理实体被分割成大量的质点和原子,生命有机体被分割成细胞,行为被分割为反射,知觉被分割成点状的感觉,如此等等。"⑤对于复杂事物和复杂联系而言,通过部分之间的线性叠加将不能反映整体的属性,于是系统成为了描述、分析和解释这类联系的重要概念。

二、系统类型

既然系统是物质联系的一种方式,就可以根据联系的特征,根据不同的标准,对系统的的类型进行划分。如果按照组分规模来分,可以分为小系统、大系

---

① 〔苏〕乌约莫夫:《系统论方式和一般系统论》(闵家胤译),长春:吉林人民出版社1981年版,第116页。
② 钱学森等:《现代科学技术与技术政策》,北京:中共中央党校出版社1991年版,第143—144页。
③ 许国志主编:《系统科学》,上海:上海科学技术教育出版社2000年版,第17页。
④ 申仲英:《自然辩证法新论》,陕西人民出版社2000年版,第116页。
⑤ 〔奥〕冯·贝塔朗菲:《一般系统论·基础、发展和应用》1987年版,第41页。

统和巨系统。按照系统的复杂程度来分,可以分为简单系统和复杂系统。按照系统的开放程度,可以将系统分为封闭系统和开放系统等等。按照系统的形成和功能是否有人参与,可划分为自然系统和人造系统;如果按系统状态是否随着时间的变化而变化,可将系统划分为动态系统和静态系统;按系统物理属性的不同,又可将系统划分为物理系统、生物系统、生态环境系统等;按系统中是否包含生命因素,又有生命系统和非生命系统之分,等等。①

我国学者钱学森综合考虑系统规模和复杂程度,将系统分为简单系统、简单巨系统、复杂系统、复杂巨系统,而以人为基本构成的社会系统,是最复杂的系统,又称为特殊复杂巨系统。②钱学森认为小系统、大系统和巨系统都可以是简单系统。巨系统有简单巨系统和复杂巨系统两类。复杂巨系统包括一般复杂巨系统和特殊复杂巨系统。如表16-1所示:

表 16-1　系统类型

系统类型		研究方法	实例
简单系统	小系统	直接综合	一台测量仪器
	大系统	直接综合	一个工厂
复杂系统	简单巨系统	统计学(耗散结构、协同学)等	激光系统
	复杂巨系统	研究复杂系统的系列方法	生物体系统、人脑系统、人体系统、地理系统、社会系统、星系系统等

简单系统和复杂系统的区分是系统类型划分的一个重要维度,以下从简单系统和复杂系统的特征入手,对系统的类型予以描述。

1. **简单系统。**一般而言,简单系统具有以下特征:"(1)简单系统是一个模型,是对一类系统的总称。它可以包括从宇宙天体系统一直到微观原子系统在内的一类系统。(2)简单系统的特征不在于它包含子系统数目的多少,特别是现在有了电子计算机等先进的计算工具以后,大型计算对于人们不再困难,人们更看重分析方法和分析思想。当子系统的数目的多少,对于判断一个系统是否是简单系统是重要的,一般子系统为几百个左右,可以通过计算机实际计算出每个子系统的运动状态来,即可认为是简单系统。(3)简单系统的子系统与系统之间满足叠加原理。子系统与系统之间的关系明确,可以从所有子系统的运动状态进行叠加,得到系统的运动状态;也可以从系统整体的运动状态通过

---

① 钱学森:《智慧的钥匙——钱学森论系统科学》,上海:上海交通大学出版社2005年版,第147页。

② 同上书,第10页。

分析,得到各个子系统的运动状态,系统整体就是多个子系统的叠加。(4)简单系统不需层次概念,或者说,只进行一个层次的分析研究。所有子系统的运动状态的总和就是系统的运动状态,对系统整体的运动状态的描述就是要描述所有子系统的运动状态。"①

2. 复杂系统。 复杂系统与简单系统相对,具有"复杂性"。复杂性泛指具有与简单叠加特征相反的系列特征。"复杂性科学的领域至今尚显模糊不清,那是因为这项研究正在试图解答的是一切常规科学无法解答的问题。"②

复杂系统存在于客观世界和主观世界的各个领域,不同学派从不同的视角对复杂系统进行过不同的界定。目前关于复杂系统的定义也不统一,至少有 30 多种。③ 虽然目前关于复杂系统的认识与定义尚未统一,但是对复杂系统的基本特征的认识已有一个初步共识。一般认为复杂系统具有以下特征:"(1)非线性(不可叠加性)与动态性。(2)非周期性与开放性。(3)积累效应(初值敏感性)。(4)奇怪吸引性。(5)结构自相似性(分形性)。"④

钱学森在复杂系统概念的基础上提出了复杂巨系统的概念,他认为:"如果子系统种类很多并有层次结构,它们之间关联关系又很复杂,这就是复杂巨系统。如果这个系统又是开放的,就称作开放的复杂巨系统。例如:生物体系统、人脑系统、人体系统、地理系统(包括生态系统)、社会系统、星系系统等。这些系统无论在结构、功能、行为和演化方面,都很复杂,以至于到今天,还有大量的问题,我们并不清楚。开放复杂巨系统具有以下四个基本特征:

第一,系统本身与系统周围的环境有物质的交换、能量的交换和信息的交换。由于有这些交换,所以是'开放的'。

第二,系统所包含的子系统很多,成千上万,甚至上亿万。所以是'巨系统'。

第三,子系统的种类繁多,有几十、上百,甚至几百种。所以是'复杂的'。

第四个特征:开放的复杂巨系统有许多层次。这里所谓的层次是指从我们已经认识得比较清楚的子系统到我们可以宏观观测的整个系统之间的系统结构的层次。"⑤

---

① 许国志主编:《系统科学》,第 204—205 页。
② 〔美〕米歇尔·沃尔德罗普:《复杂:诞生与混沌与边缘的科学》(陈玲译),北京:生活·读书·新知三联书店 1997 年版。
③ 宋学峰:《复杂性、复杂系统与复杂性科学》,《中国科学基金》2003 年第 17 期,第 5 页。
④ 西利亚斯总结了系统复杂性的十项特征,参见:〔南非〕西利亚斯:《复杂性与后现代主义:理解复杂系统》(曾国屏译),上海:上海科技教育出版社 2006 年版。宋学峰总结了系统复杂性的五项特征,参见宋学峰:《复杂性、复杂系统与复杂性科学》。
⑤ 钱学森:《智慧的钥匙——钱学森论系统科学》,第 162 页。

第二节　系统方法概述

系统方法对应的英文单词是 system approach,其含义较为丰富,正如贝塔朗菲所言:"处理这些问题有各种各样的方法,我们故意用了'方法'(approach)这样一个不太严格的词,因为它在逻辑上是非齐一的,可以代表不同概念、模型、数学方法、一般观点等等。然而这些方法都具有一致的系统理论。"可见系统方法是主体如何获得系统科学知识成果的思维逻辑、观察视角、认知原则、认知程序、步骤、技巧、工具和手段的总称。正如我国学者徐国志所概括的那样:"凡是用系统观点来认识和处理问题的方法,亦即把对象当做系统来认识和处理的方法,不管是理论的或经验的,定性的或定量的,数学的或非数学的,精确的或近似的,都叫做系统方法。在系统科学的不同层次上,以及系统科学的不同学科分支之间,系统方法既有共同点,也有相异之处。"①

系统方法是一个层次体系,这一层次体系是由系统科学的层次性决定的。系统科学是以系统现象、系统问题为研究对象的现代科学技术部门。"系统科学研究的问题必须有系统意义。在现实生活和理论研究中,凡着眼于处理部分和整体、差异和同一、结构和功能、自我和环境、有序和无序、合作和竞争、行为和目的、阶段和过程等相互关系的问题,都是具有系统意义的问题。撇开这些问题所涉及的具体领域的特殊性质,在纯粹系统意义上进行研究,即属于系统科学的研究,这种研究得到的知识体系就是系统科学。"②

总之,系统科学的层次体系可以划分为工程技术、技术科学、基础科学和哲学四个台阶。③与此相关,可以将系统方法划分为哲学层面的系统方法,科学层面的系统方法(包括技术科学和基础科学),工程层面的系统方法三个层次。

一、哲学层面的系统方法

哲学层面上的系统方法以系统本体论和系统认识论为基础,探讨系统的一般逻辑和方法论。

系统哲学以"万物皆系统"的世界观为认知的前提基础,这种世界观是一种"把世界看作一个巨大组织的机体主义世界观。"④正如拉兹洛所言:系统哲学"是在缓慢的进步中发展的——从柏拉图真正的共相哲学和亚里士多德的范畴

---

① 许国志主编:《系统科学》,第 17 页。
② 苗东升:《系统科学精要》(第二版),北京:中国人民大学出版社 2006 年版,第 4 页。
③ 钱学森:《智慧的钥匙——钱学森论系统科学》,第 108 页。
④ 〔奥〕贝塔朗菲:《一般系统论的发展》,载《自然辩证法学习通讯》,1981 年增刊。

大纲开始,经过中世纪的经院形而上学,直到柏格森、L.摩尔根、S.亚历山大和怀特海的现代过程哲学。系统哲学是这种进步的合乎逻辑的第二步。……它的材料来自经验科学;它的问题来自哲学史;它的概念来自现代系统研究。……今天,他告诉我们,我们正在寻找一种新的基本观点——世界是个组织。我们需要扩充传统物理学系统;我们需要一些适用于同生物的、行为的和社会的万物打交道的概念和模型;我们也同样需要一些抽象的模型;这些模型在被用于不同的现象领域时,借助于它们结构形式方面的同构性就能够在不同学科之间和所有现象中起作用。"①

哲学层面的系统方法是对科学层面和工程层面系统方法的概括和抽象,建立系统的逻辑学和方法论是哲学层面系统方法的基本任务。

二、科学层面的系统方法

科学层次的系统方法是以系统为研究对象的横断科学、具体科学和技术科学领域中使用的系统方法的总结,是认识和改造某一类或某一个具体系统过程中形成的逻辑、步骤、流程、工具和技巧。科学层次的系统方法与特定系统理论不可分割,系统方法揭示获知系统理论的认知和实践途径,揭示理论和实践中的逻辑和步骤。从这个意义上而言:"系统方法就是系统科学处理各种复杂的系统问题而形成的方法论,它指明了解决复杂系统问题的一般步骤、程序和方法,它是解决形形色色的系统问题的规律的科学方法论。"②

科学层次的系统方法包括基础科学的系统方法和技术科学的系统方法,运筹学、控制论、信息论、自然科学和数学科学都是构筑系统科学方法的基础材料。科学层次的系统方法包括以下基本原则③:

1. 还原论和整体论相结合。 古代科学的方法论本质上是整体论(holism),强调整体地把握对象。近代400年来科学遵循的方法论是还原论(reductionism),主张把整体分解为部分研究。还原论认为只要把部分弄清楚才可能真正把握整体;认知了部分的特性,总可以据以把握整体的特性。系统科学的早期发展主要解决简单系统的问题,在很大程度上使用的仍然是这种方法,不同的是强调为了把握整体而还原和分析,在整体性观点指导下进行还原和分析,通过整合有关部分的认识以获得整体的认识。随着系统科学对复杂系统研究的

---

① 〔美〕欧文·拉兹洛:《系统哲学引论》(钱兆华等译),北京:商务印书馆1998年版,第一章。
② 王雨田主编:《控制论、信息论、系统科学与哲学》,北京:中国人民大学出版社1988年版,第400页。
③ 许国志主编:《系统科学》,第31页。

深入,在研究涌现和演化问题的过程中,系统科学方法逐渐超越了简单的还原论思想,从整体涌现和物质演化的角度对系统进行研究。

2. **定性描述和定量描述相结合**。任何系统都有定性特性和定量特性两方面,定性特性决定定量特性,定量特性表现定性特性。只有定性描述,对系统行为特性的把握难以深入准确。定量描述是为定性描述服务的,借助定量描述能使定性描述深刻化、精确化。定性描述和定量描述相结合,是系统研究的基本方法论原则之一。

3. **局部描述和整体描述相结合**。整体是由局部构成的,整体统摄局部,局部支撑整体,局部行为受整体的约束、支配。描述系统包括描述整体和描述局部两方面,需要把两者很好地结合起来。在系统的整体观对照下建立对局部的描述,综合所有局部的描述以建立关于系统整体的描述,是系统研究的基本方法。任何系统,如果存在某种微观描述过渡到宏观整体描述的方法,就标志着建立了该系统的基础理论。对于简单系统,它的元素的基本特性可以从自然科学的基础理论中找到描述方法,对元素特性的描述进行直接综合,即可得到关于系统整体的描述。对于简单巨系统,也具备从微观描述过渡到宏观描述的基本方法,即统计描述。复杂巨系统复杂到至今尚无有效的统计描述,也许并不存在这种描述方法,但局部描述与整体描述相结合的原则依然适用。

4. **确定性描述与不确定性描述相结合**。系统的不确定性有很多种类,如随机性、模糊性、信息不完全性、歧义性等。从牛顿以来,科学逐步发展了两种并行的描述框架。一种是以牛顿力学为代表的确定性描述,另一种是由统计力学和量子力学发展起来的概率论描述。在系统理论早期发展中两种方法都大量应用,但总体来看要么使用确定论描述,要么只使用概率论描述,没有把两者沟通起来。系统科学的发展尤其需要把确定论框架同概率论框架沟通起来。

5. **系统分析与系统综合相结合**。要了解一个系统,需要进行系统分析:一要弄清系统由哪些部分构成;二要确定系统中的元素或组分是按照什么样的方式相互关联起来形成一个统一整体的;三是进行环境分析,明确系统所处的环境和功能对象,系统和环境如何相互影响,环境的特点和变化趋势。如何由局部认识获得整体认识,是系统综合所要解决的问题。

三、工程层面的系统方法

工程层面的系统方法是系统思想和系统理论应用于解决工程技术问题和经济社会问题而形成的一套工作步骤、方法、工具和技术,又称作系统工程。系统工程是处理系统的工程技术。用定量化的系统方法处理大型复杂系统的问题。在科学技术的体系结构中,系统工程属于工程技术。正如工程技术各有专门一样,系统工程也还是一个总类名称。各类系统工程,作为工程技术的共同特点在于它们的实践性,即要强调对各类系统问题的应用,强调改造自然系统、创造社会生活各方面人所要的系统,强调实践效果。①

系统工程源于控制论。法国物理学家和数学家 A. M. 安培曾经给关于国务管理的科学取名为控制论。美国数学家 N. 维纳借用安培所创造的"控制论"(cybernetics)来称呼关于动物体和机器的控制和联系的科学。②"工程控制论已不完全属于自然科学领域,而属于系统科学范畴。自然科学是从物质在时空中运动的角度来研究客观世界的。而工程控制论要研究的并不是物质运动本身,而是研究代表物质运动的事物之间的关系,即这些关系的系统性质。因此,系统和系统控制是工程控制论所要研究的基本问题。"③

工程控制论和系统工程的发展,已使"工程"一词的含义不断拓展,从传统的自然科学和技术领域拓展到社会领域,形成了诸如科研系统工程、企业系统工程、信息系统工程、军事系统工程、经济系统工程、环境系统工程、教育系统工程、社会(系统)工程、计量系统工程、标准系统工程、农业系统工程、行政系统工程、法治系统工程等等。公共管理系统工程是公共管理领域中设计的各个专业性系统工程的总称。比如公共组织系统工程、公共信息系统工程、公共人力资源系统工程等等。凡是具有系统性质的公共管理现象,凡是需要对这些系统现象进行优化和控制。换言之,凡是那些涉及公共管理技术设计类的问题,都可以纳入公共管理系统工程的范畴,使用系统工程的方法进行解决。有代表性的系统工程方法有以下几种:

1. **霍尔的三维结构**。1962 年在贝尔电话公司工作的霍尔(A. D. Hall)在总结了大型电话通讯系统的设计和研究经验出版了《系统工程方法论》(*A Methodology for Systems Engineering*)一书,书中提出了系统工程方法论的基本构想。1969 年霍尔将系统工程方法总结为系统工程三维结构方法,该方法从时间维、逻辑维和知识维来介绍系统的工作过程、思维过程和知识的应用。时间维表示系统工程活动从开始到结束按时间顺序排列的全过程,分为规划、拟订方案、研制、生产、安装、运行、更新七个时间阶段。逻辑维是指时间维的每一个阶段内所要进行的工作内容和应该遵循的思维程序,包括明确问题、系统指标设

---

① "从 20 世纪 40 年代以来,国外对定量化系统思想方法的实际应用相继取了许多个不同的名称:运筹学(operations research)、管理科学(management science)、系统工程(systems engineering)、系统分析(systems analysis)、系统研究(systems research),还有费用效果分析(cost effectiveness analysis)等等"。转引自钱学森:《论系统工程》(新世纪版),上海:上海交通大学出版社 2007 年版,第 40—41 页。

② 钱学森:《工程控制论》(戴汝为、何善堉译),北京:科学出版社 1958 年版,原序。

③ 陈磊:《钱学森对我国火箭导弹事业开创性贡献彪炳史册》,载《科技日报》2009 年 10 月 31 日。

计、系统综合、系统分析、优化、决策、实施七个逻辑步骤。知识维列举需要运用包括工程、医学、建筑、商业、法律、管理、社会科学、艺术、等各种知识和技能。三维结构体系形象地描述了系统工程研究的框架,对其中任一阶段和每一个步骤,又可进一步展开,形成了分层次的树状体系。

霍尔的三维结构主要处理与自然系统有许多类似特性的人造系统的问题,后来的学者将霍尔的三维结构与切克兰德提出的软系统方法论相对比,称其为硬系统方法论(Hard System Methodology, HSM)。表 16-2 展示了两种系统方法在起源、处理对象等方面的差异。

表 16-2 不同类型系统方法的起源和特征比较

类别		自然系统	人造系统	人类活动系统
起源		盲目的进化力量所形成的、分层级的、不可还原的整体	按人的意向设计出的,服务于某个目的	由有自我意识的人及其行动自由形成。
特点	可改变性	只能是现在这个样子	可以改变	可以改变
	知识类型	在观察者之外,形成公众的知识	除按人的目的被制造出外	不是公众的知识,包括对观察者的说明,有理解力或自我意识
	价值和意义	包括纯生理学意义的人	与自然系统有许多类似	人的"意义"赋予的动物,世界观包含价值观与伦理观
	可控制性	对自然系统只能调查、描述、研究、学习	可创造、使用,即可设计、实施、控制	希望控制并寻求改进
研究方法论		自然科学和系统科学	硬系统方法论——系统工程	软系统方法论等

资料来源:杨建梅:《切克兰德软系统方法论》,《系统辩证学学报》1994 年第 3 期。

2. **软系统方法**。软系统方法(Soft System Methodology, SSM)是 20 世纪 70 年代英国学者切克兰德(Checkland)针对霍尔为代表的硬系统方法的局限性提出的一种处理社会和管理问题的系统方法论。英国学者切克兰德(Checkland)认为,管理与社会问题与自然界的问题相比,具有复杂性、可控性、变革性、结构不良等特征,这些特征需要新的系统方法,即软系统方法进行处理。软系统方法由七个步骤组成,如图 16-1:

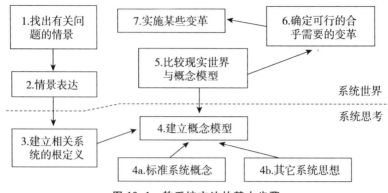

图 16-1 软系统方法的基本步骤

第一步，找出有关问题的情景。硬系统方法论的第一步是明确问题。软系统方法论认为，人类活动系统中的问题不像人造系统中的问题那样是"公众的知识"，"什么是一个问题"本身成了问题。与此相关，运用系统方法论的过程也由寻优过程变成了学习过程，结果是有关的人感到问题情景有所改进，而不是问题的解决。

第二步，情境表述。硬系统方法的系统指标设计，在软系统方法变成了情境表述。原因是软系统方法处理的问题是结构不良的问题，需要明确研究对象与所处环境之间的关系，情境表述过程亦是社会建构和诠释的过程。

第三步，建立相关系统的根定义。根定义（root definition）是对于系统的基本性质的总体认识。根定义的形成与根定义的主体、环境紧密相关，不同的定义主体或问题环境会形成不同的根定义。进行根定义的时候需要明确以下要素：C(Customr)：系统的受害者或受益者。A(Actors)：系统活动的执行者。T(Transformation Process)：系统输入、输出的转换。W(world-view)：使根定义有意义的世界观。O(Owners)：该系统的废止者。E(Environmental constraints)：系统的环境约束。

第四步，建立概念模型。根据根定义，将系统分解为不同层次的子系统，并将子系统分解为"干什么"的系列活动。概念模型中的每项活动要用"动词"表示，并指明该活动的目的。

第五步，比较现实世界与概念模型。软系统方法中概念模型与现实世界比较实际上是一种应该"做什么"和现实中能够"怎样做"之间的对比，通过找出理想与现实之间的差距，为寻求变革提供基础。

第六步，确定可行的合乎需要的变革。根据现实与理想的差距，由集体讨论获得弥合这一差距的变革方案，这一方案要满足可行和合意标准。

第七步，实施既定改革方案。对最后确定的方案加以执行，以解决最初的问题。

上述七个步骤中,步骤三和步骤四属于系统思考的范畴,其余步骤则属于现实世界的范畴,软系统方法是系统思考和现实之间互动的过程。

3. 钱学森的综合集成方法。1990 年钱学森在生物体系统、社会系统、人体系统、地理系统、军事系统这四类开放的复杂巨系统(open complex giant system)研究实践的基础上,提出了从定性到定量综合集成系统方法论。

(1)综合集成方法。综合集成方法"通常是科学理论、经验知识和专家判断力相结合,提出经验性假设(判断或猜想);而这些经验性假设不能用严谨的科学方式加以证明,往往是定性的认识,但可用经验性数据和资料以及几十、几百、上千个参数的模型对其确实性进行检测;而这些模型也必须建立在经验和对系统的实际理解上,经过定量计算,通过反复对比,最后形成结论;而这样的结论就是我们在现阶段认识客观事物所能达到的最佳结论,是从定性上升到定量的认识。综上所述,定性定量相结合的综合集成方法,就其实质而言,是将专家群体(各种有关的专家)、数据和各种信息与计算机技术有机结合起来,把各种学科的科学理论和人的经验知识结合起来。这三者本身也构成了一个系统。这个方法的成功应用,就在于发挥这个系统的整体优势和综合优势"。①

下图以经济社会决策为例,说明了综合集成方法的流程。

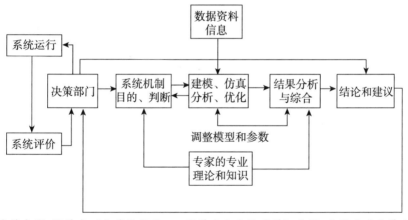

资料来源:钱学森:《智慧的钥匙——钱学森论系统科学》,上海:上海交通大学出版社 2005 年版,第 154 页。

图 16-2 综合集成方法示意图

2. 综合集成研讨厅。从定性到定量综合集成研讨厅是综合集成法从理论走向实践的应用形式。"综合集成研讨厅"(hall for workshop of meta-synthetic

---

① 钱学森:《智慧的钥匙——钱学森论系统科学》,第 151—152 页。

engineering)是综合集成了以计算机技术为核心的高新技术成果,与专家群体一起构成的高度智能化的人—机结合系统。概括起来,由三个体系构成:知识体系、专家体系、机器体系。其中,专家体系是核心,机器体系是物质技术支持,专家体系和机器体系都是知识体系的载体。"集成"二字代表了逻辑、理性,而专家们和各种"人工智能专家系统"代表了以实践为基础的非逻辑、非理性智能。这样就把综合集成法中的个体智慧明确地上升为群体智慧。它的目的是提高人的思维能力,使系统的智慧超越其中的每一个成员。随着信息技术、人工智能等领域的发展,戴汝为院士带领的团队开发了基于数字空间的综合集成研讨厅(Cyberspace for Workshop of Metasynthetic Engineering,CWME)如下图所示:

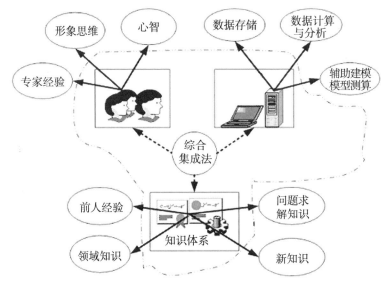

资料来源:戴汝为、李耀东:《人机结合的综合集成研讨厅体系》,《基因中国》2006年6月8日。

图 16-3 基于数字空间的综合集成研讨厅示意图

3. **总体设计部**。应用综合集成方法(包括综合集成研讨厅体系)必须有总体设计部这样的实体机构。如果说综合集成方法是研究开放的复杂系统的方法论,那么总体设计部是实现这个方法论所必需的体制和机制,两个是紧密结合在一起的,不同于传统科学研究中的个体研究方式。"所谓总体设计部就是使用综合集成方法或研讨厅体系的专家集体。"①总体部是由专家体系和机器体系(研讨厅和研讨厅体系)两大部分构成,专家体系和机器体系是知识体系的载

---

① 钱学森:《智慧的钥匙——钱学森论系统科学》,第384页。

体。总体部的研究方式和工作方式都不同于传统的个体研究方式和工作方式，也不同于工程系统总体部的研究方式和工作方式，而是专家体系与机器体系结合起来在网络环境支持下的研究方式和工作方式。综合以上所述，从定性综合集成提出经验性假设和判断的定性描述，到定性定量相结合综合集成得到定量描述，再到从定性到定量综合集成获得定量的科学结论，这就实现了从经验性的定性认识上升到科学的定量认识。这一过程如图16-4所示。①

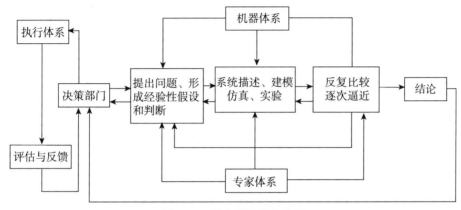

图 16-4　总体设计部示意图

第三节　公共管理研究系统方法的流程和关键议题

凡是将公共管理现象作为一个系统现象来看待，使用系统思想来寻求公共管理问题答案的逻辑、程序、步骤、工具和技巧都属于公共管理系统研究方法。从公共管理系统方法体系的角度来看，公共管理系统方法是公共管理系统问题维度、公共管理逻辑维度和公共管理研究过程维度的统一。从公共管理系统方法的层次而言，公共管理研究的系统方法是哲学、科学和工程层面的系统方法向公共管理领域推广和应用。在使用公共管理系统方法的时候，需要明确以下关键议题。

一、公共管理系统的属性

公共管理问题可分为科学发现类问题、技术设计类问题、评估类问题、诠释类问题和批判类问题。如果将这几类问题所对应的公共管理现象都理解为一

---

①　于景元、周晓纪：《综合集成方法与总体设计部》，《复杂系统与复杂性科学》，创刊号，2004年1月。

个系统,那么就可以使用系统方法对这几类现象展开研究。比如"政府过程如何运转?"是一个典型的科学发现类问题,如果使用系统方法展开研究,那么就需要将政府过程理解为一个系统过程,使用系统分析的概念框架对政府过程展开分析。生态行政学和政治系统分析都可以看作是将系统方法用于分析公共管理问题和政治问题的典型。

在将公共管理现象理解为一个系统的时候,需要明确这类系统及其子系统的类型和属性。对象性质的不同,必然要求不同的研究方法。如果将政府过程中的执行过程看做是简单系统来处理的话,就可以使用行为主义、理性选择等直接综合的方法,对政府执行过程的每个子系统分别进行描述,然后线性叠加为政府的执行过程。如果将政府过程中的舆论过程看做是一个简单巨系统的话,就可以使用社会统计学的方法,通过抽样和概率解释,来获得对民意趋势的预测。如果将政府过程中的预算过程看做是一个复杂系统的话,就需要使用混沌理论等处理复杂性问题中发展出来的系列方法。

公共管理简单系统。公共管理简单系统是那些具有系统简单性特征的公共管理系统,即系统组成部分通过简单叠加就能形成系统整体性质的公共管理系统。公共管理简单系统的简单性与组分的数目和规模无关,关键是这些组分之间的相互作用是否产生了组分自身没有的整体性质。传统公共行政对官僚制的分析就属于简单系统的分析方法,只要分析了构成官僚制的齿轮结构,就能清楚地获得官僚制运转的认识。

公共管理复杂系统。公共管理复杂系统是那些系统组分通过相互作用,使得部分之和大于整体,形成了各个部分都不具有整体功能和整体性质的系统。对于简单的公共管理现象,可以使用还原主义和统计学的方法进行直接分析和综合。只有对于那些具有层次性、整体性、非均衡性、混沌、模糊、非线性的公共管理现象,我们才需要引入复杂系统方法展开研究,通过复杂系统方法揭示子系统之间的相互作用关系,揭示部分之和大于整体的内在机制。道格拉斯·基尔(Douglas Kiel)对公共预算和公共组织复杂性问题的研究就是将公共管理系统看做一个混沌系统的实例。①

二、对公共管理现象进行系统科学分析的基本内容

在对公共管理现象展开研究的过程中,如果将公共管理现象看做是一个系统,展开对公共管理现象系统存在和演化的状态、过程和机理的研究,则需要将

---

① Douglas L. Kiel, *Managing Chaos and Complexity in Government*, San Francisco: Jossey-Bass Publishers, 1994. 另参见:叶娟丽、马骏:《公共行政学的新范式——混沌理论——兼评基尔的〈政府管理中的无序和复杂性〉》,《武汉大学学报(人文社会科学版)》2000 年第 53 卷第 5 期。

系统科学的基本范畴运用到公共管理这一特殊对象中,展开探索、描述、解释和预测,并在公共管理系统的研究中,拓展系统科学的经验基础,揭示公共管理系统的特殊性。在对公共管理系统展开研究的时候,需要重点分析以下内容①:

1. 系统的规定性分析。系统的规定性分析即分析系统的要素、结构、功能和环境。系统的规定性分析旨在说明系统的基本概念,阐明系统的基本情况,是系统分析的基础。

(1) 系统的要素分析。系统要素是构成系统的基本单位或最小部分。划分系统的要素、分析要素的属性是系统分析的基础。

(2) 系统结构分析。要素之间一切联系方式的总和,叫作系统的结构。要素和结构是构成系统的两个缺一不可的方面,系统是要素与结构的统一,要素与结构一起称为系统的内部构造。给定要素和结构两方面,才算给定一个系统。

(3) 系统环境分析。广义地讲,一个系统之外的一切事物或系统的总和,称为该系统的环境。环境与系统连接的部分是系统的输入,系统通过转换形成输出,输出作用于环境。环境中产生的效应反馈给系统,形成新的输入。环境、输入、转换、输出和反馈构成一个往复循环的过程。

(4) 系统功能分析。按照维纳等人的意见,可以把系统行为定义为系统相对于它的环境作出的任何变化。系统在内部联系和外部联系中表现出来的特性和能力,称为系统的性能。系统行为所引起的环境中某些事物的有益变化,称为系统的功能。系统性能有多样性,每种性能都可能被用来发挥相应的功能,或综合几种性能发挥某种功能。从系统本身看,要素、结构、环境三者共同决定系统的功能。功能发挥过程对结构有反作用,促使结构改变。

2. 系统的涌现分析。若干事物按照某种方式相互联系而形成系统,就会产生它的组分及组分总和所没有的新性质,即系统质或整体质。这种新性质只能在系统整体中表现出来,一旦把整体还原为它的组成部分便不复存在。这种部分及其总和没有而系统整体具有的性质,叫作整体涌现性(emergence)。系统整体涌现性的来源,归根结底在于系统组分(要素和子系统)之间、层次之间、系统与环境之间的相互作用,涌现性是组分之间、层次之间、系统和环境之间互动互应所激发出来的系统整体效应。涌现的前提是存在多样性和差异性,特别是系统内部的种种差异。涌现的外部条件由环境提供,涌现的内部根据则来自系统中的相干关系。"相干性是指,每个要素的活动方式不仅与自己相关,更与其

---

① 系统规范性分析、系统的涌现分析、系统的稳定性分析、系统层次结构分析、系统演化分析引自申仲英:《自然辩证法新论》,西安:陕西人民出版社 2000 年版,第 124—127 页,不再注出。

他要素相关。"①交互影响和长程相关是相干性的简单形式,反馈调节则是相干性的复杂形式。相干性的交互影响特点意味着要素之间相互约束,长程相关特点意味着要素之间协同一致,反馈调节特点则强化着约束和协同。它们交错重叠共同构成新质突现的内部根据。②

3. **系统的稳定性分析**。系统的稳定性分析主要回答"当一种涨落发生时,与系统新质相对应的状态是一去不复返?还是在一定范围内震荡?还是保持不变?"系统稳定性分析重点分析稳定与涨落之间的关系。如果涨落随时间而放大,定态一去不复返则是不稳定状态;如果涨落随时间而衰减,定态能够恢复则是稳定状态;如果涨落在定态允许的范围内随时间而震荡,定态能够保持则是渐近稳定状态。系统的稳定性归根到底来自系统中的相互作用以及系统与环境的相互作用,从而体现出系统的整体性质。引起渐进稳定和稳定状态的涨落称为微涨落。如果涨落超出微涨落的范围,则称为巨涨落,巨涨落会把系统推到失稳的临界点,导致原有结构的解体以及新结构的出现。当微涨落借助于非线性机制而长程传递的情况下,巨涨落才会出现。系统中的非线性作用既是放大涨落使系统失稳的机制,也是在系统失稳后使稳定得以重建的机制。

4. **系统层次结构分析**。系统的层次结构分析提供了理解复杂系统的基本方式,正如西蒙所言:"要构造一门关于复杂系统的比较正规的理论,有一条路就是求助于层级理论。"③层级结构是由下而上逐级构成的结构。整个层次结构可区分出多级结构、多级环境和多级功能。层级结构是层层相干、层层有新质突现的结构。层级结构的主要特点是,逐级构成所带来的逐级递进以及逐级相干所带来的逐级集约。这两个特点的实现都依赖于一种内部机制:层级结构中结合度逐级递减。随着层次由低到高推进,结合度也由大而小递减。"当我们从初级组织层次的微观系统走向较高层级的宏观系统,我们就是从被强有力地、牢固地结合在一起的系统走向较弱和较灵活的结合能量的系统。"④从信息角度来看,系统的层级结构伴随着信息的逐级集约,这意味着高层次系统形成所需要的信息条件不仅仅不比低层次系统严格,反而较为宽松,也较为容易得到满足。信息的逐级集约意味着行为的逐级控制。在研究复杂系统的时候,把下层子系统的特征简化为内部约束条件,通常称为"黑箱化"。把上层系统的制约简化为外部环境条件,也是复杂事物常用研究方法。

层级系统中存在上向因果链和下向因果链。上向因果链意味着低层子系

---

① 申仲英:《自然辩证法新论》,第 124 页。
② 同上书,第 124—127 页。
③ 〔美〕西蒙:《人工科学》(武夷山译),北京:商务印书馆 1987 年版,第 197 页。
④ 〔美〕拉兹洛:《进化》,北京:社会科学文献出版社 1988 年版,第 32 页。

统之间的相干性关系造成了上层系统的新质突现。下向因果链意味着相干性关系又限制和调节了下层子系统的活动方式,这又相当于高层系统作为原因在低层子系统中引起某种结果。上向因果链解释的逻辑要素为:低层规律、低层过渡到高层的相干条件、环境陈述。下向因果链解释的逻辑要素为:高层规律、低层子系统的结构条件、环境陈述等逻辑要素。

5. 系统演化分析。任何系统都处于演化之中,演化是不可逆的变化。所谓可逆是指系统从初始状态出发经过某一过程到达另一状态,如果存在着另一过程能使系统和环境完全复原,则原来的过程为可逆过程。反之则是不可逆过程。不可逆过程中的演化既可以导致有序程度的降低,也可能导致有序程度的提高。这种有序程度的变化如果自发出现而不是借助于任何预先存在的指令,那么,有序程度降低的不可逆过程构成演化的退化分支,有序程度提高的不可逆过程则构成演化的进化分支。序变实质上是系统中相互作用方式的变化,是结构性的变化。如果系统中的内部约束条件变大,相互限制相互协同增强,各要素活动自由度将减少,表现为有序程度提高。反之,约束的淡化将带来自由度增多,表现为有序程度降低。序变可以有预先存在的程序加以控制,也可以是自发过程。由先行程序控制的序变,仅仅是完成预定的过程,不纳入演化的范畴。总体来看,非线性的相干效应决定着新质突现的可能性;非线性的临界效应决定着系统剧变的可能性;非线性的分支效应则决定着什么样的有序结构可能稳定存在并成为吸引中心。因此,包含着非线性相互作用的系统,具有走上熵减分支的内在根据。而包括线性相互作用的系统,则缺乏这种根据,无法自发演化出更有序的结构来。外部条件的主要作用是选择和调节系统中的相互作用方式。只有充分的外部条件才能使系统处于远离平衡状态,从而使非线性相互作用得以发生。引起系统向有序方向演化的诱因就是涨落:涨落触发系统失稳;涨落引导分支选择;涨落孕育新结构胚芽。非平衡、非线性和涨落是系统演化中彼此关联的三大要素。

在政治和公共政策研究中,1957年戴维·伊斯顿(Easton,David)发表了《政治系统:政治学现状研究》,首次将一般系统论应用到政治分析,提出了系统分析的基本观点和方法,之后他又相继发表一系列文章和著作,形成了一套政治系统分析的方法论。政治系统分析将政治系统看作是对社会规定有价值物的权威性分配(或强制性决定),并且予以实施的行为或互动行为。政治系统由政治团体、体制和权威机构等部分构成。政治系统与环境相互作用,政治系统总受到自然的、生物的、社会的以及心理的等外部和内部环境的影响,同时政治系统会对环境的压力作出适应和反馈。环境对政治系统的影响叫输入,主要指包括环境的干扰或压力,要求或支持。政治系统为了维持自己的生存和发展,会对压力作出反应。要求和支持输入政治系统后,转换成为政治系统的输出,从而对社会作出权威性的价值分配,即公共政策。随着政治系统的输出和政策的实施,政治系统又反馈于环境。政治系统就是一个从环境输入、输出、反馈、再输入的过程。政策科学的系统分析与政治科学的系统分析是同源同宗的,他们都以系统论的框架分析政治和政策现象,将政策和行政看作是一个持续不断的系统过程。图 16-5 是戴维·伊斯顿(David Easton)提出的政治系统分析图:

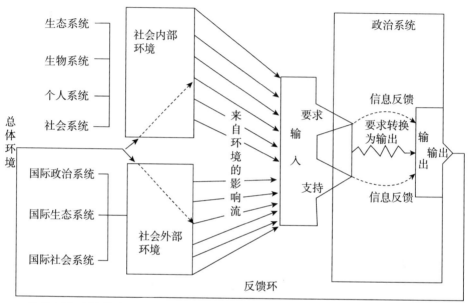

资料来源:〔美〕戴维·伊斯顿:《政治生活的系统分析》(王浦劬译),华夏出版社 1999 年版,第 35 页。

图 16-5 政治生活的系统分析图

从图 16-5 可以看出,作者在进行政治系统分析的时候,将系统科学的基本原理和政治现象紧密结合起来,对政治系统的规定性展开了详细的分析,对政治系统的环境、要素、结构、功能、输入、输出、反馈等进行了图景式的描述和解释。政治系统分析是系统方法运用于政治和政策研究的经典例子。

三、公共管理系统工程方法

公共管理系统工程的方法主要针对公共管理技术设计类问题而形成的系列方法。系统工程是组织管理系统的技术,它从系统整体出发,根据总体目标的需要,以系统方法为核心并综合运用有关科学理论方法,以计算机为工具,进行系统结构、环境与功能分析与综合,包括系统建模、仿真、分析、优化、运行与评估,以求得最好的或满意的系统方法并付诸实施。① 公共管理系统工程方法是将系统工程的思想和方法运用于公共管理的实践活动的系列方法的总成,与"系统分析"、"政策系统分析"、"政策分析"等概念的含义是基本一致的。"政策分析在很大程度上是作为系统分析的扩充而发展起来的,而系统分析又是运筹学的扩展。因此,可以将系统分析看作政策分析的一种不完全的或专门的形式"。② 系统工程的理论和方法在公共管理研究中的应用促使了决策科学和政策系统分析的兴起。③

1. 公共管理系统工程方法的发展路线。在公共管理和公共政策研究中,"系统分析"一词最早由美国兰德公司在第二次世界大战结束前提出并加以使用。后来泛指那些"使用定性、定量或者两者相结合的方法组成的一个集合,其方法论源于科学方法论、系统论以及为数众多的涉及选择现象的科学分支。应用系统分析的目的,在于改进公共的和私营的人类组织系统。"④从20世纪40年代到70年代的三十年中,系统分析沿着两条明显不同的路线得到发展。⑤

一是将数学和经济学用于第二次世界大战和战后时期新型防卫武器的研究;40年代和50年代所使用的另外一些名称是"运行分析"、"运筹学"、"系统工程"或"损益分析"等等。

1960年肯尼迪当选总统不久,他任命的国防部长罗伯特·麦克纳马拉把兰德公司的系统分析及其直接产物计划—规划—预算系统方法(Planning Programming Budget System,PPBS)带到了华盛顿。同一时期,一部分民间机构也开始利用系统分析方法,旨在改进交通、通讯、计算机、公共卫生等设施的效率和效能。

系统分析的另一条路线体现在与大学相互联系的研究和教学活动之中。在这一方面,存在着一种把众多的学科加以系统理论化的倾向:开始是在生物学和数学领域,特别是控制论方面;其后扩展到了工程学、通讯理论、一般系统论、政治结构、国际关系、管理系统、生态系统、心理和精神分析以及教育系统等研究领域,并在这些领域中提出了不少有关系统的理论和方法,系统分析开始成为一种普遍的研究方法。由于系统分析在实际应用和理论研究方面取得了一系列成果,到了70年代,人们开始认识到采取系统的研究方法,对于改进和

---

① 钱学森:《智慧的钥匙——钱学森论系统科学》,第15页。
② E. S. Quade, *Analysis for Public Decisions*, New York:North Holland,c1989, p. 27.
③ 钱学森认为系统工程用于经济和社会研究,需要自然科学家和社会科学家共同努力,促使了决策科学的兴起。"决策科学"与"政策系统分析"都是指称将系统工程的理论、方法和技术用于经济社会问题解决的应用性技术科学概念。
④ 〔美〕R. M. 克朗:《系统分析和政策科学》(陈东威译),北京:商务印书馆1985年版,第20页。
⑤ 同上书,第6页。

提高公共政策系统的功能和有效性是极其有益的,将系统分析与决策相联系,用来解决层次较高、难度较大的大系统问题。

系统分析从作为分析经济合理性的应用和作为研究对象的理论体系这种相互分离的状态,一直持续到 70 年代中期;当时经过耶赫兹克尔·德罗尔(Yehezkel Dror)和其他政策科学家的著述和做出的努力,逐步走向相互结合、相互补充,发展成为一种有效的方法体系。人们开始认识到采取系统化的研究方法,对目的在于改进决策系统的系统分析和政策分析的进一步发展是极其有益的。①

2. 公共管理系统工程方法的要素和流程。 将系统工程方法运用到公共管理研究的基本前提是将公共管理现象作为一个系统现象来看待。比如:公共政策系统分析就是将公共政策看做是一个实现特定目标的,需要优化的系统,公共政策系统分析的要素和流程是系统分析要素和流程的一种特殊表现形式。以下就以公共政策系统分析为例,阐述公共管理系统工程方法的要素和流程。

对公共政策系统分析构成要素和流程的阐述,不同的学者会有不同的理解。比如:克朗在《系统分析和政策科学》中提出了"行为—价值—规范"分析的模型。如图 16-6 所示

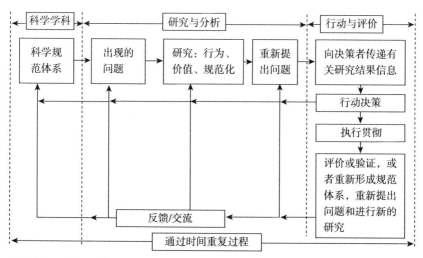

反馈是系统自身的学习过程,交流是指与其他系统比较而进行学习的过程。

图 16-6 克朗的政策系统分析模型

政策系统分析学者奎德(E. Quade)认为:一个政策系统由目标、备选方案、效果、标准和模型构成,政策系统分析就是围绕政策五大要素展开的分析过程。

---

① 系统分析的两条发展路线参见:〔美〕R. M. 克朗:《系统分析和政策科学》,第 6 页。

它包含五项基本内容,即可行方案集、系统目标体系、系统建模、效果与信息、评价准则。①

卡尔·帕顿、大卫·沙维奇将政策分析过程归结为认定和细化问题、建立评估标准、确认备选方案、评估备选政策、展示和区分备选政策、监督政策实施六步。如下图所示:

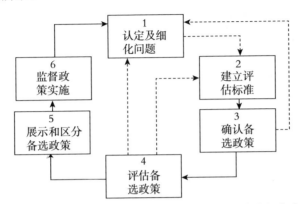

资料来源:〔美〕卡尔·帕顿、大卫·沙维奇:《政策分析和规划的初步方法》,华夏出版社2001年版,第44—45页。

图 16-7 帕顿和沙维奇的政策系统分析模型

上述学者所论述的系统分析模式存在一些差异,但也有共同点,一般而言政策系统分析的基本要素包括政策问题、政策目标、政策备选方案、政策模型、政策实施、政策评价等要素。这些在专门的公共政策分析书中都有介绍,此处不再赘述。

第四节 系统方法在公共管理研究中的运用

公共管理研究中的系统理论可以分为两个阶段。第一个阶段的系统理论将公共管理系统看做是一个简单的系统,对公共管理系统的环境、要素、结构、功能、行为和过程进行描述和分析。这一阶段的研究基本不涉及公共管理现象系统组分的非线性相互作用、涌现、混沌等复杂性问题。生态行政学、系统组织与管理理论、政治系统分析是具有代表性的公共管理传统系统理论。公共管理系统理论的第二个研究阶段则将公共管理系统看做是一个复杂系统,重点分析公共政策、公共组织、公共事务现象中存在的要素之间的非线性作用、涌现、混沌现象。以下重点介绍公共管理复杂系统理论的研究。

---

① E. Quade: *Systems Analysis and Policy Planning*. U. S. A. Elevier Publishing. Inc,1968. 7.

公共管理中复杂性问题的研究已经广泛地涉及公共管理的一般理论和各个分支研究领域。非线性、涌现、自组织、复杂适应系统等与复杂性相关的一些新术语逐渐成为描述、分析和解释公共管理的新概念、新视角和新框架。涌现出了一大批优秀的著作和论文,很多学者都成为公共管理复杂性研究领域的活跃者,1997年《行政理论与实践》专门举办了"向自然科学学习的论坛",介绍了复杂性科学用于行政学的相关议题。① 2008年《公共行政季刊》专题刊发了《公共政策和公共行政复杂性研讨会》的情况。② 公共管理复杂性问题日益成为一个富有生机的热点领域。

目前关于公共管理复杂性研究的文献主要集中在以下领域:

1. 公共管理系统的理论和方法研究。这类研究的重点是分析公共政策和公共行政具有的复杂性特征,论证复杂性理论用于公共管理研究的合理性,提出公共管理复杂性研究的概念框架、研究途径等。比如:基尔(D. L. Kiel)在《公共行政评论》上发表了《非均衡理论及其对公共行政的意义》,将非均衡理论与公共行政学紧密结合起来。③ 奥弗曼(E. S. Overman)在《公共行政研究与理论》杂志上发表了《管理的新科学:混沌和量子的理论与方法》将混沌和量子的概念引入分析管理学实践。④ 基尔和塞尔登(Barry J Seldon)在《美国公共行政评论》上发表了《外部环境中现实复杂性的测量:非线性和理性行动的界限》一文,提出了衡量环境复杂性的方法。⑤ 莫索尔(G. Morcöl)和登纳德(L. Dennard)出版了《适用于公共行政和政策的新科学:关联和反思》一书,阐明了以研究非线性、涌现、混沌等现象为主要内容的新科学对公共行政和政策研究的关联和启迪,提出了研究公共行政和政策的新思想范式。⑥ 莫索尔出版了《政策分析的新思想:后牛顿和后实证主义认识论和方法论》,阐述了以复杂性科学为代

---

① G. Morcöl (ed.) "Symposium: Learning from Natural Sciences," *Administrative Theory & Praxis*, 1997, 19(3), pp. 299—401.

② J. E. Weber, "Symposium: Complexity of Public Policy and Public Administration," *Public Administration Quarterly*, 2008, 32(3).

③ D. L. Kiel, "Nonequilibrium Theory and Implications for Public Administration," *Public Administration Review*, 1989, 49(6), pp. 544—551.

④ E. S. Overman, "The New Science of Management: Chaos and Quantum Theory and Method," *Journal of Public Administration Research and Theory*, 1996, 6(1), pp. 75—89.

⑤ L Douglas Kiel, Barry J Seldon. "Measuring Temporal Complexity in the External Environment: Nonlinearity and the Bounds of Rational Action". *American Review of Public Administration*, 1998, 28(3).

⑥ G. Morcöl, and L. Dennard, *New Sciences for Public Administration and Policy: Connections and Reflections*, Chatelaine Press, 2000.

表的政策分析的新方法论。①基尔在《公共行政季刊》发表了《公共行政中基于 Agent 建模引论：在未来行政世界中理解复杂性》一文，阐述了公共行政中开展基于 Agent 建模的复杂系统方法。②米克（Jack W Meek）在《公共行政季刊》上发表了《复杂性、多学科性和公共行政：对于社群整合的含义》，阐述了复杂性、多学科性和公共行政学之间的关系。③ 莫索尔在《行政理论与实践》上发表了《复杂性理论和认知科学的现象学：对于公共行政和政策中已有和正在形成知识的含义》一文，回顾并展望了复杂性理论和认知科学在公共行政和政策知识中的体现和未来发展趋势。④莫索尔在《公共行政季刊》上发表了《新的系统思想：复杂性科学对于公共政策和公共行政的意义》一文，阐述了复杂性科学对公共政策和公共行政的影响。⑤ 琼斯（Matthew Jones）在《公共行政季刊》上发表了《现代公共行政的复杂科学视角》对复杂科学在公共行政学中的应用进行了回顾和分析。⑥泰斯曼（Teisman，G. R.）和克里金（Klijn，E. H.）在《公共管理评论》上发表了《复杂理论与公共管理导论》介绍了复杂科学用于公共行政研究的情况。⑦ 莫索尔和沃克豪斯（Aaron Wachhaus）在《行政理论与实践》中发表了《网络理论与复杂性理论：比较和综合》阐述了网络理论与复杂性研究的关系。⑧弗朗哥（Franco，Heidi Hicks）则在其博士论文《州雇员退休系统分析：治理网络的复杂性、能力、问责和合法性》一文中分析了治理网络的复杂性问题。⑨

---

① G. Morcöl, *A New Mind for Policy Analysis: Toward a Post-Newtonian and Postpositivist Epistemology and Methodology*, Praeger, 2002.

② L Douglas Kiel. "A Primer for Agent-Based Modeling in Public Administration: Exploring Complexity in 'Would-Be' Administrative Worlds", *Public Administration Quarterly*. Randallstown: 2005, 29(3), p. 268.

③ Jack W Meek, William H Newell, "Interdisciplinarity and Public Administration: Implications for Integrating Communities", *Public Administration Quarterly*. Randallstown, 2005, 29(3), p. 321.

④ Göktug Morcöl, "Phenomenology of Complexity Theory and Cognitive Science: Implications for Developing an Embodied Knowledge of Public Administration and Policy", *Administrative Theory & Praxis*, 2005, 27(1), p. 123.

⑤ Göktug Morcöl, "A New Systems Thinking: Implications of the Sciences of Complexity for Public Policy and Administration", *Public Administration Quarterly*, 2005, 29(3), p. 297.

⑥ Matthew Jones, "A Complexity Science View of Modern Police Administration", *Public Administration Quarterly*, 2008, 32(3), p. 433.

⑦ G. R. Teisman, and E.-H. Klijn, "Complexity theory and public management: An introduction," *Public Management Review*, 2008, 10(3), pp. 287—297.

⑧ Göktug Morcöl, Aaron Wachhaus, "Network and Complexity Theories: A Comparison and Prospects for a Synthesis", *Administrative Theory & Praxis*, 2009, 31(1), p. 44.

⑨ Heidi Hicks Franco, "An Analysis of State Public Employee Retirement Systems(PERS): Governance Network Complexity, Capacity, Accountability and Legitimacy", Ph. D., The University of Utah, 2010.

2. 政策过程的复杂性研究。将复杂性理论用于公共管理的决策、计划、战略、执行、政策网络、政策工具等的研究,是一个新兴的研究方向。比如:帕吉特(John Frederick Padgett)在其博士论文《应对复杂性:预算决策制定的随机模型》中使用复杂性理论对预算决策过程进行了分析和透视。① 索坦尼(Gita Soltani)完成了博士论文《州政府的决策制定模型:作为对复杂问题解释》,运用复杂系统理论探讨了州政府决策制定过程。② 斯图尔特(Scott Jeffery Stewart)在《应对复杂性:政策过程中客观性和认知的界限》,探讨了政策过程的复杂性问题。③ 基尔出版了《政府中混沌和复杂性的管理》一书,探讨了政府预算过程的复杂性。④ 克里金(E. H. Klijn)在《行政与社会》上发表了论文《在复杂网络中政策过程的分析和管理》一文,阐明了复杂网络理论与政策分析的关系。⑤ 季克特(W. J. M. Kickert)、克里金和考朋因(J. F. M. Koppenjan)出版了《管理复杂性网络:公共部门的战略》一书,将政策网络与复杂性科学结合起来,提出了政策网络管理的系列战略方法。⑥ 帕尔伯格(Laurie E Paarlberg)的博士论文则应用复杂性理论研究了中层管理问题。⑦ 穆哈巴(Mmori Benjamin Mokhaba)在《基于结果的教育:政策目标与执行复杂性》的论文中研究了政策执行的复杂性问题。⑧ 特罗吉姆(W. M. K Trochim)和卡布雷拉(D Cabrera)在《涌现:复杂性和组织》中发表了《政策分析的复杂性概念框架》,阐述了政策分析中使用复杂性理论的基本情况。⑨ 奥雷亚纳(Salomon E Orellana)完成了博士论文《应对决

---

① John F. Padgett. "Coping with Complexity: Stochastic Models of Budgetary Decision Making in O. M. B. and Domestic Agencies", Ph. D. , University of Michigan, 1978.

② Gita Soltani. "Application of a Decision Making Model to a State Agency: Analysis of Decision Making Processes as Explained by Topic Complexity and Political Cleavage", Ph. D. , The Florida State University, 1985.

③ Scott Jeffery, Stewart, "Coping with Complexity: The Limits of Objectivity and Understanding in the Policy Process", M. A. , Simon Fraser University(Canada), 1992.

④ Mary M. Hale, "Public Management as Art, Science, and Profession/The New Effective Public Manager/Managing Chaos and Complexity in Government", *American Review of Public Administration*, 1996, 26(3), p. 394.

⑤ E. H. Klijn, "Analyzing and Managing Policy Processes in Complex Networks," *Administration and Society*, 1996, 28(1), pp. 90—119.

⑥ W. J. M. ,Kickert, E. H. Klijn, and J. F. M. Koppenjan, *Managing Complex Networks: Strategies for the Public Sector*, Sage Publications Ltd, 1997.

⑦ E. Paarlberg, Laurie "Leading from the Middle: The Application of Complexity Science to the Study of Middle Managers and Administrative Change", Ph. D. , Indiana University, 2003.

⑧ Mmori Benjamin Mokhaba, " Outcomes-based Education: Policy Objectives and Implementation Complexities", Ph. D. , University of Pretoria(South Africa), 2005.

⑨ W. M. K. Trochim,and D. ,Cabrera, "The Complexity of Concept Mapping for Policy Analysis," *Emergence: Complexity & Organization*, 2005, 7(1), pp. 2—10.

策制定中的复杂性:选举制度、多样性和问题解决》探讨了选举制度中的复杂性和多样性问题。①登纳德、理查森(K. A. Richardson)和莫索尔在《涌现:复杂性和组织》上发表了《复杂性和政策分析:特殊议题》一文,阐述了公共政策分析中的复杂性问题。②登纳德、理查森和莫索尔出版了《复杂性和政策分析:在复杂世界中设计稳健政策的工具和方法》一书。该书将复杂性科学与政策分析紧密结合起来,为政策分析提供了一套新的方法,弥合了政策分析与复杂科学的鸿沟。③

3. **组织理论**。将复杂理论运用于公共组织体制、变革、治理方面的研究亦是一个较为集中的研究领域。比如:艾伦(John Edward Allen)在《官僚制的结构分析:美国地方法院的规模、复杂性和行政构成》对官僚组织的复杂性问题进行了研究。④尼古莱蒂斯(Alexander George Nicolaidis)完成了博士论文《复杂性、结构和行政强度:营利和非营利组织中复杂性的确定和解决方案研究》探讨了复杂性与组织结构和政策制定之间的关系。⑤基尔出版了《政府中混沌和复杂性的管理:管理变革、创新和组织更新的新范式》一书。在该书中作者论证了公共管理的混沌属性,并将混沌理论和复杂科学的概念用于分析公共组织变迁现象的研究。⑥达布尼克(Melvin J. Dubnick)在《国际公共行政评论》上发表了《美国公共行政面临的挑战:复杂性、官僚化和文化不信任》探讨了复杂性与官僚制度及其文化之间的冲突。⑦瑞奎斯特(Evan J. Ringquist)、沃夏姆(Jeff Worsham)、艾斯纳(Marc Allen Eisner)在《公共行政研究和理论》杂志上发表了《管

---

① Salomon E. Orellana, "Coping with Policy-making Complexity: Electoral Institutions, Diversity, and Policy Problem-solving", Ph. D., Michigan State University, 2008.

② L. Dennard, K. A. Richardson, and G., Morcöl, "Complexity and Policy Analysis: Special Issue", *Emergence: Complexity & Organization*, 2005, 7(1).

③ Linda F Dennard, Kurt A Richardson, Goktug Morcol. *Complexity and Policy Analysis: Tools and Concepts for Designing Robust Policies in a Complex World*, ISCE Publishing, 2008.

④ John E Allen. "A Structural Analysis of Bureaucracy: Size, Complexity and the Administrative Component in the United States District Courts", Ph. D., The American University, 1982.

⑤ Alexander George. Nicolaidis, "Complexity, Structure, and Administrative Intensity: A Study of the Determinants and the Solutions to Complexity in Profit and Nonprofit Organizations", Ph. D., Columbia University, 1991.

⑥ D. L. Kiel, *Managing Chaos and Complexity in Government: A New Paradigm for Managing Change, Innovation and Organizational Renewal*, Jossey-Bass Publishers, 1994.

⑦ Melvin J. Dubnick, "Challenges to American Public Administration: Complexity, Bureaucratization, and the Culture of Distrust", *International Journal of Public Administration*, 1996, 19(9), p. 1481.

制性官僚的显著特征、复杂性和立法指导》探讨了管制性官僚的复杂特征。①黑兹利特(Shirley-Ann Hazlett)完成了博士论文《大规模组织变革的复杂性：北爱尔兰和爱尔兰公共部门的比较研究》一文，深入探讨了组织变革中的复杂性问题。② 克伦普顿(Charles David Crumpton)完成了博士论文《美国地方治理中的组织复杂性：一个组织分析视角和框架》，他使用复杂性理论对组织治理进行了分析。③

4. **公共事务。**除了上述研究以外，公共管理复杂性研究还广泛地涉及高等教育、市政政策、环境政策、医学政策、外交政策、公共服务、发展管理、社区和地方政府、资源管理等公共事务领域。比如：马奎尔(Edward Ross Maguire)的博士论文《大规模市政警察组织面临的环境、复杂性和控制》研究了市政警察组织的复杂性问题。④萨姆森(Sharon Maria Samson)的博士论文《高等教育政策的信息复杂性》探讨了高等教育政策信息的复杂性问题。⑤海恩斯(Philip Haynes)研究了应对公共服务复杂性的问题，他指出公共政策复杂性限制了新公共管理和一些技术在公共服务管理领域的运用。⑥ 泰斯曼(Geert R Teisman)在《国际公共行政学》杂志上发表了《水治理系统同步的视角：经验和复杂理论的综合》一文，使用了复杂性理论对水治理问题进行了分析。⑦

公共管理复杂系统理论是一个尚在发展和完善的领域，其理论和方法也会随着研究的推进不断深化和开拓，并终将形成公共管理研究的新思维、新范式、新途径。本书以一篇博士论文《复杂适应系统、吸引域、分片：组织变迁的复杂系统科学分析》为例，解析复杂系统理论应用于组织变迁的研究。详见本书光

---

① Evan J Ringquist, Jeff Worsham, Marc Allen Eisner. "Salience, Complexity, and the Legislative Direction of Regulatory Bureaucracies", *Journal of Public Administration Research and Theory*, 2003, 13(2), p. 141

② Shirley-Ann, Hazlett, "The Complexities of Large-scale Organisational Change: A Comparative Study of the Public Sectors of Northern Ireland and Ireland", Ph. D., Queen's University of Belfast(United Kingdom), 2005.

③ Charles David, Crumpton, "Organizational Complexity in American Local Governance: Deploying an Organizational Perspective in Concept and Analytic Framework Development", Ph. D., Portland State University, 2008.

④ Edward Ross Maguire, "Context, Complexity and Control in Large Municipal Police Organizations", Ph. D., State University of New York at Albany, 1997.

⑤ S. M. Samson "Sharon Maria Information Complexity in Higher Education Policy: An Exploratory Foray", Ph. D., University of Colorado at Denver, 1998.

⑥ Philip Haynes, *Managing Complexity in the Public Services*, Open University Press, 2003.

⑦ Geert R Teisman, Jurian Edelenbos, "Towards a Perspective of System Synchronization in Water Governance: A Synthesis of Empirical Lessons and Complexity Theories", *International Review of Administrative Sciences*. 2011, 77(1), p. 101.

盘"例文解析16-1《组织变迁的复杂系统分析》的复杂系统分析方法"。

【延伸阅读】

1. 〔法〕贝塔朗菲:《一般系统论——基础、发展和应用》(林康义等译),北京:清华大学出版社1987年版。
2. 〔美〕R·M·克朗:《系统分析和政策科学》(陈东威译),北京:商务印书馆1985年版。
3. 〔美〕菲利普·海恩斯:《公共服务管理的复杂性》《公共服务管理译丛》(孙健译),北京:清华大学出版社2008年版。
4. 〔美〕科兹纳(Kerzner,H.):《项目管理:计划、进度和控制的系统方法(第10版)》,北京:电子工业出版社2010年版。
5. 〔南非〕萨多夫斯基:《一般系统论原理逻辑—方法论分析》,北京:人民出版社1984年版。
6. 钱学森、宋健:《工程控制论》(上、下),北京:科学出版社1983年版。
7. 钱学森:《论系统工程(新世纪版)》,上海:上海交通大学出版社2007年版。
8. 钱学森:《智慧的钥匙——钱学森论系统科学》,上海:上海交通大学出版社2005年版。
9. 汪应洛:《系统工程(第4版)》,北京:机械工业出版社2008年版。
10. 许国志:《系统科学》,上海:上海科技教育出版社2000年版。
11. Castellani Brian Frederic Hafferty William, *Sociology and Complexity Science:A New Field of Inquiry*, Springer-Verlag Berlin Heidelberg, 2009.
12. Checkland, P. B., *Systems Thinking, Systems Practice*. Chichester: John Wiley and Sons, 1981.